中国农垦农场志丛

内蒙古
上库力农场志

中国农垦农场志丛编纂委员会　组编
内蒙古上库力农场志编纂委员会　主编

中国农业出版社
北　京

图书在版编目（CIP）数据

内蒙古上库力农场志／中国农垦农场志丛编纂委员
会组编；内蒙古上库力农场志编纂委员会主编. —北京：
中国农业出版社，2022.12
（中国农垦农场志丛）
ISBN 978-7-109-30629-5

Ⅰ.①内⋯ Ⅱ.①中⋯ ②内⋯ Ⅲ.①国营农场—概
况—呼伦贝尔市 Ⅳ.①F324.1

中国国家版本馆CIP数据核字 (2023) 第070517号

出 版 人：刘天金
出版策划：苑　荣　刘爱芳
丛书统筹：王庆宁　赵世元
审 稿 组：柯文武　干锦春　薛　波
编 辑 组：杨金妹　王庆宁　周　珊　刘昊阳　黄　曦　李　梅　吕　睿　赵世元　黎　岳
　　　　　刘佳玫　王玉水　李兴旺　蔡雪青　刘金华　陈思羽　张潇逸　喻瀚章　赵星华
工 艺 组：毛志强　王　宏　吴丽婷
设 计 组：姜　欣　关晓迪　王　晨　杨　婧
发行宣传：王贺春　蔡　鸣　李　晶　雷云钊　曹建丽
技术支持：王芳芳　赵晓红　张　瑶

内蒙古上库力农场志
Neimenggu Shangkuli Nongchang Zhi

中国农业出版社出版
地址：北京市朝阳区麦子店街18号楼
邮编：100125
责任编辑：吕　睿
责任校对：刘丽香　　责任印制：王　宏
印刷：北京通州皇家印刷厂
版次：2022年12月第1版
印次：2022年12月北京第1次印刷
发行：新华书店北京发行所
开本：889mm×1194mm　1/16
印张：43.5　　插页：26
字数：1116千字
定价：265.00元

一、大型会议及文体活动

● 大型会议

2013年8月23日，海拉尔农垦集团秋收现场会在上库力农场召开 ■

2015年4月18日，上库力分公司召开四届二次职工代表暨表彰大会 ■

2016年5月20日，农场召开无化肥无拌种药剂绿色有机小麦播种现场会 ■

2017年7月27日，全国农业技术推广服务中心、国家大麦青稞技术产业体系、内蒙古自治区植保植检站联合主办麦类高产创建植保新技术现场会

2018年6月9日，呼伦贝尔农垦集团与中国电信呼伦贝尔分公司党建共建启动会举行，上库力农场40名职工积极参加此项活动

2018年7月20日，内蒙古自治区监理总站、呼伦贝尔市农机监理所和上库力农场（分公司）党委联合开展的"送安全下乡　助力乡村振兴"主题党日活动在农场第二生产队举行

2019年6月28日，上库力分公司召开庆祝建党98周年暨表彰大会

2019年8月20日，呼伦贝尔农垦集团2019年秋收现场会参会人员在上库力农场观摩
同时召开座谈会

2020年7月6日，农场举办以"奋进新时代、共筑家国梦"为主题的综合知识竞赛

2020年8月21日，呼伦贝尔农垦集团公司党建和经济工作现场会全体参会人员153人到上库力农场观摩

2020年12月3日，农场召开《内蒙古上库力农场志》编纂工作动员会

● 文体活动

2011年8月8日，热烈庆祝上库力农场成立55周年纪念活动在东方红广场举行之一

2011年8月8日，热烈庆祝上库力农场成立55周年庆祝活动在东方红广场举行之二 ■

2011年8月8日，热烈庆祝上库力农场成立55周年庆祝活动在东方红广场举行之三 ■

2013年7月，农场举办广场文化活动月系列活动，图为趣味竞赛 ■

2014年7月，农场举办广场文化活动月系列活动，图为正在举行的托乒乓球赛跑接力赛

2016年7月1日，农场举办歌咏比赛

2017年7月4日，农场举办庆祝中国共产党成立96周年、内蒙古自治区成立70周年农场广场文化活动月系列活动，激烈的拔河比赛拉开了系列活动的序幕

2018年6月27日，上库力农场举办职工篮球比赛 ◼

2018年7月13日，上库力农场在东方红广场举办广场舞大赛 ◼

2019年6月17日，上库力农场举办篮球赛开幕仪式 ◼

2019年6月27日，上库力农场、上库力街道党工委、上库力学校和上库力边境派出所共同举办庆祝新中国成立70周年、建党98周年"不忘初心跟党走，牢记使命谱新篇"文艺演出

2020年7月2日，庆"七一"文艺演出在上库力农场东方红广场举行

二、农场领导下基层、送温暖

● 农场党政班子

上库力农场党政班子成员：工会主席、政工部部长张永昌（左一），党委委员、副总经理卢念章（左二），党委副书记、纪委书记屈伟（左三），党委副书记、场长、总经理韩旭东（中），党委书记郭祥华（右三），党委委员、副总经理高安起（右二），党委委员、副总经理高兴良（右一）

党委书记、场长韩旭东（左一）视察节水灌溉情况

党委副书记、纪委书记屈伟（右一）到基层检查工作

党委委员、总经理郭祥华到基层检查工作

党委委员、工会主席、政工部部长张永昌（左一）到基层检查党建工作

党委委员、副总经理高安起（右一）巡查农机检修情况 ■

党委委员、副总经理卢念章（左二）到基层检查指导工作 ■

党委委员、副总经理高兴良（左一）到基层检查畜牧业生产情况 ■

原党委委员、工会主席李月忠（左一），原党委委员、副总经理何松（中）随同韩旭东（右一）下基层指导工作

● 农场党政班子下基层慰问

呼伦贝尔农垦集团公司纪委书记李惠实（左二）
到农场基层入户慰问

呼伦贝尔市总工会书记齐全（右三）到上库力农场
看望自治区劳动模范宋厚荣

呼伦贝尔农垦集团公司副总经理吴国志（中）到农场
看望残疾贫困职工

呼伦贝尔农垦集团公司副总经理吴国志（中）到农场
看望贫困职工周金波

上库力农场总经理韩旭东（右一）到农场自治区级
劳动模范家庭进行春节慰问

上库力农场总经理韩旭东（右二）到农场贫困家庭
进行春节慰问

上库力农场党委副书记、纪委书记屈伟（左）到农场
贫困家庭进行春节慰问

上库力农场副总经理高安起（左）到农场
贫困家庭进行春节慰问

上库力农场党委副书记、纪委书记屈伟（右一）
到农场贫困家庭进行春节慰问

三、农牧业作物长势、丰收景象及产品展示

● 粮油作物

小麦 ■

油菜 ■

大麦 ■

褐麦 ■

莜麦 ■

马铃薯 ■

● 饲草类作物

苜蓿 ■

青贮玉米 ■

燕麦 ■

● 经济类作物

水飞蓟 ■

甜菜 ■

芍药 ■

● 丰硕的果实

小麦产品 ■

油菜籽产品 ■

大麦产品 ■

褐麦产品 ■

莜麦产品 ■

马铃薯产品 ■

甜菜疙瘩 ■

水飞蓟 ■

黄金南瓜

莜麦草捆

玉米青贮饲料

打饲草

草原饲草

规模化奶牛饲养

生猪养殖

马匹饲养

白鹅饲养 ■

肉羊养殖 ■

鸵鸟养殖 ■

野猪养殖 ■

珍珠鸡养殖 ■

蜜蜂养殖 ■

提取蜂王浆 ■

● 林业苗圃

高接金叶榆 ■

银中杨 ■

紫叶稠李 ■

糖槭 ■

白桦树 ■

樟子松 ■

本地稠李子 ■

本地榆树苗 ■

东北连翘 ■

花揪 ■

黄槐苗 ■

沙棘 ■

山荆子 ■

王族海棠 ■

榆叶梅 ■

大叶丁香

小叶丁香

接骨木

野山楂

树莓

玉簪

四季玫瑰

冷香玫瑰 ■

呼伦贝尔农垦上库力农场苗木基地 ■

珍珠梅 ■

四、农牧业机械

纽荷兰 CSX7070 联合收割机

约翰迪尔 W230 联合收割机

胶轮车

凯斯 450 履带式拖拉机

凯斯 470 履带式拖拉机

克拉斯 2204 拖拉机

道依茨法尔 DF2604 拖拉机

纽荷兰 T1404 拖拉机

约翰迪尔 7M-2204 拖拉机

奥地博田 TERRASEM-C4 播种机

凯斯 2230 气吸式播种机

马斯客 AS-F600UST 悬挂精密播种机

中农 4526 免耕播种机

气吸式播种机

玉米青贮播种机

联合整地播种机

2BFY-36施肥播种机 ■

麦克唐D120自走式割晒机 ■

纽荷兰1020搂草机 ■

纽荷兰1270方捆机 ■

克拉斯540圆捆机 ■

纽荷兰拾禾器 ■

东风天锦翻斗车 ■

东风御虎翻斗车 ■

深松犁 ■

大犁 ■

凯斯3230自走式喷药机 ■

机械化停放场 ■

联合收割机

联合收割机

喷药机

气吸式播种机

奥地博田机车播种场景

大规模灭草场景

联合收割场景

气吸式免耕播种场景

自走式机车割晒场景 ■

无人机田间灭草作业 ■

无人机灭草 ■

五、培训、荣誉、劳模等

● 培训

上库力农场举办油料、农机技术专业培训班

2020年4月6日，上库力农场举办财险专业培训班

2020年4月7日，浙江埃森化学有限公司赴上库力农场举办
化肥农药使用专业技术培训讲座

2020年4月26日，农场举办管理干部综合能力提升学习班

预备役培训

2020年7月10日，农场举办骨干通讯员培训班

● 荣誉——农场

2010年12月，上库力农场荣获农业部全国粮食生产
先进县荣誉称号

2011年，上库力农场党委被呼伦贝尔市委评为
先进基层党组织

2013年，上库力农场荣获自治区级文明单位荣誉称号

2014年1月，上库力农场工会荣获内蒙古自治区
总工会全区示范化企业工会称号

● 荣誉——个人

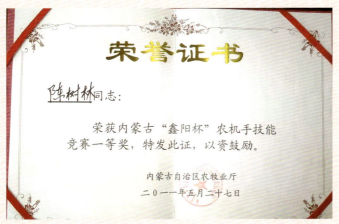

2011年5月，陈树林荣获内蒙古自治区农牧业厅"鑫阳杯"
农机手技能竞赛一等奖

2011年6月，陈树林荣获中华人民共和国农业部办公厅
"2011年全国拖拉机作业技能竞赛技术能手"称号

2012年9月，陈树林荣获呼伦贝尔市总工会
"金牌工人"称号

2013年1月，陈树林荣获内蒙古自治区总工会
"金牌工人"称号

2014年5月，许超群被评为共青团呼伦贝尔市委员会
优秀共青团员

2016年4月，许超群荣获共青团内蒙古自治区委员会
优秀共青团员荣誉称号

2016年5月，范鹏旭被共青团呼伦贝尔市委员会
评为优秀共青团员

2017年3月，陈树林被呼伦贝尔市农牧业局评为
2016年度全市农机安全监理工作先进个人

2019年4月，陈树林荣获呼伦贝尔市总工会
五一劳动奖章

2020年10月，农场第二生产队机车驾驶员韩明磊荣获
第三届全国农业行业职业技能大赛成绩优异奖

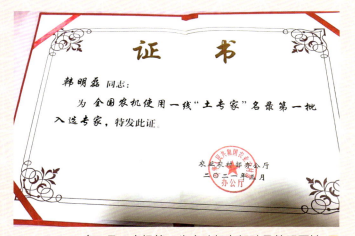

2021年3月，农场第二生产队机车驾驶员韩明磊被
农业农村部办公厅评选为全国农机使用一线
"土专家"名录第一批入选专家

2020年，上库力农场荣获中国农业机械学会
全国农机科普先进集体称号

六、各界领导调研、来访

● 国家级

2012年9月11日，农业部农垦局发展计划处处长秦福增（中）、内蒙古农牧场管理局局长王慧中（左三）到上库力农场考察

2013年7月24日，农业部农垦总局副局长叶长江（gang）（右三）一行到上库力农场调研

2014年7月17日，中国工程院院士、油菜遗传育种学家、华中农业大学教授傅廷栋（左三）及来自全国各地的农林科技专家、教授到上库力农场考察

2015年7月30日，全国农技推广中心品种管理处处长谷铁成（左三）一行来到上库力农场调研

2018年5月8日，农业农村部生态总站生态农业处处长王飞（右三）一行来到上库力农场，对油菜免耕播种、大型机械设备、秸秆生产有机肥等进行调研

2019年5月29日，农业农村部农业机械化司副司长王甲云（中）一行，就保护性耕作进行实地调研

2019年7月10日，农业农村部食物与营养发展研究所副所长、研究员孙君茂（左四），副研究员徐海泉博士（左二），青岛东鲁生态农业有限公司董事长李建波一行深入上库力农场，对现代化农业发展、农作物品种进行考察，并对褐麦等特色品种的营养成分进行评估鉴定

2019年7月，财政部副部长程丽华（女）
到上库力农场有机肥厂调研

2020年9月6日，国家燕麦、荞麦产业技术体系张家口市
农业科学院燕麦研究所所长赵世峰（左三）一行来到
农场，对不同品种燕麦的生长情况进行调研

● 自治区级

2012年10月23日，内蒙古自治区住建部计划财务外事司
副巡视员丛佳旭（前排右二）、住建部计划财务外事司处长
王彦芳（前排左三）一行，在呼伦贝尔市住建委纪检委书
记金培南等领导的陪同下来到农场考察

2013年8月10日，内蒙古自治区民政厅救灾处处长
梁永清（左三）、副处长张佰华（右三）
来到农场查看水灾情况

2013年8月14日，内蒙古自治区人民政府副主席王玉明（左一）一行，在海拉尔农垦集团公司总经理胡家才（右一）等领导的陪同下来到农场查看灾情

2014年5月6日，内蒙古自治区农牧业厅畜牧处处长王建龙（右五）一行来到农场，就2011年国家预算内资金畜牧业奶牛养殖小区（场）项目建设落实情况进行验收，对农垦现代化养殖示范场提升进行调研

2015年7月22日，内蒙古自治区政协副主席梁铁城（右二）一行来到上库力农场调研"十个全覆盖"工作开展情况

2018年6月17日，内蒙古自治区农牧业厅畜牧处处长白音（左三）来到农场，就粪污处理、发展种养结合等工作进行调研

2018年6月28日，内蒙古自治区政协副主席常海（右二）来到农场调研

2018年7月12日，内蒙古自治区"两学一做"学习教育第三调研指导组组长陶克（中）一行来到农场，就"两学一做"学习教育、农牧业生产进行调研，农场党委副书记、总经理韩旭东（右一），政工部部长张永昌（左一）陪同

2019年5月22日，自治区发改委就业处处长冯书红一行 ■
深入上库力农场就劳动力市场监测工作进行调研

2019年10月8日，内蒙古自治区人大代表樊东亮（前排中）■
一行来到农场调研

2020年6月9日，内蒙古自治区农机产品质量监督管理站 ■
周风林副站长、内蒙古自治区农业科学院程玉臣主任（左一）
一行来到农场，对黑土地保护性耕作开展情况进行督导

● 呼伦贝尔市级

2014年8月30日上午，呼伦贝尔市人大主任 ■
孙震（右六），原呼伦贝尔市人大副主任宋照明、
张继勋到农场检查指导工作

2014年9月10日，呼伦贝尔市市委书记罗志虎（左一）■
到农场指导秋收工作

2015年8月22日，呼伦贝尔市副市长李阔（右二）到上库力农场检查督导"十个全覆盖"工作，集团公司副总经理胡家才（右一）陪同

2017年5月6日，呼伦贝尔市副市长李阔（中）一行来农场检查指导安全生产工作

2019年10月18日，呼伦贝尔市人大常委会副主任、党组成员（前排中），呼伦贝尔农垦集团党委副书记、副董事长、总经理、海拉尔农牧场管理局局长胡兆民（左三）一行40余人来农场调研

● 海拉尔农垦、呼伦贝尔农垦级

2020年5月5日，呼伦贝尔市委副书记、市长姜宏（右二）等一行到农场就企业发展及森林草原防火工作情况进行调研

2013年7月12日，集团公司董事长范红旗（右二）到上库力农场调研

2013年8月8日，呼伦贝尔农垦集团公司副总经理、海拉尔农垦集团公司总经理胡家才（右三）一行来到农场查看灾情，看望受灾群众

2019年8月20日，呼伦贝尔农垦集团党委副书记、副董事长、总经理胡兆民（中）出席集团公司2019年秋收现场会（于上库力农场观摩同时召开座谈会）并讲话

2020年4月26日，呼伦贝尔农垦集团党委副书记、副董事长、总经理胡兆民（前排右二）一行，深入上库力农场就农牧业生产和产业发展进行调研

2020年9月15日，集团公司党委副书记、董事、总经理、海拉尔农牧场管理局局长胡兆民（左二）到上库力农场调研

● 各界友人来访

2013年5月28日，额尔古纳市市委常委、副市长晋洪生（后排中）陪同雀巢公司奶源总监罗伯特（左三）到访农场

2013年7月21日，珠海市人民政府副市长王庆利（左五）一行9人来到农场，对油菜、麦类作物进行考察调研

2016年8月29日，韩国仁川广域市政府会展产业课课长白铉、韩国极游旅行社社长林荣勋一行，到上库力农场就农牧业生产、新农村建设进行考察

2017年3月23日，捷克共和国拜德纳公司区域销售经理taroslav korecer一行到上库力农场考察

2018年6月2日，美国艾美特农机公司甜菜种植专家Casey（右一）、哈尔滨圣达茜科技有限公司董事长田铁峰来到上库力农场，就甜菜种植进行交流考察

2019年3月19日，内蒙古正时生态农业（集团）有限公司总裁马宏伟（前排左二）到农场签订牧草种植销售框架协议

2019年3月28日，青岛东鲁生态农业有限公司董事长李建波（右二）到农场签订褐麦委托种植收购协议

2019年5月28日，意大利CMA公司总裁麦克（右一）、西班牙SOLA公司亚太大区负责人曼兹-克洛拉多（左一）到农场就先进农业播种和整地机械试用与推广洽谈合作进行交流考察

2020年11月17日，中能全联能源集团董事局主席兼董事长许洺鑫（左三）一行在呼伦贝尔市国资委党委书记、主任沙元月（左五）的陪同下到农场调研

七、各小城镇建设及居民幸福生活

上库力农场惠泽嘉园小区

第五生产队兴垦小区

第六生产队富垦小区

职工文化活动中心

上库力农场东方红广场

东方红广场舞台

上库力农场办公大楼 ■

上库力农场第二生产队办公室 ■

上库力农场第五生产队办公室 ■

便民连锁超市 ■

安居生活

党务政务公开栏

八、自然风景及资源

野生山丹园 ◼

湿地 ◼

根河景观 🔶

白桦林 🔶

罕大街石砬子 ■

野生兰花园 ■

野生金莲花园 ◣

野生稠李花开 ◢

野生稠李 ■

野生面果 ■

根河春融 ■

广场自然树挂 ■

田野山庄 ■

夕阳农田 ■

野生狍子 ■

凤头百灵 ◼

草原紫花脸菌 ◼

林内菌菇 ◼

草原白花脸菌 ◼

野生山杏 ◼

草原芍药（野牡丹）◼

中国农垦农场志丛编纂委员会

主　任

张兴旺

副主任

左常升　李尚兰　刘天金　彭剑良　程景民　王润雷

成　员（按垦区排序）

肖辉利　毕国生　苗冰松　茹栋梅　赵永华　杜　鑫　陈　亮

王守聪　许如庆　姜建友　唐冬寿　王良贵　郭宋玉　兰永清

马常春　张金龙　李胜强　马艳青　黄文沐　张安明　王明魁

徐　斌　田李文　张元鑫　余　繁　林　木　王　韬　张懿笃

杨毅青　段志强　武洪斌　熊　斌　冯天华　朱云生　常　芳

中国农垦农场志丛编纂委员会办公室

主　任

王润雷

副主任

王　生　刘爱芳　武新宇　明　星

成　员

胡从九　刘琢琬　干锦春　王庆宁

中国农垦农场志丛

内蒙古上库力农场志编纂委员会

主　任
韩旭东

副主任
郭祥华　屈　伟　高安起　高兴良　张永昌

委　员
边向民　毕文虎　齐铁岭　张海友　毛元江　刘惠斌　李世岭
苏勇峰　孟繁强　白树国　宋华民　王翠平　高美艳　张明波
于建波　包义清　孙凤军　王爱敏　陈树林　卢振德　邓立军
徐根岭　王建龙　马春秋　于建涛　李守元　袁立文

内蒙古上库力农场志编纂委员会办公室

主　编
边向民

副主编
于建涛　李守元

校　审
张永昌

编　辑
于建涛　李守元　袁立文

摄　影
张永昌　孙凤军　于建涛　李守元　包义清　贾文慧　吴明慧

软件编录
袁立文

总　序

中国农垦农场志丛自 2017 年开始酝酿，历经几度春秋寒暑，终于在建党 100 周年之际，陆续面世。在此，谨向所有为修此志作出贡献、付出心血的同志表示诚挚的敬意和由衷的感谢！

中国共产党领导开创的农垦事业，为中华人民共和国的诞生和发展立下汗马功劳。八十余年来，农垦事业的发展与共和国的命运紧密相连，在使命履行中，农场成长为国有农业经济的骨干和代表，成为国家在关键时刻抓得住、用得上的重要力量。

如果将农垦比作大厦，那么农场就是砖瓦，是基本单位。在全国 31 个省（自治区、直辖市，港澳台除外），分布着 1800 多个农垦农场。这些星罗棋布的农场如一颗颗玉珠，明暗随农垦的历史进程而起伏；当其融汇在一起，则又映射出农垦事业波澜壮阔的历史画卷，绽放着"艰苦奋斗、勇于开拓"的精神光芒。

（一）

"农垦"概念源于历史悠久的"屯田"。早在秦汉时期就有了移民垦荒，至汉武帝时创立军屯，用于保障军粮供应。之后，历代沿袭屯田这一做法，充实国库，供养军队。

中国共产党借鉴历代屯田经验,发动群众垦荒造田。1933 年 2 月,中华苏维埃共和国临时中央政府颁布《开垦荒地荒田办法》,规定"县区土地部、乡政府要马上调查统计本地所有荒田荒地,切实计划、发动群众去开荒"。到抗日战争时期,中国共产党大规模地发动军人进行农垦实践,肩负起支援抗战的特殊使命,农垦事业正式登上了历史舞台。

20 世纪 30 年代末至 40 年代初,抗日战争进入相持阶段,在日军扫荡和国民党军事包围、经济封锁等多重压力下,陕甘宁边区生活日益困难。"我们曾经弄到几乎没有衣穿,没有油吃,没有纸、没有菜,战士没有鞋袜,工作人员在冬天没有被盖。"毛泽东同志曾这样讲道。

面对艰难处境,中共中央决定开展"自己动手,丰衣足食"的生产自救。1939 年 2 月 2 日,毛泽东同志在延安生产动员大会上发出"自己动手"的号召。1940 年 2 月 10 日,中共中央、中央军委发出《关于开展生产运动的指示》,要求各部队"一面战斗、一面生产、一面学习"。于是,陕甘宁边区掀起了一场轰轰烈烈的大生产运动。

这个时期,抗日根据地的第一个农场——光华农场诞生了。1939 年冬,根据中共中央的决定,光华农场在延安筹办,生产牛奶、蔬菜等食物。同时,进行农业科学实验、技术推广,示范带动周边群众。这不同于古代屯田,开创了农垦示范带动的历史先河。

在大生产运动中,还有一面"旗帜"高高飘扬,让人肃然起敬,它就是举世闻名的南泥湾大生产运动。

1940 年 6—7 月,为了解陕甘宁边区自然状况、促进边区建设事业发展,在中共中央财政经济部的支持下,边区政府建设厅的农林科学家乐天宇等一行 6 人,历时 47 天,全面考察了边区的森林自然状况,并完成了《陕甘宁边区森林考察团报告书》,报告建议垦殖南泥洼(即南泥湾)。之后,朱德总司令亲自前往南泥洼考察,谋划南泥洼的开发建设。

1941 年春天,受中共中央的委托,王震将军率领三五九旅进驻南泥湾。那时,南泥湾俗称"烂泥湾","方圆百里山连山",战士们"只见梢林不见天",身边做伴的是满山窜的狼豹黄羊。在这种艰苦处境中,战士们攻坚克难,一手拿枪,一手拿镐,练兵开荒两不误,把"烂泥湾"变成了陕北的"好江南"。从1941年到1944年,仅仅几年时间,三五九旅的粮食产量由0.12万石猛增到3.7万石,上缴公粮1万石,达到了耕一余一。与此同时,工业、商业、运输业、畜牧业和建筑业也得到了迅速发展。

南泥湾大生产运动,作为中国共产党第一次大规模的军垦,被视为农垦事业的开端,南泥湾也成为农垦事业和农垦精神的发祥地。

进入解放战争时期,建立巩固的东北根据地成为中共中央全方位战略的重要组成部分。毛泽东同志在1945年12月28日为中共中央起草的《建立巩固的东北根据地》中,明确指出"我党现时在东北的任务,是建立根据地,是在东满、北满、西满建立巩固的军事政治的根据地",要求"除集中行动负有重大作战任务的野战兵团外,一切部队和机关,必须在战斗和工作之暇从事生产"。

紧接着,1947年,公营农场兴起的大幕拉开了。

这一年春天,中共中央东北局财经委员会召开会议,主持财经工作的陈云、李富春同志在分析时势后指出:东北行政委员会和各省都要"试办公营农场,进行机械化农业实验,以迎接解放后的农村建设"。

这一年夏天,在松江省政府的指导下,松江省省营第一农场(今宁安农场)创建。省政府主任秘书李在人为场长,他带领着一支18人的队伍,在今尚志市一面坡太平沟开犁生产,一身泥、一身汗地拉开了"北大荒第一犁"。

这一年冬天,原辽北军区司令部作训科科长周亚光带领人马,冒着严寒风雪,到通北县赵光区实地踏查,以日伪开拓团训练学校旧址为基础,建成了我国第一个公营机械化农场——通北机械农场。

之后,花园、永安、平阳等一批公营农场纷纷在战火的硝烟中诞生。与此同时,一部分身残志坚的荣誉军人和被解放的国民党军人,向东北荒原宣战,艰苦拓荒、艰辛创业,创建了一批荣军农场和解放团农场。

再将视线转向华北。这一时期，在河北省衡水湖的前身"千顷洼"所在地，华北人民政府农业部利用一批来自联合国善后救济总署的农业机械，建成了华北解放区第一个机械化公营农场——冀衡农场。

除了机械化农场，在那个主要靠人力耕种的年代，一些拖拉机站和机务人员培训班诞生在东北、华北大地上，推广农业机械化技术，成为新中国农机事业人才培养的"摇篮"。新中国的第一位女拖拉机手梁军正是优秀代表之一。

（二）

中华人民共和国成立后农垦事业步入了发展的"快车道"。

1949 年 10 月 1 日，新中国成立了，百废待兴。新的历史阶段提出了新课题、新任务：恢复和发展生产，医治战争创伤，安置转业官兵，巩固国防，稳定新生的人民政权。

这没有硝烟的"新战场"，更需要垦荒生产的支持。

1949 年 12 月 5 日，中央人民政府人民革命军事委员会发布《关于 1950 年军队参加生产建设工作的指示》，号召全军"除继续作战和服勤务者而外，应当负担一部分生产任务，使我人民解放军不仅是一支国防军，而且是一支生产军"。

1952 年 2 月 1 日，毛泽东主席发布《人民革命军事委员会命令》："你们现在可以把战斗的武器保存起来，拿起生产建设的武器。"批准中国人民解放军 31 个师转为建设师，其中有 15 个师参加农业生产建设。

垦荒战鼓已擂响，刚跨进和平年代的解放军官兵们，又背起行囊，扑向荒原，将"作战地图变成生产地图"，把"炮兵的瞄准仪变成建设者的水平仪"，让"战马变成耕马"，在戈壁荒漠、三江平原、南国边疆安营扎寨，攻坚克难，辛苦耕耘，创造了农垦事业的一个又一个奇迹。

1. 将戈壁荒漠变成绿洲

1950 年 1 月，王震将军向驻疆部队发布开展大生产运动的命令，动员 11 万余名官兵就地屯垦，创建军垦农场。

垦荒之战有多难，这些有着南泥湾精神的农垦战士就有多拼。

没有房子住，就搭草棚子、住地窝子；粮食不够吃，就用盐水煮麦粒；没有拖拉机和畜力，就多人拉犁开荒种地……

然而，戈壁滩缺水，缺"农业的命根子"，这是痛中之痛！

没有水，战士们就自己修渠，自伐木料，自制筐担，自搓绳索，自开块石。修渠中涌现了很多动人故事，据原新疆兵团农二师师长王德昌回忆，1951年冬天，一名来自湖南的女战士，面对磨断的绳子，情急之下，割下心爱的辫子，接上绳子背起了石头。

在战士们全力以赴的努力下，十八团渠、红星渠、和平渠、八一胜利渠等一条条大地的"新动脉"，奔涌在戈壁滩上。

1954年10月，经中共中央批准，新疆生产建设兵团成立，陶峙岳被任命为司令员，新疆维吾尔自治区党委书记王恩茂兼任第一政委，张仲瀚任第二政委。努力开荒生产的驻疆屯垦官兵终于有了正式的新身份，工作中心由武装斗争转为经济建设，新疆地区的屯垦进入了新的阶段。

之后，新疆生产建设兵团重点开发了北疆的准噶尔盆地、南疆的塔里木河流域及伊犁、博乐、塔城等边远地区。战士们鼓足干劲，兴修水利、垦荒造田、种粮种棉、修路架桥，一座座城市拔地而起，荒漠变绿洲。

2. 将荒原沼泽变成粮仓

在新疆屯垦热火朝天之时，北大荒也进入了波澜壮阔的开发阶段，三江平原成为"主战场"。

1954年8月，中共中央农村工作部同意并批转了农业部党组《关于开发东北荒地的农建二师移垦东北问题的报告》，同时上报中央军委批准。9月，第一批集体转业的"移民大军"——农建二师由山东开赴北大荒。这支8000多人的齐鲁官兵队伍以荒原为家，创建了二九〇、二九一和十一农场。

同年，王震将军视察黑龙江汤原后，萌发了开发北大荒的设想。领命的是第五师副师长余友清，他打头阵，率一支先遣队到密山、虎林一带踏查荒原，于1955年元旦，在虎林县（今虎林市）西岗创建了铁道兵第一个农场，以部队番号命名为"八五〇部农场"。

1955年，经中共中央同意，铁道兵9个师近两万人挺进北大荒，在密山、虎林、饶河一带开荒建场，拉开了向三江平原发起总攻的序幕，在八五〇部农场周围建起了一批八字头的农场。

1958年1月，中央军委发出《关于动员十万干部转业复员参加生产建设的指示》，要求全军复员转业官兵去开发北大荒。命令一下，十万转业官兵及家属，浩浩荡荡进军三江平原，支边青年、知识青年也前赴后继地进攻这片古老的荒原。

垦荒大军不惧苦、不畏难，鏖战多年，荒原变良田。1964年盛夏，国家副主席董必武来到北大荒视察，面对麦香千里即兴赋诗："斩棘披荆忆老兵，大荒已变大粮屯。"

3. 将荒郊野岭变成胶园

如果说农垦大军在戈壁滩、北大荒打赢了漂亮的要粮要棉战役，那么，在南国边疆，则打赢了一场在世界看来不可能胜利的翻身仗。

1950年，朝鲜战争爆发后，帝国主义对我国实行经济封锁，重要战略物资天然橡胶被禁运，我国国防和经济建设面临严重威胁。

当时世界公认天然橡胶的种植地域不能超过北纬17°，我国被国际上许多专家划为"植胶禁区"。

但命运应该掌握在自己手中，中共中央作出"一定要建立自己的橡胶基地"的战略决策。1951年8月，政务院通过《关于扩大培植橡胶树的决定》，由副总理兼财政经济委员会主任陈云亲自主持这项工作。同年11月，华南垦殖局成立，中共中央华南分局第一书记叶剑英兼任局长，开始探索橡胶种植。

1952年3月，两万名中国人民解放军临危受命，组建成林业工程第一师、第二师和一个独立团，开赴海南、湛江、合浦等地，住茅棚、战台风、斗猛兽，白手起家垦殖橡胶。

大规模垦殖橡胶，急需胶籽。"一粒胶籽，一两黄金"成为战斗口号，战士们不惜一切代价收集胶籽。有一位叫陈金照的小战士，运送胶籽时遇到山洪，被战友们找到时已没有了呼吸，而背上箩筐里的胶籽却一粒没丢⋯⋯

正是有了千千万万个把橡胶看得重于生命的陈金照们，1957 年春天，华南垦殖局种植的第一批橡胶树，流出了第一滴胶乳。

1960 年以后，大批转业官兵加入海南岛植胶队伍，建成第一个橡胶生产基地，还大面积种植了剑麻、香茅、咖啡等多种热带作物。同时，又有数万名转业官兵和湖南移民汇聚云南边疆，用血汗浇灌出了我国第二个橡胶生产基地。

在新疆、东北和华南三大军垦战役打响之时，其他省份也开始试办农场。1952 年，在政务院关于"各县在可能范围内尽量地办起和办好一两个国营农场"的要求下，全国各地农场如雨后春笋般发展起来。1956 年，农垦部成立，王震将军被任命为部长，统一管理全国的军垦农场和地方农场。

随着农垦管理走向规范化，农垦事业也蓬勃发展起来。江西建成多个综合垦殖场，发展茶、果、桑、林等多种生产；北京市郊、天津市郊、上海崇明岛等地建起了主要为城市提供副食品的国营农场；陕西、安徽、河南、西藏等省区建立发展了农牧场群⋯⋯

到 1966 年，全国建成国营农场 1958 个，拥有职工 292.77 万人，拥有耕地面积 345457 公顷，农垦成为我国农业战线一支引人瞩目的生力军。

（三）

前进的道路并不总是平坦的。"文化大革命"持续十年，使党、国家和各族人民遭到新中国成立以来时间最长、范围最广、损失最大的挫折，农垦系统也不能幸免。农场平均主义盛行，从 1967 年至 1978 年，农垦系统连续亏损 12 年。

"没有一个冬天不可逾越，没有一个春天不会来临。"1978 年，党的十一届三中全会召开，如同一声春雷，唤醒了沉睡的中华大地。手握改革开放这一法宝，全党全社会朝着社会主义现代化建设方向大步前进。

在这种大形势下，农垦人深知，国营农场作为社会主义全民所有制企业，应当而且有条件走在农业现代化的前列，继续发挥带头和示范作用。

于是，农垦人自觉承担起推进实现农业现代化的重大使命，乘着改革开放的春风，开始进行一系列的上下求索。

1978 年 9 月，国务院召开了人民公社、国营农场试办农工商联合企业座谈会，决定在我国试办农工商联合企业，农垦系统积极响应。作为现代化大农业的尝试，机械化水平较高且具有一定工商业经验的农垦企业，在农工商综合经营改革中如鱼得水，打破了单一种粮的局面，开启了农垦一二三产业全面发展的大门。

农工商综合经营只是农垦改革的一部分，农垦改革的关键在于打破平均主义，调动生产积极性。

为调动企业积极性，1979 年 2 月，国务院批转了财政部、国家农垦总局《关于农垦企业实行财务包干的暂行规定》。自此，农垦开始实行财务大包干，突破了"千家花钱，一家（中央）平衡"的统收统支方式，解决了农垦企业吃国家"大锅饭"的问题。

为调动企业职工的积极性，从 1979 年根据财务包干的要求恢复"包、定、奖"生产责任制，到 1980 年后一些农场实行以"大包干"到户为主要形式的家庭联产承包责任制，再到 1983 年借鉴农村改革经验，全面兴办家庭农场，逐渐建立大农场套小农场的双层经营体制，形成"家家有场长，户户搞核算"的蓬勃发展气象。

为调动企业经营者的积极性，1984 年下半年，农垦系统在全国选择 100 多个企业试点推行场（厂）长、经理负责制，1988 年全国农垦有 60% 以上的企业实行了这项改革，继而又借鉴城市国有企业改革经验，全面推行多种形式承包经营责任制，进一步明确主管部门与企业的权责利关系。

以上这些改革主要是在企业层面，以单项改革为主，虽然触及了国家、企业和职工的最直接、最根本的利益关系，但还没有完全解决传统体制下影响农垦经济发展的深层次矛盾和困难。

"历史总是在不断解决问题中前进的。"1992年，继邓小平南方谈话之后，党的十四大明确提出，要建立社会主义市场经济体制。市场经济为农垦改革进一步指明了方向，但农垦如何改革才能步入这个轨道，真正成为现代化农业的引领者？

关于国营大中型企业如何走向市场，早在1991年9月中共中央就召开工作会议，强调要转换企业经营机制。1992年7月，国务院发布《全民所有制工业企业转换经营机制条例》，明确提出企业转换经营机制的目标是："使企业适应市场的要求，成为依法自主经营、自负盈亏、自我发展、自我约束的商品生产和经营单位，成为独立享有民事权利和承担民事义务的企业法人。"

为转换农垦企业的经营机制，针对在干部制度上的"铁交椅"、用工制度上的"铁饭碗"和分配制度上的"大锅饭"问题，农垦实施了干部聘任制、全员劳动合同制以及劳动报酬与工效挂钩的三项制度改革，为农垦企业建立在用人、用工和收入分配上的竞争机制起到了重要促进作用。

1993年，十四届三中全会再次擂响战鼓，指出要进一步转换国有企业经营机制，建立适应市场经济要求，产权清晰、权责明确、政企分开、管理科学的现代企业制度。

农业部积极响应，1994年决定实施"三百工程"，即在全国农垦选择百家国有农场进行现代企业制度试点、组建发展百家企业集团、建设和做强百家良种企业，标志着农垦企业的改革开始深入到企业制度本身。

同年，针对有些农场仍为职工家庭农场，承包户垫付生产、生活费用这一问题，根据当年1月召开的全国农业工作会议要求，全国农垦系统开始实行"四到户"和"两自理"，即土地、核算、盈亏、风险到户，生产费、生活费由职工自理。这一举措彻底打破了"大锅饭"，开启了国有农场农业双层经营体制改革的新发展阶段。

然而，在推进市场经济进程中，以行政管理手段为主的垦区传统管理体制，逐渐成为束缚企业改革的桎梏。

垦区管理体制改革迫在眉睫。1995年，农业部在湖北省武汉市召开全国农垦经济体制改革工作会议，在总结各垦区实践的基础上，确立了农垦管理体制的改革思路：逐步弱化行政职能，加快实体化进程，积极向集团化、公司化过渡。以此会议为标志，垦区管理体制改革全面启动。北京、天津、黑龙江等17个垦区按照集团化方向推进。此时，出于实际需要，大部分垦区在推进集团化改革中仍保留了农垦管理部门牌子和部分行政管理职能。

"前途是光明的，道路是曲折的。"由于农垦自身存在的政企不分、产权不清、社会负担过重等深层次矛盾逐渐暴露，加之农产品价格低迷、激烈的市场竞争等外部因素叠加，从1997年开始，农垦企业开始步入长达5年的亏损徘徊期。

然而，农垦人不放弃、不妥协，终于在2002年"守得云开见月明"。这一年，中共十六大召开，农垦也在不断调整和改革中，告别"五连亏"，盈利13亿。

2002年后，集团化垦区按照"产业化、集团化、股份化"的要求，加快了对集团母公司、产业化专业公司的公司制改造和资源整合，逐步将国有优质资产集中到主导产业，进一步建立健全现代企业制度，形成了一批大公司、大集团，提升了农垦企业的核心竞争力。

与此同时，国有农场也在企业化、公司化改造方面进行了积极探索，综合考虑是否具备企业经营条件、能否剥离办社会职能等因素，因地制宜、分类指导。一是办社会职能可以移交的农场，按公司制等企业组织形式进行改革；办社会职能剥离需要过渡期的农场，逐步向公司制企业过渡。如广东、云南、上海、宁夏等集团化垦区，结合农场体制改革，打破传统农场界限，组建产业化专业公司，并以此为纽带，进一步将垦区内产业关联农场由子公司改为产业公司的生产基地（或基地分公司），建立了集团与加工企业、农场生产基地间新的运行体制。二是不具备企业经营条件的农场，改为乡、镇或行政区，向政权组织过渡。如2003年前后，一些垦区的部分农场连年严重亏损，有的甚至濒临破产。湖南、湖北、河北等垦区经省委、省政府批准，对农场管理体制进行革新，把农场管理权下放到市县，实行属地管理，一些农场建立农场管理区，赋予必要的政府职能，给予财税优惠政策。

这些改革离不开农垦职工的默默支持，农垦的改革也不会忽视职工的生活保障。1986年，根据《中共中央、国务院批转农牧渔业部〈关于农垦经济体制改革问题的报告〉的通知》要求，农垦系统突破职工住房由国家分配的制度，实行住房商品化，调动职工自己动手、改善住房的积极性。1992年，农垦系统根据国务院关于企业职工养老保险制度改革的精神，开始改变职工养老保险金由企业独自承担的局面，此后逐步建立并完善国家、企业、职工三方共同承担的社会保障制度，减轻农场养老负担的同时，也减少了农场职工的后顾之忧，保障了农场改革的顺利推进。

从1986年至十八大前夕，从努力打破传统高度集中封闭管理的计划经济体制，到坚定社会主义市场经济体制方向；从在企业层面改革，以单项改革和放权让利为主，到深入管理体制，以制度建设为核心、多项改革综合配套协调推进为主：农垦企业一步一个脚印，走上符合自身实际的改革道路，管理体制更加适应市场经济，企业经营机制更加灵活高效。

这一阶段，农垦系统一手抓改革，一手抓开放，积极跳出"封闭"死胡同，走向开放的康庄大道。从利用外资在经营等领域涉足并深入合作，大力发展"三资"企业和"三来一补"项目；到注重"引进来"，引进资金、技术设备和管理理念等；再到积极实施"走出去"战略，与中东、东盟、日本等地区和国家进行经贸合作出口商品，甚至扎根境外建基地、办企业、搞加工、拓市场：农垦改革开放风生水起逐浪高，逐步形成"两个市场、两种资源"的对外开放格局。

(四)

党的十八大以来，以习近平同志为核心的党中央迎难而上，作出全面深化改革的决定，农垦改革也进入全面深化和进一步完善阶段。

2015年11月，中共中央、国务院印发《关于进一步推进农垦改革发展的意见》（简称《意见》），吹响了新一轮农垦改革发展的号角。《意见》明确要求，新时期农垦改革发展要以推进垦区集团化、农场企业化改革为主线，努力把农垦建设成为保障国家粮食安全和重要农产品有效供给的国家队、中国特色新型农业现代化的示范区、农业对外合作的排头兵、安边固疆的稳定器。

2016年5月25日，习近平总书记在黑龙江省考察时指出，要深化国有农垦体制改革，以垦区集团化、农场企业化为主线，推动资源资产整合、产业优化升级，建设现代农业大基地、大企业、大产业，努力形成农业领域的航母。

2018年9月25日，习近平总书记再次来到黑龙江省进行考察，他强调，要深化农垦体制改革，全面增强农垦内生动力、发展活力、整体实力，更好发挥农垦在现代农业建设中的骨干作用。

农垦从来没有像今天这样更接近中华民族伟大复兴的梦想！农垦人更加振奋了，以壮士断腕的勇气、背水一战的决心继续农垦改革发展攻坚战。

1. 取得了累累硕果

——坚持集团化改革主导方向，形成和壮大了一批具有较强竞争力的现代农业企业集团。黑龙江北大荒去行政化改革、江苏农垦农业板块上市、北京首农食品资源整合……农垦深化体制机制改革多点开花、逐步深入。以资本为纽带的母子公司管理体制不断完善，现代公司治理体系进一步健全。市县管理农场的省份区域集团化改革稳步推进，已组建区域集团和产业公司超过300家，一大批农场注册成为公司制企业，成为真正的市场主体。

——创新和完善农垦农业双层经营体制，强化大农场的统一经营服务能力，提高适度规模经营水平。截至2020年，据不完全统计，全国农垦规模化经营土地面积5500多万亩，约占农垦耕地面积的70.5%，现代农业之路越走越宽。

——改革国有农场办社会职能，让农垦企业政企分开、社企分开，彻底甩掉历史包袱。截至2020年，全国农垦有改革任务的1500多个农场完成办社会职能改革，松绑后的步伐更加矫健有力。

——推动农垦国有土地使用权确权登记发证，唤醒沉睡已久的农垦土地资源。截至2020年，土地确权登记发证率达到96.3%，使土地也能变成金子注入农垦企业，为推进农垦土地资源资产化、资本化打下坚实基础。

——积极推进对外开放，农垦农业对外合作先行者和排头兵的地位更加突出。合作领域从粮食、天然橡胶行业扩展到油料、糖业、果菜等多种产业，从单个环节向全产业链延伸，对外合作范围不断拓展。截至 2020 年，全国共有 15 个垦区在 45 个国家和地区投资设立了 84 家农业企业，累计投资超过 370 亿元。

2. 在发展中改革，在改革中发展

农垦企业不仅有改革的硕果，更以改革创新为动力，在扶贫开发、产业发展、打造农业领域航母方面交出了漂亮的成绩单。

——聚力农垦扶贫开发，打赢农垦脱贫攻坚战。从 20 世纪 90 年代起，农垦系统开始扶贫开发。"十三五"时期，农垦系统针对 304 个重点贫困农场，绘制扶贫作战图，逐个建立扶贫档案，坚持"一场一卡一评价"。坚持产业扶贫，组织开展技术培训、现场观摩、产销对接，增强贫困农场自我"造血"能力。甘肃农垦永昌农场建成高原夏菜示范园区，江西宜丰黄冈山垦殖场大力发展旅游产业，广东农垦新华农场打造绿色生态茶园……贫困农场产业发展蒸蒸日上，全部如期脱贫摘帽，相对落后农场、边境农场和生态脆弱区农场等农垦"三场"踏上全面振兴之路。

——推动产业高质量发展，现代农业产业体系、生产体系、经营体系不断完善。初步建成一批稳定可靠的大型生产基地，保障粮食、天然橡胶、牛奶、肉类等重要农产品的供给；推广一批环境友好型种养新技术、种养循环新模式，提升产品质量的同时促进节本增效；制定发布一系列生鲜乳、稻米等农产品的团体标准，守护"舌尖上的安全"；相继成立种业、乳业、节水农业等产业技术联盟，形成共商共建共享的合力；逐渐形成"以中国农垦公共品牌为核心、农垦系统品牌联合舰队为依托"的品牌矩阵，品牌美誉度、影响力进一步扩大。

——打造形成农业领域航母，向培育具有国际竞争力的现代农业企业集团迈出坚实步伐。黑龙江北大荒、北京首农、上海光明三个集团资产和营收双超千亿元，在发展中乘风破浪：黑龙江北大荒农垦集团实现机械化全覆盖，连续多年粮食产量稳定在 400 亿斤以上，推动产业高端化、智能化、绿色化，全力打造"北大荒绿色智慧厨房"；北京首农集团坚持科技和品牌双轮驱动，不断提升完善"从田间到餐桌"的全产业链条；上海光明食品集团坚持品牌化经营、国际化发展道路，加快农业

"走出去"步伐，进行国际化供应链、产业链建设，海外营收占集团总营收20％左右，极大地增强了对全世界优质资源的获取能力和配置能力。

千淘万漉虽辛苦，吹尽狂沙始到金。迈入"十四五"，农垦改革目标基本完成，正式开启了高质量发展的新篇章，正在加快建设现代农业的大基地、大企业、大产业，全力打造农业领域航母。

（五）

八十多年来，从人畜拉犁到无人机械作业，从一产独大到三产融合，从单项经营到全产业链，从垦区"小社会"到农业"集团军"，农垦发生了翻天覆地的变化。然而，无论农垦怎样变，变中都有不变。

——不变的是一路始终听党话、跟党走的绝对忠诚。从抗战和解放战争时期垦荒供应军粮，到新中国成立初期发展生产、巩固国防，再到改革开放后逐步成为现代农业建设的"排头兵"，农垦始终坚持全面贯彻党的领导。而农垦从孕育诞生到发展壮大，更离不开党的坚强领导。毫不动摇地坚持贯彻党对农垦的领导，是农垦人奋力前行的坚强保障。

——不变的是服务国家核心利益的初心和使命。肩负历史赋予的保障供给、屯垦成边、示范引领的使命，农垦系统始终站在讲政治的高度，把完成国家战略任务放在首位。在三年困难时期、"非典"肆虐、汶川大地震、新冠疫情突发等关键时刻，农垦系统都能"调得动、顶得上、应得急"，为国家大局稳定作出突出贡献。

——不变的是"艰苦奋斗、勇于开拓"的农垦精神。从抗日战争时一手拿枪、一手拿镐的南泥湾大生产，到新中国成立后新疆、东北和华南的三大军垦战役，再到改革开放后艰难但从未退缩的改革创新、坚定且铿锵有力的发展步伐，"艰苦奋斗、勇于开拓"始终是农垦人不变的本色，始终是农垦人攻坚克难的"传家宝"。

农垦精神和文化生于农垦沃土，在红色文化、军旅文化、知青文化等文化中孕育，也在一代代人的传承下，不断被注入新的时代内涵，成为农垦事业发展的不竭动力。

"大力弘扬'艰苦奋斗、勇于开拓'的农垦精神，推进农垦文化建设，汇聚起推动农垦改革发展的强大精神力量。"中央农垦改革发展文件这样要求。在新时代、新征程中，记录、传承农垦精神，弘扬农垦文化是农垦人的职责所在。

（六）

随着垦区集团化、农场企业化改革的深入，农垦的企业属性越来越突出，加之有些农场的历史资料、文献文物不同程度遗失和损坏，不少老一辈农垦人也已年至期颐，农垦历史、人文、社会、文化等方面的保护传承需求也越来越迫切。

传承农垦历史文化，志书是十分重要的载体。然而，目前只有少数农场编写出版过农场史志类书籍。因此，为弘扬农垦精神和文化，完整记录展示农场发展改革历程，保存农垦系统重要历史资料，在农业农村部党组的坚强领导下，农垦局主动作为，牵头组织开展中国农垦农场志丛编纂工作。

工欲善其事，必先利其器。2019年，借全国第二轮修志工作结束、第三轮修志工作启动的契机，农业农村部启动中国农垦农场志丛编纂工作，广泛收集地方志相关文献资料，实地走访调研、拜访专家、咨询座谈、征求意见等。在充足的前期准备工作基础上，制定了中国农垦农场志丛编纂工作方案，拟按照前期探索、总结经验、逐步推进的整体安排，统筹推进中国农垦农场志丛编纂工作，这一方案得到了农业农村部领导的高度认可和充分肯定。

编纂工作启动后，层层落实责任。农业农村部专门成立了中国农垦农场志丛编纂委员会，研究解决农场志编纂、出版工作中的重大事项；编纂委员会下设办公室，负责志书编纂的具体组织协调工作；各省级农垦管理部门成立农场志编纂工作机构，负责协调本区域农场志的组织编纂、质量审查等工作；参与编纂的农场成立了农场志编纂工作小组，明确专职人员，落实工作经费，建立配套机制，保证了编纂工作的顺利进行。

质量是志书的生命和价值所在。为保证志书质量，我们组织专家编写了《农场志编纂技术手册》，举办农场志编纂工作培训班，召开农场志编纂工作推进会和研讨会，到农场实地调研督导，尽全力把好志书编纂的史实关、政治关、体例关、文字关和出版关。我们本着"时间服从质量"的原则，将精品意识贯穿编纂工作始终。坚持分步实施、稳步推进，成熟一本出版一本，成熟一批出版一批。

中国农垦农场志丛是我国第一次较为系统地记录展示农场形成发展脉络、改革发展历程的志书。它是一扇窗口，让读者了解农场，理解农垦；它是一条纽带，让农垦人牢记历史，让农垦精神代代传承；它是一本教科书，为今后农垦继续深化改革开放、引领现代农业建设、服务乡村振兴战略指引道路。

修志为用。希望此志能够"尽其用"，对读者有所裨益。希望广大农垦人能够从此志汲取营养，不忘初心、牢记使命，一茬接着一茬干、一棒接着一棒跑，在新时代继续发挥农垦精神，续写农垦改革发展新辉煌，为实现中华民族伟大复兴的中国梦不懈努力！

中国农垦农场志丛编纂委员会

2021 年 7 月

内蒙古上库力农场志
NEIMENGGU SHANGKULI NONGCHANG ZHI

序言

在上库力农场建场65周年之际，《内蒙古上库力农场志》经过各部门的通力合作和编纂人员的艰辛努力，承蒙农业农村部农垦经济发展中心、中国农业出版社有关专家指教和大力支持，即将出版面世。它是上库力农场多年历史的真实记录，是农场精神文明建设和企业文化建设取得的重大成果，是全体干部职工群众艰苦奋斗、勇于开拓的时代缩影，是为建场65周年献上的一份厚礼，意义深远，可喜可贺！作为现任农场场长，我感到十分欣喜和自豪，在此，谨向为编纂此书做出贡献的人们表示由衷的感谢！

隶属于呼伦贝尔农垦（集团）有限责任公司的上库力农场，是一个以农为主，农、牧、林等产业综合发展，经营规模较大的国有农垦企业。她正像首届全国村歌大赛二等奖歌曲《草原明珠上库力农场》所唱的那样，是一颗镶嵌在呼伦贝尔草原东北部熠熠生辉的明珠。在这片美丽富饶的黑土地上，富有创新精神和聪明才智的全场各族人民，用无私的奉献和勤劳的双手描绘出一幅幅拼搏进取的画卷，谱写出一曲曲可歌可泣的华彩乐章。

此部续志，全面地记述了2011—2020年上库力农场发展建设沿革和积累的经验、教训，为推进农场持续发展、不断前进提供借鉴，妥善整理、提炼、保存广大干部职工在生产实践中创造的精神文化成果，进一步展示上库力农场人不畏艰辛、攻坚克难、勇于奉献、与时俱进的良好精神风貌，这是我们编纂《内蒙古上库力农场志》的初衷和目的。

十年来，上库力农场实现各行业总收入 54.5 亿元，农业总收入 22.98 亿元，畜牧业总收入 14.8 亿元，经营利润 5.15 亿元。利用各级财政和企业自配套资金 4.17 亿元，建设并投入使用的农田水利节水灌溉面积 19.07 万亩*，抵御自然风险的能力明显增强。新增先进农业机械、机具 425 台（件），提升了现代农业农机装备水平。将信息化、物联网、大数据等先进科学技术融入现代农业建设，实现了电子土地档案可追溯、对农作物长势进行分析与指导、田间生产环节智能监控、单车作业智能核算、生产成本分析，数字天气、草情虫情监测等信息化，为现代农业快速发展开辟了广阔前景。2015 年后加强了与约翰迪尔、凯斯纽荷兰等大型跨国公司的合作，每年派遣人员外出学习，鼓励职工发明创造，职工自主研发的甜菜条耕机获得专利（专利号：ZL2020 2 2735814.3）。

十年来，上库力农场人通过拼搏进取，取得了令人欣喜的业绩。2011、2012 年农场连续两年获得海拉尔农垦（集团）有限责任公司经济效益突出贡献奖、工作实绩一等奖；2013 年被中共内蒙古自治区委员会、内蒙古自治区人民政府授予全区文明单位称号；2015 年再次获得海拉尔农垦（集团）有限责任公司经济效益突出贡献奖；2017 年获得呼伦贝尔市先进基层党组织、集团公司水利工程先进单位称号；2020 年获得全国村歌大赛二等奖等荣誉，同年被中国农业机械学会授予农机科普工作先进集体称号。这些荣誉饱含着全场干部职工的心血和汗水，饱含着建设美好家园的动力和信心、责任与担当。

十年来取得的成绩是我们继续前进的动力，实践中积累的经验是我们加快发展的宝贵财富，发展中存在的问题是我们今后工作的攻坚课题。

展望农场未来的发展，上库力农场人必将以改革为动力，以科技为支撑，以企业增效、职工增收为目标，为建设经济更加繁荣、百姓更加富裕、社会更加和谐、环境更加优美的现代化农垦企业而不懈奋斗。

本书编纂工程规模庞大，失误与疏漏在所难免，恳请各级领导、专家和广大读者雅正。

谨以此书献给上库力农场的开拓者、建设者，献给所有关心支持上库力农场发展建设的人们！

---

* 亩为非法定计量单位，1 亩≈667 平方米。编者注

凡例

一、《内蒙古上库力农场志》是在上库力农场志编纂委员会的领导下，由农场志编纂办公室人员编纂成书的。志书的编纂坚持实事求是的原则，按照农场发展建设的历史线索，力求内容丰富、资料翔实、观点正确、文风端正、文字简洁，全面客观记述上库力农场的建制、沿革、自然、政治、经济、文化、社会发展等各方面的历史和现状，是《上库力农场志》之后的续志。

二、志书上限时间自 2011 年 1 月 1 日起，下限截止时间至 2020 年 12 月 31 日止。时间跨度为 10 年。

三、志书采用章、节、目的结构形式，共分为 36 章 165 节，志首有"序言""凡例"，志末附有"附录""后记"。

四、志书采用述、记、传、图、表、录等形式，以志为主，辅以图表。大事记采用编年体和纪事本末体相结合的方法写成。

五、志书采用资料多为农场和有关单位、部门的档案资料，也引用或原文转载了部分出版物中的文献资料，如学术论文、工作研究、散文、诗歌等。还走访了部分老领导、老工人及相关人员，并采用他们提供的有价值的口碑资料以充实相关章节内容。

六、志书所采用的数字主要由农场财务人员、统计部门和相关科室提供。计量以千克、万千克、吨、克、千米、亩、公顷、平方米、立方米、延米为单位。

七、志书中"人物传记"一节，坚持"生不立传"的原则，入传者均为对农场发展建设做出贡献、有广泛影响的已故副场级以上领导人，以卒年为序排列。"人物简介"一节，力求将农场近十年来有突出贡献的内蒙古自治区（省）级模范人物及农场副场级以上领导的简历、照片入志。模范人物按获得荣誉时间先后顺序排列，领导按在上库力农场担任副场级以上职务先后顺序排列。

八、本志书"先进集体""先进个人"收录的是 2011—2020 年十年来荣获海拉尔农垦（集团）有限责任公司、呼伦贝尔农垦（集团）有限责任公司表彰（公司级以上）的先进集体和先进个人。

九、本志书采收的彩色图片集中置于志首，其他照片插于有关章节之中。

十、本志书将一些有价值的原文收入附录，以充实正文内容。附录原文中与志书不符的数据和提法，以志书正文为准。

中国农垦农场志丛

目 录

概　　述

一、2011 年上库力农场情况概述

2011 年，上库力农场总户数 2258 户，总人口 6308 人，辖区总面积 2500 平方千米。耕地面积 60.46 万亩，其中，农场统一耕种面积 53.72 万亩，其余耕地中，6.17 万亩由 7 个家庭农场承包经营。在农业生产上全面推广保护性耕作技术，按照压缩小麦、增加大麦、稳定油菜播种面积的思路进行决策，三大作物播种面积 51.4 万亩，其中油菜播种面积 26.2 万亩、小麦播种面积 18.7 万亩、大麦播种面积 6.5 万亩，实现粮油总产 64500吨，全年完成生产总值 1.74 亿元、农业总收入 1.95 亿元、工业总收入 558 万元，应收款降低 1100 万元；年末资产总额 3.3 亿元，其中固定资产总值达到 2.13 亿元，当年新增固定资产 716 万元；在岗职均收入 31000 元，人均收入 23925 元；经营利润 6688 万元，企业负债率 31％。完成植育树苗 24 万株，营造农田防护林面积 623 亩，荒山造林 3.2 万株，职工春秋义务植树 90000 株。投入资金 2357 万元，购入具有国内外领先技术的农业机械47 台，机械装备的现代化水平进一步提高。畜牧业在优惠政策扶持下快速发展，年末牲畜存栏 47403 头（匹、只、口），同比增长 19.4％；牛奶总产 22315 吨，出售商品奶18596 吨；完成 1650 头三河牛电子档案数据库建设，建立 4000 头基础奶牛良种补贴档案。种植青贮面积 600 亩，打贮饲草 29600 吨。畜牧业总收入 8197 万元，同比增长1.77％。2011 年完成基本建设投资 3782 万元，新建和维修水泥晒场，面积 38446 平方米。新建两个晾晒大棚，面积 7000 平方米。对第六生产队原面积 6000 平方米的晾晒棚进行封闭改造。建设 5 个单位的铁艺围墙，长度 1156 延米。硬化第五生产队、第六生产队职工住宅新区道路，面积 6295 平方米。建设农场中心区东方红文化活动广场并进行硬化、绿化、亮化。修筑田间路，长度 6 千米，进行危旧房改造 8 户，面积 591 平方米、挖掘节水灌溉蓄水池 2 个、面积 2.8 万立方米，基础设施建设进一步完善。承办了内蒙古自治区公益事业"一事一议"现场会，利用项目投资 1349 万元，建成了文化活动广场，职工住宅楼区，第五生产队、第六生产队、第七生产队职工住宅新区，卫生室等 10 个公益事业

建设项目。以庆祝建党 90 周年和建场 55 周年庆典为切入点，巩固争先创优、"四好领导班子"和"五好党支部"创建成果，党的建设、精神文明建设、企业文化建设得到长足发展。充实 6 个单位草原书屋，完成会议室面积 91.75 平方米 LED 大屏幕安装和荣誉室、阅览室、活动室建设。编纂出版了《上库力农场志（1956—2010）》，印制企业宣传册1000 册，电视自办节目 908 小时。开展"十佳好儿媳"评选活动，为离休干部住房一次性补贴 20 户，补贴金额 81.8 万元。为"4050"人员（指女性 40 岁以上，男性 50 岁以上，就业条件较差且失业、无业或灵活就业的劳动者）支付两险、卫生退休人员工资补差，支付 80 岁以上老人高龄补贴、外购奶牛补贴、危旧房改造补贴、安装费等，累计补贴资金 340 万元。全年救济困难职工 54 户，发放救济金 28500 元，落实"五七工"参保政策，231 人受益。1377 名干部职工为"博爱一日捐"活动捐款 18740 元。以人为本，惠及民生，圆满完成八件实事：一是利用项目和农场配套资金 96.8 万元，外购高产优质奶牛 242 头，每头牛补贴 4000 元；二是投资 200 万元彻底维修养护老屯区砂石路，场部至第一生产队、第七生产队公路；三是投资 51 万元，为第七生产队建设奶牛集中饲养暖舍一栋，面积 742 平方米，改善奶牛饲养条件；四是投资 270 万元，对 2000 户职工户厕进行新建；五是结合一事一议财政奖补项目建设，投入资金 268 万元，完成第五生产队、第七生产队职工住宅新区硬化、绿化、亮化工程；六是投资 476 万元，建设农场中心区文化活动广场，面积 21797 平方米；七是资助困难职工家庭子女上大学，资助金额 34000 元；八是职工医院为上库力街道办事处工作人员、幼儿园教职工、边防派出所干警 140 人免费进行体检。全场完成或超额完成了海拉尔农垦集团公司的责任目标，获得集团公司经济效益突出贡献奖、工作实际一等奖。

二、2012 年上库力农场情况概述

2012 年，上库力农场总户数 2222 户、总人口 6303 人。耕地面积 55.6 万亩，草原面积 151 万亩，林地面积 61935 亩，其他面积 284.3 万亩。全年完成总收入 6.5 亿元，同比增长 110.8%；实现生产总值 2.28 亿元，同比增长 31.0%；粮油总产 90000 吨，同比增长 39.5%；农业总收入 2.9 亿元，同比增长 48.7%；经营利润 1.4 亿元，同比增长 109.3%；在岗职均收入 56000 元，同比增长 80.6%；人均收入 29419 元，同比增长 23%；工业总收入 875 万元，同比增长 56.8%；固定资产总值 2.37 亿元，同比增长 11.3%；兑现职工工资 6464 万元，同比增长 95%；应收款降低 2425 万元，企业负债率 33%。小麦、油菜、大麦三大作物播种面积 50.7 万亩，其中小麦播种面积 12.5 万亩、油

菜播种面积 28.4 万亩、大麦播种面积 9.8 万亩。其他作物种植面积 0.07 万亩。克服低温、冻害、干旱、冰雹、大风等自然灾害不利影响，连续第 9 年夺得农业大丰收，农业在全场各项事业发展中的支柱作用更加凸显。粮油总产、农业总收入、经营利润、职均收入、人均收入等多项指标实现了建场以来新的突破。年末牲畜存栏 53970 头（匹、只、口），同比增长 13.85%；牛奶总产 22950 吨，同比增长 13.9%；畜牧业总收入 1.47 亿元，同比增长 79.3%。白鹅、野猪、小笨鸡、蜜蜂等特色养殖业初具规模，全场个体私营经济总收入 3.6 亿元。基本建设总投资 6649 万元，建设完成水泥晒场、晾晒棚、办公室、奶牛暖舍、物资库、锅炉房、车库等基建工程 16 项，总建设面积 66241 平方米。这是近十年来工程量最大、施工时间最短、投资最多的一年，也是基础设施得到较快改善的一年。投入资金 4803 万元，完成危旧房改造 607 户，总面积 53539 平方米；集团公司每亩耕地增加 10 元工资，共计 490 万元，全部分配给生产一线在岗职工，平均每人增加工资 4000 元；考试招录 31 名职工子女上岗就业；投资 28.7 万元，为 13 户特困职工解决住房问题，安排 30 名职工退岗养病；为职工支付"五险"资金 1480 万元。年初在职工代表大会上承诺为民办好七件实事，全部完成：一是新建 200 户职工住宅楼，面积 23750 平方米；二是购买优质高产奶牛 212 头，每头牛补贴 3000 元；三是投资 110 万元，为第一生产队、第七生产队建设两个机械挤奶厅；四是投资 699 万元建设 6 栋奶牛暖舍及附属设施，面积 6900 平方米；五是建设 1 个面积 120 平方米的收奶站；六是为饲养 1000 只白鹅和舍饲圈养 100 只肉羊、50 头肉牛的畜牧业养殖户提供 5 亩和 10 亩饲料地；七是投资 75 万元建设职工住宅楼区活动室，面积 460 平方米。隆重举行"十佳好儿媳"表彰大会，完成了市级文明单位届期制复审，承办了《呼伦贝尔农垦报》记者研讨班和集团公司职工篮球分赛区，为 7 个生产队 908 户职工家庭安装户户通卫星电视接收设备。1398 名干部职工为"博爱一日捐"活动捐款 19240 元。全年救济困难职工 66 户，发放救济金 48200 元。投入资金 48000 元，奖励考上二本以上院校学生 15 人，资助 5 名贫困职工家庭大学生入学。全年用于扶贫济困的资金达 43.8 万元。再次获得集团公司经济效益突出贡献奖、工作实绩一等奖。

三、2013 年上库力农场情况概述

2013 年，上库力农场平均降水 591.17 毫米，是 2012 年的两倍多，特别是 7 月末至 8 月中旬，大到暴雨连续不断，形成百年不遇的特大洪涝灾害。5 个生产队和场部地区遭受洪水袭击，有 291 户住房进水，冲毁房屋 10 栋，受灾人口 873 人，水淹草场面积 11 万

亩，农田受灾面积 36 万亩，造成经济损失 8000 余万元。受特大洪涝灾害影响，部分经济指标下滑。全年完成总收入 8.27 亿元，同比增长 27%；粮油总产 60077 吨，同比下降 33.2%；农业总收入 2.33 亿元，同比下降 19.7%；经营利润 7384 万元，同比下降 47.2%；在岗职均收入 40909 元，同比下降 26.9%；人均收入 31707 元，同比增长 7.8%；企业负债率 34.1%。年末牲畜存栏 66915 头（匹、只、口），同比增长 24.0%；牛奶总产 19207 吨，同比下降 16.3%；畜牧业总收入 2.45 亿元。受洪涝灾害影响，31 万亩农作物严重倒伏，其中 15000 亩绝产。针对洪涝灾害，农场投入资金 2028 万元，新增割晒机、联合收割机、防陷半链轨、防陷轮胎、大马力胶轮车等先进机械设备 77 台（件），历经 45 天昼夜奋战，完成了 47.47 万亩收获任务，尽管没能完成年初预定目标，但仍然实现了大灾之年夺丰收。建设完成奶牛暖舍 3 栋、肉羊暖舍 2 栋、机械化挤奶厅 2 个。1000 头奶牛生态养殖场一期工程基本完成，全年用于畜牧业基础设施建设总投资 1359 万元。饲养白鹅 58500 只。全年完成基本建设总投资 1.04 亿元，其中利用项目资金 4843 万元。建设完成水泥晒场，面积 10800 平方米；晾晒棚，面积 3000 平方米；电子地衡 2 个；两个生产队屯内水泥路，长度 5.2 千米；五个生产队田间机耕路，长度 47 千米；节水灌溉面积 13537 亩及危房改造供水、供暖管网，中心区道路硬化、绿化、亮化等基本建设工程。新建职工住宅楼 9 栋 288 户，建设完成住宅楼区安全饮水工程，修筑场部至第七生产队水泥路，长度 12 千米，安置新增零就业家庭职工子女 65 人上岗就业。以加强基层党组织和党员队伍建设为切入点，修订完善《党建、企业文化、精神文明建设、社会发展目标管理考核细则》，使各项工作有章可循。做到部署有目标、检查有依据、考核有措施。农场被内蒙古自治区党委，自治区人民政府授予自治区级文明单位称号。

四、2014 年上库力农场情况概述

2014 年，上库力农场围绕贯彻落实集团公司总体部署，以稳农兴牧为重点，以企业增效、职工增收为目标，统筹兼顾，狠抓各项工作落实，圆满完成各项任务和重点工作。完成农作物播种面积 50.25 万亩，其中油菜播种面积 26.5 万亩，小麦播种面积 20.9 万亩，大麦播种面积 2.1 万亩，苜蓿、青贮等播种面积 0.75 万亩。利用项目和企业自筹资金 3443 万元，加强畜牧业基础设施建设，扶持畜牧业转型提速。1000 头标准化奶牛生态养殖场全面竣工。149 户职工饲养大鹅 35 万只，成活率 90%，总收入 1298 万元。年末牲畜存栏 74212 头（匹、只、口），同比增长 10.9%；牛奶总产 19042 吨，同比下降 0.8%；畜牧业总收入 2.58 亿元，同比增长 5.3%。实施各类项目 26 项，共完成基本建设项目总

投资 1.32 亿元。修筑田间机耕路，长度 38 千米。建设水泥晒场，面积 1.2 万平方米，晾晒棚面积 3000 平方米，粮食风干仓 6 座。建设奶牛、肉牛暖舍 9 栋，面积 1.3 万平方米；彩钢鹅舍 36 栋，面积 7200 平方米。建设节水灌溉工程，面积 12535 亩，100 户公共租赁住房开工建设，修筑水泥、柏油公路长度 21 千米。生猪养殖基地全面竣工。利用职工集资集中饲养奶牛 309 头，肉牛 1300 头。投资 3410 万元，新建职工住宅楼 224 户，住宅楼户数达到 1028 户，占职工总户数的 46%，提前 5 年完成 10 年内规划、建设 1000 户职工住宅楼的目标。解决新增零就业家庭职工子女 66 人上岗就业。实现了场部通往各生产队水泥路、柏油路队队通，这在海拉尔垦区是第一个。完成 7 个生产队和场部地区高清晰数字监控全覆盖。对贫困家庭大学生进行资助，奖励被二本以上院校录取的大学生。建设完成中心区文体活动中心，面积 3800 平方米。免费为 739 名职工进行身体健康检查。走访慰问贫困职工 81 户，发放救济金 6.6 万元，为 93 户 146 名困难职工办理城镇低保，年人均享受低保金 3480 元。1397 名干部职工在"博爱一日捐"活动中捐款 19600 元。为 35 名 80 岁以上老人发放慰问金 1.75 万元。全场享受"五险"待遇的职工达 1531 人，全年上缴"五险"资金 2751 万元。职工医院全年接诊患者 18763 人（次）。2014 年，完成各业总收入 9.5 亿元，同比增长 15.0%；粮油总产 95000 吨，同比增长 58.0%；农业总产值 2.7 亿元，同比增长 15.9%；经营纯利润 5560 万元。在岗职均收入 56016 元，同比增长 36.9%；人均收入 35115 元，同比增长 10.4%。新增固定资产 4200 万元，资产负债率 35%。全场义务植树 41250 株，容器袋育树苗 20 万株。超额完成了集团公司责任状和年初职代会确定的各项目标。

五、2015 年上库力农场情况概述

2015 年，上库力农场突出了种植结构调整，压缩油菜、稳定小麦、增加大麦，播种油菜 22.6 万亩、小麦 20.2 万亩、大麦 7.1 万亩。三大作物播种面积 49.9 万亩。农作物种植品种调整力度加大，引进优质小麦品种 101.5 万千克，于大旱之年起到稳定小麦总产的关键作用。繁殖德国大麦品种 12.5 万千克，"双低"杂交油菜品种覆盖率达到 100%。小麦赤霉病防病措施到位，提高了小麦品质和产量，受到社会认可。投资 943 万元，新增先进农业机械 59 台，全场农业机械装备水平进一步提升。拥有大型拖拉机 72 台、气吹式播种机 1 台、平播播种机 69 台、自走式割晒机 12 台、牵引割晒机 99 台、自走喷药机 8 台、背负式喷药机 37 台、联合收割机 110 台、装载机 14 台、各种农具 923 台、清粮机 65 台、扒谷机 8 台、推进器 75 个、种子精选机 4 台、搅拌机 34 台、装车机 20 台、输送机

16 台等，农业机械总台数 1838 台（件），总动力 5.5 万千瓦。利用项目和企业自筹 1550 万元，购入黑巴斯特大型粉碎机、TMR 搅拌车、圆捆机、方捆机、搂草机、翻晒机等先进牧业机械 7 台。为 4 个生产队建设奶牛暖舍 5 栋、挤奶厅 1 个，维修改造暖舍 2 栋，建设面积 10175 平方米。种植青贮 2073 亩、苜蓿 900 亩，部分优质苜蓿以每吨 2000 元价格对外出售。1945 头奶牛参加养殖保险，理赔 122 头，赔付资金 76.6 万元。年末牲畜存栏 84042 头（匹、只、口），牛奶总产 13694 吨，肉类总产 1179 吨，打贮饲草 36749 吨，畜牧业总收入 1.38 亿元。实施基本建设项目 18 项，建设粮食风干仓 10 座、铁艺围栏 2480 延米，建设农田节水灌溉工程，面积 47500 亩，建成年出栏 1000 口生猪养殖基地，面积 1141 平方米。完成 2 栋 100 户公共租赁楼房，面积 5991 平方米，以及活动中心室外绿化、美化、硬化、亮化工程。基本建设总投资 1.02 亿元。总投资 8066 万元的"十个全覆盖"工程取得阶段性成果，建设完成中心区街巷和生产队水泥路 34.7 千米、砂石路 30 千米，铺设彩砖路肩 2700 延米，修筑路边沟 2200 延米，扩建卫生室 7 个、文化活动室 8 个、文化活动广场 4 个，拆除危旧房、圈舍 1309 座，旧杖子（板壁）11.3 万延米，新建彩钢围栏 7.8 万延米、网围栏 6 万延米，铺设甬道 605 条，植树 25000 株。社会保障事业稳步推进。2015 年走访慰问贫困职工 85 户，发放救济资金 8.62 万元，利用干部职工捐款资助 2 名因病致贫职工，资助贫困职工子女上大学和奖励被二本以上院校录取的大学生 36 名，资助和奖励资金 2.5 万元，免费为 65 岁以上老年人 488 人进行健康检查，妇女病普查 1164 人。原第六生产队整村撤并搬迁 63 户，补贴资金 159 万元，在岗职工 1390 人全部参加"五险"，全年支付"五险"资金 3841 万元。全年完成各业总收入 6.97 亿元，生产总值 3.85 亿元，农业总收入 2.59 亿元，工业总收入 668 万元；当年新增固定资产 6951 万元，粮油总产 93500 吨，经营利润 5505 万元。受经济下行和粮油价格影响，减少收入 7000 万元，各项指标与上年相比均有不同程度的下降。

六、2016 年上库力农场情况概述

2016 年，农场按照压缩油菜、扩大小麦、减少大麦、增加饲草的经营思路，优化调整种植结构和农作物品种结构，完成播种面积 51 万亩，其中小麦播种面积 26.6 万亩，比上年增加 6.4 万亩；油菜播种面积 18.4 万亩，比上年减少 4.2 万亩；大麦播种面积 2.7 万亩，比上年减少 4.4 万亩；饲草播种面积 3.3 万亩，比上年增加 3 万亩。由于旱情严重，三大农作物产量均有不同程度的下降，小麦平均亩产 218 千克，大麦平均亩产 141 千克，油菜平均亩产 92 千克。苜蓿、全株青贮玉米总产量 2.88 万吨。投入项目和企业配套

资金 1502 万元，新增先进农业机械 117 台（件）。农产品质量安全取得突破，完成绿色小麦认证面积 18.2 万亩、绿色大麦认证面积 2.7 万亩、有机小麦认证面积 0.7 万亩。农业科技支撑能力得到加强，完成国家、内蒙古自治区、集团公司和本场试验示范项目 57 项，其中大田试验 32 项、农业科技试验站品种试验 25 项。为 21 套秋整地机械安装深松监控设备。完成秋整地面积 21.4 万亩，其中国家深松整地项目面积 10.69 万亩，获得补贴资金 213.8 万元，8 台大型农业机械安装卫星导航定位系统，农业信息化管理能力得到加强。新建农业水利工程灌溉面积 2 万亩，改造维修水利工程面积 3.4 万亩，新建粮食烘干设施 5 套、储粮仓 10 座、水泥晒场面积 1.2 万平方米、晾晒棚面积 3000 平方米、电子地衡 1 个，农业基础设施不断完善。争取畜牧业项目 17 项，利用项目和企业自筹资金 5171 万元，新建奶牛暖舍 5 栋面积 1.3 万平方米、挤奶厅 3 个面积 2011 平方米、肉羊养殖圈舍 6 栋面积 3844 平方米、建设青贮窖 5 个面积 2.7 万立方米、干草棚面积 600 平方米、精料库面积 200 平方米。购入青贮播种机、青贮取料机、割草机、翻草机、捆草机等先进牧业机械 16 台。11 个冷配站点全年冷配奶牛 1666 头，受胎率 93%。职工饲养大鹅 6.16 万只、蜜蜂 197 箱、野猪 282 口、獭兔 304 只、柴鸡 8719 只，全年肉类总产量 1188 吨。2016 年是落实新一轮草原补奖政策的第一年，农场落实补奖草原面积 150 万亩，2909 户 3914 人享受草原补奖优惠政策，获得补奖资金 1025.7 万元，人均享受补贴资金 2620.6 元。年末牲畜存栏 88473 头（匹、只、口），其中牛 10987 头、马 1296 匹、羊 75462 只、猪 72512、驴 3 头。全年实施各级各类项目 36 项，涉及农牧业基础设施建设、产业升级、机械更新、水利工程、环境治理、绿化、民生工程等多个领域，完成项目总投资 1.58 亿元，其中中央预算及财政资金 1.07 亿元，企业自筹 0.46 亿元，职工自筹 500 万元。2016 年，上库力农场与深中旅游发展（深圳）有限公司合作成立深蒙旅游发展（呼伦贝尔）有限公司，完成工商注册，形成了极地梦境呼伦贝尔上库力旅游度假区策划方案和股份合作协议。与韩国（株）SB 金融，赫尔斯金（天津）科技发展有限公司三方签署了面粉加工、蒙古马油深加工，养殖蒙古韩牛战略合作框架协议。由待业大学生成立的天晟旅游资源开发有限责任公司，开启了互联网＋旅游＋农畜产品销售新模式，分割野猪肉、羊肉、褐面烤饼等产品销往广东、浙江、湖北、山东、北京等省市。社会保障体系日趋完善，为 1348 名在岗职工重新签订劳动合同，为 1499 名职工投保工伤和意外保险，136 名 40 岁、50 岁人员享受社会保险补贴 39 万元，使 1088 名符合生活田补贴条件的人员享受补贴资金 776 万元，争取到援企稳岗补贴和人才储备资金 144.9 万元，使 312 名老农垦职工享受高龄补贴 26 万元。救济贫困职工 92 户，发放救济资金 7.36 万元。为退休职工体检 430 人，妇女病普查 1259 人。据财务决算统计，全年完成各业总收入 6.2 亿元，生产总值 2.7

亿元，农业总收入 2.53 亿元，畜牧业总收入 1.11 亿元，新增固定资产 5510 万元，兑现职工工资 7060 万元，在岗职均收入 5.38 万元，人均收入 3.1 万元。

七、2017 年上库力农场情况概述

2017 年，以农业为主导产业和经济支柱的上库力农场，从春播到秋收灾情不断。播种中后期的低温、光照不足，苗期的大风、冻害，在农作物生产的关键时期，70 余天有效降雨仅 44 毫米。全场受旱灾面积 48.2 万亩、冻灾面积 4.3 万亩、风灾面积 0.4 万亩，绝产面积 1.3 万亩。总播种面积 51.74 万亩，其中油菜播种面积 20.6 万亩，平均亩产 87 千克；小麦播种面积 27.6 万亩，平均亩产 117 千克；大麦播种面积 0.21 万亩，平均亩产 89.5 千克；苜蓿播种面积 2.77 万亩；其他播种面积 0.06 万亩。自然灾害严重影响了农作物产量和质量。但农场也注重了改进技术，在总播面积与上年基本相同的情况下，使用化肥减少 2648 吨、农药减少 80 吨，节省成本投入 1155 万元。同时，推进绿色、健康大农业发展，新增绿色油菜认证面积 17 万亩，绿色农产品认证面积累计达到 38.2 万亩，农产品各生产环节质量追溯体系逐步完善。利用项目资金 400 万元，引进德国 UTV 公司覆膜好氧堆肥技术建成有机肥厂投入生产，处理粪污、秸秆 6300 立方米，生产有机肥 3150 吨。完成国家、自治区、集团公司本场农作物品种区域及大田试验示范项目 47 项，大田推广小麦新品种 5 个。与哈尔滨农业大学信息研究所合作，为 33 台整地机械安装深松监控设备，完成深松整地面积 17.2 万亩，其中有 15.5 万亩获得深松整地补贴资金 451 万元。投资 1811 万元，其中项目资金 1230 万元，新增先进农机具 70 台（件），农机装备水平走在内蒙古自治区前列。农业机械首次开展跨区作业。完成投资 1.92 亿元，新建农田水利节水灌溉工程 12.34 万亩。受国内外畜产品价格持续低迷的影响，畜牧业各项经济指标及基础母畜、牛奶总产、职工养殖业发展水平出现下滑。为鼓励扶持畜牧业发展，落实各类畜牧业项目 14 项，总投资 4248 万元。种植莜麦草 0.5 万亩、青贮 600 亩、苜蓿 2.77 万亩、马铃薯 0.3 万亩。饲草总产量 7183 吨，打贮饲草 8587 吨。青贮以每千克 0.2 元的优惠价格出售给本场养畜户，利用购进的两台大型粉碎机为养畜户粉碎秸秆、干草 3.1 万捆。对 1500 亩草场进行播肥改良，配合草场确权，完成草场测量 119 万亩。为推进林业生产发展，改善生态环境，新建园林苗木基地 300 亩，修筑环形路 2000 延米，建设树苗条窖面积 50 平方米，育杨树苗 40 万株，移栽松树苗 4 万余株，引进王族海棠、红火榆叶梅、紫叶稠李等 15 种观赏树 23 万株，栽植葱兰、玉簪草本植物 20 万株，移植云杉、刺玫果 5 万株。完成"三北"防护林补植杨树 2000 亩，秋季植树绿化行动植树 4.9 万株。

投资 2421 万元，新建 32 户，面积 3431 平方米职工住宅楼一栋，建设水泥路面积 1.6 万平方米、平房仓 1 座面积 600 平方米、奶牛暖舍 4 栋面积 1.2 万平方米、挤奶厅 2 个面积 1756 平方米。完成"兀鲁斯狂欢城"旅游项目建设前期各项手续审批工作。承办了"亚洲北纬度假圈"额尔古纳高峰论坛。与重点旅游投资集团、重庆交旅建设工程公司、贵州黄果树实业投资公司就合作开发上库力国际旅游度假区签署了意向协议。全场有 15 户职工开办家庭游，接待游客 17643 人，经营收入 1196 万元。社会事业稳中有进，上缴职工"五险"资金 3371 万元；为 1456 名职工投保工伤和意外保险；164 名"4050"人员享受地方困难人员社会保险补贴 47 万元；965 人享受生活田及"两险"补贴 157 万元；争取额尔古纳市援企稳岗补贴资金 111 万元，人才储备资金 18 万元；300 名老农垦职工享受高龄补贴 25 万元；救济 147 名困难职工，发放救济金 11.96 万元；为 1445 名在岗职工缴纳第四季度住房公积金 212 万元；在岗职工、退休职工免费体检 1278 人；为 16 名教育退休人员补差退休费 66 万元，职工医院 36 名退休人员享受"老人老政策"事业单位补差退休费 113 万元；1347 名干部、职工为"博爱一日捐"活动捐款 2.34 万元。农场党委班子成员到基层党支部讲党课 48 次，272 名在岗党员为民公开承诺内容 41 项，20 个党支部开展主题党日活动 38 次。围绕现代农业信息化、经营管理、进口机械使用保养、科学养畜、水利工程、旅游、企业文化等内容，举办职工培训班 18 期，培训职工 2726 人次。2017 年，完成各业总收入 5.3 亿元，同比降低 9655 万元，下降 14.5%；农业总收入 1.39 亿元，同比降低 11400 万元，下降 45.1%；畜牧业总收入 9202 万元，同比降低 1898 万元，下降 17.1%；牛奶总产 5148 吨，同比降低 2738 吨，下降 35%，其中商品奶 4290 吨，同比降低 2212 吨，下降 34%；年末牲畜存栏 61739 头（匹、只、口），同比降低 1479 头（匹、只、口），下降 2%；新增固定资产 1.07 亿元，资产负债率 56%；粮油总产 48185 吨，同比降低 30160 吨，下降 38.5%；经营亏损 3590 万元；在岗职均收入 4.38 万元，同比降低 10000 元，下降 18.6%；人均收入 2.95 万元，同比降低 1500 元，下降 5.0%；兑现职工工资 6914 万元。由于经济下行，市场因素和多种自然灾害影响，年初确定的预期经济指标未能实现。

八、2018 年上库力农场情况概述

2018 年，根据农垦深化改革的要求，国有土地使用权确权登记工作告一段落，经确权认定，上库力农场辖区总面积 1690 平方千米，耕地面积 61.180 万亩，草原面积 80.029 万亩，沼泽面积 19.385 万亩。当年，农业生产以市场需求为导向，调整优化农作物种植

结构，总播种面积 48.93 万亩，其中小麦播种面积 19.8 万亩，总产 45938.5 吨，平均亩产 232 千克；油菜播种面积 19.1 万亩，总产 24973 吨，平均亩产 130.7 千克；大麦播种面积 0.98 万亩，总产 2250 吨，平均亩产 230.0 千克；莜麦播种面积 1.3 万亩，总产 524 吨，平均亩产 40.3 千克；水飞蓟播种面积 4.67 万亩，总产 3974 吨，平均亩产 85.1 千克；甜菜播种面积 0.4 万亩；燕麦草总产 3204.7 吨，平均亩产 249 千克；苜蓿播种面积 2.51 万亩，总产 1234.5 吨；还种植马铃薯 1355 亩、中草药 300 亩，试种油葵 100 亩。全年降雨 239.8 毫米，其中有 159.9 毫米降雨出现在秋季，农作物受灾面积 29.7 万亩。完成秋整地面积 26.5 万亩，其中深松面积 15.3 万亩。利用项目和企业自筹资金 2199 万元，其中项目资金 2055 万元，新增先进农业机械 48 台。完成小区和大田试验项目 36 项，龙垦 401、鉴 84、京 199、龙麦 39 等一批优质小麦品种已经在大田推广。与哈工大信息研究所合作，建成了"上库力农场现代化农业信息中心"，搭建起智慧农业信息化平台。利用项目资金购进 7 台畜牧业先进机械。在种植返青苜蓿 2.5 万亩的基础上，增加燕麦草种植面积，饲草总产量 23840 吨，职工打贮饲草 1.8 万吨。牛奶总产增长 24.7%。购入鹅雏 12.5 万只，比上年增加 4.05 万只，成活率 90%，出售商品鹅 10.3 万只，收入 658 万元。其他特色禽类养殖 2.09 万只。草场改良 1500 亩，围封草场 2 万亩，架设网围栏 3 万延米。灭草原鼢鼠 6100 只，灭蝗虫 3000 亩。完成 2967 户、3815 人草原奖补资金 864.6 万元分配工作，以改善生态环境、绿化家园为目标，推进林业稳步发展。2018 年培育杨树苗 40 万株，引进桦树苗、暴马丁香等绿化树种 17 万株，园林苗木基地和屯东苗圃栽植成活各类树苗 58.7 万株。补植"三北"防护林 1400 亩，新增恢复植被造林 800 亩。基本建设总投资 3.76 亿元，其中项目资金 2.79 亿元，建设农田节水灌溉工程 19.3 万亩，原第六生产队 40 万立方米、第三生产队 30 万立方米、第六生产队 10 万立方米蓄水池全部竣工，第七生产队渠首泵站投入使用。新建面积 3000 平方米晾晒棚 1 座，面积 600 平方米平房仓 1 座，面积 1.65 万平方米的水泥晒场。购置安装惠泽嘉园职工住宅楼区 30 吨锅炉一台，新建和改造供暖供水管网 1080 延米。两处旅游点和 12 家饭店全年接待游客 5.3 万人，旅游业营业收入 1400 万元，带动地区就业 140 人。按照农垦企业剥离办社会职能的安排，2018 年 12 月 31 日将职工医院及卫生行业 67 人（其中退休 37 人）、设施、设备、房屋整体移交地方政府管理，退出农垦序列。其他基础设施包括基层卫生所、村屯公路、文化活动中心、广场、屯内街巷道路、农机监理等移交资产原值 1.26 亿元，每年可减少企业折旧费 933 万元。2018 年，完成各业总收入 2.74 亿元，比上年减少 2.56 亿元，下降 48.3%；实现生产总值 1.06 亿元，比上年增加 6187 万元，增长 140.2%；农业总收入 2.59 亿元，比上年增加 1.2 亿元，增长 86.3%；粮油总产 77500 吨，比上年增加 29315

吨，增长 60.8%；经营利润 6774 万元，净利润 4039 万元，在岗职均收入 51896 元，比上年增加 8096 元，增长 18.5%；人均收入 31059 元，比上年增加 1559 元，增长 5.3%；年末牲畜存栏 89819 头（匹、只、口），牛奶总产 6422 吨，比上年增加 1274 吨，增长 24.7%；畜牧业总收入 1.09 亿元，比上年增加 1698 万元，增长 18.5%；肉类总产量 1584 吨，比上年增加 281 吨，增长 21.6%，完成或超额完成集团公司下达的工作实绩考核指标。

九、2019 年上库力农场情况概述

2019 年，农场全年完成各业收入 1.83 亿元，比上年减少 9100 万元，下降 33.2%；国内生产总值 0.48 亿元，比上年减少 5800 万元，下降 54.7%；农业总收入 1.88 亿元，比上年减少 0.71 亿元，下降 27.4%；粮油总产 52400 吨，比上年减少 25100 吨，下降 32.4%；经营亏损 4076 万元；在岗职均收入 37377 元，比上年减少 14519 元，下降 28.0%；人均收入 24806 元，比上年减少 6253 元，下降 20.1%；年末牲畜存栏 96408 头（匹、只、口），比上年增加 6589 头（匹、只、口），上升 7.3%；牛奶总产 6183 吨，比上年减少 239 吨，下降 3.7%；肉类产量 1521 吨，比上年减少 63 吨，下降 4.0%；出售牲畜 38677 头（匹、只、口），畜牧业总收入 1.3 亿元，比上年增加 2100 万元，增长 19.3%。受自然灾害和市场变化等因素影响，未能全部完成年初与集团公司签订的责任状中的目标。农业生产按照压缩油菜、稳定小麦、增加大麦、增加经济作物播种面积的思路，调整优化种植业结构。完成总播种面积 52.03 万亩，其中油菜播种面积 13.4 万亩、小麦播种面积 21.3 万亩、大麦播种面积 4.3 万亩、甜菜播种面积 2.84 万亩、水飞蓟播种面积 4.64 万亩、莜麦播种面积 0.46 亩、燕麦草播种面积 0.25 万亩，对外租赁耕地面积 2.64 万亩，受严重旱灾影响，各种农作物总产、亩产不同程度下滑。小麦品种结构得到进一步优化，选择抗旱性较强的 486、508 为主栽品种，裸麦按市场订单种植。农业科技试验站经过连续几年繁育推广新品种，改变了以往外购小麦种子的尴尬局面。开展农业科技试验小区和大田试验 46 项，其中国家 3 项、自治区 2 项、集团公司 6 项、额尔古纳市 7 项、场内 19 项、异地品种鉴定及引种试验 9 项。科技试验、推广支撑农业发展的能力不断增强。在加强农业生产管理上，以单车核算为突破口，在与上年同等作业量的情况下，节省主燃油 146 吨。化肥使用量减少 607 吨，农药、微肥使用量减少 80.4 吨。处理粪污、秸秆 6500 立方米，生产有机肥 1500 吨。7 万亩油菜、3.1 万亩甜菜获得绿色认证。节水灌溉面积达到 19.25 万亩。投入资金 938 万元，新增先进农机具 40 台（件）。完成了深松、秋整地 19.08 万亩。针对旱情对草地的影响，减免了 1162 户、18.2 万亩打草场使用费 72.8 万元，为 551 户养畜户免费提供油菜糠 8695 袋，为 109 户养畜户提供油菜秸秆 18589 捆，缓解了饲草不足的问题。2019 年育树苗 340 万株，其中有杨树苗 100 万株、樟子松苗 100 万株、榆树苗 100 万株、榆叶梅 10 万株。移栽桦树 8 万株。在大规模秋季绿化行动中，共栽植树苗 22.1 万株。基本建设完成总投资 3.45 亿元，其中国家和各级财政资金 2.64 亿元，大部分用于农田水利工程建设，完成节水灌溉面积 11.9 万亩，全部投入使用。同时，建设晾晒棚 1 座，面积 3000 平方米，水泥晒场面积 4500 平方米，沥青路面面积 4.8 万平方米，硬化地面面积 1.8 万平方米，架设农田水利高低压线路长度 80 千米。全年旅游接待人数 53500 人，旅游业营业收入 1460 万元，带动地区就业 145 人，特色农畜产品销售收入 220 万元。年初在职代会上向职工承诺的 8 件实事如期完成。为 1361 名职工缴纳"五险"资金 2786 万元，其中企业承担 1998 万元；有 104 名困难人员享受社会保险补贴 26 万元；继续执行"4050"人员及非"4050"人员社保补贴及生活田政策 865 人，补贴资金 127 万元；走访慰问贫困职工 125 户 238 人，发放慰问金 13 万元；对 8 名贫困职工家庭大学生进行资助，每人每学年 1000 元，直到大学毕业。2019 年，农场及职能部门举办进口机械驾驶、甜菜种植、水飞蓟种植、财务专业知识、安全生产知识、农田水利知识、党务工作知识、政治理论知识、岗前教育等培训班 107 期，培训职工 8220 人次。

十、2020 年农场情况概述

2020 年，全场总户数 2330 户，总人口 6096 人，在岗职工 1313 人。辖 9 个农业生产队，6 个场直服务单位，2 个民有民营股份制工业企业。辖区总面积 1690 平方千米，耕地面积 612660 亩。拥有大中型拖拉机 205 台，免耕播种机 61 台，气吸式播种机 4 台，气吹式播种机 7 台，甜菜专用播种机 7 台，平播机 34 台，自走式割晒机 14 台，牵引式割晒机 25 台，自走式喷药机 14 台，背负式喷药机 39 台，联合收割机 72 台，装载机 22 台，挖掘机 2 台，农具 953 台（件），清粮机 73 台，扒谷机 8 台，推进器 130 台，扬场机 41 台，种子精选机 10 台，输送机 41 台，搅拌机 22 台，装车机 20 台，种子包衣机 1 台，风干仓 19 座，加油车 9 辆，农田自卸车 9 辆，东风自卸车 8 辆，粮食烘干设施 14 套，各种农业机械机具 1922 台（件），机械总动力 59563 千瓦。完成总播种面积 53.48 万亩，其中油菜播种面积 16.7 万亩，总产 11300 吨，平均亩产 67.7 千克；小麦播种面积 19.0 万亩，总产 28640 吨，平均亩产 150.7 千克；大麦播种面积 1.8 万亩，总产 1435 吨，平均亩产 78.4

千克；甜菜播种面积 2.75 万亩，总产 64832 吨，平均亩产 2.36 吨；水飞蓟播种面积 4.89 万亩，总产 1725 吨，平均亩产 35.3 千克；莜麦播种面积 3.20 万亩，总产 1640 吨，平均亩产 51.3 千克；燕麦草总产 7843 吨，亩产 249 千克；苜蓿播种面积 1.72 万亩，总产 2061 吨，平均亩产 119.8 千克。对外租赁耕地面积 3.42 万亩，承包收益 1376 万元。全年使用化肥 9400 吨，农药、微肥 400 吨，生产有机肥 1000 吨。年末牲畜存栏 105213 头（匹、只、口），其中牛 10710 头、马 3193 匹、羊 88383 只，牛奶总产 5862 吨，比上年减少 321 吨，下降 5.2%；肉类产量 2321 吨，比上年增加 800 吨，增长 52.6%。减免养畜户打草场使用费 73 万元，将 24157 捆油菜、小麦秸秆优惠出售给养畜户，帮助养畜户缓解饲草不足和降低饲养成本。使用大型喷药机对 1.5 万亩虫害严重的草原进行灭虫，对 3.4 万亩草原开展灭鼢鼠工作，扑杀鼢鼠 3489 只。特色养殖规模逐步扩大，饲养大鹅、柴鸡、野猪、藏香猪、珍珠鸡、赤麻鸭、鸽子、火鸡、鸵鸟超过 130000 只（口），特色养殖已成为职工增收的有效渠道。对各单位绿化制定整体规划，在村屯及住宅四周植树 3 万株，补植"三北"防护林 2300 亩，共栽植各类树木 24 万株。2020 年新争取项目 11 个，总投资 5821 万元，其中国家和各级财政投资 3943 万元，企业自筹 1878 万元；购进德国格兰电驱甜菜精量播种机 4 台，苗床整地机 1 台，阿玛松背负式喷药机 2 台，凯斯耘耕机 1 台，贝斯特防腐剂喷雾箱 1 套，约翰迪尔自动驾驶导航系统 2 套，国产 460 马力牵引车 1 台，捆草机 2 台，种子精选机 2 台，大吨位清粮机 2 台等机械。新修筑砂石路 10 千米，截止到年末已建成投入使用的农田水利设施覆盖面积 19.25 万亩，不再建设的农田水利工程覆盖面积 6.07 万亩。2020 年通过不同方式在各级媒体发表稿件 418 篇，"上库力农场新天地"微信公众号全年点击率达到 16 万次。中央电视台新闻频道《朝闻天下》栏目、《农民日报》《北方新报》等多家媒体报道上库力农场在农业现代化、信息化和机械化等方面成功的经验和取得的成绩。公司图集"沃野秋色美如画"被中宣部推荐进"学习强国"、《每日一景》《最美中国》等平台、栏目，累计点击率 125 万次。歌曲《草原明珠上库力农场》在 2020 年"庆丰收·迎小康"中国村歌大赛中荣获全国二等奖，并入选中国百佳村歌名单。全年完成各业总收入 4.11 亿元，比上年增加 2.28 亿元，增长 124.6%；农业总收入 2.12 亿元，比上年增加 0.24 亿元，增长 12.8%；粮油总产 44740 吨，比上年减少 7760 吨，下降 14.6%；牧草总产 5893 吨，比上年减少 2891 吨，下降 32.9%；经营利润 2268 万元，净利润 1061 万元；在岗职均收入 45835 元，比上年增加 8458 元，增长 22.6%；人均收入 25210 元，比上年增加 404 元，增长 1.6%；畜牧业总收入 1.66 亿元，比上年增加 0.36 亿元，增长 27.7%；牲畜存栏比上年增加 8805 头（匹、只、口），增长 9.1%；当年新增固定资产 5241 万元，资产负债率 55%。深化改革取得实质性进展，按照集团公司农牧场企业化改革的要求，农场拟定了《内蒙古上库力农场公司制改革实施方案》《呼伦贝尔农垦上库力农牧场有限公司章程》《"五定"方案》《人员优化配量方案》《主管级竞聘方案》，公司共设置13个职能部门、9个农牧业结合连队，共185名企业管理人员。召开七届二次职工代表大会审议并选举公司职工董事1名，职工监事1名。2020年12月17日公司完成工商注册，12月19日公司正式挂牌，将内蒙古上库力农场更名为呼伦贝尔农垦上库力农牧场有限公司。通过招投标程序招标，引进第三方额尔古纳市馨雅物业服务有限责任公司管理惠泽嘉园职工住宅小区供热、供水、物业职能，平均每年为企业减少补贴资金160万元。

大 事 记

● **2011 年**

1月20日 场长、总经理王延生随海拉尔农垦集团公司（以下简称为"海垦集团公司"）董事长、总经理范红旗，副总经理胡家才，农机科技部长吴国志等组成的农业考察团，前往俄罗斯普里阿尔贡斯克区，就合作开发农业事宜进行考察。

1月21日 农场机关及各单位放假，3月1日上班，并下发通知，就全面做好春节放假期间值班、安全防火、防盗工作进行全面部署。

3月14日 香港桓基国际集团公司中国区投资总监张永东、辉煌资本有限责任公司中国区总经理黄雅谷一行6人在海垦集团公司董事长、总经理范红旗，副总经理胡家才、张志成等陪同下来农场参观考察。

3月18日 海垦集团公司农牧业工作会议召开，场长、分公司总经理王延生，副总经理刘友山、郭祥华参加会议。

3月20日 呼伦贝尔市发改委副主任布仁贝尔一行到农场，进行农牧业工作调研。场长王延生、副总经理苗培昆、额尔古纳市农牧局局长李成刚陪同调研。

4月5日 农场争取国家项目资金60万元，配套资金40万元，对购入高产奶牛户进行补贴，补贴标准为购入单产5吨以上优质高产奶牛，每头牛补贴4000元。以此促进畜牧业快速发展。

4月18日 农场（分公司）召开二届一次职工代表暨2010年度"双先"表彰大会。职工代表、"双先"代表等156人参加会议。海垦集团公司党委副书记、纪委书记张学才，额尔古纳市市长陈立岩，副市长岳晓波，上库力街道办事处党委书记张广民出席会议。

5月1日 农场从建立现代企业制度的大局出发，为更好地推进企业可持续发展、严格规范企业财务管理、确保企业高质量运行，下发《财务工作日常管理办法》，对流动资产管理、固定资产管理、财务工作规范化、会计电算化管理等方面做出明确规定。

5月3日　农场开始牲畜两病检疫，对2919头奶牛进行检疫、照相、登记注册。检出结核病牛阳性12头，阳性率0.4％；种公羊布鲁氏杆菌385只，阳性28只。

5月22日　农业部农垦局经贸处处长曲晓飞，八一农垦大学副校长汪春一行在海垦集团公司董事长、总经理范红旗，副总经理张志成陪同下，到农场进行调研。场长、总经理王延生，党委书记苗培昆陪同。曲晓飞处长等先后前往第六生产队居民新区、第三生产队标准化农具农场、中心广场施工现场和职工住宅小区，了解危旧房改造、职工群众生产生活情况。

5月24日　海垦集团公司纪委对上库力、拉布大林、三河、苏沁四农场新提任的领导干部的廉政谈话会在上库力农场举行，海垦集团公司党委副书记、纪委书记张学才，监察处长卜淑英，四农场新提任的领导干部及上库力农场在家领导及纪委委员参加了会议。会上张学才副书记代表局党委、纪委做了讲话。四农场新提任的领导干部针对廉洁自律等进行了表态发言。

5月25日　海垦集团公司党委书记高俊强、副书记黄元勋、组织部长韩树春一行前往农场第五生产队、第六生产队、第七生产队、正在建设中的广场以及职工住宅楼小区，检查指导一事一议现场会的筹备情况。

5月30日　《上库力农场志》志稿全体编纂人员会同巍利斯印业有限责任公司人员完成校对、排版工作。

6月8日　海垦集团公司副总经理马孝林一行到农场，针对畜牧业、林业的发展情况进行工作调研。

6月13日　农场按照内蒙古自治区人力资源和社会保障厅《关于将原"五七工"纳入城镇企业职工基本养老保险的通知》精神，成立领导小组，启动"五七工"申报工作。

6月15日　农场召开表彰大会，奖励在全国首届农机手技能大赛上获得二等奖、内蒙古自治区赛区第一名的农场第六生产队轮式拖拉机手陈树林。呼伦贝尔市农牧局、额尔古纳市农牧局领导到会祝贺并颁奖。呼伦贝尔市农牧局奖励陈树林个人1000元，农场奖励陈树林个人10000元。海垦集团公司党委书记高俊强代表集团公司发来慰问电，对农场和陈树林表示祝贺。

6月22日　内蒙古自治区财政厅综改办张彪处长，在海垦集团公司党委书记高俊强、组织部长韩树春陪同下来到农场，对建设中的广场、人畜分离工程、职工住宅新区路面硬化、街道美化亮化等一事一议项目建设进行实地检查指导。

6月24日　中央电视台新闻频道农业报道组副主任魏毅，农垦文化宣传中心副主任袁艳梅在海垦集团公司董事长、总经理范红旗，副总经理胡家才，宣传部长范红光陪同下来到农场，就发展现代农业、大型农业机械田间作业等进行踏查。在田间，央视记者对场长、总经理王延生进行了采访，并与部分工人进行座谈。

6月26日　美国十方国际公司营销与销售主管司凯德、国际销售主管西蒙·瑞维尔一行在海垦集团公司副总经理胡家才陪同下来到农场，就土壤地力等进行测试，并对野油菜的灭除、杂交油菜种植、农作物轮作等农业生产技术问题进行探讨交流。

6月28日　集团公司党委在农场召开由上库力、拉布大林、哈达图、陶海农牧农场党委书记、政工部负责人参加的一事一议财政奖补项目建设和迎接自治区农牧系统一事一议现场会的会议。海垦集团公司党委书记高俊强、组织部长韩树春出席会议。

7月2日　根据实际工作需要，农场党政班子联席会议研究决定，郭本生兼任机关党支部书记；郭祥华兼任综合办公室主任，何松不再分管综合办公室工作；潘金龙不再代理综合办公室主任职务。

7月8日　农场政工部制作的"一事一议"财政奖补项目建设纪实主题片《惠民阳光暖乡村》首映。

7月11日　由农场项目办于建涛设计的"东方红广场"主题标志安装竣工。该标志基座底宽3米、长4.2米，顶宽2.2米、长3.2米，高4.8米，代表"四平八稳"的农垦基础，顶面呈"√"字形，代表巨人的手掌，托起农场开垦荒原第一犁的链轨式拖拉机"东方红"，并迎着朝阳、开垦未来；基座东侧呈108°斜面，雕刻"实事求是"四个大字，南侧刻印农场"企业核心价值观"，北侧刻印"农场简介"；整体标志坐落在三步台阶之上，矗立于"东方红广场"中央。

7月12日　内蒙古自治区农牧场管理局局长王慧忠一行，在海垦集团公司董事长、总经理范红旗，副总经理胡家才的陪同下来到农场，对农业生产、危旧房改造、一事一议财政奖补项目建设进行调研。

7月19日　农场新办公大楼竣工，机关各科室由原办公楼搬迁至新办公楼。

7月21日　由农场项目办于建涛根据江苏南通二建集团有限公司朱少平提供的规划理念规划设计的"东方红广场"全面竣工，该广场东西长175米，南北宽105米，占地面积18375平方米；内设硬化面3300平方米、活动舞台336平方米、主题标志一处、六角亭2处、篮球场1处、游玩过道148米，植树312株，铺设草坪面积4800平方米，种植草坪面积7500平方米。

7月24日　额尔古纳市委常委、副市长董仕民及市财政局领导一行，在场长、总经理王延生，党委书记苗培昆等领导陪同下，对农场自治区农牧系统一事一议财政奖补项目现场会筹备情况进行指导。

7月26日　内蒙古自治区国有农牧场公益事业一事一议财政奖补项目现场会在上库力农场召开。

7月27日　人民日报记者张毅到农场采访，海垦集团公司董事长、总经理范红旗，副总经理胡家才，宣传部长范红光，场长、分公司总经理王延生，党委书记苗培昆，副总经理吴国志陪同。

7月28日　自治区农牧业厅副厅长云忠义，农牧场管理局局长王慧忠，农产品质量安全监督管理局局长王坚，水产技术推广站站长刘海涛等一行，在海垦集团公司董事长、总经理范红旗，副总经理胡家才等领导陪同下，到农场第五生产队、第六生产队、职工居住新区、人畜分离工程建设现场参观考察，观看了大型农业机械展示。

8月4日　8点38分，农场举行新办公室楼挂牌剪彩仪式，场长、总经理王延生，党委书记苗培昆为"上库力农场"牌匾揭幕。仪式由党委副书记郭本生主持，部分基层单位领导及机关全体人员参加了剪彩揭幕仪式。

同日　全场半年工作会议召开，各单位队长、书记、副队长、农业技术员参加会议，重点是对全场小麦、油菜、大麦田间长势进行检查。

8月5日　《呼伦贝尔日报》在第四版整版刊登以《扬帆拓进谱华章，长风破浪铸辉煌》为题的文章，热烈庆祝上库力农场建农场55周年。文章反映了上库力农场55年来的发展建设情况。

8月6日　《海拉尔农垦旬报》第四版刊发以《上库力，镌刻在黑土地上的丰碑》以题的文章，热烈庆祝上库力农场建农场55周年。文章从"荣誉上库力""难忘，上库力的集体记忆""奇迹，上库力的经济答卷"
"温暖，上库力的幸福密码"等几个方面解读了上库力农场55年来的发
展变化。

8月7日　农场政工部制作的建场55周年巡礼专题片《希望的田野》录
制剪接完成。

8月8日　农场在东方红广场举行建场55周年庆祝大会。呼伦贝尔市人
大常委会主任孙震、副主任张继勋，副市长王国林，发改委主任张福
礼，市政府副秘书长辛万杰，额尔古纳市委书记牛振声，市长陈立岩，
市政协主席戎占祥，市委常委、副市长董仕民，市委常委、办公室主任
晋洪生，市人大常委会副主任郑炳文，海垦集团公司董事长、总经理范
红旗，党委书记高俊强、副总经理胡家才出席庆祝大会。额尔古纳市部
分科局领导，各农牧农场主要领导，局直单位领导参加了庆祝大会。农
场原副场级以上退休干部、离休老干部、老劳模代表、建场老工人代表
一同参加大会。

8月10日　农业部副部长高鸿宾、农业部畜牧业司司长王智才、农业及
农垦局局长李伟国等一行，在海垦集团公司董事长、总经理范红旗，党
委书记高俊强，副总经理胡家才、张志成、马孝林等人陪同下到农场进
行考察。高鸿宾副部长一行首先到第六生产队职工住宅新区向职工了解
危旧房改造、年收入情况，随后到新落成的办公室、农业机械停放区检
查指导工作。

8月18日　16时40分，第一生产队和第四生产队28000亩农田遭受暴
风雨、冰雹袭击。20分钟内降雨15毫米，鸡蛋黄大小的冰雹覆盖在农
田之中，已经割晒和没有割晒的油菜地块大面积落粒、落角，大麦、小
麦落粒严重。经统计，8000亩油菜减产50%以上，11000亩油菜减产
30%以上，6000亩小麦和3000亩大麦均减产30%以上。灾害造成的直
接经济损失超过595万元。

8月23日　内蒙古自治区总工会副主席姜言文一行在呼伦贝尔市总工会
副主席高培军，海垦集团公司党委副书记、工会主席成德强陪同下到农
场调研。

同日　17时20分，伊根生产队、第四生产队部分农田地块遭受冰雹袭
击，受灾面积29860亩。这次冰雹持续15分钟，冰雹直径约2厘米，造

成 2800 亩油菜绝产、5600 亩减产 50％以上、8460 亩减产 30％以上，小麦 6600 亩减产 50％以上、6400 亩减产 30％以上，直接经济损失 699.4 万元。

8 月 26 日　全国政协常委、民盟中央常务副主席、全国畜牧协会会长张宝文一行在海垦集团公司副总经理马孝林等陪同下到农场考察，观看了大型农业机械田间收获作业及专题片《希望的田野》。

8 月 28 日　农业部、财政部、水利部等 14 部委领导一行，在海垦集团公司董事长、总经理范红旗，副总经理张志成，办公室主任刘兆君陪同下，到农场参观考察。各部委领导到第六生产队职工住宅新区、办公室、麦场、农机具停放场参观了气吸式播种机和大型自走式喷药机等现代化农业机械。随后各部委领导又来到油菜田收获现场，观看了大型联合收割机群田间作业的场景。

8 月 30 日　呼伦贝尔农垦集团公司（以下简称"呼垦集团公司"）党委副书记黄元勋、宣传部长范红光、离休干部负责人董辉程等一行到农场，检查指导离休老干部住房补贴、《海拉尔农垦旬报》发行情况工作。在座谈会上，黄元勋一行听取了政工部有关老干部住房补贴政策落实情况的汇报，就旬报发行提出了具体指导意见。

9 月 3 日　内蒙古自治区财政厅副巡视员、农业综合开发办主任韩树清一行到农场考察。海垦集团公司董事长、总经理范红旗，副总经理胡家才、张树通，场长、分公司总经理王延生，党委书记苗培昆，副书记郭本生，副总经理郭祥华陪同。韩树清一行来到第六生产队职工住宅新区，了解了危旧房改造情况。

9 月 8 日　农场召开全面部署政策性贷款实施节水灌溉项目专题会议。重点传达海垦集团公司董事长、总经理范红旗，副总经理胡家才在集团公司政策性节水灌溉工作会议上的讲话精神和相关部门的工作安排。场长、总经理王延生，党委书记苗培昆，副总经理吴国志及生产部、项目办、基建等部门负责人，农业生产队队长参加会议。

9 月 22 日　住房和城乡建设部住房保障司副司长张学勤，农业部农垦局巡视员何子阳及黑龙江、山西等地农垦局领导一行，在海垦集团公司党委书记高俊强、副总经理张树通陪同下到农场调研危旧房改造工作，观看了大型农业机械和职工住宅楼建设。

9月28日　海垦集团公司副总经理张志成就粮油品质及销售价格等方面的情况到农场进行调研。他先后到第四生产队、第六生产队麦场对小麦、油菜清选情况进行实地察看，与农场领导班子成员进行座谈。

10月17日　呼伦贝尔市委宣传部副部长、文明办主任陆炳武一行到农场，对第四生产队市级文明单位届期制进行复审。检查组在第四生产队查看了三年来各项工作的档案记录，观看了反映第四生产队三个文明建设的电视专题片。

10月25日　海垦集团公司纪委书记张学才率领联合检查组到农场，对纪检监察、社会治安综合治理和"小金库"等多项工作进行检查。对相关部门所做工作给予肯定，对加强档案建设和管理提出了意见和建议。

10月26日　由呼伦贝尔市政协原主席赵山根为团长，呼伦贝尔市委原副书记赵金才、呼伦贝尔市人大原副主任孙梦林为副团长的呼伦贝尔市工业经济顾问团一行8人，在海垦集团公司董事长、总经理范红旗，副总经理胡家才、马孝林陪同下到农场，走访职工家庭、麦场、农业机械停放场，调研了解职工生产生活情况，并与海垦集团公司领导和农场党政班子进行座谈。海垦集团公司董事长、总经理范红旗向顾问团汇报了海拉尔垦区改革转制以来各行业生产发展建设情况，对海垦集团公司发展定位进行了介绍。

10月28日　呼伦贝尔市市长张利平在市政府秘书长陈立新，副秘书长、研究室主任孙晓亮，市发改委主任张福礼，市纪委主任陈甫，市财政局副局长、农业开发办主任李睿军，市农牧业局副局长尹迅峰，额尔古纳市委书记牛振声，市长陈立岩，海垦集团公司董事长、总经理范红旗，党委副书记黄元勋，副总经理胡家才、张志成等领导陪同下，到农场进行调研。15时，张利平市长一行到达第六生产队职工住宅新区，并走访职工家庭，到第六生产队机械停放区和农场职工住宅楼区进行考察。海垦集团公司董事长、总经理范红旗向张市长一行汇报了海拉尔垦区集团化改革以来，企业各项事业发展建设情况，并对今后的发展方向、定位、思路做了详细介绍。

11月10日　海垦集团公司副总经理胡家才一行到农场，检查节水灌溉工程进展情况。

12月12日　农场举办政治理论培训班，呼伦贝尔市委宣传部讲师团团长刘忠民主讲了党的十七届六中全会精神、自治区九次党代会和呼伦贝尔市第三次党代会精神。呼伦贝尔市工会干校校长张敬辉主讲了如何做好企业工会工作。集团公司党委宣传部李光明主讲了如何构建企业文化和"三创精神"等内容。全农场副科级以上管理人员、党员代表、职工代表、入党积极分子和机关工作人员170人参加学习。

● **2012 年**　1 月 10 日　农场开展首届"十佳好儿媳"评选活动，第一生产队张学花、第三生产队马春英、第四生产队王俊英、第五生产队赵红华、第六生产队于冬梅、第七生产队白巧丽、伊根生产队杨丽利、机关吕恩敏、兽医站曲红杰、多经队毛连会被评为"十佳好儿媳"。

3 月 8 日　由闫晓鹏率领的自治区一事一议财政奖补项目检查指导组来到农场第六生产队、第五生产队职工家中，以调查问卷形式与六个家庭进行交流，了解职工是否知道财政奖补政策和一事一议的含义及对筹资筹劳等的理解，并查看了项目建设内业档案。

3 月 12 日　王延生、苗培昆、孟繁国、周明俊、张玉林、赵海涛参加海垦集团公司股东大会。

3 月 17 日　18 时 48 分，第三生产队麦农场库房着火，至 22 时明火扑灭。此次火灾烧毁五间库房，烧毁编织袋 3 万条及麻袋、手推车、台秤等物资，直接损失 10 万元。

3 月 20 日　农场党委（扩大）会议研究决定：撤销农场史志办编制；郭本生不再兼任机关党支部书记；郭祥华不再兼任农场畜牧科科长。

4 月 8 日　农场（分公司）召开三届一次职工代表大会，呼垦集团公司党委书记黄元勋、额尔古纳市市长姜宝东出席大会，职工代表、列席代表、特邀代表以及受表彰代表 180 人参加大会。

4 月 12 日　以自治区党委农牧办副主任苏和为组长的调研组来到农场，对第六生产队整村推进危旧房改造建设情况进行实地考察。自治区农牧业厅农管局局长王惠忠、发改委农牧处副处长杨成瑜、呼伦贝尔市农村牧区工作部副处长张晨旭，呼垦集团公司董事长张福礼、党委书记黄元勋，海垦集团公司总经理胡家才陪同。

4 月 13 日　北京和君咨询公司总裁刘红恒一行 5 人，在海垦集团公司党委委员刘仁刚陪同下到农场调研。调研组对农场的土壤结构、种植结构、人均收入、管理办法等情况进行了了解。

5 月 6 日　海垦集团总经理胡家才、副总经理马孝林一行来到农场，检查调研春播生产、畜牧发展及造林情况。场长王延生向调研组做了汇报。集团公司副总经理马孝林对下一步各行业工作进行了安排部署。

5 月 8 日　农场为满足众多职工的住楼要求，第三次开工建设住宅楼 7 栋，面积 23000 平方米，共 220 户。

5 月 14 日　呼伦贝尔电视台身边新闻栏目组一行到农场，对春播生产一线进行采访报道。

5 月 25 日　24 日、25 日连续两天发生冻害，造成农场 3.5 万亩杂交油菜冻死。

5 月 26 日　内蒙古电台台长张兴茂、新闻中心主任新娜率领走基层采访报道组到农场，对新垦区建设、危旧房改造、发展畜牧业等方面情况进行采访。呼垦集团公司党委书记黄元勋、总经理胡家才，呼伦贝尔广播电台台长齐穗峰，海垦集团公司宣传部部长范红光陪同。农场场长王延生、党委书记苗培昆、副书记郭本生引领采访。

5 月 29 日　额尔古纳市疾病防控中心来到农场第二生产队，免费为养畜户职工、家属进行检查，主要针对人畜共患并有传染性的布鲁氏菌病、肝包虫病、狂犬病。98 人参加体检。

6 月 8 日　中国农垦经济研究中心秘书长贾大明、原内蒙古农牧农场管理局局长周惠达在海垦集团公司副书记成德强陪同下来到农场，对企业发展、职工增收、群众幸福指数提升进行调研。

6 月 10 日　17 时许，农场第七生产队遭受持续 20 分钟的暴雨冰雹袭击，15000 亩大小麦、油菜田遭受不同程度的灾害。

6 月 17 日　呼垦集团公司与呼伦贝尔市发改委在农场举办联谊活动，参观了第六生产队住宅小区、惠泽嘉园小区，观看了大型喷药机田间作业。

7 月 2 日　呼垦集团公司首届职工篮球赛上库力赛区小组赛开赛。上库力农场、拉布大林农牧农场、苏沁牧农场、三河农场代表队参加了比赛。比赛历时 2 天，上库力代表队以三战全胜积 6 分的成绩，名列小组第一名。

7 月 5 日　呼伦贝尔市农村牧区工作部转发内蒙古自治区党委农牧办《关于确定自治区 2012 年新农村新牧区示范点的通知》（内党农牧字〔2012〕

10 号）文件。批复海拉尔农牧农场管理局整村推进示范点 2 个：上库力农场、陶海农牧农场。

7 月 11 日　内蒙古自治区党委书记胡春华在自治区党委秘书长符太增，呼伦贝尔市委书记罗志虎、市长张利平，呼垦集团公司董事长张福礼、党委书记黄元勋陪同下来到农场，视察了第六生产队职工住宅小区、人畜分离集中饲养暖舍、油菜高产攻关田。胡春华就上库力农场拥有的土地资源和综合经营情况指出：你们在粮油生产方面取得了很大成绩，能否在种植结构调整上做大文章，比较种植业与畜牧业的效益，将一部分土地拿出来进行种植饲草试验，在发展畜牧业方面进入探讨研究。海垦集团公司总经理胡家才陪同视察。

7 月 18 日　《呼伦贝尔农垦报》研讨班在农场开班。呼伦贝尔市原人大主任德玉庆、呼垦集团公司党委书记黄元勋、农垦报总编王欣及农场领导出席开班仪式，来自海大两局的 62 名通讯员参加了学习、研讨。

7 月 20 日　农场举办《呼伦贝尔农垦报》特约评论员、记者、报道员研讨班记者招待会。共有 60 名新闻媒体人员参加。场长王延生、党委书记苗培昆、副书记郭本生、副场长郭祥华就如何提升农垦职工的幸福指数等问题分别回答了记者的提问。

7 月 22 日　农场（分公司）副总经理吴国志、郭祥华、何松参加海垦集团公司党委组织的垦区领导赴大兴安岭垦区、黑龙江垦区集体参观考察学习交流。

7 月 23 日　农场组织离退休老干部和退休职工代表 29 人，在总经理王延生、党委书记苗培昆、副书记郭本生的陪同下，参观全农场农作物长势和先进机械设备。

7 月 28 日　根据海农局字〔2012〕56 号文件《关于 2012 年一事一议财政奖补项目批复》，农场获批奖补项目 7 个：中心区道路硬化二期工程，中心区小型文化活动室，第五生产队文化活动设施，伊根生产队文化活动设施，第一生产队、第七生产队、第五生产队三个人畜分离奶牛养殖基地建设项目，共获财政奖补 1448.98 万元。

8 月 22 日　台湾农村专家发展协会秘书长黄达聪、行政执行长刘富贵，中国农村教育发展中心研究院副院长周安琪一行，在海垦集团公司副总经理陶长山陪同下来到农场，就农村农业生产中的一些问题与农场领导进行探讨。

8月31日　17时，农场区域内遭受狂风暴雨。此次大风持续40多分钟，预测风力为7级，阵风达8级以上。大风将油菜铺子全部掀翻，造成9个农业生产队农作物受灾，经济损失达1689万元。

9月4日　内蒙古农牧农场管理局局长梁熠森在海垦集团公司副总经理张树通陪同下来到农场，针对危旧房改造项目工程建设情况进行检查指导，查看了第六生产队职工住宅、农机具摆放农场、项目建设内业档案。

9月5日　上海梅高创意咨询有限公司董事长高峻、公司总裁董立津，烟台啤酒集团公司董事长曲继光一行，在呼垦集团公司董事长张福礼、副总经理刘宇陪同下来到农场，考查企业发展和大麦品质情况。

9月12日　农场复函额尔古纳市人民政府："省道301线根河至拉布大林一级公路占用上库力农场国有土地54.0967公顷，其中耕地46.2109公顷，林地2.0637公顷，其他农用地4.0851公顷，未利用地1.737公顷，已按国家补偿标准全部补偿到位，同意市政府收回国有土地使用权用于省道301线根河至拉布大林公路建设项目。"

9月18日　农场面向大中专毕业生，以公开考试形式择优录取了31名职工子女实现就业。

同日　国家修筑S301拉布大林至根河一级公路，永久性占用农场权属内耕地、草农场、农田防护林1800余亩，农场获补偿款2346.235万元。

9月20日　农场举办首届农机技能大赛，比赛内容包括挂接农具、移库、故障排除、割茬高度测试、田间标准化作业、安全生产常识等技能操作。全场610名农机手参加了比赛。

10月16日　农场开展以"喜迎十八大，展农垦新形象"为主题的环境治理活动。此次活动历时7天，出动人力1100人，动用机械设备170台次，于公路和主要街道两侧植树21000株，清理垃圾面积3400立方米。拆除危旧房20栋，面积1500平方米。

10月25日　农场派出14台大型进口机械参加呼垦集团公司挂牌庆典仪式。车型为1台克拉斯946R2型轮式拖拉机，1台约翰迪尔4720型自走式喷药机，3台凯斯SPX3130型自走式喷药机，2台M2CDOH100型自走式割晒机，7台纽荷兰CSX7070和CS6080联合收割机。

11月17日　额尔古纳市政协调研组一行10人到农场调研，就上库力地区职工群众反映强烈的农村用电同网同价、三级公路雪阻问题与农场领导进行座谈。调研组表示尽快与人大和政府对接，给职工群众满意答复。

12月　农场政工部副部长张永昌采写的《上库力农场避灾型农业连年夺丰收》一文，被《农民日报》二版头条刊发。文章详细介绍了上农场打造避灾型农业各环节采取的措施、方法、技术应用和取得的成效。

本年　农场政工部制作的反映文明单位创建活动的专题片《大地欢歌》录制剪接完成。

● **2013年**　1月8日　农场争取国家户户通项目，为第一生产队93户、第二生产队299户、第五生产队55户、第六生产队88户、第七生产队150户、第八生产队146户、伊根生产队85户更新电视接收信号设备。

1月22日　自治区总工会召开2013年劳模迎春座谈会暨自治区"金牌工人"命名表彰大会，上库力农场陈树林获自治区"金牌工人"荣誉称号。

3月15日　在海垦集团公司2013年经济工作会议上，农场荣获经济效益突出贡献奖、工作实绩一等奖。

3月17日　北京绿维创景规划设计院院长一行6人到农场，参观调研第六生产队职工住宅新区、惠泽嘉园小区、东方红广场。海垦集团公司党委组织部部长韩树春、办公室主任国浩然，农场党委书记苗培昆，副总经理郭祥华、何松陪同。

3月26日　海垦集团公司副总经理马孝林、畜牧林产部部长刘爱荣、副部长乌恩旗一行就畜牧业发展的前景和思路到农场调研，就上库力、拉布大林两农场的畜牧业发展规划进行座谈。农场总经理王延生、党委书记苗培昆、副总经理郭祥华及畜牧工作人员，拉布大林农牧农场总经理史铁成、副总经理张其文及畜牧工作人员参加座谈会。

3月28日　额尔古纳市首个股份合作制标准化肉牛养殖基地在农场第一生产队建成。第一生产队职工以股份制合作形式集资购入的90头肉牛率先入住标准化饲养暖舍。

3月29日　额尔古纳市人大常委会主任沙元月、副主任韩旭东来到农场，就呼垦集团公司打造肉羊、肉牛、高端牛奶产业链等项目的实施、进展等情况进行调研，并实地查看呼伦贝尔雀巢公司位于第一生产队的呼伦贝尔市最先进挤奶平台的建设情况。

4月17日　海垦集团公司副总经理马孝林、畜牧林产部部长刘爱荣、副部长乌恩旗一行来到农场，就农牧业工作会议各项措施落实情况进行调研。

4月23日　农场党委副书记、纪检委书记、工会主席郭本生荣获呼伦贝尔市"五一劳动奖章"。

4月27日　农场召开三届二次职工代表暨表彰大会，呼垦集团公司董事长张福礼，海垦集团公司副总经理马孝林，农机科技部部长张爱民，额尔古纳市委副书记董仕民，市委常委、副市长晋洪生，农牧局局长李成刚及上库力街道办事处党政领导出席大会，农场职工代表、列席代表、特邀代表208人参加大会。会上对3个先进单位，3个先进承包组，6个先进机车组，1个先进科室，1个标准化奶牛农场示范单位，5名副科级以上"劳动模范"，40名员工"劳动模范"予以表彰。

4月28日　海垦集团公司对农场2013年农业基础设施实施方案进行批复。同意建设水泥晒场，面积10000平方米；晾晒棚，面积3000平方米、机耕路，长度19.46千米。建设地点：第一生产队、第二生产队、第五生产队、第八生产队；总投资512万元。

同日　海垦集团公司对农场2013年畜牧业建设项目实施方案进行批复。同意建设标准化挤奶厅1座、饲养暖舍4栋，面积共计4000平方米，配套建设供水、供电、道路工程。建设地点：第四生产队、第五生产队、第七生产队、伊根生产队；总投资502万元。

5月2日　海南省农垦总局副局长、垦区公安局局长赵强一行，在呼垦集团公司常务副总经理包常顺，海垦集团公司副总经理张树通、信访办副主任马铁栋的陪同下到农场，就新农村建设、标准化农机具停放农场等进行考察。

5月15日　呼垦集团公司副总经理、海垦集团公司总经理胡家才，海垦集团公司计划财务部部长赵小平，农机科技部部长张爱民、科技部副部长张更乾到农场，就春播生产工作进行检查。

5月16日　额尔古纳市委书记姜宝东，市委常委、市委办公室主任、统战部部长岳晓波一行11人到农场，就春播生产及畜牧业发展方向进行调研。

5月18日　农场为科技站新增约200亩耕地，作为国家小麦新品种试验区域试验田。

5月22日　呼伦贝尔电视台身边新闻栏目组记者到农场，对股份合作制肉羊、肉牛集中养殖，春播生产等进行为期两天的采访。

5月28日　额尔古纳市委常委、副市长晋洪生，农牧局局长李成刚，雀巢公司奶源总监罗伯特等人到农场，对上库力地区奶产业发展情况进行调研。

6月　具有世界先进水平的现代化挤奶平台在农场第一生产队正式投入使用，可同时容纳24头奶牛挤奶。

6月1日　受连续多日的强降雨及受上游地区降雨影响，根河水出槽。农场局部地区降水累计达到136毫米，仅5月31日夜间到6月1日清晨水位就上涨30厘米，第二生产队和第八生产队16600亩已播种农田被水淹。

6月3日　因根河上游大量降雨，河水出槽。靠近根河沿岸的第七生产队屯内进水，屯内以北12户住户37人被困，种植的蔬菜被淹，奶户交奶困难，牲畜圈进水。

6月4日　额尔古纳市农牧局副局长于垄一行3人到农场就苜蓿草种植情况进行调研。

6月14日　15时许，一场暴雨夹杂着冰雹席卷农场部分区域，第四生产队、第三生产队不同程度受到雹灾危害。降水达43.63毫米，农田被冲出水沟，小苗被淤埋。据统计，18000亩受灾地块面临毁种。

6月16日　呼垦集团公司副总经理、海垦集团公司总经理胡家才，集团公司副总经理张树通一行来到农场，就三大作物长势、节水灌溉、打造牛奶全产业链等进行检查指导。

6月17日　上海天谷生物科技股份有限公司领导在呼垦集团公司常务副总经理包常顺、资本运营公司总经理刘仁刚、农机科技部副部长张更乾陪同下到农场，对农场标准化生产队、人畜分离养殖小区、新区广场进行考察。

7月2日　国家大麦体系岗位科学家、中国农科院植保所徐世昌教授，内蒙古农牧科学院张凤英老师、刘志萍老师以及呼伦贝尔市农业区划办公室高振福主任，在海垦集团公司农机科技部部长张爱民、副部长张更乾的陪同下到农场，对农场大麦长势情况，承担的内蒙古啤酒大麦根腐病药剂防治试验、大麦土传病害防治试验、大麦种子病害防治试验和内蒙古大麦新品种预备试验进行了实地查看。

7月4日　国家牧草产业体系首席科学家、中国农业大学教授张英俊一行，在海垦集团公司副总经理马孝林、呼伦贝尔农垦科技发展公司总经理杨杰、海垦集团公司畜牧林产部部长刘爱荣陪同下到农场，就农机装备、新垦区建设进行考察。农场党政班子陪同考察。

7月15日　16时许，一场大风夹杂着大雨袭来，使场区各单位大小麦田不同程度倒伏。

7月21日　珠海市人民政府副市长王庆利等9人来到农场，对油菜、麦类作物进行考察调研。

7月22日　呼垦集团公司董事长张福礼就油菜、大小麦长势、田间管理等方面情况到农场调研。农场党政班子陪同。

同日　清华大学LC十七班全体师生在呼垦集团公司董事长张福礼、资本运营公司总经理刘仁刚陪同下到农场，对三大作物种植、畜牧业发展、城镇化建设等情况进行考察。

7月24日　农业部农垦总局叶长江副局长一行2人在呼垦集团公司常务副总经理包常顺陪同下到农场调研。

同日　海垦集团公司党委决定，免去郭本生上库力分公司党委副书记、纪检委书记职务，调任陶海分公司党委书记。

7月26日　18时30分，一场特大暴风雨袭击了场区。降雨持续了一天一夜，局部降雨量累计达到128.5毫米。根河水出槽，多个单位的农用、居民房屋，道路遭受水灾，第一生产队、第二生产队、伊根队、农场场部地区受灾严重。海垦集团公司总经理胡家才、农机科技部部长张爱民查看灾情，指挥救援。额尔古纳市政府副市长臧著强，额尔古纳市防汛指挥部、消防大队、水务局、扶贫办，上库力街道办事处等多个部门的领导到受灾现场，帮助抢险救灾。额尔古纳市防汛指挥部调来冲锋舟，解救被大水围困的7名群众，将被困牲畜转移到安全地带，安排人员24小时对水位进行严密监测。据统计，农场受灾农田面积79000亩，其中倒伏面积62000亩、水淹面积17000亩，冲倒房屋一栋，199户房屋进水，受灾群众700余人，麦场被淹面积1.1万平方米，冲毁主要路段桥涵10座，冲走蜜蜂31箱，淹死或冲走白鹅1052只、鸡550只，羊死亡1000余只。

7月29日　根河水暴涨，第七生产队167户房屋进水，水位最深的地方达到1米。全队476人全部撤离。第二生产队42户居民房屋被淹，水深

2 米，部分仓房和厕所被水冲毁。

同日　额尔古纳市民政局及时为灾区送来 20 套行李和 20 顶帐篷，红十字会为灾区送来 400 个馒头、400 根火腿肠、400 瓶水、400 袋咸菜。

7 月 30 日　额尔古纳市委书记姜宝东，市委常委、副市长晋洪生，市委常委、秘书长、统战部长岳晓波，副市长兼公安局局长逢万军，市水务局、民政局、水文站、红十字会、卫生监督所、疾控中心相关人员，额尔古纳市消防队、上库力街道办事处、上库力边防派出所官兵到农场水灾重灾区第二生产队和第七生产队指挥参与抢险救灾。

同日　22 点 30 分，呼垦集团公司董事长张福礼来到重灾区第七生产队指导救援、看望受灾群众，并送来 2 万元慰问金。

7 月 31 日　呼垦集团公司董事长张福礼来到重灾区第二生产队，送来 2 万元慰问金。

8 月 3 日　中央电视台记者阮超、祁晓新到农场，对特大水灾情况进行采访。

8 月 4 日　额尔古纳市委书记姜宝东，市委常委、秘书长、统战部部长岳晓波一行到农场第七生产队查看灾情，总经理王延生、上库力街道办事处人员陪同。

8 月 5 日　农场针对第二生产队、第七生产队水灾，开展了"我向灾区献爱心"活动。此次捐款共用了两天时间，共收到 1260 名干部职工群众捐款 223400 元。来自江苏省海安县（现海安市），正在上库力建楼的施工负责人谢晓峰个人捐款 2000 元人民币。

8 月 6 日　麦福劳公司为农场受灾群众送来特产食品。

8 月 8 日　呼垦集团公司副总经理、海垦集团公司总经理胡家才，组织部部长韩树春，农机科技部部长张爱民一行到农场查看水灾情况，看望受灾群众。

8 月 9 日　陶海农牧场总经理耿玉山、党委书记郭本生、副书记荀志国来到农场，为遭受水灾职工群众送来 2 万元慰问金。

8 月 10 日　内蒙古自治区民政厅救灾处处长梁永清、副处长张佰华一来到农场查看水灾情况，并就受灾房屋修缮、重建，牲畜放牧、过冬饲草、三大作物收获等问题进行调研。呼伦贝尔市民政局、额尔古纳市民政局、上库力街道办事处相关人员及农场总经理王延生、党委书记苗培昆陪同。

8月12日　谢尔塔拉农牧场总经理刘友山一行来到农场，为遭受水灾群众送来5万元慰问金。

同日　全农场首座由修造厂承建的全封闭式仓储大棚在第二生产队建成交付使用，仓储面积3000平方米。

8月14日　受内蒙古自治区党委书记王君、自治区政府主席巴特尔委派，自治区副主席王玉明率由自治区水利厅厅长戈锋、财政厅副厅长杨茂盛等组成的工作组到农场，察看汛情、了解灾情，看望慰问抗洪抢险一线职工群众，检查指导防汛抗洪工作。工作组听取了呼垦集团公司副总经理、海垦集团公司总经理胡家才，农场总经理王延生对灾情和抗洪抢险的工作汇报。王玉明传达了王君书记对呼伦贝尔防汛救灾情况做出的批示，并对抢险救灾工作进行安排。呼伦贝尔市市长张利平、副市长王国林，额尔古纳市委书记姜宝东、市长阿晋勒，呼垦集团公司副总经理、海垦集团公司总经理胡家才，农场党政班子陪同。

8月15日　呼伦贝尔电视台《身边》新闻栏目组记者到农场，对水灾和秋收情况进行采访报道。

8月19日　呼垦集团公司副总经理、海垦集团公司总经理胡家才，农机科技部部长张爱民，财务部部长赵小平到农场，查看农作物的成熟情况及收割情况。

8月20日　青岛啤酒集团公司总裁黄克兴、副总裁于嘉平一行到农场，就大麦生产及田间收获情况进行考察。呼垦集团公司常务副总经理包常顺，呼垦集团公司副总经理、海垦集团公司总经理胡家才，农场总经理王延生，副总经理郭祥华、何松陪同。

8月23日　海垦集团公司秋收现场会总结会议在上库力农场召开，呼垦集团公司党委副书记、纪委书记、监事会主席邸发，呼垦集团公司副总经理、海垦集团公司总经理胡家才出席会议，各分、子公司总经理、董事长、主管农业生产的副总经理50人参加会议。各分、子公司总经理、董事长汇报了各单位2013年农业生产情况、受灾情况、测产情况、秋收准备工作及目前存在的主要问题。此次现场会历时两天。

8月28日　海垦集团公司副总经理马孝林、畜牧林产部副部长乌恩旗、畜牧林产部崔久辉一行到农场，针对肉羊销售情况、打贮饲草情况进行调研，农场总经理王延生、副总经理郭祥华陪同。

同日　农场安置分配零就业家庭职工子女 65 人到生产一线试用。

8 月 29 日　呼伦贝尔市副市长王国林一行在呼垦集团公司董事长张福礼，呼垦集团公司副总经理、海垦集团公司总经理胡家才，额尔古纳市市长阿晋勒等领导陪同下到农场，对秋收工作和草业的发展情况进行调研。

9 月 8 日　呼垦集团公司副总经理、海垦集团公司总经理胡家才，农机科技部副部长张更乾一行就粮油品质及三大作物收获情况到农场进行调研，对粮油市场情况、销售情况及产品的价格情况进行了分析、探讨。

9 月 11 日　呼伦贝尔市农工部部长张晨旭到农场第六生产队对新农村新牧区示范点建设情况进行检查指导，额尔古纳市委常委、副市长晋洪生，农场总经理王延生、党委书记苗培昆陪同检查。

9 月 12 日　广东农工商职业技术学院副院长何伟一行，在海垦集团公司副总经理陶长山、组织部副部长邓娥、社会事业部副部长郝宝明陪同下来到农场，就南北文化、地域经济进行考察。

9 月 17 日　额尔古纳地区四农场在上库力农场召开了呼伦贝尔市级文明单位（标兵）复审自查会议，海垦集团公司宣传部部长范红光主持会议。上库力、拉布大林、三河、苏沁四农场的党委书记、副书记、政工部部长、宣传部部长、负责此项工作的人员参加会议。

9 月 28 日　额尔古纳市委书记姜宝东，市委常委、秘书长、统战部长岳晓波，市委常委、副市长晋洪生，农牧局局长李成刚，民政局局长刘红国来到农场，就秋收生产情况、秋收进度、粮油产量及现代化奶牛养殖农场建设进行调研。

10 月 10 日　呼伦贝尔市文明办组成的文明单位复审验收小组来到农场，对第五生产队、职工医院、第三生产队、第二生产队进行了文明单位届期制复审。

10 月 11 日　哈尔滨北方商城、冰灯粮油食品公司桑奎友董事长一行到农场，对大型农业机械、三大作物生产情况进行考察。呼垦集团公司党委书记黄元勋，工商贸易部部长甄德军，农场总经理王延生，党委书记苗培昆，副总经理郭祥华、何松陪同。

10 月 13 日　农场购进、安装饮用水净化设备，惠泽嘉园小区 728 户、居民 2184 人开始饮用安全纯净水。

同日　农场在第一个法定的老年节，为437位老人每人发放价值300元的慰问品。

10月15日　农场组织40名2012年度一线劳动模范赴北京、海南学习考察。

10月16日　农场第四生产队职工集资在黑龙江九三局荣军农场购买高产奶牛155头，第二批100头高产澳牛（一代）计划在黑龙江双峰农场购买。

10月24日　农场召开危旧房改造分楼大会，288户职工家庭拿到新楼房钥匙。

11月18日　农场转发集团公司《关于转发调整内退管理人员生活费标准的通知》。企业内退管理人员的生活费，原农场（处）级正职调整为50000元/年，副职为45000元/年；原农场（公司）科（队）级正职调整为40500元/年，副职为36450元/年；原农场（公司）科（队）级以下管理人员为32805元/年。

11月29日　农场职工医院为全场1883名离退休和在岗职工进行免费体检。

12月2日　呼垦集团公司党委副书记、纪委书记、监事会主席邸发一行来到农场，就廉政风险防控工作进行检查指导。农场总经理王延生，副总经理吴国志、何松汇报。

12月17日　海垦集团公司副总经理陶长山一行到农场，就农田节水灌溉、土地整理项目前期工作情况进行调研。

●**2014年**　2月14日　海垦集团公司总经理胡家才，副总经理马孝林、张树通及组织部、计划财务部、畜牧林产部、项目部一行8人来到农场调研。农场场长王延生对农业、牧业、第三产业发展、新垦区建设、项目建设情况进行了汇报。

3月19日　海垦集团公司总经理胡家才到农场检查指导第一阶段党的群众路线教育实践活动情况，农场党委书记苗培昆作了汇报。

3月24日　农场组织白鹅养殖学习10人考察团，由场长王延生带队赴黑龙江齐齐哈尔富拉尔基区山海鹅业合作社，双城市（现哈尔滨市双城区）庆龙鹅业公司参观学习。

3月25日　一场桃花水侵袭了农场部新区，物资科储备库、油罐、住宅楼区、锅炉房进水。农场调动 50 台机械、人力 120 人，经过一天一夜的堵截、疏通，排除了险情。

4 月 1 日　呼伦贝尔农工部部长张晨旭、社会发展科科长革勒图、县域经济办公室主任龙飞来到农场，对 130 屯生态移民问题进行调研。额尔古纳市农工部部长李建平、上库力街道办党工委书记徐向泽陪同。

4 月 3 日　上库力农场、上库力街道办事处地企联动，开展春季义务植树活动。农场、街道办、直属单位 160 人参加植树，共植树 30000 株。

4 月 16 日　呼伦贝尔副市长李阔一行来到农场，对农牧业生产工作进行调研。额尔古纳市副市长晋洪生、农牧局局长李成刚，场长总经理王延生、副总经理郭祥华陪同。

同日　海垦集团公司总经理胡家才一行来到农场，入户走访征求规模化养殖、人畜分离群众意见。

4 月 17 日　农场召开分公司四届一次职工代表暨 2013 年度"双先"表彰会。职工代表、劳动模范、先进集体代表、列席代表 179 人参加了会议。场长、总经理王延生作了题为《凝聚正能量增创新优势为推进多元产业快速协调发展而奋斗》的报告。会上通过《上库力分公司 2014 年经营责任制方案》，表彰奖励了在 2013 年各业工作中涌现的先进单位 3 个、先进班组 10 个、劳动模范 51 人。

4 月 20 日　农场职工医院免费为职工体检 739 人。

4 月 21 日　农场邀请额尔古纳市党校潘玉丽老师，为基层党组织书记举办专题培训班。

4 月 22 日　海垦集团公司总经理胡家才，副总经理马孝林、张树通一行到农场，对农牧业工作进行调研，查看了 3000 头奶牛生态养殖农场、苜蓿草返青情况。海垦集团公司组织部、畜牧林产部及分公司党委书记苗培昆，副总经理吴国志、何松陪同。

4 月 23 日　海垦集团公司党委在农场召开上库力、拉布大林、苏沁、三河四农场党的群众路线教育实践活动情况汇报会。呼垦集团公司党委书记黄元勋、海垦集团公司纪委书记张学才一行听取了各农场的情况汇报，张学才主持会议。

4 月 24 日　呼伦贝尔市农工部部长张晨旭到农场第五生产队养鹅户家中传授白鹅饲养技术。

4月28日　海垦集团公司畜牧业现场会在上库力农场召开，海垦集团公司副总经理马孝林、畜牧林产部副部长乌恩奇及岭北11个农牧农场主要负责人、主管畜牧业的副总经理20人参加会议，就畜牧业发展、管理等情况进行观摩研讨。

4月29日　额尔古纳市疾控中心一行6人到农场，为各生产队从事养殖畜牧业人员进行布鲁氏杆菌病和肝包虫病免费检查，并发放预防知识手册。全场378人参加体检。

4月30日　农场邀请上库力农场原纪委书记潘树礼为全场96名党员干部讲了一堂以"听农垦先辈历史，弘扬艰苦奋斗精神"为主题的党课。

5月6日　内蒙古自治区农牧业厅畜牧处处长王建龙一行，在呼伦贝尔市畜牧局、发改委及额尔古纳市农牧业局领导陪同下来到农场，对2001年以来以国家预算内资金为保障的畜牧业发展建设，奶牛养殖小区（农场）项目建设落实情况进行验收，并对农垦现代化养殖示范农场提升情况进行调研。

6月16日　内蒙古电视台驻呼伦贝尔市记者站站长牛玉龙，在海垦集团公司宣传部部长范红光陪同下到农场采访。

6月27日　海垦集团公司副总经理马孝林、畜牧林产部副部长乌恩奇来到农场，就白鹅养殖情况进行调研。

7月1日　农场召开庆祝中国共产党建党93周年暨庆"七一"表彰大会，全场各单位党员、积极分子代表、受表彰的优秀党务工作者、优秀党员共150人参加了会议，党委书记苗培昆作了题为《牢记党的宗旨，肩负发展使命，为推进党的领导新的伟大工程而奋斗》的讲话。会上对3名优秀党务工作者、20名优秀党员进行表彰。

7月4—5日　由内蒙古农牧业科学院，海垦集团公司、巴彦淖尔农牧业学院共同主办的内蒙古大麦生产技术交流现场会召开，全国各地的大麦青稞专家，实验站、示范县负责人及技术骨干共计120人到农场，在农林科技站实验小区考察了海拉尔大麦综合实验站承担任务的全国北方大麦联合区域生产示范、内蒙古大麦区域实验、东北地区大麦异地引种实验品种展示，并就大麦病虫害防治实验等课题进行交流。

7月17日　中国工程院院士、油菜遗传育种专家傅廷栋、中国工程院院士、玉米遗传育种专家荣廷昭及农林科技专家、学者、教授24人到农场考察调研。呼伦贝尔农业生态产业技术研究院领导、海垦集团公司农机科技部领导陪同。

7月18日　呼伦贝尔电视台新闻部副主任韩再华来到农场，对畜牧业产业化、机械化进程进行采访。额尔古纳市电视台台长沙联合陪同。

8月17日　青海农科院油菜研究中心副院长杜德杰一行，在海垦集团公司党委委员刘仁刚的陪同下来到农场，就引进油菜品种、长势、销售市农场情况进行探讨分析。

8月22日　农场举办联合收割机、割晒机驾驶员安全生产培训班，各农业单位机务副队长，联合收割机、割晒机驾驶员230人参加培训。

8月30日　呼伦贝尔市人大常委会主任孙震一行在呼垦集团董事长张福礼、副总经理胡家才，海垦集团公司原总经理范红旗等人陪同下来到农场检查指导工作。农场党政班子陪同。

9月10日　呼伦贝尔市委书记罗志虎，市委常委、秘书长韩军在额尔古纳市委书记姜宝东、市长阿晋勒陪同下来到农场，视察秋收工作。农场场长王延生、党委书记苗培昆在视察中汇报了工作。

9月11日　内蒙古自治区社科院经济研究所所长天莹、研究员武振国，在海垦集团公司组织部部长韩树春陪同下来到农场，就小城镇建设情况进行调研。

10月21日　由呼伦贝尔农工部、审计局、住建部成员组成的联合检查组来到农场，检查验收农场2013年生态移民工程，额尔古纳市委副书记董仕民、农场场长王延生陪同检查。

10月28日　农场为各单位主要公共场所安装监控摄像头119个、硬盘录像机128台、端机96台，实现公共农场所监控无死角。

10月30日　职工文体活动中心开始向群众服务，该中心建筑面积3856平方米，一楼设有篮球农场、农场史展厅、棋牌室、瑜伽室、陈列室，二楼设有乒乓球室、台球室、健身室、电动棋牌室，三楼设有点歌室、舞池等。

11月4日　海垦集团畜牧业调研组来到农场，对畜牧业今后的发展方向进行调研。上库力、拉布大林、三河、苏沁四农场分管畜牧业的副总经理陪同调研。

11月11日　农场将危房改造新竣工7栋224户住宅楼分配给了预定职工。

11月14日　农场举办年度企业管理人员法律知识考试。副科级以上管理人员77人参加考试。

12月30日　农场为93户146名困难职工办理城镇低保。

● **2015年**　1月1日　上库力地区开始实行民用电同网同价，每度电从0.984元调整为0.477元。

1月16日　呼垦集团公司党委书记黄元勋到农场走访离退休职工家庭，并在职工文体中心对企业文化建设进行指导。

1月22日　经党政班子扩大会议研究决定，对全农场贫困职工家庭85户发放慰问金，累计发放金额86200元；对80岁以上无固定收入的老人38人，每人发放500元，共计19000元。

1月30日　农场借助S301省道根河至拉布大林一级公路建设机遇，为第二生产队、第三生产队、第五生产队、伊根生产队建设柏油路7.6千米；利用额尔古纳市交通局项目建设农场场部至第一生产队、至第七生产队水泥路29千米。

3月　呼垦党字〔2015〕1号文件免去王延生上库力农场党委副书记职务，退休。同月海农党干字〔2015〕1号文件任命李月忠上库力分公司工会主席职务。

同月　海垦字〔2015〕2号文件免去吴国志上库力分公司副总经理职务，调任海垦集团公司副总经理。

3月12日　呼垦党干字〔2015〕2号文件任命韩旭东上库力分公司党委委员、副书记职务。

同日　呼垦聘字〔2015〕2号文件聘任韩旭东为上库力农场场长、上库力分公司总经理。

3月24日　农场召开农业生产研讨会，党政班子及各农业队队长、技术员30人参加会议，总结了2014年农业生产工作，对存在的问题进行了分析，对2015年品种结构调整、产业布局进行了探讨和安排。

4月　农场利用项目和自筹资金249.00万元购买进口大型农机具4台套，其中自走式割晒机、迪尔1354拖拉机、纽荷兰1404拖拉机和4526免耕机各1台。

4月1日　海垦党发〔2015〕3号文件确定上库力农场（分公司）领导班子职数设置编制为9人，其中总经理兼场长、副书记1人，党委书记1人，副书记兼纪委书记、工会主席 1～2 人，副总经理、委员 3 人，副场长 1 人，委员、政工部部长 1 人。

4月18日　农场召开分公司四届二次职工代表暨2014年度表彰大会，集团公司副总经理张绍勋、额尔古纳市副市长刘志等领导出席，全场职工代表、列席代表及受表彰的先进集体和先进个人共计175人参加会议，农场工会主席李月忠主持会议，场长、总经理韩旭东做了题为《适应新常态抢抓新机遇为实现企业持续增效职工稳定增收而奋斗》的工作报告。会上对2014年度先进集体、先进个人、劳动模范进行了表彰。

4月21日　上库力农场党委号召全场为额尔古纳市火灾受灾群众捐款，捐款标准为：正科级100元，副科级80元，科员50元，其他党员、群众自愿。

6月2日　海农公司〔2015〕46号文件派发2013年股利，上库力分公司优先股股数为32295个，每股股利8元，金额258360元；普通股股数191897个，每股41.15元，金额7896561.55元。

6月3日　海垦集团公司副总经理吴国志、生产部长甄德军一行4人来到农场，调研、指导节水灌溉工程，实地查看管道铺设、沟渠挖掘工程进展情况。

6月5日　额尔古纳市市长阿晋勒到农场，实地查看第六生产队整村推进危房搬迁情况，场长韩旭东、街道办党工委书记徐向泽、主任丁刚陪同。

6月11日　呼垦集团公司总经理胡家才到农场为正科级以上干部进行"三严三实"党课教育。

6月19日　根据海垦集团公司关于推进"十个全覆盖"工程百日攻坚会战的总体部署，农场成立包队领导小组。一组组长韩旭东，督导第六生产队、机关、科技站、物资科；二组组长郭祥华，督导第二生产队、第五生产队、供电所；三组组长李月忠，督导第三生产队、第四生产队、兽医站、医院；四组组长何松，督导伊根生产队、第一生产队、第八生产队、第七生产队；五组组长高安起，督导修造厂、多经队、加工厂、惠泽嘉园小区。

6月20日　农场成立"十个全覆盖"领导小组。

6月26日　农场呈报粮食综合处理中心建设项目，建设地点为第三生产队麦农场内，规模：烘干塔 1 座（日处理 300 吨），风干仓 10 座（750 吨/座），水泥晒农场面积 5000 平方米，其他相关配套设施，投资规模 529 万元，资金来源为企业自筹。

6 月 30 日　农场自筹资金增加第七生产队土地整理项目配套资金 627.98 万元，建设 17.64 万立方米蓄水池一座、购置 5 台指针式喷灌机、延伸高压线路 11.7 千米。

7 月 1 日　农场下发"十个全覆盖"工程百日攻坚战实施方案。即日起开展"十个全覆盖"工程百日攻坚战。

7 月 9 日　呼伦贝尔市委副书记、政法委书记赵立华到农场检查指导"十个全覆盖"工程建设推进情况，呼垦集团公司董事长张福礼陪同。

7 月 10 日　海垦集团公司副总经理吴国志、农机科技部部长甄德军来到农场，查看 130 整村拆迁、环境卫生整治、清理等工作。

7 月 11 日　农场党委书记郭祥华率领 70 余名突击队员赴哈达图支援"十个全覆盖"工程建设，共拆除破旧建筑 20 处、破烂杖子 500 延米，粉刷围墙 3000 延米，帮助群众规整院落 60 家。

7 月 14 日　呼垦集团公司总经理胡家才、海垦集团公司副总经理吴国志到农场查看三大作物长势及旱灾情况。

7 月 22 日　自治区政协调研组梁铁城到农场检查指导"十个全覆盖"工程开展情况，呼伦贝尔市委常委、宣传部长汪海涛，市政协副主席郑富旭，呼垦集团公司董事长张福礼、总经理胡家才、副总经理梁吉宏，海垦集团副总经理张绍勋、组织部长韩树春，额尔古纳市委书记姜宝东、政协主席赵卫忠，农场场长韩旭东、党委书记郭祥华等陪同。

7 月 23 日　农场上报 2016 年生态移民和危房改造工程计划，经摸底调查，上报数量为 64 户、180 人。

7 月 25 日　农场对农业生产进行半年专项检查。副科级以上共计 50 人参加。

同日　海农局字〔2015〕36 号文件批复同意农场建设风干仓 8 座，规模 750 吨。

7 月 28 日　呼伦贝尔市市长张利平一行到农场调研，呼垦集团公司董事长张福礼、海垦集团公司组织部部长韩树春、额尔古纳市副市长晋洪生等陪同。

7月29日　浙江省粮食局党组书记、局长金汝斌，副局长韩鹤忠，宁波市粮食局局长杜钧宝，浙江新市油脂股份有限公司董事长张甲亮，内蒙古粮食局办公室主任郭羿等在呼伦贝尔市粮食局局长康靖、副局长王义萍，海垦集团公司副总经理吴国志、陈建等人陪同下，到农场对新垦区建设、现代农业进行考察。

7月30日　全国农技推广中心管理处处长谷铁城和来自全国各地的种子管理站、农林科学院的科技人员组成的考察团到农场实地考察并召开了座谈会。

8月7日　内蒙古自治区科技厅厅长李秉荣、处长莫日根到农场调研，呼垦集团公司董事长张福礼、副总经理胡兆民，科技公司总经理、职工中专校长杨杰，场长韩旭东陪同。

8月19日　农场开展上库力地区"十个全覆盖"工程大宣传、大走访、大调查活动，额尔古纳市各科局、农场机关共计73人参加活动。

8月25日　农场召开"十个全覆盖"工程推进会议，总结入户走访、宣传等工作进展情况。

8月27日　呼伦贝尔市市长张利平在呼垦集团公司党委书记黄元勋、总经理胡家才，额尔古纳市委书记姜宝东、市长阿晋勒等领导陪同下，到农场检查"十个全覆盖"工程进展情况。

8月28日　16时，农场遭受暴雨冰雹袭击，9个农业单位、6000亩作物受灾，其中5000亩油菜减产3成以上，1000亩油菜减产5成以上，造成直接经济损失超百万元。

8月30日　农场对2015年特困及成绩优异的36名高考考生进行帮扶奖励，总金额75000.00元。

9月18日　农场落实"十个全覆盖"工程建设领导干部包队包户责任制度。

同日　农场党委书记郭祥华参加自治区农牧业厅在海拉尔区举办的全区草原确权承包工作座谈会。

9月21日　农场与街道办联合成立"十个全覆盖"工程领导小组办公室，总指挥闫淑霞（额尔古纳市副市长），副总指挥韩旭东、郭祥华、徐向泽。下设办公室，主任为郭祥华（兼），工作人员32人。

同日　农场与商贸公司垦区物流服务体系核心平台进行粮油物流对接。

9月23日　18时30分，农场召开"十个全覆盖"工程推进会，传达海垦区60天攻坚战实施方案，农场成立大干苦干六十天奋力打好"十个全覆盖"攻坚战指挥部和各项工作推进组。

9月30日　呼垦集团公司董事长张福礼、总经理胡家才一行到农场检查指导"十个全覆盖"工程进展情况。

10月2日　呼垦覆办字〔2015〕7号文件批复同意农场2015年奶牛规模养殖建设，第一生产队投资288万元建设存栏160头牛舍一处、奶厅1处；第五生产队投资558万元建设存栏310头牛舍一处、奶厅1处；第七生产队投资468万元建设存栏260头牛舍一处、奶厅1处；中心区投资435万元建设存栏242头牛舍一处、奶厅1处；合计投资1749万元，入驻奶牛972头。

10月9日　呼伦贝尔市副市长李阔在海垦集团公司推进组副组长甄德军、农场党委书记郭祥华陪同下，检查督导农场"十个全覆盖"工程进展情况。

10月22日　海垦集团公司〔2015〕128号文件上交管理局2015年利润，农场耕地确权面积59.46万亩，上交耕地承包费面积比例70%，共36.4万亩，每亩25.00元，总金额910.00万元；上交管理局利润面积比例70%，共41.6万亩，每亩10.00元，总金额416.00万元。

11月9日　海农公司字〔2015〕148号文件批复同意农场购置黑巴斯特圆桶式粉碎机1台，价格控制在58万元内。

11月17日　海垦集团公司"十个全覆盖"工作调度会在农场召开，来自岭北片区各农场的领导共22人参加。

11月18日　农场向额尔古纳市宏源电力报告"十三五"期间农场节水灌溉项目电力工程规划，总用电量19988千瓦，架设10千伏线路200千米。

11月19日　海垦集团公司办字〔2015〕46号文件批复同意农场第四生产队奶牛标准化养殖农场建设项目，建设规模及主要内容为：新建配电室1栋，建筑面积156.9平方米；消防池泵房1栋，建筑面积33平方米；防水池1座，容积400立方米；内外围墙1594延米。总投资160万元，其中中央预算80万元、企业自筹80万元。

11月23日　海垦集团公司副总经理吴国志、董事孙彪及相关处室负责人一行到农场，对第六生产队规模化节水增效示范项目建设工程进行检查，并召开座谈会。

11月25日　海垦集团公司〔2015〕157号文件批复同意将农场1000头奶牛生态牧农场租赁给特伦牧业。

12月15日　农场邀请额尔古纳市委党校许庆香讲师到农场讲授党课，农场各单位管理人员、党员代表、积极分子162人参加学习。

12月20日　海垦区2015年农机具购置补贴工作结束，农场24人购置33台件，享受补贴金额50.46万元。

同日　海垦集团公司办字〔2015〕171号文件上交2013年国有股收益，分配率为6.521％，农场应上交金额为4197308.15元。

12月21日　农场召开2015年农业科技总结座谈会，对全年的农业生产情况进行总结，各农业生产队队长、副队长技术员、科技站工作人员等43人参加。

12月25日　农场召开机关科级管理人员考核述职大会。

当年　农场养畜户投保奶牛保险1699头，年内意外死亡102头，获赔61.2万元。

当年　农场投资54万元购入美国产黑巴斯特圆桶式粉碎机一台，投资25万元购入进口TMR饲料搅拌车一台，投资10万元购入进口青贮取料机一台。

● **2016年**　3月26日　农场荣获海垦集团公司2015年度"经济效益突出贡献奖"，被评为水利工程建设先进单位；第六生产队荣获"亩效益前十名奖"，第二生产队金伟强机车组、第三生产队姚玉河承包组、第四生产队赵慧君机车组、第七生产队王军机车组荣获"先进班组"。

同日　海垦集团公司下发《关于表彰2015年度劳动模范的决定》，魏杰、周明俊、王建友、刘天雷、陈长海荣获2015年度劳动模范称号。

4月14日　《内蒙古日报》刊登《上库力农场现代机械》图片新闻。

4月22日　农场召开五届一次职工代表暨表彰大会，全场职工代表、列席代表、受表彰的先进单位、先进班组、先进个人共179人参加大会。

5月7日　农场对职工杨玉岐、苗壮等6名农机改装、革新人员进行奖励，每人奖励现金1000元。

5月18日　中国农林水利工会副主席常品超一行在集团公司工会主席

马孝林、副局长史铁成等陪同下到农场，对农垦系统深化改革中职工生产生活和工会组织建设情况进行调研。

5月19日　额尔古纳疾病预防控制中心工作人员到农场，免费为养畜户职工家属320余人进行棘球蚴病和布鲁氏病检查。

5月20日　呼垦集团公司董事长张福礼一行到农场，对春播生产、畜牧业转型升级工作进行调研。海垦集团公司党委副书记韩树春陪同。

5月26日　农场召开"两学一做"学习教育动员大会。

5月28日　第一生产队解决穿村水泥路免遭过往大货车碾压损坏现象，动员全队力量利用10天时间修建一条全长990米沙石绕村外环路。

6月14日　呼伦贝尔电视台采访播出"农场人畜分离工作"电视新闻。

6月27日　根据海垦集团公司党委《关于表彰先进基层党组织、优秀共产党员和优秀党务工作者的决定》，农场第二生产队党支部、第六生产队党支部荣获"先进基层党组织"称号；周桂波、高兴良、刘福、黄国军荣获"优秀共产党员"称号；郭祥华、边向民荣获"优秀党务工作者"称号。

同日　农场销售科和物资科机构合并，成立供销部。

6月28日　根据呼垦集团公司党委《关于表彰2016年度优秀共产党员、优秀党务工作者、先进基层党组织的决定》，农场第一生产队党支部荣获"先进基层党组织"称号；第三生产队党支部副书记孙凤军荣获"优秀党务工作者"称号；第五生产队党支部书记刘彦政、第七生产队职工韩永杰荣获优秀共产党员称号。

6月30日　农场召开庆祝建党95周年暨表彰大会。

7月1日　农场举办庆祝建党95周年歌咏比赛。

11月14日　农场组织18名基层党支部书记，赴延安进行为期5天的革命传统教育主题培训学习。

12月14日　呼垦集团公司副董事长胡家才、海拉尔农牧场管理局副局长史铁成一行到农场，对安全生产工作进行检查督导。

12月20日　农场下发成立有机肥厂、林草工作站和科技服务站联合党支部的通知，并决定将原农林科技服务站分设为农业科技试验站和林草工作站两个正科级单位。

12月25日　芒果爱（天津）网络科技有限公司总经理曹治安、中韩文化交流协会会长李相玉（韩国）一行来到农场，就旅游、面饼加工、马油深加工项目投资意向与农场进行洽谈。

● **2017 年**　1 月 6 日　呼垦集团公司副总经理张然，海垦集团公司副总经理陈建、财务资产部副部长程燕一行代表集团公司来农场对贫困职工毛玉兰、张福进行慰问并送去慰问金。

1 月 10 日　额尔古纳市安监局安全生产验收小组来农场验收 2016 年安全生产责任状完成情况。

同日　上库力农场与李世博就农场在海拉尔区的金秋大厦租赁承包签署协议。

1 月 13 日　上库力农场场长、总经理韩旭东，副总经理何松，政工部副部长于建波，农机科副科长陈树林应邀参加呼伦贝尔市农牧局在哈尔滨举办的农牧业机械展览会，并前往哈尔滨工业大学就农业全程机械作业探测系统的相关事宜进行对接。

1 月 18 日　额尔古纳市乌兰牧骑"百团千场"文化惠民慰问演出在农场二楼会议室举行。演员用精彩的节目给农场职工群众奉献了一场精神盛宴，职工群众 300 余人观看演出。

同日　晚 11 时 20 分，职工住宅楼区锅炉房用电机由于负荷过大烧毁，农场安排锅炉房负责人袁树林及两名司机连夜赶赴长春电机厂购买电机。

2 月 22 日　呼伦贝尔市水利局技术人员一行 4 人来到农场，就农场农田水利工程水源地进行实地勘察。

3 月 6 日　经农场党政班子会议研究，根据农场发展需要，决定撤销监察审计部，成立审计科、监察科。

同日　根据实际工作需要，经农场党委会研究决定：党委委员、副总经理何松兼任农林科科长；党委委员、副总经理屈伟兼任办公室主任。

3 月 17 日　海垦集团公司召开工作会议暨表彰大会，上库力农场获得集团公司工作实绩二等奖，第五生产队孙华文机车组、第三生产队杨振景机车组、伊根生产队陈元鑫机车组、伊根生产队王靖承包组获评集团公司先进班组。李明爽（旅游业）、赵红松（互联网＋旅游、农畜产品销售、餐饮）获得海垦集团公司创业脱贫致富奖。张海友、刘爱军、魏杰、马庆存、张会武获得海垦集团公司劳动模范称号。党委书记郭祥华获得集团公司高级管理人员劳动模范称号。

3月19日　重庆旅游投资集团有限公司副总经理徐建、投资发展部部长李波，重庆交旅建设工程有限公司董事长兼总经理黄杰、副总经理许成，贵州黄果树实业投资有限公司董事长明峰、西部证券股份有限公司董事长兼副总经理赵永进等一行组成的商务考察团来到上库力农场，为农场国际度假区开发进行实地考察并商讨投资合作。一行人到农场文体活动中心观看农场简介及自然风光专题片，参观农场发展史展馆。考察团一行在农场机关三楼会议室与农场主要领导、深蒙旅游有限公司负责人就合作开发上库力国际度假区举行签约仪式。

3月22日　农场在机关三楼会议室召开2016年农业生产成本分析会议，场长、分公司总经理韩旭东，党委书记郭祥华，党委副书记高兴良，副总经理何松及农业生产队队长、副队长、会计、技术员，机关财务部、农林科、农机科等科室相关人员共56人参加会议。

3月23日　捷克共和国拜德纳公司区域销售经理一行6人来到农场，就整地、播种机械同场长、分公司总经理韩旭东，党委书记郭祥华，副总经理何松，农业生产队长、机务副队长、机务技术员及农林科、农机科等科室的相关同志进行了交流介绍。

3月24日　经农场党政班子会议研究决定：撤销基建土地项目办公室机构，成立安全生产部、土地项目办公室、基建科。根据实际工作需要，经农场党政班子会议研究决定：聘任王建友同志为基建科科长，免原职；聘任张志扬同志为基建科副科长，免原职。

3月27日　为扶持奶牛集中饲养、降低养殖成本，提高原农场职工及子女收入水平，经农场党政班子会议研究，从2017年4月1日起，面向原农场职工及子女销售的青贮饲料价格调整为每千克0.36元，严禁以职工身份购买后销往农场外。4月1日前所销售青贮饲料按原价销售。

4月4日　呼伦贝尔广播电视台台长高迎春在海拉尔区新闻中心、额尔古纳市广播电视台领导陪同下来农场，就企业文化建设，对外宣传工作进行调研。

4月13日　农场召开新聘任管理人员廉政谈话会。党委副书记、场长、总经理韩旭东，党委副书记、纪委书记高兴良对新聘任的7名管理人员在履行岗位职责、正确运用权力、加强廉洁自律，发挥示范带动作用等方面提出了具体要求。

4月16日　农场召开五届二次职工代表暨2016年度表彰大会。

4月18日　庆祝俄罗斯族传统节日"巴斯克"节活动在上库力农场机关举行。内蒙古俄罗斯民族研究会会长张晓兵，副会长、秘书长张宝山，额尔古纳市政协主席赵卫忠，人大常委会副主任孙江，副市长刘子峰，口岸经济合作区管委会主任贾志奎，上库力农场场长、总经理韩旭东，上库力街道党工委书记齐子群、主任胥继良与上库力地区华俄后裔共庆"巴斯克"节。

4月21日　上库力农场邀请呼伦贝尔特种设备培训中心技术人员来农场，为农场装载机、挖掘机驾驶人员进行安全驾驶、使用、操作、安全法规等培训，56名装载机、挖掘机驾驶人员参加培训，并进行了驾驶员资格认定考试。

同日　额尔古纳市6万亩小型农田水利项目落实到农场第三生产队、第五生产队、第六生产队、第七生产队四个生产队。内蒙古恒源水利设计院工程技术人员，额尔古纳市水利局负责人，农场主管领导，水利办公室工作人员深入拟建设水利工程现场，进行实地调研。

4月22日　第三生产队15万立方米蓄水池改造工程开始池底铺设防渗膜工作。

4月25日　农场邀请凯斯纽荷兰公司技术人员来场举办为期两天的进口机械培训班。培训主要内容为450空气式播种机、3230喷药机、联合收割机、自走割晒机等进口机械的工作原理、电路及操作、使用、维修、保养。全农场各生产队机务队长、机务技术员、进口机械车长、驾驶员及机务骨干195人参加培训。

4月26日　农场举办安全生产培训班，农场及各单位安全生产领导小组成员、业务骨干200人参加培训。海拉尔农牧职工中专学校副校长程万鹏就新修订的《中华人民共和国安全生产法》《内蒙古自治区落实生产经营单位安全生产主体责任暂行规定》《海拉尔农垦安全生产操作规程》，以隐患排查治理方法、危险源管控方法等为主题进行授课。

5月3日　奥地利博田农机公司工程师约瑟夫、中国区负责人冯雪、中国区售后服务经理于双荣一行来到农场第七生产队，围绕免耕直播种肥一体播种机的构造、机械原理、操作使用、维修保养、监控报警系统等对农业生产队部分队长、机务队长、机务技术员及农机科、农林科有关人员 30 余人进行现农场培训。

同日　呼伦贝尔市林业勘测设计院工程师牟亚男一行 4 人深入农场新建设水利工程项目区对农田防护林带进行重新规划。

5 月 5 日　呼垦集团公司党委书记、董事长张福礼，副董事长胡家才在海垦集团公司党委副书记韩树春陪同下，深入农场就生产经营、民生改善、畜牧业发展、安全生产等各项工作进行调研。农场党政领导陪同调研。

同日　第六生产队规模化节水示范项目输水管道除冰工作全面完成，蓄水池开始蓄水。

5 月 6 日　呼伦贝尔市副市长李阔及相关处室负责人在额尔古纳市副市长刘子峰及有关科局负责人陪同下深入农场检查指导安全生产工作。

5 月 16 日　为加快高端、精准、数字化现代农业发展步伐，上库力农场经过市场调研考察，与哈尔滨工业大学信息研究所沟通磋商，本着平等互利、共同发展的原则，达成科研机构与农场加强合作、互动交流框架协议，在农业智能终端、农机自动驾驶、智慧农业领域开展战略合作。双方于农场机关三楼会议室举行上库力农场与哈工大信息研究所战略合作签约仪式。呼伦贝尔市农业局副局长青格勒图，海垦集团公司副总经理吴国志、工商贸易部部长甄德军，哈工大信息研究所副所长张宇，哈工大惠达公司运营总监季洋，呼伦贝尔市农机推广站站长赵双龙，呼伦贝尔市农业局农机科科长曹利民，额尔古纳市农牧局副局长于坤，呼伦贝尔经纬万和农业机械销售有限公司董事长刘广玉，呼伦贝尔市农场营销总监杨丽娜，上库力农场党政领导班子出席签约仪式。农场党委书记郭祥华主持签约仪式。

同日　海垦集团公司副总经理吴国志、工商贸易部部长甄德军到农场检查农田水利建设和春播生产。他们先后深入到第三生产队节水灌溉蓄水池、第七生产队、第二生产队春播现场检查指导工作，对加快农田水利工程建设、保证春播质量、注重安全生产提出要求。

5 月 18 日　呼伦贝尔农垦集团公司副董事长胡家才、呼伦贝尔电信分公司总经理宋立东、内蒙古电信公司创新部副总经理王东来、额尔古纳电信分公司总经理付静一行围绕打造信息化平台、春播生产、畜牧业发展、安全生产等工作到农场调研。

5月22日　农场辖区气温下降到-1℃，出现霜冻，部分油菜遭受冻害。

5月23日　农场辖区再次遭受霜冻灾害，气温下降至-4℃，部分油菜遭受冻害。

5月24日　农场出台（2016—2020年）草原生态保护奖励政策实施方案。此方案包括新一轮草原补奖政策的重要意义，草原补奖项目的指导思想、基本原则、总体目标，实施范围及分区，政策要求和管理措施。根据新一轮草原补奖政策，农场禁牧和草畜平衡面积为150.0314亩，涉及9个生产队、10个直属单位，其中禁牧区36.875亩，涉及2908户3914人；草畜平衡113.1564亩，涉及户数与人数与禁牧区相同。

6月15日　农场庆祝建党96周年、内蒙古自治区成立70周年系列活动在东方红广场拉开帷幕，当日晚额尔古纳市乌兰牧骑（红色文化工作队）来农场进行专农场演出，职工家属500余人观看节目。

6月22日　呼垦集团党委书记、董事长张福礼、副董事长胡家才，海垦集团公司副总经理陈建深入我场检查指导农业生产和当前抗旱工作。

6月23日　农场邀请5位退休老同志深入基层单位对绿化、卫生、环境综合治理、公共设施管护、人畜分离等各项工作进行检查巡视，他们对街道卫生责任到户、建立专人负责制、制定奖惩机制等方面提出意见和建议。

6月28日　额尔古纳市政府市长阿晋勒、人大常委会副主任杨元峰一行到农场检查指导农业生产，查看旱情。阿晋勒市长一行深入到第二生产队、第七生产队小麦、油菜种植地块查看农作物长势和旱情，在第三生产队蓄水池了解蓄水情况和抗旱措施，在苗圃基地查看苗木滴灌设施，了解苗木品种及管护措施，听取了农场主要领导对上述工作情况的汇报。

6月29日　由分公司党委、上库力街道办事处党工委联合举办的庆祝建党96周年、内蒙古自治区成立70周年文艺演出于晚19时在东方红广场举行。

6月30日　农场召开庆祝建党96周年暨表彰大会，同时对2016年建场60周年歌咏比赛、摄影大赛、征文比赛获奖人员进行表彰。农场党政领导，各单位党支部书记、副书记、支部委员、行政领导，党员代表，入党积极分子代表，受表彰人员190人参加会议。

7月6日　额尔古纳市宏源电力、额尔古纳市水利局相关技术人员深入农场，对农场2017年实施的农田水利工程建设项目外网高压线测绘、架设进行前期调查。

7月13日　德国UTVAG公司技术总监史立克来到上库力农场，指导安装好氧堆肥控制器、拌肥和覆膜。至此，农场建设的全国首家最大规模畜禽粪污处理有机肥厂开始好氧发酵，投入试生产。

7月15日　德国UTVAG公司技术总监史立克在农场农业科技试验站会议室为有机肥厂工作人员进行堆肥控制系统和具体技术操作细节及注意事项等方面的知识培训。

7月20日　中国科学院沈阳应用生态研究所研究员王正文、吕晓涛，内蒙古农牧学院副院长路站远，澳大利亚大学教授闫桂军一行来到农场，围绕农牧交错带生态建设与区域发展、保护性耕作等内容进行调研。

7月23日　呼伦贝尔市绿色农牧业重大项目实施计划编制工作规划组一行10人在内蒙古自治区社科联主席、党组书记、研究员杭栓柱率领下，深入农场农田水利工程建设项目区和有机肥厂进行调研。

7月24日　呼垦集团公司组织部副部长白振平一行深入农场，就基层党建工作进行调研。一行人与第二生产队、机关党务工作人员、基层党支部书记进行座谈、交流，查看了党建档案、内业资料。白振平副部长围绕"两学一做"常态化制度化工作的深入落实、巡视"回头看"五项排查、党组织建设、党员信息采集和党费收缴工作及下一步党建工作进行了细致分析指导。

7月27日　由全国农业技术推广服务中心、国家大麦青稞技术产业体系、内蒙古自治区植保植检站联合举办的麦类高产创建植保新技术现农场会在农场举行。来自全国各地的75名农业专家和农业科技人员参加会议。国家大麦产业体系海拉尔综合试验站站长，海垦集团公司副总经理吴国志、农机科技部部长甄德军出席会议。参加人员实地查看大麦高产创建植保新技术示范田，听取了农场农林科工作人员对大麦栽培种植试验情况的介绍。

7月28日　额尔古纳市人大常委会主任岳晓波、副主任孙江一行深入农场就全域旅游工作进行调研，农场（分公司）副总经理屈伟，上库力街道办事处党工委书记齐子群、主任胥继良，深蒙旅游发展有限公司副总经理李鸿兴参加调研。

同日　额尔古纳市财政局1万亩水利工程建设项目设计方、施工方及农场水利办公室人员深入第三生产队水利施工现场，确定360立方米蓄水池调节池具体位置并进行放样。

7月29日　北京二商集团有限责任公司、北京市糖业烟酒有限公司和北京水产有限责任公司等多家企业的主要领导在呼垦集团公司董事长张福礼、董事长胡家才、副总经理刘仁刚等陪同下深入上库力农场，就农牧业产业化和大健康产业进行考察。考察组一行听取了场长、总经理韩旭东关于现代化农业建设、畜牧转型升级、培育大健康产业、发展循环农业等方面的介绍。考察组一行在农场文体活动中心农场发展史展馆了解了农场各个时期的发展历程。

7月31日　场长、总经理韩旭东，副总经理何松率领各生产队机务队长、技术员，农机科、农林科、供销部及相关科室工作人员22人组成夏检工作检查验收组，对收获、整地、麦农场机械、运输车辆、机具停放、安全生产进行检查验收，为秋收生产作准备。

8月8日　为了让干部职工感受内蒙古自治区70年来发生的翻天覆地的变化和取得的辉煌成就，农场在全农场各单位分设35个收看现场，组织干部、职工、家属2000余人集中收看由中央电视台新闻频道直播的内蒙古自治区成立70周年庆祝会实况。

8月10日　下午，农场在机关三楼会议室召开秋收动员大会，党委副书记高兴良主持会议。场长、分公司总经理韩旭东做动员讲话。会上宣读了《秋收工作实施方案》。各生产队队长、书记、副队长、技术员、机关科室负责人、直属单位主要领导，农机科、农林科全体人员73人参加会议。

8月11日　为完善环境卫生管护长效机制、加强环境综合治理，农场组织各单位党支部书记、相关科室负责人和工作人员，深入全农场各单位对办公区、居民区和环境卫生管护责任分担区进行检查。内容包括公共设施管护情况、财物收纳情况、硬化路面泥土垃圾清理情况、种植花草树木情况等。实地检查结果后召开总结会议。党委书记郭祥华在会上落实环境卫生管护措施、明确责任，对环境卫生综合治理不到位的方面限期整改等提出具体要求。

8月16日　农场召开秋收、安全生产工作调度会议。农场党政班子全体成员、各生产队队长参加会议。会上，各生产队就秋收进度、收获质量、目前产量、计划秋整地面积、油料贮备、烘干用煤、安全生产工作情况等进行汇报。

8月21日　内蒙古自治区草原工作站站长高文渊一行深入上库力农场进行工作调研。场长、总经理韩旭东陪同调研组先后到第一生产队苜蓿草地、燕麦草种植地块和农场有机肥厂调研。在听取农场领导汇报后，高文渊站长对农场发展草业的长远规划给予赞赏和充分肯定，并表示自治区草原工作站对上库力农场今后草业的发展将给予更多的关注和支持。呼伦贝尔市、通辽市、呼和浩特市等多家草原站负责人陪同调研。

8月23日　在额尔古纳市委宣传部、市文联举办的"辉煌70年"征文活动中，上库力农场林草工作站职工孟庆杰的作品《我的维克多奶奶》获二等奖，退休职工徐德的作品《额尔古纳盛世讴歌者》获优秀奖。

8月24日　农场政工部干事贾文慧参加内蒙古自治区总工会女职工委员会主办的"书香三八"读书征文活动，她撰写的作品《为了谁》荣获一等奖。

8月25日　职工医院历时两个多月时间，为退休、在岗职工进行的身体健康检查正式结束。此次体检包括心电图、彩超、大生化、血常规、尿常规、乙肝五项、血压、血糖检测等多个项目，体检总人数1287人。解答职工咨询800人（次），发放医疗卫生预防知识宣传资料5000余份。

同日　呼伦贝尔市政协副主席达喜扎布，在市政协委员、呼垦集团党委副书记杨晓光，市政协委员、额尔古纳市委常委、统战部长闫淑霞陪同下深入上库力农场调研。

8月28日　由农业部农垦局工作人员、《农民日报》记者、易合博略品牌咨询机构人员和乐途旅游网工作人员共18人组成的"美丽农场万里行"活动组抵达农场。活动组听取了农场工作人员对农场基本情况的介绍。一行人在农场职工赵红松创办的撒欢牧场参观野猪养殖农场、体验旅游项目，在田间收获现场观看了大型先进机械收获作业。"美丽农场万里行"活动是由农业部农垦局主办，呼伦贝尔农垦集团公司协办的。

8月29日　中国作家协会副主席白庚胜就企业文化建设到农场调研，对农场企业文化建设进行深入了解，并参观农场发展史展馆，对农场企业文化建设给予高度评价，并表示将对农垦企业给予高度关注，把农垦的历史纳入今后的研究之中，对农垦企业文化和农垦精神进行深入挖掘和宣传。

8月30日　为解决贫困职工家庭子女上大学经济困难问题，上库力农场决定继续开展"金秋助学"活动。经过困难职工家庭申请，基层单位调查申报，农场工会审核、公示等环节，并经农场党政班子会议研究，决定利用"博爱一日捐"捐款资助姚雪、王志伟、严伟壮、贾雪松、王冉、付赛男、王晓桐、孙璃琪、田一涵等9名贫困职工家庭大学生，额度为每人每学年1000元资助金，直至大学毕业。被资助人每年8月份到农场工会领取资助金，上学期间家庭脱贫的、中途辍学的、挂科延期毕业的中止资助。

9月2日　极地梦境亚洲北纬度假圈额尔古纳旅游高峰论坛在上库力农场机关二楼会议室举行。额尔古纳市市长阿晋勒、人大常委会主任岳晓波、市委副书记张宝祥、副市长徐向泽、人大常委会副主任孙江，呼垦集团公司董事长张福礼，近百名国内外旅游业、跨界商业专家学者，农场党政班子成员，额尔古纳市相关科局负责人，拉布大林农牧农场、三河马农场、苏沁牧农场主要领导，深蒙旅游发展（呼伦贝尔）有限责任公司领导及腾讯旅游、乐途旅游网、艺龙旅游、携程旅游、新浪网、网易、凤凰网、搜狐网、华夏网、呼伦贝尔广播电视台等20余家媒体的记者及多家旅行社代表共160余人参加此次高峰论坛。中国综合开发研究院教授、旅游与地产研究中心主任宋丁，香港大学教授心理学博士、"GPS行为模式"创始人林国龙，中旅控股集团副总裁、中旅联盟旅游产业研究院院长朱奇先后进行了《创想北纬：发现另一个呼伦贝尔》《未来旅游消费者行为模式探讨》《中国文旅产业的新体验时代》主题演讲。专家学者及有关人士来到深蒙旅游发展（呼伦贝尔）有限责任公司在农场辖区内选择的极地梦境国际野奢度假区选址基地及其他旅游项目基地考察观光。

9月7日　农场辖区范围内气温降至-2℃，出现轻霜冻。

9月9日　上库力农场的全国规模最大的畜禽粪污处理有机肥厂第一批好氧发酵有机肥出槽，首次好氧堆肥获得成功。本次共生产有机肥2800立方米。该批有机肥将被施用于瘠薄和盐碱地块，通过增加多种有机酸、肽类以及包括氮、磷、钾在内的营养元素，增加和更新土壤有机质，促进微生物繁殖，改善土壤理化性质和生物活性。

9月11日　在额尔古纳市开展的计划生育业务大比武活动中，农场职工医院党支部书记、计生办主任高美艳获得第一名。

9月13日　农场恢复农场内新闻播出，播出时间为中午12点和晚6点。

9月14日　农场举办摄影培训班，邀请职业摄影师陆晓路为通讯员讲述选景、构图、用光技巧、剪影的拍摄和图片后期制作。培训班全体学员先后深入第三生产队、第七生产队、第八生产队、伊根生产队和第一生产队进行摄影实践。

9月17日　农场在机关三楼会议室召开农田水利建设工作会议。会议明确新建的两个蓄水池选址均落实到耕地内建设上，国土局2.2万亩水利工程项目水资源论证由呼伦贝尔市春华水务生态科技有限公司负责完成设计、评审、办证。

9月18日　额尔古纳市广播电视台对农场园林苗木基地建设情况进行报道。该苗木基地占地200亩，栽植红火榆叶梅、糖槭、王族海棠、高接金叶榆、丁香等观赏树木9种23万余株，栽植玉簪和葱兰地被植物20万株，稠李子、云杉、樟子松、刺玫果5万株，采取覆膜、滴灌技术确保苗木成活率达到90%以上。园林苗木基地的建成，使农场又增添了一处供游客观赏的旅游景观。

10月5日　农场修造厂组织技术人员，自行采购材料，完成两台平地机加工制造任务。

10月11日　海垦集团公司副总经理陈建、信访办主任马铁栋、工商贸易部副部长李建民、安全生产办公室主任刘庆华一行到农场督导检查安全生产、粮油销售、信访维稳等工作。

10月12日　中国科学院研究员尹昌斌，农业部田俊平、闫峻月、孙仁华，内蒙古自治区农牧业厅畜牧处副处长王建龙，呼伦贝尔市农牧业局局长那日苏、畜牧科长王景顺一行来到上库力农场有机肥厂，对额尔古纳市种养结合整县推进试点项目进行中期评价。额尔古纳市副市长甄英、农牧业局局长李成刚、分公司副总经理高安起陪同。

10月18日　上午9时，中国共产党第十九次全国代表大会在北京人民大会堂隆重开幕。为了聆听十九大报告、学习十九大精神，各党支部分别在不同的地点组织党员、职工、群众收看党的十九大开幕会盛况。据统计，收看十九大开幕会的干部、职工、家属达 2800 余人。

10 月 19 日　历时半个月的全农场秋季植树造林结束。此次秋季植树共栽植杨树 20 万株，补植松树 2 万株，外购紫叶稠李子、糖槭 34900 株。

10 月 23 日　农场农机科、农林科、安全生产部负责人及农业生产队机务副队长、机务技术员共 25 人组成 6 个检查小组，分别就农具停放，农药、油料、零配件、修理间、麦场标准化管理，安全生产工作进行检查。

10 月 30 日　第七生产队抢抓封冻前有利时机，推进农田水利工程建设和村屯环境综合治理。28 名职工加入水利工程铺设管道和填埋管线工作。生产队同时出动装载机和胶轮车 16 个台班、职工 30 余人，对环境卫生进行清理，清除垃圾 20 余吨。

11 月 1 日　凌晨，全农场范围内普降第一场小雪，平均降雪 4 毫米。

11 月 7 日　农场举办十九大精神学习班，全农场正科级以上管理人员 53 人参加学习，重点学习党的十九大报告原文。党委书记郭祥华对全农场各级党组织、广大党员、管理人员深入学习贯彻十九大精神提出具体要求。

同日　呼伦贝尔市文化新闻出版广电局副局长左刚一行深入农场第六生产队、第七生产队检查"草原书屋"管理运行情况。

同日　额尔古纳市边境经济合作区主任贾志奎一行深入农场第四生产队、第六生产队就市人大换届选举工作进行督导检查，对换届选举需要把握的重点和有关注意事项进行指导。农场党委书记郭祥华、上库力街道办事处党工委书记齐子群陪同检查指导。

11 月 17 日　农场组织农业生产队麦场负责人和麦场组长 27 人，由总经理韩旭东、副总经理何松带队，赴中储粮海拉尔直属库参观学习。

11 月 18 日　农场组织农业生产队机务副队长、机务技术员和承包组长 30 余人，由总经理韩旭东、副总经理何松带队，赴呼伦贝尔蒙拓农机科技股份有限公司进行观摩学习。

11 月 23 日　经农场多方协调，呼伦贝尔市劳动能力鉴定中心王立夫副主任携额尔古纳市人民医院医学专家，在额尔古纳市人力资源和社会保障局马远征主任陪同下，来到农场职工家中进行职工因病丧失劳动能力程度鉴定。

12月3日　农场利用国家危旧房改造扶持政策，投资2421万元，新建面积3431平方米职工住宅楼一栋。至此，职工住宅楼小区楼房已达35栋，共1060户，圆满地完成了职工危旧房改造任务。上午，32户职工家庭代表在农场机关三楼会议室领取新楼房钥匙。这次楼房分配，采取先抓顺序号然后再抓楼层的办法进行，70岁以上老弱病残职工优先分配至二楼，体现了农场对他们的关怀和照顾。

12月6日　农场按照年初与基层各单位签订的工作实绩考核责任状的要求，对各基层单位进行年度工作实绩考核。

12月14日　农场邀请哈尔滨斯兰机械经销公司售后服务部经理金石来农场举办进口机械培训班，全农场进口机械驾驶操作人员177人参加为期一天的培训。

12月15日　农场召开2017年度党政班子及班子成员工作实绩考核大会，海垦集团公司副总经理、第二考核组组长张绍勋，基建项目部副部长袁金龙，女工部部长陈海兰，畜牧林产部程延斌出席考核大会。全农场副科级以上管理人员、农业职工代表、灵活就业人员代表、退休职工代表96人参加大会。

12月20日　额尔古纳市农业综合开发大西山中型灌区节水配套改造项目开始施工。建设单位为额尔古纳市水利局，项目区位于第三生产队、第七生产队施业区内，第三生产队改造引渠、蓄水池；第七生产队建设灌溉工程0.7万亩。总投资1678万元，其中中央财政资金1400万元、企业配套资金278万元。

12月25日　农场2017年新增千亿斤粮食产能规划田间工程开工，建设项目区位于第二生产队，额尔古纳市水利局承建。建设规模2万亩。总投资3332.9万元，其中财政资金2397万元、企业配套资金935.9万元。

同日　在2018年元旦、春节即将来临之际，农场党政领导郭祥华、韩旭东、高兴良、何松、屈伟及有关科室同志组成5个小组，深入全场各基层单位，对贫困职工开展送温暖走访慰问活动。此次走访慰问的123户贫困职工、职工遗属、退休职工和享受低保的职工均属于老弱病残、大病导致贫困或因特殊原因意外造成生活困难的。共发放慰问金6.9万元。同时，为17个单位发放春节活动经费23300元。

● **2018 年**　1 月 20 日　呼伦贝尔广播电视台春晚外景摄制组来到上库力农场录制节目，额尔古纳市乌兰牧骑进行了精彩的文艺演出。

1 月 22 日　上库力农场各基层单位全面开展环境卫生整治活动，彻底清理路面垃圾，清除积雪，张灯结彩，迎接欢乐祥和的新年到来。

1 月 23 日　俄罗斯国家原子能集团公司普里阿尔贡斯克矿化联合体代表一行 4 人，在额尔古纳市商务局副局长侯传红的陪同下来到上库力农场参观考察。

2 月 7 日　内蒙古自治区党委组织部部长曾一春深入上库力农场，针对智慧党建、农牧业产业化等项工作进行调研。呼伦贝尔市委副书记市长于立新、组织部部长白继荣，额尔古纳市市长阿晋勒等领导陪同调研。

同日　海垦集团公司副总经理吴国志、农机科技部部长甄德军一行，深入上库力农场贫困职工、贫困老党员家庭，送来了海垦集团公司的关怀和问候，并送去了慰问金。

同日　呼垦集团公司党委副书记杨晓光、宣传部部长范红光，海垦集团公司副总经理吴国志、农机科技部部长甄德军协同呼伦贝尔市民族歌舞剧院演职人员深入上库力农场慰问演出，送上呼垦、海垦集团公司对全场干部职工的新春祝福。

2 月 8 日　上库力农场场长、分公司总经理韩旭东，党委书记郭祥华利用电视自办新闻频道发表新春贺词，向全农场干部、职工、家属、离退休老同志祝贺新年；祝愿农场蓄势聚能、再创辉煌，祝愿全场各族人民春节愉快、幸福安康。

3 月 5 日　额尔古纳市文明委开展命名额尔古纳市学雷锋活动示范点和岗位学雷锋标兵活动并进行表彰，上库力农场第五生产队被命名为额尔古纳市学雷锋活动示范点，第五生产队机务技术员石建龙荣获岗位学雷锋标兵荣誉称号。

3 月 9 日　上库力农场召开传达海垦集团公司系列会议精神暨当前工作安排大会，农场党政班子成员、生产队队长、直属单位负责人、机关科室长 35 人参加会议。

3 月 10 日　上库力农场水利项目配套的电力工程正式开工建设。

3 月 16 日　上库力农场党委就全面学习宣传落实海垦集团公司经济工作会议精神进行安排部署。

3月19日　黑龙江省哈尔滨市绿林伟业有限公司总经理刘文涛，山东省德州市鑫利莱电子有限公司总经理王铁柱一行到上库力农场参观考察。

3月21日　上库力农场第四生产队邀请额尔古纳市交警队民警讲授交通法规知识和安全驾驶技术。全队机动车驾驶员、机务职工、麦场职工120人参加培训。

4月3日　上库力农场的博田免耕直播种肥一体机，前往赤峰市阿鲁科尔沁旗进行跨区作业。

4月4日　上库力农场组织召开了2018年旅游工作会议，各基层支部书记，天晟旅游公司、亿家兴家庭游和艳杰特色养殖合作社等个体旅游业代表16人参加会议。

4月10日　上库力农场党委会研究决定，撤销农机科、农林科，成立生产部，原农机科、农林科所有业务由生产部负责。

4月11日　上库力农场举办2018年道依茨法尔2604拖拉机和雷肯机械培训班。

4月12日　上库力农场举办隆重庆祝俄罗斯族"巴斯克节"活动。

同日　农场撤销联合党支部，成立农业科技试验站党支部、林草工作站党支部。

4月15日　上库力农场在第六生产队举办进口甜菜播种机培训班。全农场农业生产队机务副队长、技术员、种植甜菜牵引车驾驶员和播种机组长26人参加培训。邀请马斯奇奥（青岛）农机制造有限公司技术工程师宋志斌讲授马斯奇奥气吸式精密播种机的调整、使用、保养、维护等知识。

4月17日　供电所组织全体员工对第六生产队供电线路进行改造，将田间原有的阻碍水利设备运行的老线路移出耕地。

4月23日　上库力农场举办奥地利博田空气播种机培训班，各农业生产队机务副队长、技术员、技术骨干130人参加培训。

4月24日　额尔古纳市政协副主席刘立超与额尔古纳市防火办、林业局、文体广电局、检察院等部门负责人组成的安全防火检查组来到上库力农场，对农场安全防火工作进行全面检查。

同日　农场举办凯斯450型拖拉机和凯斯2340型空气播种机技术培训班，各农业生产队机务技术员、机车驾驶员81人参加培训，邀请凯斯纽荷兰中国管理有限公司售后服务工程师王振宇、刘贵学授课。

同日　海拉尔友谊医院落实国家基本公共卫生服务要求，到农场开展送健康免费体检活动，检查项目包括：血常规、血糖、白带常规、前列腺液常规、心电图、胃肠多普勒检查，腹部彩超、前列腺彩超、妇科彩超、阴道镜等。

4月27日　首次机车驾驶员选用考试在农场二楼大会议室准时开考，根据考试成绩，农场择优选用4名职工担任2台道依茨法尔拖拉机的车长和驾驶员。

4月28日　农场在机关二楼会议室召开六届一次职工代表暨先进表彰大会。集团公司副总经理吴国志、额尔古纳市副市长甄英莅临指导。职工代表，列席代表，特邀代表，先进单位、先进班组代表，劳动模范200人参加大会。

4月30日　农场投入1086台套农业机械、1028名农业职工拉开春播生产序幕，9个农业生产队全面开机播种。

5月1日　第三生产队项目区水利工程新建18137米输水管线全部完成施工。

5月4日　第七生产队0.7万亩节水灌溉项目管道试水完毕，达到正常使用状态。

5月8日　农业农村部生态总站生态农业处处长王飞一行，在内蒙古自治区农业技术推广总站副站长贾利欣等领导陪同下来到上库力农场，对油菜免耕播种、大型机械设备、秸秆生产有机肥等进行调研。

5月11日　海垦集团公司副总经理吴国志来到上库力农场田间，检查播种标准化作业质量，查看土壤墒情。

同日　中国农业机械流通协会经理潘超、槐长生，加拿大萨斯喀彻温省贸易出口发展委员会亚洲区高级总监曾奕，加拿大舒尔特公司销售经理阿里，中国农垦杂志社主任刘鹏，北京华夏众信科技发展有限公司副总经理马延玉一行在海垦集团公司副总经理吴国志的陪同下来到上库力农场，对农业机械、农机装备进行考察。

5月17日　海垦集团公司安全生产办公室主任刘庆华、农机监理站站长刘志新一行3人深入上库力农场进行春季安全生产工作检查。

5月21日　上库力农场邀请两名来自辽宁开原雨润曼希苗圃的技术员到

农场进行为期一周的林业技术指导。

5月22日　上库力街道办事处党工委书记胥继良、主任王宏江深入上库力农场春播生产一线慰问。

5月23日　农场下发通知，号召鼓励全场职工家属开展消灭草原鼢鼠工作，保护生态环境，防止草原退化。

5月24日　上库力街道办事处党工委副书记王磊、惠泽社区书记李晓艳来到上库力农场第五生产队职工冯超家中，看望慰问一胎三孩贫困职工，并送去慰问金2000元。

5月29日　为确保农田水利工程正常供电，农场供电所集中人力，仅用6天时间对变电站至第六生产队、第七生产队水利供电线路进行架线、换线，换线总长度6.5千米，其中变电站出口至第六生产队、第七生产队新架线路1组，第六生产队至第七生产队拆除50平方导线、更换120平方导线5.5千米，安装真空开关2个、高压计量3台。

6月2日　美国艾美特农机公司甜菜种植专家凯西（Casey）、哈尔滨圣达茜科技有限公司董事长田铁峰、俄罗斯杰普诺伊农业合作社道尔基策楞诺夫·达姆斤·巴萨噶达耶维奇在呼伦贝尔晟通糖业科技有限公司执行董事郑笑冉陪同下到上库力农场，就甜菜及其他农作物种植进行交流考察。

6月7日　为培养打造一支综合素质高、业务能力强的通讯员队伍，农场举办由各单位党支部书记、通讯员，机关各科室通讯员，政工部全体工作人员共81人参加的通讯员培训班，邀请呼伦贝尔农垦集团宣传部副部长、《呼伦贝尔农垦报》总编辑张玉恒，三版编辑王敏，四版编辑李广彬授课。

6月9日　呼垦集团与中国电信呼伦贝尔分公司党建共建健步走启动仪式在额尔古纳分会场进行，上库力农场40名职工积极参加此项活动。

6月17日　内蒙古自治区农牧业厅畜牧处处长白音在呼伦贝尔市农牧业局畜牧科科长王景顺、额尔古纳市农牧业局局长岳国平的陪同下来到上库力农场，就粪污处理、发展种养结合等工作进行调研。

6月19—20日　农场开展了为期两天的"安全生产月"安全生产工作大检查，农场安全生产委员会成员、相关科室负责人、农业单位副队长23人组成的4个专项领导小组，对全农场15个基层单位进行安全生产检查。

7月5日　拉布大林农牧场、中国电信额尔古纳分公司联合上库力农场召开党建共建座谈会。上库力农场各单位党支部书记、业务骨干、机关各科室负责人60人参加会议。中国电信呼伦贝尔分公司政企客户部副主任霍岩、中国电信额尔古纳分公司经理郭越丹等出席座谈会。

7月6日　呼伦贝尔市财政局副局长黄坤，在额尔古纳市副市长甄英等的陪同下到上库力农场，对农业综合开发项目工作进行检查。

7月9日　上库力农场再度开启跨区作业新模式，派出业务技术人员和两台世界先进的奥地利博田免耕直播种肥一体播种机奔赴赤峰市阿鲁科尔沁旗进行跨区播种莜麦草和苜蓿草作业。

同日　内蒙古骑士乳业集团股份有限公司副总经理薛虎、呼伦贝尔农丰商贸有限公司总经理张文学一行来到上库力农场，就甜菜、水飞蓟种植进行参观考察。

7月12日　内蒙古自治区"两学一做"学习教育第三督导组组长陶克一行，在呼垦集团公司组织部部长鲍业明的陪同下来到上库力农场，就"两学一做"学习教育、农牧业生产进行调研。

7月13日　农场在东方红广场举办了广场舞大赛，全场15支代表队参加，共有1000余人观看比赛。

7月17日　农场政工部组织骨干通讯员17人到田间开展拍摄采风活动，展示农场夏季美丽田园风光。

7月20日　内蒙古自治区监理总站、呼伦贝尔市农机监理所和上库力农场（分公司）党委联合开展的"送安全下乡、助力乡村振兴"主题党日活动在农场第二生产队举行，自治区农机监理总站站长杜杰，呼伦贝尔农机监理所所长高宝瑞，额尔古纳市农机监理站站长包树忠，上库力农场场长、分公司总经理韩旭东，党委副书记高兴良，政工部部长张永昌一同参加活动。

7月28日　农场机关全体工作人员48人利用休息日到第七生产队苜蓿草种植地块拔除田间杂草。

7月31日　农场组织干部、职工77人参加义务献血活动。

8月1日　农业农村部农机试验鉴定总站副站长刘旭一行在内蒙古自治区农机局局长郭跃，呼伦贝尔市农牧局副局长青格勒图，额尔古纳市农牧局局长岳国平、副局长张立伟陪同下到上库力农场就农机安全、机械设备使用管理等工作进行调研。

8月8日　农场场长、分公司总经理韩旭东，党委副书记高兴良赴约翰·迪尔（佳木斯）农业机械有限公司进行参观考察。经过洽谈协商，约翰·迪尔公司在满负荷生产出口机械的同时，调整生产计划，将上库力农场招标采购的16台W230联合收割机列为生产重点，从美国空运该联合收割机零部件，临时抽调人员组建生产小组，提高生产能力，预计8月25日前将16台W230联合收割机送达农场，助力秋收生产。双方建立长期合作关系，支持上库力农场现代农业发展。派出技术骨干对上库力农场农业机械操作人员进行系统培训。在此基础上，建立培训、试验基地，使机务技术职工在掌握农机新技术、新性能和操作原理、维护保养方法等方面得到全面提升。

8月13日　M155自走割晒机公开招聘驾驶员考试在机关二楼会议室举行，来自第五生产队的4名机务职工参加笔试考试。根据考试成绩，最终冯超、赵岩被选聘为M155型自走割晒机车长和驾驶员。

8月24—25日　中央电视台国际频道摄制采访组一行9人来到上库力农场，针对改革开放40周年农场发生的巨大变化及今后农场在实施乡村振兴战略、推进企业高效发展等方面的思路举措进行专题采访。摄制采访组深入田间地头，实地采访、了解改革开放40周年来，农场农业生产结构调整、现代农业建设、机械更新换代、农田水利建设等情况。摄制采访组利用无人机在第三生产队、第六生产队小麦收割现农场对先进大型收获机械作业进行航拍，并对场长、分公司总经理韩旭东进行专访。此次录制的节目于9月上旬在中央电视台农业频道播出。

8月29日　农场举办退休干部秋收观摩活动，24名农场退休干部在农场党政班子陪同下到大型机械化收获田间实地感受农场的发展变化，并围绕推进现代农业建设，提升防御自然风险能力，企业增效、职工增收，提高职工群众幸福指数等内容进行座谈。

8月30日　农场在机关二楼会议室进行凯斯470型履带式大型拖拉机车长、驾驶员选拔考试，来自农业生产一线的10名机务职工参加考试。公平、公正、公开地考试选拔进口先进机械驾驶员已成为农场选拔优秀年轻有志职工农机操作人员的新模式，通过公平竞争，已有8名职工走上M155自走式割晒机，道依茨法尔450、470进口机械车长、驾驶员工作岗位。

8月31日　农场开展金秋助学活动,资助11名贫困职工家庭大学生,资助金额4600元。

9月4日　农场召开副科级以上管理人员和机关全体工作人员大会,共120人参加。会议传达了呼垦集团、海垦集团党委召开的关于呼伦贝尔市委巡察组对呼垦集团、海垦集团进行巡察工作动员会的精神,并落实农场配合巡察工作的具体要求。

9月6日　海垦集团公司副总经理吴国志、农机科技部部长甄德军到农场检查指导秋收生产工作。

同日　农场召开"转作风、提素质、敢担当"专题民主生活会,海垦集团公司党委委员、副总经理吴国志,农机科技部部长甄德军出席会议。农场党政班子全体成员参会。

9月11日　海垦集团公司安全生产办公室主任刘庆华、农机监理站站长刘志新一行5人到上库力农场,就秋季安全生产进行检查。

9月12日　农场邀请CNH公司售后培训讲师宋继光为450、470拖拉机驾驶员进行业务培训。

9月19日　一场别开生面"庆丰收"为主题的大型农机演示活动在第六生产队盛大举行。在活动现场,大型机群整齐排列、机声隆隆,多台大马力机车悬挂配套农机具在田间作业,展示着先进机械和现代化农业的魅力。内蒙古自治区农机局、呼伦贝尔农牧局相关人员,海垦集团公司党委委员、副总经理吴国志及集团部分农场主要负责人参加活动。

9月26日　由上库力农场、上库力街道办事处、上库力边防派出所组成的联合检查组,对上库力辖区农业点、牧业点、呼伦贝尔市赛优牧业有限公司、个体饭店等的安全防火、综合治理情况进行防范督导,并宣传安全防火知识、"黄赌毒"的危害等。

9月27日　农场召开非洲猪瘟等重大疫情疫病防控工作会议,农场党委委员、副总经理屈伟,畜牧业管理部、兽医站畜牧兽医31人参加会议。会上传达了《呼伦贝尔市人民政府办公厅关于做好非洲猪瘟等动物疫病防控工作的紧急通知》。农场制定了《非洲猪瘟等动物疫病防控工作应急预案》,落实防控措施。

10月22日　农场在伊根生产队召开农田水利施工安全生产检查专题会议。

各施工单位，各标段负责人，分管农业副总经理何松，安全生产部部长苏永峰，水利办公室负责人参加会议。

11月19日　农场成立"十个全覆盖"工程债务化解工作领导小组。

11月24日　农场举办摄影知识培训班，邀请中国摄影家协会会员黑龙江省摄影家协会理事、职业摄影师陆小路老师到农场，为38名摄影爱好者讲授构图、曝光、色彩饱和度、占线、取景等摄影专业知识。

11月26日　分公司党委组成4个考核检查组对全场各单位党政班子成员、分公司聘任的管理人员按照德、能、勤、绩、廉五个方面履职情况进行年终考核。考核程序为召开本单位考核大会，进行副科级以上领导干部述职、民主测评、谈话、听取职工群众意见或建议、考核情况反馈等，同时重点对《上库力分公司党委党建、企业文化、精神文明建设和社会事业考核细则》和十九大精神学习情况、"两学一做"学习教育落实情况进行检查。

12月10日　农场党委下发决定，表彰奖励"夏日风情"区域摄影比赛获奖人员。在历时两个月的摄影比赛中，共收到参赛作品222幅，经过专业摄影家的认真评选，38名摄影爱好者获奖。

12月12日　呼伦贝尔市政府副秘书长高文生带领市交通、边防等8个部门工作人员到农场督导企业办社会职能移交事项进展情况。海拉尔农牧农场管理局副局长史铁成、额尔古纳市副市长晋洪生、上库力街道办事处党工委书记胥继良、上库力农场场长韩旭东、党委书记郭祥华、党委副书记高兴良陪同并参加会议。

12月13日　农场成立扫黑除恶专项斗争领导小组。

12月15日　农场党委在领导干部中深入开展正确发展观、政绩观专题教育。

12月17日　农场下发关于认真做好全农场各单位冬季放假期间安全生产工作的通知。

12月21日　农场召开"两节"期间严明纪律廉政警示教育大会，旨在严明组织纪律，加强廉政建设及规范选人用人程序，杜绝"两节"期间一切形式的请客送礼和引荐行为，创造廉洁、祥和的节日氛围。

同日　农场党委召开基层党支部书记抓党建述职评议考核会议，党委班子成员，基层党支部书记，党员代表，"两代一委"代表，纪委、政工部、工会等部门领导共 27 人参加会议。17 名基层党支部书记围绕履行党建第一责任人职责，提升党建工作科学化、规范化水平，发挥基层党组织战斗堡垒作用依次进行述职。纪委、政工部、工会等部门负责人对党支部书记述职情况进行点评，所有参会人员对党支部书记进行民主测评。

12 月 25 日　农场党委落实完善领导班子议事规范制度。

同日　在元旦、春节来临之际，农场党政领导带领全体机关部门工作人员，组成 5 个慰问小组，深入 130 户贫困职工家中，送去企业的温暖和关怀。此次慰问共发放慰问金 13 万元。

12 月 26 日　分公司副总经理屈伟带领安全生产部、畜牧业管理部、基建科、社会治安综合治理办公室、供电所等有关部门负责人，到全场各单位进行"两节"前安全生产检查。重点对各单位锅炉房、奶牛暖舍、挤奶平台、饲草储存区、值班安排、消防器材等进行检查。

● **2019 年**　1 月 3 日　农场召开 2019 年度第一季度安全生产主体责任落实工作会议。各基层单位党政主要领导、机关相关科室负责人 32 人参加会议。副总经理高安起对落实安全生产主体责任"一岗双责"、查隐患、防事故、严禁值班人员酒后上岗和岗上饮酒、做好安全生产应急处置预案等工作提出明确要求，对做好第一季度安全生产工作进行安排部署。

1 月 16 日　农场在机关三楼会议室举办农业机械维护保养培训班，农业生产队机务副队长、机务技术员、油料保管员及生产部、供销部有关人员共 25 人参加培训。

1 月 18 日　农场召开 2018 年度处级干部民主生活会，海垦集团公司董事、纪委副书记侯吉喆，宣传部宣传主管李光明出席会议。党委书记郭祥华代表党政班子作对照检查，其他班子成员依次作个人对照检查，并开展批评与自我批评。海垦集团公司董事、纪委副书记侯吉喆对此次民主生活会进行点评，重点从思想政治建设、精神状态、工作作风等方面提出存在的差距和问题，提出了整改措施。

1 月 21 日　由农场机关全体工作人员参加的春节前安全生产教育会议在农场机关三楼会议室召开，办公室负责人对锅炉房，小区物业，办公区水、电、公共设施安全工作进行安排。

2 月 18 日　呼垦集团公司党委副书记、工会主席、第一考核组组长杨晓光一行来到农场，对农场、分公司党政班子及成员进行 2018 年度工作实绩考核。农场副科级以上管理人员、职工代表共 90 人在机关二楼会议室参加考核大会。班子成员依次作个人述职，与会同志对党政班子和班子成员按要求进行了民主测评。考核组查看了与责任目标有关的内页档案，抽选了部分人员进行了谈话。

3 月 16 日　2 台奥地利博田免耕直播种肥一体机、1 台 OMEGA 型谷物气吹式播种机、3 台道依茨法尔 DF2604 拖拉机装车起运，开赴赤峰市阿鲁科尔沁旗天山镇跨区进行燕麦草播种作业。

3 月 19 日　农场与内蒙古正时生态农业（集团）有限公司就牧草种植销售的框架协议签署仪式在农场机关三楼会议室举行。

3 月 24 日　瓮福集团农资有限责任公司总经理邓军一行到农场考察。

3 月 27 日　呼伦贝尔农垦集团公司安全生产部部长刘树国一行来到上库力农场，就安全生产工作督导检查。检查组一行前往第六生产队油料库、粮食仓储库，重点对安全生产制度、现场消防设备、安全通道、内页资料进行检查。

3 月 28 日　在农场机关三楼会议室，山东省青岛东鲁生态农业有限公司董事长李建波与上库力分公司副总经理高安起签订了委托褐麦种植收购协议，约定褐麦收获后，东鲁生态农业有限公司直接到麦场收购约 1500 吨。

3 月 29 日　呼伦贝尔塞尚雀巢有限责任公司奶源部经理王海军一行来到农场，就畜牧业奶源基地建设进行考察。

同日　额尔古纳市政协主席赵卫忠、额尔古纳市水利局局长岳国平、国网内蒙古东部电力有限公司额尔古纳市供分公司副总经理张页光一行到农场就水利工程建设进行调研。

4 月 1 日　农场召开部署"解放思想、深化改革、加快发展"大学习大讨论工作任务动员会议，全场副科级以上管理人员 120 人参加会议。

4 月 10 日　按照企业管理人员聘任制的相关规定，农场上个聘期从 2016 年 3 月至 2019 年 3 月聘期届满。经第二次党委会议研究决定，对农场上个聘期所有管理人员进行全员解聘，农场党委将根据《党政干部选拔任用工作条例》《上库力分公司党委推进管理人员能上能下实施办法》和企业管理人员聘任程序等文件的规定，重新聘任管理人员。

同日　经农场党委研究决定，撤销供销部，成立物资科、销售科，将原供销部业务的计划、物资采购、保管、供应划归物资科管理；粮油销售、麦场管理划归销售科管理。

4月12日　内蒙古蒙草生态（环境）集团股份有限公司副总经理王媛媛、蒙草耐寒研究院院长刘英俊、技术负责人王贵中一行与农场场长、分公司总经理韩旭东，副总经理高安起在农场党政会议室洽谈牧草种子繁育事宜。经过洽谈，双方初步商定、牧草种子繁育面积1300亩，繁育品种为科麦草、思贝德苜蓿和红豆草，双方还商讨了未来开展草业订单的战略合作意向。

4月22日　额尔古纳市委书记樊东亮、市委副书记晋洪生、市委常委办公室主任胡志文、市政协副主席刘立超到农场检查指导安全防火工作。农场党委副书记、场长、分公司总经理韩旭东，上库力街道办事处党工委书记胥继良、主任王宏江陪同检查。

4月28日　分公司六届二次职工代表暨表彰大会在农场机关二楼会议室召开。呼垦集团公司纪委书记李惠实，额尔古纳市委常委、常务副市长申明俭莅临指导并作重要讲话。大会对2018年度先进单位、先进班组、养殖示范户、劳动模范进行了表彰奖励。

5月3日　兴安盟农垦集团公司呼和分公司纪委书记崔海峰、农业副场长钱吉民一行来到上库力农场，就单车核算、水飞蓟种植技术、农田水利建设和现代化大型农机具进行考察，并参观农场现代农业信息中心和农场发展史展馆。

同日　呼垦集团总农艺师吴国志一行来到农场，检查指导农田水利建设和春播生产。一行人在六队、七队、三队、二队检查了水利喷灌设施运行情况，查看了播种田间土壤墒情，听取了农场副总经理高安起关于节水灌溉工程蓄水池蓄水和春播生产情况的汇报。

5月9日　呼垦集团公司副总经理张然、投资管理部部长郭海山一行来到农场，就深化农垦改革、推进农场企业化和理顺股权等问题征求意见。

5月10日　呼垦集团公司农机科技部副部长李新民，农机主管刘志新一行来到农场检查农机安全生产工作。

5月22日　内蒙古自治区发改委就业处处长冯书红一行来到农场，就劳动力市农场监测工作进行调研。呼伦贝尔市、额尔古纳市发改委负责人陪同调研。

5月23日 额尔古纳市副市长贾志奎、农牧局局长辛群泰到农场检查指导农田水利施工、水利用电和春播生产工作，副总经理高安起陪同检查。

6月4日 意大利CMA公司总裁麦克、西班牙SOLA公司亚太大区负责人曼兹、呼伦贝尔市蒙拓农机科技股份有限公司董事长兼总经理刘忠舍一行来到农场，就先进农业播种、整地机械试用和推广洽谈合作进行考察。

同日 农业农村部农业机械化司副司长王甲云一行在内蒙古自治区、呼伦贝尔市、额尔古纳市相关部门领导，呼垦集团公司总农艺师吴国志陪同下，深入农场就保护性耕作进行实地调研。

同日 农场下发《关于部分原农场职工自愿申请被顶岗的通知》，同意部分符合被顶岗条件的原农场职工由家中35周岁以下直系男性顶岗就业，充实农场机务力量。

6月5日 根据《呼伦贝尔市农垦企业医疗卫生职能改革实施方案》的规定，"长期未在本职岗位工资在册转岗、待岗人员不列入医疗卫生移交范围，由原所属农垦企业妥善安置"。

6月12日 农场召开"扫黑除恶"专项斗争工作部署会议，以维护企业经济发展、社会稳定，保护职工群众生命财产安全，建设平安农场、和谐农场为目标，制定"扫黑除恶"专项斗争实施方案，安排部署工作任务。

6月17日 为庆祝中国共产党成立98周年、新中国成立70周年，丰富职工业余文化生活，弘扬拼搏进取、团结协作的精神，农场举办职工篮球赛，于当日在职工文化活动中心开赛。此次篮球赛共有8支代表队参赛，分A、B两组进行小组内循环赛，每小组前两名晋级进入交叉比赛，一、二名进入决赛，对获得前三名的球队予以奖励。

6月18日 额尔古纳市财政局、水利局，电力等部门负责人和水利专家一行来到农场，就额尔古纳市2017年农业综合开发高标准农田建设项目进行实地检查验收。该项目总投资2000余万元，建设高标准节水灌溉面积1万亩，建设排灌站2座、加压泵站1座、输变电线路20.5千米，埋设输水管道23.48千米，架设喷灌设备21套、小型排灌工程1座和30万立方米蓄水池及配套附属设施1个。该项目验收交付使用后，全场农田节水灌溉面积将达到10.5万亩。

6月20日　呼伦贝尔市第四人民医院到农场开展免费义诊活动。该院院长徐涛带领外科、内科、中医科、医技科等7个科室的21名医护人员为职工群众诊疗治病，还进行了彩色超声、大肠癌筛查等3项辅助检查，此次免费义诊共接诊就医职工群众230人。

6月21日　世界500强俄罗斯卢克伊尔润滑油（中国）有限公司总经理阿列克谢费多洛夫、工业油销售经理刘伟来到农场就农业生产机械使用燃油、润滑油情况进行考察，并有意开展合作。

同日　额尔古纳市水利局局长岳国平一行来到农场，就农田水利计划工程建设进行实地调研，并检查督促2017年小型农田水利项目施工。同时，引水至伊根生产队40万立方米蓄水池，保障节水灌溉和湿地补水，再利用中型灌区改革项目，计划在上库力架子山筹建中转泵站，使节水灌溉规模进一步扩大。

6月28日　农场召开庆祝建党98周年暨表彰大会。农场党政班子成员，各党支部书记、副书记、支委委员，各单位行政正职、党员代表、入党积极分子、纳新党员，机关全体工作人员190人参加会议。

7月10日　农业农村部食物与营养发展研究所副所长、研究员孙君茂，副研究员、博士徐海泉，青岛东鲁生态农业有限公司董事长李建波一行来到农场，对现代农业发展、农作物品种进行考察，并对褐麦等特色品种的营养成分作了评估鉴定。

7月15日　内蒙古自治区农牧厅巡视员王国林、社会事业促进处处长林立龙来到农场就人居环境政治工作进行调研。呼伦贝尔市农牧办副主任、农牧局副局长杨玉，社会事业促进科科长龙飞，呼伦贝尔市住建局村镇科副科长吴星国，额尔古纳市农务副市长申明俭，住建局局长朱金城，城市管理综合执法局局长张思志，农牧局局长辛群泰，上库力农场场长、总经理韩旭东，副总经理高安起、卢念章，上库力街道办事处党工委书记胥继良、主任王宏江陪同调研。

7月22日　中科院沈阳所驻黑山头负责人王正文教授带领中关村中小学师生80余人到农场参观考察。王正文一行首先到第三、第二生产队农机具停放农场参观现代化大型农机具，随后到伊根生产队田间参观集中连片油菜、小麦长势和机车田间作业现场。他们还参观了农场发展史展馆。

7月24日　为减轻企业负担，推进企业办社会职能剥离移交工作，农场成立以党政领导、办公室、基建科、项目办、财务部、审计科、监察科负责人组成的领导小组，采取面向社会公开招聘物业公司、实行委托招标公司进行竞标的办法，尽快平稳、妥善移交"两供一业"职能，促进"两供一业"市场化运行。

7月29日　农场纪委召开"纪律作风建设年"动员会，党委副书记、纪委书记屈伟，农场纪检委员，各党支部纪检委员22人参加会议。

7月31日　农场党政班子全体成员，农业生产队队长，党支部书记，副队长，农业、机务技术员，直属单位行政正职，机关科室负责人及相关人员共80余人对上半年农业生产和秋收准备工作进行检查验收。

8月5日　贵州瓮福农资集团公司总经理助理杨龙，上海市粮食局常务副局长沈鸿然，哈尔滨农垦鸿孚农资有限公司董事长张冰峰、副总经理张学辉，哈尔滨广信化工有限公司总经理桑士杰一行到农场考察。

8月12日　为适时、优质、高效、安全地完成秋收任务，农场主管农业生产的副总经理高安起带领9个农业生产队的机务副队长、麦场负责人及相关科室负责人共33人，对农业生产队参加秋收生产的收获机械，整地机械，运输机械，麦场机械，烘干、仓储设施和安全生产情况进行检查验收。

8月20日　呼垦集团公司岭北片区秋收工作现场会人员来到上库力农场观摩，海垦集团公司党委副书记、副董事长、总经理胡兆民，总农艺师吴国志，农机科技部部长张更乾，科技公司总经理，岭北各农牧农场场长、主管农业的副总经理参加观摩。

8月21日　农场召开秋收生产动员大会，党政班子成员，农业生产队队长、书记、副队长、技术员，直属单位行政正职，相关科室负责人共70余人参加会议。

8月23日　全球灌溉领导者，以色列QAC技术公司首席执行官Alonteichtai、以色列玫瑰旅游集团总经理Moshevered、芒果爱集团公司总经理曹治安一行先后来到六队蓄水池、七队提水泵站、三队提水泵站考察农场农田水利工程建设和规模情况，还参观了农业科技试验站试验田、现代农业信息中心、农场发展史展馆和生产队农机具停放场。随后，农场副总经理高安起与QAC技术公司首席执行官Alonteichtai签订农业节水管理培训计划框架协议，双方就节水贮水技术交流和培训事宜进行深入洽谈。

8月30日　根据呼垦字〔2019〕67号《呼伦贝尔农垦集团有限公司关于企业剥离办社会资产划拨的批复》和财企〔2005〕62号文件《财政部关于企业分立办社会职能有关财务管理问题的通知》，农场对剥离企业办社会资产财务处理为：资产原值84392219.47元，累计折旧12433211.51元，净资产71959007.96元，递延收益46715921.12元。此次企业剥离办社会职能属于无偿向地方政府移交资产。

9月5日　呼垦集团公司额尔古纳市4家农场及哈达图牧场片区信访维稳工作部署会议在农场召开。呼垦集团主管信访维稳工作的总会计师陈建出席会议并讲话，上库力农场、拉布大林农牧场、三河马场、苏沁牧场、哈达图牧场党委书记、副书记及各农场信访办公室负责人参加会议。

9月9日　农场决定继续开展金秋助学活动，对当年考入大专院校的贫困职工家庭子女马凯悦、马凯乐、张琦、刘洋、韩艾桢、房浩铮、罗薇、朱宏妍8名贫困大学生每人每学年资助1000元，直至大学毕业。

9月11日　呼垦集团公司农机科技部部长李新民、农机主管刘志新到农场检查安全生产工作。

9月13日　农场党政领导班子分组慰问一线干部职工，共慰问15个单位，送去慰问金63450元和慰问品。

9月17日　农场副总经理高安起及安全生产部负责人深入生产队麦场、田间收获和整地现场，围绕"防风险、保安全、迎国庆"主题，开展安全生产自查。他们先后对麦场用电线路、晾晒大棚、烘干、仓储设施、消防设备、输油管线、闸阀、锅炉等设备的规范化使用进行隐患排查，并检查了安全生产内页档案。同时，还对收获机械、整地机械及胶轮车安全驾驶事项进行检查。

9月29日　额尔古纳市副市长贾志奎到农场检查指导安全防火工作，场长、总经理韩旭东陪同检查。

10月1日　农场各基层党支部开展主题党日活动喜迎新中国成立70周年。第一生产队、第六生产队组织全体党员和部分职工举行升国旗、唱国歌活动，在岗干部、职工坚守岗位、默默奉献，用行动为祖国祈福，其他党支部组织党员、群众集中收看庆祝中华人民共和国成立70周年大会和阅兵式实况直播。

10月9日　农场3.1万亩甜菜收获任务全部完成。销售工作积极推进，第二生产队、第三生产队、第六生产队的27台运输车24小时不间断地将甜菜送往糖厂销售，日销售量2000吨。

10月12日　农场"不忘初心、牢记使命"主题教育读书班开班，党政班子成员、副科级以上管理人员、巡回指导组成员、主题教育办公室成员80余人参加学习。

10月19日　农场党委、党支部书记主题教育专题研讨会在机关三楼会议室举行。农场各基层单位党支部书记、政工部全体工作人员30余人参加研讨。

同日　呼伦贝尔市人大常委会党组成员、副主任樊东亮，呼垦集团党委副书记、副董事长、总经理胡兆民一行40余人，就农场利用畜禽粪污和农作物秸秆为原料，引进戈尔膜等发酵技术生产有机肥和原料收集、贮存、堆肥、运输及有机肥成品与发酵池等的情况进行调研。

10月23日　呼垦集团公司安全生产部部长刘树国一行到农场检查指导安全生产工作。

10月25日　农场组成6个检查验收小组，对9个农业生产队秋收整地质量、农机具标准化停放、固定资产清查、单车核算、职工考勤、农药种子贮存、安全生产等工作进行检查验收。

10月27日　在呼垦集团改革发展研究会副主任"不忘初心、牢记使命主题教育"第二巡回指导组组长郇志强带领下，一行5人到农场检查指导"不忘初心、牢记使命"主题教育开展情况。

10月28日　农场组织在机关二楼会议室通过呼伦贝尔"组工视线"直播平台观看自治区党委"不忘初心、牢记使命"主题教育北疆英雄先进事迹巡回报告会。农场党政领导班子成员、副科级以上管理人员及直属单位领导、机关全体党员136人观看报告会直播。

10月30日　农场利用田间整地结束后的农闲时间，与哈尔滨天阳公司合作，选派11名优秀机车驾驶员到哈尔滨双城市（现双城区）进行翻地作业。异地作业不仅增加了职工收入，更可贵的是使他们学习到了先进农机具的操作使用、维修保养技术，也增长了对大湿度、高秸秆地块的秋整经验。

10月31日　呼垦集团公司党委委员、副总经理鲍业鸣带领投资管理部部长郭海山，项目管理部部长、旅游发展部副部长陈嘉良到农场就开展"不忘初心、牢记使命"主题教育进行专题调研。

11月5日　呼垦集团公司纪委书记李惠实，纪委副书记、监察部部长胡立民，主管尤婷婷来到上库力分公司对"不忘初心、牢记使命"主题教育进行调研，并召开座谈会对纪检监察工作予以指导。

11月13日　为倾听基层单位党员、职工群众对"不忘初心、牢记使命"主题教育开展情况和企业各业发展提出的意见建议，农场党政班子成员分成3个小组到基层单位进行调研。

同日　呼垦集团公司改革发展研究会副主任、第二巡回指导组组长郇志强一行3人到农场检查督导"不忘初心、牢记使命"主题教育开展情况，并召开由农场党政班子成员、各基层党支部书记、主题教育办公室成员参加的座谈会。

11月15日　为全面掌握农业科技、新技术推广、农机具选型、农业生产质量管理、水浇地与旱田农作物产量对比分析、单车核算、麦农场科学管理等情况，农场在机关三楼会议室召开农业生产总结会议，农场党政领导班子成员，各生产队队长、副队长，麦场负责人，农业、机务技术员及相关科室工作人员共50余人参加会议。

11月26日　农场下发做好冬季安全生产工作紧急通知，从加强组织领导、强化责任落实、重点防范事项、安全生产风险防控、隐患排查整治等方面做了详细安排部署。

12月2日　农场召开第四季度安全生产总结会议，党政班子成员、机关科室负责人、各单位党政主要领导共50余人参加会议。会议提出，结合第四季度全农场安全生产形势，要求各单位党政领导牵头对本单位安全生产工作进行细致检查，包括检查生产区、住宅区、牲畜养殖区、"三库一间"、值班情况等，堵塞漏洞、排查隐患，杜绝一切安全生产事故。

12月3日　农场印发《鼠害防治及鼠疫防控工作方案》，从组织领导机构、职责任务、预防措施、鼠害治理、鼠疫防控、物资保障、技术措施等方面进行综合部署和安排。

12月5日　以"不忘初心、牢记使命"主题教育，农业、农机技术，单车核算，财务，兽医知识，安全生产和其他应会知识为主要内容的全场管理人员180余人参加的理论业务知识测试在机关二楼会议室举行，目的是全面提升全场管理人员和各行业业务骨干的综合素质和实际工作能力，为企业发展建设服务。

12月9日　农场党委召开"不忘初心、牢记使命"主题教育专题民主生活会，呼垦集团公司党委主题教育第二巡回指导组组长郇志强、成员赵鹏飞、联络员邱逢晨到会指导。农场党委书记郭祥华代表党委班子进行检视剖析，班子成员依次进行对照检查，并相互开展了批评与自我批评。指导组组长郇志强对农场专题民主生活会进行了点评，提出了要求。

12月11日　农场党委成立3个考核小组，对2019年度党的建设、精神文明建设和企业文化目标管理考核细则进行年终检查，并对各单位领导班子、班子成员及其他管理人员进行工作实绩考核。检查、考核程序为召开考核大会，单位行政主要领导代表班子述职，班子成员述职，民主测评，考核组与班子成员谈话，与到会职工的20％谈话，检查档案材料，最后根据班子、班子成员述职、民主测评及重点工作完成情况进行打分，确定考核结果。

12月16日　农场就认真做好元旦、春节期间安全生产工作印发通知，对"两节"期间的安全生产工作从提高认识、严防事故、突出重点、狠抓落实、领导分工、责任到人等方面进行安排部署。

12月27日　由农场党委委员、副总经理高安起带队，安全生产部等相关部门负责人对各单位"两节"前安全生产、防火、用电、锅炉房、牲畜养殖小区进行安全检查督导。

12月28日　农场召开信访维稳工作部署会议。会上传达了呼垦集团公司信访维稳工作会议精神，学习了《呼伦贝尔农垦集团公司信访维稳百日攻坚专项行动工作方案》，结合农场信访维稳工作实际，提出了具体要求，落实了得力措施。

● **2020年**　1月1日　农场在机关三楼会议室召开2020年"两节"管理干部集体廉政谈话会议。农场党政班子成员，各基层单位党政主要领导，机关科室负责人46人参加会议。

1月4日　额尔古纳市人大常委会主任岳晓波来到农场，就农田水利建设、智慧农业建设情况进行调研。

1月10日　中国科学院计算技术研究所副研究员刘子辰博士、高级工程师曹晓卫、工程师魏红波一行来到农场，就信息化"种养储加运销"示范节点技术规划进行商讨，围绕农场现代农业信息中心大数据智慧平台功能框架和智慧农业功能开发等进行对接。

1月26日　农场与街道办事处在机关三楼会议室召开新冠肺炎疫情防控工作部署会议，农场与街道办事处党政领导，各单位党政主要领导及上库力医院、派出所、村、社区主要负责人参加会议。会上传达了《呼伦贝尔市关于严格控制或取消群体性聚集活动的紧急通知》和《呼伦贝尔市疾控中心紧急公告》及上级相关会议精神。会议要求，在上库力地区范围内开展一次拉网式疫情防控摸排工作，密切关注异地返乡、探亲访友、外来人员情况，登记造册；广泛宣传疫情防控知识；各级领导要坚守岗位、靠前指挥、分工明确、责任到人，落实疫情防控应急预案和信息日报制度，全力做好疫情防控。

1月28日　农场召开会议安排部署疫情防控工作，在主要公路道口、职工住宅区等地设置8个疫情监测点176名党员干部昼夜坚守疫情防控岗位，制定了防控知识宣传日报告、值班、后勤服务保障等一系列制度措施，对过往行人进行体温检测，对过往车辆进行登记，对环境进行清扫消毒，各项疫情防控工作有序进行。

2月6日　第一生产队向职工群众发出向疫区防控捐款的倡议，仅两天时间53名职工群众共计捐款5250元。

2月8日　农场畜牧兽医综合服务站兽医、共产党员袁立文同志为疫情防控工作捐献400个医用口罩，他是疫情发生以来农场捐献物资的第一人。

2月11日　农场第七生产队养牛专业户高峰同志为疫情防控捐献12套防护服。

2月12日　农场第四生产队开展向疫区人民献爱心活动，123名干部职工捐款5270元。

2月14日　截至2月14日，第一生产队、第四生产队、第五生产队、伊根生产队4个单位的干部职工向疫区累计捐款19510元。

2月20日　农场第五生产队职工陈云飞夫妇将25000毫升84消毒液捐献给农场，这已经是其第三次捐献消毒液，三次累计捐献84消毒液40000

毫升，分别捐献给惠泽嘉园社区、边防派出所和农场。

2月27日　第五生产队退休职工、共产党员刘占山为新冠肺炎疫区捐款4000元。

3月4日　为帮助职工发展养殖业，农业银行额尔古纳支行工作人员来到农场第二生产队、第四生产队现场办公，采取线上＋线下方式办理贷款业务，简化贷款流程，缩短办贷时间，服务职工群众。此次帮助职工群众50余户，贷款总金额300万元。

4月18日　农场在机关二楼会议室召开七届一次职工代表暨表彰大会，来自各单位的92名职工代表，27名列席代表，6名特邀代表及先进单位、先进班组代表、养殖示范户、劳动模范共190人参加会议。党委委员、工会主席张永昌主持会议。总经理、场长韩旭东作了题为《同心同德、举力攻坚，为开创提质增效新局面再创企业辉煌而奋斗》的工作报告。呼垦集团公司党委副书记、工会主席杨晓光，宣传部副部长韩玉军到会祝贺并讲话。会上对农场2019年度先进单位、先进机车组、养殖示范户、劳动模范进行了表彰奖励。

4月19日　额尔古纳市委常委、常务副市长申明俭，市委常委组织部部长韩志斌，副市长宋吉祥到农场督导疫情防控工作。

4月26日　呼垦集团公司党委副书记、副董事长、总经理胡兆民，常务副总经理包长顺，副总经理张然、鲍业鸣，总畜牧师张绍勋，总农艺师吴国志及相关负责人就农牧业生产和产业发展情况到农场调研。

4月28日　农场组织全场甜菜播种机组成员在机关三楼会议室参加格兰电驱甜菜专用播种机在线远程视频培训。农场邀请格兰（中国）售后服务经理张晶进行线上授课，讲授格兰电驱甜菜专用播种机的性能、操作使用和维护保养等内容。据悉，新型格兰Monopi1112E-drive甜菜专用播种机为呼伦贝尔地区首次引进的电脑操作电机驱动播种机，其能精准控制株距，具备平行与棱形播种的特性。此次农场购入该播种机4台助力春播生产。

5月5日　呼伦贝尔市委副书记、市长姜宏，副市长任宇江，市政府秘书长郭平，发改委主任寇子明，农牧局局长那日苏等一行人来到农场，就企业发展和森林草原防火工作进行调研。

5月14日　呼垦集团公司农机科技部副部长李新民、农机主管刘志新来到农场检查指导安全生产工作，先后检查机车驾驶员持证上岗、机车状态、安全防护设施配备、安全用电、拌种拌肥安全防护措施和安全生产内页档案。

6月2日　呼伦贝尔市农机监理所所长高宝瑞一行到农场第四生产队参加额尔古纳市农机"安全生产月"活动启动仪式。农场副总经理高安起、额尔古纳市农机监理站站长包树忠及分公司生产部负责人参加启动仪式。

6月30日　农场庆祝建党99周年暨表彰大会在机关二楼会议室召开，农场党政领导，副科级以上管理人员，纳新党员和受表彰的先进基层党组织代表、优秀共产党员，"学习强国"学习积分标兵，农业信息化建设学习测试成绩优异的职工共140余人参加会议。

7月2日　农场庆祝中国共产党成立99周年文艺演出于晚19时在东方红广场举行。整场演出包括独唱、二重唱、舞蹈、诗朗诵等，形式多样、丰富多彩。

7月4日　农场开展场区环境卫生整治活动，各单位按照场区街道卫生责任区开展卫生治理。此次环境卫生整治活动共有214名干部职工参加，使用车辆15台，割除道路两侧杂草3.2万延米，修理板杖、铁艺围栏20延米，清理垃圾25吨。

7月6日　庆祝中国共产党成立99周年系列活动之一的综合知识竞赛在农场机关二楼会议室举行。竞赛内容包括《生产经营责任制方案》、农业、农机、水利、植保、智慧农业、安全生产等多方面内容，通过在必答题、抢答题、风险题环节的激烈角逐比拼，最终第五生产队、第一生产队和供电所代表队从14支参赛队伍中脱颖而出，分别获得综合知识竞赛第一、第二、第三名，并受到表彰奖励。

7月15日　由额尔古纳市乌兰牧骑、农牧业局、科技协会等多个单位组成的额尔古纳市草原综合服务宣传队来到农场，以精彩的文艺节目宣传人口普查、鼠疫预防和科普知识。

7月29日　中科院地理资源所研究员樊江文，副研究员刘晓洁、章良杰一行在呼垦集团公司项目管理部副部长孔雪滨陪同下来到农场，就"十四五"规划编制工作进行调研。

同日　呼垦集团公司总农艺师吴国志、农机科技部部长张夏乾来到分公司，于田间检查农作物长势。

7月31日　中科院植物研究所研究员韩兴国、黄建辉，中科院微生物研究所研究员郭良栋，中科院沈阳应用生态研究所研究员姜勇、王正文一行来到农场，就农田土壤土质、草原植被退化状况和食用菌培育可行性进行调研。

8月8日　北京智谷先和公司企业文化团队在呼垦集团公司组织部副部长白振平陪同下，来到农场就企业文化规划建设进行调研。

8月15日　农场200余台割晒机、联合收割机投入田间开始割晒、收获，秋收生产拉开序幕。

8月17日　农场的植保无人机在第六生产队田间正式投入喷药灭草、补肥作业。农场通过"耕云"农业数字化高效管理平台，实现了田间可视化操作管理，提高了管理效能，在节约人力、成本，提质、增效上走出了现代农业信息化管理的新路子。

8月21日　呼伦贝尔市副市长白海林率领呼伦贝尔市"四好农村路"工作交流现场会参会人员到农场第七生产队观摩C013线根河桥至七队路段村级"四好农村路"建设，交流"建好、管好、护好、运营好"农村公路经验，此段农村公路总长5.6千米，为实现"路通、业兴、民富"目标奠定良好基础。与会人员还参观了第七生产队农机具停放农场，观看了植保无人机作业，本地特色农产品和加工食品展示。

同日　呼伦贝尔农垦集团公司党建和经济工作现场会参会人员153人来到上库力农场（分公司）观摩，先后观看了第六生产队50万立方米蓄水池、标准化蓄水池加压泵站、田间甜菜长势、植保无人机农情监测展示，了解了现代农业信息中心的功能和智慧农业发展进程。

9月6日　国家燕麦产业技术体系张家口市农业科学院燕麦研究所所长赵世峰，副所长周海涛、葛军勇，国家燕麦产业技术体系兴安盟综合试验站站长、兴安盟农牧业科学研究所副所长王崴及其团队成员一行来到上库力分公司对不同品种燕麦的生长情况进行调研。农场党委书记、场长韩旭东，副总经理高安起，哈达图分公司领导和农业技术人员与来访人员进行了燕麦种植技术交流。赵世峰所长对燕麦高产高效生产技术、利用雨热资源选择适宜播期、燕麦主要品种及特性等专业内容进行了介绍。各生产队队长和农业技术人员就燕麦种植过程中遇到的难题与专家组进行了沟通交流。专家组还将《燕麦实用技术》《燕麦生产与综合加工利用》《燕麦高效栽培技术》等专业书籍赠送给上库力分公司和哈达图分公司。

9月12日　黑龙江八一农垦大学原副教授，黑龙江农垦畜牧业工程技术装备有限公司执行董事、总经理石海星到农场考察并洽谈合作。他带来的中国引进的首台德国科罗尼颗粒联合收获机在农场田间试验作业。

9月13日　农场第二生产队研制甜菜条耕施肥一体机获得成功。该机械利用废旧播种机框架，经过30余天的精心研制完成，是集深松、深施肥、旋耕碎土、镇压等多功能为一体的新型机械。该农机作业宽幅6米，分为12行，行宽50厘米，整地宽幅20厘米，深松、播肥可达30厘米深，通过田间多次试验效果良好。

9月14日　全农场普降初霜。

9月15日　呼垦集团公司党委副书记、董事、总经理，海拉尔农牧农场管理局局长胡兆民，在总畜牧师张绍勋，总农艺师吴国志，海垦集团公司董事、特泥河分公司党委书记、场长牟春雨和集团公司相关部门负责人陪同下，来到农场进行工作调研并召开座谈会。拉布大林、三河、苏沁、上库力农场主要领导参加调研和座谈。

9月21日　根据深化农垦企业改革的部署和要求，农场持续推进剥离企业办社会职能工作，经过招投标程序，引进额尔古纳市馨雅物业公司对惠泽嘉园小区"两供一业"进行管理。"两供一业"交接签约仪式在农场机关三楼会议室举行。农场党委书记、场长韩旭东，党委副书记、总经理、副场长郭祥华，副总经理高兴良，惠泽嘉园物业委员会职工代表，扎兰屯市第一建筑公司董事长，额尔古纳市馨雅物业公司总经理金雅馨出席公司签约仪式。

9月23日　随着职工住宅小区惠泽嘉园"两供一业"工作移交给额尔古纳市馨雅物业公司管理，农场与馨雅物业公司协商一致，经党政班子会议研究，将原在惠泽嘉园从事"两供一业"的8名职工派遣至馨雅物业公司工作，人员编制仍旧归属农场，享受农场在岗职工待遇，服从馨雅物业公司管理。

10月9日　为解决贫困职工家庭子女上大学困难问题，农场决定继续开展金秋助学活动。通过本人申请、基层单位调查申报、农场职能部门审核、党委立会研究、5天公示等程序，决定资助8名贫困大学生，每人每年 1000 元，直至大学毕业。

10 月 13 日 中储粮内蒙古分公司党委书记、总经理吴建民，副总经理杨军、范军及海拉尔直属库党委书记、总经理徐国强一行 7 人来到农场，就粮食生产情况进行调研，并就粮食收购相关事宜进行洽谈。

10 月 15 日 经党委会议研究，农场决定成立《上库力农场志》编纂委员会。

10 月 27 日 呼垦集团公司安全生产部部长刘树国一行来到农场，就安全生产隐患整改回头看和 2020 年安全生产责任状落实情况进行检查。

11 月 13 日 为提高职工岗位技能、掌握现代农业机械实际操控能力，农场举办有 30 余名驾驶员参加的先进农业机械理论知识考试。

11 月 17 日 中能全联能源董事局主席兼董事长许洛鑫一行在呼伦贝尔市国资委党委书记、主任沙元月的陪同下来到农场进行调研。

11 月 21 日 2020 年"庆丰收、迎小康"中国村歌大赛总决赛及颁奖仪式在浙江省江山市大陈村举行。上库力农场推送的《草原明珠上库力农场》从全国数百首参赛村歌中层层晋级，在总决赛中荣获中国村歌大赛二等奖。农场党委书记、场长韩旭东在大赛现场推介了呼伦贝尔农垦集团公司产品"苍茫谣"芥花油和上库力农场。

12 月 1 日 农场党委组成 5 个考核组，对 17 个单位和全体管理人员进行年终工作实绩考核，按照大会述职、民主测评、个别谈话、指标核查、档案查阅等程序，全面考核各单位领导班子贯彻落实分公司大政方针，履行政治责任、经济责任、社会责任、安全责任，推进企业改革发展等情况，副科级以上管理人员从"德、能、勤、清、廉"等方面进行述职。

12 月 3 日 农场在机关三楼会议室召开《上库力农场志》编纂工作动员会议，农场党政领导、农场志编纂委员会成员、各单位党政主要负责人、资料提供人员参加会议。会上下发了各单位、各科室提供资料的提纲，这次动员会议标志着《上库力农场志》编纂工作正式启动。

12 月 14 日 上库力农场召开七届二次职工代表大会，旨在贯彻落实呼垦集团公司农场企业改革工作要求和决策部署，讨论审议《内蒙古上库力农场公司制改革实施方案》和《呼伦贝尔农垦上库力农牧农场有限公司章程》。集团公司总农艺师吴国志出席会议并讲话，农场、分公司党政班子成员、职工代表、列席代表 101 人参加会议。

第一章　境域　区位

上库力农场 2018 年确权面积 1690 平方千米，地理坐标为东经 120°16′40″—120°03′20″，北纬 50°01′40″—50°36′40″。东有无名山，南有大横山，西部为丘陵和平原，北有上乌尔根尖子山；辖区内较大的河流为额尔古纳河支流——根河，由东向西流经场区北部；可利用耕地资源 61.18 万亩，以小麦、油菜、大麦、莜麦、甜菜、水飞蓟、牧草等农作物和经济作物种植为主；畜牧业以牛、马、羊、猪饲养为主，畜产品有牛奶、肉类等。

第一节　境　　域

上库力农场隶属于呼伦贝尔农垦集团有限公司。农场地处大兴安岭北段支脉西坡，位于呼伦贝尔市西北部、额尔古纳市东南部。东与牙克石市为邻，东南与陈巴尔虎旗相连，西和西南与拉布大林农牧场接壤，北与三河马场交界，东北与根河市毗邻。地理坐标为东经 120°16′40″—120°03′20″，北纬 50°01′40″—50°36′40″。

第二节　区　　位

一、天文地理位置

上库力农场政治中心所在地经度为 120°26′29″，纬度为 50°14′42″。四至终端经纬度东至东经 120°59′16″，北纬 50°01′42″；南至东经 120°30′32″，北纬 50°01′20″；西至东经 120°16′12″，北纬 50°20′11″；北至东经 120°36′52″，北纬 50°36′41″。

二、自然地理位置

上库力农场东有无名山，南北走向，海拔 727 米，距离农场政治中心 48 千米，地理坐标为东经 120°58′18″，北纬 50°01′46″；南有大横山，东西走向，海拔 900 米，距离农场政治中心 20.8 千米，地理坐标东经 120°26′14″，北纬 50°01′08″；西部为丘陵和平原；北有上乌尔根尖子山，东西走向，海拔 876 米，距农场政治中心 24.2 千米。地理坐标为东经 120°28′41″，北纬 50°24′21″。

农场辖区内较大的河流为额尔古纳河支流根河，由东向西流经场区北部，距离农场政治中心 8 千米。

农场辖区内没有较大的湖、海，只有三处水泡子，分别为：南大楼水泡子，地理坐标为东经 120°59′18″，北纬 50°16′04″；第二生产队天蓝水水泡子，地理坐标为东经 120°13′15″，北纬 50°18′49″；第七生产队屯西水泡子，地理坐标为东经 120°16′06″，北纬 50°16′19″。

三、经济地理位置

上库力农场在东经 120°59′16″—120°16′02″，北纬 50°01′20″—50°36′41″范围内，利用 61.18 万亩耕地资源，种植、生产、销售小麦、油菜、大麦、莜麦、甜菜、水飞蓟、牧草等农作物和经济作物，养殖、销售牲畜及牛奶、肉类等畜产品，与贵州省、四川省、浙江省、湖北省、黑龙江省、内蒙古自治区及呼伦贝尔市、额尔古纳市等多个省区市、周边地区构成了以农畜产品销售，农用生产资料如化肥、农药、油料、机械零配件等物资采购为主要渠道的经济联系，形成了比较紧密的空间关系，对巩固农场农牧业支柱产业地位、调整优化产业布局、进一步发展供需关系、发挥经济优势、促进企业可持续发展作用明显。

四、政治地理位置

上库力农场与首都北京的相对位置是正北偏东，相对距离是 1872 千米；与内蒙古自治区首府呼和浩特的相对位置是东北，相对距离 1789 千米；与地市级行政中心城市呼伦贝尔市的相对位置是西北，相对距离 145 千米；与县级市额尔古纳市的相对位置是正东偏南，相对距离 20 千米。

第二章　发展沿革

"十二五"期间，农业各业总收入与"十一五"期间相比有较大幅度增长；2013年，农场被内蒙古自治区党委、自治区人民政府授予自治区级文明单位称号。

"十三五"期间，农场各项主要经济指标不同程度下滑。在此期间，农场建成了现代农业信息中心，各环节工作实现了智能化管理；基本建设总投入提高，农田节水灌溉工程覆盖面积大幅增加；积极争取国家项目资金用于农牧业基础设施建设。农场固定资产总值与"十二五"期间相比有所增长。

第一节　机构设置

2011年，上库力农场设置农业生产队9个，分别为第一生产队、第二生产队、第三生产队、第四生产队、第五生产队、第六生产队、第七生产队、第八生产队、伊根生产队；科室12个，分别为社会事业部、财务部、生产部、销售科、综合办公室、畜牧业管理部、政治工作部、土地项目办公室、物资科、综合治理办公室、监察审计部、史志办公室；直属单位5个，分别为农林科技试验站、供电所、畜牧兽医综合服务站、职工医院、驻海拉尔办事处；民有民营单位3个，分别为面粉加工厂、修造厂、多种经营服务队。

2012年，撤销史志办公室，基本建设工作从生产部分离，成立基建科。

2016年，成立水利办公室、战略发展部、十个全覆盖办公室；销售科和物资科合并，成立供销部，撤销生产部，成立农机科、农林科；基建科与土地项目办公室合并，成立基建土地项目办公室。

2017年，撤销监察审计部，成立监察科、审计科；成立党委办公室；成立有机肥厂；成立安全生产部。撤销基建土地项目办公室，恢复基建科、土地项目办公室称谓。撤销农林科技试验站，成立农业科技试验站、林草工作站。

2018年，农机科、农林科合并，成立生产部。

2019年，撤销供销部，恢复物资科、销售科建制。

2020年12月18日，上库力农场（分公司）更名为上库力农牧场有限公司。农业生产队更名为第一连（队）、第二连（队）、第三连（队）、第四连（队）、第五连（队）、第六连（队）、第七连（队）、第八连（队）、伊根连（队）；直属单位为供电所、畜牧兽医综合服务站、林草工作站、农林科技试验站、有机肥厂、驻海拉尔区办事处；科室为综合办公室、财务部、社会事业部、综合治理办公室、战略发展部、政治工作部、生产部、土地项目办公室、监察部、安全生产部、基建科、畜牧业管理部、水利办公室、党委办公室、审计科；民有民营单位为面粉加工厂、修造厂、多种经营服务队。

第二节 "十二五"期间发展状况

"十二五"期间的 5 年，实现各业总收入 34.3 亿元，比"十一五"期间增加 21.6 亿元，增长 170.1%；生产总值 18.4 亿元，比"十一五"期间增加 10.9 亿元，增长 145.3%；经营利润 3.9 亿元，比"十一五"期间增加 0.6 亿元，增长 18.2%；净利润 2.8 亿元，比"十一五"期间增加 3664 万元，增长 15.1%；5 年总播种面积 267 万亩，粮油总产 40.3 万吨，年均生产粮油 80600 吨；农业总收入 12.5 亿元，比"十一五"期间增加 3.9 亿元，增长 45.3%。畜牧业得到快速发展，建成 1000 头奶牛标准化生态牧场 1 座，建设奶牛暖舍 19 个、肉牛暖舍 5 个，总面积 34217 平方米，建设挤奶厅 5 个，改良天然草场面积 28 万亩；新增先进牧业机械 21 台；牲畜存栏比"十一五"期间增加 2.7 万头（匹、只、口），增长 71%；牛奶总产 9.72 万吨，比"十一五"期间增长 17.9%，畜牧业总收入 8.7 亿元，比"十一五"期间增加 6.2 亿元，增长 248%。工业总收入 3748 万元。完成固定资产投资 3.2 亿元，比"十一五"期间增加 2.13 亿元，增长 199.1%；其中农业机械投资 1.1 亿元，新增机械设备 317 台。基本建设 5 年累计投资 3.87 亿元，比"十一五"期间增加 1.8 亿元，增长 86.9%。修筑田间机耕路 82 千米、场部中心区及生产队水泥路 85.5 千米、新建水泥晒场面积 8.5 万平方米、晾晒棚 7 个面积 2.2 万平方米，建设节水灌溉水利工程面积 7.1 万亩、蓄水池 4 个容积 278000 立方米，架设高压线路 20 千米，铺设低压线路 70 千米，安装变压器 7 台，共 6320 千伏安。"十二五"期间，投资 1.5 亿元，完成危旧房改造 1227 户，其中新建楼房 812 户 12 万平方米；为 42 户特困职工解决住房补贴资金 110 万元，资助困难职工子女上大学 65 人，资助和奖励资金 15.2 万元；救济困难职工 357 户（次），发放救济金 29 万元。"十二五"期间，运输车保有量 117 台，累计完成货物运输 232 万吨，运输收入 1223.7 万元；载客车辆 73 台，累计运送旅客 93 万人次，载客收入 994.8 万元。在岗职工年平均收入 45962 元，比"十一五"期间增加 15790 元，增长 52.3%；人均年平均收入 30029 元，比"十一五"期间增加 14055 元，增长 88.0％。"十二五"期间，农场受到上级党委表彰的先进党支部 5 个，优秀党务工作者 2 人，优秀共产党员 9 人。2013 年，农场被内蒙古自治区党委、自治区人民政府授予自治区级文明单位称号。

第三节　"十三五" 期间发展状况

"十三五"期间是上库力农场面临困难最多、自然灾害影响最重的 5 年，各项主要经济指标不同程度下滑。累计完成各业总收入 20.18 亿元，比"十二五"期间减少 14.12 亿元，降低 41.2％；实现经营利润 6889 万元，比"十二五"期间减少 3.21 亿元，降低 82.3％；粮油总产 30.12 万吨，比"十二五"期间减少 11.98 万吨，降低 28.5％；农业总收入 10.51 亿元，比"十二五"期间减少 1.99 亿元，降低 15.9％；畜牧业总收入 6.08 亿元，比"十二五"期间减少 2.62 亿元，降低 30.1％；在岗职工年平均收入 44700 元，比"十二五"期间减少 1262 元，降低 2.7％；人均年平均收入 28300 元，比"十二五"期间减少 1729 元，降低 5.8％。"十三五"期间，农场坚持以市场为导向，调整优化农业种植和品种结构，在种植小麦、油菜、大麦三大作物的基础上，增加甜菜、水飞蓟、莜麦草及其他牧草种植面积，实现了麦类、油料作物和经济作物各占总播种面积 1/3 的理想比例。5 年累计播种面积 261.5 万亩，年平均播种面积 52.3 万亩，优质品种率达到 100％。"十三五"期间，农场建成了现代农业信息中心，配备车载终端 126 套，油耗传感器 88 套，土壤湿度传感器 1 套，农情监测无人机 1 架，农业植保无人机 1 架，田间高清探头 6 台，自巡航高清监控设备 9 套，对讲调度系统 160 台套，使农业生产土壤档案可追溯，农作物长势分析与指导、田间管理智能监控、单车核算、生产成本分析、数字天气、草情虫情监测等各环节工作实现了智能化管理，在农业物联网、大数据建设上迈出了实质性步伐。"十三五"期间，完成基本建设总投资 7.45 亿元，新建水泥晒场面积 24591 平方米，建设晾晒棚 3 个，总面积 9000 平方米，建设电子地衡 1 个、粮食风干仓 8 座、标准化农具场面积 18500 平方米、大型烘干设施 5 套，新增农田节水灌溉工程面积 12.37 万亩。完成农业科技试验示范项目 97 项，其中国家级 19 项、自治区级 12 项、呼伦贝尔农垦集团公司 15 项、额尔古纳市 13 项、农场内 38 项，发挥了农业科技方面的支撑作用。"十三五"期间，累计牲畜存栏 461739 头（匹、只、口），牛奶总产 31501 吨，出售商品奶 24212 吨，肉类总产 7992 吨；打贮饲草 6.15 万吨，完成退牧还草面积 2 万亩。5 年来，累计争取项目资金 2.42 亿元，用于农牧业基础设施建设，促进了企业发展。农场固定资产原值 6.03 亿元，比"十二五"期末增加 2.4 亿元，增长 66.1％，固定资产实现了保值增值。"十三五"期间，累计为职工上缴"五险"资金 1.4 亿元，缴纳住房公积金 1195 万元，发放老农垦职工高龄补贴 115 万元，慰问困难职工 650 户（次），发放慰问金 54.6 万元，资助困难职工子女 42 人上大学，资助和奖励资金 16.5 万元，免费为职工体检 1724 人（次）。截至 2020 年年末，全场总户数 2330 户，总人口 6096 人，在岗职工 1313 人。农牧业机械数量 3117 台，机械总动力 6.5 万千瓦。农田节水灌溉工程覆盖面积 25.32 万亩，增强了抵御自然风险的能力，为现代农业的稳步发展奠定了基础。

第三章　自然环境

大兴安岭及其支脉构成了上库力农场的地形骨架，故农场有着较为复杂的山丘地形。山峰和丘陵较多，大多数彼此相连，构成山系。场区整个地势由东南向西北倾斜，为山丘漫岗地，最大坡度 5°～6°，并夹有似盆地平原。东南部地势较高，多为山地，平均海拔 628 米。土壤类型为黑钙土、栗钙土、生草土、沼泽土，土壤肥力差异较大。气候特点为长冬短夏、春秋相连，年日照时数为 2500～2800 小时。天然植被保护得比较完整，各种草原植被分布于山地、无林地和林间空地，山脉丘陵阴坡广泛分布着白桦、山杨等混交次生林。矿产资源有铁、铅锌、萤石、云母、石灰石、煤等。自然灾害种类较多，主要有旱灾、风灾、涝灾、雹灾、虫灾等。环境状况优良，没有大气、水、固体废物污染现象。

第一节　地　质

上库力农场地处大兴安岭北段支脉西坡，蒙古弧形构造与新华夏系构造交合部位。属地槽型沉积，历经多次性质不同、规模不等的褶皱运动，地质构造复杂，岩浆活动强烈，地质变迁频繁。地层元古界为一套厚度巨大、岩性复杂的浅海相地槽沉积。沉积作用、岩浆活动、构造运动及变质作用的发生，造成了不同时代的褶皱和断裂构造，形成了不同时代的沉积岩、岩浆岩和变质岩，同时也形成了各类相应的矿产。随着时间的推移和地质演变，各类岩石的构造也在不断变化，逐渐构成了现代自然环境的地质基础。

第二节　地形地貌

大兴安岭及其支脉构成了上库力农场的地形骨架，故农场有着较为复杂的山丘地形。山峰和丘陵较多，大多数彼此相连，构成山系。横贯场区南部的大横山平均海拔 900 米，场区内最高峰是第五生产队东南的马鞍山，海拔高度 1127 米。场区整个地势由东南向西北倾斜，为山丘漫岗地，最大坡度 5°～6°，并夹有似盆地平原。东南部地势较高，多为山地，山北阴坡生长着次生林。西北部地势平坦。场区东、南、北三面环山。根河从场区北部自东向西流过，注入额尔古纳河，沿河西岸柳树茂密、灌木丛生。场区平均海拔628 米。

现代地貌主要在燕山运动以后形成，为新华夏隆起构造山地。主体岩石为火山熔岩，其中花岗岩分布最广。冰川地形和遗迹也颇为显著。场区的几个重要地貌特征为：

一是以场区东北 12 千米的 1012.4 高地为中心的火山结构，其坐标为东经 120°38′04″，北纬 50°18′16″。南侧以 901.7 高地和 1012.4 高地间的中山主脊为界，东侧和东北以乌耶勒格其沟为限，西侧以流经白音扎拉嘎的根河无名支沟为界。该火山结构的直径在 14 千米左右，环内出露的岩性为龙江组和查伊河火山岩。

二是位于场区东南 25 千米的石灰窑附近的火山结构，其中心坐标为东经 120°52′08″和北纬 50°11′02″。火山结构的西侧以乌耶勒格其沟为界，东侧和南侧是呈弧形分布的小伊根河，北侧以环内 982 高地的北麓为界。该环呈椭圆形，东西向短轴长约 12 千米，南北向长轴长约 15 千米，出露岩性为上石炭到二迭系小河群的火山岩，西侧有华力西晚期的花岗岩侵入。环周沟底海拔高度在 720 米左右；环心高度为 1067 米，相对高差达 347 米，以 1067 高地为中心有放射状水系展布。

三是古冰川及冰缘地貌亦有痕迹，在场区北部的大乌尔根山系和沟谷地带较为多见。

四是外营力对场区地貌形成有重要影响，外营力对场区一定的地理环境的形成起到了重要作用，尤其是气候的变化。

第三节　土　　壤

一、土壤分布

上库力农场接近林区，植被类别处于森林与湿草原过渡地带，继而过渡到真草原，对土壤的形成和发展起着很大的作用。场区东、南、北山体阴坡上生长着茂密的次生林，阳坡上植物虽有生长，但密度不大且植株矮小。土壤呈微酸性反应，pH 为 6.5～6.7。该地土壤多分布淋溶黑土，50％～80％无磷酸盐反应。场区西部由于气候较东部干燥，植被稀疏，土壤内腐殖质少，形成了砾土。河流两岸及低洼处，因时常积水，形成了沼泽和草甸型土壤。土壤类别由东向西主要为暗灰色森林土壤—黑钙土—栗钙土，在几种典型土壤之间，常常存在着过渡类型的土壤。在土壤分布上，有的呈相互交替、交错分布，有的呈相间分布，还有几种类型的土壤并存的情况。

二、土壤类型

综合上述发生学的原理，农场土壤类型大致分为以下几种：

1. **黑钙土类** 包括山地黑钙土、石质土、淋溶黑钙土、典型黑钙土、草甸黑钙土等。
2. **栗钙土类** 主要为暗栗钙土亚类。
3. **生草土类** 主要为发育在粗砂卵石上的生草土亚类。
4. **沼泽土类** 主要为草甸型沼泽土亚类。

具体各类土壤的分布面积见表 3-1。

表 3-1 上库力农场场区土壤类型形态分布面积一览表

土壤名称	分布地形	土层厚度（厘米）	颜色	质地	结构	利用	石灰反应	面积（万亩）	占比（%）
山地黑钙土型石质土	山地顶部和山岗高处	6～10	暗色棕色	中壤	粒状	造林	无	40	14
厚层腐殖质淋溶黑钙土	缓坡	67～80	黑色	中壤	团粒	农耕	无	6	2
中层腐殖质淋溶黑钙土	缓坡	32～50	黑灰暗黑	中壤	粒状团粒	农耕	无	15	5
薄层腐殖质淋溶黑钙土	缓坡	20～30	暗灰褐色	中壤	屑状粒状	农耕	无	10	4
壤质中层腐殖质典型黑钙土	平坦地区	33～38	暗灰黑灰	轻壤	层状粒状	农耕	30厘米以下有	15	5
壤质薄层腐殖质典型黑钙土	平坦地区	27～30	黑灰	轻壤	粒状屑状	农耕	43厘米以下少强	18	6
中层腐殖质暗栗钙土	丘陵上部平坦地区	32～39	黑灰暗灰	中壤轻壤	粒状屑状	农耕	27厘米以下少中量	12	4
薄层腐殖质暗栗钙土	缓坡丘陵平地	16～29	暗黑暗灰	中壤轻壤	粒状屑状	农耕	19厘米以下为中	8	3
草甸型黑钙土	低洼处	20～50	棕色	中壤	团粒	打草	无	20	7
山地草甸土	山地阴坡	15～27	黑色	中壤	粒状	造林	无	60	21
草甸型沼泽土	河旁平地	30～50	黑色	轻壤	粒状	打草	无	23	8
盐渍化黑钙土	缓坡下部平地	15～42	黑色棕黄色	中壤轻壤	层状	放牧	无	47	17

（一）暗灰色森林土

暗灰色森林土在场区西南及部分山区，全场各队的山阴坡呈弧状断续分布，土被组合中常与黑钙土毗邻，属于暗灰色森林土亚类。

暗灰色森林土上的植被主要是白桦、山杨组成的块状林，林下长有柳、线叶菊和胡枝子等。草本植物生长极其茂密，主要为地榆、薹草和小叶樟，覆盖度85％以上。

暗灰色森林土腐殖质层深厚，有机质含量高，含氮0.3％，含磷2.2％，速效磷含量达32毫克/千克，代换量高达每100克土壤含速效磷40～45毫克当量。土壤呈中性至微酸反应，pH一般在6.5左右，上下变化很小，代换性盐基总量较高，近乎饱和，代换性阳离子钙、镁含量占绝对优势。

此类土壤由于分布地区的地形条件所限，只适宜成为林业用地，可种植经济价值较高的树种，如兴安落叶松、云杉和樟子松等。

（二）黑钙土

黑钙土成土母质多为结晶盐类，其次为黄土状物，有少量碳酸类风化物。分布地区地势比较平缓，高差较小，集中分布于海拔500～800米，是农场范围内分布面积最大的土类，广泛分布于全场9个农业生产队。

黑钙土上的植被，主要有草甸、草甸草原和草原3种类型，主要生长线叶菊、贝加尔针茅、羊草、山杏等植物。黑钙土的腐殖质含量为4％～10％，以胡敏酸为主，占腐殖质总量的40％～50％，富里酸则占20％～30％。

黑钙土大部分为重壤土到轻黏土，呈现出"上壤下黏"或"上黏下黏"的质地层次，具有较强的保水能力和保肥能力，是农、林、牧皆宜的土壤资源。

（三）草甸土

草甸土是一种隐域土壤，主要分布在农场境内各河流两侧低阶地、山间宽阔谷地、丘间碟形洼地上。成地母质为河流的冲积物和洪积物，土层较厚，地势平坦，土壤水分充足，是农牧业生产的主要用地。草甸土的厚度为20～50厘米，深者可达80厘米，腐殖质含量较高。底土有明显的锈纹、锈斑，石灰反应弱。土壤团、粒状结构明显，质地比其他土类黏重，且下层比上层黏重，水分较高，雨季有过湿现象。

草甸土腐殖质含量为7.4％～10.5％，代换量为每100克土壤含40～50毫克当量腐殖质，pH 6.3～6.7，多呈酸性或中性反应，也有呈弱碱性反应（pH 8）的。氮、磷含量较高，代换性离子以钙、镁为主。含碳酸钙量、含盐量较高，有盐化现象。

（四）沼泽土

沼泽土是土壤季节性积水或长期积水，在沼泽植被下发育而成的一种水成型隐域土壤，广泛分布于农场河流两侧，分布部位低于草甸土。

沼泽土剖面基本上由两个发生层次组成：上部为草根盘结层，由腐殖质层或泥炭层组成；下部为潜育层。中间为过渡层，腐殖质层颜色深暗，质地较黏重。

（五）粗骨土

该土类属于幼年土壤，它的发育不受生物气候和水文条件的限制，主要受地质构造和局部地形变化的影响。粗骨土主要分布在石质山地和丘陵顶部，极薄的土层下即为线岩或从地表开始就分布大量的砾石和石块，因此粗骨土是一种隐域性土壤类型。分布范围较广，但数量不多。

粗骨土 A 层的厚度最小值为 6 厘米，最大值为 16 厘米，平均为 10 厘米，没有 B 层。

（六）盐碱土

该土类分布面积不多，仅有 5000 亩左右，分布于农场附近的草甸黑钙土之中。

三、土壤肥力

受到土壤环境条件、土壤物理性状、土壤养分等因素，以及不同的地形、坡度、覆盖度、侵蚀度、土层厚度、耕深厚度、有机质及氮磷钾含量等因素影响，不同的土壤肥力差异较大。可将农场辖区划分为高肥力、中肥力、低肥力三个区域。

场区东部的伊根生产队、西部的第六生产队的绝大部分土地和中部的第二、第三、第四生产队的部分土地发育于冲积—洪积物、砂质风积物等成土母质，是有黑色腐殖质表土层的土壤，黑土层较厚，一般为 32～38 厘米，土壤颗粒较细，性状好，肥力较高，有利于农作物和植被生长。这部分土地占农场总耕地面积的 58%。

场区东南部的第一生产队、第四生产队，南部的第五生产队、西北部的第七生产队和北部的第八生产队的部分土地地形复杂，坡度稍大，土层厚度一般为 20～30 厘米，有机质、氮、磷、钾储量不均衡，土壤肥力中等，需要采取人为增施有机肥、无机肥相结合的方式培育肥力。这部分土地占农场总耕地面积的 22%。

第一、第二、第三、第四、第五、第八生产队的坡岗土地地形不规则，坡度较大，土层薄，一般土质厚度 10～20 厘米，有机质和氮、磷、钾含量低。有一部分土地掺杂着沙石，肥力较低。这部分土地根据其上种植的农作物的特性、养分需求，需加大无机肥施用量，改善土壤结构。这部分土地占农场总耕地面积的 20%。

第四节　水　　文

一、地表水文

（一）河流

上库力农场境内的主要河流为根河，发源于大兴安岭伊吉奇山西南侧，东经122°37′，北纬51°16′，海拔1242米，河长428千米，流域面积15796平方千米。年平均径流量为20.60亿立方米，年平均流量63.9立方米/秒，变差系数为0.36。在场区内流经55千米。

农场辖区内除根河外，还有5条主要河流，均系根河支流。

第一条支流在伊根生产队屯东1千米处由南向北流过，故称伊根河。其发源于牙克石市北部山区，在场区内全长26.25千米，河宽7~10米，水深1~2米。

第二条支流发源于第八生产队野猪沟以北原始森林深处，流经大乌尔根，故称乌尔根河。全长37千米，河宽2~3米，水深0.5~1米。

第三条支流发源于场区东南石灰窑山脉，流经小孤山西侧，经过第二生产队注入根河，称乌耶勒格其河。全长55.4千米，河宽2~4米，水深不足1米。

第四条支流发源于第五生产队南沟，经第五生产队东侧汇入库力河，称巴罗木库力河。全长29.8千米，河宽3~4米，水深1米左右。

第五条支流距上库力屯西1千米，故称库力河，主要水源由哲弓库力河、敦达库力河、巴罗木库力河在上库力东南汇流形成，流经上库力农场场部、第七生产队后注入根河。全长59.8千米，河宽8~10米，水深0.8~1米。

除乌尔根河由北向南流，其他支流大都趋于由南向北流。因为境内河流均发源于大兴安岭西坡，地势坡度较大，水流湍急，对河床切割较深，与永冻层较连续，地下水补给充足，河流顺峡谷自然流淌，弯曲系数较大，故在盆地宜形成湿地，属半湿水文区。它们对生态、气候有调节作用。20世纪90年代中期，曾人为挖掘取直河道，致使流速加快、河流蓄水能力减弱，湿地逐渐减少。近10年，高温、干旱天气增多，使各条支流水势锐减，有的河流出现季节性断流。

（二）湖泊

场区内除上述水系外，还有众多小溪、水泡子，构成丰富的地表水网系。较大的水泡子有：南大楼水泡子，水面面积约4万平方米。第二生产队天蓝水水泡子，水面面积1万平方米左右。泡子水来自岩下，水质清澈，用器具盛起的水呈淡蓝色，含有多种矿物质，属天然矿泉水质，故得名。第七生产队屯西水泡子，水面面积 3600 平方米，集水面积 6 万平方米，水大时与根河相通。

（三）地表水文特征

1. **年径流深及分布** 农场辖区年径流在地域上的分布规律与降水量分布相似，径流深等值线与地形等高线大体相平行，径流深为 143.2 毫米。

2. **径流年内分配** 径流年内分配极不均匀，与降水量的年内分配相似。径流主要集中在 5—9 月，占全年径流量的 80％以上，其中 7—8 月占 40％；1—3 月和 11—12 月只占 2％～3％。年内分配有两次最高值，即春汛和夏汛。夏汛多发生在 7—8 月，有的年份提前到 6 月中旬或推迟到 9 月上旬；春汛一般发生在 5 月份左右，时间大体与融雪、降水相似。

3. **含沙量及其特征** 场区河流都发源于大兴安岭山地森林区，植被覆盖率高，具有滞缓径流和固结土壤的显著作用，故各河流含沙量很少，小于 0.1 千克/立方米。侵蚀模数为每年每平方千米 5 吨左右。

二、地下水文

场区的各主要河流均属于大兴安岭西麓区丘陵水文地质区，以深埋藏的旱谷冲积层坡积层砂、砂砾石、碎石，孔隙水或基层风裂隙水为主要供水区。农场境内河流分布如图 3-1。

图 3-1 上库力农场境内河流分布示意图

农场地貌上位于丘陵处，其下部往往是含水层，地下水多位于浅层分布，埋藏深浅受很多因素控制，各处不一。一般通向较大河流的旱谷，地下水埋藏深度与距河水面高度有关，在丘陵中则与汇水面积大小和裂隙深度有关。场区地下水深度一般为 30～60 米。2011—2020 年农场各单位降水量情况见表 3-2。

表 3-2　2011—2020 年农场各单位降水量统计表

单位：毫米

单位	2011 年	2012 年	2013 年	2014 年	2015 年	2016 年	2017 年	2018 年	2019 年	2020 年
第一生产队	210.6	307.2	607.3	334.7	279.9	242.1	224.2	207.0	202.0	271.3
第二生产队	265.1	238.0	686.3	393.7	281.0	186.8	216.1	319.1	217.0	315.9
第三生产队	218.1	253.1	563.4	368.3	254.6	226.0	204.0	206.8	206.6	397.7
第四生产队	213.9	263.9	550.0	382.9	269.0	230.7	212.8	184.9	212.4	390.0
第五生产队	228.2	276.4	530.8	358.1	299.3	298.6	210.4	209.1	196.8	295.1
第六生产队	238.0	272.6	526.3	383.1	215.7	233.8	239.9	281.3	226.4	383.4
第七生产队	165.1	261.7	602.2	409.5	230.4	188.7	216.3	236.7	217.8	378.1
第八生产队	274.0	270.8	631.9	401.8	312.8	228.1	170.3	287.1	174.3	331.4
伊根生产队	239.5	211.2	627.7	321.3	282.9	209.5	179.8	231.4	192.5	280.6
科技站	246.5	234.3	585.8	386.8	290.0	256.3	211.4	234.1	258.4	436.6
平均	229.90	258.92	591.17	374.02	271.56	230.06	208.52	239.75	210.42	348.01

第五节　气　候

上库力农场地处欧亚大陆中高纬度区，属于寒温带大陆性季风气候，总的气候特点是冬季寒冷漫长、夏季温凉短促，日照丰富，雨热同季。春季干燥风大，秋季气温骤降，霜冻早，热量不足，昼夜温差大，无霜期短，有利于作物的光合作用。降水西南部偏少，且年际变化不大。靠近林区的第二生产队，第八生产队，伊根生产队易形成小气候。

主要自然灾害有干旱、低温冻害、风沙、冰雹、霜冻、洪涝等。

一、气候特点

长冬短夏、春秋相连，年日照时数为 2500～2800 小时。以农事活动、自然生态及物候变化为参照，以日平均气温稳定超过 0℃的初日为春始、终日为秋末，气温≥15℃的初日为夏季初日，则可确定为 4—5 月为春季，6—8 月为夏季，9—10 月为秋季，11—3 月为冬季。

（一）春季（4—5 月）

干旱少雨，天气多变，平均大风日数为 10～20 天，占全年大风日数 60％，降水量占全年降水量的 5％～12％，春旱严重，部分地区易形成风沙和沙尘暴天气，对种植油菜作物保苗影响很大。

（二）夏季（6—8 月）

暖湿空气势力加强，温暖短促。降水来临，雨热同季，降水量占全年降水量的 70％左右，平均降雨 200 毫米左右。特点是变率小，7 月最热，平均气温 18～21℃，极端最高气温可达 36.6℃。高温日数少，日差较大，日照时数 641～772 小时，日照百分率为 45％～53％，太阳总辐射量为 1600 兆～1720 兆焦耳/平方米。

（三）秋季（9—10 月）

降温迅速，降水量明显减少，光照充足。8 月末至 9 月初出现霜冻，降水量 30～80 毫米，占全年降水量的 14％～18％。个别年份 8 月末至 9 月初阴雨连绵，对作物收获不利。

（四）冬季（11—3 月）

受极地冷气团影响，严寒漫长，积雪期长，刮西北风或偏西风。1 月是全年最冷的月份，平均气温－33℃～－27℃，极端最低气温为－52℃，大寒期为 100～151 天。降水量为 23～29 毫米，占全年降水量的 5％，积雪期长达 200 天。一般积雪厚度 20～30 厘米，全年封冻期在 232 天上下（农场内有常年不化的永久冻层，至 8 月末只能化 2～2.5 米）。10 月下旬封冻，次年 5 月解冻。

二、气候要素

（一）光能

日照时数 2500～2800 小时，日照百分率 56％～61％，作物生长期日照时数 1622～1790 小时，占全年日照时数的 57％。5—6 月大气透明度好，云量少，日照时数多，太阳辐射量大，平均每日辐射总量都可达 20.93 兆焦耳/平方米，7—8 月减少。9 月太阳辐射逐步减弱。12 月达最低值，仅为 93 兆～137 兆焦耳/平方米。

（二）温度

年平均气温－3℃～－5℃。年较差 39℃～48℃，据气象统计资料，1951—1980 年较前 30 年（1909—1940 年）的平均气温上升 0.4℃。而 1981—1985 年的平均气温比前 30 年平均气温上升了 0.4℃～0.8℃，显示出温度升高的趋势。温度≥0℃的年积温 2150℃左右；≥5℃的年积温 2030℃左右；≥10℃的年积温 1725℃左右。

（三）降水

年降水量为 320～390 毫米，降水量年际变化大，不定期地出现旱涝现象。降水集中在 6、7、8 月份，有的年份出现在 9 月或 10 月，约占全年降水的 66％左右。降水在季节分配上不平衡，夏季以外多为小雨、中雨，大雨、暴雨多集中在 7—8 月。由于降水集中且强度大，部分地区水土流失较严重。秋季的连绵阴雨，往往给作物的收获带来困难。

最长连续无降雨日 40～50 天，多出现在春末夏初。年平均蒸发量为 1131～1867 毫米，大于年降水量 3 倍以上。5、6 月蒸发较强，平均每月 211 毫米。

（四）无霜期

为 90～110 天，早霜发生在 8 月下旬至 9 月上旬，晚霜发生在 5 月底至 6 月初。

（五）风力

农场场域内年平均风速约为 3.8 米/秒。5 月最大风速 7.7 米/秒。春夏季多刮西南风，秋冬季多刮西北风。农作物生长季节（6—9 月）平均风速为 2.2～4.0 米/秒。年大风天数平均为 20～30 天。

第六节　植被和动物

一、植被

场区草原主要是森林与湿型草原过渡地带，为内蒙古中湿型草原带，海拔为 600～700 米。其是场区内气候寒冷且最湿润的地区，天然植被保护得比较完整，各种草原植被分布于山地、无林地和林间空地。山脉丘陵阴坡广泛分布着白桦、山杨等混交次生林，表现出森林景观，还有很多非地带性环境所发育的群落类型与地带性植物相间分布，如草甸植被和沼泽植被。总体来看，可粗分为阔叶林、中生灌丛、草甸草原 3 种植被类型。

（一）阔叶林

场区东、南、北部各队辖区生长着次生林白桦、山杨混生的阔叶林，生长地形多为山峰、丘陵阴坡。它们形成连片的森林，也有零散的森林岛屿。白桦和山杨笔直参天，成林高度都在 15 米以上，郁闭度 5％以下。山杨与白桦伴生，在 10 平方米样方内有白桦 20～30 株、山杨 5～10 株，树下灌木层丛生，由石棒绣线菊、筐柳等中生灌木类组成。草木层最常见的是地榆、轮叶穗花、矮山鼠豆、东方草莓、日阴菅、茜草、裂叶蒿、野火球、大叶野豌豆等植物。

（二）中生灌丛

多分布在河流沿岸，分两大类，一是河流沿岸的柳树、灌丛；二是以山荆子、稠李、榆树等为主的乔木丛。也有部分甜杨、钻天柳等中高林木交错生长。山刺玫、楔叶茶藨等组成的灌木也很发达，一般高为50～80厘米，生长发育良好，林下作物以地榆、展枝唐松草、囊花鸢尾、线叶菊、掌叶白头翁、贝加尔针茅、黄花菜、漏芦、日阴菅、腺毛委陵菜等组成。

（三）草甸草原

草原植被主要有禾本科的羊草（约占30％）、无芒雀麦（约占10％）、扁穗草、鹅冠草、狼尾草等，豆科的草藤（占10％）、紫云英、三叶草、苜蓿、草木樨、胡枝子等，此外还有菊科、蓼科、蔷薇科等的植物。植物群落的分布由于受地势和小气候的影响，主要有以下几处：

1. **山地草原**　面积约占草原面积的15％，分别在地势较高或坡度较陡的地方。此类地区土质疏松、排水良好，所以土壤含水量比较低，植物群落以青蒿、小白蒿、羽茅等为主，植被较稀，覆盖率为70％。草层植株不高于30厘米，利用价值较低。

2. **坡地草原**　面积约占草原面积的25％。此处坡度较小，保水力较好，植被也茂密一些，以羊草，羽茅、线叶菊、野豌豆为主；地榆、翠雀在群落中伴生。

3. **平滩草原**　面积占草原总面积的30％，为坡度极缓之平原及山谷，湿润而排水良好，植物生长茂密。覆盖率约80％，草高一般约40厘米。植物群落为羊草、无芒草、羽茅、黄花、苜蓿、紫云英、野豌豆、五叶草、细叶百合等。

4. **低温草原**　面积占草原总面积的20％，地势较低，排水不良。植物生长茂密，覆盖率95％以上，草高60～100厘米，植物群落包括三棱草、小叶樟、看麦娘、散穗早熟禾、芦苇、细灯心草等。

二、动物

上库力农场辖区得天独厚的自然条件为野生动物提供了良好的栖息、繁殖条件，特别是春秋两季南来北往的候鸟种类繁多。

（一）鸟类

场区鸟类繁多，中、大型非雀形目鸟类占多数，其中水禽与猛禽均占有较大比重。水禽的代表目为雁形目、鹤形目、鸥形目、鹳形目，还有猛禽，即隼形目与鸮形目。

鸟类区系以北方型及东北型为主体，有少量中亚型侵入。

具有代表性的鸟类为榛鸡、云雀。

东北型鸟类主要有灰鹤、罗纹鸭、鹊鸭等。

中亚型鸟类主要有百灵、毛腿沙鸡、小短趾百灵等。

（二）兽类

农场辖区兽类有 5 目 16 科 65 种，以北方型和东北型为主，有部分中亚型种类侵入。生态类群主要为寒温带森林、草原地带动物群。主要兽类有驯鹿、马鹿、麝、猞猁、狍子、野猪、黑熊、狐狸、貂、雪兔、黄鼬、花鼠、貉、松鼠、旱獭等。

（三）鱼类

场区有较多冷水性鱼类分布，水生鱼类有细鳞鱼、哲罗鱼、鲤鱼、鲇鱼、狗鱼、瓦氏雅罗鱼、拉氏鱥、泥鳅等。

场区内动物种类较多，列入国家一、二、三类重点保护名单的有 19 种，列入内蒙古自治区保护名单的动物有 9 种，经济价值较高的动物有 20 余种。

三、植被和动物分布

（一）植物分布

场区野生植物可供饲用的共有 700 多种。其中，价值较高的有 200 多种，主要有羊草、无芒雀麦、苇状看麦娘、芨芨草、羽茅、小叶樟、贝加尔针茅、羊茅、散穗早熟禾、苜蓿、草木樨、野豌豆、小叶锦鸡儿、胡枝子、苣荬菜、蒲公英、山丹、黄花菜、东方草莓、三角梅、白车轴草等。药用植物主要有黄芪、防风、赤芍、玉竹、百合、党参、桔梗、狼毒、益母草、铁海棠、山菊花、金莲花等。主要分布在林间草地和草原。

野生浆果主要有山荆子、稠李子、铁海棠、山杏、覆盆子、越橘、蓝莓、山葡萄、草莓等。主要分布在根河两岸的树林中和山地次生林中。

食用菌主要有呼伦贝尔草原白蘑、花脸香蘑、鸡腿蘑、树林蘑等。主要分布在场区的草原或树林中。

（二）动物分布

场区特有的自然环境和多样性的生态条件，致使境内动物分布具有明显的地带性。

1. **次生林带**　场区东、南、北的次生林区中，鸟兽种类繁多，驯鹿、马鹿、猞猁、黑熊、松鼠、雪兔、野猪等多栖息在较大的混交林中，狍子多在草多树稀的林子里活动。

次生林地鸟类多为雀形目的食虫鸟，常见的有树麻雀、大山雀、大苇莺、蓝点颏以及其他目的啄木鸟、普通翠鸟、花尾榛鸡、石鸡、苍鹰等。

2. 草原地带　草原及林草结合部鸟兽类较多，啮齿目动物有旱獭、黄鼠、黑线仓鼠、鼢鼠、鼠兔等。食肉目动物有赤狐、艾鼬、狼、狗獾等。鸟类主要有云雀、红脚隼、雕、喜鹊、麻雀、鹌鹑、蒙古百灵等。

3. 水域　水域的动物包括灰鹤、小天鹅、白鹳、黑鹳、苍鹭、草鹭、鸿雁、斑头雁、赤麻鸭、银鸥等。

第七节　自然资源

一、土地资源

上库力农场地域辽阔、土壤肥沃，施业区内山多林茂、水草丰美，森林、草原、土地、野生动植物，矿藏等资源丰富，是发展农、牧、工、副业的理想地域。

农场辖区总土地面积 16.9 万公顷，其中耕地面积 4.08 万公顷，草原面积 53352.67 公顷，沼泽地 12923.33 公顷，森林面积 5 万公顷，水面面积 0.03 万公顷，其他可垦荒面积、住宅、交通道路用地及未利用地 1.17 万公顷。

二、水资源

农场辖区水资源比较丰富，额尔古纳河右岸支流根河从场区北部流过，根河以南有三条较大的河流，分别为库力河、乌耶勒格其河、伊根河；根河以北较大的河流为乌尔根河，此外还有大加布果斯沟河、阿尔诺尔沟河、巴罗木库力河、敦达库力河、哲弓库力河等 5 条较小的河流。这些河流以根河为汇集点，呈枝状分布于场区内，滋润着这片广袤的土地。根河在场区汇水面积 1848 平方千米，年径流量 20.6 亿立方米。年平均流量 85.4 立方米/秒。

库力河发源于场区南部的大横山下，在场区内的部分加上上游的哲弓库力河、敦达库力河和巴罗木库力河支流，全长 58.8 千米。该河流为季节性河流，平均每年 4 月初开流，12 月中下旬封河断流，4—11 月径流量约 0.4 亿立方米。开流期年平均流量约 1.5 立方米/秒。

伊根河、乌尔根河和乌耶勒格其河的平均长度略短于库力河的总长度，流量依次降低，但三条河平均流量大于库力河。

综上所述，场区地表水资源量约为 5 亿立方米，地下水补给量与河川基河量等值。

三、矿藏资源

场区内已探明的矿产资源有铁、铅锌、萤石、云母、石灰石、煤等，其中煤属于长焰煤种，焦炭含量高，热量达到6500～7900大卡/千克，是工业生产的理想用煤，具有较高的开采和利用价值。已开采的有铅锌、萤石等。

第八节　自然灾害

场区内各区域由于气候、水文、地理及位置的差异，易发生的自然灾害也有所不同，主要有旱灾、风灾、涝灾、雹灾、虫灾等。

一、2011—2020年自然灾害情况

2011年6月中旬至7月中旬，农场遭遇高温干旱和秋季雹灾，农作物受灾面积57860亩，其中绝产面积2800亩。

2012年5月20日，风灾造成70374亩油菜损毁。

2013年，全场平均降水591.17毫米，致使大部分农田发生严重内涝，大麦、小麦、油菜倒伏面积163836亩、水淹面积45000亩、雹灾面积18000亩。

2014年，风灾使19202亩油菜损毁，秋季雹灾造成农作物减产。

2015年6月1日至7月24日持续高温干旱，农作物受灾面积36.5万亩，其中减产3～6成面积13.5万亩、减产7成以上面积12万亩、绝产面积11万亩。粮油损失51765吨，经济损失达1.63亿元。

2016年，场区全年降水230毫米，有118.5毫米降水集中在8、9月，形成春、夏连旱，农作物受灾面积392001亩。

2017年重旱，全年降水仅208.5毫米，且有140.96毫米集中在8、9、10月，造成48.2万亩农作物遭受严重旱灾，其中减产5～7成的面积46.9万亩、绝产面积1.3万亩。损失粮油54365吨，经济损失1.28亿元。

2018年，春季风灾，春、夏季干旱，秋涝，灾情致使29.9万亩农作物不同程度受灾，其中减产5～7成面积10.3万亩、减产7成以上面积6.9万亩。8月8日暴雨持续40分钟，降雨量38毫米，33户居民受灾，12户房屋进水。

2019 年，全年降水 210 毫米，其中 5、6、7 月累计降水 85.85 毫米，且有 56 毫米为无效降水，造成特大旱灾。小麦受灾面积 21.1 万亩、大麦受灾面积 4.1 万亩、油菜受灾面积 15.2 万亩、甜菜受灾面积 3.1 万亩、水飞蓟受灾面积 2.78 万亩，农作物合计受灾面积 46.28 万亩，直接经济损失 1.54 亿元。

2020 年 5 至 7 月降水 68.31 毫米，8 至 9 月集中降水 229.1 毫米，造成春夏连续干旱和秋涝灾害，474246 亩农作物受灾，其中减产 5 成的面积 15.3 万亩、减产 7 成的面积 21.3 万亩、绝产面积 2.05 万亩，直接经济损失 9821 万元。

二、地质灾害

上库力农场无地震、地壳升降、滑坡等灾害。

2018 年 8 月 8 日的暴雨引发架子山西坡发生轻微泥石流，没有造成灾害。

第一、二、四、五生产队的高坡耕地如遇暴雨、急雨容易引发水土流失，对此农场采取退耕种草、植树等措施积极预防。

三、生物灾害

2011—2020 年，上库力农场的农作物尤其是油菜等每年都不同程度地遭受虫害，主要有跳甲、小菜蛾、草地螟、地老虎等，在机械化防控、喷施灭虫药剂的前提下，没有形成虫灾。

四、复合性灾害

上库力农场植被繁茂，耕地和未利用土地没有沙漠化现象。

靠近几条主要河流边缘的个别低洼地方有轻微盐碱化现象。

第九节　环境状况

一、环境质量

上库力农场地处亚欧大陆高纬度地区，大气环境质量以优良为主。农场 2011—2020

年大气环境质量见表 3-3。

表 3-3 上库力农场 2011—2020 年大气环境质量统计表

单位：天

等级	2011 年	2012 年	2013 年	2014 年	2015 年	2016 年	2017 年	2018 年	2019 年	2020 年
优	301	299	304	312	310	308	314	303	316	307
良	56	58	53	48	44	49	43	55	39	47
轻度污染	8	9	8	5	11	9	8	7	10	12

场区地表水、地下水环境质量优良。

二、环境污染

上库力农场辖区没有大气、水、固体废物污染现象发生。

第四章 人口民族

上库力农场由汉、蒙古、俄罗斯、满、回、达斡尔、乌孜别克7个民族的成员组成，总人口6096人，平均人口密度为每平方千米3.61人。总户数2330户，户均人口2.62人。

第一节 人口总量

一、总量的变化

2011年以来，农场人口呈现负增长态势，每年新出生人口少于死亡人口。负增长峰值出现在2014年和2020年。其中2014年出生人口16人、死亡人口35人，2020年出生人口14人、死亡人口33人，两年都是负增长19人。农场具体的人口情况见表4-1、表4-2。

表 4-1 上库力农场人口情况表

年份	2011	2012	2013	2014	2015	2016	2017	2018	2019	2020
年末总人口（人）	6308	6303	6277	6258	6253	6226	6235	6211	6112	6096
其中女性人口（人）	2872	2826	2665	2855	3113	3114	3062	3046	3017	3011
其中男性人口（人）	3436	3477	3612	3403	3140	3112	3173	3165	3095	3085
本地常住人口（人）	5393	5435	5372	5417	5290	5180	5429	5433	5347	5345
其中女性人口（人）	2438	2462	2248	2401	2669	2720	2663	2729	2685	2851
其中男性人口（人）	2955	2973	3124	3016	2621	2460	2766	2704	2662	2494
年末总户数（户）	2258	2222	2264	2247	2342	2337	2337	2355	2286	2330
本地常住户数（户）	2012	1972	2010	1990	2046	2050	2050	2097	2036	2047
年内出生人口（人）	23	16	19	16	26	26	16	26	21	14
年内死亡人口（人）	41	21	23	35	31	44	32	33	31	38

表 4-2　上库力农场 2011—2020 年人口增长速度表

年份	2011	2012	2013	2014	2015	2016	2017	2018	2019	2020
人口总数（人）	6308	6303	6277	6258	6253	6226	6235	6211	6112	6096
定基增长速度（%）	—	−0.08	0.41	−0.30	−0.08	−0.43	0.14	−0.38	−1.57	−0.25
环比增长速度（%）	—	−0.08	−0.41	−0.30	−0.08	−0.43	0.14	−0.38	−1.62	−0.26

二、自然人口

2011 年以来，人口出生率呈下降趋势，10 年间生育高峰年份是 2015 年、2016 年和 2018 年，年出生人口均为 26 人，出生率为 0.42%。出生人口最低年份是 2020 年，仅出生 14 人，出生率为 0.23%。农场 2011—2020 年自然人口增长情况见表 4-3。

表 4-3　上库力农场 2011—2020 年自然人口增长表

年份	2011	2012	2013	2014	2015	2016	2017	2018	2019	2020
总人口（人）	6308	6303	6277	6258	6253	6226	6235	6211	6112	6096
年内出生（人）	23	16	19	16	26	26	16	26	21	14
出生率（%）	0.36	0.25	0.30	0.26	0.42	0.42	0.26	0.42	0.34	0.23

2011—2020 年 10 年间，农场死亡人口峰值年份在 2016 年，死亡 44 人，死亡率 0.71%。农场 2011—2020 年人口死亡情况见表 4-4。

表 4-4　上库力农场 2011—2020 年人口死亡情况表

年份	2011	2012	2013	2014	2015	2016	2017	2018	2019	2020
人口总数（人）	6308	6303	6277	6258	6253	6226	6235	6211	6112	6096
年内死亡（人）	41	21	23	35	31	44	32	33	31	38
死亡率（%）	0.65	0.33	0.37	0.56	0.50	0.71	0.51	0.53	0.51	0.62

2011 年起农场人口出现负增长，出生人口远远少于死亡人口，人口自然净增长值为负数，其峰值出现在 2014 年和 2020 年。其中 2020 年出生 14 人、死亡 38 人，负增长人口数为 24 人，人口自然增长率−0.39%。农场 2011—2020 年人口自然增长率见表 4-5。

表 4-5　上库力农场 2011—2020 年人口自然增长率

年份	2011	2012	2013	2014	2015	2016	2017	2018	2019	2020
人口总数（人）	6308	6303	6277	6258	6253	6226	6235	6211	6112	6096
年内出生（人）	23	16	19	16	26	26	16	26	21	14
年内死亡（人）	41	21	23	35	31	44	32	33	31	38
自然增长（人）	−18	−5	−4	−19	−5	−18	−16	−7	−10	−24
自然增长率（%）	−0.29	−0.08	−0.06	−0.30	−0.08	−0.29	−0.26	−0.11	−0.16	−0.39

三、机械变动

2011—2016 年，农场只有迁入人口，没有迁出人口，迁入数量不多。2017—2019 年，人口既有迁入、又有迁出。人口迁入的峰值年是 2018 年，迁入 41 人；迁出峰值年是 2017 年，迁出 21 人。2011—2020 年上库力农场人口迁入迁出情况见表 4-6。

表 4-6　2011—2020 年上库力农场人口迁入迁出情况表

年份	2011	2012	2013	2014	2015	2016	2017	2018	2019	2020
人口总数（人）	6308	6303	6277	6258	6253	6226	6235	6211	6112	6096
迁入（人）	5	23	27	11	15	18	30	41	28	13
迁入率（%）	0.08	0.36	0.43	0.18	0.24	0.29	0.48	0.66	0.46	0.21
迁出（人）	0	0	0	0	0	0	21	4	6	0
迁出率（%）	0.00	0.00	0.00	0.00	0.00	0.00	0.34	0.06	0.10	0.00
机械增长率（%）	0.08	0.36	0.43	0.18	0.24	0.29	0.14	0.60	0.36	0.21

四、人口分布

截至 2020 年，上库力农场下辖 9 个农业生产队和 7 个直属单位。直属单位除驻海拉尔办事处以外，其余单位人员的家庭都居住在上库力中心区，场部机关也位于此。按中心区与生产队划分，场部机关及直属单位人口 1424 人，其中男性 761 人、女性 663 人；农业生产队人口 4672 人，其中男性 2324 人、女性 2348 人。场部机关及直属单位占人口总数的 23.36%，农业生产队占人口总数的 76.64%。全场总人口 6096 人，平均人口密度为每平方千米 3.61 人（2018 年土地确权上库力农场辖区总面积 1690 平方千米）。2020 年农场人口分布情况见表 4-7。

表 4-7　上库力农场人口分布表（2020 年）

单位	户数	总人口（人）			单位	户数	总人口（人）		
		男	女	合计			男	女	合计
一队	135	201	165	366	七队	216	299	270	569
二队	217	324	298	622	八队	150	200	165	365
三队	235	320	340	660	伊根队	108	126	132	258
四队	309	363	388	751	场直属单位	518	761	663	1424
五队	227	292	259	551	生产队	1812	2324	2348	4672
六队	215	199	331	530	全场总计	2330	3085	3011	6096

第二节　人口结构

一、性别构成

截至 2020 年，上库力农场男性人口为 3085 人，占人口总数的 50.61％；女性人口 3011 人，占人口总数的 49.39％。其中 0～14 岁儿童人口 477 人，占人口总数的 7.82％；15～64 岁青壮年人口 5030 人，占人口总数的 82.51％；65 岁以上老年人 589 人，占人口总数的 9.66％。15 岁以上人口总数为 5619 人。其中男性人口 2723 人，占人口总数的 44.67％；女性人口 2896 人，占人口总数的 47.51％。

二、婚姻构成

截至 2020 年年底，农场未婚人口总数为 1714 人。其中男性 991 人，占人口总数的 16.26％；女性 723 人，占人口总数的 11.86％。有配偶人口数 4344 人，其中男性 2172 人，占人口总数的 35.63％；女性 2172 人，占人口总数的 35.63％。丧偶人口数 38 人，其中男性 13 人，占人口总数的 0.21％；女性 25 人，占人口总数的 0.41％。

三、家庭构成

2020 年，全场共有总户数 2330 户，总人口 6096 人，户均人口 2.62 人。其中一人户 68 户，占总户数的 2.92％；二人户 1149 户，占总户数的 49.31％；三人户 997 户，占总户数的 42.79％；四人户 116 户，占总户数的 4.98％。

第三节　民　　族

上库力农场由汉、蒙古、俄罗斯、满、回、达斡尔、乌孜别克 7 个民族的成员组成，是一个汉族人口居多，其他少数民族共同居住的地区。

一、结构

2020 年年末，全场总人口 6096 人，其中汉族 5461 人，占人口总数的 89.58％；蒙古族 282 人，占人口总数的 4.63%；回族 23 人，占人口总数的 0.38%；满族 54 人，占人口总数的 0.89%；俄罗斯族 252 人，占人口总数的 4.13%；达斡尔族 23 人，占人口总数的 0.38%；乌孜别克族 1 人，占人口总数的 0.02%。2020 年农场具体各民族人口比例见表 4-8。

表 4-8　上库力农场各民族人口比例表（2020 年）

民　族	人口（人）	比例（%）	民　族	人口（人）	比例（%）
汉　族	5461	89.58	满　族	54	0.89
蒙古族	282	4.63	达斡尔族	23	0.38
回　族	23	0.38	乌孜别克族	1	0.02
俄罗斯族	252	4.13	合　计	6096	100

二、民俗

随着社会经济的发展和国家影响力的提升，上库力农场的民俗风情也逐步与社会主义精神文明建设和科学文化接轨，民俗文化得到了更进一步的升华，群众性的文体活动为当地增添活力。地方性的婚丧嫁娶等逐步简化，奢侈浪费得到遏制，社会文明程度逐渐提高。除回族以外的其他少数民族生活习惯均以汉族民俗为主，基本形成了统一的生活方式。

（一）汉族

1. **称谓**　来自不同地区的人们，已基本统一使用普通话，亲人间称谓也大部分已经统一起来，如称父亲的爸爸为爷爷（祖父）、爷爷的父亲为太爷（曾祖父），称父亲的妈妈为奶奶（祖母）、奶奶的母亲为太奶（曾祖母）；称母亲的爸爸为姥爷（外祖父）、姥爷的父亲为太姥爷（外曾祖父），称母亲的妈妈为姥姥（外祖母）、姥姥的母亲为太姥（外曾祖母）；称父亲的哥哥、嫂子为大爷、大娘，称父亲的弟弟及弟媳为叔叔、婶子，称母亲的哥哥、嫂子为舅舅、舅母，称母亲的姐妹及夫婿为姨、姨夫。对于一母所生的兄弟姐妹，大者为哥哥、姐姐，小者为弟弟、妹妹。

2. **节序**　按照国家法定节假日及传统民俗，农场在节日及对应的习俗上形成了有规律性的安排。

元旦是新的一年的开始，由于地域较为寒冷的原因，大部分家庭都聚集在父母的家中，准备一桌酒菜，共同欢聚一天；只有少部分家庭或商业场所在元旦清晨燃放鞭炮，晚饭后燃放烟花。对于年轻人来说，元旦只意味着一天的假期。

农历正月初一为春节。农场居民有在春节前 7 天（农历腊月二十三，人们称其为小年）内上坟烧香送钱的习俗。长辈单方去世的，要单日子（即农历奇数日期）上坟，长辈双双去世的，则双日子（即农历偶数日期）上坟，以此来祭奠祖祖辈辈。农历腊月二十三这天，各家各户打扫房屋，张贴年画；大年三十是春节的前一天，家家户户张贴对联，晚上（除夕夜）每个家庭都聚集在老人家中，无论是三世同堂还是四世同堂，均陪同老人打麻将或打扑克，观看新春联欢晚会，利用手机微信发红包、抢红包等；大部分家庭在吃年夜饭之前要燃放烟花、鞭炮，以驱赶过去一年的晦气，迎接新一年的良好开端。年夜饭均以韭菜（谐音九财）馅的饺子为主，意味着新的一年财源广进。个别家庭不熬夜、不吃年夜饭，或者只吃一点零食、水果等；这一夜，大部分家庭会灯烛不熄、娱乐达旦，通宵不眠，谓之守岁。春节这一天，不管男女老少皆穿上新衣服，清晨起床便燃放鞭炮，家庭内部互相拜年，个别家庭还保留着晚辈给长辈跪地磕头和长辈给晚辈压岁红包的习惯；早饭仍然以韭菜馅的饺子为主，不同的是，个别饺子内包有硬币、红枣、栗子、花生、糖果等，寓意各种祝福、心意。

正月十五元宵节，也称灯节，早餐一般以吃元宵（汤圆）居多，农场老干部、退休员工及部分家属自发组织秧歌队于此日表演，农场每年给予适当补贴；傍晚，部分家庭尚有上坟送灯的习俗。

农历"二月二"，大部分汉族家庭习惯一家人聚在一起吃猪头、猪蹄，俗称"龙抬头"；这一天无论男女均要理发、整头。

农历三月的清明节时，农场仍处在寒冷阶段，部分年份地上还有厚厚的积雪。大部分居民已经不再扫墓了，只有少部分人会清理坟前积雪、上香烧纸。

端午节是农历五月初五，又名为"端阳节""重午"，家家早饭以吃粽子、鸡蛋为主；人们清晨 2 至 3 点便起床，上山踏青、采山杏、看日出，并采集带有露水的艾蒿，插在门、窗、房檐上，以表示驱蚊驱虫、辟邪去病等寓意。

农历七月十五，俗称为"鬼节"，农场有只有清明和七月十五才能在坟头动土的习俗，其他时间不许修坟、扫墓，因清明时节冰封雪盖，所以七月十五便成了扫墓、修坟的最佳时间；如有父母双方合葬并骨的，想架设围栏，需将提前准备好的围栏材料于当天上午架设完成。

农历八月十五是中秋节，亦称"团圆节"。农场各家各户老少几辈同堂欢聚，白天备佳肴盛餐，晚上吃月饼赏月，意为全家团圆。

3. 婚嫁

（1）会亲家。青年男女无论是自由恋爱，还是由媒人介绍，一旦条件成熟，双方家长便举行会亲家仪式。首先在男方家里或在男方亲戚家里摆上酒席，把女方及其父母和媒人等请来，由男方的亲戚朋友作陪。筵席上，恋爱者向双方父母及亲朋敬酒，老人及亲朋把酒喝下去，说几句吉祥勉励的话语，便表示定亲了。此时媒人或中间人便把男方准备的聘礼交给女方。聘礼原来多是服装或首饰，近几年人们图省事，喜欢直接把钱交给女方，钱的多少根据男方家庭经济条件的高低各异。

（2）交往。定亲后，一般在短期内不会结婚，逢年过节或双方老人寿诞两家人都要来往，表示祝贺。特别是春节期间，每到正月初二这天，恋爱的男青年应提着礼物（一般多为酒、糖、糕点、罐头四样礼品）到女方家拜年。初五或初六女方再到男方家拜年。

（3）结婚。定亲后的男女双方认为各方面条件成熟而应结婚时，便双双前往政府领取结婚登记证，然后双方家长商定结婚日。

结婚的这天上午，男方家准备1辆大客车和5～7台轿车组成的车队，由亲戚或媒人领队，来到女方家。女方家大门紧闭，门前摆放有酸辣咸涩的"美酒"，由新郎或伴郎敬天敬地敬祖宗后，剩余少部分一饮而下，这时方可进门；新郎向端坐在屋中央的新娘的父母鞠躬，并叫爸爸、妈妈，即为改口。女方父母要给新姑爷红包，算作改口钱。随来的人，把带来的礼物"四合礼"交给女方家，所带物品为猪肋骨四根、四棵葱、两把粉条、四瓶酒，并一分为二，由婆家带回一半。

新郎到闺房接新娘时，会有新娘的弟弟、妹妹或朋友阻拦，把新郎挡在门外，索要红包，名曰"憋性子"。据说憋一憋男人的性子，日后过日子好听话。新郎进入闺房后，新娘坐在床（炕）上，娘家人便叫新郎给新娘穿鞋。有调皮的姑娘故意出新郎的洋相，把鞋藏起一只让新郎费力寻找。给新娘穿好鞋后，由新郎把新娘抱或背出娘家，新娘不脚踏娘家的土地，直至上车。新娘上车启程，娘家的送亲队伍随行。

车队到男方家便燃放鞭炮，新娘在鞭炮声中由伴娘陪伴入新房。此时，人们便往新娘身上撒彩纸，也有撒五谷的，淘气的小伙子们则趁机抓起大把的五谷、沙子等用力往伴娘身上扔去。新娘下车，男方家里便把准备好的红包赏给开车的司机和压车的娘家人（给娘家人的红包有的提前拿去）。红包内多则200元、100元，少则10～60元不等。压车人（一般都是孩童）下车后，婆家人便将新娘带来的嫁妆搬入新房。新娘进入新房，由小姑子倒水洗手，新娘便赏一个红包，之后由婆家领队，带着新娘向端坐在新房中央的新郎的父母鞠躬，并叫爸爸、妈妈，即为改口。这时，公公、公婆要给新娘红包，叫作改口钱，红包里钱的多少不等，一般为10001元，寓意新娘是万里挑一。新娘带来的嫁妆多由男方家送亲的姑娘打开，将被褥等重新叠好，按男左女右摆放在床（炕）上，留一两个小姑娘看守新房。头天晚上由两个小伙子或两个小男孩压床，以求生子，姑娘不能接近新房的床（炕）。

新婚典礼开始，由主持人介绍新郎、新娘及其恋爱经过，并说一些祝愿的话，新郎、新娘喝交杯酒、交换礼物；在主持人的提议下，新郎新娘向前来参加婚礼的各位敬酒以表示谢意。双方父母或亲属登台致贺词后，便进入歌舞阶段，或邀请专业歌手、舞手表演，或亲朋好友登台献歌，其乐融融。有的新婚喜筵与回鸾喜筵同时合办。晚上青年们则聚在新房里闹洞房。

（4）回门。结婚第三天，新娘携丈夫一同带着烟、酒、糖、点心四样礼品回门（也就是回娘家）。在娘家吃完丰盛的午宴后，在太阳未落前"夫妻双双把家还"，并把带去的礼品带回两样。

4. 丧葬　人死后，多为守灵 2 天，第 3 天送葬。20 世纪 70 年代前开追悼会的较多，现在只举行一般的告别仪式。

（1）穿衣。在死者弥留之际，儿女或亲朋好友会把寿衣给他穿上。女性里面穿红色衬衣、衬裤，外面穿蓝色夹袄夹裤、棉衣棉裤、单衣单裤，再穿外罩衣，有的还在外罩衣内穿上裙子等。男性贴身穿白衬衣、白衬裤，外套是夹袄夹裤、棉衣棉裤、单衣单裤，最外面是长罩衣。死者穿的鞋多为手工制作，也有穿皮鞋的。衣服的款式多为便服，现在也有穿西装的。女性会扎一条黑纱，男性戴上帽子。最后盖上蓝色的罩单。

（2）入殓。死者入棺前，人们会在棺材里面糊上一层白纸或白布，叫作吊里，再在上面摆上七枚大钱。一般用硬币，先摆上四个角，再于中间摆三枚以垫背、垫心、垫腰。然后在上面铺上金黄色的褥子，再放入死者。人们还会将死者较好的衣服放在肩两侧，裤子放在脚底和腿两边。

（3）开光。由殡葬主持人或指派的专人用木棍缠上棉花，蘸上酒为死者开光，死者的至亲围观，先开眼光、再开鼻光、嘴光、耳光、心光、手光和脚光，开光者念念有词：开眼光亮堂堂，开脚光上天堂，开手光有钱粮，开耳光听八方，开嘴光吃四方。

（4）守灵。死者入棺后，棺盖先不上钉，供亲朋好友吊唁。守灵一般 2 天，零点以前去世的为"大三天"，零点以后去世的为"小三天"。但也有的家庭为了等死者远方的亲人而停棺 5 天或 7 天的。守灵的夜间要点长明灯。一般多由儿女及亲朋守灵，现在也有由殡葬主持人指派或自愿守灵的。

（5）悼念。殡葬前 3 天，死者的生前好友为表示对死者的哀悼，会送去花圈、挽联、挽幛并在灵前三鞠躬。20 世纪 90 年代以后，多数人以捐献钱物代替。

（6）送盘缠。一般在人死后的第二天下午太阳刚落山时进行。由主持人引领人们到较近墓地旁的十字路口，面向西南，并将用纸糊成的牛、马、摩托车、轿车、元宝、麻将等焚烧，还让儿女及亲属为死者烧些纸钱。儿女们应祈祷逝者将钱、物收好，意喻让死者在阴间享用。

（7）盖棺。盖棺时需钉三颗钉，一面为一颗，一面为两颗，但必须一面一面地钉。钉左面时其子女喊爸或妈往右躲钉，钉右面时喊往左躲钉。最后钉寿桃，一般钉在棺盖前部的中央位置。寿桃只能钉一锤，无论钉得如何，都不再钉第二锤。

（8）起灵。将要起灵时，晚辈们要给死者磕头。灵柩一起，死者的长子会摔碎一个瓦盆（俗称摔老盆），然后由长子打着灵幡乘灵车去墓地。因地域风俗不同，有的地方不准女性去墓地。灵车会在路上一路撒纸钱；家里帮忙的人则将灵棚拆掉，并将死者生前的用品烧掉。

（9）入葬。死者死后的第一或第二天，由殡葬主持人指派 8～12 人去挖墓穴，死者的长子先杀鸡滴血、动锹破土。一开始不能把墓穴彻底挖好，要到出殡的当天中午前再清理完毕。送灵的队伍不准在路上停车。死者的亲属一律送到墓地。灵柩到墓地后不落地，直接入穴。先由长子埋 5 锹土，即 4 个角和中间，随后用翻斗车、铲车填土。埋好棺木后，由儿子将灵幡、帮忙者将花圈放在坟头上。人们烧些纸钱，磕头哭诉一番，离开墓地。到家后，众人洗手、吃些点心，随后由死者家亲属设宴招待答谢帮忙的人们。

（10）祭奠及周年。每逢头七、三七、五七、百天，死者家属均需上坟烧纸、磕头祭奠英灵。周年时来的人更多，不但儿女亲人参加，死者的朋友也会有人参加。

5. 杂礼 来自不同地域、不同民族的人们，在生产、生活交往中，互相取长补短，摈弃了一些落后的旧习俗，保留了一些健康有益的杂礼。

（1）下奶。遇上妇女生小孩，她的亲朋好友要在一个月内送去鸡蛋、红糖、小孩衣服或钱、物等。俗称为下奶。

（2）贺喜。遇有青年男女结婚时，亲朋好友都要赠送些钱物，以示祝贺。

（3）过生日。无论是男女老少过生日，亲友都要赠送寿糕、寿桃、酒、衣料、钱物等礼品。

（4）丧礼。人去世后，他生前的亲友要送些钱物以示帮忙或慰藉、祭奠在天之灵。

（二）蒙古族

至 2020 年年末农场内的蒙古族居民有 282 人，占总人口数的 4.63％；他们的生活习俗大部分都与汉族相近，除族人相见用蒙语谈话外，衣食住行难以区分。蒙古族居民没有本民族独特节日，基本过与汉族人相同的节日。该族居民平时早晨喝奶茶，也喜喝红茶。手扒肉是蒙古族较为喜欢的传统美食。

（三）俄罗斯族

截至 2020 年年底，全场有俄罗斯族居民 252 人，占全场人口总数的 4.13％。农场内的俄罗斯族居民多居住在第二、第四、第一和第八生产队，分别占俄罗斯族居民总数的 33％、15％、11％和 8％，农场第二生产队蒙古名为白音扎拉嘎，俄罗斯名为巴格罗夫，是俄罗斯族居民最多的生产队。中俄男女青年在生产、生活中频繁接触，交往密切，有的结成夫妇，其后裔已繁衍到第四、第五代。

1. **习俗**　华俄后裔的族别和姓氏均从父姓，但有些家庭还是会给孩子起个俄罗斯名字。这种名字有尊称、昵称两种叫法，长辈对晚辈叫昵称以表示亲昵，晚辈对长辈叫尊称以表示尊敬。华俄后裔吃苦耐劳、乐观豪放、能歌善舞，劳动之余多愿饮酒作乐、拉手风琴、男女跳俄罗斯舞蹈（单人舞、双人舞、集体舞）。

华俄后裔家庭有着传统的清洁卫生习惯。进入他们家庭的庭院和居室，会使人感到清新幽雅。木刻楞（俄罗斯族居民）房内墙壁洁白、窗明几净，各种盆花赏心悦目，即使在生活艰难时期，他们也会把几件自制的极为简单的家具擦拭得干干净净，用整洁弥补简陋。

华俄后裔在衣着上，不论男女老幼都十分注意整洁。一般老年人衣着朴素，勤俭的老太太总是习惯在衣裙外再罩一条小围裙。小伙子及少妇、姑娘们的平日衣着也朴素大方，他们不大注意佩戴饰物。每逢节日，少妇和姑娘们则换上绚丽多彩的民族服装，载歌载舞。

2. **语言**　第一代华俄后裔咿呀学语时，父母就用汉、俄两种语言和孩子对话，逐渐使他们学会了两种语言。第二代华俄后裔的汉语精通程度不如俄语，第三代因父母都通汉语，又接受汉语教育，使用俄语的范围也已缩小，所以汉语精通程度又胜过俄语。第四代、第五代精通俄语的甚少，基本不再使用俄语了。

3. **婚嫁**　俄罗斯族居民的婚庆与汉族人的婚庆基本相同，亲朋好友向新郎、新娘祝贺，老人亦表示祝福。最大的特点是，婚宴席上会有精美可口的自制面包、糕点。

4. **节庆**　华俄后裔过华、俄两个民族的节日，在农场居住的华俄后裔所过的俄罗斯族节日只有"复活节"，当地又称"巴斯克节"（一般为 4 月 26 日或 5 月初）。其他节日均以中国传统节日为主，庆祝方式与汉族相同。

5. **饮食**　俄罗斯族饮食带有一定的民族特色，吃饭用筷子，也用刀叉等俄式餐具。除较普遍食用馒头、烙饼、面条、米饭、炒菜等各种中式饭菜外，也较喜爱列巴（面包）、奶茶、稀米丹（稀奶油）、果酱、苏伯汤（俄式大菜汤）等多种俄罗斯风味的饭菜。流行的民族食品有 20 余种，包括主食面包（即黑、白面面包），甜食菜点面包和各种糕点、饼干。俄罗斯族居民善于就地取材腌制各种俄式酸菜，如酸蘑菇、酸黄瓜、酸西红柿等。泡菜（又称俄罗斯酸菜）以大头菜、胡萝卜为主料，辅以胡椒、月桂、香叶，略加盐发酸后攥成团加以冷冻，随时取用，生食鲜嫩可口，并能解酒，也可炒食或做汤。"土豆泥沙拉子"是独特的俄式名菜，用料除土豆外，还有奶油、稀米丹、植物油等，做法是将土豆去皮煮熟，趁热捣烂，同时加进各种调料，使土豆泥变得松软细腻、味香可口，吃时盘中另放两片熟肉或一块炸肉饼。俄罗斯族居民喜食烤制食品，最名贵的为烤乳猪，多在重大节日和喜庆时出现在富有人家的餐桌上。此外，有烤鸡、鸭、鹅、鱼和牛、羊肉，以及烤各种野味等。烤土豆为其家常食品，类似内地汉族的烤红薯，别有风味。

他们还较普遍地用当地野果，如"牙疙疸"（越橘）、"嘎鲁比茨"（蓝莓）、"斯莫罗吉娜"（山葡萄）、"季母良卡"（草莓）、山荆子等加工果酱。有些人家能用家传方法在冬季搅出冰糕，夏季制清凉饮料"格瓦斯"，还能自制白酒、有色酒。

6. 丧葬　凡人死，无论老幼，均内衬白衣、穿戴整齐后停放在室内，脚朝外，头部向着墙角有圣像的方向，旁点蜡烛。长者念完例行的祭词后，亲友鱼贯而入，而向死者遗体告别，然后将尸体入棺，送到墓地埋葬。棺材由木板制作，在墓穴底部用木段将棺材垫起 20 厘米。棺材周围竖起 4 根木柱，上面架起 4 根横竖梁，梁上盖以木板，再铺上桦树皮（耐久不易腐烂），然后向墓坑填土。下葬时头朝西、脚朝东，脚前立十字架。

（四）回族

回族居民多集中在场部地区居住。截至 2020 年年底，全场共有回族居民 23 人，占全场总人口的 0.38%，在农场居住的回族居民都信仰伊斯兰教。

1. 饮食　回族居民的主食以米面为主，在食肉方面严格按传统习俗进食。

2. 服饰　回族服饰与汉族没有太大区别，有部分老年男人喜欢戴无檐小白帽，又称礼拜帽，布开六缝，严禁漏顶。老年妇女喜欢穿黑色大襟袄，蒙黑盖头（包头的一种帽子）。青年人由于长期与汉族居民生活在一起，服饰基本与汉族无异。

3. 婚嫁　回族青年人的婚礼一般按伊斯兰教教规办理。回族把订婚称"盖格尔"。订婚时，男方为表诚意，要给女方送"四合礼"，礼品大体够四样即可，如茶叶、点心、肉、粉条等。男方宴请亲友，并招待女方亲属、互相祝贺。结婚时，由阿訇写"伊扎布"（证婚词），男方以茶、点心、花生、糖果招待阿訇及亲属宾朋。婚礼仪式上，阿訇诵读祝词，并以阿拉伯语问："新郎、新娘，你们同意吗？"新婚男女回答"盖里必吐"（即承认）。接着，阿訇把盘内果品扔向新婚者头上以示祝贺，并与宾客共道"穆巴拉克"（即道喜）。仪式结束后，与男方父母开玩笑的平辈人，则把各种颜色涂抹到他（她）们脸上，取其大喜（洗）之意。结婚仪式上严禁放鞭炮，吹打乐器。新郎、新娘不拜天地，也不互拜。婚前男女要沐浴净身。结婚时的陪嫁等与汉族无异，过去回族居民对异族通婚有所限制，现在可以自由婚嫁。

4. **丧葬**　回族居民的丧葬按伊斯兰教教规办理，主张速葬，反对厚葬。人死回族居民称之为无常，死人称之为亡人，认为人死入土为安，停灵最多不超过3天。凡是回族居民重病或其他原因快要离世时，身边亲属为其剪短手脚指甲，剃头刮脸，请阿訇做讨白（忏悔）。人离世后，由1名亲友及晚辈戴孝去亲友家报丧。人离世后立即被脱去衣服，停放在水流上，盖以布衾。先是沐浴，用温水洗身（称净身），然后用12米的白布从左向右将亡人裹住。男人戴白帽，女人戴白布风帽，穿白布袜，放入塔卜匣（移送尸体的容器），由阿訇带领乡老（群众）列队在塔卜匣前站着那则（集体告别），然后将塔卜匣抬往墓地。墓穴为子午（南北）方向，北高南低，事先镶满棚（以经文书白布围帐）、经匣木（四周用砖或石头、水泥砌成，也有木制无底的）、碰哈（棺木）。亡人送进碰哈内，头朝北，面向西方，上加盖殡埋，填土筑成鱼脊型坟堆。亲友不准啼哭。埋葬后将塔卜匣送回清真寺。人离世后，有7日、48日、百日、周年祭等，以追悼亡者，并请阿訇、乡老为亡者走坟、诵经表示悼念。

5. **节庆**　回族每年有三大节日，即尔代节、古尔邦节、圣纪节。尔代节，俗称大开斋，伊斯兰教历每年9月为斋月，一个月期满；10月1日为开斋节，斋月开始与结束均以见月为准。伊斯兰教教历每年12月10日为古尔邦节，又称宰牲节。伊斯兰教教历3月12日为圣纪节，回族群众齐集清真寺诵经做礼拜。

第五章　所辖单位

上库力农场所辖农业生产队共 9 个，分别是第一生产队、第二生产队、第三生产队、第四生产队、第五生产队、第六生产队、第七生产队、第八生产队、伊根生产队。直属单位为供电所、畜牧兽医综合服务站、林草工作站、农林科技试验站、有机肥厂、驻海拉尔区办事处。科室为综合办公室、财务部、社会事业部、综合治理办公室、战略发展部、政治工作部、生产部、土地项目办公室、监察部、安全生产部、基建科、畜牧业管理部、水利办公室、党委办公室、审计科。民有民营单位为面粉加工厂、修造厂、多种经营服务队。

第一节　生 产 队

一、第一生产队

第一生产队位于上库力农场以东 20 千米处，东与上库力街道办事处前进村隔河相望，南、西与西北耕地和第四生产队相连，北与第二生产队接壤。地理坐标为东经 120°36′20″—120°45′12″，北纬 50°09′07″—50°18′09″。耕地总面积 3.92 万亩，草场面积 16383 亩。

截至 2020 年年末，全生产队总户数 135 户，总人口 366 人，由蒙、汉、满、达斡尔、俄罗斯等民族的居民组成。在岗职工 86 人。拥有先进农牧业机械 114 台件，机械总动力 2994 千瓦，农田节水灌溉面积 1689 亩。牲畜存栏 7507 头（匹、只、口），是一个以农为主、农牧业结合的中型生产队。

2011—2020 年 10 年间，生产队累计播种面积 366732 亩。其中小麦 143691 亩，平均亩产 179.6 千克；油菜 162872 亩，平均亩产 109.7 千克；大麦 33357 亩，平均亩产 168.8 千克。累计粮油总产 49721.8 吨。经营利润 1.08 亿元。在岗职工年平均收入 39125 元，人均年平均收入 13609 元。

生产队完成基本建设总投资 450 万元，建设卫生室 73 平方米、办公室 471 平方米、文化活动广场 496 平方米、晾晒大棚一座 3000 平方米、水泥晒场 5160 平方米、田间路 4200 延米。建设村村响设施一套，实现广播电视全覆盖。村屯四旁绿化植树 58809 株，设置垃圾箱 33 个。草原书屋藏书 1200 册，光盘 242 张。为推进农业标准化、精细化、智能化管理，生产队为 9 台农业机械安装深松监控、免耕监控设备和卫星导航系统，提升了作业质量管理水平。

10 年间生产队累计举办职工岗位技能、职业道德、精神文明、安全生产知识、普法教育、牧业科技知识等各类培训班 36 期，培训职工群众 2776 人次。荣获海拉尔农垦集团公司油菜亩产第一名一次、生产队亩效益第六名一次、先进承包组称号一次、先进机车组称号一次，喷药机车组荣获青年文明号称号。获得农场经济效益突出贡献奖、工作实绩三等奖、标准化奶牛场示范单位称号各一次，有 8 个车组获得先进机车组称号，36 人次获得劳动模范称号。

第一生产队 2011—2020 年各方面具体情况见表 5-1 至表 5-4。

表 5-1　第一生产队 2011—2020 年农作物播种面积、产量统计表

年份		2011	2012	2013	2014	2015	2016	2017	2018	2019	2020
总播种面积（亩）		34647.0	36257.0	35604.0	36953.0	37291.0	35234.0	34976.0	38704.0	38342.0	38724.0
小麦	面积（亩）	12064.0	7100.0	10502.0	14449.0	16293.0	17520.0	18553.0	15140.0	17246.0	14824.0
	总产（吨）	1315.0	1757.3	1874.6	4115.0	3100.0	3328.8	2291.0	3745.8	2283.9	1371.2
	亩产（千克）	109.0	247.5	178.5	284.8	190.3	190.0	123.5	247.4	132.4	92.5
油菜	面积（亩）	17642.0	21600.0	18137.0	22069.0	14801.0	14627.0	12971.0	14800.0	10642.0	15583.0
	总产（吨）	1861.0	3186.0	1929.8	2810.0	1870.0	1566.0	1324.0	1977.0	970.2	782.7
	亩产（千克）	105.5	147.5	106.4	127.3	126.3	107.1	102.1	133.6	91.2	50.0
大麦	面积（亩）	4941.0	7557.0	6965.0	435.0	6197.0	3087.0	1570.0	708.0	1897.0	—
	总产（吨）	655.0	1949.7	1344.9	125.5	1330.0	586.5	130.0	107.3	33.6	—
	亩产（千克）	132.6	258.0	193.1	288.5	214.6	190.0	82.8	151.6	177.0	—
水飞蓟	面积（亩）	—	—	—	—	—	—	—	2575.0	4848.0	2406.0
	总产（吨）	—	—	—	—	—	—	—	261.8	217.0	81.4
	亩产（千克）	—	—	—	—	—	—	—	101.7	44.8	33.8
莜麦草	面积（亩）	—	—	—	—	—	—	—	2614.0	842.0	3044.0
	总产（吨）	—	—	—	—	—	—	—	576.7	336.8	750.0
	亩产（千克）	—	—	—	—	—	—	—	220.6	400.0	246.4
苜蓿	面积（亩）	—	—	—	—	—	—	1324.0	2867.0	2867.0	2867.0
	总产（吨）	—	—	—	—	—	—	612.4	313.7	208.0	248.8
	亩产（千克）	—	—	—	—	—	—	462.5	109.4	72.5	86.8
青贮玉米	面积（亩）	—	—	—	—	—	—	558.0	—	—	—
	总产（吨）	—	—	—	—	—	—	1253.7			
	亩产（千克）	—	—	—	—	—	—	2247.0			

表 5-2 第一生产队 2011—2020 年牧业生产情况统计表

年份	年末牲畜总数（头、匹、只、口）	具体类别				出售				牛奶		肉类产量（吨）	羊毛产量（吨）	年内打草（吨）
		牛（头）	马（匹）	羊（只）	猪（口）	牛（头）	马（匹）	羊（只）	猪（口）	总产（吨）	出售（吨）			
2011	6552	529	54	5811	158	90	2	305	26	1118	895	38	26.0	5142
2012	5044	357	25	4322	340	469	73	3961	50	1926	1540	208	18.0	2572
2013	7402	477	44	6351	530	150	16	2324	87	2006	1604	231	19.0	2831
2014	8670	609	61	7647	353	173	18	3588	400	2195	1756	281	19.2	1792
2015	8066	586	59	7100	321	235	37	3232	533	970	776	284	14.2	1683
2016	7967	353	112	7212	290	414	1	6311	513	870	696	263	54.2	1349
2017	5284	288	111	4618	267	204	24	6100	520	420	336	253	52.7	1570
2018	5908	336	128	5360	84	27	18	2357	356	459	367	111	46.0	1584
2019	6506	148	94	6054	210	308	76	2216	165	350	280	161	29.6	1326
2020	7507	176	134	6977	220	47	20	5804	121	50	41	168	30.1	700

表 5-3 第一生产队 2011—2020 年历任行政领导名录

姓名	职务	任职时间	姓名	职务	任职时间
周桂波	队长	2011.01—2012.03	马庆存	副队长	2011.01—2016.03
高兴良	队长	2012.03—2016.10	周扬	副队长	2016.03—2019.04
刘彦政	队长	2016.10—2018.04	丁钟鸣	副队长	2019.04—2020.12
马庆存	队长	2018.04—2020.12			

表 5-4 第一生产队 2011—2020 年历任党支部领导名录

姓名	职务	任职时间	姓名	职务	任职时间
高兴良	书记	2012.03—2016.03	张会武	副书记	2011.01—2012.03
董其盟	书记	2016.03—2017.03	张明波	副书记	2012.03—2016.03
孙凤军	书记	2017.06—2018.04	孙凤军	副书记	2017.03—2017.06
李崇斌	书记	2019.04—2020.12			

二、第二生产队

第二生产队位于上库力农场东北部，距场部所在地 15 千米。东与伊根生产队相连，南与第一生产队接壤，西与第三生产队为邻，北与第八生产队隔根河相望。地理位置东经 120°13′05″—120°45′42″，北纬 50°18′57″—50°21′43″。G332 国道贯通队区，交通十分便利。

截至 2020 年年末，生产队耕种面积 8.37 万亩，天然草场面积 2.19 万亩。全队总户数 217 户，总人口 622 人，由汉、蒙、回、满、俄罗斯等民族人口构成。其中，俄罗斯族人口为 85 人，故本生产队是农场俄罗斯族居民的主要聚居区。在岗职工 163 人，其中畜牧业从业人员 57 人。农业基础设施比较完备，拥有国内外先进农业机械 177 台套，机械总动力 6054 千瓦。有水泥晒场 27200 平方米，粮油晾晒储存大棚 3 个共 9000 平方米，粮食风干仓 4 座，农具场面积 17342 平方米，粮油烘干设施 2 套，"三库一间"共 600 平方米。牲畜存栏 9705 头（匹、只、口）。第二生产队是农场以农为主、农牧结合经营规模较大的 5 个生产队之一。

2011—2020 年，生产队累计播种面积 781997 亩，其中小麦 327064 亩，平均亩产 198.8 千克；油菜 332721 亩，平均亩产 103.1 千克；大麦 64974 亩，平均亩产 159.5 千克；还播种了 57238 亩水飞蓟、莜麦草、甜菜、苜蓿等经济作物。10 年间，第二生产队累计粮油总产 110069 吨，经营利润 2.53 亿元，在岗职工年平均收入 42109 元，人均年平均收入 23002 元。第二生产队的畜牧业得到稳步发展，10 年累计牲畜存栏 74602 头（匹、只、口），牛奶总产 12672 吨，出售商品奶 10135 吨，打贮饲草 25069 吨。生产队的文化建设取得成效，建设职工之家 622 平方米，草原书屋藏书 1125 册，实现广播电视全覆盖，建设文化广场 1 处。生产队有商业网点 2 个，年营业额 20 余万元。建设公共厕所 4 个，设置垃圾箱 20 个、垃圾点 2 个，职工义务植树 58600 株，职工生产生活环境发生明显变化。技术革新团队结合生产实际开展技术攻关和技术改造，多项技术改造和研制成果应用于农业生产。尤其是 2020 年自主研发的甜菜条耕机，拥有自主知识产权，获得国家发明专利。10 年来，生产队共产生海拉尔农垦集团公司先进班组 4 个、劳动模范 7 名。连续 3 年获得农场技术革新一等奖，经济效益突出贡献奖一等奖，综合经济效益二等奖，工作实绩二等奖、三等奖，51 名职工获得农场劳动模范称号。

第二生产队 2011—2020 年各方面具体情况见表 5-5 至表 5-8。

表 5-5 第二生产队 2011—2020 年农作物播种面积、产量统计表

年份		2011	2012	2013	2014	2015	2016	2017	2018	2019	2020
总播种面积（亩）		74080.0	76850.0	74764.0	76267.0	76317.0	75499.0	81068.0	82293.0	81188.0	83671.0
小麦	面积（亩）	31440.0	20700.0	23223.0	35483.0	28368.0	45653.0	47400.0	29520.0	36752.0	28525.0
	总产（吨）	4750.0	5750.0	3625.0	8836.0	7950.0	11415.0	3265.6	7350.0	5274.0	7687.4
	亩产（千克）	151.1	277.8	156.1	249.0	280.2	250.0	68.9	249.0	143.5	269.5
油菜	面积（亩）	32378.0	44100.0	39544.0	37762.0	36887.0	24719.0	26279.0	37015.0	24168.0	29869.0
	总产（吨）	4200.0	6350.0	4205.0	4775.0	4700.0	1885.0	1173.7	5100.0	2175.0	1832.8
	亩产（千克）	129.7	144.0	106.3	126.4	127.4	76.3	44.7	137.8	90.0	61.4

（续）

年份		2011	2012	2013	2014	2015	2016	2017	2018	2019	2020
大麦	面积（亩）	9875.0	12050.0	11997.0	2674.0	11062.0	4071.0	60.0	1060.0	6107.0	6018.0
	总产（吨）	1300.0	2650.0	1675.0	665.0	2600.0	350.0	6.3	234.3	894.6	394.4
	亩产（千克）	131.6	220.0	139.6	248.7	235.0	86.0	104.2	220.1	146.5	65.5
水飞蓟	面积（亩）	—	—	—	—	—	—	—	8656.0	6649.0	9039.0
	总产（吨）	—	—	—	—	—	—	—	835.0	272.6	316.4
	亩产（千克）	—	—	—	—	—	—	—	96.5	41.0	35.0
莜麦草	面积（亩）	—	—	—	—	—	—	2000.0	3677.0	2000.0	4049.0
	总产（吨）	—	—	—	—	—	—	368.8	560.5	654.3	1102.0
	亩产（千克）	—	—	—	—	—	—	184.4	154.2	327.2	272.2
甜菜	面积（亩）	—	—	—	—	—	—	—	140.0	3287.0	4585.0
	总产（吨）	—	—	—	—	—	—	—	238.2	7848.0	8506.0
	亩产（千克）	—	—	—	—	—	—	—	1701.4	2387.6	1855.1
苜蓿	面积（亩）	—	—	—	—	—	—	5329.0	2225.0	2225.0	1586.0
	总产（吨）	—	—	—	—	—	—	27.9	80.5	152.3	—
	亩产（千克）	—	—	—	—	—	—	5.24	36.2	68.4	—
青贮玉米	面积（亩）	—	—	—	—	—	1056.0	—	—	—	—
	总产（吨）	—	—	—	—	—	600.0	—	—	—	—
	亩产（千克）	—	—	—	—	—	568.0	—	—	—	—
其他	面积（亩）	387.0	—	—	348.0	—	—	—	—	—	—

表 5-6　第二生产队 2011—2020 年牧业生产情况统计表

年份	年末牲畜总数（头、匹、只、口）	其中				出售				牛奶		肉类产量（吨）	羊毛产量（吨）	年内打草（吨）
		牛（头）	马（匹）	羊（只）	猪（口）	牛（头）	马（匹）	羊（只）	猪（口）	总产（吨）	出售（吨）			
2011	3287	1358	119	1766	44	386	15	667	31	1860	1488	138.0	0.36	4317
2012	3848	1307	131	2344	66	563	21	754	23	2210	1768	110.0	8.00	728
2013	4688	1119	135	3379	55	503	49	473	18	1936	1548	146.0	10.30	651
2014	7648	1588	139	5869	52	149	49	1263	15	2648	2118	80.8	31.80	3080
2015	8861	1026	137	7639	59	897	78	3038	25	1398	1118	130.0	20.90	8496
2016	7503	525	171	6776	31	1390	72	6464	27	406	325	390.0	15.00	1769
2017	9975	494	431	8980	70	126	53	3512	26	423	338	741.0	40.00	1098
2018	11324	426	557	10245	96	159	40	4332	28	200	160	495.0	51.00	2940
2019	7763	363	396	6896	108	210	270	7789	12	289	231	188.0	53.00	882
2020	9705	462	370	8680	193	140	107	3889	63	1302	1041	125.0	46.00	1108

表 5-7　第二生产队 2011—2020 年历任行政领导名录

姓名	职务	任职时间	姓名	职务	任职时间
周明俊	队长	2011.01—2012.03	周洋	副队长	2019.04—2020.12
魏杰	队长	2012.03—2019.04	宋保国	副队长	2011.01—2017.03
王建友	队长	2019.04—2020.12	董其盟	副队长	2012.03—2016.03
刘爱军	副队长	2011.01—2015.10	刘俊鹏	副队长	2017.03—2018.07
杨玉岐	副队长	2015.10—2017.03	董殿波	副队长	2018.07—2020.04
丁忠海	副队长	2017.03—2019.04			

表 5-8　第二生产队 2011—2020 年历任党支部领导名录

姓名	职务	任职时间	姓名	职务	任职时间
刘天雷	书记	2011.01—2012.03	李万华	书记	2017.03—2019.04
魏杰	书记	2012.03—2015.10	张亚良	书记	2019.04—2020.12
耿祥瑞	书记	2015.10—2017.03			

三、第三生产队

第三生产队位于场部地区北部，施业区东邻第二生产队，南与第四生产队接壤，西隔库力河与第六生产队相望，北临根河，西北与第七生产队交界。地理位置为东经 120°16′03″—120°31′05″，北纬 50°15′03″—50°21′01″。耕地总面积 78703 亩，草场面积 2970 亩，农业方面主要种植小麦、大麦、油菜、甜菜、莜麦草、苜蓿等农作物。耕地处于丘陵与草原过渡地带，土质肥沃，适宜发展农牧业生产，是上库力农场经营规模较大的 5 个生产队之一。

截至 2020 年年末，生产队总户数 235 户，总人口 660 人，由汉、蒙、满、俄罗斯、达斡尔等民族居民组成。在岗职工 163 人。拥有国内外先进农业机械 243 台套，机械总动力 4869 千瓦。生产队有粮食烘干设施 2 套，风干仓 4 座，晾晒大棚 6000 平方米，水泥晒场 20242 平方米，办公室 514 平方米。牲畜存栏 9646 头（匹、只、口），其中牛 671 头、马 204 匹、羊 8600 只、猪 171 口。牛奶总产 1140 吨，其中商品奶 912 吨；肉类产量 166 吨；打贮饲草 2015 吨。

2011—2020 年，生产队累计播种面积 716178 亩。其中小麦 316200 亩，总产 47506.3 吨，平均亩产 166.2 千克；油菜 296980 亩，总产 33512.6 吨，平均亩产 113.7 千克；大麦 43168 亩，总产 7416.3 吨，平均亩产 136.6 千克。其余 59830 亩为水飞蓟、莜麦草、甜菜、苜蓿、青贮等农作物。10 年中累计小麦、油菜、大麦总产 88435.2 吨，经营利润 1.78 亿元，在岗职工年平均收入 39893 元，人均年平均收入 15170 元。累计牲畜存栏

73395 头（匹、只、口），牛奶总产 16087 吨，商品奶 12867 吨，肉类总产 1758 吨，打贮饲草 26130 吨。举办农业、农机、安全生产教育等培训班 21 期，培训职工 1697 人次。建设公共厕所 3 个、垃圾箱 5 个、垃圾点 2 个，植树 51680 株。为 4 台农业机械安装 GPS 导航、11 台机械机具安装卫星定位系统、20 台机车安装节油检测设备，增强了抵御自然风险的能力。生产队获得的荣誉有：海拉尔农垦集团公司表彰的机车组 4 个，农场表彰的先进机车组 21 个，农场劳动模范 46 人次。生产队先后获得农场综合经济效益二、三等奖，亩效益三等奖，工作实绩二等奖，技术革新二、三等奖等。

第三生产队 2011—2020 年各方面具体情况见表 5-9 至表 5-12。

表 5-9 第三生产队 2011—2020 年农作物播种面积、产量统计表

年份		2011	2012	2013	2014	2015	2016	2017	2018	2019	2020
总播种面积（亩）		71097.0	72130.0	69492.0	73753.0	75443.0	75458.0	77682.0	62249.0	72925.0	65949.0
小麦	面积（亩）	30671.0	24350.0	28370.0	33949.0	31180.0	43118.0	46978.0	23181.0	31696.0	22707.0
	总产（吨）	4600.0	5856.0	5255.0	3802.0	5986.0	4625.8	2623.0	4873.0	6455.5	3430.0
	亩产（千克）	150.0	240.5	185.2	112.0	192.0	107.3	55.8	210.0	203.7	151.1
油菜	面积（亩）	34168.0	37300.0	34835.0	36302.0	39600.0	26894.0	27912.0	26430.0	10877.0	22662.0
	总产（吨）	4320.0	4718.0	3775.0	8005.0	2215.0	1692.5	2842.8	3485.7	801.0	1657.6
	亩产（千克）	126.0	126.5	108.4	220.5	55.9	62.9	101.8	131.9	73.6	73.1
大麦	面积（亩）	6258.0	10480.0	6287.0	3502.0	3080.0	1448.0	—	—	6078.0	6035.0
	总产（吨）	1120.0	2478.0	1505.0	845.0	320.3	278.0	—	—	870.0	—
	亩产（千克）	179.0	236.5	239.4	241.3	104.0	119.2	—	—	143.1	—
水飞蓟	面积（亩）	—	—	—	—	—	—	—	6549.0	7928.0	—
	总产（吨）	—	—	—	—	—	—	—	500.5	388.5	—
	亩产（千克）	—	—	—	—	—	—	—	76.4	49.0	—
莜麦草	面积（亩）	—	—	—	—	—	—	—	—	460.0	4015.0
	总产（吨）	—	—	—	—	—	—	—	—	45.4	1720.0
	亩产（千克）	—	—	—	—	—	—	—	—	98.7	428.4
甜菜	面积（亩）	—	—	—	—	—	—	—	1286.0	11991.0	7783.0
	总产（吨）	—	—	—	—	—	—	—	2950.0	25770.0	17880.0
	亩产（千克）	—	—	—	—	—	—	—	2294.0	2149.0	2297.0
苜蓿	面积（亩）	—	—	—	—	—	—	2792.0	4803.0	3895.0	2747.0
	总产（吨）	—	—	—	—	—	—	18.4	383.0	512.0	422.8
	亩产（千克）	—	—	—	—	—	—	13.1	79.7	131.5	153.9
青贮玉米	面积（亩）	—	—	—	—	1583.0	3998.0	—	—	—	—
	总产（吨）	—	—	—	—	1311.0	2290.0	—	—	—	—
	亩产（千克）	—	—	—	—	828.1	572.8	—	—	—	—

表 5-10 第三生产队 2011—2020 年牧业生产情况统计表

年份	年末牲畜总数（头、匹、只、口）	其中				出售				牛奶		肉类产量（吨）	羊毛产量（吨）	年内打草（吨）
		牛（头）	马（匹）	羊（只）	猪（口）	牛（头）	马（匹）	羊（只）	猪（口）	总产（吨）	出售（吨）			
2011	5535	1435	23	4014	63	131	7	2833	22	2439	1951	142	22	3097
2012	5915	1133	39	4639	104	112	11	3215	37	1926	1540	135	24	3698
2013	6958	1280	40	5543	95	123	13	3785	33	2176	1740	156	27	2976
2014	7349	1099	20	6144	86	242	31	4121	29	1868	1494	207	29	2999
2015	7783	985	23	6678	97	207	11	4053	34	1674	1339	212	31	2696
2016	7812	861	45	6861	45	223	14	4356	48	1463	1170	247	33	2311
2017	6857	667	51	6062	77	446	12	3725	51	1134	907	198	30	2565
2018	6825	684	118	5913	110	331	23	3504	57	1162	930	124	28	1947
2019	8715	650	161	7630	274	109	43	4432	107	1105	884	171	32	1826
2020	9646	671	204	8600	171	116	65	4861	85	1140	912	166	34	2015

表 5-11 第三生产队 2011—2020 年历任行政领导名录

姓名	职务	任职时间	姓名	职务	任职时间
赵清波	队长	2011.01—2012.03	刘东旗	副队长	2011.01—2012.03
周明俊	队长	2012.03—2017.04	滕海峰	副队长	2012.03—2014.04
刘天雷	队长	2017.03—2020.12	刘彦政	副队长	2014.04—2016.03
杜鹏飞	副队长	2011.01—2015.06	张亚良	副队长	2016.03—2018.07
丁钟鸣	副队长	2015.06—2019.04	张会武	副队长	2018.07—2019.04
徐亚江	副队长	2019.04—2020.12			

表 5-12 第三生产队 2011—2020 年历任党支部领导名录

姓名	职务	任职时间	姓名	职务	任职时间
包义清	书记	2011.01—2012.03	李增斌	书记	2017.03—2019.04
刘天雷	书记	2012.03—2013.01	孙凤军	副书记	2013.01—2017.03
周明俊	书记	2013.01—2016.03	张会武	副书记	2019.04—2020.12
孟繁强	书记	2016.06—2017.03			

四、第四生产队

第四生产队位于场部地区东部 3 千米处，施业区东与第一生产队接壤，南邻陈巴尔虎旗，西与第五生产队交界，北和东北与第三生产队相邻。地理位置东经 120°27′25″—120°37′14″，北纬 50°08′08″—50°17′14″。场区、队区公路四通八达，交通便利。

截至 2020 年年末，生产队共 309 户，总人口 751 人，由蒙、俄罗斯、满、回、达斡尔、汉 6 个民族居民组成。在岗职工 169 人,其中农场聘任管理人员 8 人。拥有各类农牧业先进机械机具 256 台件,其中联合收割机 18 台、链式拖拉机 8 台、大型轮式拖拉机 21 台、中型轮式拖拉机 11 台、自走式割晒机 2 台、自走式喷药机 2 台、后勤保障运输车辆 5 台、工程机械 4 台、播种机 12 台、拖车 21 台、牵引式割晒机 9 台、其他农机具 78 台、牧业机械 7 台、麦场机械设备 58 台件,机械总动力 8196 千瓦。新建农具场 18500 平方米、摩托车棚 160 延米,架设办公室、麦场及其他铁艺围栏 398 延米,水泥晒场 26816 平方米,粮食烘干设施 2 套,晾晒棚 3 个 9000 平方米,风干仓 6 座,修理间 120 平方米,职工休息室 70 平方米,农业基础设施比较完备。全队耕地总面积 8.63 万亩,坡岗地比重较大,草原面积 2.6 万亩,牲畜存栏 21866 头(匹、只、口),职工饲养大鹅 1 万只、鸵鸟 100 只、香椿雁 1500 只、珍珠鸡 1200 只、小笨鸡 800 只,特色养殖成为增收新亮点。是上库力农场经营规模最大,以农为主、农牧结合的生产队。

2011—2020 年,生产队小麦、油菜、大麦累计播种面积 810650 亩。其中小麦 292100 亩,平均亩产 183.9 千克;油菜面积 351993 亩,平均单产 104.9 千克;大麦 81132 亩,平均单产 169.7 千克。粮油总产 106581 吨,经营利润 1.63 亿元,在岗职工年平均收入 39521 元,人均年平均收入 14928 元。10 年累计牲畜存栏 159634 头(匹、只、口),出售牲畜 88125 头(匹、只、口),牛奶总产 17423 吨,出售商品奶 13937 吨,肉类总产 2084 吨,打贮饲草 26544 吨。获得的荣誉有:海拉尔农垦集团、呼伦贝尔农垦集团公司先进班组奖 6 个,劳动模范称号 6 人次,规范养殖先进单位称号 1 次,农场经济效益二等奖 2 次,技术革新三等奖 1 次,先进机车组 18 个,劳动模范 56 人次。

第四生产队 2011—2020 年各方面具体情况见表 5-13 至表 5-16。

表 5-13　第四生产队 2011—2020 年农作物播种面积、产量统计表

年份		2011	2012	2013	2014	2015	2016	2017	2018	2019	2020
总播种面积(亩)		75510.0	77502.0	77362.0	81684.0	80859.0	81697.0	83432.0	83432.0	84119.0	85223.0
小麦	面积(亩)	27354.0	16600.0	22432.0	32385.0	28937.0	34275.0	38986.0	33567.0	32857.0	24707.0
	总产(吨)	3500.0	4445.0	4000.0	9225.0	6500.0	5650.0	4194.0	7160.0	5020.0	2900.0
	亩产(千克)	128.0	267.8	178.3	284.9	224.6	164.8	107.6	213.3	152.8	117.4
油菜	面积(亩)	36428.0	44000.0	41461.0	44030.0	34881.0	27024.0	35317.0	30880.0	25336.0	32636.0
	总产(吨)	4050.0	6020.0	5000.0	5925.0	4300.0	2065.0	3477.5	3782.6	2000.0	1518.0
	亩产(千克)	111.2	136.8	120.6	134.6	123.3	76.4	82.9	122.5	78.9	46.5
大麦	面积(亩)	11558.0	16648.0	12142.0	2555.0	14351.0	10279.0	—	1990.0	10038.0	1571.0
	总产(吨)	1950.0	3885.0	2550.0	850.0	3300.0	1135.0	—	325.0	1735.0	119.0
	亩产(千克)	168.7	233.4	210.0	332.7	229.9	110.4	—	163.3	172.8	75.7

（续）

年份		2011	2012	2013	2014	2015	2016	2017	2018	2019	2020
水飞蓟	面积（亩）	—	—	—	—	—	—	—	8121.0	8837.0	9386.0
	总产（吨）	—	—	—	—	—	—	—	625.0	600.0	340.0
	亩产（千克）	—	—	—	—	—	—	—	77.0	67.9	36.2
莜麦草	面积（亩）	—	—	—	—	—	—	326.0	745.0	—	9323.0
	总产（吨）	—	—	—	—	—	—	169.8	344.5	—	481.0
	亩产（千克）	—	—	—	—	—	—	520.9	462.4	—	51.6
苜蓿	面积（亩）	—	—	—	—	1735.0	7068.0	8803.0	8129.0	7051.0	7457.0
	总产（吨）	—	—	—	—	—	928.0	73.0	166.6	802.0	2247.0
	亩产（千克）	—	—	—	—	—	131.3	82.9	20.5	113.7	301.3
青贮玉米	面积（亩）	170.0	—	—	160.0	955.0	3051.0	—	—	—	83.0
	总产（吨）	78.6	—	—	35.0	441.0	1411.0	—	—	—	106.7
	亩产（千克）	462.4	—	—	218.8	461.8	462.5	—	—	—	1286.0
其他	面积（亩）	—	254.0	1327.0	2554.0	—	—	—	—	—	—
	总产（吨）	—	5.0	—	—	—	—	—	—	—	—
	亩产（千克）	—	19.7	—	—	—	—	—	—	—	—

表 5-14 第四生产队 2011—2020 年牧业生产情况统计表

年份	年末牲畜总数（头、匹、只、口）	其中				出售				牛奶		肉类产量（吨）	羊毛产量（吨）	年内打草（吨）
		牛（头）	马（匹）	羊（只）	猪（口）	牛（头）	马（匹）	羊（只）	猪（口）	总产（吨）	出售（吨）			
2011	11102	1553	91	9363	95	156	13	6035	41	2640	2112	175	47	4152
2012	12360	1227	155	10823	155	120	17	6840	81	2085	1668	168	51	4780
2013	14596	1386	158	12931	121	206	15	7960	65	2356	1884	189	67	1413
2014	15729	1189	76	14336	128	426	46	8652	69	2021	1617	273	72	1391
2015	16887	1068	91	15582	146	327	30	9012	73	1815	1452	231	74	3958
2016	17191	932	180	16011	68	369	19	9631	91	1584	1267	246	77	2543
2017	15180	723	206	14144	107	385	23	8331	76	1229	983	217	73	1835
2018	15177	742	472	13797	166	198	45	8275	83	1261	1009	176	71	2121
2019	19546	705	645	17803	411	144	127	9392	148	1198	958	211	84	2365
2020	21866	726	816	20067	257	128	139	10231	106	1234	987	198	85	1986

表 5-15 第四生产队 2011—2020 年历任行政领导名录

姓名	职务	任职时间	姓名	职务	任职时间
魏杰	队长	2011.01—2012.03	刘俊鹏	副队长	2019.04—2020.12
周桂波	队长	2012.03—2017.03	李万民	副队长	2011.01—2012.03
刘爱军	队长	2017.03—2019.04	冯国斌	副队长	2011.01—2016.03
刘彦政	队长	2019.04—2020.12	董殿波	副队长	2012.03—2018.07
陈德	副队长	2011.01—2012.03	徐洪武	副队长	2017.02—2019.04
孙世亮	副队长	2012.03—2019.04	刘东旗	副队长	2018.07—2019.04

表 5-16　第四生产队 2011—2020 年历任党支部领导名录

姓名	职务	任职时间	姓名	职务	任职时间
高兴良	书记	2011.01—2012.03	于建涛	书记	2017.03—2019.04
李万华	书记	2012.03—2017.04	刘东旗	副书记	2019.04—2020.12

五、第五生产队

第五生产队位于上库力农场场部南 2.5 千米处，施业区东邻第四生产队，南与陈巴尔虎旗接壤，西分别于第六生产队和拉布大林农牧场交界，北与第六生产队和场部地区相连。地理位置为东经 120°25′07″—120°32′11″，北纬 50°03′01″—50°11′03″。

截至 2020 年年末，全队有 227 户，总人口 551 人，其中在岗职工 157 人，汉、蒙、回、满、俄罗斯、鄂温克、达斡尔等 7 个民族的居民组成了团结和睦的大家庭。生产队拥有先进农业机械 184 台套，机械总动力 5315 千瓦。耕种面积 77869 亩，草原面积 2.75 万亩。当年牲畜存栏 9276 头（匹、只、口），牛奶总产 1880 吨，出售商品奶 1504 吨，肉类总产 181 吨，打贮饲草 1625 吨。播种小麦 32242 亩，亩产 127.5 千克；油菜 23237 亩，亩产 49.5 千克；大麦 1910 亩，亩产 65.4 千克。三大作物合计总产 5385 吨。

2011—2020 年，生产队完成基本建设投资 2460 万元，建设完成兴垦小区 39 户，修筑屯内"五纵三横"公路网，建设办公室 500 平方米，安装路灯 45 盏，硬化路面 4784 平方米，新增 20 个可搬运式垃圾箱、粮食烘干设施 2 套、风干仓 2 座、晾晒大棚 4 个 12000 平方米、水泥晒场 20939 平方米、修理间 70 平方米、修筑田间路 24.6 千米、建设农具场 9600 平方米。队区四旁绿化 154 亩，植树 34855 株。举办政治理论学习、农业、农机、安全生产等培训班 33 期，培训职工群众 7533 人次。文化活动室占地 200 平方米，设备齐全，广播电视覆盖面达到 100%。

2011—2020 年，生产队小麦、油菜、大麦累计播种面积 667126 亩。其中小麦播种面积 219797 亩，平均亩产 185.5 千克；油菜 296551 亩，平均亩产 99.4 千克；大麦 95670 亩，平均亩产 169.9 千克；三大作物累计总产 110889.7 吨。经营利润 1.35 亿元，在岗职工年平均收入 43135 元，人均年平均收入 19593 元。10 年累计牲畜存栏 59632 头（匹、只、口），其中牛 9998 头、马 982 匹、羊 48418 只、猪 302 口；牛奶总产 22068 吨，出售商品奶 17652 吨，肉类总产 1465.9 吨。获得的荣誉有：海拉尔农垦集团、呼伦贝尔农垦集团公司先进班组 5 个，劳动模范 4 人次，农场经济效益一等奖 1 次，经济效益突出贡献奖二等奖 1 次，亩效益第三名 1 次，技术革新二等奖 1 次，农场劳动模范称号 41 人次。

第五生产队 2011—2020 年各方面具体情况见表 5-17 至表 5-20。

表 5-17　第五生产队 2011—2020 年农作物播种面积、产量统计表

年份		2011	2012	2013	2014	2015	2016	2017	2018	2019	2020
总播种面积（亩）		60182.0	61505.0	61078.0	64722.0	65800.0	66000.0	66000.0	66000.0	77970.0	77869.0
小麦	面积（亩）	23470.0	5905.0	8494.0	19488.0	19390.0	30381.0	29805.0	29500.0	21122.0	32242.0
	总产（吨）	2192.0	1630.0	1622.0	6250.0	3590.0	7262.5	1769.8	8402.7	2591.6	4110.0
	亩产（千克）	93.4	276.0	191.0	320.7	185.1	239.0	59.4	284.8	122.7	127.5
油菜	面积（亩）	29638.0	37200.0	31310.0	39072.0	25664.0	27840.0	34480.0	23878.0	24232.0	23237.0
	总产（吨）	3080.0	4650.0	3561.0	5650.0	2825.0	25454.0	2337.7	2512.9	2045.0	1150.0
	亩产（千克）	103.9	125.0	113.7	144.6	110.1	91.4	67.8	105.2	84.4	48.5
大麦	面积（亩）	7074.0	18400.0	21274.0	5961.0	20546.0	4280.0	—	5055.0	11170.0	1910.0
	总产（吨）	952.5	4968.0	4153.0	1850.0	2550.0	940.0	—	1315.0	1350.0	125.0
	亩产（千克）	134.6	270.0	195.2	310.4	124.1	219.6	—	260.1	120.9	65.4
水飞蓟	面积（亩）	—	—	—	—	—	—	—	4168.0	7240.0	9444.0
	总产（吨）	—	—	—	—	—	—	—	291.5	375.0	192.3
	亩产（千克）	—	—	—	—	—	—	—	69.9	51.8	20.4
莜麦草	面积（亩）	—	—	—	—	—	—	—	—	521.0	9321.0
	总产（吨）	—	—	—	—	—	—	—	—	165.6	1773.0
	亩产（千克）	—	—	—	—	—	—	—	—	317.9	190.2
苜蓿	面积（亩）	—	—	—	—	—	—	1715.0	2806.0	1715.0	1715.0
	总产（吨）	—	—	—	—	—	—	319.6	674.2	178.6	206.0
	亩产（千克）	—	—	—	—	—	—	186.4	240.3	104.1	120.1
青贮玉米	面积（亩）	—	—	—	201.0	200.0	1784.0	—	—	—	—
	总产（吨）	—	—	—	170.9	405.3	3211.2	—	—	—	—
	亩产（千克）	—	—	—	850.0	2026.5	1800.0	—	—	—	—
其他	面积（亩）	—	—	—	—	—	1715.0	—	593.0	11970.0	—
	总产（吨）	—	—	—	—	—	185.2	—	93.4	—	—
	亩产（千克）	—	—	—	—	—	108.0	—	157.5	—	—

表 5-18　第五生产队 2011—2020 年牧业生产情况统计表

年份	年末牲畜总数（头、匹、只、口）	其中				出售				牛奶		肉类产量（吨）	羊毛产量（吨）	年内打草（吨）
		牛（头）	马（匹）	羊（只）	猪（口）	牛（头）	马（匹）	羊（只）	猪（口）	总产（吨）	出售（吨）			
2011	3063	1124	36	1856	47	206	1	863	12	2613	2090	35.9	3.2	4320
2012	2977	1029	38	1850	60	459	26	1627	10	3290	2632	49.8	8.3	4650
2013	4197	989	44	3139	75	320	7	491	13	2047	1637	39.0	12.0	1980
2014	5243	1019	42	4162	20	375	24	1577	6	3640	2912	424.0	16.0	2700

（续）

年份	年末牲畜总数（头、匹、只、口）	其中				出售				牛奶		肉类产量（吨）	羊毛产量（吨）	年内打草（吨）
		牛（头）	马（匹）	羊（只）	猪（口）	牛（头）	马（匹）	羊（只）	猪（口）	总产（吨）	出售（吨）			
2015	5639	1118	69	4452	18	328	—	3227	9	2610	2088	88.2	17.5	11600
2016	5492	983	59	4450	—	489	38	4096	—	1365	1092	183.0	8.5	19210
2017	9585	861	96	8598	30	273	11	2911	12	1522	1217	144.0	7.2	2593
2018	6945	925	215	5788	17	205	2	6842	7	1571	1256	165.0	8.8	1175
2019	7215	929	164	6102	20	396	168	3917	8	1530	1224	156.0	22.3	1325
2020	9276	1021	219	8021	15	311	31	2929	4	1880	1504	181.0	27.4	1625

表 5-19　第五生产队 2011—2020 年历任行政领导名录

姓名	职务	任职时间	姓名	职务	任职时间
苏勇峰	队长	2011.01—2016.03	宋华双	副队长	2014.04—2020.12
马庆存	队长	2016.03—2018.04	张亚良	副队长	2011.01—2016.03
王建友	队长	2018.04—2019.04	李万民	副队长	2017.03—2019.04
刘爱军	队长	2019.04—2020.12	陈德	副队长	2019.04—2020.12
徐亚江	副队长	2011.01—2014.04	徐洪武	副队长	2019.04—2020.12

表 5-20　第五生产队 2011—2020 年历任党支部领导名录

姓名	职务	任职时间	姓名	职务	任职时间
潘月明	书记	2011.01—2013.01	王建鹏	书记	2016.10—2019.04
张永昌	代书记	2013.01—2016.03	李万民	副书记	2019.04—2020.12
刘彦政	书记	2016.03—2016.10			

六、第六生产队

第六生产队位于上库力农场场部西 6 千米处，施业区东邻场部地区，南与第五生产队交界，西和西南与拉布大林农牧场第七生产队、120 队毗邻，北与本场第七生产队接壤。地理位置为东经 120°17′21″—120°24′03″，北纬 50°13′08″—50°17′03″。辖区总面积 170 平方千米。G332 国道和上库力至额尔古纳市公路穿队而过，交通便利。

到 2020 年年末，全队总户数 215 户，总人口 530 人，由汉、蒙、满、达斡尔等民族居民组成，其中在岗职工 169 人。拥有大型胶轮拖拉机 11 台、中型拖拉机 16 台、免耕播种机 9 台、气吸式播种机 1 台、气吹式播种机 1 台、平播播种机 2 台、自走式割晒机 2 台、牵引式割晒机 8 台、自走式喷药机 2 台、背负式喷药机 5 台、联合收割机 13 台、装载机 2 台、挖掘机 1 台、清粮机 10 台、扒谷机 1 台、提升机 5 台、推进器 22 台、扬场机 4 台、种子精选机 1 台、输送机 9 台、配套农具 103 台件，机械总动力 4578 千瓦。建设粮食烘干设施 2 套、水泥晒场 4.1 万平方米、粮食风干仓 2 座、晾晒大棚 3 个 1.1 万平方米。耕种总面积 74400 亩，草场面积 3507 亩，农田节水灌溉面积 69000 亩，是上库力农场经营规模较大的 5 个生产队之一。

生产队在农业方面以种植小麦、大麦、油菜为主，为调整种植结构、适应市场需求，近几年增加了水飞蓟、莜麦草、甜菜、苜蓿等经济作物的种植面积。2011—2020 年，累计播种面积 685403 亩。其中小麦 296503 亩，平均亩产 203.7 千克；油菜 274053 亩，平均亩产 103.8 千克；大麦 57797 亩，平均亩产 198.8 千克。粮油总产累计 101816.4 吨。经营利润 1.76 亿元，在岗职工年平均收入 41012 元，人均年平均收入 20590 元。10 年来，累计牲畜存栏 21534 头（匹、只、口），出售牲畜 12481 头（匹、只、口），牛奶总产 8277 吨，出售商品奶 6620 吨。投资 134 万元，实施职工搬迁入住楼房 32 户，富垦职工住宅小区硬化街道 0.5 千米，建设安全饮水设施一套，解决了职工群众饮水安全问题。安装广播电视"村村通"设备 71 户，"村村响"终端一套，建设文化活动室 307 平方米，草原书屋藏书 1200 册。在生产队发展建设中，涌现出海拉尔农垦集团公司先进班组 4 个、劳动模范 2 人、金牌工人 2 人、巾帼建功标兵 2 人、工人先锋号 1 人，生产队获亩效益第 9 名、环境管护先进单位称号等荣誉，并先后获得农场综合经济效益一等奖、亩效益一等奖、经济效益突出贡献奖二等奖、生产队亩效益第二名、工作实绩三等奖、技术革新三等奖等奖项，21 个机车组获得先进机车组称号，48 名职工获得劳动模范称号。

第六生产队 2011—2020 年各方面具体情况见表 5-21 至表 5-24。

表 5-21 第六生产队 2011—2020 年农作物播种面积、产量统计表

年份		2011	2012	2013	2014	2015	2016	2017	2018	2019	2020
总播种面积（亩）		68835.0	69696.0	70234.0	73426.0	72457.0	74294.0	75723.0	64099.0	57811.0	58828.0
小麦	面积（亩）	30000.0	19920.0	23200.0	33472.0	27612.0	40051.0	32782.0	32599.0	24081.0	32786.0
	总产（吨）	5000.0	5435.0	4698.0	8848.5	7925.0	8810.0	2822.0	7385.2	3132.9	5950.0
	亩产（千克）	166.7	272.8	202.5	264.4	287.0	220.0	86.1	226.5	130.1	181.5
油菜	面积（亩）	30508.0	38200.0	34371.0	35691.0	36454.0	27690.0	38301.0	17402.0	12692.0	2744.0
	总产（吨）	3900.0	4385.0	2801.0	4205.0	5075.0	3310.0	2229.0	2250.0	1004.7	195.0
	亩产（千克）	127.8	114.8	81.5	117.8	139.2	119.5	58.2	129.3	79.2	71.1
大麦	面积（亩）	8327.0	11430.0	12441.0	4041.0	8200.0	3450.0	430.0	1725.0	2059.0	5694.0
	总产（吨）	1475.0	3190.0	2612.6	1260.0	2025.0	705.0	42.6	350.0	379.9	415.0
	亩产（千克）	177.1	279.1	210.0	311.8	247.0	204.3	99.1	202.9	184.5	72.9

（续）

年份		2011	2012	2013	2014	2015	2016	2017	2018	2019	2020
水飞蓟	面积（亩）	—	—	—	—	—	—	—	5828.0	5482.0	6360.0
	总产（吨）	—	—	—	—	—	—	—	559.0	465.8	240.0
	亩产（千克）	—	—	—	—	—	—	—	95.9	85.0	37.7
莜麦草	面积（亩）	—	—	—	—	—	—	—	592.0	3566.0	1131.0
	总产（吨）	—	—	—	—	—	—	—	118.6	499.3	95.7
	亩产（千克）	—	—	—	—	—	—	—	200.3	140.0	84.6
甜菜	面积（亩）	—	—	—	—	—	—	—	2845.0	9931.0	10113.0
	总产（吨）	—	—	—	—	—	—	—	5110.0	20263.5	22774.0
	亩产（千克）	—	—	—	—	—	—	—	1796.1	2040.4	2252.0
苜蓿	面积（亩）	—	—	—	—	—	—	3108.0	3108.0	—	—
	总产（吨）	—	—	—	—	—	—	348.2	320.5		
	亩产（千克）	—	—	—	—	—	—	112.0	103.1		
青贮玉米	面积（亩）	—	—	—	—	—	3103.0	—	—	—	—
	总产（吨）	—	—	—	—	—	2637.0				
	亩产（千克）	—	—	—	—	—	849.8				
其他	面积（亩）	—	146.0	222.0	222.0	191.0		1102.0	—	—	—
	总产（吨）	—	20.5	18.0	19.0	3.0	—	330.5			
	亩产（千克）		140.4	81.1	85.6	15.7		299.9			

表 5-22　第六生产队 2011—2020 年牧业生产情况统计表

年份	年末牲畜总数（头、匹、只、口）	其中				出售				牛奶		肉类产量（吨）	羊毛产量（吨）	年内打草（吨）
		牛（头）	马（匹）	羊（只）	猪（口）	牛（头）	马（匹）	羊（只）	猪（口）	总产（吨）	出售（吨）			
2011	1431	676	4	702	49	370	2	635	4	1200	960	63.0	1.1	592
2012	1640	527	4	1068	41	523	—	146	8	1015	812	65.6	5.0	607
2013	1960	575	3	1337	45	326	2	741	34	1160	928	95.0	5.2	100
2014	2627	865	4	1683	75	237	—	840	29	1192	953	63.0	6.4	117
2015	2233	546	4	1664	19	579	1	872	23	945	756	111.0	6.5	168
2016	2420	376	3	1948	93	317	2	446	45	890	712	74.0	4.0	980
2017	2314	147	8	1820	339	363	—	945	231	769	615	110.0	4.8	452
2018	2002	118	—	1495	389	88	10	1584	79	447	357	87.0	8.9	440
2019	1979	139	6	1453	381	30	—	1942	317	279	223	83.0	17.0	132
2020	2928	149	5	2519	255	14	3	456	237	380	304	53.0	14.0	130

表 5-23　第六生产队 2011—2020 年历任行政领导名录

姓名	职务	任职时间	姓名	职务	任职时间
王建友	队长	2011.01—2016.03	刘彦政	副队长	2011.01—2014.04
张会武	队长	2016.03—2018.04	滕海峰	副队长	2014.04—2015.06
周明俊	队长	2018.04—2020.12	白杨	副队长	2015.10—2019.04
丁忠海	副队长	2011.01—2017.04	董殿波	副队长	2020.04—2020.12
苗唤维	副队长	2017.04—2020.12			

表 5-24　第六生产队 2011—2020 年历任党支部领导名录

姓名	职务	任职时间	姓名	职务	任职时间
王建友	书记	2011.01—2011.04	李守元	书记	2016.03—2019.04
李增斌	书记	2011.04—2012.03	张建成	书记	2019.04—2020.12
王建友	书记	2012.03—2015.10	潘金龙	副书记	2011.01—2011.04
张会武	书记	2015.10—2016.03	张会武	副书记	2012.03—2015.10

七、第七生产队

第七生产队地处上库力农场西北部，距场部 12.5 千米，施业区东南与第三生产队接壤，南与第六生产队为邻，西与拉布大林农牧场花木兰生产队交界，北邻根河。地理位置为东经 120°16′06″—120°27′03″，北纬 50°16′09″—50°24′09″。上库力至根河桥的长 18.15 千米的柏油、水泥贯通队区，交通便利。

截至 2020 年年末，全队共 216 户，总人口 569 人，由汉、蒙、俄罗斯、达斡尔 4 个民族人口组成，在岗职工 97 人。耕种面积 3.95 万亩，草场面积 10200 亩。拥有国内外先进农机、农具 174 台套，其中大型拖拉机 9 台、中型拖拉机 8 台、免耕播种机 4 台、气吹式播种机 1 台、平播播种机 11 台、自走式割晒机 1 台、牵引式割晒机 8 台（含其他配套农具）、联合收割机 6 台，机械总动力 3497.8 千瓦。有标准化奶牛暖舍 4 栋，挤奶平台 1 套。牲畜存栏 3347 头（匹、只、口），出售牲畜 2034 头（匹、只、口），牛奶总产 1325 吨，打贮饲草 5060 吨。建有农田节水灌溉蓄水池 3 个共 10.7 万立方米，泵站 3 个，所有耕地基本实现节水灌溉全覆盖，增强了抵御旱灾的能力。是上库力农场以农为主，农牧结合的中型生产队。

2011—2020 年，按照以市场为导向、以提质增效为抓手的原则，生产队逐步优化种植结构和品种结构，科学合理调整产业布局，收到明显成效。累计播种面积 362310 亩。其中小麦 150646 亩，平均亩产 207.9 千克；油菜 151928 亩，平均亩产 121.5 千克；大麦

24869亩，平均亩产90.5千克；三大作物累计总产53576.7吨。2017年后，莜麦草、水飞蓟、甜菜种植面积逐步扩大，尤其是甜菜，两年内种植8630亩，总产22727.8吨，平均亩产26335.8千克，经济效益比较突出。10年来，累计经营利润1.48亿元，在岗职工年平均收入43144元，人均收入15879元。畜牧业在生产队扶持下得到稳步发展，累计饲养牲畜19917头（匹、只、口），牛奶总产15227吨，出售商品奶12186吨，增加了职工收入、改善了职工生活。职工拥有家庭轿车65辆，农用车8辆。生产队基础设施比较完备，建成标准化农具场19860平方米，有粮食烘干设施1套、风干仓2座、水泥晒场6000平方米、田间路15千米。设有垃圾箱59个，垃圾点1处，垃圾中转站1处。生产区、生活区绿化植树103077株。获得的荣誉有：海拉尔农垦集团、呼伦贝尔农垦集团公司先进班组3个，劳动模范4人次。获得农场经济效益突出贡献奖、经济效益一等奖、二等奖、亩效益二等奖、抗洪抢险先进单位称号、畜牧业管理先进单位称号、技术革新二等奖各1次；农场先进班组13个，劳动模范35人次。各级先进集体和劳动模范为农场发展建设做出了突出贡献。

第七生产队2011—2020年各方面具体情况见表5-25至表5-28。

表5-25 第七生产队2011—2020年农作物播种面积、产量统计表

	年份	2011	2012	2013	2014	2015	2016	2017	2018	2019	2020
总播种面积（亩）		34795.0	34885.0	34183.0	36337.0	36935.0	36715.0	39971.0	38116.0	37068.0	33305.0
小麦	面积（亩）	12656.0	8970.0	10041.0	15046.0	21712.0	18162.0	24608.0	12006.0	18256.0	9189.0
	总产（吨）	2175.0	2340.0	2055.0	4500.0	5752.5	3580.0	1752.8	2942.5	2852.9	1975.6
	亩产（千克）	171.9	260.9	204.7	299.1	264.9	191.1	71.2	245.1	156.3	215.0
油菜	面积（亩）	16684.0	19200.0	18429.0	20904.0	15153.0	16719.0	13385.0	12958.0	6284.0	12212.0
	总产（吨）	2425.0	2605.0	2233.5	3000.0	2375.0	1715.0	1120.4	1762.5	631.5	1099.0
	亩产（千克）	145.3	135.7	121.2	143.5	156.7	102.6	83.7	136.0	100.5	90.0
大麦	面积（亩）	5455.0	6410.0	5451.0	—	—	—	—	—	4449.0	3104.0
	总产（吨）	940.0	1495.0	1060.5	—	—	—	—	—	800.0	388.0
	亩产（千克）	172.3	233.2	194.6	—	—	—	—	—	179.8	125.0
水飞蓟	面积（亩）	—	—	—	—	—	—	—	7497.0	2850.0	2672.0
	总产（吨）	—	—	—	—	—	—	—	600.0	76.7	93.5
	亩产（千克）	—	—	—	—	—	—	—	80.0	26.9	35.0
莜麦草	面积（亩）	—	—	—	—	—	—	—	5655.0	402.0	1108.0
	总产（吨）	—	—	—	—	—	—	—	1262.7	387.5	137.4
	亩产（千克）	—	—	—	—	—	—	—	223.3	963.9	124.0

（续）

年份		2011	2012	2013	2014	2015	2016	2017	2018	2019	2020
甜菜	面积（亩）	—	—	—	—	—	—	—	—	3610.0	5020.0
	总产（吨）	—	—	—	—	—	—	—	—	9057.0	13670.8
	亩产（千克）	—	—	—	—	—	—	—	—	2508.9	2723.2
苜蓿	面积（亩）	—	—	—	—	—	—	1978.0	—	1126.0	—
	总产（吨）	—	—	—	—	—	—	140.0	—	50.0	—
	亩产（千克）	—	—	—	—	—	—	70.8	—	44.4	—
青贮玉米	面积（亩）	—	260.0	234.0	357.0	70.0	1459.0	—	—	—	—
	总产（吨）	—	333.6	380.0	65.9	25.0	925.0	—	—	—	—
	亩产（千克）	—	1283.1	1623.9	184.6	357.0	634.0	—	—	—	—
其他	面积（亩）	—	45.0	28.0	30.0	—	375.0	—	—	91.0	—
	总产（吨）	—	18.8	—	5.0	—	58.5	—	—	94.0	—
	亩产（千克）	—	417.8	—	166.7	—	156.0	—	—	1033.0	—

表 5-26　第七生产队 2011—2020 年牧业生产情况统计表

年份	年末牲畜总数（头、匹、只、口）	其中				出售				牛奶		肉类产量（吨）	羊毛产量（吨）	年内打草（吨）
		牛（头）	马（匹）	羊（只）	猪（口）	牛（头）	马（匹）	羊（只）	猪（口）	总产（吨）	出售（吨）			
2011	1295	1157	44	55	39	530	2	71	31	1800	1440	64	—	3203
2012	1245	938	46	212	49	682	12			2455	1964	70	0.9	3192
2013	1373	973	48	272	80	492	20	84	20	2040	1632	46	0.8	3375
2014	1740	1403	49	232	56	232	15	130		1784	1427	53	0.9	2300
2015	1805	1434	95	250	26	459	2	111		1503	1202	68	0.3	8160
2016	2220	1306	121	793	—	478	4			1470	1176	66	0.9	1960
2017	1830	1002	162	646	20	698	4	420		900	720	120	1.9	1500
2018	2360	1195	270	861	34	99	—	241		950	760	28		1050
2019	2702	1326	262	1101	13	186	60	1326	21	1000	805	41	4.5	840
2020	3347	1411	265	1631	40	800	182	1052		1325	1060	78	5.1	5060

表 5-27　第七生产队 2011—2020 年历任行政领导名录

姓名	职务	任职时间	姓名	职务	任职时间
孟繁国	队长	2011.01—2012.03	周桂波	队长	2018.04—2020.12
赵清波	队长	2012.03—2013.01	孙世亮	副队长	2011.01—2012.03
刘天雷	队长	2013.01—2017.03	陈德	副队长	2012.03—2019.04
周明俊	队长	2017.03—2018.05	孙世亮	副队长	2019.04—2020.12

表 5-28　第七生产队 2011—2020 年历任党支部领导名录

姓名	职务	任职时间	姓名	职务	任职时间
孟繁国	书记	2011.01—2012.03	董殿波	副书记	2011.01—2012.03
赵清波	书记	2012.03—2013.01	李万民	副书记	2012.03—2017.03
刘天雷	书记	2013.01—2016.03	冯志林	副书记	2017.03—2018.07
冯志林	书记	2018.07—2020.12			

八、第八生产队

第八生产队位于上库力农场最北端，距场部所在地 50 千米。施业区东与根河市接壤，南隔根河与第二生产队相望，西与三河马场交界，北与得耳布尔镇毗邻。地理位置为东经 $120°29'27''—120°39'10''$，北纬 $50°22'06''—50°29'27''$。

到 2020 年年底，第八生产队总户数 150 户，总人口 365 人，由汉、蒙、回、俄罗斯等民族人口组成，其中农业在岗职工 33 人，从事牧业生产的人员 135 人，耕地总面积 13490 亩，主要种植小麦、大麦、油菜三大作物。拥有晾晒棚 1 个、水泥晒场 7635 平方米、农用运输车 1 台、自走式割晒机 1 台、喷药机 1 台、联合收割机 1 台、胶轮拖拉机 3 台、链式拖拉机 2 台及配套农具，机械总动力 776.7 千瓦。草原面积 4.5 万亩，是上库力农场 9 个农业生产队中经营规模最小、畜牧业占生产比重最大的一个生产队。额尔古纳市至根河市柏油公路穿队而过，交通便利。

2011—2020 年，生产队总播种面积 129927 亩。其中小麦 59768 亩，平均亩产 186.3 千克；油菜 57795 亩，平均亩产 115.2 千克；大麦 4194 亩，平均亩产 161.3 千克。累计粮油总产 18163.9 吨，经营利润 1613 万元，在岗职工年平均收入 33667 元，人均年平均收入 14732 元。尤其是 2011 年种植油菜 5338 亩，总产 910 吨，平均亩产 170.5 千克，是海拉尔农垦集团公司所有生产队中油菜亩产量第一名，受到表彰奖励。凭借得天独厚的自然资源优势，10 年来生产队的畜牧业得到快速发展，累计饲养牲畜 124228 头（匹、只、口），其中牛 23248 头、马 3985 匹、羊 96547 只、猪 448 口。牛奶总产 34695 吨，出售商品奶 27752 吨，肉类总产 2424 吨，打贮饲草 43662 吨。畜牧业已成为第八生产队职工增收致富的主要渠道。有 10 个车组获得农场先进车组称号，10 名职工获得劳动模范称号。

第八生产队 2011—2020 年各方面具体情况见表 5-29 至表 5-32。

表 5-29 第八生产队 2011—2020 年农作物播种面积、产量统计表

年份		2011	2012	2013	2014	2015	2016	2017	2018	2019	2020
总播种面积（亩）		12129.0	12325.0	12957.0	13161.0	13913.0	13450.0	13490.0	12888.0	12723.0	12891.0
小麦	面积（亩）	5367.0	4860.0	5468.0	5174.0	6516.0	6681.0	7260.0	5295.0	6853.0	6294.0
	总产（吨）	856.5	1055.0	790.0	1211.0	1600.0	1300.0	427.5	1480.0	1181.0	988.0
	亩产（千克）	159.6	217.1	144.5	234.1	245.5	194.6	58.9	279.5	172.3	156.9
油菜	面积（亩）	5338.0	6000.0	4896.0	5211.0	6489.0	5853.0	5579.0	5962.0.0	5870.0	6597.0
	总产（吨）	910.0	845.0	550.0	853.6	800.0	525.0	329.8	770.0	505.0	510.0
	亩产（千克）	170.5	140.8	112.3	163.8	123.3	89.7	59.1	129.2	86.0	77.3
大麦	面积（亩）	1424.0	1465.0	1305.0	—	—	—	—	—	—	—
	总产（吨）	233.5	323.0	120.0	—	—	—	—	—	—	—
	亩产（千克）	164.0	220.5	92.0	—	—	—	—	—	—	—
水飞蓟	面积（亩）	—	—	132.0	400.0	—	—	—	668.0	—	—
	总产（吨）	—	—	3.75	10.4	—	—	—	4.0	—	—
	亩产（千克）	—	—	28.4	26.0	—	—	—	5.99	—	—
莜麦草	面积（亩）	—	—	—	—	—	—	651.0	—	—	—
	总产（吨）	—	—	—	—	—	—	107.9	—	—	—
	亩产（千克）	—	—	—	—	—	—	165.7	—	—	—
青贮玉米	面积（亩）	—	—	350.0	733.0	388.0	916.0	—	963.0	—	—
	总产（吨）	—	—	5.0	28.0	19.0	45.0	—	240.0	—	—
	亩产（千克）	—	—	14.3	36.2	49.0	49.1	—	249.2	—	—
其他	面积（亩）	—	—	806.0	1643.0	520.0	—	—	—	—	—
	总产（吨）	—	—	40.3	1232.0	390.0	—	—	—	—	—
	亩产（千克）	—	—	50.0	750.0	750.0	—	—	—	—	—

表 5-30 第八生产队 2011—2020 年牧业生产情况统计表

年份	年末牲畜总数（头、匹、只、口）	其中				出售				牛奶		肉类产量（吨）	羊毛产量（吨）	年内打草（吨）
		牛（头）	马（匹）	羊（只）	猪（口）	牛（头）	马（匹）	羊（只）	猪（口）	总产（吨）	出售（吨）			
2011	12431	2445	328	9628	30	424	15	1553	21	3540	2832	105	73	3289
2012	15574	2450	354	12724	46	900	77	3447	34	3797	3037	249	123	5949
2013	15941	2643	434	12818	46	777	44	4107	28	3814	3051	111	143	6804
2014	11240	2768	423	8043	6	314	34	5732	35	4641	3712	340	159	9907
2015	11811	3129	411	8265	6	1161	258	4761	4	4407	3525	237	133	7814
2016	11246	2197	336	8673	40	2186	135	4027	12	1349	1079	437	83	1604
2017	11164	1889	333	8896	46	1050	35	3520	40	3477	2781	258	62	2754
2018	10818	2222	436	8125	35	882	64	6001	15	4554	3643	223	35	3509
2019	13496	1745	438	11249	64	1587	162	1400	30	3856	3084	220	102	1052
2020	10507	1760	492	8126	129	1345	133	9783	74	1260	1008	244	95	980

表5-31 第八生产队2011—2020年历任行政领导名录

姓名	职务	任职时间	姓名	职务	任职时间
白树国	队长	2011.01—2018.04	徐喜敬	副队长	2011.01—2017.03
张会武	队长	2018.04—2018.07	孙志刚	副队长	2017.03—2020.12
宋保国	队长	2018.07—2019.04	丁忠海	副队长	2019.04—2020.12

表5-32 第八生产队2011—2020年历任党支部领导名录

姓名	职务	任职时间	姓名	职务	任职时间
胡凤文	书记	2016.03—2017.06	胡凤文	副书记	2011.01—2016.03
宋保国	书记	2017.06—2018.07	宋保国	副书记	2017.03—2017.06
张亚良	书记	2018.07—2019.04	丁忠海	副书记	2019.04—2020.12

九、伊根生产队

伊根生产队位于上库力农场最东端，距场部35千米，施业区东与根河市交界，南与上库力街道办事处前进村施业区为邻，西与第二生产队接壤，北邻根河。地理位置为东经120°45′42″—120°53′08″，北纬50°13′08″—50°17′03″。

截至2020年年末，全队总户数108户，总人口258人，由汉族、蒙古族、俄罗斯族3个民族的人口组成。在岗职工94人，其中女职工7人。耕地总面积43800亩，属黑黏土类型，保墒效果好，抗旱性比较强。拥有国内外先进机械156台件，机械总动力5711千瓦。是农场以农为主，农牧结合的中型生产队。2020年农业生产总播种面积43800亩。其中小麦18618亩，平均亩产173.5千克；油菜21670亩，平均亩产77.5千克；水飞蓟3512亩，平均亩产34.2千克。全队经营盈利80万元，在岗职工平均收入36800元，人均收入16800元，于大旱之年取得了较好的经济效益。

2011—2020年，生产队在农业生产方面突出种植结构和品种结构调整，累计完成播种面积414807亩。其中小麦192995亩，平均亩产211.4千克；油菜182693亩，平均亩产118.3千克；大麦22071亩，平均亩产199.4千克；水飞蓟9921亩，平均亩产46.5千克；青贮3401亩，平均亩产3461千克；其他3726亩。累计粮油总产68918.3吨，经营盈利9839万元，在岗职工年平均收入44221元，人均年平均收入15778元。10年间，累计饲养牲畜38589头（匹、只、口），其中牛5882头、马913匹、羊30555只、猪1239口。出售牲畜12076头（匹、只、口），牛奶总产7380吨，出售商品奶5902吨，肉类总产量1364吨，打贮饲草21773吨。有个体商业网点4个，年平均营业额108万元。广播电视"村村通"实现全覆盖。职工拥有家庭轿车 43 辆，农用车 4 辆，皮卡车 5 辆。2016 年获得农场生产队亩效益第一名，2017 年获农场工作实绩一等奖，2019 年获农场先进单位称号，2020 年获农场经济效益二等奖。14 个车组获农场先进机车组荣誉称号。

伊根生产队 2011—2020 年各方面具体情况见表 5-33 至表 5-36。

表 5-33　伊根生产队 2011—2020 年农作物播种面积、产量统计表

	年份	2011	2012	2013	2014	2015	2016	2017	2018	2019	2020
总播种面积（亩）		39400.0	39820.0	39005.0	41144.0	41053.0	42344.0	42797.0	42816.0	42628.0	43800.0
小麦	面积（亩）	16978.0	11600.0	6270.0	20554.0	21034.0	27166.0	29402.0	17539.0	23834.0	18618.0
	总产（吨）	3555.0	3100.0	1100.0	5085.0	5794.5	6771.0	5168.0	4520.0	4350.0	3230.0
	亩产（千克）	209.4	267.2	175.4	247.4	275.5	249.2	175.8	257.7	182.5	173.5
油菜	面积（亩）	17334.0	22400.0	25017.0	18959.0	17096.0	12911.0	11398.0	21865.0	14043.0	21670.0
	总产（吨）	2285.0	2800.0	2250.0	1950.0	2271.6	1575.0	1406.5	3443.5	1685.0	1680.0
	亩产（千克）	131.8	125.0	89.9	102.8	132.9	122.0	123.4	157.5	120.0	77.5
大麦	面积（亩）	5088.0	5820.0	7138.0	832.0	1812.0	389.0	—	—	992.0	—
	总产（吨）	965.0	1700.0	1400.0	215.0	455.0	28.2	—	—	135.0	—
	亩产（千克）	189.7	292.1	196.1	258.4	251.1	72.5	—	—	136.1	—
水飞蓟	面积（亩）	—	—	—	—	—	—	—	2650.0	3759.0	3512.0
	总产（吨）	—	—	—	—	—	—	—	110.0	240.0	120.0
	亩产（千克）	—	—	—	—	—	—	—	41.5	63.8	34.2
青贮玉米	面积（亩）	—	—	580.0	799.0	1111.0	911.0	—	—	—	—
	总产（吨）	—	—	278.0	315.0	465.0	402.0	—	—	—	—
	亩产（千克）	—	—	479.3	394.2	418.5	441.3	—	—	—	—
其他	面积（亩）	—	—	—	—	—	967.0	1997.0	762.0	—	—
	总产（吨）	—	—	—	—	—	611.0	826.0	431.0	—	—
	亩产（千克）	—	—	—	—	—	631.9	413.6	565.6	—	—

表 5-34　伊根生产队 2011—2020 年牧业生产情况统计表

年份	年末牲畜总数（头、匹、只、口）	其中				出售				牛奶		肉类产量（吨）	羊毛产量（吨）	年内打草（吨）
		牛（头）	马（匹）	羊（只）	猪（口）	牛（头）	马（匹）	羊（只）	猪（口）	总产（吨）	出售（吨）			
2011	1617	492	62	1051	12	246	36	509	36	579	463	109	2.0	2191
2012	2481	571	51	1807	52	326	9	341	14	564	451	40	3.5	2354
2013	2183	446	58	1677	2	243	5	23	4	700	560	127	8.0	2709
2014	3017	456	53	2508	—	67		650	—	689	551	176	14.0	3708
2015	3112	421	62	2612	17	198	6	671	16	500	400	186	15.0	2700
2016	6068	851	99	5111	7	135	3	406	3	612	489	190	14.0	2715

（续）

年份	年末牲畜总数（头、匹、只、口）	其中				出售				牛奶		肉类产量（吨）	羊毛产量（吨）	年内打草（吨）
		牛（头）	马（匹）	羊（只）	猪（口）	牛（头）	马（匹）	羊（只）	猪（口）	总产（吨）	出售（吨）			
2017	7166	556	174	5977	459	416	46	2062	10	890	712	172	18.0	1860
2018	3820	647	149	2753	271	134	17	2924	48	920	736	181	19.5	1756
2019	4267	668	92	3251	256	127	86	854	14	978	782	101	8.0	860
2020	4858	774	113	3808	163	87	18	1210	76	948	758	82	11.0	920

表 5-35 伊根生产队 2011—2020 年历任行政领导名录

姓名	职务	任职时间	姓名	职务	任职时间
耿祥瑞	队长	2011.01—2015.10	白杨	副队长	2019.04—2020.12
刘爱军	队长	2015.10—2017.03	滕海峰	副队长	2011.01—2012.03
杨玉岐	队长	2017.03—2020.12	刘东旗	副队长	2012.03—2018.07
宋华双	副队长	2011.01—2014.03	刘俊鹏	副队长	2018.07—2019.04
徐亚江	副队长	2014.03—2019.04			

表 5-36 伊根生产队 2011—2020 年历任党支部领导名录

姓名	职务	任职时间	姓名	职务	任职时间
耿祥瑞	书记	2011.01—2015.10	董其盟	书记	2018.04—2019.04
刘爱军	书记	2015.10—2016.03	宋保国	书记	2019.04—2020.12
徐喜龙	书记	2016.03—2018.04	徐喜龙	副书记	2011.01—2016.03

第二节 直属单位

一、农业科技试验站

农业科技试验站位于场部地区南 1 千米处，是以开展农业科技试验示范、优良品种引进繁育推广、农业技术指导、测土配方为主要工作内容的科级服务单位。2017 年以前名称为农林科技试验站，2017 年机构调整将林业工作划出，现名称为农业科技试验站。

截至 2020 年年末，农业科技试验站总户数 30 户，总人口 86 人，由汉族和俄罗斯族人口组成。在岗职工 18 人，其中农业技术员 4 人。拥有农业科技试验小区小型机械 3 台，测土配方土壤化验设备 1 套。

2011—2020 年，试验站在试验小区完成国家级小麦、油菜、胡麻、大麦生产及区域试验示范项目 40 项；自治区级小麦、油菜、大麦区域试验，生产试验，对比试验，以及密度、播期、鉴定等试验示范项目72项；额尔古纳市级小麦、油菜、马铃薯试验示范项目13项；农场开展的小麦品质比较，土壤调理剂，小麦杀菌剂拌种，小麦化肥对比，大麦密度、播期、根腐病药剂筛选、异地鉴定、品种对比，油菜品种对比、药剂拌种、播种密度，甜菜纸筒育苗等一系列试验示范项目52项，大田试验示范小麦新品54个。同时，还对水飞蓟、早熟玉米、大豆引种、油葵、贝贝南瓜、马铃薯等进行区域试验，取得了多项科技成果。尤其在小麦品种的试验繁育推广上取得了突出成效，良种推广范围逐步扩大，推广克春8号、龙辐K508、克1370、鉴84、龙垦401、龙麦60、九三14-9045、龙辐10-527、克12038等小麦品种30个。根据大田种植试验结果，选择出适合本场气候特点、抗旱抗病性较强、丰产性较好的小麦品种为主栽品种，彻底改变了以往农场没有主栽品种的被动局面，形成了引进繁育、试验、推广科级服务体系。10年来，共向8个生产队推广优良品种148185千克，为农场农业丰产丰收奠定了基础。2019年获得农场小麦新品种推广奖，受到表彰奖励。

农业科技试验站2011—2020年历任行政党支部领导名录见表5-37、表5-38。

表5-37 农业科技试验站2011—2020年历任行政领导名录

姓名	职务	任职时间	姓名	职务	任职时间
卢振德	站长	2011.01—2016.03	李世岭	站长	2017.03—2020.12
陈文学	站长	2016.03—2017.03	徐洪武	副站长	2016.03—2017.02

表5-38 农业科技试验站2011—2020年历任党支部领导名录

姓名	职务	任职时间	姓名	职务	任职时间
陈文学	书记	2011.01—2017.03	李万华	书记	2019.04—2020.12
张建成	书记	2017.03—2019.04			

二、林草工作站

林草工作站位于场部地区，2011—2016年名称为农林科技试验站。2017年，农场机构调整，将林业工作从农林科技试验站分离，成立林草工作站。它是集树苗繁育、苗圃管护、植树造林、苗木销售于一体的科级服务单位。

到2020年年末，全站总户数17户，总人口49人，由蒙、汉、满、俄罗斯4个民族人口组成。在岗职工21人，其中女职工14人。有链轨拖拉机、植树机等机械设备8台，树苗繁育基地3处，总面积560亩。

2017年，林草工作站成立当年，为改善生态环境、扩大林产业规模，在原有东山苗圃的基础上，又在第三生产队办公室北侧新建 300 亩园林苗木基地，修筑环形砂石路 2000 延米，架设网围栏 2700 延米，建设树苗条窖 50 平方米，建设彩钢钢构仓库 360 平方米，覆膜铺设滴灌水管 11 万延米。引进种植王族海棠、红火榆叶梅、紫叶稠李等 15 种观赏树 446900 株，种植葱兰、玉簪等草本植物 20 余万株，移植云杉等 5 万株，完成"三北"防护林补植杨树 2000 亩。

2018 年，农场又在老屯区南部第四生产队牛场附近划拨 160 亩耕地，建设苗圃一处，育杨树苗 40 万株，试验扦插银中杨树苗 10 万株，引进栽植桦树苗、暴马丁香等绿化树种 2.7 万株，补植更新林带 2000 亩，新增恢复植被造林 800 亩。

2011—2020 年，林草工作站对云杉、樟子松、糖槭、榆叶梅、丁香、黄槐、稠李子、接骨木、枸杞等 12 种树木进行树苗育种，合计育种 1945800 株，成活率 87%。插条 300 万株，其中中东杨 180 万株、小城黑 120 万株。四旁植树 7.9 万株，荒山荒地造林 800 亩，营造农田防护林 6000 亩，其他林 10800 亩，成活率 85%。截至 2020 年年末，3 处苗圃累计拥有樟子松、银中杨、糖槭、云杉、本地杨等乔木 1830010 株，高接金叶榆，小叶丁香，卫茅，黄槐，榆叶梅等 9 个灌木树种 188000 株，四季玫瑰、刺玫果等 4 种花灌木 4 万株，葱兰、玉簪等 3 种草本植物 10 万株。林草工作站为改善生态环境、绿化家园所需树苗提供了保障。

林草工作站 2011—2020 年历任行政、党支部领导名录见表 5-39、表 5-40。

表 5-39　林草工作站 2011—2020 年历任行政领导名录

姓名	职务	任职时间	姓名	职务	任职时间
陈文学	站长	2017.03—2020.12	徐喜龙	副站长	2018.04—2020.12

表 5-40　林草工作站 2011—2020 年历任党支部领导名录

姓名	职务	任职时间	姓名	职务	任职时间
张建成	书记	2017.03—2018.04	于建涛	书记	2019.04—2020.12
徐喜龙	书记	2018.04—2019.04			

三、供电所

供电所是以保证上库力地区职工群众生产、生活安全供电，维护供电线路、设施，架设供电线路，收缴电费为主要工作内容的场直服务单位之一。

截至 2020 年年末，供电所总户数 76 户，总人口 152 人，由汉、蒙、俄罗斯、回 4 个民族人口组成。在岗职工 18 人。办公室面积 400 平方米。供电管理与输电设施有 10 千伏输电线路 300 千米、低压 0.4 千伏以下输电线路 210 千米、变压器 126 台，总容量 5540 千伏安，供电用户 4040 户。5 个生产队的农田水利供电设施包括变压器 231 台，总容量 36323 千伏安；架空线路 130 千米，高压电缆 100 千米，低压电缆 276 千米。

2011—2020 年，供电所为加强用电管理和安全供电，实施小组包线路、个人包变压器的承包管理模式，把线损指标核定落实到 2 个班组，责任到人，线损考核指标与职工工资收入挂钩，奖惩分明，用制度管电，用制度管人，用制度规范工作行为，调动了职工岗位积极性。逐步完善供电"一条龙"服务措施，秉承"只需您一个电话，其余工作由我来做"和"优质、方便、高效、规范、真诚"的服务宗旨，责任意识和服务质量明显提高。10 年来，在完成正常的管电、安全供电工作的同时，累计改造 7 个农业生产队的麦场供电线路 9 千米，更换住户家中老化线路 300 户，安装、维修路灯 182 盏，架设 10KV 输电线路 62.3 千米，铺设电缆 26 千米，安装变压器 25 台，处理雷击线路 31 处，检修高压输电线路 2230 千米，维护保养变压器 140 台（次），保证了农场农牧业生产和居民住户安全供电。除此之外，受农场委托，2017 年、2018 年供电所还承担了惠泽嘉园 1080 户职工住宅的小区物业管理工作。针对以往物业小区存在的管理问题，供电所从建立规章制度着手，制定了小区树木、草坪、楼道、街道及环境卫生管理措施，坚持为住户着想、为大家服务的理念，开展了一系列不留死角、不留盲区的物业管理和小区环境整治工作，物业服务人员的责任意识、服务质量明显提高，小区秩序、环境卫生情况得到较大改善，受到小区住户的一致好评。

供电所 2011—2020 年历任行政、党支部领导名录见表 5-41、表 5-42。

表 5-41　供电所 2011—2020 年历任行政领导名录

姓名	职务	任职时间	姓名	职务	任职时间
孟繁杰	所长	2011.01—2020.12	刘凤文	副所长	2017.03—2020.12
郭庆河	副所长	2012.03—2017.06			

表 5-42　供电所 2011—2020 年历任党支部领导名录

姓名	职务	任职时间	姓名	职务	任职时间
郭庆河	副书记	2011.01—2017.07	郭庆河	书记	2017.06—2020.12

四、物资科

物资科位于农场场部，是负责农场农用物资、生产资料采购、管理、供应的科级服务单位。2011—2015 年名称为物资科。2016 年，物资科与销售科合并成立供销部。2019 年供售部撤销，物资科恢复原建制名称。

到 2020 年年末，物资科总户数 24 户，总人口 56 人，由汉族和俄罗斯 2 个民族人口构成。在岗职工 17 人，单位占地面积 5000 平方米，库房面积 1010 平方米。

2011—2020 年，物资科从建立健全各项规章制度抓起，实行采购有计划、审批有流程、供应有标准、消耗有定额、入库有验收、领发有签字的物资管理办法，先后制定并执行《物资管理制度》《物资采购制度》《物资采购审批制度》《物资分配领发制度》《库存物资清仓查库制度》，规范了工作程序，使物资采购、供应、管理均上了标准化、正规化轨道。10 年来，物资科累计采购化肥 104791 吨、农药 2482 吨、主燃油 18652 吨、副燃油 537 吨，合计价值 4.92 亿元；采购机械零配件及其他物资 5317 万元。同时，物资科全体职工承担了零散物资及零配件卸货任务，10 年间累计卸货 778 车、10480 吨。为了进一步加强物资管理，农场《生产经营管理责任制方案》明确规定，严禁各单位擅自采购物资，尤其是机车零配件。物资科在物资管理上，实行"归类摆放、物卡相符、定位管理、责任到人"的管理办法。从 2016 年开始，将原来一年一次的年终清仓查库、物资盘点改为一年两次，有效控制了物资积压，加快了资金周转。

2011—2020 年物资科各项情况见表 5-43 至表 5-48。

表 5-43　2020 年农药采购、发放、库存统计表

物料名称	期初库存（千克）	采购数量（千克）	金额（元）	发放数量（千克）	期末库存（千克）
毒·辛颗粒剂 5%	0.00	33000.00	241560.00	33000.00	0.00
毒·辛颗粒剂 6%	0.00	24860.00	186698.60	24860.00	0.00
多·福·克	50.00	0.00	0.00	0.00	50.00
戊唑·福美双	0.00	2530.00	164956.00	2530.00	0.00
戊唑·福美双	0.00	3432.00	222016.08	3432.00	0.00
多唑·甲哌鎓	0.00	3175.00	171323.00	3175.00	0.00
噻虫嗪	0.00	1140.00	102907.80	1140.00	0.00
噁霉灵	0.00	1200.00	81720.00	1200.00	0.00
腐霉·多菌灵	0.00	8000.00	762320.00	8000.00	0.00
唑醚·戊唑醇	0.00	58.00	16870.46	58.00	0.00
戊唑·噻森铜	0.00	3050.00	489464.00	3050.00	0.00
吡唑·甲硫灵	0.00	116.00	23269.60	116.00	0.00
吡虫啉（高巧）	0.00	1140.00	165801.60	1140.00	0.00
噻虫嗪（锐胜）	0.00	500.00	285855.00	500.00	0.00
氟硅唑（福星）	10.00	11.55	11584.65	11.55	10.00
咯菌腈（适乐时）	0.00	480.00	94363.20	480.00	0.00
甲霜·种菌唑（顶苗新）	0.00	160.00	55846.40	160.00	0.00
姜锈·福美双（卫福）	0.00	860.00	107732.20	860.00	0.00

（续）

物料名称	期初库存（千克）	采购数量（千克）	金额（元）	发放数量（千克）	期末库存（千克）
氨氯·二氯吡 28.6%	0.00	200.00	49548.00	200.00	0.00
氨氯·二氯吡 30%	0.00	8880.00	979730.40	8880.00	0.00
二氯吡啶酸 30%	0.00	2100.00	247485.00	2100.00	0.00
二氯吡啶酸 75%	175.00	1000.00	175530.00	1175.00	0.00
草除灵	0.00	340.00	67180.60	340.00	0.00
敌草快	0.00	3499.20	129855.31	3499.20	0.00
氟磺胺草醚	0.00	5.60	213.42	5.60	0.00
高效氟吡甲禾灵 28%	0.00	700.00	153055.00	700.00	0.00
高效氟吡甲禾灵 108 g/L	0.00	636.00	39870.84	636.00	0.00
麦草畏	0.00	3100.00	463295.00	3100.00	0.00
噻吩磺隆	0.00	4326.00	340629.24	4326.00	0.00
甜菜宁	0.00	2860.00	200228.60	2860.00	0.00
甜菜安·宁	0.00	37629.60	2340184.82	37629.60	0.00
安·宁·乙呋黄	0.00	26063.00	2167138.45	26063.00	0.00
烯草酮	3111.00	11450.00	594942.00	14012.00	549.00
烟嘧·莠去津	0.00	10.00	451.40	10.00	0.00
精异丙甲草胺（金都尔）	0.00	120.00	15045.60	120.00	0.00
2.4-滴二甲胺盐	0.00	10215.00	286735.05	10215.00	0.00
2.4-滴异辛酯	0.00	360.00	17658.00	360.00	0.00
草甘膦钾盐	220.00	0.00	0.00	220.00	0.00
草甘膦异丙胺盐	110.00	170380.00	2255831.20	170490.00	0.00
精喹禾灵	0.00	3600.00	270828.00	3600.00	0.00
炔草酯	0.00	9610.00	530183.70	9610.00	0.00
氯虫苯甲酰胺	0.00	507.00	302572.53	507.00	0.00
高效氯氟氰菊酯	0.00	7500.00	173025.00	7500.00	0.00
氯氰·毒死蜱	0.00	6500.00	453115.00	6500.00	0.00
甲维·杀虫单	0.00	8500.00	613870.00	8500.00	0.00
毒死蜱·辛硫磷	0.00	32000.00	314560.00	32000.00	0.00
阿维·毒死蜱	0.00	375.00	75225.00	375.00	0.00
虱螨脲	0.00	504.00	37658.88	504.00	0.00
哒螨灵·噻虫胺	0.00	1002.00	150249.90	1002.00	0.00
芸苔素内酯 0.004%	0.00	1550.00	248744.00	1550.00	0.00
芸苔素内酯 0.01%	0.00	750.00	120360.00	750.00	0.00
有机硅助剂	0.00	2004.00	180901.08	2004.00	0.00
倍倍加（超支化脂肪胺改性聚合物）	0.00	3306.00	662853.00	3306.00	0.00
农用植物油助剂	0.00	3276.00	321998.04	3276.00	0.00
增效剂	600.00	0.00	0.00	475.00	125.00
合计	4276.00	448570.95	18165040.65	452112.95	734.00

表 5-44　2020 年化肥、微肥采购、发放、库存统计表

物料名称	期初库存	采购数量（千克）	金额（元）	发放数量（千克）	期末库存（千克）
大颗粒尿素 46%	0.00	2300000	4372460.00	2300000	0.00
磷酸二铵 64%	0.00	6247000	16185766.00	6247000	0.00
小颗粒尿素 46%	0.00	37000	64676.00	37000	0.00
硫酸钾 50%	0.00	696000	1956490.00	696000	0.00
复合肥 48%	0.00	600000	2183444.00	600000	0.00
颗粒基施硼	0.00	67000	537340.00	67000	0.00
基施锌肥	0.00	9700	136188.00	9700	0.00
富利金硼	0.00	3810	198729.60	3810	0.00
富利硼锌	0.00	4400	308924.00	4400	0.00
艾德拉	0.00	1992	45955.44	1992	0.00
禾稼欢乐	0.00	2000	196580.00	2000	0.00
施必丰	0.00	4000	104320.00	4000	0.00
喷施宝	0.00	5000	326000.00	5000	0.00
EV 增产菌	0.00	580	24319.40	580	0.00
液态硅肥	0.00	1120	96387.20	1120	0.00
液态氮	1750.00	0	0.00	0	1750.00
磷酸二氢钾	0.00	50000	479000.00	50000	0.00
硫酸钾钙镁	0.00	32000	102720.00	32000	0.00
合计	1750.00	10061602	27319299.64	10061602	1750.00

表 5-45　物资科 2020 年分配全场油料、库存情况统计表

单位：千克

单位	主燃油分配	副燃油分配					库存	
		汽油	机油	黄油	齿轮油	液压油	主燃油	副燃油
第一生产队	53107	635	287.0	122	194.4	135	26430	997.3
第二生产队	171620	1270	1604.6	512	749.4	1530	41771	5106.2
第三生产队	261259	722	1571.0	386	629.4	2920	93024	1920.4
第四生产队	184566	560	1912.6	440	402.6	1815	57023	2575.4
第五生产队	164672	590	2180.8	240	535.4	2400	52095	2560.7
第六生产队	218331	702	1899.6	474	243.0	915	52705	2500.0
第七生产队	127461	977	825.0	217	194.4	741	68403	1334.0
第八生产队	18053	572	645.0	100	162.0	360	8673	1401.0
伊根生产队	93702	561	1587.0	312	324.0	2115	35121	2257.8
合计	1292771	6589	12512.6	2803	3434.6	12931	435245	20652.8

表 5-46　物资科 2020 年油料采购、库存情况统计表

单位：千克

单位	主燃油（柴油）	副燃油					库存	
		汽油	机油	黄油	齿轮油	液压油	主燃油	副燃油
物资科	1296000	8000	14702.6	3504	3525.6	17852	14414	10680

表 5-47 物资科（供销部）2011—2020 年历任行政领导名录

姓名	职务	任职时间	姓名	职务	任职时间
孟繁强	科长	2011.01—2016.06	蔡海军	副部长	2016.06—2019.04
张海友	部长	2016.06—2019.04	蔡海军	副科长	2019.04—2020.12
张海友	科长	2019.04—2020.12			

表 5-48 物资科（供销部）2011—2020 年历任党支部领导名录

姓名	职务	任职时间	姓名	职务	任职时间
李万华	书记	2011.01—2012.03	于兴航	书记	2012.03—2020.12

五、畜牧兽医综合服务站

畜牧兽医综合服务站位于农场场部，是集牲畜疫情防控、防检疫、疾病治疗、育种改良为一体的畜牧业生产服务单位。2017 年 2 月之前在老屯区原物资科院内办公，2017 年 3 月办公室搬迁至原场部办公楼 3 楼。

截至 2020 年年末，全站总户数 19 户，总人口 42 人。在岗职工 12 人，其中党支部书记兼站长 1 人，副书记 1 人，副站长 1 人，财务人员 2 人，保管员 1 人，兽医 5 人，育种员 1 人；中专以上学历 11 人；专业副高级职称 1 人，中级职称 5 人，初级职称 3 人。

2011—2020 年，畜牧兽医综合服务站主要负责上库力农场场部地区及周边 24 个牧业点的动物疫情防控、牲畜防检疫、育种改良、疾病治疗及场部地区草场承包费收缴工作。服务站结合地区实际情况，建立健全各项牲畜疫情防控和防检疫规章制度，制定并落实春、秋两季不同的防疫措施，春季防疫对牛进行口蹄疫 A 型、双价苗（O 型、亚洲 I 型）、三价苗（O 型、亚洲 I 型、A 型）的防疫注射和炭疽苗防疫注射；对马进行炭疽疫苗注射；对羊进行口蹄疫、小反刍兽疫、羊三联、羊痘、炭疽疫苗防疫注射；对猪进行口蹄疫、蓝耳病、猪瘟、猪丹毒、猪肺疫、仔猪副伤寒疫苗的免疫注射。对家禽进行禽流感防疫。秋季防疫对牛口蹄疫、布鲁氏菌病进行防疫并注射驱虫药剂；对羊进行口蹄疫疫苗注射并口服布病疫苗；对猪进行口蹄疫、蓝耳病、猪瘟、猪丹毒防疫；对犬进行狂犬病疫苗注射并投服驱虫药物；对禽类进行禽流感疫苗注射。特殊时期，还要进行牲畜加强免疫注射工作。在服务站分管的辖区内，防检疫密度实现无死角、全覆盖。由于工作流程科学、防疫措施得当、防疫密度把控严格，10 年来农场未发生牲畜重大疫情疫病。在畜牧业转型发展过程中，服务站注重畜牧兽医、育种员技术培训，每年都举办不同形式、不同内容的业务技术培训班，畜牧兽医、育种员的技术水平和工作能力得到明显提高，为服务畜牧业发展奠定了基础。同时，服务站加大向养畜户宣传现代科学饲养管理知识和动物传染病危害的力度，为畜牧业健康发展做出了贡献。

2011—2020年畜牧兽医综合服务站各方面情况见表5-49至表5-51。

表 5-49　畜牧兽医综合服务站设备明细表

单位：万元

序号	设备名称	型号	单价	数量	金额
1	酶标仪	雷杜 RT-6000	1.5500	1 台	1.5500
2	自动酶标洗板机	雷杜 RT-3000	1.1500	1 台	1.1500
3	酸度计	PHSJ-3F	0.1960	2 台	0.3920
4	电子天平（万分之一）	AR2140	0.5950	1 台	0.5950
5	普通天平	SPS2001F	0.1120	3 台	0.3360
6	生物显微镜	宙山 2XC	0.1680	3 台	0.5040
7	检测显微镜	宙山 ZCM-700	0.6125	1 台	0.6125
8	体视显微镜	XTL-3400E	0.6500	1 台	0.6500
9	台式高速离心机	TGL-18G-C	0.3400	1 台	0.3400
10	普通离心机	80-2B	0.0480	1 台	0.0480
11	恒温培养箱	DHP-9082	0.1800	1 台	0.1800
12	消毒液机	MC618-8B	0.2100	3 台	0.6300
13	恒温水浴锅	HH-4	0.0500	1 台	0.0500
14	蒸馏器	S2-96	0.1400	1 台	0.1400
15	自动菌落计数器	XK97-A	0.0480	1 台	0.0480
16	振荡器	HY-2A	0.1000	1 台	0.1000
17	恒温磁力搅拌器	85-2A	0.0650	1 台	0.0650
18	干燥箱	DAG-9036A	0.2100	1 台	0.2100
19	中、小动物解剖台	TB-JPT-1	0.3200	1 台	0.3200
20	大、中动物解剖器具	TB-JP-28	0.0500	1 台	0.0500
21	大容量培养箱	SHP-250	0.5300	1 台	0.5300
22	单道可调微量加样器	芬兰 DRAGON	0.1200	2 台	0.2400
23	多道可调微量加样器	芬兰 DRAGON	0.3800	2 台	0.7600
24	高速组织匀浆机	FSA-2	0.2200	1 台	0.2200
25	疫苗真空检测仪	76-1 型	0.0450	2 台	0.0900
26	保温防疫箱	通宝	0.0220	4 台	0.0880
27	兽医出诊箱	通宝	0.0280	1 台	0.0280
28	冰箱（160 升）	美菱 BCD-1692M2	0.1770	3 台	0.5310
29	便携式兽用 B 超仪	50STVTNga	9.0000	1 台	9.0000
30	投影仪	松下 PT-UX70	1.7850	1 台	1.7850
31	影碟机	松下 623	0.0900	1 台	0.0900
32	扫描仪	中晶 4180	0.1050	1 台	0.1050

（续）

序号	设备名称	型号	单价	数量	金额
33	仪器柜	TB-YBG-18	0.1800	7台	1.2600
34	高压灭菌锅	TB-YQG-18	0.1200	1台	0.1200
35	大、中动物解剖器具	TB-Jp-28	0.0500	5套	0.2500
36	中央试验台	TB-syt-24	1.6000	1台	1.6000
37	超净工作台	TB-JG-2	0.4500	1台	0.4500
38	生物安全柜	TB-AQG-1	2.3000	1台	2.3000
39	血细胞分析仪	BC-2800Ve	5.1000	1台	5.1000
40	U盘	—	0.0288	1个	0.0288
41	推车式高压喷雾机	DA-300	额尔古纳市农牧局配发	1台	—
42	双制冷车载冷暖箱	F-W12SA	集团公司配发	8台	—

表 5-50　畜牧兽医综合服务站 2011—2020 年历任行政领导名录

姓名	职务	任职时间	姓名	职务	任职时间
韩业谦	站长	2011.01—2020.12	董殿军	副站长	2011.01—2020.12

表 5-51　畜牧兽医综合服务站 2011—2020 年历任党支部领导名录

姓名	职务	任职时间	姓名	职务	任职时间
韩业谦	书记	2011.01—2020.12	李军	副书记	2017.03—2020.12

六、有机肥厂

有机肥厂是在 2015 年农场全场基本实现人畜分离，且千头生态牧场已投入使用，牲畜粪污集中堆放开始影响环境的背景下建立的，建设时向内蒙古自治区申请列入 2015 年额尔古纳市畜禽粪污综合利用示范项目。有机肥厂于 2016 年开工建设，2017 年竣工并进行试生产。

有机肥厂建设地位于千头生态牧场东侧，距场部 3.5 千米，远离村屯，总占地面积 4 万平方米，规划设计处理粪污能力 2 万立方米。在试生产期间，年处理粪污量控制在 3500 立方米以内。2019 年，结合地方专项资金，农场对有机肥厂进行二期扩建。有机肥厂经一、二期工程建设，完成总投资 943 万元，其中利用项目资金 630 万元、企业自筹资金 313 万元。完成生产场地硬化 7400 平方米，建设堆肥槽 5 个、陈化槽 4 个，配套德国 UTV 生产设备 5 套，进口戈尔膜 6 块、卷膜机 1 台，建设库房一座 200 平方米，配置翻抛机 1 台。在生产过程中，装载机、运输车、洒水车等机械从生产队调用。

有机肥厂的主要功能为处理粪污并生产有机肥。其采用国外先进的设备与工艺，利用德国原装进口 UTV 戈尔膜覆盖技术，具体工作流程如下：把粪污与农作物秸秆混拌均匀后，将水分控制在 60%～70%、C/N 调整至 25%～30%，将混合物放进堆肥槽集中进行好氧发酵，并将温度升到 65℃以上保持 4 周，然后进行倒堆，继续升温并再保持 4 周。陈化 3 个月后，再进行粉碎、晾晒、筛分。与其他菌剂、发酵罐、厌氧发酵处理技术比较，戈尔膜覆盖好氧堆肥的处理能力强，一次性处理粪污量大，在生产过程中不会对环境造成二次污染，特别是发酵过程中产生的氨气不会挥发到空气中，产生的粪液也能全部进行回收，用于生产植物叶面肥料。在粪污发酵过程中，不需要添加任何菌剂增加肥料成本，生产过程全部集约化、自动化，对温度、通风时间等生产要素能随时监控，符合本地区生产集约化程度高的特点。

有机肥厂自投入生产 4 年来，累计处理粪污 14000 立方米，生产有机肥 5500 吨，其中有 4500 吨已投放田间以改良土壤。这为逐步扩大绿色有机农作物种植面积提供了有力支撑。

有机肥厂 2011—2020 年历任行政、党支部领导名录见表 5-52、表 5-53。

表 5-52　有机肥厂 2011—2020 年历任行政领导名录

姓名	职务	任职时间	姓名	职务	任职时间
李世岭	厂长	2017.03—2019.04	董其盟	副厂长	2017.03—2018.04
王建鹏	厂长	2019.04—2020.12	耿祥瑞	副厂长	2017.03—2019.04

表 5-53　有机肥厂 2011—2020 年历任党支部领导名录

姓名	职务	任职时间
张建成	书记	2017.03—2019.04

七、职工医院

职工医院位于农场老屯区中心地带，距农场场部 2.5 千米，是为上库力地区和全场职工群众开展疾病诊治、卫生防疫、妇幼保健、卫生健康科普知识宣传教育的医疗卫生服务单位。2019 年 1 月 1 日从农场序列中剥离，归属地方政府管理。

截至 2018 年年末，职工医院总户数 38 户，总人口 81 人，由汉、蒙、回、满 4 个民族人口组成。在岗职工 28 人，其中大专以上学历 15 人，副主任医师 1 人，医师 4 人，助理医师 3 人，护师 3 人，护士 3 人。职工医院占地面积 3558 平方米，门诊部 495 平方米，住院部 350 平方米，住院床位 12 张，库房 300 平方米。有医疗设备 11 台（件）。

2011—2018年，在圆满完成卫生防疫、计划生育、卫生健康知识普及工作的同时，职工医院接治门诊患者38360人次，收治住院患者783人次，治愈率94.6%。计划免疫口服脊髓灰质炎减毒疫苗糖丸、百白破疫苗、卡介苗、麻疹疫苗、乙肝疫苗建卡数、接种人数、接种率均达到100%。

2011—2020年职工医院历任行政、党支部领导名录见表5-54、表5-55。

表5-54 职工医院2011—2020年历任行政领导名录

姓名	职务	任职时间	姓名	职务	任职时间
张静波	院长	2011.01—2012.03	赵彩霞	副院长	2011.01—2012.03
赵彩霞	院长	2012.03—2016.03	孔宪军	副院长	2012.03—2013.05
张静波	院长	2016.03—2017.01	苗翠海	副院长	2017.01—2018.07
苗翠海	院长	2018.07—2019.04	张群	副院长	2018.07—2019.04

表5-55 职工医院2011—2020年历任党支部领导名录

姓名	职务	任职时间	姓名	职务	任职时间
赵彩霞	副书记	2011.01—2012.03	高美艳	副书记	2017.03—2018.07
张静波	书记	2012.03—2017.01	高美艳	书记	2018.07—2019.04
高云宝	副书记	2012.11—2019.04			

第六章　企业管理

2011 年至 2020 年，上库力农场人力资源管理取得长足进步，经营管理制度化、精细化、专业化。

第一节　组织管理

一、管理架构

上库力农场（分公司）在行政工作方面实行场长（总经理）负责制，场长（总经理）主持农场行政全面工作。设副总经理，负责行政具体工作。农场行政管理架构见图 6-1。

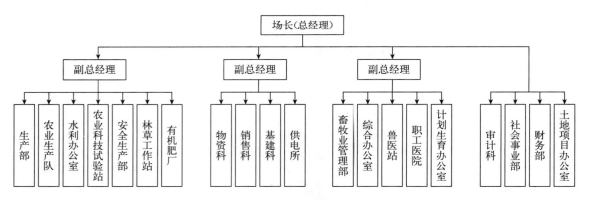

图 6-1　上库力农场行政管理架构图

二、人力资源管理

（一）职务分析

2020 年，上库力农场有正处级领导干部 2 人（党委书记、总经理），副处级领导干部 6 人（副总经理 4 人、纪委书记 1 人、工会主席 1 人）。副处级以上干部中，研究生学历 1 人、本科学历 2 人、大学学历 4 人、大专学历 1 人。正科级干部 45 人，副科级干部 28

人，畜牧业技术干部 19 人，一般干部 75 人。合计全场干部总数 175 人。其中研究生学历 2 人，本科学历 1 人，大学学历 44 人，大专以上学历 104 人，中专及以下学历 16 人；高级职称 16 人，中级职称 38 人，初级职称 55 人，无职称 66 人。科级及以下干部中，女干部 33 人，少数民族干部 21 人。全场干部中年龄 50 岁以上的 70 人，40~49 岁的 39 人，30~39 岁的 61 人，30 岁以下的 5 人。全场在岗非干部职工 1137 人，其中女性 135 人。在岗职工中，本科学历的 3 人、大专学历的 145 人，合计占总人数的 13.0%；中专学历的 377 人，占总人数的 33.2%；高中学历的 321 人，占总人数的 28.2%；初中及以下学历的 291 人，占总人数的 25.6%。

（二）人力资源规划

自 2011 年起，随着企业退休人员逐年离开岗位，全场在岗职工人数呈下降趋势，年龄结构趋于年轻化，知识水平逐年上升。通过场内培训、函授学习、外出培训等培养方式，职工知识技能普遍提高，基本适应农场发展需求。但随着农业机械的更新换代、世界先进机械的不断购入以及先进农艺的发展更新，农场对职工的综合知识水平的要求不断提高，尤其对技术人才有迫切的需求。

1. 农场人才工作规划目标　农场人力资源中长期目标是于 2015 年培养机务专业技术人才 30 人、农艺技术人才 30 人、企业中层管理人员 10 人；于 2020 年，使农场拥有农艺、农机技术人才各 100 人，每个农业生产单位高技术人才数不少于 10 人。同时加强场内培训力度，提高整体职工素质，以适应科学技术飞速发展的要求。

2. 主要做法

① 培养后备干部牢固树立正确的世界观、人生观、价值观，将弘扬爱国主义、集体主义和社会主义思想融入人才工作全过程。

② 鼓励职工在岗自学和函授学习，并与院校合作委托培养，支持职工带薪全日制学习；提高职工整体素质。积极参加自治区或国家组织的各项技能大赛，以此选拔技术人才，充实到农场管理团队，以点带面，树立榜样。

③ 着力推进三个稳步提高。人才资源总量稳步提高，队伍规模不断壮大，通过稳定现有人才、开发专业人才，使人才工作合理递增发展；人才素质稳步提高，加强培养的专业性、针对性，使知识结构、年龄结构更趋于年轻化、合理化；人才使用效能稳步提高，鼓励理论联系实际，为人才搭建更广阔的实践平台，使人才在岗位实践中发挥作用，在岗位实践中接受检验。

④ 理论培养和实际操作技能提升相结合，通过大力开展岗位练兵、技能培养、专业交流等活动，营造比、学、赶、帮、超的浓厚氛围，不断提升技能人才在岗位上解决问题

的能力。

⑤ 着力培养和储备一批德才兼备的优秀后备管理人员，不断创新培训选拔模式，通过一系列的机制，充分调动职工的积极性、展现职工的才能，实现农场人力资源的优势互补和有效利用，进一步增强农场的凝聚力，提高整个农场的工作效率。

3. 培养原则

① 循序渐进的原则。

② 学习与工作相结合的原则。

③ 专业技能与实际工作相结合的原则。

④ 授课指导与自学相结合的原则。

（三）员工招聘与选拔

2011—2020 年，上库力农场根据企业实际情况，招聘大学生 12 名、集团公司统一培训的水利专业学员 2 名，分配退伍军人 8 名，考试录用零就业家庭子女 198 名，充实到全场各单位。

上库力农场制定了《后备人才培养选拔实施方案》，给青年职工创造表现自我、锻炼自己的机会，积极鼓励他们学习成才。同时根据他们的工作能力、业务水平和特长，有意识地让他们参与农场各项管理工作，让其发挥创新才能、管理特长，使他们的素质得到全面发展，在工作磨炼中迅速成长起来，成为农场的一个优秀群体。农场以改革的精神、创新的措施，加大选拔力度，不拘一格选拔人才，选拔任用中层管理人员 18 人，让德才兼备的能人走领导岗位上去挑重担，为农场多做贡献。

（四）绩效考核

农场对下辖各单位管理人员和职工进行工作实绩考核。

1. 管理人员考核 考核单位管理人员采取赋分制，总积分为 1000 分，满分全额发放工资，否则按实际得分百分比发放工资。单项指标分数为：

（1）经济责任指标（200 分）。包括经营利润、农业总收入、人均收入、职均收入、当年兑现职工工资情况。

（2）生产经营工作（200 分）。包括生产计划完成情况、产量指标完成情况、种子质量精选管理情况、田间管理情况、机车标准化作业及停放情况、农机安全情况、场院管理情况、单车核算管理情况、土地档案管理情况、是否及时报送农情信息。

（3）畜牧业工作（100 分）。包括牧业年度牲畜存栏情况、牛奶产量、畜牧业产值、疫病防治情况、畜牧兽医队伍建设情况、畜牧业发展措施实施情况、规模化养牛小区管理情况。

（4）财务管理（40分）。包括应收账款降低额、财务制度执行情况。

（5）党建工作（300分）。

（6）安全生产（40分）。

（7）综治、信访工作（40分）。

（8）审计工作（40分）。

（9）社会保障与管理（40分）。

2. 对职工考核的内容

（1）职工应保持正常出勤。全年农忙季节实际出勤不得低于100天，春播期间预计35天、夏管期间预计35天、秋收期间预计30天，（除因工伤、长期住院、女职工产假等特殊情况，）在本单位正常出勤不足100天的，农场按实际出勤天数承担养老保险，同时不享受粮补、草补、年终福利待遇。

（2）是否有扣分情形。有下列情形之一的，将扣除一定数额的日工分。

① 没有完成工作计划的。

② 不能履行职责的。

③ 在工作中出现失误的。

④ 引发安全事故的。

⑤ 工作效率低下的。

⑥ 忽视劳动纪律、规章制度的。

⑦ 擅自离岗、迟到早退、旷工的。

（3）参与公益活动情况。农场社会性的公益活动应全民参与，全场职工每人每年应参与不低于10个工作日的义务劳动。

（五）薪酬管理

全场职工统一实行年薪制。实行8小时工作制，农忙时适当延长工作时间。

生产队日常工作以工分计酬，平时上班挣工分，年终根据总工分和分值计算出全年应得工资。机务职工下地作业按定额记工分，零工每日记8分；农工农闲时每日记8分，春秋季节每日记10～12分，麦场实行计件或承包制。每月5日前上报考勤，并上墙对外公示，接受职工群众监督。

农场直属单位管理人员和职工工资按《上库力农场经济责任制实施方案》规定计算。

生产队管理人员工资按基本年薪＋绩效年薪计算。

1. 基本年薪　分公司基本年薪按播种面积90元/亩的标准计提，作为基本年薪总额。场级正职基本年薪9.4万元，场级副职基本年薪按正职的85％执行。生产队按播种面积

68元/亩左右提取基本年薪，五队新作业点耕地按58元/亩提取。企业经营亏损时，盈亏比例5％用于调剂。生产队正职基本年薪为场级正职基本年薪的75％，副职为生产队正职的80％，会计、农业技术员为生产队正职的65％，核算员为生产队正职的60％，出纳员、统计为生产队正职的50％。

2. **绩效年薪** 按分公司、农场合并计算经营利润（按生产实现制计算）的35％提取全员绩效年薪。场级管理人员绩效按集团公司相关文件执行。生产队完成利润指标后（生产队利润承担场管理费净额），按利润比例计提全队绩效工资：按经营利润19％～25％提取。生产队正职年薪原则上不超过本单位工人平均年薪3倍，副职为正职的80％，会计、农业技术员为生产队正职的65％，机务技术员、核算员为生产队正职的60％。出纳员、统计为生产队正职的50％。

3. **生产队超利润奖励工资** 按利润比例提取管理人员奖励工资，按净利润的2‰～4‰提取。管理人员按照比例计算。生产队管理人员基本年薪、绩效年薪的分配采取与考核指标挂钩（具体内容是经济工作与党建精神文明工作捆在一起、分公司工作和老农场工作捆在一起、与薪酬分配挂钩）的考核办法。完不成责任状考核指标的，按未完成得分比例扣减薪酬。考核细则由分公司统一制定执行。

4. **生产队其他人员工资** 生产队劳均收入达到3万元以上，二、三、四、五、六大队作业组组长工资为本组职工劳均工资的1.4倍（3万元以下为本组平均工资），麦场主任工资为麦场职工劳均工资的1.4倍；一、七、八、伊根队作业组组长工资为职工劳均工资的1.3倍，麦场主任工资为麦场职工劳均工资的1.3倍；修理工、保管员、电工、护青员比照全队劳均收入分配，标准是：修理工大队（1～2名）1.2倍、小队（1名）1.2倍；保管员1.1倍；电工为全队劳均工资；护青员为平均工资的90％，（修理工、保管员、护青员不允许另外记工，生产队也不允许雇用以上人员的车辆、机械在本队从事生产作业，）更夫按全队职工劳均工资的85％计。

（六）员工激励

为使企业降本增效，提高管理质量，农场利用30万元工会经费，奖励突出贡献单位、斤成本最低的农业生产单位和生产工作中实现科技创新、技术革新、发明创造的集体和个人。具体奖励办法如下：

1. **模范职工** 职工模范执行企业各项规章制度，自觉遵守劳动纪律，积极主动、有创造性地工作，农场给予精神、物质、经济奖励。

2. **获评先进** 在思想道德建设和完成生产及工作任务方面，成绩显著、业绩突出的，被评选为劳动模范、优秀共产党员等的职工，将受到农场的荣誉、物质或经济奖励。

3. 重大立功　为农场争得荣誉或在维护企业安全、社会治安、制止违法违纪活动、见义勇为及防灾、抢救过程中，使国家、企业利益免受重大损失的，农场视情况给予奖励或重奖。

4. 推动改革　任何提出有助于农场加强经营管理、提高经济效益的合理化建议，被采纳并产生明显经济效益的，在技术革新、修旧利废、新技术推广等方面成绩突出的，给予奖励。

5. 连续获得荣誉　在岗职工有下列连续获得荣誉的给予表彰奖励：

（1）获得场级劳动模范称号3次及以上的。

（2）获得局（旗、市）级先进称号2次及以上的。

（3）获得地市级（包括市级）先进称号1次及以上的。

（七）培训与开发

上库力农场（分公司）党委把后备干部职工的培养工作作为重要内容，列为农场（分公司）党委的重点工作。发展之要，首在用人。打造一支有理想、有才干、有作为、有活力的后备人才和职工队伍，对农场各项事业的发展、对农场建设工作都将起到积极的作用。农场始终注重挖掘能力突出的后备人才，培养德才兼备的人才队伍，为发展奠定基础。

1. 管理人员培训　农场加大管理人员政治理论专业知识培训力度，提高他们的素质。2011—2020年，农场举办管理人员培训班27期，培训人数5000人次以上。

农场利用农闲时间举办培训班，组织职工学习习近平新时代中国特色社会主义思想，党的十九届四中、五中全会精神，使他们牢固树立正确的世界观、人生观、价值观，在政治觉悟、道德修养、专业水平、业务能力上有所提高。2011—2020年，举办职工培训36期，培训人数3万人次以上。

"十三五"期间，农场创新学习方法、注重教育实效，推行"网上办公、网上学习"新模式，利用微信群、QQ工作群、网易邮箱、钉钉办公群进行多种技术知识学习，并进行线上测试，测试内容包括党的建设、党的群众路线、安全生产、农业生产、水利、公文写作、润滑油使用知识等。干部职工综合素质得到明显提升。

2. 强化实践锻炼　农场注重在实际工作中培育后备干部人才的党性和领导才能。加强岗位技能培训，采取理论与实际相结合的方式，在农业生产过程中，深入工作实际，进行岗位练兵，鼓励支持岗位创新，到兄弟单位考察学习，增强向标杆单位学习的意识，增长后备人才的见识。

3. 坚持严格管理　对后备人才实行动态管理制度，组织部门每年对后备人才队伍进行全方位调整充实，优胜劣汰，保持、优化干部队伍的整体结构及先进性，对年龄偏大、自身素质降低、能力较差的后备人才及时进行调整。

第二节　经营管理

一、生产管理

（一）生产组织

农场（分公司）实行场长（总经理）负责制，副总经理协助场长（总经理）分管各条战线的生产经营管理工作，以企业增效、员工增收、农垦企业示范作用增强为目标，全面提升企业核心竞争力。

生产队由队长负总责，班子分工负责，以大型生产队分 2 个作业组、中小型生产队分 1 个作业组的形式进行生产。生产队麦场设麦场主任 1 人，由生产队统一管理。作业组长在生产队领导下充分发挥管理、带动和示范作用，带领职工发展生产、降本增效，确保安全生产，并承担相应的责任与风险。

直属单位由行政正职负总责，全力为农业生产服务；除完成自身工作任务外，积极承担农场安排的其他任务。

机关综合办公室管理日常事务，全体工作人员以身作则、勤奋学习，努力提高自身素质和工作效率，农忙季节下队参加劳动，全年劳动时间不少于 40 天。在全场干部职工中发挥模范带头作用。

各单位定员定编人数由农场根据实际情况酌情核定，人员的录用由场长（总经理）批准、社会事业部办理具体手续，严格掌握录用人员的条件，任何单位无权擅自用工，否则被录用人员发生任何意外，由擅自录用者个人承担一切责任。

办理场外调离人员业务，需先结清往来、欠款（农场额外承担的养老保险、生活欠款）再办理，否则由责任人全额承担所造成的损失。

生产队管理人员和职工，全年实际出勤不得低于 100 天。于本单位正常出勤不足 100 天的，农场按实际出勤天数承担养老保险，同时不享受粮补、草补、年终福利待遇（因工受伤、长期住院、女职工产假等特殊情况除外）。

各单位将实际出勤情况每月上报给社会事业部和财务部，达到解除劳动合同条件的人员由各单位上报社会事业部解除合同。若单位隐瞒不报，一经查实该人员相关支出由队长全额承担。

农场社会性的公益活动需全民参与，全场职工每人每年应参加不低于 10 个工作日的义务劳动。

（二）生产计划

2011—2015 年（"十二五"期间），农场农、牧、林业生产计划如下：

农业生产方面，作物种植主要以小麦、大麦、油菜为主，年播种面积 50 万亩，种植比例为小麦占总播面积的 35％，大麦占总播面积的 15％，油菜占总播面积的 50％；计划单产方面，小麦为 325 千克/亩，大麦为 275 千克/亩，油菜为 140 千克/亩。到 2015 年，实现粮油总产 1.25 亿千克，年均增长 11％；农业总产值 4 亿元，年均增长 15％；农业利润 2 亿元，年均增长 15％。

畜牧业生产方面，加快良种繁育推广，提高奶牛单产水平，转变奶牛养殖方式，建立现代畜牧业产业体系。到 2015 年，实现牧业年度牲畜存栏 6 万头（匹、只、口），基础奶牛存栏 8000 头，鲜奶总产量 4 万吨；牧业年度羊存栏 4.3 万只，出栏肉羊 3 万只。

林业生产方面，以生态建设为目标，以防护林带和宜林荒山造林为重点，以"四旁"绿化为补充，以中东杨、小城黑、樟子松和榆树为主要树种，加快防护林补植和苗木繁育工作。到 2015 年，完成防护造林 3000 亩，荒山荒地造林 15 万株，"四旁"绿化 5 万株，繁育苗木 100 万株。

2016—2020 年（"十三五"期间），农场农、牧、林业生产计划如下：

农业生产方面，各年度种植总面积稳定在 52 万亩。种植作物品种在麦类和油菜的基础上，增加经济类作物。油菜年种植面积保持在 17 万亩，小麦年种植面积保持在 20 万亩，大麦年种植面积稳定在 1 万亩。扩大经济作物和饲草种植面积，到 2020 年，甜菜种植面积达到 3 万亩，水飞蓟年种植面积保持在 5 万亩，苜蓿随着生长周期的结束，种植面积自然下降后，根据实际情况，或补种，或轮作其他作物。莜麦年种植面积保持在 3 万亩。计划单产方面，小麦 250 千克/亩，大麦 225 千克/亩，油菜 130 千克/亩，甜菜 3 吨/亩，水飞蓟 75 千克/亩，饲草（苜蓿、莜麦草）250 千克/亩。"十三五"期末，实现粮油总产 3 亿千克，甜菜总产 15 万吨，牧草总产 2 万吨。

畜牧业生产方面，加快畜牧业转型升级，利用项目资金更新牧业机械，建设规模化养殖场，完善防检疫防控体系，统筹推进畜牧业发展。到 2020 年年末，实现牧业年度牲畜存栏 7 万头（匹、只、口），基础奶牛存栏 1 万头，鲜奶总产量 6 万吨，牧业年度羊存栏 6 万只，出栏肉羊 4 万只。

林业生产方面，围绕美丽农场、品色小镇建设，有计划推进农场荒山、荒坡、场区、队区绿化工作。林草工作站扩大苗木繁育面积 200 亩，增强对园林苗木基地观赏树种的繁育，加大本地杨树苗繁育力度，实现绿化苗木自给自足。到2020年，完成防护造林5000亩，荒山绿化造林20万株，繁育观赏树种苗木10万株、防护林苗木100万株。

（三）生产控制（控制生产进度、生产库存、生产质量、生产成本）

生产队实行"六统一分"的管理办法：统一制定经营发展计划，统一生产财务预算，统一标准化作业，统一科技管理措施，统一采购农用生产物资，统一农副产品销售、结算；分级核算（分公司、生产队）。各单位严格控制成本支出，严格管理外购零件和其他用品。对外购零件、外雇来场作业支援车、油菜中耕等各项费用支出按照规定严格管理。按照生产农艺和作业程序科学投放各项费用，科技措施和其他投入经班子会研究后确定。加强库存管理，减少不必要的资金占用，盘活资金、降本增效。

建立健全各项规章制度，严禁购入不合格产品及质次价高产品，根据生产特点分阶段采购，提高服务质量。物资采购、发放、保管严格按农场（分公司）规定及财务制度执行，对大额零件建立交旧领新制度，出库的各项物资按实际成本每月及时转账，原则上不允许对外单位或个人销售、赊销各类物资。压缩库存物资量，防止产品更新换代造成不必要的损失，特别是面临淘汰机型的零件要随用随购。农业生产队允许设立材料库，库存材料及零件价值限额方面，第八生产队为1万元，其他生产队为2万元。

上库力农场农业生产主、副燃油投放情况见表6-1，2020年农业生产成本见表6-2。

表6-1　上库力农场农业生产主、副燃油投放表

单位：千克

单位	亩投柴油	亩投汽油	亩投机油	亩投黄油	亩投齿轮油	亩投液压油	生产指挥车投汽油
第一生产队	3.4	0.22	1.09	0.20	0.15	0.87	2210
第二生产队	3.4	0.48	2.38	0.44	0.33	1.90	3500
第三生产队	3.4	0.44	2.17	0.41	0.30	1.74	2970
第四生产队	3.4	0.50	2.43	0.45	0.34	1.95	3180
第五生产队	3.4	0.45	2.20	0.41	0.31	1.76	3910
第六生产队	3.4	0.41	2.03	0.38	0.28	1.62	2810
第七生产队	3.4	0.20	0.96	0.18	0.13	0.77	2110
第八生产队	3.4	0.07	0.34	0.06	0.05	0.27	1320
伊根生产队	3.4	0.25	1.24	0.23	0.17	0.99	2110

表 6-2　上库力农场 2020 年农业生产成本表

单位：元/亩

单位	亩成本					
	小麦	油菜	大麦	甜菜	水飞蓟	莜麦
第一生产队	240	216	—	—	206	196
第二生产队	234	210	185	750	200	190
第三生产队	234	210	—	750	200	190
第四生产队	240	216	191	—	206	196
第五生产队	240	216	191	—	206	196
第六生产队	234	210	185	750	200	—
第七生产队	234	210	—	750	200	190
第八生产队	246	222	—	—	—	—
伊根生产队	234	210	—	—	200	—

二、技术管理

（一）种子田技术管理

① 种子田要立标牌标明相关内容。必须以全面积提纯的地块作为核心种子田。

② 种子田必须选择整地质量好、无赖皮草、地势平坦的秋松地或水浇地，并选用质量好、纯度高的种子进行繁殖。

③ 种子田的设置要有计划、有安排，要抓好播种、除草、秋收等各项环节工作。在拌种、播种、收获、运输、场院管理等方面采取有效措施，做好防杂、保纯工作。

④ 种子田要适期播种，确保作物正常成熟。

⑤ 麦类种子田要在抽穗后进行去杂、去劣、提纯复壮。

⑥ 所留的种子在纯度、水分、发芽率、色泽等方面都要达到质量标准，达不到标准则由农场统一调剂。

⑦ 种子田要选择纯度高，无赖皮草和野燕麦的地块。

（二）种子处理技术管理

1. 拌种配方

① 小麦拌种用 6％戊唑醇·福美双（或 6％黑穗停、卫福）30 克/亩＋60％吡虫啉 5 克/亩＋麦业丰 5 克/亩＋硕丰 481 芸苔素 6 克/亩。

② 油菜拌种用 30％噻虫嗪 15 克/亩（或锐胜 10 克/亩、65％阿维·毒死蜱 15 克/亩）＋2.5％适乐时 5 克/亩＋增产菌 5 克/亩，或 30％噻虫嗪 15 克/亩＋顶苗新 3 克/亩＋增产菌

5 克/亩。

③ 大麦拌种用 40％卫福 25 克/亩＋60％吡虫啉 5 克/亩＋麦业丰 3 克/亩＋硕丰 481 芸苔素 6 克/亩。

④ 水飞蓟拌种用 40％卫福 5 克/亩＋喷施宝 5 克/亩。

⑤ 莜麦拌种用 6％戊唑醇·福美双 25 克/亩＋60％吡虫啉 5 克/亩＋麦业丰 3 克/亩＋硕丰 481 芸苔素 6 克/亩。

2. 拌种要求

① 根据每次拌种的小麦数量，计算出所用种衣剂数量，将配成的药液均匀地喷洒在种子表面进行拌种。

② 拌种要严格按照规定的配方和种子量用药，确保准确无误。

③ 拌药均匀一致，每一粒种子着药均匀，拌药的种子着色一致。

④ 要求全部采用机械拌种，以保证拌种质量。

⑤ 选用责任心强的人配药，并由一名专职队领导负责拌种工作，严把拌种质量关。

⑥ 在兑药拌种时，将农药包装统一堆放、统一处理。不得随意销售处理，防止污染环境及危害人畜安全。

（三）播种技术管理

1. 播期

（1）小麦播期。5 月 5 日试播，5 月 15 日前播克 06-486、龙辐 06-K508；5 月 10—20 日播褐麦（旱地播期适当延后，水浇地播期适当提前）、格莱尼等品种。

（2）油菜播期。5 月 5—18 日播晚熟油菜品种青杂 5 号、青杂 11 号、青杂 12 号；5 月 18—24 日播陇油 10 号。

（3）水飞蓟播期。5 月 8—17 日可以分阶段播种。

（4）莜麦播期。5 月 25 日以后，选择无野燕麦地块进行播种。

（5）甜菜播期。苗床整地播种大麦后的 5～7 天（具体时间看大麦出苗情况决定）。

（6）大麦播期。5 月 25 日—6 月 5 日。

2. 杂草处理技术管理　播种时，如果地块杂草较多，则采取播前灭草处理，播种前 2～3 天，用 41％草甘膦 200 克/亩灭草；如果杂草出得不多且较小，则用播后苗前除草方法，用 41％草甘膦 200 克/亩灭草，但必须严格掌握在未出苗之前施用药剂。

3. 播种密度及播量技术管理

① 小麦新春 35。秋松地亩保苗 45 万～48 万株/亩。

② 小麦格莱尼。秋松地亩保苗 42 万株/亩。

③ 小麦克 06-486。秋松地亩保苗 46 万～48 万株/亩。

④ 褐麦。秋松地亩保苗 40 万株/亩。

⑤ 小麦龙辐 06-K508、龙垦 401。秋松地亩保苗 45 万株/亩。

⑥ 杂交油菜。亩播量可根据种子发芽率和土壤墒情而定，亩保苗 6 万～8 万株，秋松免耕地亩播量 0.45 千克/亩。

⑦ 水飞蓟。亩播量 1.25 千克/亩。

⑧ 莜麦。亩播量 15 千克/亩。

⑨ 甜菜。播种密度 7400 株/亩。

4. 作物施肥技术管理

（1）小麦秋松免耕地。亩施二铵 14 千克（水浇地亩施二铵 19 千克），尿素 4 千克，硫酸钾 2 千克，亩合计 20 千克，氮、磷、钾配比为 1∶1.48∶0.23（水浇地亩合计 25 千克，氮、磷、钾配比为 1∶1.66∶0.19）。

（2）前茬为甜菜的小麦地。亩施二铵 14 千克，尿素 9 千克，硫酸钾 2 千克，亩合计 25 千克，氮、磷、钾配比为 1∶0.97∶0.15。

（3）油菜免耕地。亩施二铵 13 千克（水浇地施二铵 18 千克），尿素 5 千克，硫酸钾 2 千克，亩合计 20 千克，氮、磷、钾配比为 1∶1.29∶0.4（水浇地亩合计 25 千克，氮、磷、钾配比为 1∶1.6∶0.2），每亩施基施硼 300 克。

（4）水飞蓟。亩施二铵 4 千克，硫酸钾 2 千克，亩合计 6 千克，氮、磷、钾配比为 1∶2.5∶2.6，每亩施基施硼 100 克。

（5）莜麦。亩施二铵 6 千克，尿素 4 千克，硫酸钾 2 千克，亩合计 12 千克，氮、磷、钾配比为 1∶0.94∶0.41。

（6）大麦。亩施二铵 10 千克，尿素 4 千克，硫酸钾 2 千克，亩合计 16 千克，氮、磷、钾配比为 1∶1.26∶0.52。

（7）苜蓿地。亩追施二铵 5～8 千克。

（8）甜菜。亩施二铵 22 千克，专用复合肥 8 千克，硫酸钾 13 千克，亩合计 43 千克，氮、磷、钾配比为 1∶1.87∶1.22。每亩施基施硼 0.5 千克，硫酸锰 0.35 千克，基施锌 0.35 千克。

（四）田间技术管理

1. 麦类田间技术管理

（1）麦类追肥。

① 小麦地块在三叶期以后追施尿素 3～5 千克/亩。

② 追肥播深要求 2～2.5 厘米，用平播机追肥，追施后直接压青苗，小麦重茬地必须追肥。

（2）压青苗。根据地势和不同地块长势压青苗，大小麦压青苗在 3～4 叶时进行，并且要求放慢车速压青苗，促进根系生长和控制麦苗徒长。

（3）化除。

① 灭草在 3 叶后期至拔节期前进行，追肥的地块应在追肥后 4～5 天灭草（如果前期杂草较多，也可先灭草后追肥）。

② 化除配方：2.4-D 二甲铵盐 35 克/亩＋15％噻吩磺隆 15 克/亩＋叶面肥＋尿素 200 克/亩＋有机硅 2 毫升/亩。

③ 对蓼科和野苏子较多的地块，加入麦草畏 20 克/亩。

注：低洼地块和种植褐麦、格来尼的地块需加入麦业丰 50 克/亩。

④ 麦类攻关田及种子田管理：小麦高产攻关田在拔节前叶喷磷酸二氢钾 100 克/亩＋尿素 250 克/亩＋叶面肥＋麦业丰 40 毫升/亩＋有机硅 2 毫升/亩。

⑤ 野燕麦化除配方：8％炔草酯 80 克/亩＋有机硅 2 毫升/亩。

（4）化控。小麦田全部采取化控措施，矮秆或早熟品种根据苗情灵活掌握；对于晚熟品种苗情长势过旺的地块，在拔节前补喷麦业丰 40 克/亩。

（5）病害防治。

① 主要病害：赤霉病、根腐病和叶枯病。

② 配方：用吡唑醚菌酯 20 克/亩＋磷酸二氢钾 100 克/亩＋叶面肥＋尿素 200 克/亩。

③ 防治时期：在小麦抽穗、扬花期进行。

2. 油菜田间技术管理

（1）油菜追肥。油菜田追施尿素 3 千克/亩，根据苗情和土壤墒情灵活掌握。

（2）油菜田化除。化除配方：24％烯草酮 30 克/亩（或精喹禾灵 80 克/亩）＋30％氨氯·二氯吡 40 克/亩＋有机硅 2 毫升/亩。荞麦蔓较多的地块加 30％二氯吡啶酸 10 克/亩（如禾本科杂草较大、阔叶草较小时，先单喷 24％烯草酮 30 克/亩＋有机硅 2 毫升/亩，然后再采用 30％氨氯·二氯吡 40 克/亩＋有机硅 2 毫升/亩）。

（3）油菜抽薹期、初花期管理措施。

① 抽薹期～现蕾期，用叶面肥＋硼肥 30 克/亩＋磷酸二氢钾 100 克/亩＋尿素 200 克/亩＋有机硅 2 毫升/亩（可加杀虫剂）。

② 初花期，用叶面肥＋硼肥 30 克/亩＋磷酸二氢钾 100 克/亩＋有机硅 2 毫升/亩。

如果中期雨水较大，为防止油菜菌核病的发生，应喷施杀菌剂（腐霉利·多菌灵

40 克/亩），主要用于低洼、内涝的地块。

③ 长势较旺的油菜在抽薹前要喷麦业丰 30 克/亩，防止倒伏，控制徒长，可以在灭草或前期补肥同时进行。

3. 水飞蓟田间管理

（1）灭草配方。

① 播后苗前封闭除草：41％草甘膦 250 克/亩＋有机硅 2 毫升/亩。

② 禾本科杂草灭草配方：24％烯草酮 45 毫升/亩＋有机硅 2 毫升/亩。

③ 阔叶杂草灭草配方：安·宁·乙呋黄 260 毫升/亩＋菊酯 30 克/亩＋有机硅 2 毫升/亩。

注：②③两个配方需单独使用，不可混用，使用顺序应根据杂草情况选择。用于防除阔叶杂草的安·宁·乙呋黄使用剂量范围较广，应根据杂草的多少选择用药量。安·宁·乙呋黄对水飞蓟有抑制作用，苗小、苗弱、高温时易产生药害，喷施时要避开高温天气，尤其是中午。高温时该农药易挥发，且药害重，故温度低于 12℃或高于 27℃时不宜施药，最佳施药温度为 20℃左右。

（2）追肥、化控配方。叶面肥＋麦业丰 50 毫升/亩＋磷酸二氢钾 100 克/亩＋尿素 200 克/亩＋菊酯 30 克/亩＋有机硅 2 毫升/亩。

注：水飞蓟施用除草剂后叶片灼烧严重，而且缓苗较慢，麦业丰待缓苗后喷施。

（3）防病措施。

① 花期与灭草药剂同时施用腐霉利·多菌灵 40 克/亩（菌核净 50 毫升/亩），起到预防保护作用。

② 水飞蓟植株高度在 1~1.2 米时喷施腐霉利·多菌灵＋磷酸二氢钾 100 克/亩＋尿素 200 克/亩＋菊酯 30 克/亩＋有机硅 2 毫升/亩。

③ 加强虫害防治，在水飞蓟盛花前叶片及嫩茎极易受害虫危害，因此在水飞蓟灭草、追肥、防病等各项措施实施的同时加入菊酯杀虫剂，预防虫害的发生。

4. 甜菜田间管理

灭草配方：

① 禾本科杂草灭草配方：24％烯草酮 45 毫升/亩＋有机硅 2 毫升/亩。

② 阔叶杂草灭草配方：第一遍于甜菜出苗后，杂草不超过两叶期时用药，采用甜菜安宁 120 毫升/亩＋有机硅 2 毫升/亩；第二遍于在第一遍化除后 7~10 天，甜菜 2~3 叶期进行，采用甜菜安宁 150~180 毫升/亩＋烯草酮 45 毫升/亩＋有机硅 2 毫升/亩；第三遍于甜菜 7~8 叶期进行，采用安·宁·乙呋黄 230~250 毫升/亩＋甜菜安宁 100 毫升/亩＋

有机硅 2 毫升/亩；第四遍采用安·宁·乙呋黄 100 毫升/亩＋甜菜安宁 100 毫升/亩＋有机硅 2 毫升/亩。

③ 为防止甜菜立枯病的发生，在甜菜苗期灭草时加入 15％噁霉灵 40 克/亩。

④ 在甜菜生长中期喷施大量元素水溶肥 80 毫升/亩。

⑤ 在甜菜膨大期前，喷施液态硅肥 80 毫升/亩。

⑥ 在灭草时加入杀虫剂，预防虫害发生；在甜菜生长期间调查，发现虫害立即进行防治。

5. 秋收作业技术管理

（1）油菜割晒及收获。

① 割晒时期：油菜割晒在黄熟期进行，当全田 70％的油菜植株主花序角果转为黄色、分枝角果茎部开始退绿变黄、种皮由绿转红褐色时应立即进行割晒。

② 割茬高度：油菜割茬高度以不漏割分枝为准，比较高的油菜割茬高度 15～20 厘米，放铺宽度 140～180 厘米。

③ 铺子不断条，不积堆，不零乱，不落地，油菜角果不触地，铺子透风良好，不出地头。

④ 割晒机拨禾轮高度要和转速调整适宜，转速宜慢不宜快，高度宜高不宜低，不能因拨禾轮推、压油菜而造成损失。割晒机立刀要调整合适，不得出现落角现象。

⑤ 根据油菜的成熟顺序，成熟一块，割晒一块。既不能伤镰也不能因割晒不及时，造成炸角损失。

⑥ 对于晚播不能正常成熟的油菜地块，要在下枯霜前 2～3 天及时割晒，防止下霜后割晒导致茎秆养分不能转化，造成减产损失。

⑦ 当油菜秸秆较干，籽粒水分降到 18％～20％时，要立即进行收获，收获后到麦场及时烘干。

⑧ 油菜拾禾要捡拾干净，不跑粮、不漏粮、不洒粮，损失率每亩不超过产量的 1％。

⑨ 收割机滚筒转数和滚筒间隙要调整合适，既能使作物脱净，又避免产生破碎粒，破碎率不超过 1％。

（2）麦类割晒及收获技术管理。

① 割晒时期。小麦、大麦一般在蜡熟期割晒，于水分降至 30％～35％时进行，此时的田间植株特征：籽粒呈黄绿色，胚乳由凝胶状变为蜡质状，籽粒千粒重达最大值，田间旗叶开始变黄，其余叶片干枯，穗下节间变黄。蜡熟期一般持续 3～7 天，要抓住割晒最佳期及时割晒。

② 全部采用带散铺器的割晒机割晒。割晒机要与小、大麦垄向成适宜角度，防止塌铺子。要求割茬整齐，割茬高度 13～15 厘米，放铺宽度 140～180 厘米，厚度 10～12 厘米，放铺角度与前进方向呈 45°～50°。

③ 割晒要保证质量，不断条，不积堆，不落地，不漏割，铺子通风良好，均匀平整不零乱，地头整齐干净不丢穗。

④ 对于不满足割晒条件的小麦、大麦田，一律采取联合作业，当水分降到 18％～20％时，要马上进行联合收获，联合收获小麦、大麦矮秆地块，拨禾轮要根据车速和植株高矮调整到合适状态。成熟度不一致的大小麦田，要照顾绝大多数，收获后在场院晾晒或者上烘干塔烘干。

⑤ 对于割晒的小麦、大麦，当水分降到 13.5％时要立即收获。

⑥ 无论拾禾或联合收获小麦、大麦都要保证收获质量，严格控制车速，达到收获、脱粒干净，不跑粮、不漏粮、不洒粮、不产生破碎粒，田间综合损失率不超过 1％。

⑦ 种子田必须割晒，并确保达到种子标准。收获时要单收、单放，确保品种纯度。同时标明收获时间、地块、品种及数量。预留种子要求先过清粮机，把破碎粒及杂质清除后按标准管理。

⑧ 麦类割晒与联合收获相结合。割晒能够提高千粒重、增加容重、增产增收，对能够正常割晒的地块都要及时割晒。但大麦联合收获损失少、产量高，因此要求做到宜联则联、宜割则割。

（3）水飞蓟割晒及收获技术管理。

① 割晒时间。在水飞蓟 70％以上的果实苞片枯黄，顶部冠毛部分张开时割晒。

② 水飞蓟高度不够、不能割晒的地块，要喷洒敌草快 150 毫升/亩＋草甘膦 100 克/亩，待植株枯死后进行联合收获。

③ 水飞蓟割晒放铺要直，割幅一致，不塌铺，割茬高度一般以 18～22 厘米为宜，放鱼鳞铺。

④ 割晒后的水飞蓟籽粒水分小于 18％时再进行拾禾。

（4）甜菜收获技术管理。

① 使用甜菜收获机起收甜菜。进地收获之前，须根据地块、甜菜及杂草生长情况，先将收获机调试好，进地起收 10 米后，停机检查试收获效果。根据试收效果进一步调整收获机，直到将收获机调整到最佳起收状态后，方可进行正常起收。

② 收获后不能及时运走的甜菜，需要在田间落地进行短期临时存放；要选择地势较高、地面平坦、靠近路边、便于运输车辆运输的地方堆放甜菜；堆放甜菜的位置，需用拖

子或旋耕机将地面整理得平整、松软，便于装车和减少损失；成垛后要及时苫盖，防止甜菜冻化或风干掉秤。

三、质量管理

（一）春播作业质量管理

① 严格按照春播生产实施方案设计亩保苗株数，确定亩播量。

② 播种要求将种子播在湿土中，覆土严实、平整不拖沟，种子、化肥不外露，行距一致，不重播、不漏播，播行笔直，保持车速均匀稳定，最高时速不能超过7千米，地头起落整齐。

③ 为提墒保墒增强抗旱能力，要求麦类地块播种时边播边镇压，根据墒情隔两天再进行二次镇压。

④ 对平播机的链轨道及大轮印必须进行处理，确保播种质量。

⑤ 播种深度可根据土壤墒情适当调整，播深要一致，覆土轮应根据田间土壤条件做适当调整，控制播种深度。限深轮刮土板要确实起到作用，防止黏土太多，影响播种深度。要求小麦播深镇压后4~5厘米，免耕油菜播深3~4厘米。甜菜用精量播种机进行播种，行距50厘米、株距18厘米，深度黏土2~2.5厘米，沙土高度不超3厘米。

⑥ 对于播种时间较长的地块，小麦要分别在地两边加种；播种油菜时，不允许一次性加满种箱。为防止种子肥料分层，必须采取多次加种方法，确保播种密度均匀一致。为防止肥料堵塞分层，要求播种时小粒尿素一圈一加。

⑦ 播种手每天要及时清理播种机的种箱和肥箱，以防农药、化肥及其他杂物堵塞排种口而降低播量。要经常检查播种机各排种、排肥口，保证其畅通。堵塞播种机一切漏洞，尤其是输种管要经常检查，保证播种机不漏播种子和化肥。

⑧ 当播种机换地及转弯时，禁止到相邻地块掉头转弯，防止播种机漏洒种子、化肥，造成品种混杂。

⑨ 油菜播种必须全部采用免耕播种机进行，要提高播种质量，确保一次播种抓全苗。

（二）夏管作业质量管理

① 灭草机械在作业之前要进行喷液量测定，计算和称量农药要准确，并按测定的车速和喷液量进行作业。

② 胶轮车进地速度不得低于正常作业速度，液压悬挂保持正常作业高度。

③ 不得随意在田间停车，如有故障需要停车时，要先关闭喷药机，防止局部药量过

大造成药害。

④ 各喷头喷量一致，喷洒均匀，雾化良好，不重喷、不漏喷、不堵喷头，堵塞时要马上排除。

⑤ 在更换不同除草剂时，必须事先把药箱清洗干净，方可加药作业。

⑥ 喷药机必须达到技术要求方可参加作业，绝不允许有漏滴现象。为了确保灭草质量，必须保证亩喷液量达到 15 千克以上，小麦田灭阔叶草可适当降低水量。甜菜田亩喷液量不低于 20 千克。喷药机灭草和补肥时要及时更换喷头。

⑦ 田间作业要有专人负责加药，并经过反复计算，确保用药量准确无误，并填写地块号、灭草药剂和微肥名称、每罐所加药量及肥量。

⑧ 灭小麦田、大麦田杂草时，要认真观测风向，防止飘移对邻近油菜田产生药害。灭杂交油菜田的杂草时，要认真观测风向，防止对麦田产生药害。

⑨ 刮五级以上大风和温度低于 10℃、高于 25℃以上时，严禁灭草作业。

（三）秋收作业质量管理

① 建立健全各项作业质量、检查、验收制度，严把质量关，并形成文字材料上报生产部备案。各单位要成立秋收作业质量检查、验收小组，各收割机组必须有专人负责。在秋收整地和秸秆处理全过程中，进行定期或不定期的作业质量检查，发现问题及时处理。

② 各单位领导要分工明确、责任清楚、各司其职、各负其责、相互配合、及时沟通、齐心协力，抓好秋季各项工作。

③ 收获机械、整地机械和麦场机械，必须达到检修标准，提前调试、运转、堵漏，达到作业状态，随时准备投入到秋季的各项工作中，充分发挥机械效率，提高工效。各单位在秋收机械检查过程中发现的问题，要在作业前全部整改到位。如在秋收作业检查中发现整改不合格，追究机务队长和机务技术员责任。

④ 割晒机牵引车轮距全部缩到最小，不能压趟子，否则追究驾驶员责任。收获秸秆还田地块，收割机要使用秸秆还田抛撒器，要求散出的秸秆分布均匀。

⑤ 选好麦类留种田。各单位要严格按照《上库力农场种子管理规程》执行留种，各单位培育的小品种必须全部留种，并且严格防杂保纯，如出现问题追究队长、副队长及技术员责任。麦类留种必须保证种子田无野燕麦，无混杂。种子水分必须晾晒到 14％以下方可留种。

⑥ 收割机下地之前必须做好堵漏试验，凡堵漏不合格的收割机不允许下地作业，如发现田间跑粮，追究机务队长和机务技术员责任。

⑦ 承包组长必须跟随收割机，时刻在田间检查质量，如发现质量问题，组长承担连

带责任。车长在出车时间内必须全程跟车，不能离岗。收割机作业时必须有专人检查质量并做好田间收获记录，以备查看。要求收割机出地时分离机构和清选机构清理干净，严禁地外有秸秆和杂余。秋收结束后，割晒机、联合收割机要彻底清理干净，方可进入农具场摆放。

⑧工作谨慎不能盲目蛮干。必须调整好机车各部间隙，每天做到"两看三调整"，即早晚看键簧、早中晚调整滚筒间隙。秸秆还田装置必须运转正常，使抛出的秸秆分布均匀。如因各种原因秸秆抛撒不均匀，则追究机务队长和车长责任。

⑨拾禾作业严格按生产方案规定的车速进行作业，联合作业时，车速要随产量高低调整。

第三节　规章制度建设

（一）机务管理制度

①贯彻执行国家农机标准化有关法规、制度和集团公司、农场（分公司）制定的各项农机管理规定、技术保养规程、农业机械安全操作规程。

②制定并实施本单位的机械作业、技术保养、标准化修理、油料、零件和物资计划。

③各单位机车要定编定员，制定落实机务人员岗位责任制，非特殊情况下，其他人员不得随意驾驶机车。

④农闲阶段组织机务人员学习农机法规、基础理论、应用技术、农艺知识。进行岗位练兵、技术比武，提高机务人员业务素质。

⑤认真执行场发《驾驶员安全操作管理制度》和《农业机械安全操作规程》，对机务人员进行阶段性安全教育，严格农机管理，保证"三率"齐全，对违反操作规程的人员要随时进行教育和处罚，确保安全生产。

⑥严格遵守农场制定的《农机保养制度》，监督检查各号保养和班次保养，保证机械处于良好状态。

⑦认真执行零配件交旧领新制度，更换下来的零部件要拆卸查明故障原因后上交，修复再利用，达到修旧利废的目的。

⑧严格执行《上库力农场单车核算管理规定》，各单位要成立单车核算领导小组，分工明确，责任到人。

⑨所有机车更换、添加副油要经过机务队长许可并填写副油审批单，油料员凭审批单支付出库，严防副油的跑冒滴漏，便于机务队长及时掌握每台车的技术状态。

⑩ 机车、农具在检修阶段要做到检查彻底，保养维护全面，不留故障隐患。

⑪麦场内倒粮、烘干不许雇用场外翻斗车进行。

⑫任何单位、管理人员无权擅自外派各种机械、设备和人员从事与单位生产无关的事项，违犯者从重处理，直至解聘。

（二）财务工作管理办法

1. 流动资产管理

（1）企业货币资金管理实行场长审批制度。严格按生产规模、计划，通过场长签批、财务部负责人审核，按时拨付生产资金。未经审批，其他任何人员无权动用资金。

（2）健全现金收支两条线制度。各单位所有的现金收入都应于当日送存开户银行，凡基层单位的收入或变现的一切资金全额纳入账内，存入农场指定银行账户内，由财务部统一管理。禁止资金体外循环、设置小金库。严禁各单位坐支现金，所有使用资金的单位由出纳员到农场机关办理财务手续，根据上级资金计划批复情况，经场长签批、财务科负责人审核后，根据资金状况严格按照现金使用范围执行。

（3）资金计划。根据资金管理平台的要求，上级部门根据全局的资金情况统一为各场安排资金。各单位应配合财务部门认真做好全年及每月、每周的资金预算，并提前报财务部。财务部根据各单位及部门的资金需要，统一按期编制资金用款申请，根据上级部门的资金批复情况，合理满足各部门的资金需求。原则上以生产经营为主，压缩非经营性支出，确保企业正常的生产经营。

（4）现金账。现金账要做到日清月结，不得白条抵库，每天核对库存。出现现金短款，由出纳人员负责赔偿，长款入账待查。

（5）银行存款。要严格执行会计制度中对银行存款的有关规定，认真履行财务手续，对于收到的款项，存入银行的当天向财务部报账；对于支出的款项，由相关人员及经办人员签字确认、场长签批、财务部负责人审核后通过资金管理平台由上级财务部门支付，财务人员及时同银行核对余额并编制银行存款余额调节表。

（6）应收款项。各单位严格控制应收款的发生，对于确实需要借款的，在由队长及会计出具书面手续的同时写明借款人出勤天数、借款原因。特殊情况、金额较大的还需由在职人员提供担保。队长及会计对发生的借款承担连带责任。场长、总经理根据资金情况酌情解决。以前年度的应收款，要加大清收力度，要经常与对方对账，签订还款协议，保留追索权。

2. 固定资产管理

（1）企业必须维护固定资产的安全、完整，合理有效地利用固定资产，充分发挥固定资产的效能，提高固定资产使用率、完好率。鼓励各单位修旧利废，降低生产成本。

（2）各单位财务人员必须按照财务制度规定，定期进行彻底的财产清查，盘盈及盘亏要按会计制度规定及时处理，不得存在潜盈或潜亏现象。

（3）除以下情况外，企业对所有固定资产计提折旧。

① 已提足折旧仍继续使用的固定资产。

② 按规定单独估价作为固定资产入账的土地。

③ 处于更新改造过程中而停止使用的固定资产，因已转入在建工程，建设期间不计提折旧。

（4）折旧。企业必须按照会计制度规定提取固定资产折旧，不得随意变更折旧方法和折旧率，固定资产按其入账价值的5％预计残值，以保持会计政策的一致性。采用年限平均法计提折旧。

（5）经营性固定资产的后续支出。动力机械、成套的加工设备和房屋装修等改良后续支出高于原资产价值20％以上的，如使流入企业的经济利益超过了原先的估计，或使产品成本实质性降低，则应计入固定资产账面价值，并重新确定该项固定资产的尚可使用年限计提折旧。其增计后的金额不超过该固定资产的，可收回金额。未能达到上述条件的固定资产维护、修理、更改费用，应当进入当期损益。其中，对于房屋维修价值50万元以下的3年提完折旧，50万元以上的5年提完折旧。

（6）固定资产的处置。任何单位不得私自拆卸、转卖、租借机械设备及其他固定资产。因企业技术进步，需要淘汰、报废的固定资产经集团公司批准后进行账务处理，对于可继续使用的零部件由生产部作价，纳入存货管理，同时标明"回用件"，正常履行出入库手续；需要对外出售的固定资产经集团公司批准后由中介机构评估确认，其售价不能低于评估值，净损失列入各单位当期损益。

3. **进销存管理** 进销存管理的范围包括原材料、油料、农药、肥料、包装物、低值易耗品、产成品等的出入库及库存的管理。

（1）入库管理。

① 农场一切物资采购统一由物资科办理，任何基层单位和个人不得私自采购。

② 外购时，首先由物资科提出采购计划，由分管领导审核，交财务部门纳入财务收支计划，并通过集团公司资金平台支付款项，再由物资科负责实施采购。

③ 购回时，由物资部门组织验收，按实际质量认真填写入库单，对入库单上的外购地、入库时间、物资名称、规格型号、数量、单价、金额、验收入库人等栏目逐一填写，

不得漏项，作到账实相符。

（2）出库管理。

① 物资出库，机械材料应由行政领导或行政副职签字批准，农用材料应由麦场负责人、农业技术员签字确认，领料人签字，保管员凭出库单办理出库。

② 在月底时，物资科材料会计应将当月的存货出入库分项目汇总，与仓库保管核对一致后，报给会计。其他基层单位进销存操作人员应将当月的存货出入库分项目汇总，与仓库保管核对一致后，报给会计。

（3）库存管理。

① 物资要堆放整齐、标签清楚、计量准确、存放安全。保管员对存货的安全和完整负责。

② 对用量或金额较大、领用次数频繁的物资应每月盘点一次，对于所有存货至少要半年盘点一次，年终彻底清查一次。

③ 进销存软件在具体运用中有很多不足之处，在进一步使用的过程中应逐步改进，使之更加完善。

（三）物资管理规定

1. 物资采购管理规定 随着农业机械数量的逐步增加，物资科总库视库存情况保证物资供应，压缩库存，保证物资统筹调剂能力。

（1）物资采购原则。

① 采购员要有高度的责任心，决不能拿企业的利益做交易，严禁购入假冒伪劣产品或以次充好的产品。如保管员发现购入类型不匹配或不合格的产品，要及时与单位领导反映，不允许残次品入库。

② 采购员在采购物资时，以执行比价采购、减少采购成本为原则，可直接与厂家联系或选择信誉较好、有三包承诺的代理商，减少中间环节，达到降本增效的目的。

（2）报批采购计划。各单位按阶段性需要（春播、夏管、秋收）报请物资采购计划，经分管领导审核后，经总经理批准，物资科参考现行物资储备、消耗等情况汇总后再集中采购。报请计划内容要一次性填写齐全，由电脑打印成型，审核签字批准后，内容不能随意更改、填补，否则物资科不予办理。

（3）执行采购权限。阶段性计划采购由物资科统一组织落实，特殊情况下急需采购，可先由需求单位直接请示分公司分管领导批准，经物资科采购后，再补办审批、入库、转账等手续；计划外零星采购（临时性、急需用）物资科可到就近个体配件商店采购，统一结算。决不允许各单位到个体零配件商店购买物资。

2. 物资出入库管理规定

（1）入库。物资入库，保管员应根据进货凭证（采购明细单），分别采取验质、点数、过秤、检量、试运转等方式进行验收。经验收发现数量、型号、规格不符或质量不合格的物资，要做好记录，及时向单位领导汇报处理，在承付期拒付货款。

（2）领取。各生产单位到物资科领取物资，须由生产队保管员来领取。领取时要认真检查物资的名称、数量、规格、型号，准确无误后方可在物资出库单上签字。如出现差错或产品不合格时，普通物资可在一个星期内来物资科与有关人员说明原因进行兑换（人为损坏不予兑换）。

（3）未定价格物资。对于短时间（一个月内）未定价格物资，物资科开票人员和生产单位保管员要在价格确定后，及时开票入账。

（4）分类。生产单位物资入库时，保管员按照物资规格、功能和要求，分类放入相应位置储存，做到账、卡、物相符，发生问题不能随意更改，应查明原因，确认是否有漏入库、多入库物资。

（5）出库。生产单位出库物资，保管员要每天认真填写物资领用台账，每月财务结账时，采用先进先出法开具物资出库单，月末与会计账、账卡、账物核对，如出现问题不能随意更改，应查明原因，确定是否有漏出库、多出库物资。

3. 库存物资管理规定

（1）规范管理。农场库存物资管理要逐步实现规范化、标准化、制度化。要按照物资属性分区分类保管，摆放有序、堆码整齐；对库内摆放的物资要加强日常保养维护，做到通风、降温、晾晒、除虫、去锈、涂油等；对易燃品、危险品、剧毒品和腐蚀性物资，必须按国家有关规定单独保管，防止污染、严格发放、确保安全。

（2）盘点。仓库保管员要定期盘点库存物资，每半年盘点一次，年终全面盘点一次。发现盈亏，要查明原因及时处理，做到账物相符。

（3）卡片。各单位统一使用"物资保管收付卡片"动态管理物资。应把每种物资每一天的进、出库及结存情况准确填写到卡片上，确保账、卡、物相符，增强物资管理实效性。

（4）限额。为减少资金占用、防止库存积压，对各单位库存零配件（含易耗件）实行限额管理。

（5）月末上报。充分利用进销存手段，对物资科存量较少、生产单位库存量多少不均的物资，各生产单位每月末应把库存物资明细表上报物资科，以便农场统一调配使用，使各生产单位常年积压在库物资及时周转，相应减少库存量。

（6）回收。各单位如因机型淘汰导致零配件无法或不再使用时，需列出零配件明细表及时上报物资科、财务部，统一收回总库由农场管理。

（7）培训。财务部、物资科要定期对物资保管人员进行业务培训，使物资管理人员不断提高专业技术水平和管理能力。各单位物资管理工作要逐步实现电算化管理，建立统一的物资管理软件程序，实现总库和各单位分库物资管理信息互通。

4. 油料管理规定

（1）购进。农场所用油料由物资科统一购进、调拨，其他单位不得擅自购进。购进油料属于生产用油，不对外供应，更不允许用于非生产事项。

（2）验收。对购入油料实行生产单位过秤验收。每车油的偏差过大时，生产队及时汇报，由物资科与购入单位协调解决。给各单位卸油时，每车油要备样品油，以备检验。

（3）账务。油料保管员在队内付油后，每天认真填写油料领用台账，每月及时开具出库票据，按照规定进行账务处理。外来作业机车要由农场主管领导批准方可加油。

（4）副油。各机车更换或添加副油时，必须经机务副队长核实、记录、同意后，保管员方可更换或添加。更换副油时，机务副队长负责监督，保管员负责现场回收废油。机车平时不准携带副油，如遇特殊作业情况时，经机务副队长同意可携带 2 千克以内副油。

（5）维护。各单位要定期清理油罐，柴油要分号、分罐存储，达不到沉淀时间不加油。经常检查储油设备、管道、阀门并定期保养、维护，保持其完好、清洁、无渗漏，安全可靠。库房周围做到卫生整洁，同时做好防火、防盗工作。

（6）换算。油料密度换算系数统一执行国家标准，各单位不得擅自调整主型油换算系数。

（7）油票。机关公用车辆及外来公用车辆在加油时，由场办公室开具油票，日清月结。

（8）盘点。农场每年定期或不定期组织相关部门对各单位库存油料进行抽查盘点，确保账物相符。各生产单位阶段性作业及年终前，要认真清查盘点库存油料，如出现盘盈盘亏要查找原因，非正常原因所致的由责任人承担。盘盈盘亏数量超过 1 吨时，要以书面形式说明情况，上报农场处理。

5. 化肥、农药、微肥管理规定

（1）化肥管理规定。

① 生产部根据化肥用量分配表，由物资科负责运回验收发放到各生产队。

② 各生产单位对入库化肥做到手续完备，账目清晰，账物相符。保管时，码高一致，便于清点。领用发放时，麦场主管领导负责监督出库情况。材料保管员负责验收、清点、

开具出入库票据。

③ 当年新购入及上年结存化肥，必须集中、分类保管。要储存在大棚内，越冬保管要苫盖严密，严禁露天储存，防止受潮、受损。码垛要齐，数量要准，并挂标牌，注明化肥种类、吨数、购入时间等内容。上年结存化肥应在下年优先使用，防止过期变质。

（2）农药、微肥管理规定。

① 各单位对当年新购入的农药、微肥要设专库储存，由专人负责，储存库的门窗应安全防盗。药剂按性能、酸性和碱性等分开存放。粉剂农药要存放在干燥、通风的地方，油剂、乳剂必须做好防冻处理。有剧毒的农药，必须按国家有关规定单独保管、处理，不能与商品粮、种子、副产品、包装物等存放在一起，防止污染、产生危害。农药摆放要整齐，数量要准确，并挂标牌，注明品名、规格、数量、出厂日期、入库时间。

② 各单位对农药、微肥出入库、保管做到手续齐全、账目清晰、账物相符。发放农药时必须经主管领导批准、由专人领取，药剂一经领出，作业过程中应指定专人保管，配制、记录领用台账，严防丢失。生产作业剩余农药要及时交回、入库保管，严禁库外留存。

③ 农药采购必须根据生产需要，并参考现行储备等情况进行，合理采购，尽可能当年采购当年使用，避免库存积压、过期失效。如有过期、失效不能使用的农药，除查明原因并扣除责任人应承担的金额外，要及时上报生产部、财务部，严格按照农药销毁处理程序进行销毁并处理账目。每年9月末，各生产单位要将库存农药、微肥全部退回物资科统一保管，水剂等怕冻药品要在暖库中存放。

④ 药剂的包装材料一律收回，集中处理，不得乱放乱丢，不得在地头随意焚烧。

（四）机关工作制度

① 努力学习，开拓进取，顾全大局，提高思想觉悟，抓好自身建设。

② 艰苦创业，节约成本，不浪费任何财物。

③ 遵纪守法，遵守场规民约，严格执行各项规章制度，在单位做一个好工作人员，在社会做一名好公民。

④ 克己奉公，不贪、不占、不行贿受贿，不赌博。

⑤ 严格要求自己，在上班前或工作中不饮酒，不酗酒闹事。

⑥ 遵守工作时间，按时上下班，有事请假。

⑦ 上班时间静心工作，不乱串科室，不闲谈，不做与工作无关的事情。

⑧ 增强时间观念、提高办事效率，对基层提出的问题或领导交办的事宜不推诿，敢于负责，及时处理并将处理结果及时反馈给领导或基层，做到事事有着落、件件

有回声。

⑨ 养成密切联系群众、深入基层的好作风，为基层和群众起表率作用，随时注意自己的言行，维护机关整体形象。

⑩下基层检查指导工作时，吃工作餐，不喝酒，全心全意为基层服务，解决实际问题。

⑪认真开展批评与自我批评，不犯自由主义；注重团结，讲究礼节，不讲怪话，不发牢骚，不做小动作，不议论他人。

⑫勤勤恳恳、兢兢业业，按时完成各项任务或领导交办的事宜。

⑬谦虚谨慎，戒骄戒躁，对基层来的同志或外来的客人要热情主动，待人礼貌周到。

⑭积极主动参加机关各项义务劳动或临时性工作。

⑮要有良好工作作风，办事不拖、不惰、不虚、不浮。

⑯要文明办公，做到严、洁、礼、静。

（五）岗位管理制度

1. 驾驶员安全操作管理制度

① 农机操作人员必须按规定由市农机安全监理部门考验合格，领取驾驶证、操作证后，方可驾驶操作证件签注相符的农业机械。

② 驾驶各种类型的拖拉机、联合收割机、农用运输车及其他自走式农业机械的人员，需持有"中华人民共和国机动车驾驶证"，一切外雇运输车辆要证照齐全，禁止各单位使用证照不全的运输车辆。

③ 严禁酒后、睡眠不足、过度疲劳、患病未愈的人员驾驶、操作农业机械。

④ 机动车启动前按技术要求检查、保养，机油、液压油、防冻液是每天必需的检查项，达到要求方可启动。

⑤ 发动机启动前，必须将变速杆置于空挡位置，动力输出装置处于分离状态，严禁冬季启动时骤加热水，非特殊情况不准明火烤车。

⑥ 拖拉机、联合收割机、农用运输车、自走式农业机械发动机及座机启动后必须空转预热，达到规定的水温、油温，运转正常后方可起步或作业。

⑦ 起步或结合动力前，必须环顾四周，发出信号并确认安全后方可起步或结合动力。

⑧ 起步或传递动力时，离合器要迅速分离彻底，结合要平稳，逐步加大油门，不准猛抬离合器踏板起步。

⑨ 驾驶室不准超员，不准放置有碍安全操作的物品。

⑩ 拖拉机尤其是 754 车型在需要使用差速器时，要停车结合，差速锁在使用中严禁

转弯。

⑪ 拖拉机挂接农具时，挂接人员不准站在农具挂接点前方，必须停稳后挂接，并应插好安全销。

⑫ 拖拉机挂接农具时，驾驶员必须低速小油门，脚不准离开离合器踏板，听从挂接人员指挥，悬挂的农机具挂后要检查升降是否灵活。

⑬ 拖拉机、联合收割机、农用运输车倒车时，驾驶员必须鸣号、瞭望，确认无障碍后方可低速倒车。

⑭ 悬挂式农具升降时，不准坐人或站人，农具升起后不准在其下面清除泥土、杂草或保养、排除故障。

⑮ 机车运转时，不准用手、脚或工具清除农具上的泥土、杂草，不准在机车运转作业时保养、调整和排除农具故障，需要时必须停车或切断动力后进行。

⑯ 拖拉机与农具挂接后，应插好安全销、调整限位链，下拉杆后端的横向摆动不得过大。

⑰ 起步要平稳，转弯时需减速，不准操作过猛。

⑱ 地头转弯或过沟坎时，应将农机具升到最高位置。

⑲ 升起农机具排除故障或更换零件时，必须支撑牢靠，农具不准悬挂停放。

⑳ 所有牵引装置必须有保险链，牵引销折断后，不准用其他物品或钢筋代替。

㉑ 收割机、割晒机在作业和升降时，人员不准在割台前停留。

㉒ 收割机、割晒机在运输和地头转弯时，割台必须高于地面，不准触及田埂或其他障碍物，收割台上不准坐人或装运物品。

㉓ 机车不准带病工作，发现机车工作不正常，应立即停车检查修理，防止发生机械事故。

㉔ 排除故障后，启动或结合动力前，需得到故障排除人员的通知并看清所有在场人员。

㉕ 收割机卸粮时，人员不准进粮箱，不准将手、脚或其他工具伸入搅龙内清理粮食。

㉖ 作业时发动机排气管需装有防火罩，蓄电池需装有防火罩。

㉗ 保养、加油或排除故障时，不准用明火照明。

㉘ 机车在停车前，应先卸去负荷，低速运转数分钟后方可停车，不准满负荷工作时骤然停机。

㉙ 所有动力机车严禁下坡挂空挡行为。

2. 电工安全操作规程

① 电工作业人员必须持电工许可证上岗，严禁无电工许可证人员修理电气设备、

线路。

②　电工操作者在工作前，要检查劳保用品和工具是否符合绝缘安全要求。

③　任何电气设备或线路在未经验电、确认无电之前一律视为有电，电气设备停电后，即使是事故停电，在未拉开有关刀闸和采取安全措施前，不得触及设备，以防突然来电。

④　电工作业人员必须充分熟悉和了解分管区域的动力线路、电气设备及控制系统的情况。

⑤　工作现场临时夜间照明电线及灯具，一般高度不低于 2.5 米。

⑥　运行中的电气设备严禁拆卸和修理，需要修理时，要停电切断电源，取下熔断器或开关。挂上"有人工作，禁止合闸"的警示牌，并经验明无电后，方可进行作业。

⑦　电气操作顺序：停电时应先断开空气断路器，后断开隔离开关。送电时与上述操作顺序相反。

⑧　禁止带负荷接电或断电，并禁止带电操作。

⑨　电气设备或线路拆除后，可能来电的线头必须及时用绝缘材料进行安全处理，高压线必须三相短路接地。

⑩　检查电气设备时，应先切断电源，并用验电器测试是否带电，在确定不带电后，才能进行检查修理。验电时必须用电压等级相应的验电器，验电前应先在有电设备上进行试验，确定验电器良好。高压验电必须戴绝缘手套，严禁用手触试探。

⑪　检查工作完毕后，应检查线路是否正确，电气线路上和电气设备内是否有遗留的材料、工具等物，接地线是否撤除等。确认无电后，方可送电。

⑫　电气设备发生火灾时，要立即切断电流，并使用二氧化碳干粉灭火器或四氧化碳灭火器灭火，严禁用水扑救。

⑬　手持电动工具必须使用良好漏电保护器，使用前需按保护器试验按钮来检查是否正常可用。

⑭　登高 2 米以上工作时必须戴安全带。

⑮　供电系统突然停电，严禁不作任何停电的安全处理，在线路或设备上检修。

⑯　金属壳的电气设备都必须有牢固的保护接地线，接地线电阻不应大于 4 欧姆。

⑰　新安装的电力线路、电气设备、照明灯具等，如不符合安全要求时，电工应向安装施工人员提出建议，不符合安全要求的电工应拒绝验收。

⑱　检查、检修电气设备时，应二人以上相互监护。

⑲　作业人员应经常注意和了解区域的电气设备和线路的运行情况，发现问题应及时采取必要的安全措施。

⑳ 用摇表测绝缘电阻时，要确认被遥测设备不带电，线路上无人。

㉑ 禁止用大容量保险丝（片）更换小容量的，特别禁用以铜线、铝线代替保险丝（片）。

㉒ 禁止违章作业，不得私拉乱接。

第七章　农业生产

2011 年至 2020 年，上库力农场加强农机、农艺技术队伍建设，合理调整种植结构，加强农业综合开发注重作物栽培技术培训，不断提高产品产量，加大绿色农产品认证面积，大力发展数字农业。

第一节　机构设置

2011 年，农场（分公司）副总经理吴国志分管农业生产。农场设生产部，部长为李世岭，副部长为宋艳君，工作人员为崔敏。

2012—2014 年，副总经理吴国志分管农业生产。生产部长为李世岭，副部长为陈树林，科员为孙秀琳，工作人员为宋艳君、崔敏。

2015 年，副总经理何松分管农业生产，工会主席李月忠协助。生产部长为李世岭，副部长为陈树林，科员为孙秀琳，工作人员为崔敏。

2016 年，副总经理何松分管农业生产。农场撤销生产部，成立农机科和农林科，农林科长为李世岭，副科长为卢振德，科员为孙秀琳；农机科长为苏勇峰，副科长为陈树林。

2017 年，副总经理何松分管农业生产，农林科科长李世岭兼任农林科技试验站站长。

2018—2020 年，副总经理高安起分管农业生产，撤销农林科、农机科，成立生产部，部长为李世岭，副部长为陈树林，科员为孙秀琳。

第二节　技术队伍

2011—2020 年，农场一直重视农业科技队伍建设，通过招聘、委培、函授学习等形式，提高农业科技队伍人员素质，使农场的农业科技水平不断提高。农场农业技术人员名录见表 7-1。

表7-1　上库力农场农业技术人员名录

姓名	性别	出生年月	毕业院校	参加工作时间	职称	工作单位	现任职务
李世岭	男	1972.07	扬州大学农学院	1996.09	农艺师	生产部	部长
冯国斌	男	1980.08	中国农业大型	2003.04	助理农艺师	水利办	副科长
徐洪武	男	1976.03	中央农广校内蒙古农业大学	1998.04	助理农艺师	五队	副队长
卢振德	男	1962.12	内蒙古农牧学院	1980.01	农艺师	生产部	副部长
白杨	男	1986.10	内蒙古农业大学	2007.01	助理农艺师	伊根队	副队长
宋宁	男	1990.02	黑龙江职业学院	2014.03	—	一队	农业技术员
袁立明	男	1985.05	江西农业大学生物工程专业	2010.04	农艺师	伊根队	农业技术员
韩立国	男	1988.03	内蒙古民族大学	2008.01	农艺师	三队	农业技术员
王桂安	男	1968.12	内蒙古农牧学院农牧机械专业	1986.12	助理农艺师	四队	农业技术员
刘岩	男	1981.02	中央农院机电工程专业	2006.04	助理农艺师	二队	农业技术员
孙秀琳	女	1986.03	内蒙古民族大学农学专业	2008.07	农艺师	六队	农业技术员
刘思杨	男	1989.01	中国农业大学	2009.11	助理农艺师	七队	农业技术员
王丽民	男	1980.04	内蒙古民族大学农学专业	2004.06	农艺师	科技站	农业技术员
胡建丽	女	1983.01	中国农院大学	2010.01	助理农艺师	科技站	农业技术员
孙红杰	女	1989.02	中国农业大学	2010.01	助理农艺师	科技站	农业技术员
杨志云	男	1992.04	辽宁职业学院	2014.03	助理农艺师	八队	农业技术员
朱凤丽	女	1974.06	延边大学	1992.06	农艺师	科技站	农业技术员
陈文杰	男	1986.12	黑龙江农业工程学院	2012.01	助理农艺师	机关	科员

第三节　结构调整

一、种植结构调整

2011年，上库力农场科学调整种植结构，全面推广保护性耕作技术，压麦增油。三大作物总播面积51.4万亩，其中油菜26.2万亩、小麦18.7万亩、大麦6.5万亩。

2012年，农场三大作物总播面积50.7万亩，其中油菜28.4万亩、小麦12.5万亩、大麦9.8万亩。

2013年，农场三大作物总播面积50.5万亩，其中油菜28万亩、小麦13.9万亩、大麦8.6万亩。

2014年，农场作物总播面积50.25万亩，其中油菜26.5万亩、小麦20.9万亩、大麦2.1万亩，其他0.75万亩（包括苜蓿、牧草等）。

2015年，农场作物总播面积50.2万亩，其中油菜22.6万亩、小麦20.2万亩、大麦7.1万亩、苜蓿0.09万亩、其他作物0.21万亩。

2016 年，农场作物总播面积 51 万亩，其中油菜 18.4 万亩、小麦 26.6 万亩、大麦 2.7 万亩、苜蓿 2.25 万亩、青贮 1.05 万亩。

2017 年，农场作物总播面积 51.74 万亩，其中油菜 20.6 万亩、小麦 27.6 万亩、大麦 0.21 万亩、返青苜蓿 2.77 万亩、青贮 0.06 万亩。

2018 年，农场作物总播面积 48.93 万亩，其中油菜 19.1 万亩、小麦 19.8 万亩、大麦 0.98 万亩、甜菜 0.4 万亩、水飞蓟 4.67 万亩、莜麦 1.3 万亩、马铃薯（外租）0.14 万亩、返青苜蓿 2.5 万亩、中草药 0.03 万亩、油葵 0.01 万亩。

2019 年，农场作物总播面积 52.03 万亩，其中油菜 13.4 万亩、小麦 21.3 万亩、大麦 4.3 万亩、甜菜 2.84 万亩、水飞蓟 4.64 万亩、莜麦 0.46 万亩、返青苜蓿 2.42 万亩、对外租地 2.64 万亩、燕麦草 0.25 万亩。

2020 年，农场作物总播面积 53.48 万亩。其中油菜 16.7 万亩、小麦 19.0 万亩、大麦 1.8 万亩、甜菜 2.75 万亩、水飞蓟 4.89 万亩、莜麦 3.2 万亩、返青苜蓿 1.72 万亩、外租青贮地 0.48 万亩、土豆地 0.78 万亩、药材地 0.06 万亩，其他租赁地 2.13 万亩。

二、品种结构调整

2011 年，农场的三大作物品种结构为：油菜以青杂 5 号和青杂 2 号为主栽品种，小麦以高产 Y78 为主栽品种，大麦以垦 7 为主栽品种。

2012 年，农场的三大作物品种结构为：小麦以高产品种 Y78 和克旱 16 为主栽品种，搭配种植墩麦、2577 品种；大麦以垦 7 为主栽品种，搭配种植垦 9 品种；油菜以青杂 5 号为主栽品种，搭配种植太空蒙四、青油 14 品种。

2013 年，农场的三大作物品种结构为：小麦以高产品种 Y78 和克旱 16 为主栽品种；大麦以美麦、垦 9 为主栽品种；油菜以青杂 5 号、青油 14 为主栽品种。

2014 年，农场的三大作物品种结构为：小麦以高产品种 Y78 和克旱 16 为主栽品种；大麦以美麦为主栽品种；油菜以青杂 5 号、华协 61 为主栽品种。

2015 年，农场的三大作物品种结构为：小麦以高产品种 1331、格来尼为主栽品种；大麦以美麦为主栽品种；油菜以青杂 5 号、青杂 2 号为主栽品种。试验品种有克春 1 号、克 1370、龙麦 35、龙麦 33。

2016 年，农场的三大作物品种结构为：小麦以高产品种克春 8 号、克 07-1370、1331 为主栽品种，搭配种植龙麦 35、龙麦 33、K508 品种；大麦以美麦为主栽品种，搭配种植德国大麦 SUB3 品种；油菜以青杂 5 号、青杂 2 号为主栽品种，搭配种植青杂 7 号品种。

试验品种为白皮小麦新春 35、1608。

2017 年，农场的三大作物品种结构为：小麦以高产品种克春 8 号、克 07-1370、K508、龙麦 35、龙麦 33 为主栽品种，搭配种植 7524、白皮小麦新春 35、零号品种；大麦以美麦为主栽品种；油菜以青杂 5 号、青杂 11 号为主栽品种，搭配种植青杂 7 号、陇油 10 号品种。

2018 年，农场的三大作物品种结构为：小麦以高产品种克春 8 号、克 07-1370、龙麦 35、龙麦 33、龙麦 36、K508 为主栽品种；大麦以美麦为主栽品种；油菜以青杂 5 号、青杂 11 号、青杂 7 号、陇油 10 号为主栽品种。

2019 年，农场的三大作物品种结构为：小麦以高产品种克春 8 号、K508 为主栽品种；大麦以美麦为主栽品种；油菜种植品种有青杂 5 号、青杂 11 号、鸿油 88、青杂 7 号、陇油 10 号。

2020 年，农场的三大作物品种结构为：小麦以高产品种克春 8 号、K508 为主栽品种；大麦以美麦为主栽品种；油菜品种有青杂 5 号、青杂 11 号、青杂 12 号、陇油 10 号。

第四节 农业综合开发

一、土地治理

2013 年，上库力农场利用政策性贷款实施高标准农田示范工程，建设单位为第三生产队，面积 20000 亩。企业自筹资金 26202803.86 元。2013 年 10 月 24 日开工，2014 年 10 月 24 日竣工。

2014 年，农场执行内蒙古农村土地整理重点工程额尔古纳市国有上库力农场第二生产队子项目，面积 15000 亩。项目投资 15572800.00 元。执行自治区新建高标准农田建设任务，建设单位为第七生产队，面积 12500 亩。项目投资 18879800.00 元。2014 年 9 月开工，2015 年 12 月竣工。

2016 年，农场执行呼伦贝尔市第二批农业综合开发土地治理项目，建设单位为第六生产队，建设规模 10000 亩，项目投资 11866400.00 元，企业无配套资金，2017 年 9 月开工，2018 年 1 月竣工。

2016 年，农场执行呼伦贝尔农垦集团上库力农场第七生产队等三个生产队的高标准基本农田土地整治项目，建设单位为第三生产队、第六生产队、第七生产队，建设规模 7704.9 亩，项目投资 7704900.00 元，企业自筹 2835100.00 元。2017 年 9 月开工，2020

年 10 月竣工。

2017 年，农场执行额尔古纳市 2017 年农业综合开发存量资金土地治理项目，建设单位为第三生产队，建设规模 10000 亩，项目投资 11866400.00 元，企业无配套资金，2017 年 9 月开工，2018 年 11 月竣工。

2019 年，农场执行内蒙古自治区呼伦贝尔市额尔古纳市 2019 年高标准农田建设项目，建设单位为伊根生产队、第二生产队，建设规模 19000 亩，项目投资 19860000.00 元，企业自筹 4965300.00 元。2020 年 11 月开工建设。

二、中低产田改造

2012 年，上库力农场利用政策性贷款实施节水灌溉项目，涉及第一生产队、第四生产队、科技站三个单位，面积 3537 亩。

2015 年，上库力农场土地整理项目增加配套自筹资金建设项目，建设单位为第七生产队，内容为 10 万立方米蓄水池及配套设施。企业自筹资金 6279800.00 元。2015 年 6 月开工，2015 年 10 月竣工。

同年，农场执行海拉尔农牧场管理局 2015 年度规模化节水灌溉增效示范项目，建设单位为第六生产队，建设规模 20000 亩，项目投资 20600000.00 元，企业自筹 10507200.00 元。2016 年 3 月 22 日开工，2016 年 6 月 21 日竣工。

2016 年，农场执行额尔古纳市农业综合开发大西山中型灌区节水配套改造项目，建设规模 7000 亩，建设地点为第三生产队、第七生产队，项目资金 14000000.00 元，企业自筹 993800.00 元。2017 年 10 月开工，2018 年 5 月竣工。

2017 年，农场执行内蒙古自治区呼伦贝尔市额尔古纳市小型农田水利节水灌溉工程，建设单位为第三生产队、第六生产队、第七生产队，建设规模 58105 亩，项目投资 55260000.00 元，企业配套 9343700.00 元，2018 年 9 月开工建设。

2017 年，农场实施额尔古纳市 2017 年新增千亿斤粮食生产能力规划田间改造建设项目，建设单位为第二生产队，建设规模 20000 亩，项目投资 24237863.00 元，企业自筹 5692287.00 元。2017 年开工建设。

2018 年，农场实施额尔古纳市 2018 年全国新增千亿斤粮食生产能力规划田间工程建设项目，建设单位为第二生产队、伊根生产队，建设规模 41700 亩，项目投资 50000000.00 元，企业自筹 12500000.00 元。2018 年 10 月开工。

第五节　作物栽培

一、作物种类

上库力农场一直以来以小麦、大麦和油菜三大作物为主要种植作物，2015年以后开始种植其他经济作物。2017—2020年，陆续增加水飞蓟、莜麦草、甜菜等作物。

（一）谷物种植

2011年小麦种植面积186505亩，2012年、2013年种植面积有所减少，2014年种植面积增加到209078亩。小麦种植面积最多年份为2017年，种植面积达到275774亩。大麦种植面积最大的年份为2012年，全场种植面积98126亩；最小种植面积出现在2017年，全场仅种植2060亩。

（二）油料种植

油菜是上库力农场的主栽品种，油葵在本地区不太适应，产量不高，只在2018年试种一年。油菜种植最大的年份为2012年，全场种植面积达283615亩；最小种植面积出现在2019年，全场种植面积133633亩。

（三）糖料种植（甜菜的种植分布、栽培方式与种植面积等）

上库力农场甜菜种植始于2018年，主要分布在第三生产队、第六生产队、第七生产队，第二生产队也有小面积种植。以水浇地为主，2019年开始试种旱田，2020年第六生产队旱作甜菜种植面积达到5000亩。

上库力农场2011—2020年主要作物种植面积见表7-2。

表7-2　上库力农场2011—2020年主要作物种植面积统计表

单位：亩

年份	小麦	大麦	油菜	油葵	甜菜
2011	186505	65413	262216	—	—
2012	125487	98126	283615	—	—
2013	138916	85582	280320	—	—
2014	209078	21466	265442	—	—
2015	202357	71015	225910	—	—
2016	265622	27004	184322	—	—
2017	275774	2060	205622	—	—
2018	198347	9830	191190	100	4134
2019	212707	43018	133633	—	28371
2020	190217	18297	167210	—	27501

（四）其他经济作物种植

2017 年，农场开始试种其他经济作物，并对苜蓿加大管理力度。试种莜麦草 5000 亩，取得成功，后续年度陆续增加种植面积。到 2020 年，农场莜麦种植面积达到 32018 亩。2018 年，农场种植水飞蓟 46712 亩，2020 年种植面积达到 48927 亩。农场 2011—2020 年其他作物种植面积情况见表 7-3。

表 7-3　上库力农场 2011—2020 年其他作物种植面积统计表

单位：亩

年份	莜麦草	苜蓿	青贮玉米	水飞蓟
2011	0	0	0	0
2012	0	0	0	0
2013	0	132	306	0
2014	0	4267	3210	0
2015	0	911	2073	0
2016	0	22486	10460	0
2017	5000	27693	578	0
2018	13373	25107	0	46712
2019	4604	0	0	46366
2020	32018	17200	0	48927

二、作物品种

（一）小麦

2011—2015 年，小麦以 Y78、克旱 16 为主栽品种，搭配种植强筋小麦格莱尼、白麦 2577、褐麦等品种；2016—2020 年，小麦以克春 8 号、K508、龙麦为主栽品种，搭配种植格莱尼和新春 35、褐麦、龙垦 401 等品种。

（二）大麦

2011 年，农场大麦主栽品种是垦 7、垦 9；2013 年除垦 7、垦 9 外，种植了部分美麦和繁一；2014 年又增加了德麦；2016—2018 年，淘汰了垦 7、垦 9 品种，以美麦为主栽品种，搭配德麦和垦 2；2019—2020 年，主要种植美麦，其他品种全部淘汰。

（三）油菜

2012 年农场油菜种植品种以青杂 5 号为主；2013 年以蒙四为主栽品种，搭配青杂 5 号和青油 14，小面积种植 K301、青杂 7 号、青杂 2 号等品种；2014 年以青杂 5 号、青油 14、蒙四为主栽品种，搭配青杂 7 号、秦油 19、E144 等品种；2015 年至 2018 年以青杂 5 号为主；2019—2020 年，以青杂 11 和陇油 10 号为主栽品种。

（四）其他作物

（1）马铃薯。2014 年农场种植 1135 亩。2015—2017 年没有种植。2018—2020 年恢

复种植。

（2）水飞蓟。2013 年开始少量种植，2014 年种植面积稍有增加。2018—2020 年大面积种植。

（3）莜麦草。2017 年开始种植，之后种植面积逐年增加，至 2020 年种植面积达到 32018 亩。

（4）甜菜。2017 年少量试种，2018 年以后大量种植。

（5）青贮玉米。2013 年种植 306 亩，之后逐年增加，2016 年达到高峰，种植 10460 亩。2018 年后没有种植。

第六节　作物施肥

在作物施肥方面，上库力农场主要采取施底肥、机械追肥和叶喷追肥等形式，根据不同作物，施肥种类和施肥量不同。

一、小麦施肥

（一）小麦施肥

亩施肥量磷酸二铵 14 千克，尿素 4 千克，硫酸钾 2 千克，合计 20 千克；水浇地施磷酸二铵 19 千克，其他不变，合计 25 千克。

（二）小麦追肥

1. 小麦地块在三叶期以后追施尿素 3～5 千克/亩（看天气情况而定）。

2. 追肥播深要求 2～2.5 厘米，要求用平播机追肥，追施后直接压青苗，小麦重茬地必须追肥。

二、油菜施肥

（一）油菜施肥

亩施磷酸二铵 13 千克，尿素 5 千克，硫酸钾 2 千克，合计 20 千克，水浇地施磷酸二铵 18 千克，其他不变，合计 25 千克。

（二）油菜追肥

油菜田追施尿素 3 千克/亩，根据苗情和土壤墒情灵活掌握。主要采取叶喷形式追肥。

三、水飞蓟施肥

（一）水飞蓟施肥

亩施磷酸二铵 4 千克，硫酸钾 2 千克，合计 6 千克。

（二）水飞蓟追肥

追施叶面肥＋磷酸二氢钾 100 克/亩＋尿素 200 克/亩，主要采取叶喷形式追肥。

四、大麦、莜麦施肥

（一）莜麦施肥

亩施磷酸二铵 6 千克，尿素 4 千克，硫酸钾 2 千克，合计 12 千克。

（二）大麦施肥

亩追施磷酸二铵 10 千克，尿素 4 千克，硫酸钾 2 千克，合计 16 千克。

（三）大麦、莜麦追肥

按小麦配方进行。

五、甜菜施肥

（一）甜菜施肥

亩施磷酸二铵 22 千克，专用复合肥 8 千克，硫酸钾 13 千克，合计 43 千克；亩施基施硼 0.5 千克，基施锌 0.35 千克。

（二）甜菜追肥

在甜菜生长中期喷施大量元素水溶肥 80 毫升/亩。在甜菜膨大期前，喷施液态硅肥 80 毫升/亩。

第七节　植　　保

一、病虫害防治（解决方案，具体效果）

（一）种子处理

各种作物在播种前，进行种子处理，拌杀虫剂、杀菌剂、植物生长调节剂等。

1. **小麦拌种** 6％戊唑醇·福美双（或6％黑穗停、卫福）30克/亩＋60％吡虫啉5克/亩＋麦业丰5克/亩＋硕丰481芸苔素6克/亩；水浇地麦种加拌卫福。

2. **油菜拌种**

（1）配方1。30％噻虫嗪15克/亩（或锐胜10克/亩、65％阿维·毒死蜱15克/亩）＋2.5％适乐时5克/亩＋增产菌5克/亩。

（2）配方2。30％噻虫嗪15克/亩＋顶苗新3克/亩＋增产菌5克/亩。

（3）拌种操作。将噻虫嗪、阿维·毒死蜱、适乐时按比例拌匀后，药种比1∶50，由农场科技试验站统一进行包衣，增产菌由各队领回种子后再进行包衣。

3. **水飞蓟拌种配方** 40％卫福5克/亩＋喷施宝5克/亩。

4. **大麦拌种配方** 40％卫福25克/亩＋60％吡虫啉5克/亩＋麦业丰3克/亩＋硕丰481芸苔素6克/亩。

5. **莜麦拌种配方** 6％戊唑醇·福美双25克/亩＋60％吡虫啉5克/亩＋麦业丰3克/亩＋硕丰481芸苔素6克/亩。

甜菜、水飞蓟在播种时，随种子同时播"毒锌"颗粒剂1.2～1.5千克，防治地下害虫。

（二）生长期防治

在作物生长期间，对易发病害应提前喷施杀菌剂进行防治；如发现虫害，应立即喷施杀虫剂高效氯氰菊酯和毒死蜱等进行灭虫。

本地区主要病害为赤霉病、根腐病和叶枯病，故作物生长期多用吡唑醚菌酯20克/亩＋磷酸二氢钾100克/亩＋叶面肥＋尿素200克/亩防治病害。防治一般在小麦抽穗、扬花期进行，白麦需防治两遍。

二、农作物化学调控

（一）小麦田防治原则

所有小麦田均采取化控措施，矮秆或早熟品种根据苗情灵活掌握；对于晚熟品种苗情长势过旺的地块，在拔节前补喷麦业丰40克/亩。

（二）油菜、水飞蓟、甜菜管理措施

1. **油菜抽薹期至现蕾期** 施叶面肥＋硼肥30克/亩＋磷酸二氢钾100克/亩＋尿素200克/亩＋有机硅2毫升/亩。

2. **油菜初花期** 施叶面肥＋硼肥30克/亩＋磷酸二氢钾100克/亩＋机硅2毫升/亩。

如果中期雨水较大，为防止油菜菌核病的发生，应喷施杀菌剂（腐霉利·多菌灵 40 克/亩），主要在低洼、内涝的地块上进行。

3. **油菜徒长控制**　长势较旺的油菜在抽薹前要喷麦业丰 30 克/亩，防止倒伏，控制徒长，可以与灭草或前期补肥同时进行。

4. **水飞蓟**　喷施叶面肥＋麦业丰 50 毫升/亩＋磷酸二氢钾 100 克/亩＋尿素 200 克/亩＋菊酯 30 克/亩＋有机硅 2 毫升/亩。

5. **甜菜**　生长中期喷施大量元素水溶肥 80 毫升/亩。在甜菜膨大期前，喷施液态硅肥 80 毫升/亩。

三、化学除草

在农作物生长过程中，田间会生长各种杂草，危害农作物生长，要及时化除。不同作物的化除配方也不同。

（一）小麦田化除配方

1. **基本配方**　2.4-D 二甲铵盐 35 克/亩＋15％噻吩磺隆 15 克/亩＋叶面肥＋尿素 200 克/亩＋有机硅 2 毫升/亩。

2. **补充配方**　对蓼科和野苏子较多的地块，同时加入麦草畏 20 克/亩。麦类低洼地块、褐麦、格来尼需加麦业丰 50 克/亩。

3. **麦类攻关田及种子田管理**　小麦高产攻关田在拔节前叶喷磷酸二氢钾 100 克/亩＋尿素 250 克/亩＋叶面肥＋麦业丰 40 毫升/亩＋有机硅 2 毫升/亩。

4. **野燕麦化除**　按面积喷 8％炔草酯，灭地边时要探出 1～2 个喷头，灭野燕麦要及时，不能过晚。如野燕麦出得较早、密度较大，可与大田常规灭草同时进行。亩喷液量必须保证达到 15 千克以上，对地头、地边和田间道的野燕麦要用缺口耙消灭干净。

（二）油菜田化除配方

1. **基本配方**　采用 24％烯草酮 30 克/亩（精喹禾灵 80 克/亩）＋30％氨氯·二氯吡 40 克/亩＋有机硅 2 毫升/亩。

2. **补充配方**　有荞麦蔓较多地块加 30％二氯吡啶酸 10 克/亩（如禾本科杂草较大、阔叶杂草较小时，先单喷 24％烯草酮 30 克/亩＋有机硅 2 毫升/亩，然后再喷 30％氨氯·二氯吡 40 克/亩＋有机硅 2 毫升/亩）。

（三）水飞蓟化除配方

1. **播后苗前封闭除草**　41％草甘膦 250 克/亩＋有机硅 2 毫升/亩。

2. **禾本科杂草灭草配方** 24％烯草酮 45 毫升/亩＋有机硅 2 毫升/亩。

3. **阔叶杂草灭草配方** 安·宁·乙呋黄 260 毫升/亩＋菊酯 30 克/亩＋有机硅 2 毫升/亩。

（四）甜菜田化除配方

1. **禾本科杂草灭草配方** 24％烯草酮 45 毫升/亩＋有机硅 2 毫升/亩。

2. **阔叶杂草灭草配方** 第一遍甜菜出苗后，杂草不超过两叶期时马上用药，采用甜菜安宁 120 毫升/亩＋有机硅 2 毫升/亩；第二遍用药在第一遍化除后 7～10 天、甜菜 2～3 叶期进行，采用甜菜安宁 150～180 毫升/亩＋烯草酮 45 毫升/亩＋有机硅 2 毫升/亩；第三遍用药在甜菜 7～8 叶期进行，采用安·宁·乙呋黄 230～250 毫升/亩＋甜菜安宁 100 毫升/亩＋有机硅 2 毫升/亩；第四遍用药采用安·宁·乙呋黄 100 毫升/亩＋甜菜安宁 100 毫升/亩＋有机硅 2 毫升/亩。

3. **补充配方** 为防止甜菜立枯病的发生，在甜菜苗期灭草时应加入 15％噁霉灵 40 克/亩。在甜菜生长中期喷施大量元素水溶肥 80 毫升/亩。在甜菜膨大期前，喷施液态硅肥 80 毫升/亩。在灭草时加入杀虫剂，可预防虫害发生；在甜菜生长期间应注意调查，发现虫害立即进行防治。

第八节　产品产量

2011—2020 年，农场小麦种植面积最大年份为 2017 年，达到 275774 亩。大麦种植面积最大年份为 2012 年，全场种植面积达到 8126 亩；种植面积最小年份为 2017 年，全场仅种植 2060 亩。

农场油菜种植面积最大年份为 2012 年，达到 83615 亩；最小年份为 2019 年，面积 133633 亩。

农场莜麦种植面积最大年份为 2020 年，面积达到 3298 亩；最小年份 2019 年，面积 4604 亩。

2018 年农场全场种植水飞蓟 46712 亩；2020 年全场种植水飞蓟 48927 亩。2018 年全场种植甜菜 4134 亩；2020 年全场种植甜菜 27501 亩。

第九节　绿色农产品

2011 年，农场小麦绿色农产品认证面积 4050 亩，总产量 599.4 吨，无其他农产品认证。

2012 年，农场小麦绿色农产品认证面积 2011 亩，总产量 517.8 吨，无其他农产品认证。

2016 年，农场小麦认证面积 182000 亩，总产量 39312 吨。

2017 年，农场油菜认证面积 170000 亩，总产量 14790 吨，无其他农产品认证。

2018 年，农场水飞蓟认证面积 46000 亩，总产量 4080 吨；莜麦认证面积 9500 亩，总产量 1083 吨。

2011—2020 年，农场小麦绿色农产品认证面积 188061 亩，大麦绿色农产品认证面积 30000 亩，油菜绿色农产品认证面积 170000 亩，水飞蓟绿色农产品认证面积 46000 亩，莜麦绿色农产品认证面积 9500 亩，甜菜绿色农产品认证面积 27000 亩。

第十节　数字农业

一、信息中心建立时间

2018 年 8 月，上库力农场与哈尔滨惠达科技、北京麦飞科技、深圳大疆等多家科技企业合作，建立了上库力农场现代农业信息中心，搭建起发展智慧农业的平台。

二、设备与投资

农场购入车载终端 126 套、油耗传感器 88 套、土壤湿度传感器 1 套、农情监测无人机 1 套、农业植保无人机 1 架、田间高清探头 6 台、农业信息中心 1 处、自巡航监控高清设备 9 套、对讲调度系统 100 台、租用服务器 6 套，总投资 189 万元。

三、信息中心的主要功能

上库力农场现代化农业信息平台"耕云"，是根据农场农业生产特点形成的一整套以地块为中心的农业数字化高效管理平台，平台信息通过机车智能终端、土壤传感器等物联网设备自动采集，解决了传统农业费时费力、生产成本过高等诸多问题。具备可追溯电子土地档案、作物长势分析与指导、单车智能核算、生产成本分析、智能仓储、数字天气等功能。信息平台全面监控上库力农场 60.3 万亩耕地数字信息，借助大数据处理分析无人机遥感图像数据，结合机车作业智能终端所产生的高精度 GPS＋北斗定位轨迹，及时修正地块边缘定位数据，得到实时高精度的数字信息。在数字地块图层基础上，添加农机图层、农事图层、人员管理等模块，形成了能够用于掌握地块种植布局、生产投入（种子、农药、化肥、油料、零件）、作业车辆信息、气象预报、作物生长情况的综合数据运营平台。农场管理人员及职工可以清晰地看到一段时间内本区域的作业情况，对每一个下级单位还可继续进入它的下级单位，看到更详细的作业统计，达到科学管理、降本增效、增产增收的目的。

四、工作流程

利用物联网传感器技术，监控农业生产的耕、种、管、收全程机械化作业信息。根据土地档案，规划地块农作物种植品类、作物生长模式以及种子、农药、化肥等相关投入信息，建立土地动态数据库。通过数字化土地规划、农事排产、作物采收、成本核算、效益预估等工作，建立数字化农业互联网综合管理平台。

五、运行效果

信息中心采用多层图像识别技术，通过对大量的数据进行收集、加工、整理，构建病虫害诊断知识库和标准图像实例库，可识别小麦、油菜、甜菜、水飞蓟、马铃薯等上百种农作物。通过信息技术进行病虫害诊断，建立病虫害诊断模型和农田有害昆虫生命体征参数信息采集库，实现网络化农业病虫害远程诊断。

农田环境是影响农业生产的决定因素，开展农业智能识别有利于现代化精准农业生产，为农业生产提供技术服务。农场各级管理人员基于数据库，将人工智能技术深度融合到农业生产决策中，在大数据下指导农业生产，参与田间操作，实现高产、优质、高效、生态、安全的目标。

2020年春、夏、秋三季信息中心采集第六生产队田间长势数据10次，每次采集4天，遥感采集数据面积达7.4万亩，准确率达95％，数据采集量20TB；机车终端作业数据共计采集25万余条，准确率达97％，数据采集量60TB，其中包含视频数据15TB；土壤检测及天气监测系统已经全面利用现有开发功能，其中天气监测系统已覆盖全场所有耕地，下一步需在降雨量及土壤温湿度监测设备上对功能进行全面拓展。

目前"耕云"主系统已成功对接农场财务系统，已初步完成机车、物资等相关科目的数据链接。"耕云"手机版小程序也已正式投入使用，全场农技人员、干部、职工700余人均已应用农业信息化软件。

第八章　农业科技

2011 至 2020 年，上库力农场致力于加强农业技术人员的教育培训工作，累计培训技术人员 2000 余人次。承担多项国家试验项目，内蒙古自治区试验项目，海拉尔农垦集团、呼伦贝尔农垦集团试验项目，对多个小麦品种进行试验、繁育、总结、推广。其中克春 8 号、K508、龙麦成为农场的主栽品种。

第一节　机构设置

农场设农业科技试验站，归生产部直接领导。

2011 年农业科技试验站工作人员为：站长卢振德，党支部书记陈文学，农业技术员张晓云。

2012—2015 年农业科技试验站工作人员为：站长卢振德，党支部书记陈文学，农业技术员张晓云、袁立明。

2016 年农业科技试验站工作人员为：站长兼党支部书记陈文学，农业技术员张晓云，见习农业技术员孙洪杰、胡建丽、杨志云。

2017 年农业科技试验站工作人员为：站长李世岭，党支部书记张建成，农业技术员张晓云，见习农业技术员孙洪杰、胡建丽、杨志云。

2018 年农业科技试验站工作人员为：站长李世岭，党支部书记张建成，农业技术员张晓云、孙洪杰、胡建丽。

2019—2020 年农业科技试验站工作人员为：站长李世岭，党支部书记李万华，农业技术员孙洪杰、胡建丽、王丽业。

第二节　农业科技教育与普及

农场重视农业技术人员的教育培训工作。采取走出去、请进来的方法，全面培训农业技术人员。不仅对专业人才进行培训，而且每年利用农闲时间，对一线职工进行农艺技术及专业知识培训。2011—2020 年，参加培训的职工累计达 2044 人次。

专业技术员进修情况：自 2011 年开始，农业技术员袁立明每年在西南林业大学进修一次，至 2019 年毕业，主要学习内容为农学。

2012—2014 年，职工孙洪杰、胡建丽、刘思洋在黑龙江八一农垦大学进修学习，学习内容为农学。2016 年，孙洪杰、胡建丽被农场聘为农业科技试验站见习农业技术员。

2015 年，生产部农业技术员孙秀琳在华中农业大学继续教育学院进修学习，学习培训内容为油菜遗传育种与实践。

2020 年，李世岭、苗唤维、孙秀琳在浙江大学继续教育学院参加浙江大学-内蒙古自治区 2020 年基层农技人员知识更新骨干培训班。

此外，农场采取举办培训班的形式普及农业科技知识，2011—2020 年，农场生产部举办农业技术培训班 14 期，累计培训农业技术员 98 人次。

2017 年，农场聘请原海拉尔农牧场管理局农林处处长石连安就小麦、油菜种植技术进行培训，参加培训的生产队长、副队长、农业技术员及生产部人员共 32 人。

2018 年，农场聘请内蒙古生物技术研究所的老师就甜菜种植技术进行培训，生产队长、副队长、农业技术员、承包组长 47 人参加培训。同年举办甜菜、水飞蓟培训班，聘请内蒙古生物技术研究所李祥涛老师培训甜菜、水飞蓟安全用药技术和水飞蓟种植技术，参加培训人员 65 人。

2020 年，农场全年举办六期培训班，培训内容：甜菜栽培技术及增产措施，燕麦系列品种的应用及高产栽培技术，植物病虫害防治，大麦、小麦、苜蓿栽培技术，参加培训人员 177 人次。

第三节　科技项目

上库力农场农业科技试验项目由农业科技试验站承担。自 2011 年以来，农业科技实验站承担国家试验项目 42 项，内蒙古自治区试验项目 32 项，海拉尔农垦集团、呼伦贝尔农垦集团试验项目 40 项，上库力农场试验项目 71 项。因农场种植的油菜是杂交品种，不能繁育，所以对油菜品种只进行试验、推广；重点是对小麦品种进行试验、繁育、总结、推广。经过试验对比筛选出的小麦克春 8 号、龙辐 06-K508、龙垦 401、克春 17，特色品种褐麦重 K-1、褐麦 120832 等田间表现良好的品种，在农场得到大面积推广，成为农场小麦种植的主要品种。

一、试验

（一）2016 年小麦品种比较试验

1. **试验目的**　通过品种比较试验，进一步鉴定出各品种小麦的丰产性、稳产性，为大田生产提供可靠依据。

2. **参试品种**　克 1370、K508、龙麦 33、1608、486、2577、新春 35、龙麦 35、格莱尼、龙麦 36、龙麦 37、龙麦 39、龙春 3 号、克春 10 号、克春 6 号，共 15 个品种。

3. **试验设计**　小区面积 15 平方米，长 10 米、宽 1.5 米，15 厘米行距，10 行区，亩保苗 42 万株，采用随机区组排列，二次重复。

4. **种子处理**　亩用吡虫啉 20 克拌种（采用只防虫、不防病的拌种方法）。种肥：亩施二铵 8 千克＋尿素 3 千克＋硫酸钾 2 千克，种肥同播。

5. **试验地**　2015 年夏翻地，地势平坦，肥力均匀，有代表性。

6. **播种及田间管理**　该试验田于 5 月 8 日播种，5 月 17 日出苗。5 月 22 日苗期人工铲过道；6 月 6 日人工灭阔叶草一次（苯磺隆 8 克/亩＋2，4D 异辛酯 20 克/亩＋有机硅 2 毫升/亩），6 月 12 日用小骠马（精噁唑禾草灵）70 毫升/亩＋有机硅 2 毫升/亩灭小麦田禾本科草，灭草效果较好。6 月 27 日人工铲过道。该试验田未受到杂草侵害。8 月 8 日开始陆续割晒，8 月 18 日收获。

7. **特殊气候对试验的影响**　试验地为上年夏翻地，底墒好，出苗齐。出苗后降水较少，干旱高温持续时间较长，影响小麦生长。5 月下旬小麦分蘖期最大降水量是 10.4 毫米，6 月份拔节孕穗期最大降水量是 6.4 毫米，干旱影响了植株的高度。7 月份高温干旱严重影响小麦灌浆，致使无效小穗增多，千粒重降低。7 月下旬，一次性最大降水量 23.1 毫米，是该试验从出苗至成熟的第一次有效降水。该试验无赤霉病、丛矮病、黑穗病发生，干旱造成试验提前成熟，比正常年份相对减产。农场 2016 年降水情况如图 8-1。

8. **总结**　经品种间产量差异、田间表现比较，由于年份特殊，各品种均未发病，株高均比每年矮 15～20 厘米，都未倒伏，各品种都比往年提前成熟 10～15 天，产量比正常年份低。

参试品种详细评价如下：

（1）龙麦 35。两个重复，平均亩产 286.7 千克，产量位居第 1。该品种田间表现好，整齐一致，抗旱性强，熟相好，籽粒饱满，色泽较好，容重较高，达到 810 克/升。长穗，长芒，不易落粒，综合评定好。

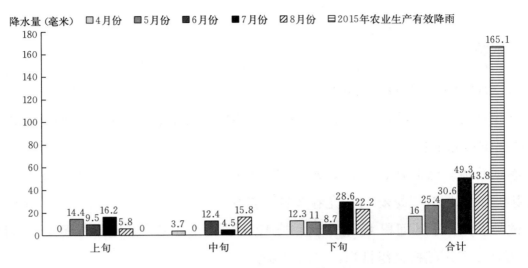

图 8-1 上库力农场 2016 年降水量图

（2）新春 35。两个重复，平均亩产 281.8 千克，产量位居第 2。该品种叶宽深绿，长势好，整齐一致，生育期短，熟相好，长芒，穗较长，不易落粒，穗纺锤形，白色，胶质，色泽较好，抗旱，综合评定好。

（3）龙春 3 号。两个重复，平均亩产 268.9 千克，产量位居第 3。该品种田间表现一般，顶芒，长穗，码稀，株高 80 厘米，是该试验里植株最高的品种，红粒，胶质，籽粒较饱满，容重高，达到 830 克/升。熟相中等，不易落粒，抗旱，综合评定一般。

（4）龙麦 39。两个重复，平均亩产 264.5 千克，产量位居第 4。龙麦 37。两个重复，平均亩产 260.0 千克，产量位居第 5。龙麦 36。两个重复，平均亩产 257.8 千克，产量位居第 6。这三个品种产量相差不大，田间各生育时期的表现都很相似，龙麦 36 植株比龙麦 39 和龙麦 37 高些。三个品种的植株都整齐一致，田间表现好，抗旱，综合评定较好。

（5）龙麦 33。两个重复，平均亩产 235.6 千克，产量位居第 7。该品种田间表现好、整齐一致，但基本苗和亩成穗较低，致使该品种产量没能居更前列。综合性状较好。

（6）格莱尼。两个重复，平均亩产 234.7 千克，产量位居第 8。穗纺锤形，红粒，胶质，籽粒较饱满，色泽较好，长芒。由于干旱，各性状均比上年稍差。熟相中，较抗旱，综合评定较好。

（7）2577。两个重复，平均亩产 230.7 千克，产量位居第 9。该品种白皮，早熟，比其他品种晚播 10 天，人工播种。播后由于干旱出苗不齐，苗期长势差，后期长势较好。综合评定较好。

（8）K508。两个重复，平均亩产 229.3 千克，产量位居第 10。该品种田间表现较好，整齐一致。较抗旱，无芒，不易落粒，综合性状较好。

（9）克春 6 号。两个重复，平均亩产 222.7 千克，产量位居第 11。该品种长势较好，抗旱，长穗，长芒，不易落粒，熟相中等。田间表现较好，综合评定较好。

（10）486。两个重复，平均亩产 222.2 千克，产量位居第 12。田间长势较好，穗较长，无效小穗多。综合评定较好。

（11）克 10-1370。两个重复，平均亩 219.1 千克，产量位居第 13。该品种综合性状较好，抗旱能力中等。

（12）1608。两个重复，平均亩产 216.5 千克，产量位居第 14。该品种和 2577 都是早熟白皮品种，晚播 10 天，出苗较差，苗期因干旱长势较差，抽穗后期长势较好，较齐，综合性状较好。

（13）克春 10 号。两个重复，平均亩产 192 千克，产量位居第 15。该品种田间表现较好，长芒，长穗，不易落粒，熟相好。亩成株低是影响产量的主要原因之一。

田间调查项目表、考种项目表及产量结果表见表 8-1、表 8-2、表 8-3。

表 8-1　田间调查项目表

品种	播种期（月/日）	出苗期（月/日）	抽穗期（月/日）	成熟期（月/日）	生育期（天）	亩基本苗（万）	亩成穗数（万）	黑穗病（%）
龙春 3 号	5/8	5/17	7/2	8/6	81	42.0	30.4	0.00
克 10-1370	5/8	5/17	7/3	8/4	79	43.3	28.3	0.00
新春 35	5/8	5/17	7/4	8/1	76	33.5	27.3	0.08
486	5/8	5/17	7/4	8/7	82	38.6	29.6	0.00
格莱尼	5/8	5/17	7/6	8/8	83	41.6	29.1	0.00
龙麦 39	5/8	5/17	7/5	8/5	80	46.1	39.8	0.00
龙麦 37	5/8	5/17	7/4	8/3	78	44.0	36.6	0.00
龙麦 36	5/8	5/17	7/4	8/3	78	43.2	34.8	0.00
龙麦 35	5/8	5/17	7/4	8/6	81	42.2	35.7	0.00
龙麦 33	5/8	5/17	7/4	8/10	85	27.2	24.0	0.00
1608	5/18	5/25	7/5	8/13	78	40.2	26.0	0.00
2577	5/18	5/25	7/4	8/12	77	54.4	24.2	0.00
克春 6 号	5/8	5/17	7/6	8/6	81	44.9	32.6	0.00
克春 10 号	5/8	5/17	7/5	8/7	82	44.8	29.3	0.00
K508	5/8	5/17	7/8	8/10	85	34.2	27.6	0.00

表 8-2　考种项目表

品种	株高（厘米）	穗长（厘米）	有效小穗（个）	无效小穗（个）	每穗粒数（粒）	粒质	粒色	千粒重（克）	容重（克/升）	饱满度
龙春 3 号	80.0	9.0	12.9	0.9	31.0	胶质	红	35.0	830	较饱满
克 10-1370	72.0	9.8	15.6	3.1	31.0	胶质	红	32.5	804	较饱满

(续)

品种	株高 (厘米)	穗长 (厘米)	有效小穗（个）	无效小穗（个）	每穗粒数（粒）	粒质	粒色	千粒重 (克)	容重 (克/升)	饱满度
新春35	69.0	10.4	16.5	3.5	36.5	胶质	白	35.4	764	较饱满
486	75.0	10.5	17.1	3.3	35.8	胶质	红	30.7	684	中饱满
格莱尼	72.0	9.9	15.3	2.4	34.6	胶质	红	34.5	764	较饱满
龙麦39	67.0	9.7	13.8	2.6	31.4	胶质	红	33.0	834	饱满
龙麦37	65.0	8.7	12.9	0.8	37.0	胶质	红	31.0	792	较饱满
龙麦36	79.0	10.3	15.4	3.7	35.1	胶质	红	32.6	783	较饱满
龙麦35	70.0	10.1	14.3	2.1	34.7	胶质	红	36.0	810	较饱满
龙麦33	70.5	11.0	15.6	1.8	37.9	胶质	红	43.2	782	较饱满
1608	59.5	9.3	13.6	1.7	30.6	胶质	白	45.0	772	饱满
2577	53.0	10.5	15.8	1.8	40.2	粉质	白	35.0	713	较饱满
克春6号	67.0	11.0	14.1	3.4	31.0	胶质	红	35.0	788	饱满
克春10号	73.0	10.2	17.1	3.0	33.5	胶质	红	30.0	786	较饱满
K508	73.5	11.7	19.8	2.9	47.4	粉质	红	31.0	769	饱满

表8-3 产量结果表

品种	小区产量（千克）		总和 (千克)	平均 (千克)	折合亩产 (千克)	产量位次
	I	II				
龙春3号	6.04	6.05	12.10	6.05	268.9	3
克10-1370	4.67	5.18	9.85	4.93	219.1	13
新春35	6.77	5.90	12.67	6.34	281.8	2
486	4.93	5.06	9.99	5.00	222.2	12
格莱尼	5.52	5.04	10.56	5.28	234.7	8
龙麦39	5.61	6.29	11.90	5.95	264.5	4
龙麦37	5.85	5.85	11.70	5.85	260.0	5
龙麦36	5.20	6.40	11.60	5.80	257.8	6
龙麦35	6.60	6.25	12.90	6.45	286.7	1
龙麦33	5.75	4.82	10.60	5.30	235.6	7
1608	4.20	5.53	9.73	4.87	216.5	14
2577	4.45	5.92	10.37	5.19	230.7	9
克春6号	4.83	5.19	10.02	5.01	222.7	11
克春10号	4.17	4.47	8.64	4.32	192.0	15
K508	4.75	5.56	10.31	5.16	229.3	10

（二）春播啤酒大麦异地鉴定试验总结报告

1. 供试品种（系） 春播啤酒大麦异地鉴定试验品种见表8-4。

表 8-4　春播啤酒大麦异地鉴定试验品种表

多棱品种序号	品种（系）名称	二棱品种序号	品种（系）名称
1	2013F6-876	1	2013F6-2119
2	2013F6-883	2	2013F6-2123
3	2013F6-903	3	2013F6-2326
4	2013F6-879	4	2013F6-1808
5	2013F6-1905	5	2013F6-1806
6	2013F6-1916	6	2013F6-2321
7	2013F6-1894	7	2013F6-1824
8	2013F6-1335	8	2013F6-1823
9	2013F6-2088	9	2013F6-225
10	2013F6-2073	10	2013F6-227
11	垦啤麦 9 号（CK）	11	2013F6-2556
		12	2013F6-2557
		13	龙啤麦 3 号（CK）

2. 试验概况

（1）试验设计。小区面积 15 平方米，10 行区，行距 15 厘米，两次重复，多棱大麦以垦啤麦 9 号为对照品种，播种密度为 400 万株/公顷（亩保苗 27 万株）；二棱大麦以龙啤麦 3 号为对照品种，播种密度为 450 万株/公顷（亩保苗 30 万株）。芽率按 95％计算，田间损耗按 10％计算。

（2）试验地概况。地类：旱地；土质：黑钙土；前茬：油菜；肥力：中等。

（3）栽培管理。

① 翻地时间为 2015 年 6 月 15 日，翻地深度 40 厘米，整地质量较好。

② 播种期 5 月 21 日，出苗期 5 月 31 日。

③ 6 月 3 日第一次中耕除草、7 月 5 日第二次中耕除草。

④ 其他需要说明的问题：6 月 15 日进行化学除草，施用苯磺隆 8 克/亩＋24D 丁酯 20 克/亩＋有机硅 2 毫升/亩。7 月 18 日人工铲过道。灭草效果较好，该试验未受到杂草侵害。8 月 7 日开始割晒，8 月 9 日收获。当年旱情严重，前期长势良好，后期高温少雨，长势差。

试验期间各项资料及实验结果分析见表 8-5 至表 8-14。

表 8-5 试验作物生育期降水量表

单位：毫米

4月			5月				6月				7月				8月			
中旬	下旬	月计	上旬	中旬	下旬	月计	上旬	中旬	下旬	月计	上旬	中旬	下旬	月计	上旬	中旬	下旬	月计
3.7	12.3	16.0	14.4	0.0	11.0	25.4	9.5	12.4	8.8	30.7	16.2	4.5	28.6	49.3	5.8	15.8	22.2	43.8

表 8-6 试验作物物候期及抗逆性（多棱）

品种（系）名称	播期（月/日）	出苗期（月/日）	拔节期（月/日）	抽穗期（月/日）	成熟期（月/日）	生育天数（天）	抗旱性	倒伏面积
2013F6-1	5/1	5/1	6/24	7/9	8/4	65	1	0
2013F6-2	5/21	5/31	6/25	7/9	8/4	65	1	0
2013F6-3	5/21	5/31	6/26	7/9	8/5	65	1	0
2013F6-4	5/21	5/31	6/23	7/9	8/4	65	1	0
2013F6-5	5/21	5/31	6/26	7/9	8/4	65	1	0
垦9（CK）	5/21	5/31	6/26	7/9	8/4	65	2	0
2013F6-1	5/21	5/31	6/27	7/9	8/4	65	3	0
2013F6-2	5/21	5/31	6/24	7/9	8/4	65	2	0
2013F6-3	5/21	5/31	6/26	7/9	8/4	66	4	0
2013F6-4	5/21	5/31	6/26	7/9	8/6	67	2	0
2013F6-5	5/21	5/31	6/25	7/9	8/4	65	1	0

表 8-7 试验作物物候期及抗逆性（二棱）

品种（系）名称	播期（月/日）	出苗期（月/日）	拔节期（月/日）	抽穗期（月/日）	成熟期（月/日）	生育天数（天）	抗旱性	倒伏面积
2013F6-1	5/21	5/31	6/27	7/9	8/5	66	2	0
2013F6-2	5/21	5/31	6/28	7/9	8/4	65	3	0
2013F6-3	5/21	5/31	6/28	7/10	8/4	65	4	0
2013F6-4	5/21	5/31	6/27	7/9	8/4	65	4	0
2013F6-5	5/21	5/31	6/26	7/9	8/4	65	4	0
2013F6-6	5/21	5/31	6/27	7/9	8/4	65	4	0
2013F6-7	5/21	5/31	6/27	7/9	8/4	65	4	0
2013F6-8	5/21	5/31	6/28	7/10	8/5	66	3	0
2013F6-9	5/21	5/31	6/28	7/10	8/5	66	3	0
2013F6-10	5/21	5/31	6/28	7/10	8/5	65	4	0
2013F6-11	5/21	5/31	6/27	7/12	8/4	65	3	0
2013F6-12	5/21	5/31	6/27	7/12	8/5	66	3	0
龙3（CK）	5/21	5/31	6/28	7/12	8/5	66	3	0

注：生育日数为出苗到成熟的天数。

表 8-8　试验作物群体动态（多棱）

品种（系）名称	基本苗数（万株）	单株分蘖数（个）	单株茎数（个）	单株穗数（个）	成穗率（%）	亩穗数（万个）
2013F6-1905	30.4	2.3	1.1	1.1	83.5	25.4
2013F6-876	32.2	2.2	1.1	1.1	72.8	23.4
2013F6-883	30.3	1.8	1.1	1.1	79.0	23.9
2013F6-903	30.8	1.3	1.1	1.1	72.7	22.4
2013F6-5879	25.3	1.7	1.2	1.1	93.7	23.7
垦 9（CK）	29.4	2.4	1.1	1.0	85.2	25.1
2013F6-1916	29.7	2.5	1.4	1.2	89.4	26.6
2013F6-1984	30.2	2.4	1.5	1.4	90.3	27.3
2013F6-1335	30.6	1.8	1.1	1.1	89.0	27.2
2013F6-2073	25.8	2.6	1.4	1.3	98.4	25.4
2013F6-2088	30.1	2.1	1.6	1.5	85.4	25.7

表 8-9　试验作物群体动态（二棱）

品种（系）名称	基本苗数（万株）	单株分蘖数（个）	单株茎数（个）	单株穗数（个）	成穗率（%）	亩穗数（万个）
2013F6-2119	25.1	3.1	2.4	2.1	150.7	37.8
2013F6-2123	28.4	2.9	2.2	2.1	128.5	36.5
2013F6-2326	24.1	2.9	2.2	2.1	126.8	30.6
2013F6-1808	26.6	2.6	2.3	2.3	105.0	27.9
2013F6-1806	30.4	3.3	2.1	2.1	113.8	34.6
2013F6-1824	24.6	2.9	2.1	1.9	130.5	32.1
2013F6-1823	24.9	2.9	2.4	2.2	143.8	35.8
2013F6-2556	29.2	3.0	1.7	1.5	110.3	32.2
2013F6-2557	29.9	2.9	1.3	1.3	106.0	31.7
2013F6-2321	28.3	3.1	2.0	1.7	105.0	29.7
2013F6-225	27.8	3.0	1.8	1.7	128.1	35.6
2013F6-227	29.2	2.4	1.7	1.5	115.8	33.8
龙 3（CK）	27.1	3.9	1.9	1.8	129.9	35.2

表 8-10　试验作物植物学特征和生物学特性（多棱）

品种（系）名称	幼苗习性	叶色	叶耳色	株型	芒型	芒性	菱形	带壳性
2013F6-1905	直立	深绿	白	中间型	长芒	齿芒	6棱	带皮
2013F6-876	半直立	深绿	白	中间型	长芒	齿芒	6棱	带皮
2013F6-883	直立	绿	白	中间型	长芒	齿芒	6棱	带皮
2013F6-903	半直立	深绿	白	中间型	短芒	齿芒	6棱	带皮
2013F6-5879	直立	深绿	白	中间型	短芒	齿芒	6棱	带皮
垦 9（CK）	半直立	绿	白	中间型	长芒	齿芒	6棱	带皮

（续）

品种（系）名称	幼苗习性	叶色	叶耳色	株型	芒型	芒性	菱形	带壳性
2013F6-1916	直立	深绿	白	中间型	长芒	光芒	6棱	带皮
2013F6-1984	半直立	深绿	白	松散型	长芒	齿芒	6棱	带皮
2013F6-1335	直立	深绿	白	松散型	长芒	齿芒	6棱	带皮
2013F6-2073	半直立	绿	白	中间型	长芒	齿芒	6棱	带皮
2013F6-2088	半直立	绿	白	中间型	长芒	光芒	6棱	带皮

表 8-11　实验作物植物学特征和生物学特性（二棱）

品种（系）名称	幼苗习性	叶色	叶耳色	株型	芒型	芒性	菱形	带壳性
2013F6-2119	半直立	深绿	白	紧凑型	长芒	齿芒	2棱	带皮
2013F6-2123	半直立	绿	白	紧凑型	长芒	齿芒	2棱	带皮
2013F6-2326	半直立	绿	白	紧凑型	长芒	齿芒	2棱	带皮
2013F6-1808	半直立	绿	白	中间型	长芒	齿芒	2棱	带皮
2013F6-1806	半直立	绿	白	中间型	长芒	齿芒	2棱	带皮
2013F6-1824	半直立	绿	白	中间型	长芒	齿芒	2棱	带皮
2013F6-1823	半直立	绿	白	中间型	长芒	齿芒	2棱	带皮
2013F6-2556	匍匐	浅绿	白	中间型	长芒	齿芒	2棱	带皮
2013F6-2557	匍匐	浅绿	白	中间型	长芒	齿芒	2棱	带皮
2013F6-2321	直立	绿	白	中间型	长芒	齿芒	2棱	带皮
2013F6-225	直立	深绿	白	松散型	长芒	齿芒	2棱	带皮
2013F6-227	直立	深绿	白	松散型	长芒	齿芒	2棱	带皮
龙3（CK）	直立	深绿	白	中间型	短芒	齿芒	2棱	带皮

表 8-12　实验作物经济性状

品种（系）名称	株高（厘米）	穗长（厘米）	穗粒数（颗）	千粒重（克）	单株产量（克）
2013F6-1905	75	6.3	44.7	38.4	2.2
2013F6-876	76	6.6	51.6	40.0	1.5
2013F6-883	73	6.5	49.0	38.8	1.6
2013F6-903	75	6.5	49.3	38.4	1.8
2013F6-5879	75	6.5	50.0	40.1	1.6
垦9（CK）	78	6.4	42.6	40.8	1.7
2013F6-1916	73	6.8	40.7	39.4	1.8
2013F6-1984	74	6.5	46.3	37.7	1.8
2013F6-1335	64	7.5	49.8	40.3	1.9
2013F6-2073	71	6.7	42.7	40.9	2.1
2013F6-2088	73	6.0	36.4	40.8	2.0
2013F6-2119	59	6.0	19.4	43.7	1.4
2013F6-2123	58	6.3	19.6	45.0	1.6
2013F6-2326	72	7.0	23.1	45.5	1.8

（续）

品种（系）名称	株高（厘米）	穗长（厘米）	穗粒数（颗）	千粒重（克）	单株产量（克）
2013F6-1808	60	8.1	20.8	45.2	1.9
2013F6-1806	66	8.1	20.8	43.7	1.8
2013F6-1824	65	7.3	19.2	46.3	1.7
2013F6-1823	63	7.1	19.9	46.8	1.8
2013F6-2556	65	6.8	23.3	43.5	1.3
2013F6-2557	63	6.5	21.5	44.4	1.1
2013F6-2321	69	6.5	22.0	43.7	1.4
2013F6-225	68	8.3	21.2	45.3	1.4
2013F6-227	66	8.1	20.2	50.6	1.1
龙3（CK）	67	8.9	20.9	50.2	1.5

表 8-13　实验作物产量结果与分析（多棱）

品种（系）名称	小区产量（千克）			比对照增、减产（%）	折合亩产量（千克）	折合公顷产量（千克）	位次
	Ⅰ	Ⅱ	平均				
2013F6-1905	7.61	7.42	7.5	6.7	334.0	5010.0	2
2013F6-876	7.70	7.14	7.4	5.3	329.0	4947.0	4
2013F6-883	5.44	6.52	6.0	−15.1	265.8	3987.0	10
2013F6-903	7.88	6.98	7.4	5.5	330.2	4953.0	3
2013F6-5879	6.44	6.48	6.5	−8.3	287.1	4306.5	7
垦9（CK）	7.15	6.94	7.0	—	313.1	4696.5	5
2013F6-1916	6.02	6.44	6.2	−11.6	276.9	4153.5	9
2013F6-1984	7.78	7.38	7.6	7.6	336.9	5053.5	1
2013F6-1335	5.99	6.80	6.4	−9.2	284.2	4263.0	8
2013F6-2073	4.98	4.25	4.6	−34.5	205.1	3.76.5	11
2013F6-2088	7.32	5.88	6.6	−6.3	293.3	4399.5	6

注：小区面积15平方米。

表 8-14　实验作物产量结果与分析（二棱）

品种（系）名称	小区产量（千克）			比对照增、减产（%）	折合亩产量（千克）	折合公顷产量（千克）	位次
	Ⅰ	Ⅱ	平均				
2013F6-2119	4.77	6.19	5.5	4.0	243.6	3654.0	9
2013F6-2123	3.66	4.73	4.2	−20.4	186.5	2797.5	13
2013F6-2326	5.03	6.92	6.0	13.4	265.6	3984.0	5
2013F6-1808	5.53	6068	6.1	15.8	271.3	4069.5	4
2013F6-1806	6.36	6.42	6.4	21.3	284.0	4260.0	3
2013F6-1824	6.45	6.51	6.5	23.0	288.0	4320.0	2
2013F6-1823	6.69	6.73	6.7	27.3	298.2	4473.0	1
2013F6-2556	4.77	5.07	4.9	−6.6	218.7	3280.5	12
2013F6-2557	4.50	5.39	4.9	−6.1	219.8	3297.0	11
2013F6−2321	5.78	5.54	5.6	6.6	249.6	3744.0	7
2013F6−225	5.07	6.24	5.7	7.3	251.3	3769.5	6
2013F6−227	5.61	5.56	5.6	6.0	248.2	3723.0	8
龙3（CK）	4.29	6.25	5.3	—	243.2	3513.0	10

3. 试验总结

（1）总体评价。该试验共包括 24 个品种，其中六棱的 11 个、二棱的 13 个。由于生长期少雨、后期持续高温，整个试验田间长势不好，没有倒伏现象。

（2）六棱大麦试验总结。从产量上看，六棱的 4 个品种比对照垦 9（CK）有所增产。其中 2013F6-1894 品种亩产 336.9 千克，比垦 9（CK）品种增产 7.6%，该品种田间长势良好，产量位居第 1。2013F6-1905、2013F6-903、2013F6-876 这三个品种分别比垦 9（CK）增产 6.7%、5.5%、5.3%，田间表现相对好些，排第 2、第 3、第 4 位。2013F6-2073 品种亩产 205.1 千克，比垦 9（CK）减产 34.5%，产量最差，仅排第 11 位。

① 2013F6-1894。两个重复平均亩产 336.9 千克，比对照垦 9（CK）亩增产 23.8 千克，增产 7.6%，产量位居第 1。生育期 65 天，株高 74 厘米，穗长 6.5 厘米，每穗 46.3 粒，千粒重 37.7 克，田间长势良好，根腐病、黑穗病、条纹病轻，熟相较好，没有倒伏。

② 2013F6-1905。两个重复平均亩产 334.0 千克，比对照垦 9（CK）亩增产 20.9 千克，增产 6.7%，产量位居第 2。生育期 65 天，株高 75 厘米，穗长 6.3 厘米，每穗 44.7 粒，千粒重 38.4 克，田间长势良好，根腐病、黑穗病、条纹病轻，熟相较好，没有倒伏。

③ 2013F6-903。两个重复平均亩产 330.2 千克，比对照垦 9（CK）亩增产 17.1 千克，增产 5.5%，产量位居第 3。生育期 65 天，株高 75 厘米，穗长 6.5 厘米，每穗 49.3 粒，千粒重 38.4 克，田间长势良好，根腐病、黑穗病、条纹病轻，熟相较好，没有倒伏。

④ 2013F6-876。两个重复平均亩产 329.8 千克，比对照垦 9（CK）亩增产 16.7 千克，增产 5.3%，产量位居第 4。生育期 65 天，株高 76 厘米，穗长 6.6 厘米，每穗 51.6 粒，千粒重 40.0 克，田间长势良好，根腐病、黑穗病、条纹病轻，熟相较好，没有倒伏。

（3）二棱大麦试验总结。二棱大麦的对照是龙 3（CK），亩产 234.2 千克，排第 20 位。大部分的二棱品种都比龙 3（CK）增产，其中 2013F6-1823、2013F6-1824、2013F61806 增产最多，分别为 27.3%、23.0%、21.3%，排第 1、第 2、第 3 位；只有 2013F6-2557、2013F6-2556、2013F6-2123 这 3 个品种比龙 3（CK）减产，分别减产 6.1%、6.6%、20.4%，2013F6-2123 亩产 186.5 千克，产量最少，排最末。

① 2013F6-1823。两个重复平均亩产 298.2 千克，比对照龙 3（CK）亩增产 64 千克，增产 27.3%，产量居第 1。生育期 65 天，株高 63 厘米，穗长 7.1 厘米，每穗 19.9 粒，千粒重 46.8 克，根腐病、黑病、条纹病轻，没有倒伏。

② 2013F6-1824。两个重复平均亩产 288.0 千克，比对照龙 3（CK）亩增产 53.8 千克，增产 23.0%，产量居第 2。生育期 65 天，株高 65 厘米，穗长 7.3 厘米，每穗 19.2 粒，千粒重 46.3 克，根腐病、穗病、条纹病轻，没有倒伏。

③ 2013F6-1806。两个重复平均亩产 284.0 千克，比对照龙 3（CK）亩增产 49.8 千克，增产 21.3%，产量位居第 3。生育期 65 天，株高 66 厘米，穗长 8.1 厘米，每穗 20.8 粒，千粒重 43.7 克，根腐护穗病、条纹病轻，没有倒伏。

六棱品种的小麦普遍比二棱品种的大麦产量高。

（三）国家春油菜品种区域试验

1. **试验设计**　供试品种 A 组 9 个、B 组 9 个，共同对照品种为青杂五号，无辅助对照品种。试验重复次数 3 次。小区长 8.3 米、宽 2.4 米，小区面积 19.92 平方米，每小区 8 行，亩保苗 4 万株/亩。

供试品种情况见表 8-15。

表 8-15　供试品种

编号	品种（组合）名称	类型
A 组	华油杂 709	三系甘蓝杂交种
	阳光 158	三系甘蓝杂交种
	希望 592	三系甘蓝杂交种
	秦油杂 6 号	三系甘蓝杂交种
	HF6	三系甘蓝杂交种
	云油杂 319	核不育甘蓝型两系杂交
	油 019	三系甘蓝杂交种
	D18-14	甘蓝型常规种
	青杂五号（CK）	三系甘蓝杂交种
B 组	华油杂 177	三系甘蓝杂交种
	中油 750	甘蓝型化学诱导雄性不育两系杂交
	QH847	三系甘蓝杂交种
	阳光 40	三系甘蓝杂交种
	陕油 1626	三系甘蓝杂交种
	沣油 731	三系甘蓝杂交种
	徽豪油 818	三系甘蓝杂交种
	D18-6	三系甘蓝杂交种
	青杂五号（CK）	三系甘蓝杂交种

2. **栽培管理**

（1）基本情况。前茬：小麦，土质：黑钙土，水（旱）地：旱。

（2）基肥（种类、数量、质量、施用时间及方法）。未施用基肥。

（3）整地（时间、机具质量）。未进行整地。

（4）种肥（种类、数量、施用时间及方法）。亩施复合肥 12 千克＋尿素 4 千克＋二铵 4 千克。

（5）种子处理。以噻虫嗪 5 克/亩拌种。

（6）种植方式。机播。

（7）播种。播种期为 5 月 12 日，播种量为 450 克/亩。

（8）追肥（种类、数量、质量、施用时间及方法）。不进行追肥。

（9）中耕除草（时间、次数、方法、质量）。6 月 18 日、29 日人工除草一次，6 月 11 日化学除禾本科杂草（亩用精喹禾灵 100 克＋有机硅 2 毫升）。

（10）灌溉（时间、次数、方法）。5 月 25 日、6 月 9 日、7 月 3 日喷灌。

（11）防治虫害（对象、时间、次数、药剂名称、浓度和方法）。6 月 6 日灭虫一次（菊酯 30 克/亩＋有机硅 2 毫升/亩）；6 月 15 日灭跳甲一次（菊酯 30 克/亩＋有机硅 2 毫升/亩）；7 月 13 日灭小菜蛾一次（阿维辛硫磷 20 毫升/亩＋苦参碱 20 毫升/亩＋有机硅 2 毫升/亩）；7 月 29 日灭小菜蛾一次（杀虫单 30 毫升/亩）。

3. 收获期 收获期为 9 月 16 日。

田间种植情况见表 8-16。

表 8-16 试验作物田间种植情况

A 组

Ⅰ	希望 592	秦油杂 6 号	油 019	阳光 158	云油杂 319	D18-14	青杂 5	HF6	华油杂 709
Ⅱ	华油杂 709	阳光 158	青杂 5	秦油杂 6 号	HF6	云油杂 319	油 019	D18-14	希望 592
Ⅲ	D18-14	云油杂 319	秦油杂 6 号	华油杂 709	青杂 5	希望 592	阳光 158	HF6	油 019

B 组

Ⅰ	QH847	阳光 40	徽豪油 818	中油 705	沣油 731	D18-6	青杂 5	陕油 1626	华油杂 177
Ⅱ	华油杂 177	中油 750	青杂 5	阳光 40	陕油 1626	沣油 731	徽豪油 818	D18-6	QH847
Ⅲ	D18-6	沣油 731	阳光 40	华油杂 1777	青杂 5	QH847	中油 705	陕油 1626	徽豪油 818

生长期降水情况见表 8-17。

表 8-17 试验作物生育期水量

项目	年份	旬	5 月	6 月	7 月	8 月	9 月
降水量（毫米）	2014	上旬	7.6	8.6	7.3	22.7	31.6
		中旬	0.0	17.4	32.0	20.9	0.0
		下旬	12.5	10.0	32.8	2.0	0.0
		月总额	20.1	36.0	72.1	45.6	31.6

4. 特殊气候情况及各种自然灾害对试验的影响 本试验于 5 月 12 日正常播种，但由于干旱少雨，喷灌浇水 3 次，分别于苗期、蕾薹期和初花期进行。整个生育期较一致。8 月份雨水较多，菌核病较重，影响了植株产量。

实验相关数据见表 8-18 至表 8-21。

表 8-18 试验品种生育期及一致性调查表

编号	品种名称	播种期（月/日）	出苗期（月/日）	现蕾期（月/日）	初花期（月/日）	终花期（月/日）	成熟期（月/日）	收获期（月/日）	生育天数（天）	全生育天数（天）	苗期 生长势	苗期 一致性	现蕾期 生长势	现蕾期 一致性	初花一致性	成熟一致性
A组	华油杂 709	5/12	5/22	6/24	7/9	7/31	9/10	9/16	112	124	较强	一致	强	一致	一致	一致
	阳光 158	5/12	5/22	6/20	6/30	7/25	8/31	9/16	102	114	较强	一致	较强	一致	一致	一致
	希望 592	5/12	5/22	6/24	7/4	7/27	9/2	9/16	104	116	较强	一致	强	一致	一致	一致
	秦油杂 6 号	5/12	5/22	6/28	7/9	8/2	9/6	9/16	108	120	较强	一致	强	一致	一致	一致
	HF6	5/12	5/22	6/24	7/4	7/25	8/31	9/16	102	114	较强	一致	强	一致	一致	较一致
	云油杂 319	5/12	5/22	6/20	6/26	7/19	8/31	9/16	102	114	较强	较一致	强	一致	较一致	较一致
	油 019	5/12	5/22	6/24	7/4	7/29	9/2	9/16	104	116	较强	较一致	较强	一致	较一致	较一致
	D18-14	5/12	5/22	6/20	6/26	7/25	9/5	9/16	107	119	较强	一致	强	一致	较一致	较一致
	青杂五号（CK）	5/12	5/22	6/24	7/4	7/25	9/5	9/16	107	119	较强	较一致	强	一致	一致	一致
B组	华油杂 177	5/12	5/22	6/24	7/4	7/25	9/5	9/18	107	119	较强	较一致	较强	较一致	较一致	一致
	中油 750	5/12	5/22	6/24	7/2	7/27	9/3	9/18	105	117	较强	较一致	较强	较一致	较一致	一致
	QH847	5/12	5/22	6/24	7/2	7/27	9/3	9/18	105	117	较强	一致	较强	较一致	较一致	较一致
	阳光 40	5/12	5/22	6/24	7/4	7/25	9/5	9/18	107	119	较强	较一致	较强	较一致	较一致	较一致
	陕油 1626	5/12	5/22	6/22	6/30	7/25	9/3	9/18	105	117	较强	较一致	较强	较一致	较一致	较一致
	沣油 731	5/12	5/22	6/24	7/5	7/29	9/5	9/18	107	119	较强	一致	较强	较一致	较一致	较一致
	徽豪油 818	5/12	5/22	6/24	7/04	7/29	9/5	9/18	107	119	较强	一致	较强	一致	较一致	较一致
	D18-16	5/12	5/22	6/24	7/4	7/27	9/6	9/18	108	120	较强	较一致	较强	较一致	较一致	较一致
	青杂五号（CK）	5/12	5/22	6/25	7/4	7/29	9/5	9/18	107	119	较强	较一致	较强	一致	较一致	较一致

表 8-19 试验品种（组合）抗逆性观察记载表

编号	品种（组合）名称	抗倒性（强中弱）	菌核病 发病率（%）	菌核病 发病指数（%）	不育株率（%）
A组	华油杂 709	中	6.4	7.7	31.0
	阳光 158	中	7.4	6.3	5.0
	希望 592	强	1.0	0.6	12.5
	秦油杂 6 号	中	0.8	1.0	17.5
	HF6	强	3.8	2.1	15.0
	云油杂 319	弱	26.4	23.8	5.0
	油 019	中	7.2	4.8	10.0
	D18-14	中	6.3	5.1	7.5
	青杂五号（CK）	弱	4.2	2.2	30.0

（续）

编号	品种（组合）名称	抗倒性（强中弱）	菌核病 发病率（%）	菌核病 发病指数（%）	不育株率（%）
B组	华油杂 177	中	15.3	12.7	0.0
	中油 750	强	10.9	7.3	2.5
	QH847	强	1.7	1.9	17.5
	阳光 40	强	4.9	3.4	0.0
	陕油 1626	中	23.7	18.7	30.0
	沣油 731	中	15.9	11.8	17.5
	徽豪油 818	中	12.7	13.8	0.0
	D18-16	中	2.9	3.3	12.5
	青杂五号（CK）	弱	7.5	5.5	27.5

表 8-20 试验品种室内考种经济性状调查表

编号	品种（组合）名称	株高（厘米）	分枝高度（厘米）	一次分枝数（个）	二次分枝数（个）	分枝总数（个）	主花序 长度（厘米）	主花序 果数（个）	结角密度（个/厘米）	角果长（厘米）	每角粒数（个）	千粒重（克）	单株产量（克）	单株角果数（个）
A组	华油杂 709	175.3	95.3	4.9	2.7	7	56.7	57.8	1.01	7.31	15.6	5.22	17.85	210.5
	阳光 158	137.5	49.2	4.6	5.9	10	63.4	40.1	0.63	6.75	26.0	3.93	14.38	179.0
	希望 592	153.8	75.2	5.2	1.6	6	43.4	40.8	0.94	10.30	20.5	5.39	14.53	155.8
	秦油杂 6 号	159.6	74.4	5.7	2.5	9	48.8	53.2	1.09	6.97	21.1	4.67	16.05	221.0
	HF6	155.1	67.0	4.9	3.7	8	52.5	43.3	0.82	6.62	26.7	4.20	13.3	171.7
	云油杂 319	127.5	26.1	5.3	5.7	10	56.4	37.4	0.66	6.25	25.0	4.10	13.98	205.9
	油 019	138.8	50.8	6.3	5.0	11	49	32.6	0.67	5.44	24.3	5.90	17.93	195.4
	D18-14	118.0	31.1	4.2	4.0	8	54.4	36.7	0.67	6.69	24.7	4.65	16.52	155.3
	青杂五号（CK）	160.0	62.5	3.9	5.2	9	62.3	45.9	0.74	6.05	26.0	4.25	13.71	187.9
B组	华油杂 177	160.3	63.3	4.4	2.4	6	63.3	55.7	0.88	10.2	25.3	4.39	13.44	167.3
	中油 750	158.5	59.9	5.1	2.7	7	68.2	54.0	0.79	6.72	30.6	4.00	20.25	207.4
	QH847	163.0	63.7	4.7	4.5	8	58.2	53.7	0.92	6.33	24.7	4.68	20.42	237.7
	阳光 40	174.6	70.2	4.8	3.4	7	61.5	53.8	0.87	6.50	25.3	4.39	19.89	221.2
	陕油 1626	151.2	59.9	5.4	5.3	10	49.8	41.7	0.84	6.56	21.8	4.89	18.00	229.0
	沣油 731	167.5	68.5	5.5	4.1	9	63.5	49.5	0.78	6.27	25.3	4.34	19.20	204.1
	徽豪油 818	166.4	77.3	5.4	4.0	9	62.9	50.9	0.81	6.70	20.2	4.67	15.08	216.6
	D18-16	160.3	65.9	4.9	4.0	8	62.7	59.5	0.95	6.70	19.1	4.56	18.19	209.8
	青杂五号（CK）	160.8	54.8	4.9	3.8	7	63.2	43.7	0.69	6.71	27.1	4.29	18.87	228.7

表 8-21　试验作物产量结果表

| 编号 | 品种名称 | 小区产量（千克） | | | 合计（千克） | 平均（千克） | 折合亩产（千克） | 比对照增减产（%） | 位次 |
		重复 1	重复 2	重复 3					
A组	华油杂 709	7.92	7.66	7.11	22.69	7.56	262.63	1.43	3
	阳光 158	8.19	7.24	7.93	23.36	7.79	270.38	4.43	1
	希望 592	7.13	6.45	6.44	20.02	6.67	231.72	−10.51	6
	秦油杂 6 号	8.27	7.02	7.29	22.58	7.53	261.36	0.94	4
	HF6	6.89	7.70	8.14	22.73	7.58	263.09	1.61	2
	云油杂 319	6.72	5.73	5.73	18.18	6.06	210.42	−18.73	9
	油 019	6.20	6.23	6.63	19.06	6.35	220.61	−14.80	7
	D18-14	6.12	6.11	6.20	18.43	6.14	213.32	−17.61	8
	青杂五号（CK）	7.47	7.40	7.50	22.37	7.46	258.92	—	5
B组	华油杂 177	7.77	5.16	6.99	19.92	6.64	230.56	−7.65	7
	中油 750	8.32	8.24	8.78	25.34	8.45	293.30	17.48	1
	QH847	6.73	7.47	7.77	21.97	7.32	254.30	1.85	4
	阳光 40	7.33	7.15	6.86	21.34	7.11	247.00	−1.07	6
	陕油 1626	6.29	5.96	7.04	19.29	6.43	223.28	−10.57	8
	沣油 731	7.77	8.60	7.47	23.84	7.95	275.94	10.52	2
	徽豪油 818	7.43	8.15	6.62	22.20	7.37	255.92	2.50	3
	D18-16	6.87	6.73	5.52	19.12	6.37	221.30	−11.36	9
	青杂五号（CK）	7.85	7.26	6.46	21.57	7.19	249.67	—	5

注：测产面积为 19.92 平方米。

5. **品种**（组合）**简介**　本试验共分 A、B 两组，A 组共 9 个参试品种，B 组共 9 个参试品种。

A 组：从产量结果看，比对照青杂五号增产的品种有四个。位居第一的是阳光 158，亩产量 270.38 千克/亩，比青杂五号（CK）增产 4.43%。该品种苗期表现较好，苗齐、苗壮，整齐度好，花期一致性好，但有不育株，最低为 5%。成熟一致性较好，菌核病发病指数 6.3%，综合性状表现好。

参试品种 HF6 居第二位，亩产量 263.09 千克/亩，比青杂五号（CK）增产 1.61%。该品种苗期表现较好，不育株居中，成熟较一致，菌核病发病较其他品种略低，植株高，结角密，单株角果率略高，综合性状表现较好。

参试品种华油杂 709 居第三位，亩产量 262.63 千克/亩，比青杂五号（CK）增产 1.43%。该品种苗期表现较好，不育株较多，成熟较一致，菌核病发病较其他品种高，发病率 7.7%，植株高，结角密，综合性状表现较好。

参试品种秦油杂 6 号居第四位，亩产量 261.36 千克/亩，比青杂五号（CK）增产 0.94%。该品种苗期表现较好，不育株较多，成熟较一致，菌核病发病较其他品种低，发病率1％，植株高，结角密，分枝多，综合性状表现较好。

B组：从产量结果看，比对照青杂五号增产的品种有四个。位居第一的是中油750，亩产量293.3千克/亩，比青杂五号（CK）增产17.48％。该品种苗期表现较好，苗齐、苗壮，整齐度好，花期一致性好，但有不育株，最低为2.5％，成熟一致性较好，菌核病发病指数7.3％，综合性状表现好。

参试品种沣油731居第二位，亩产量275.94千克/亩，比青杂五号（CK）增产10.52％。该品种苗期表现较好，不育株较多，成熟较一致，菌核病发病较多，植株较高，分枝多，角果粒多，综合性状表现较好。

参试品种徽豪油818居第三位，亩产量255.92千克/亩，比青杂五号（CK）增产2.5％。该品种苗期表现较好，成熟较一致，菌核病发病较多，植株较高，分枝高，分枝多，角果较长，综合性状表现较好。

参试品种QH874居第四位，亩产量254.30千克/亩，比青杂五号（CK）增产1.85％。该品种苗期表现较好，不育株较多，成熟较一致，菌核病发病少，植株较高，结角密，角粒多、千粒重高，综合性状表现较好。

由于8月份降水量大，菌核病发病较重，影响了部分参试品种的产量。但从数据能看出品种的抗病性。

（四）油菜种衣剂试验

1. **试验目的**　通过新型种衣剂对比试验，筛选出增产作用强、抗病虫害效果好的药剂，为大田生产提供科学依据。

2. **参试品种**　青杂五号。

3. **试验设计**　小区采用随机区组排列法，二次重复，小区面积12平方米，长5米，宽2.4米，8行区，行距30厘米。亩保苗3万株，亩施肥量复合肥12千克＋磷酸二铵4千克＋尿素4千克。

4. **试验处理**

处理一：80克/升氟虫晴8克/亩。

处理二：37％噻虫胺×联苯菊酯5克/亩。

处理三：30％嘧咪×噻虫嗪10克药兑水200毫升拌10千克种子。

处理四：噻虫嗪10克/亩＋适乐时4克/亩＋增产菌5毫升/亩＋硕丰481芸苔素2毫升/亩（CK）。

5. **播种及田间管理**　该试验于5月20日播种，6月1日出苗，6月11日灭除禾本科杂草和跳甲（亩用烯草酮40毫升＋氯氰菊酯30毫升＋有机硅2毫升），6月20日人工除草一次，7月3日人工锄草一次，7月13日人工拔大草一次，7月26日灭油菜角野螟（亩用阿维辛硫磷30毫升＋氯氰菊酯10毫升＋有机硅2毫升），8月20日左右成熟割晒，9月11日人工脱粒。

6. 天气对试验的影响 该试验地是上年休闲夏翻地，土壤墒情较好，出苗整齐，苗期长势好。由于生长期干旱少雨，蕾苔期以后植株需水量增大，而干旱越来越严重，作物生长期间（6月上旬—8月中旬）累计降水仅101毫米，严重干旱对产量影响较大。

田间调查、室内考种和产量结果情况见表8-22至表8-24。

表8-22 田间调查项目

项目\品种	出苗期（月/日）	初花期（月/日）	终花期（月/日）	成熟期（月/日）	生育日数（天）	菌核病发病率（%）	跳甲危害率（%）	跳甲危害程度	拌种后发芽率（%）	小区收获株数（株）
氟虫晴	6/1	7/9	7/28	8/19	80	0	86	重	85.0	488
噻虫胺×联苯菊酯	6/1	7/10	7/28	8/19	80	0	89	重	81.3	427
嘧咪×噻虫嗪	6/1	7/10	7/27	8/19	80	0	94	重	81.0	415
噻虫嗪＋适乐时（CK）	6/1	7/10	7/29	8/23	84	0	75	重	79.0	349

表8-23 室内考种情况表

项目\品种	株高（厘米）	有效分枝数（个）	有效分枝高度（厘米）	主花序有效长（厘米）	主花序有效角数（个）	结角密度（个）	全株有效角果数（个）	角果长度（厘米）	角果粒数（粒）	千粒重（克）
氟虫晴	118	3.4	59.0	44.5	49.0	1.1	103.0	6.0	22.6	3.5
噻虫胺×联苯菊酯	116	3.4	62.0	39.5	44.0	1.1	97.0	6.3	24.0	3.6
嘧咪×噻虫嗪	117	4.3	58.0	38.4	40.0	1.0	99.0	6.2	23.0	3.5
噻虫嗪＋适乐时（CK）	123	5.4	58.0	43.7	44.0	1.0	121.0	6.2	24.0	3.7

表8-24 产量结果

处理	小区产量（千克）I	小区产量（千克）II	总和（千克）	平均（千克）	折合亩产量（千克）	与CK相比亩增减产 增减量（千克）	与CK相比亩增减产 增减率（%）	位次
氟虫晴	2.86	3.04	5.90	2.95	163.9	−1.9	−1.15	2
噻虫胺×联苯菊酯	2.79	2.39	5.18	2.59	143.9	−21.9	−13.21	3
嘧咪×噻虫嗪	2.45	2.70	5.15	2.58	143.1	−22.8	−13.75	4
噻虫嗪＋适乐时（CK）	2.81	3.16	5.97	2.99	165.8	/	/	1

7. 总结 种衣剂筛选主要是通过对油菜出苗安全及苗期病虫害的防治效果来鉴定的。该试验苗期没有病害，能形成危害的虫害只有跳甲，所以就针对跳甲和出苗情况进行了调查。

处理四（对照）：噻虫嗪10克/亩＋适乐时4克/亩＋增产菌5毫升/亩＋硕丰481芸

苔素 2 毫升/亩，试验中该处理跳甲咬食率最低，防治效果好于其他处理。虽然出苗率低，但分枝多、全株角果多、千粒重高，没有影响产量。

处理一（氟虫晴）：防治跳甲效果仅次于对照，该处理出苗率高，产量和对照相差不多。

试验各项数据见表 8-22 至 8-24。

（五）甜菜新品种示范试验

1. **试验设计**　小区面积 24 平方米，长 8 米，宽 3 米，50 厘米行距，18 厘米株距，6 行区，亩保苗 7400 株，采用随机区组排列，一次重复。

2. **参试品种**　13 个，分别为 KWS1176、KWS3354、KWS4502、SX1511、SX1512、MA2070、MA3017、HI1003、HI1059、HI1260、HI1357、HI0474、HI0479。

3. **种肥**　磷酸二铵 11 千克/亩＋尿素 17 千克/亩＋硫酸钾 8 千克/亩。

4. **试验地**　2018 年夏翻地，地势平坦，肥力均匀，有代表性。

5. **播期及田间管理**　该试验于 5 月 8 日播种，5 月 27 日出苗，6 月 4 日补苗，5 月 22 日、5 月 31 日、6 月 9 日、7 月 2 日分别喷灌一次，5 月 27 日、6 月 9 日人工铲草一次。9 月 17 日测产，10 月 5 日收获。

6. **特殊气候对试验的影响**　由于 5 月份降水较少，前期气温低，人工播种，致使出苗较晚，出苗少，缺苗断垄严重。为保障植株的生长进行喷灌。7 月降水适量植株生长良好，8 月降水量增多，后期连续降水，植株生长得茂盛、高大。试验相关情况见表 8-25、表 8-26。

表 8-25　2019 年部分月份农场降水量表

单位：毫米

	5 月份	6 月份	7 月份	8 月份	
上旬	4.5	6.4	29.0	32.0	
中旬	6.8	0.0	25.3	15.7	2019 年农业生产有效降水总计
下旬	10.4	8.4	29.7	55.7	
合计	21.7	14.8	84.0	103.4	223.9

表 8-26　调查项目表

品种	基本苗（株/亩）	有效株数（株）	糖分（%）	产量（吨/亩）	名次
KWS1176	6667	5334	16.2	5.70	1
SX1511	6667	5334	16.0	5.40	3
MA2070	6223	4000	17.2	3.80	11
KWS3354	5334	4889	15.8	4.90	5

（续）

品种	基本苗（株/亩）	有效株数（株）	糖分（%）	产量（吨/亩）	名次
HI1003	5778	4889	15.9	5.10	4
HI1059	4445	3556	13.7	5.50	2
HI1357	6223	5778	15.2	4.10	8
MA3017	3556	3111	14.9	4.00	9
SX1512	6667	5778	16.6	3.60	12
KWS4502	5778	4000	14.3	3.97	10
HI1260	5334	4889	15.3	3.50	13
HI0474	4445	3556	16.1	4.50	7
HI0479	6667	6223	17.0	4.70	6

注：该试验采用测产方式，由于缺苗严重，采用3米×1垄或1.5米×2垄的方式调查1.5平方米的甜菜产量和糖分。

7. 总结 由于春季雨水少、气温低和人工播种的原因，致使出苗未达到设计株数，后期补苗的植株生长弱小，形成无效块根，影响产量。因出苗不全、株距大，使个别植株块根生长过大，影响含糖量。产量第一的品种是KWS1176，综合表现良好。

二、良种推广

对抗旱、高产、抗倒伏性状俱佳的小麦良种的繁育推广，是农业科技试验站的重要工作。科技站在小区试验中，严把各环节质量关，通过试验、对比、总结，以详细的试验数据为依据，对表现良好的小麦品种进行繁育推广。2013年至2020年，共向全场推广小麦品种30个。其中克春8号、K508、龙麦等已经成为农场的主栽品种，为农场小麦的丰收起到了关键性作用。科技站2013—2020年新品种推广情况见表8-27。

表8-27 2013—2020年新品种推广统计表

年份	名称	代号	种子去向	亩数	数量
2013	克春8号	克06-486	第三生产队、第六生产队	70.0	1400.0千克
	龙辐K508		第五生产队	21.0	367.5千克
	德大麦SUB3		第三生产队	12.0	240.0千克
	0287		第四生产队	10.0	100.0千克
2014	克1370		第三生产队	160.0	2000.0千克
	褐重K-1		第六生产队	160.0	2000.0千克
	实秆		第一生产队	100.0	1000.0千克
	2524		第四生产队	300.0	3750.0千克
2015	0号		第一生产队、第七生产队	70.0	3900.0千克

（续）

年份	名称	代号	种子去向	亩数	数量
2016	克 07-1659		第三生产队	6.9	1750.0 千克
	龙麦 36		第三生产队	12.5	2800.0 千克
	龙麦 37		第七生产队	10.8	3050.0 千克
	津强 7 号		第七生产队	60.0	12500.0 千克
2017	鉴 84		第七生产队	16.0	37 袋
	龙垦 401		第六生产队	37.0	4000.0 千克
			第三生产队		4000.0 千克
	龙麦 39		伊根生产队	15.0	900.0 千克
	克春 10 号	克 08-1031	第六生产队	15.0	1500.0 千克
2019	龙麦 40		第三生产队	200.0	3960.0 千克
	北麦 16		第四生产队	220.0	4440.0 千克
	克春 19	克春 121442	第六生产队	3140.0	62800.0 千克
2020	龙麦 60	龙 10-1017	第二生产队	220.0	4480.0 千克
	九三 14-9045		第二生产队	145.0	2900.0 千克
	龙辐 10-527		第二生产队	66.0	825.0 千克
	龙麦 1 号		第二生产队	36.0	450.0 千克
	克 111571		第六生产队	3800.0	7710.0 千克
	克 120833		第三生产队	320.0	6420.0 千克
	龙垦 403		第三生产队	400.0	8000.0 千克

注：科技站提供数据。

三、新技术推广

为了加快现代农业发展步伐，2016—2020 年，农场利用国家项目资金支持，分别购进大型拖拉机"凯斯 450"及配套农机具 1 套；购进 DF2604 大型拖拉机及配套机具 4 台套；购进"凯斯 470"大型拖拉机及配套农机具 1 套。实施"走出去，引进来"发展战略，与哈尔滨惠达科技公司、北京麦飞科技、深圳大疆等多家科技企业合作，于 2018 年 8 月建立上库力农场现代化农业信息中心，搭建起发展智慧农业的平台——"耕云"平台，将物联网、大数据等先进科学技术融入农业生产管理。

"耕云"信息平台针对农业生产特点，依托现代化农业信息，形成一整套以地块为中心的农业数字化高效管理平台，平台信息通过机车智能终端、土壤传感器、农情检测等物联网设备自动采集，包括电子土壤档案追溯、农作物长势分析与指导、田间生产环节智能监控、单车作业智能核算、生产成本分析、智能仓储、数字天气、草情虫情监测数据等功能。

到 2020 年，"耕云"平台数字信息已经覆盖全场 60.3 万亩耕地。借助大数据处理分析，利用 AI 等手段处理无人机遥感图像数据，结合机车实际作业智能终端所产生的高精度定位轨迹，及时准确获得实时高精度数字信息，解决了传统农业生产管理粗放、费时费力、生产成本不可控等问题。

信息中心现有车载终端 126 套，油耗传感器 88 套，土壤湿度传感器 1 套，农情监测无人机 1 套，农业植保无人机 1 架，田间高清探头 6 台，监控高清设备 9 套，对讲调度系统 100 台，显示器 2 台，系统化农业信息处理设备 7 套，6 平方米大屏幕 1 块，租用服务器 6 套等设备。

现代农业信息中心较好地利用物联网传感技术监控农场耕、种、管、收等全程管理信息，全面掌握农作物种植品种、类别、农作物生长、种子、化肥、农药等相关投入信息，数字化物联网使土地动态数据库、土地规划、农事安排、作物采收、成本核算、效益预估、病虫害诊析、草情调查等综合管理更加高效，为农业生产现代化、集约化、智能化管理和高产、优质、高效、生态、安全的发展目标，提供了有力的科技保障。

第九章　农业机械

2011年至今是上库力农场农机具更新换代最快的时期。至"十三五"末期，农场共有农机具1918台（套、件），具有多台（套）世界领先水平的农机具，机械总动力45517.57千瓦。农场加强机车单车核算管理，使农机标准化作业水平连年提高，并进行多项技术创新、革新，其中1项获国家专利。

第一节　机构设置

上库力农场（分公司）的农业机械管理由分管农业的副总经理负责，具体农业机械业务由下设的生产部负责。

2011年，副总经理吴国志分管农业生产工作。生产部部长为李世岭，副部长为宋艳君，由工作人员崔敏具体负责农机工作。

2012年至2014年，副总经理吴国志分管农业生产工作。生产部部长为李世岭，副部长为陈树林，科员孙秀琳，工作人员宋艳君、崔敏。由崔敏负责农机工作。

2015年，副总经理何松分管农业生产工作。生产部部长为李世岭，副部长为陈树林，科员孙秀琳，由工作人员崔敏负责农机工作。

2016至2017年，副总经理高安起分管农业生产工作。撤销生产部，成立农机科。科长苏勇峰负责农机工作。

2018年至2020年，副总经理高安起分管农业生产工作。撤销农机科，成立生产部。生产部部长为李世岭，副部长为陈树林，科员孙秀琳。由陈树林负责农机工作。

第二节　农机队伍建设

农场重视农机队伍建设，选拔优秀的青年职工充实机务队伍，每年农闲时期，举办机务技术培训班，对机务职工进行培训。在优秀青年职工中公开招聘机务队长、机务技术员，极大地提高了青年职工参加技术培训的热情。机务职工利用函授、培训等各种途径学习业务知识，提高自身综合素质，机务队伍知识结构普遍得到提升。到2014年，有助理工程师职称的达到5人，其中2人竞聘到机务队长岗位。对年龄偏大的机务职工劝其转移岗位，使机务队伍年龄结构得到优化、相对稳定。机务队长在各生产队不定期交流任用。

2011年，全场有机务职工632人，场内培训职工3160人次。第一生产队机务队长为马庆存，第二生产队机务队长为刘爱军，第三生产队机务队长为杜鹏飞，第四生产队机务队长为陈德，第五生产队机务队长为徐亚江，第六生产队机务队长为丁忠海，第七生产队机务队长为孙世亮，第八生产队机务队长为徐喜敬，伊根生产队机务队长为宋华双。

2012年，全场有机务职工615人，场内培训职工3075人次。第一生产队机务队长为马庆存，第二生产队机务队长为刘爱军，第三生产队机务队长为杜鹏飞，第四生产队机务队长为孙世亮，第五生产队机务队长为徐亚江，第六生产队机务队长为丁忠海，第七生产队机务队长为陈德，第八生产队机务队长为徐喜敬，伊根生产队机务队长为宋华双。第四生产队机务队长陈德与第七生产队机务队长孙世亮互相交流任用。

2013年，全场有机务职工603人，其中有助理工程师职称的1人；场内培训2412人次。

2014年，全场有机务职工604人，其中有助理工程师职称的5人、机务技术员4人；场内机务技术培训3020人次，第五生产队机务队长徐亚江与伊根生产队机务队长宋华双交流任用。

2015年，全场有机务职工597人。场内培训2985人次。

2016年，全场有机务职工594人，场内培训4158人次。通过竞聘，周扬担任第一生产队机务队长，杨玉岐任第二生产队机务队长，丁钟鸣任第三生产队机务队长。

2017年，全场有机务职工593人，场内培训4151人次。通过竞聘，苗唤维担任第六生产队机务队长，孙志刚任第八生产队机务队长。丁忠海交流到第二生产队任机务队长。

2018年，全场有机务职工585人，场内技术培训4095人次。

2019年，全场有机务职工582人，场内培训4074人次。除第五生产队、第六生产队、第八生产队外，其他生产队机务队长均交流任用。第一生产队机务队长为丁钟鸣，第二生产队机务队长为周扬，第三生产队机务队长为徐亚江，第四生产队机务队长为刘俊鹏，第五生产队机务队长为宋华双，第六生产队机务队长为苗唤维，第七生产队机务队长为孙世亮，第八生产队机务队长为孙志刚，伊根生产队机务队长为白杨。

2020年，全场有机务职工574人，全年举办机务技术培训班17期，场内培训4018人次。

第三节 农机具设备与更新

2011年，农场逐年利用国家项目更新农机具，特别是2015年以后，利用项目资金购买的先进大型农机具逐年增加，提高了农场的农具装备水平。"十三五"期间，是上库力农场农机具更新换代最快的时期。

2011年，全场农业机械拥有量为1764台（套、件），机械总动力34262.81千瓦。

2012年，农场新购进大型拖拉机6台、自走式割晒机6台、联合收割机10台、免耕播种机19台、气吹式播种机1台、配套农具10台、装载机1台、扒谷机8台。机械总动力36803.5千瓦。

2013年，农场新购进大中型拖拉机4台、联合收割机12台、割晒机3台、农机具20台（件、套）、清粮机2台、选种机1台、牧业机械2台。淘汰大型拖拉机1台、中型拖拉机4台、小型拖拉机1台、免耕播种机3台、平播机12台、牵引式割晒机3台、背负式喷药机2台、联合收割机5台、配套农具5台（件）。机械总动力35838.5千瓦。

2014年，农场购进大型拖拉机14台、免耕播种机2台、自走割晒机4台、装载机2台、配套农具19台（套、件）。淘汰老旧联合收割机3台、清粮机1台。全场共有农机具1820台（套、件），机械总动力38235.34千瓦。

2015年，农场购进免耕播种机1台、自走割晒机1台、挖掘机1台、配套农具4台（套、件）、清粮机12台、种子精选机3台、农用自卸车9台。全场共有农机具1851台（套、件），机械总动力39118.14千瓦。

2016年，农场购进大型拖拉机1台、气吹播种机1台、装载机3台、挖掘机1台、农具8台（套、件）、东风自卸车4台；淘汰中型拖拉机3台、免耕播种机3台、平播机9台、牵引割晒机5台、背负式喷药机2台、联合收割机7台、清粮机1台、扬场机2台。全场共有农机具1837台（套、件），机械总动力39385.93千瓦。

2017年，农场购进大型拖拉机4台、中型拖拉机1台、气吸播种机2台、自走式喷药机3台、装载机2台；淘汰免耕播种机2台、联合收割机7台、农具10台（套、件）。全场共有农机具1830台（套、件），机械总动力40179.83千瓦。

2018年，农场购进气吹式播种机1台、联合收割机7台、加油车3台；淘汰平播机3台、牵引割晒机1台、装载机1台、农具18台（套、件）、清粮机1台、输送机1台。全场共有农机具1816台（套、件），机械总动力41470.93千瓦。

2019年，农场购进大型拖拉机5台、气吸式播种机1台、气吹式播种机4台、甜菜专用播种机 7 台、自走割晒机 2 台、自走式喷药机 3 台、背负式喷药机 4 台、装载机 1 台、麦场烘干设备 5 套、风干仓 19 套、清粮机 7 台、推运器 55 台、种子精选机 5 台、东风自卸车 4 台。淘汰中型拖拉机 3 台、小型拖拉机 10 台、平播机 23 台、牵引割晒机 18 台、联合收割机 24 台、农具 37 台（套、件）。全场共有农机具 1811 台（套、件），机械总动力 44398.22 千瓦。

2020 年，农场购进大型拖拉机 2 台、装载机 3 台、农具 87 台（套、件）、清粮机 3 台、扬场机 9 台、种子精选机 1 台、输送机 26 台、大型半挂牵引车 2 台。淘汰中型拖拉机 11 台、联合收割机 7 台、入囤机 8 台。全场共有农机具 1918 台（套、件），机械总动力 45517.57 千瓦。

第四节　单车核算

一、单车核算内容

各车组年初定任务，定作业量，定耗油量（包括副燃油），定维修费，定人员编制（队定车长、驾驶员）。根据作业量，以自然亩和标准亩折算核定耗油、维修费。油料节余超耗、零件材料节余超支实行 100％奖励、50％处罚，通过奖罚真正形成比工作积极性、比专业技术、比节约的良好氛围。

单车核算从节约每滴油、每颗螺丝钉做起，严禁跑、冒、滴、漏现象的发生，努力降低生产成本，勤俭节约。

二、单车核算组织机构

农场成立单车核算领导小组，组长为主管农业的副总经理；副组长为财务部长、生产部长、生产部副部长；成员为各生产队队长。

三、单车核算要求

（1）机车更换零件。500 元以内由机务队长鉴定审批后，方可更换。500～1000 元的机车大件由行政队长和机务队长鉴定审批后，方可更换，1000 元以上的机车大件需要上报生产部审核、经农场主管领导批准后方可更换，更换必须做到手续齐全。

（2）零件、副油。机车更换零件和副燃油，严格执行交旧领新制度，交回的旧件保管员要做好记录，回收的副燃油要过滤沉淀、分类存放，能达到技术要求的可重复利用，不能重复利用的要集中处理，避免影响环境。

（3）检修。车长、驾驶员负责机车检修质量，检修要本着修旧利废、勤俭节省的原则，努力降低机车费用。

（4）工分。除《上库力农场单车核算实施方案》规定的检修工和零修工外，平时修车不得再投入工分。

（5）核算汇总。阶段性工作结束，要做好阶段性核算汇总工作，总结经验、寻找差距、堵塞漏洞，表彰奖励先进，年末车组评优，按单车核算结果与平时工作相结合的原则，开展评优活动。场级先进车组由生产队推荐、生产部审核，报农场主管领导审批。

四、农业机械检查验收奖惩标准

对机车、农具等机械，每年给予一定时间进行春检和夏检，并要求通过农场的检查验收，对验收结果奖惩如下：

（1）自查。每次各机车、农具检修完毕，队内先组织各车长和驾驶员进行自查，对查出不合格的，要及时进行整改，力争达到全部合格。

（2）验收。通过农场验收，全部合格的，检修工分100％支付。

（3）惩罚。经过农场验收不合格的，如是因个别零配件磨损严重、领导没有同意更换导致验收不合格，责任与机组无关，检修工分100％支付。如是因机组人员检修不到位，导致机车、农具验收不合格，根据实际情况，每一部位对机组人员扣罚1～3分。

（4）责任人。机务副队长负责单车核算的全面实施工作，各机车长牵头为责任人。

五、单车核算考核办法

（1）职责。机务副队长在抓好全队机车保质保量进行生产作业的同时，要合理安排调度油料员、保管员、核算员、农业技术人员以及车组人员。必须全面掌握各机车的作业情况，对机车工作日记中各项数字（班次作业量、亩耗油）的准确性进行有效管理、监督；班次工作量、亩耗油由机务副队长、核算员共同审核。作业质量标准由机务副队长和技术员（农业、机务）检查认定。

（2）工作日记。田间集中作业的机车，每天工作结束交接班时，各当班车长（驾驶员）填写当天的机车日记。几台车在同一块地作业的，填写工作日记时，要同时填写并互相监督，填写内容要实事求是，不得瞒报、不准漏项。上交的机车日记，当班车长或驾驶员每漏一项扣1分，每瞒报一次扣2分，由机务副队长、核算员负责审核监督。出现问题由机务副队长、核算员处罚。

（3）零散作业。机车零散作业的，作业结束回队后，应先填写当天的机车日记，交到核算员手中（特殊情况可第二天早晨上交）；不按时上交的，当班车长或驾驶员每漏一项扣1分，每瞒报一次扣2分，由核算员负责审核监督。

（4）田间作业管理。加强各机车田间作业质量的管理，田间作业的机车春播中出现断条或漏播等质量问题，每平方米扣0.5分；整地质量达不到要求、灭草出现漏喷的每延米扣0.5分；秋收质量和割晒质量不合格的，根据造成的损失，给予一定的经济处罚。

（5）审核。对各机车上交的机车日记，核算员要严格审核，确认是否有漏项瞒报现象、工作量是否准确、标准亩或自然亩耗油与实际测量是否相符。审核无误后，油料员、核算员签字。田间作业质量验收合格，机务副队长签字生效，核算员方可核算劳动报酬，不合格不予结算劳动报酬，并视情况予以相应处罚。核算员每出现一次审核不到位造成差错的，扣工资1000元。由机务副队长、会计监督。

（6）耗油量。机车在田间作业时，核算员要分别测量出每台机车的亩耗油量，作为每天的对照标准。每天田间作业结束后，在保证作业质量的情况下，与实际耗油总量进行核对。如误差超出5%，核算员要及时向主管领导反映，机务副队长、机务技术员和当班人员及时查明原因，当班人员不能解释清楚的，超额部分由当班车组人员承担。核算员对比做好记录，由主管领导签字、提出处理意见，交行政队长审阅。对确有油料误差而核算员没有核算出来的，扣罚核算员1000元。由机务副队长、会计监督。

（7）核算员。核算员每天早上将原始资料及时核算、汇总、登记台账，并填写机车田间核算表，每天早7:30前上报给行政队长和机务副队长。不及时完成以上工作的，每次扣1000元。由会计负责监督。

（8）会计。会计严把各项数据的统计、汇总质量关，对上报场、队领导的数据应认真审核，因审核不到位出现差错的，会计负主要责任。出现一次差错，扣会计1000元。由机务副队长、行政队长监督。

（9）阶段统计。春播、夏管、秋收等阶段性工作结束，3天内，财务要汇总出机车费用统计表，上报给行政队长和机务队长，以便及时检查、对比各机车费用情况，寻找工作差距、堵塞工作漏洞。没有及时汇总上报的，扣会计、核算员各1000元。由行政队长、机务副队长监督。

（10）检修。春检、夏检及各机车平时保养维修时，机务副队长、机务技术员要严格遵守机车、农具检修各项要求，严把检修质量关，避免因检查、监督不到位出现田间作业机车故障率上升，影响田间作业进度。检查监督不到位严重影田间作业的，每次扣机务副队长2000元、机务技术员2000元。由行政队长监督。

（11）田间作业质量。为保证田间作业质量，在春播、夏管、秋收等阶段性田间工作中，机务副队长带领技术员（农业、机务）要狠抓田间作业质量，准确掌握各机车的作业进度、油料和物资的消耗情况，确保单车核算工作顺利进行。田间主要负责人检查、监督不到位，导致田间作业出现质量问题的，扣负责人2000元。由行政队长监督。

（12）提前安排工作。在田间集中作业时，机务副队长除每天抓好田间日常工作外，在每天交接班前要先到田间，了解掌握田间情况，对需要处理的工作在交接班前安排好，提高机车工作效率，以免影响田间正常工作。如没有提前安排好工作而影响田间作业的，每次扣机务副队长2000元。由行政队长监督。

（13）夜间检查。为杜绝夜间田间作业人员出现睡觉、喝酒等违规现象，机务副队长要经常组织人员检查机车在夜间作业情况，掌握各机车作业动态，发现问题及时处理。因夜间检查不到位，出现以上不良现象的，每一次扣机务队长2000元，并处罚违规人员。由行政队长监督。

（14）核算处罚。对已验收签字的机车日记，签字人要负有连带责任。对原始数据核算员没有把好关、核算时发现有差错的，每一次核算员要自扣1000元，油料员没有把好油料关的自扣1000元。由会计负责监督。

（15）连带处罚。机务副队长因工作检查、监督不到位或因连带责任受到扣款处罚时，每扣机务队长1000元，同时扣行政队长500元。

（16）统计。核算员、会计应做好统计，于阶段性工作结束后公开单车核算考核情况。

（17）奖励。单车核算工作在场检查验收取得较好成绩时，可酌情对各环节的优秀人员进行奖励。

（18）数据错误处罚。为确保单车核算各项数据真实准确、上报及时，要求核算员认真履行职责，对于核算员出现的工作失误和差错前两次进行罚款，第三次进行职务处理。

第五节　农业机械标准化作业

《农业生产管理细则》是农场农业生产的指导性文件，此细则包含了《农资储备标准化》《播种作业标准化》《田间管理标准化》《秋收作业标准化》《整地标准化》《田间试验及农业档案管理标准化》等细则，包罗农业生产所有环节，具有极强的可操作性。

一、春播作业标准化

（1）耕地。地头整齐，接幅严密，不重不漏，尽量不播横头堑，留横头堑的重复不得超过 1 米，播种机在播种时（正常地块）行走路线要笔直，百米弯曲度不超 20 厘米，单台播种机相邻开沟器行距不超 0.5 厘米，多台播种机相连机组相邻开沟器行距不超 1.5 厘米，播种机往返接幅的相邻开沟器行距不超 3 厘米。

（2）播种机。堵塞播种机的一切漏洞，保证播种机不漏播种子和化肥，尤其是输种管要经常检查，做到排种、排肥均匀、不堵、不漏。

（3）牵引车。牵引车播种要匀速，保证播种质量，特别是上下坡播种，往复要保证匀速。下坡机车播种过快、播深不一致会影响出苗整齐度。

（4）镇压。播后镇压要及时，不能漏压，车速控制在 5 千米/小时以内。

二、夏管作业标准化

（一）压青苗标准化

1. 小麦田间有 80％ 的麦苗达三叶期、大麦田间有 80％ 的麦苗达两叶一心时，用环型镇压器压青苗，达到碎土保墒、压实种床、培育壮苗的目的，三叶期后严禁压青苗。密度大、长势旺的麦地限速镇压或进行两次镇压。

2. 作业时保证质量，机械地里不转急弯，有露水时不压、雨后不压、土黏时不压、苗弱不压、地硬不压。

3. 压青苗时速度要控制在 5 千米/小时以内。

（二）喷药作业标准化

1. **药罐清洁**　搅拌装置正常，加药口过滤装置齐全，药罐有清晰的计量刻度，压力表显示正常，压力可调，各输液管畅通；喷杆要直、高度可调，喷头间距相等，喷幅均匀；严格控制机车喷液量，正式喷药前要检查喷药机的单口流量，单口喷液量控制在 2％ 以内，同时要选择有代表性的地块进行试喷，要反复校正，达到要求，机车要匀速作业；苗期灭草，喷液量每亩不得低于 10 千克，后期追肥灭虫时喷液量每亩不得低于 12 千克。

2. **药剂配制**　配药人员要了解农药的性质、配制和使用的技术要求，要按规定的方法和程序进行配制和使用，操作时应戴防护口罩和塑胶手套；量取药剂要使用称量准确的小台秤和耐有机溶剂的塑料量桶等量具，做到剂量准确；配置药剂要使用清洁的河水，要掌握正确的配药方法：采取两步法，先用足量水（10 千克左右）把原药调成母液，然后再稀释到所需浓度。可湿性粉剂与乳油混用时，一定要在两个容器内分配母液。杀虫剂、杀菌剂、叶面肥不要与除草剂混配母液，要单独配制母液。加水、加药时一定要进行三级过滤。喷药罐中要先加入 50％的水，再倒入配置好的母液，加满水后再搅拌均匀。

3. **喷药机作业** 喷药作业时要实时掌握空气湿度、温度、风向、风速等天气情况，气温超过 28℃或低于 15℃，相对湿度低于 65％，风速在 4 米/秒（3 级）以上禁止作业。进出地头易发生药害，喷药机驾驶员要掌握车速和进出地头时的喷雾开启距离；行走要直，不重不漏；药量应准确。

三、秋收作业标准化

① 适时割晒、适时收获，提高产量和产品质量。

② 割晒时，地头要整齐，不留"胡子"。

③ 割晒作业铺子应厚度均匀而不起堆，出现的积堆应及时人工散开，散堆时间不超过割晒后 12 小时。

④ 机车严格按照农机农艺田间作业系列标准开展作业，降低田间损失率，一般总损失率控制在 2％之内。在偏坡地段收获时，一定要减速慢行，尽量减少或杜绝跑粮现象。

⑤ 联合收割机拾禾时不落铺子，麦类有塌铺子的，要根据实际情况力争捡拾干净。

⑥ 机车行走时不压趟子。

⑦ 收割机滚筒转速、凹板间隙、风量、筛面开度等根据收获作物及干湿度适时调整，破碎率不得超过 1％。

⑧ 联合收割机作业期间应对跑粮情况进行认真检查，特别是收获油菜时应经常铺垫苫布进行堵漏检查。

⑨ 秸秆粉碎应确保碎度，定动刀片应锋利、齐全，分布罩应角度适宜，甩盘应运转正常，抛撒应均匀，达到既保墒又不影响整地和播种。

四、夏、秋整地标准化

① 整地前应对地表影响整地和播种质量的秸秆及杂余进行清理。

② 夏翻前有赖皮草的地块要用草甘膦灭除。秋季收获早的地块，如赖皮草较多且气温适

宜（在15℃左右），可在秋季进行赖皮草防除。灭除赖皮草的地块要等待20天后才能整地。

③ 因地制宜地采取翻、松结合的整地方式，深度30～35厘米，土层浅和石头多的地块可略浅，在25厘米以内。秋整地要及时，保质保量。

④ 用铧式犁耕作时，翻垡质量要好，立垡率和回垡率不大于5%，夏翻地深度要求30～35厘米，秋整地深度要求25～30厘米，无堑沟，不重不漏，地头整齐，安装合墒器进行复试作业。

⑤ 深松犁夏翻地深度要求35～40厘米，秋整地深度要求30～35厘米，无堑沟、不重不漏、地头整齐。

⑥ 联合整地机要求深度在35厘米以上，无堑沟、不重不漏、地头整齐。

⑦ 翻后对角耙一遍，对角耙地要耙碎、耙透，角度适宜，不漏耙，深度不小于16厘米。不平、土不碎的地块要顺耙一遍，顺耙深度不小于15厘米，要耙平、耙碎，耙时用耢子，要耢平，不准有沟，"四随"作业要及时。

第六节 技术创新及革新

一、技术创新

（一）自制田间移动式锅炉

1. **创新时间** 2018年。

2. **创新单位** 上库力农场第七生产队。

3. **创新目的** 解决田间喷药凉水溶解化肥农药难的问题。

4. **创新过程** 技术人员用铁管、铁皮、铁板、链轨销子等废旧材料制作了一台移动式锅炉，能随时与喷药机转移地块。

5. **使用效果** 在田间喷药时，用锅炉将少量凉水加热，溶解化肥和农药，形成母液，再将母液加入喷药机药罐中加水稀释，使化肥农药充分溶解，从而发挥最大作用。

（二）自制挖树机

1. **创新时间** 2018年。

2. **创新单位** 上库力农场第七生产队。

3. **创新目的** 解决人工挖大树难问题。

4. **创新过程** 在50装载机前面加装一个挖树装置，通过六路分配器控制双开门油缸两个，四个可以上下升降的油缸控制1.5米×90的铲臂，可以挖出树木直径5～30厘米的树。

5. **使用效果** 能够快速对整棵树木完成挖掘，具备高效率、高质量、低成本的特点，提高树木成活率，是一台理想的绿化设备。

（三）自制剪树机

1. **创新时间** 2018 年。

2. **创新单位** 上库力农场第七生产队。

3. **创新目的** 解决伐木难，劳动强度大的问题。

4. **创新过程**

（1）动力装置。804 机车。

（2）剪树装置。液压油缸、剪刀。

（3）工作原理。在 804 机车铲臂前面加装一个油缸和一个剪刀形状的剪树装置，通过机车的液压分配器控制油缸运动进行工作。剪刀可以调节高低，操作简单，最大可以剪断直径 15 厘米的树木。

5. **使用效果** 快速、高效，极大地提高了工作效率，降低了劳动强度。

（四）自制摊晒机

1. **创新时间** 2018 年。

2. **创新单位** 上库力农场第七生产队。

3. **创新目的** 解决莜麦草铺子厚度大，不易晾干的问题。

4. **创新过程**

（1）动力装置。迪尔 304 机车。

（2）摊晒装置。分配器、液压马达、油缸和两个直径 80 厘米甩盘。

（3）工作原理。将甩盘安装在 304 机车后面，利用 304 液压系统驱动液压马达，使两个甩盘转动起来将作物均匀摊铺在田间，有利于水分快速蒸发。

5. **使用效果** 田间莜麦草在最短时间里晾干打包，减少损失，提高工作效率。

（五）自制凿式免耕播种机

1. **创新时间** 2019 年。

2. **创新单位** 上库力农场第六生产队。

3. **创新目的** 解决免耕播种土壤扰动过大造成田间野油菜增多的问题。

4. **创新过程** 通过借鉴马特马克播种机的凿式开沟器，成功试制了能够播种小麦、油菜的 4256 凿式免耕播种机。

5. **使用效果** 该播种机播种宽幅 4.5 米，播种深度较改装前更加稳定，且动土量小，解决了免耕播种对土壤扰动过大，造成田间野油菜增多的问题。

（六）自制甜菜起垄机

1. 创新时间　2019 年。

2. 创新单位　上库力农场第二生产队。

3. 创新目的　解决统筹种植苗床起垄问题。

4. 创新过程　自行研制，该机具采用三点悬挂式挂接，七铧六垄，垄宽 70 厘米，垄高 25 厘米，作业宽幅为 600 厘米，可为甜菜垄上双行种植模式整理苗床、种床。

5. 使用效果　每小时可作业 40 亩，能够有效提升土壤积温，促进甜菜快速生长。

（七）自制甜菜条耕机深施肥一体机

1. 创新时间　2020 年。

2. 设计单位　上库力农场机务科。

3. 设计人员　张惠利、陈树林、王建友、李明栋。

4. 制造单位　上库力农场第四生产队。

5. 创新目的　解决甜菜种植作业环节复杂，肥料利用率不高，防风能力弱，水土流失比较严重，土壤保水、保墒能力下降问题。

6. 创新理念　设计、制造条耕深施肥一体机，将甜菜种植中的翻、耙、平地、深施肥一次完成，由传统耕作模式转移到保护性耕作模式上来。

7. 创新过程

（1）工作原理。该一体机在前部机架上方安装有 2 个施肥箱，下方安装有 12 个深松施肥犁柱，前方两侧分别安装有排肥驱动和限深轮，每个施肥箱下部安装有 6 个排肥盒，每个排肥盒下部连接有排肥管，排肥管与施肥管相连接，深松施肥犁柱最下方安装有凿式深松铲，后部机架上安装有传动箱，传动箱上安装有旋耕轴，在作业行上的旋耕轴均匀分布了 8 个旋耕刀，一共 12 行共 96 片旋耕刀，旋耕轴上部安装有挡土护罩，机架的后端安装有镇压轮。

（2）动力装置。该机械配套 260 马力大型胶轮车，每小时作业量可达到 40 亩左右，可以通过深松与旋耕相结合为甜菜生长提供 20 厘米宽、10～15 厘米深的松软细碎种床，同时将甜菜生产中所需要的肥料定位定向施用到甜菜生长的种床内，最大施肥量可达到每亩 50 千克；因只对甜菜生长的种床进行深松旋耕，可以最大限度地保留行间前茬作物秸秆，达到防风、固雪、蓄水、抗旱、保墒的目的。

8. 使用效果

① 条耕机一次作业后即可直接进行播种作业，减少了作业环节，综合节省费用 121.75 元/亩。

② 将肥料施用到作物生长的种床上，施肥深度能够满足甜菜根系发育期间的要求，

从而提高肥料的利用率。

③ 能够留住前茬作物秸秆，起到防风作用，保证甜菜幼苗不受风灾。

④ 根据农场地理、土壤、种植情况专门设计制造，具有较好的适配效果。

⑤ 该机械可以减少整地的作业环节，保留田间秸秆，解决风沙灾害和水土流失问题，有助于环境保护。

本产品相关专利证书如图 9-1、图 9-2。

图 9-1　甜菜条耕深施肥一体机实用新型专利证书

图 9-2　甜菜条耕深施肥一体机外观设计专利证书

二、技术革新

（一）免耕播种机技术革新

1. **革新时间**　2017年。

2. **革新单位**　上库力农场第四生产队。

3. **革新目的**　实现免耕机种肥驱动半台分离。

4. **革新方法**　将老式胶轮 2BF 平播机的种肥驱动离合器移装到 4526 免耕播种机的二级传动主驱动轴上。安装离合装置，实现半台分离。

5. **使用效果**　革新后，解决了播种过程中合墒时的重复播种肥问题，起到了节约生产成本、提高作业质量的作用。

（二）割晒机技术革新

1. **革新时间**　2018 年。

2. **革新单位**　上库力农场第七生产队。

3. **革新目的**　解决割晒机放铺角度不够，麦铺子掉到麦茬下面的问题。

4. **革新方法**　将割晒机龙门宽度由原来的 1.3 米缩到 0.9 米，增加小帆布长度，使大小帆布输出麦铺子均匀。

5. **使用效果**　割晒机不用散铺器，放出的铺子麦穗头向后 45 度倾斜，既不怕下雨塌铺，也非常容易进行后续处理。有利于秸秆矮小的大、小麦割晒，大大减少了田间收获损失。

（三）镇压器技术革新

1. **革新时间**　2019 年。

2. **革新单位**　上库力农场第四生产队。

3. **革新目的**　解决镇压器镇压碰凹槽过深，不利于压青苗的问题。

4. **革新方法**　在 V 型槽内焊接铁条，降低 V 型槽深度。

5. **使用效果**　经实际使用效果良好，起到应有的作用。

第十章　农田水利建设

2011—2020 年，上库力农场已建成和在建水利工程面积共计 265769.65 亩。截至 2020 年末，水利设施覆盖农场第一、第二、第三、第五、第六、第七及伊根生产队共七个生产队。

根据国家农业综合开发办、中国农业发展银行《关于 2011 年开展利用政策性贷款实施农业综合开发土地治理项目试点的通知》（国农办〔2011〕69 号），2011 年开展利用农业政策性贷款实施农业综合开发土地治理项目，全国贴息额度为 17 亿元，海拉尔垦区贴息贷款额度为 5.3 亿元，占全国贴息额度的 31％，项目总投资 6.6 亿元。上库力农场籍此开始实施节水灌溉工程，改善农业生产基础条件，提高粮食综合生产能力。

2011—2020 年，上库力农场累计建设一级水源泵站 9 座，其中延根河岸边分布 6 座，库力河岸边 1 座，伊根生产队河岸边 1 座，乌耶勒格其河岸边 1 座。建设二、三级加压泵站 11 座，蓄水池或中转池 13 座，蓄水能力达 200.77 万立方米，最远供水跨度 21.37 千米。现已投入使用节水灌溉面积 177446.65 亩。

第一节　机构设置

2011 年 11 月 15 日，农场组织在全场范围内考试录用 2 名节水灌溉工作人员，全场 18 至 25 岁职工子弟 22 人报名参加考试，其中于智浩、孟繁星两人分别以第一、第二名录取，并送至牙克石汇流河职工中专进行为期两年的专业知识和实际操作技能培训。

2012—2014 年，农场利用政策性贷款实施农业综合开发土地治理项目，在农场第一生产队、第四生产队和第三生产队开始水利工程建设，由土地项目办主任于建涛负责组织落实。返聘于占德负责田间测量、施工及外业管理工作。

2013 年 9 月，农场抽调第三生产队职工于智浩、第四生产队职工孟繁星负责田间测量及施工现场技术指导工作。

2014 年，农场安排蔡海杰到农田水利建设工地工作。

2015 年 4 月 27 日，农场成立节水灌溉工程建设领导小组，组长为韩旭东，副组长为何松，成员为于建涛、宋华民、孟繁杰、刘慧斌、王翠平及各农业生产队队长。办公室设在土地项目办，主任为于建涛（兼）。落实海拉尔农牧场管理局规模化节水灌溉增效示范项目工程，借调第三生产队职工于智浩，第四生产队职工孟繁星、蔡海杰负责田间测量及施工现场技术指导工作。

2015 年 10 月 12 日，农场成立水利工程建设指挥部，总指挥为韩旭东，副总指挥为李月忠、高安起，技术负责人为于建涛，施工负责人为刘惠斌。下设办公室，主任为高安起（兼）。

2016 年 3 月 16 日，农场成立水利办公室，主任为刘慧斌，副主任为冯国斌；4 月 30 日聘任于智浩、孟繁星、蔡海杰为水利办公室技术员，抽调供电所电工邓瀚奇负责农田水利电路施工监督及维修管理工作。

2017 年 11 月，王志权到水利办公室工作，2018 年 7 月 11 日农场正式聘任其为水利办公室科员。

2019 年 4 月 10 日，聘任刘慧斌为水利办公室主任，冯国斌为副主任，蔡海杰、孟繁星、王志权、于智浩为水利办公室技术员。农场水利工程建设负责人情况见表 10-1。

表 10-1　上库力农场水利工程建设负责人名录

所在单位	姓名	职务	兼、任职时间
土地项目办	于建涛	主任	2012.03—2014.10
上库力农场	于占德	返聘	2012.05—2014.10
第三生产队	于智浩	工人	2013.09—2016.03
第四生产队	孟繁星	工人	2013.09—2016.03
上库力农场	蔡海杰	工人	2014.04—2016.03
节水灌溉领导小组	韩旭东	组长	2015.04—2015.10
节水灌溉领导小组	何松	副组长	2015.04—2015.10
水利工程建设指挥部	韩旭东	总指挥	2015.10—2016.03
水利工程建设指挥部	李月忠	副总指挥	2015.10—2016.03
水利工程建设指挥部	高安起	副总指挥	2015.10—2016.03
水利工程建设指挥部	于建涛	技术负责人	2015.10—2016.03
水利工程建设指挥部	刘慧斌	施工负责人	2015.10—2016.03
水利工程建设办公室	刘慧斌	主任	2016.03—2020.12
水利工程建设办公室	冯国斌	副主任	2016.03—2020.12
水利工程建设办公室	于智浩	技术员	2016.03—2020.12
水利工程建设办公室	孟繁星	技术员	2016.03—2020.12

（续）

所在单位	姓名	职务	兼、任职时间
水利工程建设办公室	蔡海杰	技术员	2016.03—2020.12
供电所	邓瀚奇	工作人员	2016.03—2020.12
水利工程建设办公室	王志权	科员、技术员	2018.07—2020.12

第二节　农田水利建设概况

一、第一生产队农田水利工程建设概况

2012 年，农场利用政策性贷款实施节水灌溉项目，在第一生产队、第四生产队、农林科技试验站开始进行相关建设。批复项目总投资为 528.48 万元，均为企业自筹，该项目建设面积为 3537 亩。

第一生产队相关项目为指针式喷灌工程，建设规模为 1684 亩，投资 234 万元，平均亩投资 1389.5 元；该项目购进 130 型挖掘机一台，开挖宽 12 米、深 2 米引水渠 485 米，宽 20 米、深 3 米引水渠 400 米；北京现代农装科技股份有限公司负责喷灌工程建设指导和设备安装，架设安装指针式 DYP204-296 喷灌机 6 套；天津天潜泵业有限公司安装 55 千瓦、120 千瓦立式潜水泵 2 组，扬程分别为 60 和 90 米，供水量 160 吨/小时；呼伦贝尔市正大建筑安装有限公司建设配电房 1 个，石头垒筑宽 10 米、长 12 米、深 5 米蓄水前池一处；农场供电所安装主变压器 1 台、田间变压器 1 台套，铺设 10 千伏地缆 930 米、低压地缆 3250 米；设置喷灌系统 2 个，系统一铺设 PVC200 主管道 570 米、PVC160 支管道 1412 米，系统二铺设 PVC250 主管道 973 米，PVC160、110 支管道 1105 米。该土建工程由农场基建科和第一生产队按照北京现代农装科技股份有限公司的设计自行施工完成。

二、第二生产队农田水利工程建设概况

1. **内蒙古农村土地整治重点工程额尔古纳市国有上库力农场第二生产队子项目**　该项目于 2014 年落实，建设规模 15000 亩，为指针圈喷灌形式；计划工程总投资 1557.28 万元，全部为项目资金。该水利工程于 2015 年 5 月开工建设，2017 年 7 月完成。项目区内建设提水泵站 1 座，引水渠 600 延米，护坡 250 延米，架设高压输电线路 3814 米、低压地埋电缆 8404 米，修筑田间道路 8.44 千米、检查井 24 个、泄水井 24 个、出水栓 13

个，安装变压器 9 台、喷灌机 15 套。2017 年 7 月末 8 月初试水成功。该工程设备安装、土建和管道工程均由内蒙古第六地质矿产勘查开发有限责任公司中标完成，乌兰察布市振集电力安装工程有限责任公司中标电力工程。完成总投资 1557.28 万元。

2. 额尔古纳市 2017 年新增千亿斤粮食生产能力规划田间工程建设项目　该项目于 2017 年 10 月在第二生产队开始施工建设，建设规模 2 万亩，总投资 3252.615 万元，其中中央投资 2423.7863 万元、地方配套 828.8287 万元（项目实施方案批复配套资金 569.2287 万元，企业自筹 10 千伏输电线路 259.6 万元）。项目区新增中心支轴式喷灌机 28 套，平移式喷灌机 10 套，根河岸边泵站 1 座，配套水泵及变频启动柜 4 套，加压泵站 1 组；新建 5 万立方米蓄水池 1 座，新增地埋 PVC 管道 37.975 千米及其他附属设施。安装变压器 24 台，10 千伏高压架空线路 44.367 千米，高压地埋线路 12.198 千米，低压地埋线路 38.5 千米，实灌面积 15916 亩，于 2019 年 10 月初完成试水调试。该工程土建、管道和电力工程均由包头市禹龙水利水电建筑工程有限责任公司中标施工，安徽艾瑞德农业装备有限公司中标设备安装。

3. 额尔古纳市 2018 年全国新增千亿斤粮食生产能力规划田间工程建设项目　该项目区位于第二生产队、伊根生产队，建设规模 4.17 万亩，总投资 6250 万元，争取上级资金 5000 万元，农场配套 1250 万元。项目区新建引水渠 1 条、根河岸边泵站 1 座、前池及进水池各 1 处、配套水泵及变频启动柜 8 套、配备离心泵 3 台，建设 40 万立方米蓄水池 1 座、二级加压泵站 1 座；安装中心支轴式喷灌机 26 套、平移式喷灌机 33 套；泵站新增变压器 2 台，田间新增变压器 16 台，铺设 0.38 千伏地埋电缆线 53.878 千米、10 千伏地埋电缆线 18.071 千米，配置架空 10 千伏高压线 9.733 千米等，有效灌溉面积 38757 亩。该项目的中标单位为：包头市禹龙水利水电建筑工程有限责任公司、内蒙古奕林建设工程有限公司、内蒙古四海水利水电工程有限公司负责土建工程；安徽新建控股集团有限公司、内蒙古宏宇水务工程有限公司、河南京林工程咨询有限公司、黑龙江宏升道路桥梁有限责任公司、内蒙古泰利工程建设有限公司、巴彦淖尔市锦源工程建设有限公司、内蒙古奕林建设工程有限公司负责管道工程；河南省国能建设集团有限公司负责电力工程；沃达尔（天津）股份有限公司、大禹节水（天津）有限公司、安徽艾瑞德农业装备股份有限公司负责设备安装。

4. 内蒙古自治区呼伦贝尔市额尔古纳市 2017 年新增千亿斤粮食生产能力规划田间工程　上库力第二生产队相关工程为 10 千伏配电线路项目，中标单位为四川中骄建设工程有限公司，2019 年 6 月开始建设施工，资金来源为企业自筹，总投资 266.698 万元，2019 年 11 月竣工。

5. **内蒙古自治区呼伦贝尔市额尔古纳市 2019 年高标准农田建设项目**　该工程的中标单位为：呼伦贝尔市旭昇恒达水利工程有限公司、内蒙古泽运水利水电有限责任公司负责土建工程；河南泽宇水利水电工程有限公司、嘉泰建设发展有限公司、内蒙古宏宇水务工程有限公司负责管道工程；内蒙古寅泰建设工程有限公司负责电力工程；倍爱斯（天津）灌溉设备有限公司负责设备安装工程。项目区位于第二生产队、伊根生产队，建设规模 19000 亩，总投资 2482.53 万元，争取上级资金 1986 万元，企业自筹 496.53 万元。项目区配备喷灌设备 30 套，建设 3.1 万立方米蓄水池 1 座，铺设输水管网 39.96 千米并安装其他附属设施，有效灌溉面积 15916 亩，2020 年春播前完成管道安装及管道沟回填。

三、第三生产队农田水利工程建设概况

1. **高标准农田示范项目**　2013 年农场利用政策性贷款实施高标准农田示范工程项目 20000 亩，该工程于 2013 年 10 月在第三生产队开始施工。总投资约 2620 万元，其中申请贷款 2139 万元，企业自筹 461 万元。中标单位内蒙古兴大建设集团有限公司负责土建、管道和电力工程；吉林澳源环保科技有限公司、北京现代农装科技股份有限公司负责设备安装。全部工程分两期建设，2012 年 9 月至 2013 年秋季完成一期工程，2014 年 10 月至 2015 年 5 月完成二期工程。内蒙古兴大建设集团有限公司建设完成 150 米×200 米 15 万立方米蓄水池土建、12 米×6.5 米提水泵站和 24 米×9 米供水泵房建设工程；农场自行施工管道沟开挖及管道铺设安装工程，挖设罕达街根河引水渠 1000 米、输水管道 8.1 千米，修建泄水井 35 个、排气阀 30 个；安装提水泵站 SLOW250 提升泵 3 组、XGN2-12（2）配电柜 5 台、TPW200-510 卧式离心泵 7 组、真空泵 2 台；农场供电所负责电力工程安装，架设供电线路 15 千米、Φ190 线杆 180 根、XGN-12（2）配电箱 5 台，铺设高压地埋电缆 7949 米、低压地埋电缆 23336 米，架设避雷器及线路组件 180 套、SLL-2000 千伏 A 变压器 1 台、SLL-125 千伏 A 变压器 9 台、SLL-50 千伏 A 变压器 1 台；北京现代农装科技股份有限公司负责管线铺设及指针式喷灌设备安装工程，经过二期工程建设，共计安装 DYP-235/406 指针式喷灌机 35 套，合计 11608 延米，铺设供水管线 31586 延米。该工程于 2016 年达到设计作业要求，并投入使用。

2. **水利工程维修改造项目**　2017 年春季，农场利用额尔古纳市大西山中型灌区改造项目资金 541.36 万元和企业配套资金 208 万元，合计 749.36 万元，对第三生产队水利工程进行维修改造。建设两条长 3060 米，管径 500 毫米的输水管道；重铺蓄水池土工膜 36153 平方米；混凝土浇筑蓄水池护坡，厚度为 12 厘米，总面积 13761 平方米；在蓄水

池内新建消力池一座，容积 35.6 立方米，铺设土工膜 420 平方米；建设引水渠 300 延米、护岸 150 延米，铺设土工膜 1733 平方米。

3. **高标准基本农田整治项目** 2017 年 9 月实施 2016 年呼伦贝尔农垦集团上库力农场第三生产队等 3 个单位高标准基本农田土地整治项目，建设面积 2.89 万亩，项目总投资 2890.72 万元。中标施工单位为：翁牛特旗庆洪节水设备安装服务队、呼伦贝尔文鹏路桥设备租赁有限公司负责土建和管道工程；湖南恒鑫输变电工程有限公司负责电力工程；呼伦贝尔京蓝沐禾节水装备有限公司负责设备安装工程。

4. **额尔古纳市 2017 年农业综合开发存量资金土地治理项目** 于 2017 年 9 月开始实施，项目区位于第三生产队，由包头市禹龙水利水电建筑工程有限责任公司负责土建、管道、电力及设备安装工程，建设规模 10000 亩，总投资 1186.64 万元。项目区建设二级提水泵站 1 座、三级提水泵站及 360 立方米蓄水池 1 座，共配套水泵及变频启动柜 4 套，建设 30 万立方米蓄水池 1 座，安装中心支轴式喷灌机 12 套、平移式喷灌机 9 套、10 千伏高压配电线路 8.84 千米、0.4 千伏低压配电线路 12.03 千米、变压器 11 台，地埋管道 22.8 千米及其他附属设施，实灌面积 8134 亩。该项目于 2019 年 7 月验收投入使用。

5. **额尔古纳市 2017 年农业综合开发存量资金土地治理项目配套建设工程** 于 2018 年 4 月开工建设，项目区位于第三生产队，建设 30 万立方米蓄水池及配套设施一处，总投资 701.5 万元。

6. **呼伦贝尔农垦集团高标准基本农田土地整治项目** 总投资 1054 万元，其中项目资金 770.49 万元，企业配套资金 283.51 万元。建设规模 7704.9 亩，喷灌面积 6494.7 亩，喷灌覆盖率 84.29%。建设提水泵站一座、管道泵房 3 座，安装水泵 1 台、管道泵 3 台、真空泵 1 台、变压器 13 台、输水管线 18572 米，架设高压输电线路 12965 米、地埋电缆 22871 米，以 3 台柴油机为 3 个管道泵提供动力。

7. **额尔古纳市 2017 年农业综合开发高标准农田建设项目** 总投资 2057.76 万元，其中项目资金 1400 万元，企业配套资金 657.76 万元，建设规模 1 万亩，喷灌面积 8133 亩，喷灌覆盖率 81.33%。建设二级提水泵站一座、三级提水泵站一座、30 万立方米蓄水池一座，安装水泵 4 台、真空泵 1 台，铺设输水管线 22800 米，架设高压线路 8840 米，地埋低压电缆 12030 米，安装喷灌机 21 套，其中指针式 12 套、平移式 9 套。

8. **2017 年度内蒙古自治区呼伦贝尔市额尔古纳市小型农田水利节水灌溉工程** 于 2018 年 9 月在农场第三生产队等 3 个单位开始施工，建设面积约 5.81 万亩，总投资 6460.37 万元，其中项目资金 5526 万元、企业自筹 934.37 万元。土建工程中标单位为：

山西省水利建筑工程局、内蒙古宏宇水务工程有限公司、包头市禹龙水利水电建筑工程有限责任公司；管道工程中标单位为：甘肃大禹节水集团水利水电工程有限责任公司、河南省广宇建设集团有限公司、河南鑫厦建设集团有限公司、巴彦淖尔市锦源工程建设有限公司；设备安装中标单位为：河北润农节水科技股份有限公司、安徽艾瑞德农业装备股份有限公司、大连雨林灌溉设备有限公司、大禹节水（天津）有限公司。

9. **泵房及配套设施改造** 2018年9月，农场进行第三生产队泵房及配套设施改造，内蒙古兴大建设集团有限公司负责土建、管道及电力工程；内蒙古奕林建设工程有限公司负责设备安装；总投资79.89万元，均为企业自筹。

10. **额尔古纳市农业综合开发中型灌区节水配套改造项目** 内蒙古呼伦贝尔市额尔古纳市大西山中型灌区节水配套改造项目于2017年10月开工建设，内蒙古奕林建设工程有限公司负责土建、电力和设备安装；包头市禹龙水利水电建筑工程有限责任公司、内蒙古都君水利水电工程有限公司、四川中骄建设工程有限公司3个单位负责管道工程建设。该工程铺设输水管道10.16千米，总投资1499.38万元，其中项目投资1400万元、企业自筹99.38万元。

11. **配电线路项目** 2019年6月，内蒙古自治区呼伦贝尔市额尔古纳市小型农田水利节水灌溉工程2017年度上库力农场第三生产队、第六生产队10千伏配电线路项目由内蒙古兴大建设集团有限公司开工建设，总投资74.91万元，均为企业自筹。

四、第四生产队农田水利工程建设概况

第四生产队利用政策性贷款实施的高标准农田建设项目，主要是海拉尔农牧场管理局2011年实施的节水灌溉滴灌项目，由中标单位甘肃瑞盛·亚美特公司负责规划、设计并组织实施。该水利工程为1853亩滴灌工程，其中第四生产队滴灌面积1653亩，投资261万元。

该项目由呼伦贝尔市正大建筑安装有限公司负责建设部首14米×8米泵房土建工程一处，农场自行负责管道工程，在甘肃瑞盛·亚美特高科技农业有限公司指导下进行滴灌工程建设和设备安装。施工期间，农场出动大量人力、物力和机械，开挖宽10米、深2米河道引渠348米，宽25米、深3米河道蓄水池100延米，沉淀池560立方米；铺设管径355毫米/1.0兆帕PVC主管道总长3018米，110毫米/0.6兆帕PVC支管道15条、总长9000米，63毫米/0.6兆帕PVC管道150米，63毫米/0.25兆帕PE管线9000米，田间铺设流量1.38升/小时、外径16毫米、壁厚0.2毫米、滴头间距400毫米的毛管122.6万延米。泵房安装45千瓦立式多级泵2组，扬程100米，给水量200吨/小时；TPK-45-2

自耦降压启动柜1台，600×150泵前真空罐2个，并配套离心加叠片过滤器组系统2套、200升（卧式）肥料罐一套。

该项目从2012年6月中旬开始，至2015年9月，经过四年多时间，前后7次试水、返工、维修，均以失败告终。2015年9月甘肃瑞盛·亚美特公司设计院1名副院长、3名高级工程师来到施工现场，经过3天调试，依然失败。2016年6月甘肃瑞盛·亚美特公司设计院副院长和1名技术人员再次抵达第四生产队滴灌工程现场，仍没有提出完整的维修、整改意见。在工程施工期间，农场已支付给甘肃瑞盛·亚美特公司资金82.8万元。直接投入机械作业工时4966小时，挖掘机等特种设备台班43.5个及人工费用合计50.75万元，经过诸多努力，该水利工程仍未能投入使用。鉴于这种情况，2016年7月农场在向海拉尔农牧场管理局汇报后，于8月11日向甘肃省瑞盛·亚美特高科技农业有限公司发出《关于终止履行合同的通知》，说明了该工程为农场第四生产队1653亩、科技站200亩的滴灌工程项目，经过2013年5月、2015年9月、2016年6月多次试水均未成功等情况。8月28日甘肃省瑞盛·亚美特高科技农业有限公司给予回复，同意终止履行合同，并在《关于终止履行合同的通知》上签字、盖章。与此同时上库力农场与甘肃瑞盛·亚美特公司正式解除该工程合同，农场不再为此合同承担任何法律责任。

五、农林科技试验站水利工程建设概况

农林科技试验站同样利用政策性贷款实施了高标准农田建设项目，具体项目为海拉尔农牧场管理局2011年节水灌溉滴灌工程，中标单位甘肃瑞盛·亚美特公司负责规划、设计并组织实施。设计滴灌工程面积200亩，投资25万元，由农场自行完成。该项目建设毛石水罐基座及水管1处、供水机井及水泵1套，安装离心加叠片过滤器组1套，200升（卧式）肥料罐1套；铺设110毫米/0.6兆帕PVC管道1380米，63毫米/0.6兆帕PVC管道30米，63毫米/0.25兆帕PE管线800米，田间铺设流量1.38升/小时、外径16毫米、壁厚0.2毫米、毛管15万延米。该项目和第四生产队滴灌工程一起与甘肃瑞盛·亚美特公司正式解除该工程合同，农场不再为此合同承担任何法律责任。

六、第六生产队农田水利工程建设

1. 海拉尔农牧场管理局2015年度规模化节水灌溉增效示范项目 工程于第六生产队开工建设，建设规模20000亩。项目批复总投资3110.72万元，其中中央预算内投资2060

万元，企业自筹资金 1050.72 万元。该水利工程于 2016 年 3 月 22 日开工建设，实际建设完成蓄水池两座，1 号蓄水池库容 42 万立方米，2 号蓄水池库容 50 万立方米；泵站 1 座，水泵 6 台，真空泵 1 台，管道 30.5 千米，泄水井 45 个，检查阀门井 15 个，进排气阀门井 5 个，渠首 1 座，引水渠 30 米，砂石路 2.05 千米，取水操作平台 1 座；架设高压线路 9.7 千米，地埋电缆 19.6 千米，安装喷灌机 35 套，其中平移式 4 套、指针圈式 31 套。2017 年 3 月 24 日再次对该水利工程试水，并对部分管材、管件进行维修。试水发现喷灌机 34 套可使用，有 1 台指针式喷灌机由于基座建在沼泽地中未投入使用。该工程建设中标单位为黑龙江省庆隆建筑安装工程有限公司。

2. **2016 年呼伦贝尔农垦集团上库力农场第六生产队等 3 个单位高标准基本农田土地整治项目**　项目信息见第三生产队农田水利工程建设概况。

3. **呼伦贝尔市 2016 年第二批农业综合开发土地治理项目**　于 2017 年 9 月在第六生产队开工建设，建设面积为 10000 亩，项目总投资为 1186.64 万元。由呼伦贝尔京蓝沐禾节水装备有限公司负责土建和管道工程；额尔古纳市诚达经贸有限责任公司负责电力工程；北京现代农装科技股份有限公司负责设备安装。

4. **呼伦贝尔市 2016 年第二批农业综合开发土地治理项目配套建设工程**　于 2018 年 3 月开工建设，中标单位为四川信合源建筑工程有限公司，建设 10 万立方米蓄水池及配套设施 1 处，总投资 233.21 万元，均为农场自筹资金。

5. **第六生产队自筹资金蓄水池连接管线工程项目**　2018 年 6 月开工建设，由四川中骄建设工程有限公司负责管道、电力工程和设备安装，铺设输水管线 5 千米，投资 319.04 万元，均为农场自筹资金。

6. **内蒙古自治区呼伦贝尔市额尔古纳市小型农田水利节水灌溉工程**　见第三生产队农田水利工程建设概况。

7. **额尔古纳市农业综合开发中型灌区节水配套改造项目**　见第三生产队农田水利工程建设概况。

七、第七生产队农田水利工程建设概况

1. **2014 年自治区新建高标准农田建设任务项目**　建设规模 12500 亩，为指针圈喷灌形式。总投资 1877.98 万元，其中项目资金 1250 万元、企业配套资金 627.98 万元。该水利工程于 2014 年 9 月开工建设，2015 年 12 月竣工。通辽市绿地水利工程有限公司负责土建工程，挖掘引水渠 111 米，建设 10 万立方米蓄水池 1 座、大口井 1 眼、配电房 2 座；

安装卧式潜水泵 4 台、立式潜水泵 2 台、取水操作平台 2 座；新建 PVC 管道 16871 米、中心支轴式喷灌机 14 套、泄水井 20 座、阀门井 15 座、排气阀 15 个；呼伦贝尔市中儒电力安装有限公司负责电力工程，架空高压输电线路 11.22 千米，地埋低压线路 8.335 千米，安装变压器 6 台。改建田间道路 13 千米，地埋管道 13.3 千米。该水利工程于 2016 年 7 月试水，因存在多方面问题，一直未能投入使用。针对这种情况，2017 年农场利用额尔古纳市小型农田水利项目资金对该工程进行了改造。

2. **土地整理配套项目**　2015 年 6 月 30 日，农场自筹资金增加第七生产队土地整理项目配套资金 627.98 万元，建设 17.64 万立方米蓄水池 1 座，购置 5 台指针式喷灌机，延伸高压线路 11.7 千米。该工程由呼伦贝尔市德益建筑安装工程公司中标施工，于 2015 年 10 月建设完成。

3. **2016 年呼伦贝尔农垦集团上库力农场第七生产队等 3 个单位高标准基本农田土地整治项目**　见第三生产队农田水利工程建设概况。

4. **2017 年度内蒙古自治区呼伦贝尔市额尔古纳市小型农田水利节水灌溉工程**　见第三生产队农田水利工程建设概况。

八、伊根生产队农田水利工程建设

1. **额尔古纳市 2018 年全国新增千亿斤粮食生产能力规划田间工程建设项目**　见第二生产队农田水利工程建设概况。

2. **内蒙古自治区呼伦贝尔市额尔古纳市 2019 年高标准农田建设项目**　见第二生产队农田水利工程建设概况。

九、其他综合水利工程情况

1. **2016 年呼伦贝尔农垦集团上库力农场第七生产队等三个生产队高标准基本农田土地整治项目**　项目区位于第三生产队、第六生产队、第七生产队，建设规模 2.89 万亩，总投资 3957.23 万元，其中中央投资 2890.72 万元、地方配套 1066.51 万元。第六生产队项目及第七生产队项目均已投入使用时，第三生产队项目区因管道加压泵原因未投入使用。2018 年春季整改调试，项目区新建中转池 1 座（5000 立方米）、提水泵站 2 座、配水泵站 1 座、调节池 1 座、进水池 2 座、引水渠 2 条共计 65 米、护岸 150 米、引水干管 1.940 千米、配水干管 30.930 千米、输水干管 37.384 千米及其他附属设施，管道泵房 6 座、10 千伏架空线路

23.086 千米、400 伏地埋线路 20.673 千米，配备离心泵及其附属设备材料 10 套、管道泵及其附属材料 5 套、变频启动柜 15 套、变压器 27 台、平移式喷灌机 38 套、指针式喷灌机 16 套、变压器 19 台，10 千伏地埋线路 13.9 千米，380 伏地埋线路 19 千米。实灌面积第六生产队为 3984.8 亩，第三生产队为 6494.7 亩，第七生产队为 14182.5 亩。

2. **内蒙古自治区呼伦贝尔市额尔古纳市 2017 年小型农田水利节水灌溉工程**　项目区位于第三生产队、第六生产队、第七生产队，建设规模 6 万亩，总投资 7191.03 万元，其中中央投资 5526 万元，地方配套 1665.03 万元（项目实施方案批复配套资金 934.37 万元，企业自筹 10 千伏输电线路 730.66 万元）。项目区改扩建二级加压泵站 1 座、扩建加压泵站 3 座、配套水泵及变频启动柜 17 套、水泵配套流量计 17 套，新建 40 万立方米蓄水池 1 座，修建 10 万立方米蓄水池一座，新增变压器 6 台、平移式喷灌机 48 套、中心支轴式喷灌机 16 套，铺设地埋 PVC 管道 89.978 千米及其他附属设施，新增田间变压器 16 台、0.38 千伏电缆线 60.973 千米。电力配套 10 千伏高压线路 66.406 千米（第三生产队共有高压架空线路 2.280 千米，高压地埋线路 5.378 千米，变压器 8 台；第六生产队共有高压架空线路 13.5 千米，高压地埋线路 45.248 千米，变压器 62 台），实灌面积第三生产队为 4077 亩、第六生产队为 31380 亩、第七生产队为 10500 亩。该项目于 2019 年 10 月初完成试水调试，2020 年春季可投入使用。

3. **额尔古纳市农业综合开发中型灌区节水配套改造项目**　见第三生产队农田水利工程建设概况。

4. **呼伦贝尔农垦集团上库力农场 2020 年高标准农田建设项目**　项目区位于第二生产队、第三生产队，建设规模 1.2 万亩，总投资 2018.24 万元，其中争取上级资金 1483.19 万元、地方配套 535.05 万元。项目区配备喷灌设备 32 套，新建 2.4 万立方米蓄水池 1 座、铺设输水管网 41.85 千米及其他附属设施，有效灌溉面积 0.9 万亩，已完成勘测及设计工作。

5. **2016 年呼伦贝尔农垦集团上库力农场第七生产队等 3 个生产队项目区一级提水泵站建设**　已办理征占用林地的批复手续。

6. **2016 年国土项目第七生产队项目区一级泵站及 2015 年第三生产队子项目**　已协调部分生产队完成提水泵站截流沟冲毁加固工作。

7. **呼伦贝尔农垦集团公司"十二五""十三五"期间高标准农田及其他水利项目**　已上报情况说明，并完成项目上图入库事宜。

8. **110 万千伏安变电站项目**　积极与国网蒙东额尔古纳供电分公司沟通，加快实施。

9. **上库力农场农田水利工程建设**　截至 2020 年年底，已交付使用灌溉面积 17.94 万亩。

第十一章 畜 牧 业

"十二五"期间，农场的畜牧业得到快速发展，建成1000头奶牛标准化生态牧场1座、奶牛暖舍19个、肉牛暖舍5个，共计34217平方米；建成挤奶厅5个，改良天然草场28万亩；新增先进牧业机械21台；牲畜存栏比"十一五"期末增加2.7万头（匹、只、口），增长71%；牛奶总产11.2万吨，比"十一五"期末增长17.9%，畜牧业总产值8.7亿元，比"十一五"期末增加6.2亿元，增长243%。"十三五"期间，牛奶市场严重受挫，养畜户养牛积极性受到打击，进入畜牧业自我调整期，农场奶牛数量急剧下降，肉羊数量快速增长。畜牧业总收入6.08亿元，比"十二五"期末减少2.62亿元，降低43.1%。

第一节 机构设置

上库力农场畜牧业工作实行两级管理，管理机构分别是农场畜牧业管理部和农场畜牧兽医工作站。畜牧业管理部是全场畜牧兽医工作的管理部门，负责畜牧业发展规划、草场划分、疫病防治等工作。畜牧兽医工作站对全场畜牧兽医工作人员在业务上进行管理指导，生产队畜牧兽医工作人员行政归生产队管理。

2011年，副总经理郭祥华兼任畜牧业管理部部长，副部长为宋华庆，科员为马晓宇。

2012年3月20日，副总经理郭祥华不再兼任畜牧业管理部部长，李增斌任畜牧业管理部部长，副部长为宋华庆，科员为马晓宇。

2017年3月，周桂波任畜牧业管理部部长，副部长为宋华庆、胡凤文，科员为马晓宇。

2018年5月，白树国任畜牧业管理部部长，副部长为宋华庆、胡凤文，科员为马晓宇。

农场2011—2020年畜牧业管理部职责分工见表11-1。

表11-1 2011—2020年畜牧业管理部职责分工

任（兼）职时间	姓名	职务	主管业务、职责分工
2011—2012	郭祥华	兼部长	1. 主持畜牧科全面工作；2. 组织实施动物防疫、检疫、冷配和监督管理工作；3. 畜牧兽医人员管理与培训工作；4. 草场管理、监督工作；5. 养殖场管理、奶厅管理

（续）

任（兼）职时间	姓名	职务	主管业务、职责分工
2011.01—2020.12	宋华庆	副部长	1. 协助科长及时准确地传达上级指示并贯彻执行；2. 协助分管（草原管理、监督）；3. 协助管理第七生产队奶厅工作
2012.03—2020.12	马晓宇	科员	1. 负责畜牧科的内勤工作；2. 负责收集、整理、统计提交各种信息和各种报表；3. 传达上级领导指示、下达工作任务；4. 负责草原补奖系列相关工作；5. 负责牧业进销存完善填报工作
2012.03—2017.03	李增斌	部长	1. 主持畜牧科全面工作；2. 组织实施动物防疫、检疫、冷配和监督管理工作；3. 畜牧兽医人员管理与培训工作；4. 草场管理、监督工作；5. 养殖场管理、奶厅管理
2017.03—2018.04	周桂波	部长	1. 主持畜牧科全面工作；2. 组织实施动物防疫、检疫、冷配和监督管理工作；3. 畜牧兽医人员管理与培训工作；4. 草场管理、监督工作；5. 养殖场管理、奶厅管理
2018.05—2020.12	白树国	部长	1. 主持畜牧科全面工作；2. 组织实施动物防疫、检疫、冷配和监督管理工作；3. 畜牧兽医人员管理与培训工作；4. 草场管理、监督工作；5. 养殖场管理、奶厅管理
2017.06—2020.12	胡凤文	副部长	1. 协助科长制定本科室的年度工作计划经批准后实施；2. 协助分管（养殖场管理）；3. 协助分管安全生产；4. 协助管理第四生产队奶厅工作

第二节　畜牧业机械及养殖设备

目前的农场畜牧业还是以中、小型养殖场为主，适合于现阶段的个体散养和中小规模饲养需要。机械化对推动畜牧业快速发展的重要作用，是用机械装备畜牧业以机械动力替代人力操作。畜牧机械化程度的提高，将养殖户从繁重的体力劳动中解放出来，提高了劳动生产率和养殖业科技含量，降低了生产成本。

畜牧业机械设备也从单一的饲草收贮运输发展到加工、饲喂、畜舍配套设备和畜禽保健设备等，大型、集约化和规模化饲养成套设备也被逐渐引进和试用。畜牧机械设备性能稳定，并不断引进新技术，弥补了原有设备的性能缺陷，提高了畜牧业的整体经济效益。

打运饲草动力机械主要为304型、454型、504型、654型、724型、904型等中型胶轮车，捆草机为（外径）90×120厘米、120×120厘米、120×150厘米、130×150厘米等机型，饲草打、搂、运、贮、粉碎加工全部实现机械化。

2011年，农场在第七生产队建标准化牛舍一幢，10.5米宽、80米长，能入住奶牛100头。

2012年，申请一事一议项目资金为第一生产队建牛舍2栋，为第五生产队建牛舍

1栋，为第七生产队建牛舍2栋。上库力场区南部建收奶站118.69平方米，解决了南部养牛户交奶难的问题。

2013年4月28日，海拉尔农垦（集团）有限责任公司对上库力农场2013年畜牧业建设项目实施方案进行批复。同意建设标准化挤奶厅1座、饲养暖舍4栋，面积共计4000平方米，配套建设供水、供电、道路工程。建设地点为第四生产队、第五生产队、第七生产队、伊根生产队；总投资502万元。

2013年6月，具有世界先进水平的现代化（阿菲金）挤奶平台在农场第一生产队正式投入使用，可同时容纳24头奶牛挤奶。新建3栋牛舍，每栋1050平方米；挤奶厅面积346.3平方米。在第七生产队新建牛舍2栋，每栋1050平方米；挤奶厅面积469平方米。在第五生产队新建牛舍1栋面积1050平方米。

2013年，随着国家对农机购置补贴的支持力度持续加大，在强农、惠农、富农政策的拉动下，全场54户养畜户申请购买农机具64台（件），共计享受农机补贴784400.00元。

2014年，上库力农场千头牛生态牧场二期工程在10月底全部竣工。该工程总投资2400万元，总建筑面积22900平方米。其中泌乳牛舍2栋、干奶牛舍1栋，总面积为10092平方米；后备牛舍1栋，面积为1650平方米；特需牛舍1栋，面积为1031平方米；并列式挤奶厅1栋，面积为756平方米；青贮窖3个容积18900立方米；干草库面积1000平方米；精料库、车库面积900平方米，还有消毒室、消防水池、变电站、锅炉房、办公室、员工宿舍等配套设施。第五生产队、第七生产队各建奶牛暖舍1栋，每栋面积为2200平方米，总投资为480万元。在4个生产队建肉牛暖舍4栋，总面积4800平方米，投资200万元。

2015年，农场投入54万元购入美国产"黑巴斯特"圆桶式粉碎机1台；投资25万元购入进口TMR饲料搅拌车1台；投资11万元购入进口青贮取料机1台。为农场养殖户申请购买农机具补贴共24人、33台（件），共计享受农机补贴504600.00元。

2016年，为了推进饲养方式转型升级，达到人畜分离的标准，第二生产队、第八生产队建成3035.7平方米奶牛暖舍各1栋，可入住约330头奶牛，建设鱼骨式挤奶厅1栋824.3平方米；合作社扩建2栋栓系肉牛舍，每栋面积1260平方米，每栋可入住144头肉牛；伊根生产队已建成面积1307平方米奶牛暖舍1栋，可入住约140头牛，新建226平方米鱼骨式挤奶厅1栋。上库力农场2011—2020年国有牧业机械设备情况见表11-2，牧业设施建设情况见表11-3。

表 11-2　上库力农场 2011—2020 年国有牧业机械、设备统计表

单位：台（个）

设备		2011 年	2012 年	2013 年	2014 年	2015 年	2016 年	2017 年	2018 年	2019 年	2020 年
打草机		0	0	0	0	0	0	0	2	2	2
指针式搂草机		0	0	0	1	3	5	11	12	16	17
捆草机	圆捆机	0	2	3	3	3	3	3	4	4	21
	方捆机	0	0	0	1	1	2	3	3	3	3
TMR 日粮搅拌机		0	0	0	0	0	0	0	5	5	5
青贮取料机		1	1	1	1	1	6	6	6	6	6
青贮收割机		1	1	2	2	1	1	1	1	1	1
割草压扁机		0	0	1	2	2	4	4	5	8	8
翻趟机		0	0	0	0	2	2	8	8	8	8
牧草摊晒机		0	0	0	0	0	0	0	3	3	3
运输挂车		0	0	0	0	0	0	0	1	1	8
圆捆包膜机		0	0	0	0	0	1	1	1	1	1
牧草粉碎机		0	0	3	3	5	5	5	5	5	5
固定式打包机		0	0	0	0	0	0	0	0	1	1
挤奶机		0	0	3	3	3	3	3	3	3	3
揉丝机		0	0	0	5	5	5	5	5	5	5
防腐箱		0	0	0	0	0	0	0	0	0	1

表 11-3　上库力农场 2011—2020 年牧业设施建设情况统计表

单位			暖舍面积（平方米）	暖舍个数（个）	青贮窖容积（立方米）	草库面积（平方米）	饲料库面积（平方米）	奶厅头位（个）	奶厅面积（平方米）	挤奶设备型号
一队	牛场		6150.00	5	3084	817.1	200	24	429	利拉伐
	羊舍	临时羊舍	3844.00	6	—	—	—	—	—	—
		暖羊舍	430.00	6	—	—	—	—	—	—
		彩板住房	210.00	6	—	817.1	—	—	—	—
二队	牛场		6082.00	2	6150	—	—	40	878	阿菲金
四队	牛场		4200.00	4	—	—	—	36	450	利拉伐
	千头牛生态牧场		12096.00	5	12600	1000.0	648	36	756	利拉伐
五队	牛场		7550.00	5	5481	—	—	32	469	利拉伐
六队	牛场		2040.00	2	—	—	—			利拉伐
	养猪场	猪舍	803.50	3	—	—	—			
		地面硬化	1100.00	—	—	—	—			

（续）

单位		暖舍面积 （平方米）	暖舍个数 （个）	青贮窖容积 （立方米）	草库面积 （平方米）	饲料库面积 （平方米）	奶厅头位 （个）	奶厅面积 （平方米）	挤奶设备 型号
七队	牛场	—	7307.36	5	6714	—	—	40	469	利拉伐
八队	牛场	—	6082.00	2	6000	—	—	40	878	阿菲金
伊根队	牛场	—	2250.00	1	—	—	—	—	197	—

第三节 技术队伍

一、畜牧兽医专业技术人员岗位配置

2011年，农场分配大中专毕业生3人、实习生3人至畜牧兽医队伍，增强了畜牧兽医队伍的技术力量。

2012年4月，根据全场牧业工作需要，为进一步加强畜牧业技术人才队伍建设，增加2名兽医人员。

2016年，增加3名兽医人员，为畜牧业发展储备新力量。

2020年，上库力农场共有畜牧兽医人员23人，其中专职兽医15人、兽医兼职育种员4人、专职育种员4人。畜牧兽医人员全部持证上岗，其中初级职称12人，中级职称10人、高级职称1人。2020年农场全场育种人员、兽医人员信息见表11-4。

表11-4 2020年全场育种人员兽医人员信息表

单位	姓名	性别	政治面貌	毕业院校	学历	职称	从事专业时间	职务类别
第一生产队	李刚	男	党员	内蒙古农业大学	大专	兽医师	2003.4	兽医兼育种员
	罗鑫	男	群众	东北农业大学	本科	助理兽医师	2016.6	兽医
第二生产队	李玮池	男	党员	内蒙古民族大学	大专	兽医师	2003.4	兽医兼育种员
	景保磊	男	群众	内蒙古民族大学	大专	助理兽医师	2009.4	兽医
第五生产队	刘立军	男	党员	呼伦贝尔学院	大专	兽医师	1990.2	兽医
	周迎海	男	群众	内蒙古民族大学	大专	助理兽医师	2003.4	兽医
	刘宝	男	群众	—	初中	育种技术员	1988.3	育种员
第六生产队	刘建	男	群众	呼伦贝尔学院	大专	助理兽医师	2012.4	兽医兼育种员
	蔡国军	男	党员	内蒙古农业大学	大专	兽医师	1992.2	兽医
第七生产队	辛俊杰	男	党员	内蒙古民族大学	大专	兽医师	2003.4	兽医
	张旭	男	群众	东北农业大学	本科	助理兽医师	2016.6	兽医
	姜少先	男	群众	内蒙古民族大学	大专	育种技术员	2004.5	育种员
	冯德才	男	群众	—	初中	育种技术员	1976.6	育种员

（续）

单位	姓名	性别	政治面貌	毕业院校	学历	职称	从事专业时间	职务类别
第八生产队	姚守江	男	党员	内蒙古民族大学	本科	兽医师	2008.2	兽医
	王涛	男	群众	内蒙古农业大学	大专	兽医师	2009.4	兽医
	刘贤强	男	群众	—	初中	育种技术员	1998.3	育种员
伊根生产队	辛江生	男	群众	内蒙古农业大学	大专	助理兽医师	1991.8	兽医兼育种员
兽医站	景兵	男	群众	内蒙古农业大学	大专	兽医师	1988.1	兽医
	胡振强	男	群众	内蒙古民族大学	大专	助理兽医师	2012.4	兽医
	陈传鹏	男	群众	四川农业大学	本科	助理兽医师	2014.8	兽医
	刘岩	男	党员	内蒙古民族大学	大专	兽医师	2009.8	兽医
	曲红杰	女	群众	呼伦贝尔学院	大专	兽医师	1998.12	保管员
	袁立文	男	党员	内蒙古农业大学	本科	高级兽医师	2003.4	兽医
	肖林青	男	群众	—	高中	畜牧技术员	1983.12	育种员

二、畜牧兽医专业技术人员工资构成

工资构成为基础工资＋计件工资＋工作补贴，专职育种员年基础工资为 2.7 万元，兽医年基础工资为 1.2 万～2.85 万元（含地方政府购买服务经费），计件工资按防疫畜禽数量拨付。兽医每防疫 1 头牛计件工资为 10 元，防疫其他畜禽结合实际参照集团公司标准折成牛来计算。

兽医站人员的基础工资和计件工资独立使用，管理人员工资单独计算，兽医站正职工资为兽医平均工资的 2～3 倍，副职为正职的 80％，会计为 65％，统计兼出纳为 50％。

第四节　业务培训

基层畜牧兽医工作人员的业务能力和技术水平直接影响着地区畜牧业的发展、升级和转型，优秀的畜牧兽医工作人员是农场畜牧业兴旺发达的基础。做好基层畜牧兽医工作人员的业务培训、提升他们的技能，对畜牧业的发展和提高具有重要意义。

2011—2020 年，全场共组织畜牧兽医人员参加各类业务培训学习 32 次，培训人员累计 206 人次。每年春秋防检疫开始前必须先进行畜牧兽医人员的业务培训，使他们能更好地为养畜户服务。

农场 2011—2020 年畜牧兽医人员培训情况见表 11-5。

表 11-5　2011—2020 年畜牧兽医人员培训情况

年份	培训机构	培训时间	培训地点	培训内容	培训人数（人）
2012	上库力农场畜牧业管理部	7月11日	兽医站会议室	畜间溯源灭点工作培训班	19
2013	农业部农垦局	9月29日	西宁	农垦奶牛现代化管理	1
	农业部农垦局	8月17日	哈尔滨	第三期农垦奶牛现代化管理	2
2014	额尔古纳市农牧局	4月8日	呼伦贝尔市培训教育中心	农技推广培训班	1
2015	海拉尔农垦（集团）有限责任公司	6月24日	海拉尔农牧职工中等专业学校	奶牛场场长培训	4
	上库力农场	7月1—11日	黑龙江密山双峰牧场	标准化牛场管理	4
	上库力农场	9月1—11日	谢尔塔拉第一牧场	标准化牛场管理	4
	额尔古纳市畜牧局	5月9日	额尔古纳	奶牛疾病治疗	3
	海拉尔农垦（集团）有限责任公司	5月12日	海拉尔	寒冷地区牧场设计的一些建议	3
2016	呼伦贝尔市农广校	6月28日	黑龙江双城雀巢奶牛培训基地	标准化牛场管理	3
	额尔古纳市畜牧局	5月1日	额尔古纳市畜牧局	奶牛小区规范升级与发展研讨会	2
	额尔古纳市畜牧局	11月24日	额尔古纳市畜牧局	第12期规模化养殖场经营管理培训班	19
	呼伦贝尔市农广校	6月8—28日	扎兰屯	呼伦贝尔市肉牛养殖培训班第一期	2
	额尔古纳市农牧局	7月	额尔古纳市农牧局	棘球蚴病防治培训班	4
2017	额尔古纳市农牧局	6月	额尔古纳	奶牛疾病预防	2
	额尔古纳市农广校	8月	海拉尔	新型职业农牧民培训班学习	8
	海拉尔农垦（集团）有限责任公司	9月4日	农垦职工中专	肉羊养殖草地改良	3
2018	额尔古纳市农广校	3月18日	海拉尔	新型职业农牧民培训班学习	13
	额尔古纳市农广校	9月	海拉尔	新型职业农牧民培训班学习	14
	呼伦贝尔市	4月25日	海拉尔华瑞大酒店	畜牧业适用技术	3
	呼伦贝尔农垦（集团）有限公司	4月24日	海拉尔华瑞大酒店会议室	全市畜牧业适用技术培训班	19
	呼伦贝尔农垦（集团）有限公司	6月20日	谢尔塔拉场部	三河牛推广培训班	9
	呼伦贝尔农垦（集团）有限公司	8月	新疆石河子市	中国农垦乳业联盟	1
	上库力农场畜牧业管理部	9月26日	上库力农场场部三楼会议室	非洲猪瘟重大动物疫情防控视频会议	23
2019	额尔古纳市农广校	2月	海拉尔	新型职业农牧民培训班学习	12
	额尔古纳市农牧局	3月	海拉尔	基层农技人员知识更新	7
	呼伦贝尔农垦（集团）有限公司	3月23日	通辽	农民企业家创业之路	1
	呼伦贝尔农垦（集团）有限公司	8月27日	兴安盟扎赉特旗	杜美牧业有限公司肉羊人工授精学习班	4
	呼伦贝尔农垦（集团）有限公司	10月28日	赤峰	参观肉羊品种改良饲养	8
2020	呼伦贝尔农垦（集团）有限公司	1月17日	海拉尔	现代农业奶牛产业技术体系项目培训会	2
	额尔古纳市农牧局	9月23日	浙江大学	基层农技人员骨干培训班	1
	额尔古纳市农牧局	10月25日	呼和农大	基层农技人员知识更新培训	5

第五节　畜牧业生产

一、畜牧业发展情况

2011年，全场牧业年度牲畜存栏47403头（匹、只、口）。其中牛11332头，基础母畜（以下简称为"基母"）5791头；羊34734只，基母18888只；马643匹，基母285匹；猪652口。牛奶产量22315吨，出售商品奶18596吨。全年打贮饲草29600吨。

2012年，全场牧业年度牲畜存栏53970头（匹、只、口）。其中牛10470头，基母6282头；羊41978只，基母20745只；马813匹，基母363匹；猪709口。牛奶产量22950吨，出售商品奶20761吨。全年打贮饲草31040吨。种植一年生谷草570亩，退耕还草种多年生牧草430亩。

2013年，全场牧业年度牲畜存栏66915头（匹、只、口）。其中牛10360头，基母5584头；羊55043只，基母28621只；马865匹，基母330匹；猪619口。牛奶产量19207吨，出售商品奶16006吨。全年打贮饲草27700吨。种植谷草3800亩、青贮玉米306亩，种植苜蓿132亩。

2014年，全场牧业年度牲畜存栏74212头（匹、只、口），其中牛11111头，基母5409头；羊61658只，基母35921只；马838匹，基母393匹；猪605口。牛奶产量19042吨，出售商品奶15868吨。全年打贮饲草33000吨。种植苜蓿4267亩。种植青贮玉米3210亩。

2015年，全场牧业年度牲畜存栏84042头（匹、只、口）。其中牛12900头，基母5535头；羊69367只，基母37640只；马1077匹，基母550匹；猪678口。牛奶产量13694吨，出售商品奶11412吨。全年打贮饲草36749吨。种植苜蓿总面积911亩。种植青贮玉米2073亩，平均亩单产2.78吨，全场共计收获5762.94吨。

2016年，全场牧业年度牲畜存栏88473头（匹、只、口）。其中牛10987头，基母4597头；羊75462只，基母41682只；马1296匹，基母627匹；猪725口；牛奶产量7886吨，出售商品奶6572吨。全场打贮饲草15845吨。种植青贮玉米10460亩，种植苜蓿22486亩。

2017年，全场牧业年度牲畜存栏81826头（匹、只、口）。其中牛8353头，基母3696头；羊71139只，基母40682只；马1468匹，基母647匹；猪851口。牛奶产量5148吨，出售商品奶4290吨。全场打贮饲草7183吨。种植青贮玉米558亩，种植燕麦草5387亩。

2018年，全场牧业年度牲畜存栏89819头（匹、只、口）。其中牛8353头，基母

3353 头；羊 77974 只，基母 42136 只；马 1929 匹，基母 980 匹；猪 1541 口。牛奶产量 6422 吨，出售商品奶 4451 吨。全场打贮饲草 23840 吨。种植苜蓿 25107 亩，种植燕麦草 12800 亩。

2019 年，全场牧业年度牲畜存栏 96408 头（匹、只、口）。其中牛 10075 头，基母 4145 头；羊 81750 只，基母 43690 只；马 2702 匹，基母 1281 匹；猪 1859 口。牛奶产量 6183 吨，出售商品奶 4580 吨。全场打贮饲草 8784 吨。

2020 年，全场牧业年度牲畜存栏 105213 头（匹、只、口）。其中牛 10710 头，基母 4489 头；羊 88383 只，基母 43970 只；马 3193 匹，基母 1434 匹；猪 2905 口。牛奶产量 5862 吨，出售商品奶 4319 吨。全场打贮饲草 5893 吨。

农场 2011—2020 年畜禽饲养具体情况见表 11-6，畜产品产量见表 11-7。

表 11-6　2011—2020 年畜禽饲养情况统计表

年份	饲养总量（头、匹、只、口）	马（匹）		牛（头）		羊（只）		猪（口）		驴（头）	鸡（只）	鸭（只）	鹅（只）
		总数	基母	总数	基母	总数	基母	总数	基母				
2011	47403	643	285	11332	5791	34734	18888	652	12	42	2600	0	45500
2012	53970	813	363	10470	6282	41978	20745	709	87	0	7000	4647	56100
2013	66915	865	330	10360	5584	55043	28621	619	51	28	9476	816	58500
2014	74212	838	393	11111	5409	61658	35921	605	27	0	8459	375	328890
2015	84042	1077	550	12900	5535	69367	37640	678	53	20	5801	275	88940
2016	88473	1296	627	10987	4597	75462	41682	725	81	3	8719	506	61622
2017	81826	1468	647	8353	3696	71139	40682	851	97	15	5574	408	84509
2018	89819	1929	980	8353	3353	77974	42136	1541	168	22	16696	345	125000
2019	96408	2702	1281	10075	4145	81750	43690	1859	207	22	20801	1263	125077
2020	105213	3193	1434	10710	4489	88383	43970	2905	314	22	22463	1159	106648

注：饲养总量为马、牛、羊、猪和驴的总数，不包括禽类。

表 11-7　2011—2020 年畜产品产量情况表

年份	牛奶总产（吨）	商品奶（吨）	肉类总产（吨）	羊毛产量（吨）	皮张产量（张）	饲草产量（吨）
2011	22315	18596	449	22.0	1083	29600
2012	22950	20761	993	26.0	3805	31040
2013	19207	16006	1194	35.0	3950	27700
2014	19042	15868	881	42.5	2372	33000
2015	13694	11412	1179	76.2	2300	36749
2016	7886	6572	1263	105.7	3011	15845
2017	5148	4290	1303	107.2	2833	7183
2018	6422	4451	1584	164.3	2855	23840
2019	6183	4580	1521	266.0	3200	8784
2020	5862	4319	2321	276.0	2794	5893
合计	128709	106855	12688	1120.9	28203	219634

二、草原管护

全场实行草场有偿使用制，每亩草场使用费 4 元。遇特殊灾年，产草量降幅较大时，农场根据实际酌情减免部分受灾严重的草场的使用费。各生产队队长负责监督并按时收取草场使用费。场部地区草场使用费的收取工作，属第三、第四生产队职工的由第三、第四生产队收取。非农场职工使用农场草原资源的，由畜牧兽医综合服务站收取草场使用费。对经本人申请退出的草场，由各生产队负责统一管理，优先调剂给确需草场的灵活就业家庭使用。

农场对辖区内已确权的草场拥有管理权、使用权。用户只有临时使用权。严禁在草场播种中草药，对不缴纳草场使用费、买卖草场、转让草场的，一经发现收回草场使用权。为更好地保护草原，加大对草场改良的保护力度，上库力农场施行季节性休牧政策，每年 4 月 1 日至 6 月 15 日禁止牲畜放牧。禁止外来牲畜到本场辖区放牧饲养，制止本队马、羊、鹅在草场附近放牧。

2012 年，农场畜牧业管理部配合额尔古纳市农牧局完成划区轮牧项目 68350 亩。

2017 年 4 月，农场与呼伦贝尔农垦科技发展有限责任公司签订合作协议，对农场第四生产队辖区 700 亩、第三生产队 800 亩，共计 1500 亩天然打草场进行播肥改良试验。6 月 3 日—7 月 31 日，协助额尔古纳市农牧局草原监理所对上库力全场草场进行坐标打点确权测量工作，经测量后确权总面积 118.67 万亩。

2017 年，农场对发生鼢鼠灾害的草牧场进行灭鼠。动员各单位积极宣传灭鼠的相关事宜，并给出相应的奖励制度：每只鼠尾 6 元。全场共灭鼠 991 只，补贴 5946 元。

2018 年 4 月，农场继续与呼伦贝尔农垦科技发展有限责任公司续签合作协议，对农场第七生产队 1500 亩天然打草场进行播肥改良试验。向额尔古纳市草原站申请草原项目，并给出相应的奖励制度：每只草原鼢鼠补贴 15 元。动员各单位积极行动、保护草原，共灭鼢鼠 6100 只、补贴 91500 元。争取额尔古纳市农牧局草原围封项目，围封草原 2 万亩，架设围栏 3 万延米。

2019 年，农场向额尔古纳市草原站申请改良项目，并动员各单位积极保护草原消灭鼢鼠等，共灭鼢鼠 2362 只。

2020 年 7 月 27 日，上库力农场发布《关于个人使用草场有关规定及 2020 年草场收费的通知》，要求按照《内蒙古自治区草原管理条例》实施细则执行。通知指出，草场属于国有资源，管理使用权归农场所有，使用者需严格执行农场辖区内草场使用规定：

（1）任何单位、个人在使用草场期间，应严格按照国家、农场的规定执行，决不允许未经批准，私自在草场内建牧业点包括建房、建牲畜圈舍、私圈围栏。未经农场同意建好的房屋、牲畜圈舍、网围栏一律拆除，在公共放牧场私圈自家小围栏不拆除者，转交林草局立案处理，一切后果自负。

（2）草场属于国有资源，已确权给上库力农场，经农场批准使用的个人只有使用权。草场在个人使用期间，不允许买卖、出租、转让，一律不准对场外出租草场、不许场外牲畜进行转场放牧，一经发现，农场将收回草场使用权。

（3）草场因国家、农场需要，用于各种行业经营生产时（如农机在田间地头地边除草、探矿、采矿、修路、架线、水利工程建设、取料等），在农场同意的前提下，个人一律不准干涉和私自收费。对在经营中所占用的草场，农场减免草场使用费。

由于 2020 年上库力农场严重干旱牧草长势较差，牛奶价格下降到难以维持经营的地步。经农场党政班子会议研究，为鼓励养殖户发展畜牧业，决定减免 2020 年农场养畜户草场有偿使用费，社会户按原标准收费，"4050"人员按集团公司文件的收费标准执行。

2020 年，农场共改良天然草场 4.9 万亩。动员各单位积极保护草原消灭鼢鼠等，共灭鼢鼠 3489 只。

三、农作物与秸秆的利用

受鼢鼠灾害和气候等原因，农场草场严重退化，天然草牧场供给能力下降，已不能满足快速发展的畜牧业生产需要。随着鼓励发展畜牧业政策的落实，农场的畜牧业服务体系不断健全，为缓解畜草矛盾，对农作物秸秆的处理和利用逐年增加，秸秆粉碎加工后与全价饲料配比成混合饲料饲喂家畜的实用技术也逐渐得到养殖户的认可。尤其在牧草受灾减产的年份，使用农作物秸秆代替部分饲草以降低养殖成本在养殖户中已经非常普遍。

2011 年，利用油菜糠 8645 袋，油菜秸秆 9895 捆，小麦秸秆 3695 捆。

2012 年，利用油菜糠 9678 袋，油菜秸秆 11387 捆，小麦秸秆 3960 捆。

2013 年，利用油菜糠 9665 袋，油菜秸秆 10872 捆，小麦秸秆 3870 捆。

2014 年，利用油菜糠 12531 袋，油菜秸秆 10783 捆，小麦秸秆 4150 捆，大麦秸秆 1525 捆。

2015 年，利用油菜糠 15421 袋（分配给 574 户），养殖户自捆油菜秸秆 12963 捆，小麦秸秆 4698 捆。

2016 年，利用油菜糠 11665 袋，油菜秸秆 12572 捆，小麦秸秆 4816 捆，大麦秸秆

3926 捆。

2017 年，利用油菜糠 11692 袋（分配给 651 户），养殖户自捆油菜秸秆 18589 捆，小麦秸秆 5892 捆。

2018 年，利用油菜糠 12695 袋，油菜秸秆 11580 捆，小麦秸秆 5214 捆，大麦秸秆 4625 捆。

2019 年，由于干旱少雨，牧业饲草产量严重不足，为进一步落实年初职代会承诺的为职工办实事，农场将油菜糠、作物秸秆农副产品无偿分给牧业养殖户，从而解决广大牧业养殖户冬季饲草不足和饲养成本高的问题。其中油菜糠分配给 551 户，共利用 8695 袋；油菜秸秆分配给 132 户，共利用 18589 捆。

2020 年，农场免费打捆油菜秸秆、小麦秸秆共 24157 捆，油菜秸秆颗粒 50 吨，油菜糠 7900 袋。在饲草不足的情况下，优惠出售给养畜户，解决了牲畜越冬困难的问题。

第六节　品种改良

动物的品种改良是实现畜禽良种化、全面推进畜牧业产业化进程、提升畜牧业经济效益、增加职工收入的有效途径。繁育改良冷配站点服务范围覆盖了全场养牛区域。

2011 年，全场共有 10 个冷配站点，全年共冷配奶牛 4195 头（其中荷斯坦 1141 头、三河牛 3054 头），受胎 3817 头（其中荷斯坦 973 头、三河牛 2844 头），受胎率 91%。奶牛平均单产已突破 3.5 吨。2011 年 9 月 18 日，海拉尔农垦（集团）有限责任公司畜牧林业部、额尔古纳市四个农牧场、陈巴尔虎旗两个农牧场畜牧业管理部负责人来到上库力农场检查奶牛冷配改良、三河牛选育及良种补贴工作。

2012 年，全场共有 10 个冷配站点，全年共冷配奶牛 4485 头（其中三河牛 3065 头、荷斯坦 1420 头），受胎 4103 头（其中三河牛 2821 头、荷斯坦 1282 头），受胎率 91%。使用液氮 1300 升。奶牛平均单产已突破 3.9 吨。

2013 年，全年共冷配奶牛 4195 头（其中三河牛 3054 头、荷斯坦 1141 头），受胎 3840 头（其中三河牛 2844 头、荷斯坦 996 头），受胎率 92%。使用液氮 1310 升。奶牛平均单产 3.9 吨。

2014 年，全年共冷配奶牛 4167 头（其中荷斯坦 2659 头、三河牛 1508 头），受胎 3566 头（其中荷斯坦 2204 头、三河牛 1362 头），受胎率 86%。配种总情期数 6459 次；使用液氮 1650 升；荷斯坦细管使用 4937 枚，三河牛细管使用 2256 枚。奶牛平均单产 3.5 吨。

2015年，全年共冷配奶牛3028头（其中荷斯坦1230头、三河牛1798头），受胎2742头（其中荷斯坦1101头、三河牛1641头），受胎率91%。配种总情期数4155次；使用液氮1286升；荷斯坦细管使用1540枚，三河牛细管使用2559枚。奶牛平均单产已突破4吨。

2016年，全年共冷配奶牛1666头（其中荷斯坦837头、三河牛829头），受胎1565头（其中荷斯坦786头、三河牛779头），受胎率94%。配种总情期数2260次；使用液氮1290升；荷斯坦细管使用1094枚，三河牛细管使用1181枚。

2017年，全年共冷配奶牛1086头（其中荷斯坦279头、三河牛807头），受胎984头（其中荷斯坦234头、三河牛750头），受胎率91%。配种总情期数1489次；使用液氮1300升；荷斯坦细管使用431枚，三河牛细管使用1011枚。

2018年，全年共冷配奶牛793头（其中荷斯坦118头、三河牛675头），受胎722头（其中荷斯坦102头、三河牛620头），受胎率91%。配种总情期数1193次；使用液氮1310升；荷斯坦细管使用131枚，三河牛细管使用1062枚。

2019年，全年共冷配奶牛769头（其中荷斯坦408头、三河牛361头），受胎702头（其中荷斯坦371头、三河牛331头），受胎率91%。配种总情期数949次；使用液氮945升；荷斯坦细管使用159枚，三河牛细管使用809枚。

2020年，全年共冷配奶牛894头（其中荷斯坦36头、三河牛858头），受胎778头（其中荷斯坦30头、三河牛748头），受胎率87%。配种总情期数1277次；使用液氮990升；三河牛细管使用1241枚，荷斯坦细管使用16枚。

农场2011—2020年冷配受胎情况、品种改良细管使用情况见表11-8、表11-9。

表11-8　2011—2020年冷配受胎报表

年份	应配母牛头数（头）	参配母牛头数（头）		受胎母牛头数（头）		配种总情期数（次）	细管使用量（枚）		繁殖疾病			
							荷斯坦细管	三河牛细管	发病头数（头）		治愈头数（头）	
		全群	三河牛	全群	三河牛				子宫	卵巢	子宫	卵巢
2011	5791	4195	3054	3817	2844	—	1172	4900	—	—	—	—
2012	6282	4485	3065	4103	2821	6426	2052	4509	243	36	202	26
2013	5584	4195	3054	3840	2344	5762	1462	4012	25	—	25	
2014	5409	4167	1508	3566	1362	6459	4937	2256	230	21	225	8
2015	5535	3028	1798	2742	1641	4155	1540	2559	105	2	94	2
2016	4597	1666	829	1565	779	2260	1094	1181	42	4	38	4
2017	5596	1086	807	984	750	1489	431	1011	35	3	28	1
2018	3696	793	675	722	620	1193	131	1062	18	—	15	—

（续）

年份	应配母牛头数（头）	参配母牛头数（头）		受胎母牛头数（头）		配种总情期数（次）	细管使用量（枚）		繁殖疾病			
							荷斯坦细管	三河牛细管	发病头数（头）		治愈头数（头）	
		全群	三河牛	全群	三河牛				子宫	卵巢	子宫	卵巢
2019	4145	769	361	702	331	949	159	809	17	—	13	—
2020	4489	894	858	778	748	1277	16	1241	29	—	26	—
总计	51124	25278	16009	22819	14240	29970	12994	23540	744	66	666	41

表 11-9　2011—2020 年品种改良细管使用情况

年份	品种	领取量（毫升）	发放量（毫升）	使用量（毫升）	库存（毫升）	液氮使用量（升）	受胎率
2011	荷斯坦	1172	1172	1172	300	1200	91%
	三河牛	5000	4900	4900	100		
2012	荷斯坦	2052	2000	1900	452	1300	91%
	三河牛	7228	500	4500	2828		
2013	荷斯坦	14000	6700	6037	8867	1310	91%
	三河牛	4800	4500	4012	3616		
2014	荷斯坦	0	6500	6037	2830	1650	91%
	三河牛	1500	1600	1540	3576		
2015	荷斯坦	3000	1600	1540	4290	1286	91%
	三河牛	3000	2559	2559	4017		
2016	荷斯坦	0	1200	1094	3196	1290	94%
	三河牛	1400	1300	1290	4127		
2017	荷斯坦	0	900	862	2334	1300	91%
	三河牛	3000	2500	2434	4693		
2018	荷斯坦	0	300	131	2203	1310	91%
	三河牛	2100	2060	1062	5731		
	安格斯	500	500	500	0		
	西门塔尔	1000	1000	1000	0		
2019	荷斯坦	0	200	159	2044	945	91%
	三河牛	1000	900	809	5922		
2020	荷斯坦	0	50	16	2028	990	87%
	三河牛	1300	1300	1240	5982		

第七节　特色养殖

2011 年，全场 11 户购鹅雏 45500 只，成活 40864 只，成活率 89% 以上。年底出售 39726 只，以每千克 16.2 元的平均价格出售。每只鹅纯收入约 25 元，纯利润 80 多万元；养殖小笨鸡 2600 只；养狐 29 只，养殖效益 100 元/只，市场价格 250～300 元/只；养貉 44 只，养殖效益 100 元/只，市场价格 250～300 元/只；养蜜蜂 321 箱，养殖效益蜂蜜 300 元/箱，市场价格 20 元/千克；养野猪 128 头，养殖效益 300 元/头，市场价格 50 元/千克。养獭兔 492 只，养殖效益 40 元/只，市场价格 60 元/只。全场特色养殖纯收入突破 100 万元。

2012 年，全场 13 户购鹅雏 56100 只，成活率 90％以上。秋季出售 48709 只，以每千克 14.4 元的平均价格出售，每只鹅纯收入约 16 元，市场价格 14 元/千克；全场养蜜蜂 139 箱，养殖效益蜂蜜 300 元/箱，市场价格 5 元/千克；养野猪 238 头，养殖效益 300 元/头，市场价格 50 元/千克；养獭兔 391 只，养殖效益每只 35 元/只，市场价格 55 元/只；全场特色养殖纯收入约 80 万元。各项指标超额完成。

2013 年，全场 12 户购鹅雏 58500 只，成活率 90％以上。秋季出售 50857 只。市场价格 16～18 元/千克，养殖效益每只鹅 29 元，全场白鹅养殖纯收入约 150 万元。各项指标超额完成。养獭兔 442 只，养殖效益 35 元/只，市场价格 55 元/只；养蜜蜂 96 箱，养殖效益蜂蜜 300 元/箱，市场价格 20 元/千克；养野猪 412 头，养殖效益 1250 元/头，市场价格 60 元/千克；2013 年 3 月 15 日，在集团公司 2013 年经济工作会议上，上库力农场第一生产队野猪养殖户赵红松获海拉尔农垦（集团）有限责任公司特色养殖典型户奖。

2014 年 3 月 24 日，农场组织 10 人白鹅养殖学习考察团，由场长王延生带队赴黑龙江齐齐哈尔富拉尔基区山海鹅业合作社、双城市（现双城区）庆龙鹅业公司参观学习。3 月 31 日，农场召开开展养鹅业征求意见座谈会，各基层单位领导及养鹅户代表 41 人参加座谈。农场在饲养鹅数量 200～2000 只范围内按散养每只补贴 2 元、圈养每只补贴 7 元的标准进行补贴，共补贴 267513 只，补贴总金额 1054735 元。建育雏棚 80 个（彩钢棚 36 个、塑料棚 44 个），塑料棚场补贴 50％，彩钢棚场补贴 80％。生产队饲养鹅 5 万只以上的，每 100 只鹅提供一亩饲料地，种植玉米或苜蓿作为补充饲料。通过实施补贴扶持政策，使养鹅业得到持续发展，全场 149 户购鹅雏 328890 只，成活率 90％以上。8 月 31 日开始销售至 10 月 13 日结束，共计出售鹅 267347 只，最高收购价每千克 16.4 元，最低收购价每千克 11.6 元。饲养獭兔 1134 只，养殖效益 25 元/只，市场价格 45 元/只；养蜜蜂 421 箱，养殖效益蜂蜜 370 元/箱，市场价格 30 元/千克；养野猪 420 头，养殖效益 1250 元/头，市场价格 60 元/千克；养牦牛 221 头；养鹿 1 头。

2015 年，全场 97 户购鹅雏 88940 只，成活率 79％以上。8 月末开始销售至 9 月中旬结束，共计出售 70857 只，最高收购价每千克 15.4 元，最低收购价每千克 10.4 元，由于鹅雏成活率和市场价格均低于往年，养鹅业没有产生经济效益。全场养蜜蜂 245 箱，养殖效益蜂蜜 390 元/箱，市场价格 34 元/千克；养野猪 456 头，养殖效益 1600 元/头，市场价格 64 元/千克；养獭兔 895 只，养殖效益 25 元/只，市场价格 45 元/只；养牦牛 223 头。上库力农场第五生产队肉鹅养殖户赵雪娇荣获海拉尔农垦（集团）有限责任公司规模化养殖先进奖。

2016年，全场购入鹅雏61622只，成活率89％以上。共计出售49870只，养殖效益23元/只，市场价格15元/千克；全场养蜜蜂197箱，养殖效益蜂蜜400元/箱，市场价格40元/千克；养野猪282头，养殖效益1600元/头，市场价格64元/千克；养獭兔304只，养殖效益25元/只，市场价格45元/只；养牦牛202头。

2017年，全场购入鹅雏84509只，成活率89％以上。共计出售71580只，养殖效益每只40元/只，市场价格20元/千克；全场养蜜蜂50箱，养殖效益蜂蜜420元/箱，市场价格44元/千克；养野猪260头，养殖效益2100元/头，市场价格70元/千克；养獭兔330只，养殖效益25元/只，市场价格45元/只；养珍珠鸡800只，养殖效益80元/只，市场价格100元/只；养鸵鸟80只，养殖效益2700元/只，市场价格80元/千克；养绿孔雀23只、骆驼2匹（仅做观赏用，无效益）；养牦牛203头。

2018年，全场购入鹅雏125000只，成活率90％以上。共计出售103000只，养殖效益每只35元/只，市场价格16～18元/千克；全场养蜜蜂50箱，养殖效益蜂蜜450元/箱，市场价格50元/千克；养野猪280头，养殖效益2100元/头，市场价格70元/千克；养巴马香猪381口，养殖效益3000元/口，市场价格4000元/口；养獭兔183只（无效益，肉自用）；养珍珠鸡1560只，养殖效益80元/只，市场价格100元/只；养鸵鸟95只，养殖效益2700元/只，市场价格80元/千克；养灰雁1500只，养殖效益35元/只，市场价格16～18元/千克；养绿孔雀26只、海鸥124只，苍鹭142只、赤麻鸭86只、银鸥211只、火鸡80只。

2019年，全场购入鹅雏125077只，成活率90％以上。共计出售104635只，养殖效益每只32元/只，市场价格15～18元/千克；全场养蜜蜂80箱，养殖效益蜂蜜450元/箱，市场价格50元/千克；养野猪226头，养殖效益2950元/头，市场价格160元/千克；养香猪301口，养殖效益3000元/口，市场价格4000元/口；养珍珠鸡2340只，养殖效益80元/只，市场价格100元/只；养鸵鸟100只，养殖效益2700元/只，市场价格80元/千克；养大雁1000只，养殖效益每只32元/只，市场价格15～18元/千克。养獭兔104只；养鸽子220只；绿孔雀10只、赤麻鸭23只、香椿雁30只、火鸡15只。全年特色养殖纯收入约364万元。

2020年，购入鹅雏106648只，成活率90％以上；市场价格10～12元/千克；由于饲料价格上涨、市场价格降低等多方面因素影响，养鹅业没有养殖效益。养鸵鸟58只，养殖效益2700元/只，市场价格80元/千克；养珍珠鸡2000只，养殖效益80元/只，市场价格100元/只；养蜜蜂80箱，养殖效益蜂蜜450元/箱，市场价格50元/千克；养野猪

280 头，养殖效益 3800 元/头，市场价格 90 元/千克；养鸽子 220 只（自留，无效益）；养鹿 8 头（不出售，无养殖效益）；养香猪 522 口，养殖效益 3000 元/口，市场价格 4000 元/口；养獭兔 82 只。

第八节　疫病种类及防治

农场动物疫病防治以防控重大动物疫病为中心，同时加大对其他疫病的防治力度，确保农场无重大动物疫病发生，促进农场畜牧业快速健康发展，保障畜禽产品公共卫生安全。

一、防治的主要疫病与疫苗注射

上库力农场对畜牧业生产危害较大的疫病防治和畜禽防疫注射的疫苗情况如下。

（1）防治人畜共患的主要传染病。主要防治口蹄疫、布鲁氏菌病、炭疽等。

（2）牛主要传染病。主要防治牛结核、布鲁氏菌病。主要注射免疫口蹄疫 O 型、亚 I 型和 A 型疫苗，布鲁氏菌病灭活苗，炭疽疫苗等，每年 4 月、10 月集中免疫，对牛结核病每年进行抽检。

（3）马主要传染病。主要防治马鼻疽、马传染性贫血、沙门氏杆菌等。每年 4 月、10 月集中注射炭疽疫苗，部分养殖户自购马鼻疽、马传染性贫血、沙门氏杆菌病疫苗，由兽医人员进行防疫注射。

（4）羊主要传染病。主要防治小反刍兽疫、羊痘、布鲁氏杆菌病等。主要注射免疫口蹄疫 O 型和亚 I 疫苗、布鲁氏菌病灭活苗、羊三联四防（羊快疫、羊猝狙、羊黑疫、羊肠毒血症）苗、炭疽疫苗、小反刍兽疫疫苗等，每年 4 月、10 月集中免疫。

（5）猪主要传染病。主要防治猪瘟、猪丹毒、猪肺疫（猪三针）、猪繁殖与呼吸综合征（猪蓝耳病）。

（6）家禽的主要传染病。主要防治鸡传染性法氏囊病、鸡新城疫、禽流感。

（7）犬主要传染病。主要防治狂犬病、犬瘟热、绦虫。畜牧兽医综合服务站每季度入户为犬类投服驱虫药物。

二、"两病（布鲁氏菌病、结核病）"检疫和棘球蚴病筛查工作

2011 年，按海拉尔农垦（集团）有限责任公司畜牧林业部与额尔古纳市兽医局部署，

农场畜牧兽医综合服务站及各生产队畜牧兽医人员于 7 月 3 日开始"两病"检疫工作，至 7 月 28 日结束，对全场 2919 头奶牛逐一检疫、照相、登记造册。共检出牛结核病阳性 12 头，阳性率 0.4%。牛布鲁氏菌病疑似阳性 69 头。种公羊布鲁氏菌病阳性 385 只，疑似阳性 28 只。检疫结果上报海拉尔农垦（集团）有限责任公司畜牧林业部与额尔古纳市畜牧局，按国家要求净化处理，并为健康合格的奶牛发放健康证。

2012 年 7 月 3 日，全场兽医人员开始进行"两病"检疫工作，至 7 月 30 日结束。对全场 566 头奶牛逐一检疫、照相、登记造册。检出牛结核病阳性 9 头，阳性率 1.5%。种公羊布鲁氏菌病阳性 199 只，疑似阳性 12 只。

2013 年，按海拉尔农垦（集团）有限责任公司畜牧林业部与额尔古纳市兽医局部署，畜牧兽医综合服务站兽医人员于 5 月 3 日开始两病检疫工作，至 5 月 28 日结束。在前后 26 天的检疫工作中，第一次送检羊布鲁氏菌病检疫 205 只，阳性 58 只；第二次灭点溯源送检 68 只，阳性 25 只。

2015 年 5 月 4 日，为迎接国家两病检查，农场畜牧兽医综合服务站兽医人员集中对第二生产队、第八生产队、上库力养殖中心区进行"两病"检测工作，结核检疫共检 2759 头，阳性 1 头；以布鲁氏菌病血清做虎红平板凝集试验检疫 2759 头，检出阳性牛 35 头，阳性率 1.3%。

2016 年 4 月，畜牧兽医综合服务站协助额尔古纳市农牧业局疫控中心进行布鲁氏菌病、羊棘球蚴病采血监测工作，共抽检 60 份血样。结核检疫牛共 129 头，阳性 1 头；以布鲁氏菌病血清做虎红平板凝结试验，检疫种公羊 228 只、牛 129 头。

2019 年，按照额尔古纳市农牧业局下达的牛"两病"任务指标，畜牧兽医综合服务站兽医人员于 8 月上旬开始对防区内的奶牛进行"两病"检疫。共检 220 头，结核病检疫全部阴性；布鲁氏菌病检出阳性 10 头，阳性率 4.5%。

2020 年，按照农牧局下达的牛"两病"任务指标，畜牧兽医综合服务站于 7 月中旬开始对防区内的奶牛进行"两病"检疫。共检 254 头，结核病检疫全部阴性；布鲁氏菌病检出阳性 15 头，阳性率 5.9%，种公羊布鲁氏菌病采血 55 只，全部阴性。

三、各类疫苗防疫注射

上库力农场场部地区，第三、第四生产队辖区牲畜防疫工作由畜牧兽医综合服务站兽医人员负责，其他生产队在防疫季节增派人员协助本队兽医人员完成防疫工作。每年春季 4—6 月，秋季 9—11 月入户进行免疫工作，周边突发疫情等紧急情况时，进行不定期加强免疫。十年来，累计进行各类牲畜疫苗防疫注射4923540头（匹、只、口）。

（一）猪防疫注射

2011—2020年，猪三针（猪瘟、猪丹毒、猪肺疫）注射23529口；仔猪副伤寒注射10857口；猪蓝耳病（繁殖与呼吸综合征）注射21241口，猪口蹄疫注射23529口。

（二）牛防疫注射

2011—2017年，炭疽疫苗注射71885头；2011—2018年，预防牛皮蝇注射（阿维菌素、伊维菌素）69175头；2011—2020年，口蹄疫A型、O型、亚洲I型注射187062头；口服布鲁氏菌病疫苗注射88101头。

（三）羊防疫

2011—2020年，羊三联四防（羊快疫、羊猝狙、羊黑疫、羊肠毒血症）注射993990只；接种羊痘622439只；口蹄疫注射1116490只；口服布鲁氏菌病疫苗499051只；2011—2017年，炭疽注射395353只；2014—2020年，小反刍兽疫注射312281只；2017—2018年，驱虫药剂（伊维菌素）注射105544只。

（四）马防疫

2011—2017年，炭疽注射3925匹。

（五）禽防疫

2011—2020年，禽流感注射312568只。

（六）狗防疫

2011—2020年，狂犬病注射12869只；2017—2020年，狗驱虫（吡喹酮）投服6593只。

农场2011—2020年畜禽预防注射情况见表11-10。

表11-10　2011—2020年畜禽预防注射统计表

年份		2011	2012	2013	2014	2015	2016	2017	2018	2019	2020	合计
猪瘟（口）		1449	1600	2054	1526	1185	1028	1978	3023	4197	5489	23529
猪肺疫（口）		1449	1600	2054	1526	1185	1028	1978	3023	4197	5489	23529
猪丹毒（口）		1449	1600	2054	1526	1185	1028	1978	3023	4197	5489	23529
仔猪副伤寒（口）		591	539	1883	853	601	402	693	1434	663	3198	10857
猪蓝耳病（口）		1449	577	2034	1526	1185	591	1532	3023	4194	5130	21241
羊三联四防（只）		67351	77922	96114	98803	126502	131620	119623	133781	128663	13611	993990
布病SII口服	牛（头）	11347	9223	9244	8759	10316	7755	6813	7828	7025	9791	88101
	羊（只）	32554	39111	42867	39559	60376	58204	49911	55633	57259	63577	499051

（续）

年份		2011	2012	2013	2014	2015	2016	2017	2018	2019	2020	合计
炭疽芽孢苗	马（匹）	603	506	635	522	327	365	967	—	—	—	3925
	牛（头）	11199	8806	9865	10966	11984	10524	8541	—	—	—	71885
	羊（只）	34797	38811	53247	59244	66126	73416	69712	—	—	—	395353
狂犬苗（犬）（条）		1327	1512	1192	1297	1359	1314	1245	1362	1049	1212	12869
禽流感（只）		19635	7749	6996	2056	1064	1826	117094	16507	31422	108219	312568
羊痘（只）		34797	38811	53247	59244	66126	78416	69712	78148	71404	72534	622439
小反刍兽疫（只）		—	—	—	59244	66126	45205	5405	13054	69208	54039	312281
驱虫	牛皮蝇（头）	11347	9323	9244	8759	10259	5602	6813	7828			69175
	犬驱虫（条）	—	—	—	—	—		1736	2596	1049	1212	6593
	羊药浴（只）	—	—	—	—	—		49911	55633			105544
猪口蹄疫（口）		1449	1600	2054	1526	1185	1028	1978	3023	4197	5489	23529
羊口蹄疫（只）		67351	77922	96114	98803	126502	131620	119623	133781	128663	136111	1116490
牛口蹄疫（头）		22546	18129	19109	19725	22243	18279	15354	16011	16206	19460	187062

注：防疫数量为每年春、秋防疫和加强防疫的合计数。

四、疫病排查和消毒灭源

2011年1月11日，农场为保证春节期间不发生口蹄疫、禽流感等重大动物疫情，严格监管活畜流通，组织全场兽医人员在牲畜集中饲养圈舍进行消毒、漏免畜禽补注疫苗免疫。

2012年4月11日，因上库力农场周边地区疫情频发，农场成立紧急动物疫情防控领导小组，组长为王延生（场长、分公司总经理），副组长为苗培昆（分公司党委书记）、郭祥华（分公司副总经理），成员为吴国志、郭本生、何松、孟繁国及全场畜牧业技术人员。办公室设在畜牧科，主任为李增斌（兼）。农场部署防疫任务，由全场兽医人员对上库力农场辖区内饲养的牲畜进行紧急接种。

2016年12月2日，第八生产队兽医发现本辖区有牛出现口腔流涎和蹄叶溃烂病情，并及时上报农场畜牧业管理部。部长李增斌、副部长宋华庆立即赶往发病现场，并与额尔古纳市农牧业局、动物防疫监督所取得联系。经排查发病现场后，通过与动物防疫监督所技术人员进行会诊，依据发病症状判定发病牛疑似口蹄疫。上库力农场立即组织人员对第八生产队交通要道进行封锁、排查过往车辆，并对养殖区和养殖散户进行入户调查，为患病畜隔离、病死畜处理和养殖区、场、户消毒灭源工作制定方案。12月5日，组织兽医人员对第八生产队、第二生产队、第五生产队、第六生产队和场部辖区的牛进行采血，检测口蹄疫抗体。12月30日，海拉尔农垦集团公司畜牧林产部领导来到第八生产队，并组织养殖大户召开会议，对此次疫情的防疫要求、防疫计划与规定做进一步部署。截至2017年2月1日，无新增患病牛、羊。截至2017年2月24日，经统计，受疫情感染养殖户16户；共发病牛573头（治愈502头），死亡71头（做无害化处理）；羊发病54只（治愈43只），死亡11只（做无害化处理）。死亡牲畜统计明细报送额尔古纳市农牧业局。

2018年，农场加强对非洲猪瘟、炭疽等疫病的排查，全场兽医人员每天排查一次并上报排查结果，发放宣传材料，并和养殖户签订了《承诺书》，同时加强对生猪养殖户的指导，督促落实各项防控措施，强化封闭饲养，采取隔离防护措施，结合高温消毒灭源工作，指导养殖户定期开展消毒灭源，严禁使用泔水或餐余垃圾饲喂生猪，对养殖户购买饲料的来源、类别、生产厂家、保质期等做详细记录，并定期对猪舍进行消毒。

2020年，因上库力农场周边疫病频发，农场于4月23日组织各单位兽医对辖区内养殖场、户的养殖区域进行了一次全面的消毒灭源工作，将上库力农场场区、各生产队养殖户丢弃的病死畜及污染物集中进行无害化处理。截至4月27日，共消毒牛场5处、养畜户养殖区域231户，共计22.9542万平方米。根据呼伦贝尔农垦集团有限公司畜牧业林产部指示精神，农场成立了非洲猪瘟、口蹄疫、炭疽等重大动物疫病领导小组，制定了非洲猪瘟等重大动物疫情应急预案，并安排布置对非洲猪瘟、口蹄疫、炭疽等疫病进行排查并上报排查任务，通过发放宣传材料、微信等形式向职工群众广泛宣传非洲猪瘟防控知识，同时加强对生猪养殖户的指导，督促落实各项防控措施，强化封闭饲养，做好猪舍消毒工作。11月5日，农场畜牧兽医综合服务站按照额尔古纳市动物疫病预防控制中心的《加强牛结节性皮肤病疫情排查及宣传工作》通知要求，安排部署兽医人员对辖区牛只进行排查，并建立牛结节性皮肤病排查档案，共排查361户合计6429头，确认上库力农场无牛结节性皮肤病疫情。

五、疫病防治效果

通过疫病防治，农场动物发病率和死亡率明显下降。动物疫病防治工作到位，确保农场没有发生重大动物疫病，对农场畜牧业生产水平的提高有较大作用。同时，疫病防治对畜禽饲料转化率的提高有一定的作用，对切断人畜共患病的相互传播起到了至关重要的作用，特别是使畜牧工作者的家庭人员被传染布鲁氏菌病和结核病的概率大为降低。

疫病防治提高了农场公共卫生安全水平，使畜禽产品的质量有了保障，进而提高了农场的动物及其产品的质量信誉，加快了畜禽及其产品的流通。

2011—2020年，除2016年第八生产队发生一次疑似口蹄疫病情，农场没有发生其他重大动物疫情，农场畜牧业得到健康发展，畜禽产品安全得到保障。

第九节　畜禽饲养管理

一、牲畜饲养方式

农场饲养的家畜有牛、羊、马、猪等。

产奶牛多在各生产队奶牛场集中饲养，生产队负责组织实施牛场的管理服务，指定一名领导全权负责牛场的监管，生产队组织奶户民主推选奶厅负责人，与奶厅负责人签订经营管理协议书，由奶厅负责人负责奶厅的运行和管理。同时组织指导奶户成立管理委员会，对奶厅的运营进行监督。入场养殖户负责本户的生产经营活动。奶资发放、奶厅运营费、成本支出均由奶厅负责人管理，奶厅每月要对往来账目进行公示，生产队对奶厅账目进行监管。奶厅负责人工资、运费、电费、燃煤、试剂、牛场维护、易耗品等均由运营费中支出，由奶户分摊。粪便分年归堆存放，集中发酵，发酵好的肥料由生产队集中拉到田间抛洒。

家庭养殖肉牛、羊均以半放牧、半舍饲养殖模式为主，于6月份开始放牧饲养，11月份开始以打贮饲草进行舍饲养殖直至下年6月。养羊规模较大的养殖户大多在野外设放牧点，全年在放牧点饲喂。

马大部分为散养，全年以野外放牧为主，仅在冬季大雪封山时期和繁殖季节补饲草料，少数驯化马匹在旅游季节用作观赏和骑乘。

猪的养殖规模较小，大部分养猪户均饲养少量育肥猪待冬季屠宰自用。

禽类养殖主要以鸡、鸭、鹅为主。养鸡散户每年春季4—5月购入鸡雏，一般饲养少量产蛋鸡，所产蛋、肉大多自用，部分盈余出售。市场称这种鸡产的蛋为"农家溜达鸡蛋"，价格最高可达到每千克30元，每年冬季仅留少数产蛋鸡越冬。鸭的饲养数量较少，养殖户一般饲养几只到几十只，在自家院内散养，产蛋、产肉均由养殖户自用，极少流入市场。养鹅业发展迅速并逐渐转向规模化饲养，已成为上库力农场畜牧业的重要产业之一，每年5—6月购入鹅雏，9—11月集中销售。

二、家畜、家禽主要饲养品种

（一）牛

农场牛的品种主要为三河牛、黑白花荷斯坦牛、西门塔尔牛。

1. **三河牛**　三河牛一直是上库力农场牛的主要饲养品种，该牛适应性强、耐粗饲、耐寒、抗病力强、宜牧、乳脂率高，遗传性能稳定；躯体高大，体质结实，肌肉发达，四肢强健，姿势端正，蹄质坚实，毛色以红（黄）白花为主。公牛体重一般为 600～900 千克，体高 140～160 厘米；成年母牛体重为 500～550 千克，体高 130～135 厘米。乳静脉变曲明显，乳头大小适中，质地良好，在半舍饲、舍饲饲养环境下，平均泌乳期一般为270～300 天，年均产奶量 3000 千克，平均乳脂率为 4.0%，最高可达 4.75%，平均可繁殖 10 胎以上。

2. **黑白花荷斯坦牛**　也称中国荷斯坦牛。该牛为乳用型品种，全身清瘦，棱角突出，体格大而肉不多，活泼精神。后躯较前躯发达，中躯相对发达，皮下脂肪不发达，全身轮廓明显，头和颈较清秀，相对较小。毛色一般为黑白相间，花层分明，额部多有白斑；腹底部、四肢膝关节以下与尾端多呈白色，体质细致结实、体躯结构匀称，蹄质坚实。成年母牛体高平均 130～136 厘米、奶牛泌乳系统发育良好，乳房深度大、底线平、前后伸展良好。年平均产奶量达 6500～7500 千克，乳脂率为 3.6%～3.7%。因其良好的产奶性能，一直作为改良当地三河牛的杂交父本。2011—2014 年农场共购入基础母牛 603 头。

3. **西门塔尔牛**　西门塔尔牛早在 20 世纪初就参与了三河牛的形成。该牛为乳肉兼用型，适应性强，抗病力强，耐粗放管理，胴体肉多，脂肪少而分布均匀，成年母牛难产率低，毛色为黄白色或淡红白花，头、胸、腹下、四肢为白色，皮肤为粉红色，头长、面宽、体躯长，呈圆筒状，肌肉丰满；成年母牛产奶量平均 4300 千克，乳脂率 4.0%。成年公牛平均日增重 0.8～1.2 千克，屠宰率可达 55%～65%，净肉率 48.9%。因其优良的产肉性能和稳定的产奶性能，2018 年起农场开始引进细管用于改良当地三河牛、稳定三河牛肉产量相关基因。

（二）羊

农场的绵羊品种主要是呼伦贝尔羊及其改良羊。该羊体貌特征与蒙古羊相似，头型较蒙古羊稍宽。大部分公羊有大而弯曲的角，母羊无角，耳朵大且下垂，体躯及四肢均呈白色。成年公羊平均体重 82 千克，母羊 62 千克，平均日增重 0.15～0.25 千克，平均屠宰率 53.8%、净肉率 42.9%、产羔率 110%。养羊户还饲养数量较少的新疆细毛羊、东北细毛羊和小尾寒羊与当地羊的改良后代，2015 年开始，农场养羊户陆续开始引进国外品种，主要以杜泊、澳洲白、萨福克做父系品种，与当地基础母羊杂交改良。2019 年，部分养殖户购入湖羊试验舍饲饲养。

（三）马

农场的马品种主要为三河马、蒙古马，以三河马居多。三河马经过 100 余年的驯养史和育种培育，后代血统极为复杂。成年公马平均体高 149.4 厘米，母马体高 142.8 厘米。耐寒、耐粗饲、抗病能力强、适应性强、力速兼备、持久力强，具有良好的繁殖性能。测试结果显示：该种马匹最佳速度为 14.7 秒/千米，最大挽力 9888 千克。三河马曾被周恩来总理誉为"中国马的优良品种"，在中国可查的赛马记录中，三河马是唯一能与外国马争雄的国产马。2011 年 11 月 22 日，中华人民共和国农业农村部批准对"三河马"实施农产品地理标志登记保护。2011 年上库力农场饲养马匹仅有 643 匹，主要用于驯化后骑乘放牧牛羊，随着旅游业的发展，骑乘马的市场得到开发。到 2020 年，上库力农场马匹存栏达到 3193 匹。

（四）猪

猪品种主要是以当地土种猪品种为主，与引进的哈尔滨白猪、长白猪、杜洛克、苏白等猪二元杂交、三元杂交的后代。改良后的生猪毛为白色、皮肤为淡红色，体躯狭长，生长速度快，出栏率高。2011 年农场有职工开始饲养杂交野猪，逐年扩大养殖规模，到 2020 年杂交野猪存栏达到 220 口，2015 年农场第六生产队养猪场引进藏香猪基础母猪 10 口，并与本地猪做杂交试验。2016 年，农场伊根生产队养殖户曹永民购买 150 口巴马香猪，试验放牧饲养，养殖模式获得成功。

（五）禽类

鸡的饲养品种主要有麻鸡、三黄鸡、小笨鸡、土鸡、芦花鸡、乌鸡、火鸡、珍珠鸡等。

鸭的饲养品种以北京鸭、麻鸭为主。

鹅的饲养品种主要为三花鹅、东北白鹅、雁鹅。

随着旅游业的发展，部分家庭游会所饲养了少数具观赏性的孔雀、斑头雁、五彩山鸡、赤麻鸭、鸵鸟、苍鹭等。

第十节　畜牧业政策落实

2011 年 4 月 5 日，农场争取国家项目资金 60 万元，配套自筹资金 40 万元，对购入高产奶牛户进行补贴，补贴标准为购入单产 5 吨以上优质高产奶牛者，每头牛补贴 4000 元。为第一、第五、第六、第七、第八生产队购高产奶牛 242 头。

2011 年 7 月，农场畜牧业管理部组织全场兽医为 117 头红白花、黄白花母犊牛进行登记、照相工作，每头母犊牛补贴 200 元，共补贴 23400 元。

2012 年 5 月 29 日，额尔古纳市疾病防控中心来到农场第二生产队，免费为养畜户职工、家属进行检查。主要针对人畜共患传染的布鲁氏菌病、肝包虫病、狂犬病检查。98 人参加体检。

2012 年，农场为 313 头红白花、黄白花母犊牛进行登记、照相工作，每头母犊牛补贴 200 元，共补贴 62600 元。

2012 年 4 月，农场申请项目为职工购买高产奶牛 206 头，每头补贴 3000 元，每户可补贴 1～2 头。农场为畜牧业发展寻找新思路，采用职工集资入股方式，为第三生产队购羊 731 只，其中基础母羊 660 只、种公羊 11 只、羔羊 60 只。

2013 年，农场完成 202 头红白花、黄白花母犊牛的登记、照相工作，验收合格后为每头母犊牛补贴 200 元，共补贴 40400 元。第四生产队职工集资在黑龙江九三局荣军农场购买高产奶牛 155 头，第二批 100 头高产澳牛（一代）在黑龙江双峰牧场购买。

2014 年，完成三河牛普查项目共 283 头红白花、黄白花母犊牛的登记、照相工作，经农场验收合格后每头母犊牛补贴 200 元，共补贴 56600 元；为养畜户奶牛上保险，三批共 2180 头，其中死亡 29 头，获保赔 17.4 万元。

2014 年 4 月 29 日，额尔古纳市疾控中心一行 6 人到场，为各生产队从事养殖人员进行布鲁氏菌病和肝包虫病免费检查，并发放预防知识手册。全场 378 人参加体检，其中儿童 188 人。

2014 年农场为养鹅户落实补贴政策，在 200～2000 只范围内按散养每只白鹅补贴 2 元、圈养每只白鹅补贴 7 元的标准进行补贴，共补贴 267513 只，补贴总金额 1054735 元。建立鹅育雏棚 80 个（彩钢棚 36 个、塑料棚 44 个），塑料棚农场补贴 50%、个人出资 50%，彩钢棚场补贴 80%、个人出资 20%。生产队养殖鹅 5 万只以上的，每养殖 100 只鹅提供一亩饲料地，种玉米或苜蓿作为补充饲料。

2015 年，农场补贴三河牛红白花、黄白花后备母犊牛 267 头，每头补贴 200 元，补贴金额 53400 元。为养畜户上奶牛保险 1699 头，年内意外死亡 102 头，获保赔 61.2 万元。

2016 年，农场协同安华保险公司对养殖保险进行了大力宣传，全场共参保奶牛 1235 头，死亡 39 头，获理赔金额 31.2 万元。按海拉尔农垦（集团）有限责任公司畜牧林业部要求，农场组织育种员入户调查，共计补贴三河牛红白花、黄白花后备母犊牛232头，补贴金额46400元。

2018年5月8日—22日，额尔古纳市疫病防控中心免费为上库力农场各队老百姓检查布鲁氏菌病与棘球蚴病共193人。

2019年5月31日—6月5日，额尔古纳市疫病防控中心免费为上库力农场各队老百姓检查布鲁氏菌病、棘球蚴病与大骨节病、氟骨病共240余人。

2020年农场对采取人工授精方式繁育的红、黄白花三河牛母犊牛进行补贴，补贴金额为每头2000元，组织畜牧兽医工作人员入户调查，将符合补贴条件的人员列表公示，无异议后上报管局进行补贴。总计三河牛红、黄白花母犊牛补贴头数为24头，补贴金额48000元。

2011—2020年，上库力农场畜牧业管理部协助额尔古纳市草原监理所完成每年度60%草畜平衡和40%禁牧草原面积补奖金额的分配工作，并在每年11月份完成牧户的合同填写与牧户模板录入工作。10年间共计完成28425户，38149人。补贴总面积1411.54万亩，获得补奖资金7754.05万元。

农场2011—2020年草原生态保护补助奖励政策落实情况见表11-11。

表11-11　上库力农场2011—2020年草原生态保护补助奖励政策落实情况调查表

年度	享受补贴总面积（万亩）	禁牧面积（万亩）	禁牧标准（元/亩）	禁牧补贴资金（万元）	草畜平衡面积（万亩）	草畜平衡补贴标准（元/亩）	草畜平衡补贴资金（万元）	享受补贴户数（户）	总补贴资金（万元）	人均（元）
2011	151.00	36.50	9.54	348.21	114.50	2.39	273.08	2829	621.29	1555.49
2012	151.00	36.50	9.54	348.21	114.50	2.39	273.08	2831	621.29	1555.49
2013	151.00	36.50	9.54	348.21	114.50	2.39	273.08	2804	621.29	1628.98
2014	151.00	36.50	9.54	348.21	114.50	2.39	273.08	2779	621.29	1647.12
2015	151.00	36.50	9.54	348.21	114.50	2.39	273.08	2807	621.29	1647.12
2016	150.00	36.88	13.75	507.05	113.16	4.58	518.65	2907	1025.70	2620.60
2017	150.00	36.88	13.75	507.05	113.16	4.58	518.65	2918	1025.70	2636.09
2018	119.20	34.98	13.75	480.99	84.22	4.58	386.02	2867	867.01	2272.65
2019	118.67	34.98	13.75	480.99	83.69	4.58	383.59	2842	864.59	2316.06
2020	118.67	34.98	13.75	480.99	83.69	4.58	383.59	2841	864.59	2329.16
合计	1411.54	361.19	—	4198.12	1050.41	—	3555.90	28425	7754.04	2032.57

注：草原补奖政策每5年变化一次，2011—2015年补贴标准为禁牧9.54元/亩，草畜平衡2.39元/亩；2016—2020年补贴标准为禁牧13.75元/亩，草畜平衡4.58元/亩。

第十二章 林 业

"十二五"期间，林业、苗圃育苗、造林工作管理隶属于农场农林科。共建设三北防护林工程造林7宗623亩；完成三北防护林管护补植、补造950亩。"十三五"期间，农场成立林草工作站，扩大苗圃面积，丰富苗木品种，加快新品种引进，林业工作取得长足进步。

第一节 机构设置

2011年1月，农林科技试验站站长为卢振德，党支部书记为陈文学。

2012年3月20日，全场管理人员重新调整，陈文学担任农林科技试验站党支部书记；卢振德担任站长，会计为马淑贤，技术员为张晓云、袁立明。

2016年3月16日，农林科技试验站站长卢振德调入农场生产部担任副部长。该站晋为正科级建制单位，党支部书记陈文学兼任站长，徐洪武担任副站长，会计为马淑贤，技术员为张晓云、于博。

2016年4月30日，吴丹任统计兼核算员，胡建丽、孙洪洁、杨志云调入农林科技试验站，担任技术员。

2017年3月6日，农场将农林科技试验站划分为农业科技试验站和林草工作站、两个科级单位，聘任陈文学为站长、张建成担任联合支部书记职务，聘任董其盟、耿祥瑞为农业科技试验站副站长。

2017年6月5日，吴丹任林草工作站核算员，于博任林草工作站技术员。

2017年10月，副站长徐洪武调入第四生产队担任副队长兼农业技术员。

2017年8月25日，技术员于博调入第一生产队担任统计，王志权调入林草工作站担任统计。

2018年4月10日—13日，撤销联合党支部，成立农业科技试验站党支部和林草工作站党支部。任命徐喜龙为林草工作站党支部书记，张建成不再兼任林草工作站党支部书记职务。

2018年7月6日，农场聘任朱凤丽为林草工作站技术员。

2019年4月10日，农场管理人员进行重新调整，聘任陈文学为林草工作站站长、于建涛为党支部书记、徐喜龙为副站长、吴丹为报账员、朱凤丽为技术员。

2019 年 6 月 3 日，聘任吴丹为林草工作站会计。

2020 年 9 月 10 日，吴丹调入机关审计部担任科员，同时兼任林草工作站会计。

农场林业工作历任工作负责人情况见表 12-1。

表 12-1　上库力农场林业工作历任工作负责人名录

负责单位	姓名	职务	任（兼）职时间
农林科技试验站	卢振德	站　长	2011.01—2016.01
农林科技试验站	陈文学	书　记	2011.01—2017.03
农林科技试验站	陈文学	书记兼站长	2016.01—2017.02
农林科技试验站	徐洪武	副站长	2016.03—2016.10
林草工作站	陈文学	站　长	2017.03—2020.12
林草工作站	张建成	书　记	2017.03—2018.04
林草工作站	徐喜龙	书　记	2018.04—2019.04
林草工作站	于建涛	书　记	2019.04—2020.12
林草工作站	徐喜龙	副站长	2019.04—2020.12

第二节　基本概况

2011 年时，上库力农场农林科技试验站为副科级建制单位。林业、苗圃育苗、造林工作管理隶属于农场农林科。2016 年晋为正科级建制单位

截至 2020 年底，上库力农场林草工作站总户数 25 户、总人口 40 人，由汉族、蒙古族、俄罗斯族和满族人口组成；有在岗职工 23 人，其中男职工 9 人、女职工 14 人；拥有家庭轿车 13 台、面包车 2 台，电动车 11 台；该站共有苗圃 3 处，合计面积 560 亩，有机械 802 链轨式拖拉机 1 台、454 胶轮车 1 台、旋耕机 2 台、机井 4 个、各类机械 7 台件，机械总动力为 273.2 千瓦。当年职均收入 3.8 万元，人均收入 2.45 万元。

第三节　基地建设

一、东山苗圃

东山苗圃简称东站，始建于 2002 年，建设面积 100 亩。建苗圃初期重点以繁育本地杨树苗为主，当年育苗 80 万株。截至 2020 年，该苗区共有乔木树种 16 个、18.27 万株，灌木树种 19 个、38.67 万株，草本植物 1 种、20 万株。

二、苗木基地

苗木基地简称北站，始建于 2017 年，建设面积 300 亩，是以培育景观苗木为主、育苗销售为辅的园区；基地建设初期繁育种植种类 4 个，合计 31.31 万株，其中乔木 6.29 万株、灌木 21.65 万株、花灌木 9434 株、草本植物 2 万株。截至 2020 年，该苗区共有乔木树种 7 个、6.44 万株，灌木树种 5 个、11.14 万株、花灌木 3 个、5.72 万株，草本植物 2 种、15 万株。

三、南苗圃

南苗圃简称南站，建于 2018 年，建设面积 160 亩，建圃初期重点以繁育各类树种为主。当年繁育乔木 100 万株、灌木 4700 株。截至 2020 年，该苗区共有乔木树种 5 个、34.5 万株，灌木树种 1 个、1.5 万株，花灌木树种 1 个、3000 株。

第四节　植树造林

一、新树种引进

自 2017 年开始，农场从外地引进新树种共计 12 个，引进数量 44.69 万株，其中糖槭 1.17 万株、高接金叶榆 4415 株、王族海棠 2010 株、红火榆叶梅 8252 株、紫叶稠李 2430 株、银中杨 4660 株、大叶丁香 10 万株、小叶丁香 10 万株、冷香玫瑰 9434 株、玉簪 10 万株、葱兰 10 万株、卫矛 4000 株。

2018 年引进新品种 4 个，共计 22.9 万株，其中四季玫瑰 5.5 万株、冷香玫瑰 4000 株、暴马丁香 2 万株、白桦树 15 万株。

二、树苗繁育

2011 年，农场插条育苗中东杨 30 亩共计 25 万株，繁育本地榆树苗 40 万株。

2012 年，农场插条育苗中东杨 30 万株，繁育云杉树种 2 万株、糖槭树种 9600 株、榆叶梅 2600 株。

2013 年，农场插条育苗中东杨 30 万株，繁育樟子松树种 15 万株、丁香 4600 株、黄槐 6000 株。

2015 年，农场采集本地树种稠李子，育苗 1.5 万株。

2017 年，农场插条育苗中东杨 20 万株、小城黑杨树苗 20 万株，繁育接骨木树种 1000 株、本地稠李子树种 2000 株、本地杏树 4700 株。

2018 年，农场插条育苗中东杨 20 万株、小城黑杨树苗 20 万株，繁育接骨木树种 6 万株、本地稠李子树种 4 万株、山荆子 1000 株、本地榆树 8 万株、榆叶梅 5000 株，繁育樟子松树种 50 万株、糖槭树种 5000 株、枸杞 3000 株。

2019 年，农场插条育苗小城黑杨树苗 50 万株、中东杨 50 万株，繁育本地稠李子树种 5 万株、山荆子 1 万株、黄槐树种 60 万株、接骨木 16 万株、沙棘 5 万株。

2020 年，农场插条育苗小城黑杨树 30 万株，繁育黄槐树种 10 万株、沙棘 1 万株。

三、造林

2011 年，农场完成荒山造林项目 200 亩、3.2 万株，树种以中东杨为主，成活率为 85.8％。

2012 年，农场完成三北防护林工程项目，补植补造本地杨树 40 万株。

2013 年，农场完成退耕还林项目，补植补造本地杨树 30 万株。

2018 年，农场完成植被恢复荒山、荒地造林项目 800 亩、8 万株，成活率为 87.4％。

四、苗木种类及数量

截至 2020 年底，农场林草工作站共有苗木种类 33 个，数量 215.8 万株，其中乔木种类 17 个、约 183 万株，灌木种类 9 个、18.8 万株，花灌木种类 4 个、4 万株，草本植物 3 种、10 万株。

2020 年农场林草工作站拥有的苗木种类及数量见表 12-2。

表 12-2　上库力农场林草工作站 2020 年苗木种类及数量统计表

序号	乔　木		灌　木		花灌木		草　本	
	品种	株数	品种	株数	品种	株数	品种	株数
合计	16	1830010	9	188000	4	40000	3	100000
1	樟子松	40000	小叶丁香	100000	四季玫瑰	30000	葱兰	80000
2	紫叶稠李	6000	—	—	刺玫果	2000	绣线菊	—
3	银中杨	4000	高接金叶榆	800	冷香玫瑰	5000	玉簪	20000

（续）

序号	乔 木		灌 木		花灌木		草 本	
	品种	株数	品种	株数	品种	株数	品种	株数
4	白桦树	100000	卫矛	3000	枸杞苗	3000	—	—
5	糖槭	4000	树莓	200	—	—	—	—
6	本地榆	50000	黄槐	2000	—	—	—	—
7	云杉	5000	本地杏树	2000	—	—	—	—
8	本地杨	800000	接骨木	70000	—	—	—	—
9	本地山荆子	2000	榆叶梅	5000	—	—	—	—
10	山荆子苗	3000	沙棘	5000	—	—	—	—
11	本地稠李大苗	5000	—	—	—	—	—	—
12	本地稠李中苗	3000	—	—	—	—	—	—
13	本地稠李小苗	5000	—	—	—	—	—	—
14	樟子松苗	800000	—	—	—	—	—	—
15	糖槭小苗	3000	—	—	—	—	—	—
16	花楸	10						

第五节　绿化美化　义务植树

2011年春秋两季，农场完成场部中心区、住宅小区、各生产队周边绿化美化工作，种植杨树2.4万株、桦树1.5万株、松树1.1万株、矮灌木4万株，绿化面积6.8万平方米，动用运输车辆、浇水车辆、其他工程机械300台次，义务植树人数2000人次，累计植树9万株，投入绿化美化资金50万元。

10月13日，农场组织开展秋季植树活动，11个单位960人参加，动用机动车320台次。在农场通往额尔古纳市公路两旁和东方红广场栽植杨树、松树和野玫瑰12224株。

2012年至2020年，农场完成场部中心区、住宅小区、各生产队"四旁"绿化美化，植树12.86万株。其中2017年开发绿化面积200余亩，引进栽种乔木20余万株、灌木10余万株，成活率达90%。

第六节　苗木销售及场内供应

苗木销售由农场统一管理，林草工作站负责苗木起装、供应工作，销售权及销售资金归农场。

2017年，场内各单位植树供应杨树苗213400株，松树苗11941株，黄槐3120株。

2018年，场内各单位补植供应杨树苗189700株，糖槭70株，黄槐3202株，丁香

1686 株，桦树 2000 株，沙棘 10 株，稠李子 6 株，紫叶稠李 20 株，松树 45 株，榆树 100 株，柳树 484 株，葱兰 1000 株，银中杨 372 株，山荆子 82 株。

对外销售给根河市金河镇高接金叶榆 100 株，紫叶稠李 100 株。销售给拉布大林个人高接金叶榆 30 株，子叶稠李 50 株，银中杨 30 株。

2019 年，场内各单位植树供应杨树苗 235600 株，樟子松 50 株，接骨木 100 株，丁香 150 株，野玫瑰 100 株，白桦 100 株，银中杨 30 株，黄槐 796 株，稠李子 100 株，紫叶稠李 100 株，柳树 725 株，糖槭 88 株。

对外销售给三河马场杨树苗 15000 株；销售给额尔古纳湿地景区榆叶梅 300 株，丁香 3700 株，珍珠梅 300 株；销售给呼伦贝尔晟通糖业有限公司桦树 720 株，稠李子 280 株，丁香 2200 株。

2020 年，林草站供给场内杨树苗 225878 株，刺玫果 1610 株，黄槐 440 株，稠李子 1290 株，树莓 1750 株，榆叶梅 150 株，丁香 220 株，紫叶稠李 8 株，樟子松 5710 株。

对外销售给额尔古纳市森林消防大队、农村信用社、额尔古纳市财政局、根河市金河镇、图里河酒业等单位紫叶稠李 119 株，丁香 1129 株，冷香玫瑰 500 株，榆叶梅 40 株，高接金叶榆 98 株，四季玫瑰 53 株，银中杨 86 株，榆树球 39 株，白桦 446 株，山荆子 45 株，樟子松 10 株，珍珠梅 12 株，唐槭 20 株，茶条槭 7 株，花楸 2 株，稠李子 180 株。销售乔木品种 8 个 22.25 万株，销售灌木品种 10 个 1.34 万株，销售花灌木品种 3 个 2163 株，销售草本植物 2 种 6000 株。

第七节　农田防护林建设

2011 年，农场建设三北防护林工程造林 7 宗 623 亩；完成三北防护林管护补植、补造 950 亩，补苗 9.5 万株，成活率 85.8%，90% 已成林。

2016 年，完成三北防护林工程补植及其他防护林改造 1800 亩。

同年，第三生产队、第六生产队、第七生产队清理防护林带第一期工程进行异地补植 1970.27 亩。

2017 年，农场完成农田防护林建设及三北防护林补植 2000 亩。

2018 年，农场完成植被恢复荒山、荒地造林及三北防护林补植 2200 亩，其中荒山、荒地造林 800 亩，三北防护林补植及其他防护林改造 1400 亩。

同年，第二生产队、伊根生产队清理防护林带第二期工程进行异地补植苗木 1388.55 亩。

2019 年，农场完成农田防护林建设及三北防护林工程补植 1200 亩。

2020 年，农场完成三北防护林工程补植及其他防护林改造 1700 亩。

第八节 退耕还林还草工程

2011 年至 2020 年，上库力农场无新增退耕还林还草工程。

农场在第一生产队、第五生产队落实完成的 2003 年国家退耕还林 2000 亩项目于 2011 年启动管护任务，安排灵活就业人员 80 名，每人每年获得管护费 2250 元，持续至 2018 年。

2020 年，根据上级要求，对该项目区域林地落实杂草铲除、林木管护任务，80 人的管护费增加每人 500 元。

农场林草工作站 2011—2020 年育苗造林情况见表 12-3。

表 12-3 林草工作站 2011—2020 年历年育苗造林情况统计表

年份	育苗（亩）	"四旁"植树（株）	荒山、荒地造林（亩）	退耕还林（亩）	农田防护林（亩）	当年完成造林面积（亩）	成活率（%）
2011	650000	90000	200	—	950	1150	85.8
2012	332200	8300	—	—	—	—	—
2013	460600	12600	—	—	—	—	—
2014	—	12300	—	—	—	—	—
2015	15000	16400	—	—	—	—	—
2016	—	18000	—	—	1800	1800	85.3
2017	407700	20000	—	—	2000	2000	85.7
2018	1094000	1000	800	—	1400	2200	87.4
2019	1870000	20000	—	—	1200	1200	86.3
2020	410000	20000	—	—	1700	1700	86.9
累计	5239500	218600	1000	—	9050	10050	—

第十三章　商　　业

上库力农场没有国有商业机构，个体商业机构蓬勃发展，涉及日用百货、餐饮服务、美容美发、机械修理等多个行业。

2020 年，全场有个体综合商店 39 家，营业用房面积 3100 平方米，从业人员 58 人，主要销售烟酒糖茶、日用百货、蔬菜等，年利润总额 820 万元；饭店 6 家，营业用房面积 3190 平方米，从业人员 28 人（其中好运来大酒店、福源饭店可容纳 500 人以上同时就餐），年利润 285 万元；小吃部 16 家（其中烧烤店 2 家、铁锅炖 2 家、馅饼店 5 家），营业用房面积 1280 平方米，从业人员 22 人，年利润 64 万元；美容美发店 4 家，营业用房面积 119 平方米，从业人员 5 人，年营业总收入 35 万元；机动车修理部 3 家（其中摩托车修理部 2 家），从业人员 5 人，年营业总收入 42 万元；机械加工 1 家，营业用房面积 160 平方米，从业人员 1 人，年利润 8.5 万元；电气焊工 2 家，从业人员 2 人，年利润 15 万元；个体出租车 11 辆，从业人员 11 人，年利润 73 万元；粮店 2 家，从业人员 2 人，年利润 15 万元。

第十四章　物资　产品管理

上库力农场设物资科，负责生产资料的采购；设销售科，负责农产品销售，制定各项管理制度，规范日常采购、销售工作。

第一节　机构设置

上库力农场物资科负责全场农业生产方面的生产资料采购和供应工作；粮油销售科负责农产品管理和销售工作；财务部负责进销存管理。

2011—2016年6月，物资科科长为孟繁强；2016年6月—2019年4月，供销部部长为张海友，副部长为蔡海军；2019年4月—2020年12月，物资科科长为张海友，副科长为蔡海军。

2011—2016年6月，销售科科长为张海友，副科长为毛元江；2016年6月—2019年4月，供销部部长为张海友，副部长为蔡海军；2019年4月—2020年12月，销售科科长为毛元江。

2016—2020年，财务部部长为毕文虎；2017—2020年，财务部副部长为王建龙。

第二节　生产资料采购

随着农业机械数量的增加，物资科总库视情况保证物资库存，库存既不能过大、占用流动资金，又要保证全场农用生产物资储备，所以加强物资统筹调剂能力非常重要。农场一切物资采购必须由物资科统一办理，任何单位和个人不得私自进行。

一、生产资料采购原则

（1）注重质量。采购员要有高度的责任心，决不能拿企业的利益做交易，严禁购入假冒伪劣产品或以次充好的产品。如保管员发现购入类型不匹配或不合格产品，要及时与单位领导反映，不允许残次品入库。

（2）降本增效。采购员在采购物资时，以比价采购、减少采购成本为原则，可直接与厂家联系或选择信誉较好、有"三包"承诺的代理商联系，减少中间环节，达到降本增效的目的。

（3）精准采购。采购员要制定出精确的采购时间表，按物资使用时间顺序精准采购，在不影响正常生产需求的情况下，尽量减少物资压库时间。

二、报批采购计划

各单位按阶段性需要（春播、夏管、秋收）报送物资采购计划，经主管部门、分管领导审核，总经理批准后，物资科参考现行物资储备、消耗等情况汇总后再集中采购。报送计划内容要一次性填写齐全，电脑打印成型，审核签字批准后，内容不能随意更改、添加，否则物资科不予办理。

三、执行采购权限

阶段性计划采购由物资科统一组织落实，特殊情况下急需采购，可先由需求单位直接请示农场（分公司）分管领导批准，经物资科通知办事处采购后，再补办审批、物资科入库、转账等手续；计划外零星采购（临时性、急需用）由各单位请示农场（分公司）分管领导并经场主要领导批准后，物资科到个体商店采购，统一结算。但原则上不允许各单位到个体零配件商店购买物资、机具配件。

第三节　农产品管理、销售

一、农产品收获

（1）油菜。当油菜秸秆较干，籽粒水分降到18%～20%时，要立即进行收获，收获后到麦场及时上烘干塔烘干，当油菜水分降到9%时入库储存。在正常收获油菜时，籽粒水分降到18%时要顶水收获，绝不允许油菜水分降到13%以下才收获。

（2）小麦、大麦的联合收获。对于不够割晒条件的小麦、大麦田，一律采取联合作业，当水分降到18%～20%时，要马上进行联合收获。

（3）小麦、大麦的割晒收获。对于割晒的小麦、大麦，当水分降到 13.5％时要立即收获。

（4）水飞蓟。割晒后的水飞蓟籽粒水分小于 18％时进行拾禾收获。

二、农产品管理

（1）清理。所有进入麦场的农产品，要及时清理，水分高的要晾晒或烘干，能进风干仓的按标准进入风干仓储存。不能进风干仓的，当水分降到储存标准时，进入大棚储存。

（2）水飞蓟。水飞蓟脱粒后不得堆放，应及时晾晒、出风、清选，要求水分时 8％～10％灌袋，清选时保证清选质量。

（3）莜麦。莜麦能收获籽粒的要抓紧时间抢收。因莜麦籽粒易破碎，莜麦进场后，要尽量减少铲车推刮次数，以免使籽粒破碎、造成损失。

（4）甜菜。收获后不能及时运走的甜菜，需要在田间落地进行短期临时存放；需要选择地势较高、地面平坦、靠近路边、便于车辆运输的地方堆放甜菜；堆放甜菜的位置，需用拖子或旋耕机将地面弄得平整、松软，便于装车和降低损失；成垛后要及时苫盖，防止甜菜出现冻化或风干掉秤。

（5）种子。种子收获后要及时晾晒、降低水分，并按品种进行加工、包装、标识后贮藏保管；各队技术员要定期进行种子水分和发芽率检测工作，做好档案记录。

（6）建立数据。各生产单位在粮食收获期间，按照检斤过秤、清选储存、分清品种等级、建立台账等流程管理，翔实数据要上报销售部、财务部；全年生产结束后，农场要对各单位待售农（副）产品进行质检，检斤、验数，作为当年入账依据，进行财务预决算。

三、农产品销售

上库力农场《农业生产责任制实施方案》规定，农场对农产品实行统一销售、统一结算管理，生产队不准自行销售。粮油销售过程中，严格执行集团公司统销原则，销售价格以集团公司粮油销售会议确定价格为准。

① 销售科按照农场决策，组织好销售工作。及时了解市场信息，把握市场动态，拓宽粮油销售渠道，实现效益最大化。

② 建立客户信息档案，与实力强、信誉好的客户建立合作关系，对客户认真负责，以诚相待，保持信誉度，实现产销合作。

③ 销售科要对各单位农产品进行认真查验，并划分好等级，建立好场、队两级农产品产、销、存台账，场分管领导随时掌握各单位销售、储存等情况。

④ 坚持先付款后付货原则，不允许任何赊欠款项发生。

⑤ 完善粮油出、入库手续，销售运输一律坚持粮食调运制度。

⑥ 粮油销售报账要及时，数字要真实、准确，分清单位、品种、检斤、扣水、扣杂、质量、等级，一同标明列出，达到一目了然。

⑦ 粮油质量、价格发生变化，须请示农场主要领导确认，任何部门或个人无权改动农场确定的粮油销售方式和价格。

⑧ 生产队销售农产品时，必须凭销售科开具的运单装车，杜绝一切无票装车现象。

四、副产品销售管理规定

（1）记账。各生产单位对副产品入库、保管、发放做到手续完备、账目清晰、账物相符。分管麦场工作的领导负责麦场副产品的管理工作；会计负责记录副产品总账、不定期盘点库存并监督，指导麦场主管领导记录副产品明细账、领用台账工作；麦场主管领导负责副产品的验收，进销存操作员负责开具出入库票据、记录收发明细账、副产品领用台账等工作。

（2）管理销售。农场对副产品实行统一管理、统一销售。各生产单位须把副产品按品种、质量检斤灌袋、码放整齐，待农场对副产品进行质检、验数、定价后，方可销售或用于养殖，并视同商品粮油、履行财务手续。经批准用于养殖的副产品，在实际使用时，每半月依据本单位副产品出库单到财务部开具票据销售科办理销售手续。

（3）特殊处理。高水分收获的副产品，如遇有发热等情况，应及时报告，经农场领导批准后及时处理。经农场统一作价并同意销售的副产品要及时销售，避免因管理时间过长，造成损失浪费。

（4）禁止私销。禁止生产单位以各种理由私自向个人、其他单位、商贩销售副产品或用副产品交换物资。

第四节　进销存管理

进销存管理的范围包括原材料、油料、农药、肥料、包装物、低值易耗品、产成品等的出入库及库存的管理。

一、入库管理

（1）入库。物资科总库物资入库时，保管员要根据进货凭证（采购明细单），分别采取验质、点数、过秤、检量、试运转等方式进行验收。经验收发现数量、型号、规格不符或质量不合格的物资，要做出记录，及时向单位领导汇报处理，在承付期拒付货款。

（2）领取。各生产单位到物资科领取物资，须由生产队保管员来领取。领取时要认真核对物资的名称、数量、规格、型号，准确无误后方可在物资科物资出库单上签字。如出现差错或产品不合格情况时，对于普通物资，领取人可在一个星期内到物资科与有关人员说明原因进行兑换（人为损坏不给兑换）。

（3）入账。对于短时间（一个月内）无法确定价格的物资，物资科开票人员和生产单位保管员要在价格确定后，及时开票入账；对一个月以上未确定价格的物资，物资科要参照市场价格按暂估价格开票入账，生产单位保管员按暂估价格出入库物资，待物资有确切价格后，再进行价差调整。

（4）储存。生产单位物资入库时，保管员按照物资规格、功能和要求，分类放入相应位置储存，做到账、卡、物相符，发生问题不能随意更改，应查明原因，是否有漏入库、多入库物资。

二、出库管理

（1）出库。物资出库时，机械材料应由行政领导或行政副职签字批准，麦场等农用材料应由麦场负责人、农业技术员签字确认，领料人签字，保管员凭出库单办理出库。

（2）月底汇总。在月底时，物资科材料会计应将当月的存货出入库分项目汇总，与仓库保管核对一致后，报给会计。其他基层单位进销存操作人员应将当月的存货出入库分项目汇总，与仓库保管核对一致后，报给会计。

（3）回收。各单位在物资科领新零配件时，需先交回旧件，方可领取新件。在交回旧件时，由物资科开票员开具"入库票"、保管员检查，交接双方签字生效。收回旧件应分类保管。

（4）补偿。各单位从物资科领取新件时，如驾驶员不交回旧件，按新件价值由本人补偿；如确认更换新件并丢失旧件的，按新件重量及市场回收废品三倍价格由本人补偿。

（5）旧件处理。物资科负责管理各单位交回的旧件，并根据回收的旧件登记造册（每月明细表上报分公司财务部），同时生产单位要做好上交旧件记录工作。通过修理能使用的旧件按要求继续使用，不能使用的农场统一出售（继续使用或出售时要求手续完备），出售时由财务部、生产部、物资科共同清点，销售款全部上交农场。

（6）可利用旧件。各单位交回的发动机、发电机、起动机、高压油泵、增压机、液压泵、液压马达、液压分配器、转向机等可利用旧件，不做旧件处理，由物资科统一保管。按机型分类单独存放、统一管理、调配使用。生产队如需利用旧件装配，农场分管领导或生产部负责人鉴定、批准，物资科见批条方可付件。使用单位装配后将剩余部分交回物资科。

三、已摊销在用物资管理

生产单位对已分期摊销完或领用时一次性列入费用的在用物资，要及时登记造册，在备查账中管理；对以往没有列入账内管理且不在固定资产管理范畴内的所有物资（如修理间使用的电钻、电焊机、管钳子、角磨机等，麦场使用和保管的包装物、铁锹、苫布、动力线、各种工具器具等，办公用桌椅、沙发、书柜、床、床垫等），要进行分类登记造册，纳入物资管理之中。

（1）清查。各单位要把所有已摊销在用物资明细表上报农场财务部备查。每年各单位要组织财务部相关人员清查两次，在使用过程中出现丢失、毁损时，由责任人赔偿；正常损耗时，由保管人员签字，以文字形式报单位行政领导做核销处理。农场每年要进行抽查盘点，对物资无故丢失、损坏要查明原因，并追查责任。

（2）包装管理。加强对化肥包装袋的管理，发挥其应有的作用。化肥包装袋可制作苫布，也可在播种时包装种肥，既方便适用又能减少开支。各生产单位要组织人员挑选、清理、打捆、存放好，做到管理真正到位，节约从一点一滴做起。

（3）桶管理。各单位装农药的大塑料桶，由物资科负责统一收回，并做好回收、领用记录。各单位需用时，到物资科办理领用手续。不得违反规定，不上交、私自出售或赠送他人。

第十五章 土地管理

上库力农场土地由项目办管理。2018年，土地确权认定，上库力农场辖区总面积1690平方千米，其中耕地面积61.180万亩、草原面积80.029万亩、沼泽面积19.385万亩。

第一节 确权划界

一、耕地确权

依据国家2010年开展的第二次土地核查，上库力农场（分公司）辖区总面积2500平方千米，全场总耕地面积60.46万亩。2011年农场统一耕种面积53.72万亩，除此之外的部分耕地由7个家庭农场承包经营。

2018年，农垦企业深化改革，依据2015年11月27日《中共中央、国务院关于进一步推进农垦改革发展的意见》"用3年左右时间，基本完成农垦国有土地使用权确权登记发证任务"，上库力农场完成土地确权认定，辖区总面积1690平方千米，其中耕地面积61.18万亩。

二、草场确权

2018年，依据2015年11月27日《中共中央、国务院关于进一步推进农垦改革发展的意见》，经国土资源部门确权认定，上库力农场辖区草原面积80.029万亩、沼泽面积19.385万亩。

同年，额尔古纳市林业局和草原局颁发《内蒙古草原使用权证》，确认上库力农场辖区草原面积118.7930万亩，其中基本草原面积25.5466万亩，打草场面积93.2464万亩。

三、划界

（一）界点概况

1. **经纬度** 上库力农场位于额尔古纳市境内。地理位置：北纬50°01′40″—50°36′40″，东经 120°16′40″—121°03′20″。

2. 农场四至　东至牙克石市，西至拉布大林镇、三河马场，南至陈巴尔虎旗、上库力前进村，北至根河市。

3. 接合图表　农场接合情况见表 15-1。

表 15-1　农场接合图表

三河地营子	莫拉盖		
马尔少克地营子	白音扎拉嘎	新伊根	
上库力	956.6 高地	依力根牧场	
三旗山	马安山	小尖山	巴都尔沟堵

（二）GPS 点实测与计算说明

上库力农场勘界控制测量点采用中海达 8200B 主机，GPS 动态后差分方法实测。

1. 作业依据

（1）规程。参照 CJJ73—97《全球定位系统城市测量技术规程》。

（2）方案。执行本测区施工方案。

2. 坐标系统　平面采用 1954 年北京坐标系，高斯正形 3°带投影，中央子午线 120°（第 40 带）。

3. 布点及观测

（1）布点。GPS 网由 184 个点（含拉布大林Ⅲ等点）构成，点号编号采用双方代码与数字相结合。

（2）观测。GPS 点采用中海达 8200B 主机，载波相位观测。标准精度，平面 5 毫米＋1ppm 作业时执行以下标准：

卫星高度角	数据采样率	观测卫星数	空间位置经度因子值	时段长度
≥15°	15″	≥5	≤6	≥20 分钟

（3）精度摘要。最弱点点位中误差：3.3 厘米。

（4）作业范围。上库力农场界线全长 261.34 千米。布设 184 个 GPS 点，平均边长 1.47 千米。

4. 基线向量解算与平差计算　GPS 数据后处理采用中海达随机软件（中海达 3.0），在方正笔记本电脑上进行。精度指标设置：平面 2mm＋1ppm。数据后处理过程如下：

① 解算 GPS 基线向量，通过 QA 检验，求得双差固定解。

② 确认环闭合差与复测基线较差是否存在正粗差。

③ 计算自由网平差，检验 GPS 网的内部符合精度。

④ 约束平差，检验用于约束平差的已知数据的可靠性及其相互间兼容性，并获得 GPS 点的坐标。

⑤ 上述各精度指标满足后，输出最终成果并打印坐标成果表（略）。

第二节　土地档案管理

一、土地档案基本情况

上库力农场地处大兴安岭北段支脉西坡，呼伦贝尔市西北部，额尔古纳市东南部。东与牙克石市相邻，东南与陈巴尔虎旗相连，西和西南与拉布大林农牧场接壤，北与三河马场交界，东北与根河市毗邻。

农场总部设在额尔古纳市上库力街道办事处辖区。2011 年全场总面积 2500 平方千米，场区东西长 55 千米，南北宽 45 千米，其中耕地面积 60.46 万亩，林地面积 48.9 万亩，草场面积 120.04 万亩，沼泽地面积 22.56 万亩，水域、交通道路、居民村屯用地和荒山 372.5 万亩。

十年间，农场土地经营实行"六统一分"管理责任制，即：统一制定经营发展计划，统一生产财务预算，统一标准化作业，统一科技管理措施，统一采购农用生产物资，统一农副产品销售、结算，分级核算。年平均耕种土地面积 53.47 万亩，除以三大作物（小麦、油菜、大麦）为主外，根据市场需求，增加了甜菜、水飞蓟、莜麦等的种植面积，增减了青贮、苜蓿及牧草饲草类作物的种植面积。

2020 年，上库力农场总播种面积 53.52 万亩，其中免耕地面积 33.27 万亩、深耕深松面积 5.96 万亩、秋翻地面积 11.7 万亩、夏翻地面积 0.15 万亩、春翻地面积 0.67 万亩、多年生苜蓿草面积 1.72 万亩；本年度农场统一经营耕地面积 50.1 万亩，对外承包耕地面积 3.42 万亩。

二、农业生产单位土地利用现状

根据 2010 年国家第二次土地核查，第一生产队耕地确权面积（包括家庭农场）为 5.54 万亩。2020 年经营耕地面积 3.92 万亩，耕地数量 157 块，计为 1 个作业区，其中免耕地 2.45 万亩、深耕深松面积 0.51 万亩、秋翻地 0.66 万亩（包括 0.08 万亩对外承包土地)、夏翻地 0.04 万亩、多年生苜蓿草地 0.29 万亩。耕地类型包括山坡地 3.83 万亩，占总耕地面积的 97.7%；平地 0.12 万亩，占总耕地面积的 3%。全队有效灌溉面积 1684 亩，占总耕地面积的 4.30%。

第二生产队 2020 年经营耕地面积 8.37 万亩，分 8 个作业区，耕地数量 442 块，其中免耕地 5.61 万亩、深耕深松面积 0.41 万亩、秋翻地 1.42 万亩、夏翻地 0.11 万亩、春翻地 0.66 万亩、多年生苜蓿草地 0.16 万亩。耕地类型包括山坡地 7.08 万亩，占总耕地面积的 84.59%；平地 1.07 万亩，占总耕地面积的 12.78%；涝洼地 0.22 万亩，占总耕地面积的 2.63%。全队有效灌溉面积 2.17 万亩，占总耕地面积的 25.93%。

第三生产队 2020 年经营耕地面积 7.71 万亩，分 10 个作业区，耕地数量 269 块，其中免耕地 3.3 万亩、深耕深松面积 1.2 万亩、秋翻地 2.93 万亩（包括 1.11 万亩外包地）、多年生苜蓿草地 0.27 万亩。耕地类型包括山坡地 2.8 万亩，占总耕地面积的 36.32%；平地 4.91 万亩，占总耕地面积的 63.68%。全队有效灌溉面积 3.6 万亩，占总耕地面积的 46.69%。

第四生产队 2020 年经营耕地面积 8.52 万亩，分 6 个作业区，耕地数量 439 块，其中免耕地 6.08 万亩、深耕深松面积 0.06 万亩、秋翻地 1.74 万亩、多年生苜蓿草地 0.75 万亩。耕地类型包括山坡地 6 万亩，占总耕地面积的 70.42%；平地 2.52 万亩，占总耕地面积的 29.58%。

第五生产队 2020 年经营耕地面积 7.79 万亩，计为 1 个作业区，耕地数量 290 块，其中免耕地 5.3 万亩、深耕深松面积 0.6 万亩、秋翻地 1.72 万亩、多年生苜蓿草地 0.17 万亩。耕地类型包括山坡地 4.6 万亩，占总耕地面积的 59.05%；平地 3.19 万亩，占总耕地面积的 40.95%。

第六生产队 2020 年经营耕地面积 7.44 万亩，分 10 个作业区，耕地数量 124 块，其中免耕地 4.34 万亩（包括对外承包土地 1.56 万亩）、深耕深松面积 1.65 万亩、秋翻地 1.38 万亩、多年生苜蓿草地 0.07 万亩。耕地类型包括山坡地 1.01 万亩，占总耕地面积的 13.58%；平地面积 5.77 万亩，占总耕地面积的 77.55%；涝洼地 0.66 万亩，占总耕地面积的 8.87%。全队有效灌溉面积 5.6 万亩，占总耕地面积的 75.27%。节水灌溉面积 6.9 万亩，占总耕地面积的 92.74%。

第七生产队 2020 年经营耕地面积 3.95 万亩，分 4 个作业区，耕地数量 169 块，其中免耕地 2.65 万亩、深耕深松面积 0.58 万亩、秋翻地 0.61 万亩（对外承包）、多年生苜蓿草地 0.11 万亩。耕地类型包括山坡地 2.24 万亩，占总耕地面积的 56.7%；平地 1.71 万亩，占总耕地面积的 43.3%。全队有效灌溉面积 3.26 万亩，占总耕地面积的 82.53%。

第八生产队 2020 年经营耕地面积 1.35 万亩，分 3 个作业区，耕地数量 116 块，其中免耕地 0.89 亩、秋翻地 0.46 万亩（包括 599 亩外包地）。耕地类型包括山坡地 0.72 万亩，占总耕地面积的 53.3％；平地 0.63 万亩，占总耕地面积的 46.7％。

伊根生产队 2020 年经营耕地面积 4.38 万亩，分 3 个作业区，耕地数量 127 块，其中免耕地 3.23 万亩、深耕深松面积 0.51 万亩、秋翻地 0.64 万亩。耕地类型包括山坡地 0.9 万亩，占总耕地面积的 20.55％；平地 3.48 万亩，占总耕地面积的 79.45％。

第三节　土地规划与利用

2011 年，上库力农场（分公司）以三大作物为主，总播种面积 51.4 万亩，其中播种小麦面积 18.7 万亩、油菜面积 26.2 万亩、大麦面积 6.5 万亩；外包家庭农场 7 户，总面积 6.17 万亩，有 5 户 3.97 万亩为每年一签承包合同，2 户 2.2 万亩为十年一签承包合同。

2012 年，农场（分公司）总播种面积 50.7 万亩，其中播种小麦面积 12.5 万亩、油菜面积 28.4 万亩、大麦面积 9.8 万亩；外包家庭农场 7 户，总面积 5.96 万亩，其中 5 户 3.76 万亩为每年一签承包合同，2 户 2.2 万亩为十年一签承包合同。

2013 年，农场（分公司）以三大作物为主总播种面积 50.5 万亩，其中播种小麦面积 13.9 万亩、油菜面积 28 万亩、大麦面积 8.6 万亩；外包家庭农场 7 户，总面积 6.07 万亩，其中 6 户 4.57 万亩为每年一签承包合同，1 户 1.5 万亩为十年一签承包合同。

2014 年，农场（分公司）总播种面积 52.25 万亩，其中播种小麦面积 20.9 万亩、油菜面积 26.5 万亩、大麦面积 2.1 万亩、苜蓿、青贮及马铃薯 0.75 万亩；外包家庭农场 7 户，总面积 6.32 万亩，由 7 户家庭农场承包，均为两年一签合同。

2015 年，农场（分公司）进行种植结构调整，压缩油菜、稳定小麦、增加大麦，总播种面积 50.2 万亩，其中播种小麦面积 20.2 万亩，油菜面积 22.6 万亩，大麦面积 7.1 万亩，苜蓿、青贮及马铃薯面积 0.3 万亩。

2016 年，农场（分公司）总播种面积 51 万亩，其中播种小麦面积 26.6 万亩、大麦面积 2.1 万亩、油菜面积 18.4 万亩、青贮及牧草面积 1.05 万亩、苜蓿及马铃薯面积 2.25 万亩；承包给 7 户家庭农场 6.32 万亩耕地，均为每年一签承包合同。

2017 年，农场（分公司）总播种面积 53.63 万亩，其中播种小麦面积 27.6 万亩，大麦面积 2.1 万亩，油菜面积 20.6 万亩，苜蓿面积 2.77 万亩，青贮、莜麦草及马铃薯面积 0.06 万亩。

2018 年，农场土地利用逐步向经济作物倾斜，农场（分公司）总播种面积 48.93 万亩，其中播种小麦面积 19.8 万亩，油菜面积 19.1 万亩，大麦面积 0.98 万亩，甜菜面积 0.4 万亩，水飞蓟面积 4.67 万亩，青贮、莜麦草及马铃薯面积 1.44 万亩，苜蓿面积 2.5 万亩，试种油葵及中草药 0.04 万亩。此外，外包家庭农场 8 户，总面积 6.35 万亩，均为每年一签承包合同。

2019 年，农场（分公司）总播种面积 52.03 万亩，其中播种小麦面积 21.23 万亩、大麦面积 4.3 万亩、油菜面积 13.4 万亩、甜菜 2.84 万亩、水飞蓟 4.64 万亩、莜麦谷草 0.46 万亩、苜蓿 2.2 万亩、青贮及马铃薯 0.25 万亩，对外租赁种植甜菜、马铃薯面积 2.64 万亩。此外，外包 7 户家庭农场总面积 5.16 万亩，均为每年一签承包合同。收回家庭农场土地 1.19 万亩，由第五生产队经营。

2020 年，农场（分公司）总播种面积 53.48 万亩，其中播种小麦面积 19.0 万亩、油菜面积 16.7 万亩、大麦面积 1.8 万亩、甜菜 2.75 万亩、水飞蓟 4.89 万亩、莜麦谷草面积 3.2 万亩、苜蓿及青贮玉米面积 1.72 万亩、对外租赁耕地 3.42 万亩。截至 2020 年底，可利用节水灌溉面积 9.21 万亩，占总耕地面积的 17.23%。

第十六章 项目管理

上库力农场项目办负责项目管理工作。2011年至2020年，争取国家农田水利、基础设施建设、机械购置、危旧房改造、一事一议、安全饮水、十个全覆盖、畜牧业等多个项目，农场配套资金加以实施。

第一节 机构设置

2011年于建涛担任土地项目办主任，王建鹏担任科员职务。主要负责全场农田、基本建设项目、危旧房改造项目、"一事一议"财政奖补项目等项目的立项、申报、招投标、项目落实、项目内业等工作。

2012年，王建鹏被聘任为土地项目办副主任。

2016年，土地项目办与基建科合并为基建土地项目办公室，聘任王建友为主任，王建鹏、张志扬为副主任。

2017年4月，聘任邓立军为项目办副主任，由张盟担任科员。

2019年4月10日，聘任邓立军土地项目办副主任，张盟为科员。

第二节 项目分类

一、农田水利工程项目

2012年，上库力农场利用政策性贷款实施节水灌溉项目，建设地点为农场第一生产队、第四生产队、农林科技试验站，其中第一生产队为喷灌工程，第四生产队、科技站为滴灌工程；总建设规模3537亩；建设起止日期为2013年4月至2015年6月；总投资528.48万元，全部为农场自筹。

2013年，农场利用政策性贷款实施高标准农田示范工程项目，建设地点为农场第三生产队，建设规模为2万亩，起止日期为2013年10月至2014年10月；总投资2620.28

万元。

2014 年，农场实施自治区新建高标准农田建设任务，建设地点为农场第七生产队，建设规模为 1.25 万亩，起止日期为 2014 年 9 月至 2015 年 12 月；总投资 1877.98 万元，全部为项目投资。

同年，农场实施内蒙古农村土地整治重点工程额尔古纳市上库力农场第二生产队子项目，建设地点为农场第二生产队、第三生产队，建设规模 1.5 万亩，起止日期为 2015 年 5 月至 2017 年 7 月，总投资 1557.28 万元，全部为项目投资。

2015 年，土地整理项目增加配套自筹资金建设项目在第七生产队实施，建设内容为 17.64 万立方米蓄水池及配套设施，起止日期为 2015 年 6 月至 2015 年 10 月，总投资 627.98 万元，均为企业自筹。

同年，规模化节水灌溉增效示范项目在农场第六生产队实施，建设规模 2 万亩，起止日期为 2015 年 9 月至 2016 年 10 月，总投资 3110.72 万元，其中项目投资 2060 万元、企业自筹 1050.72 万元。

2016 年，农场实施额尔古纳市农业综合开发大西山中型灌区节水配套改造项目，该项目建设地点为第三生产队、第七生产队，建设规模 7000 亩，总投资 1499.38 万元，其中项目投资 1400 万元、企业自筹 99.38 万元；2017 年 10 月建设，2018 年 5 月竣工。

同年，农场实施呼伦贝尔市 2016 年第二批农业综合开发资金土地治理项目，建设地点为农场第六生产队，建设规模为 1 万亩，起止日期为 2017 年 9 月至 2018 年 1 月，总投资 1186.64 万元，全部为项目投资。

同年，农场实施呼伦贝尔农垦集团上库力农场第七生产队等 3 个生产队高标准基本农田土地整治项目，建设地点为第三生产队、第六生产队、第七生产队，建设规模为 28927.65 亩，总投资 3957.23 万元，其中项目投资 2890.72 万元、企业自筹 1066.51 万元。于 2017 年 9 月开始实施，2020 年 10 月竣工。

2017 年，呼伦贝尔市 2016 年第二批农业综合开发土地治理项目配套建设工程在农场第六生产队实施，建设规模为 10 万立方米蓄水池及配套设施，起止日期为 2018 年 3 月至 2018 年 9 月，总投资 233.21 万元，均为企业自筹。

同年，农场实施额尔古纳市 2017 年农业综合开发存量资金土地治理项目，建设地点为农场第三生产队，建设面积为 1 万亩，起止日期为 2017 年 9 月至 2018 年 11 月，总投资 1186.64 万元，均为项目投资。

2018 年 4 月至 10 月，额尔古纳市 2017 年农业综合开发存量资金土地治理项目配套建设工程在农场第三生产队进行，建设规模为 30 万立方米蓄水池及配套设施，总投资

701.5 万元，全部为企业自筹。

同年，农场实施额尔古纳市 2017 年新增千亿斤粮食生产能力规划田间工程建设项目，建设地点为第二生产队，建设规模 2 万亩，总投资 3252.62 万元，其中项目投资 2423.79 万元、企业自筹 828.83 万元，2017 年 10 月开始施工。

同年，内蒙古自治区呼伦贝尔额尔古纳市小型农田水利节水灌溉工程（2017 年度）项目落实在农场第三生产队、第六生产队、第七生产队，建设面积 5.81 万亩，总投资 6460.37 万元，其中项目投资 5526 万元，企业自筹 934.37 万元；2018 年 9 月开始施工。

2018 年，农场自筹资金蓄水池连接管线工程项目在第六生产队建设，规模为 5 千米输水管线，总投资 319.04 万元，全部为企业自筹。2018 年 6 月开始施工，8 月竣工。

农业综合开发中型灌区节水配套改造内蒙古呼伦贝尔市额尔古纳市大西山灌区 2018 年节水配套改造项目于 2018 年 10 月在农场第三生产队、第六生产队开始实施，建设规模为 10.16 千米输水管线，总投资 1499.38 万元，其中项目投资 1400 万元、企业自筹 99.38 万元，2020 年 7 月竣工。

额尔古纳市 2018 年全国新增千亿斤粮食生产能力规划田间工程建设项目在农场第二生产队、伊根生产队于 2018 年 10 月开始实施，总投资 6250 万元，其中项目投资 5000 万元、企业自筹 1250 万元，该项目正在建设之中。

2019 年，内蒙古自治区呼伦贝尔额尔古纳市 2017 年新增千亿斤粮食生产能力规划田间工程 10 千伏配电线路项目在第二生产队建设，总投资 259.6 万元，均为企业自筹，2019 年 6 月开始施工，2019 年 11 月竣工。

内蒙古自治区呼伦贝尔市额尔古纳市小型农田水利节水灌溉工程 2017 年度上库力农场第三生产队、第六生产队 10 千伏配电线路项目于 2019 年 6 月开始实施，2019 年 12 月竣工。该项目总投资 74.91 万元，全部为企业自筹。

同年，农场实施内蒙古自治区呼伦贝尔额尔古纳市 2019 年高标准农田建设项目，建设地点为农场第二生产队、伊根生产队，建设规模为 1.9 万亩，总投资 2482.53 万元，其中项目投资 1986 万元、企业自筹 496.53 万元，2020 年 11 月开始建设。

二、基础设施建设项目

2012 年，农场实施额尔古纳市 1.5 万吨粮食流通设施新建项目，建设地点为第三生产队，总投资 245.3 万元，其中项目投资 75 万元、企业自筹资金 170.3 万元。该项目于 2012 年当年施工，当年完成。

2014 年，农场实施生产队道路升级改造工程，建设地点为农场第二生产队、第三生产队、第五生产队、伊根生产队，建设规模为升级砂石路至三级柏油路共计 7.014 千米，总投资 777.67 万元，全部为企业自筹。

同年，田间机耕路项目在农场第三生产队、第四生产队实施，建设规模 35.3 千米，总投资 557.51 万元，为企业自筹。

同年，农场自筹资金项目建设第五生产队、第七生产队、第八生产队水泥晒场 11850 平方米，第五生产队晾晒棚一座 3000 平方米，建设 75 万千克风干仓 10 座，建设地点为第四生产队 4 座、第二生产队 2 座、第三生产队 2 座、第六生产队 2 座，配备监控设备 13 套，总投资 739.49 万元。

2015 年，农场实施街道硬化工程，建设地点为第三生产队、第四生产队、第五生产队、第六生产队，建设规模为 12 千米，总投资 1079.79 万元，其中项目资金 405 万元、企业自筹 674.79 万元。

同年，农场自筹资金建设 75 万千克风干仓 8 座，建设地点分别为第四生产队、第二生产队、第三生产队、第七生产队，总投资 381.21 万元。

2016 年，农场实施自筹资金农业基础设施水泥晒场建设项目，新建水泥晒场 12079.84 平方米，总投资 158.07 万元。实施农业基础设施晾晒棚建设项目，新建晾晒棚 3000 平方米，建设地点为农场第三生产队，总投资 82.77 万元。实施农业基础设施烘干塔建设项目，建设 500 吨烘干塔 2 座、300 吨烘干塔 3 座及储粮仓基础工程，总投资 487.35 万元。实施农业基础设施地衡建设项目，在第八生产队建设地衡一座，总投资 14.7 万元，均为企业自筹。

2017 年，农场实施额尔古纳市 1.5 万吨粮食流通设施新建项目，新建 3000 平方米晾晒棚 1 座、600 平方米粮食平房仓 1 座、粮食风干仓 1 座，建设地点在农场第五生产队，总投资 302.27 万元，其中项目资金 140 万元、企业自筹 162.27 万元。

同年，农场自筹资金农业基础设施晾晒棚项目设在农场伊根生产队实施，新建晾晒棚 3000 平方米，总投资 114.28 万元。

2019 年，农场自筹资金实施伊根生产队水泥晒场建设项目，新建水泥晒场 4500 平方米，总投资 87.69 万元。

2020 年，农场自筹资金农业基础设施晾晒棚建设项目在第七生产队实施，新建 3000 平方米钢结构晾晒棚及 3500 平方米附属地面，总投资 230.32 万元。

农场自筹资金实施伊根生产队烘干塔建设项目，新建烘干塔 1 座及附属水泥地面 1000 平方米，烘干塔含烘干塔基础、热风炉房、电控房、除尘器基础、卸粮坑基础等附属设施；总投资 151.5 万元。

同年，农场实施自筹资金 101.73 万元为各生产队农业基础设施零星维修改造工程，其中第一生产队办公室外墙进行粉刷，室外散水拆除后新建。第二生产队维修旧库房，新建车库 30 平方米。第三生产队修理间 300 平方米挂苯板、彩钢，窗口下砌砖；农药库 150 平方米外挂铁皮、打水泥地面，会议室更换背景墙。第五生产队办公室室外及作业区办公用房维修。第六生产队对办公室室外雨棚塑板进行更换，室内新隔 1 间办公室并进行其他零星工程维修。第七生产队拆除、更换 3 座库房屋架、彩钢瓦，并进行零星工程维修。科技站对科技实验室进行维修。场部进行内外墙粉刷，卫生间拆除更换洁具，对原有室内采暖管道维护等。

同年，农场自筹资金 54.16 万元进行场内零星维修工程，地点为场部及千头牛生态牧场。其中牛场维修改造项目包括：维修室外供水、供暖管道 288 米；更换维修牛舍保温大门 118 个、小门 9 个，维修电动门 3 个；对外网排污管网进行维修；牛舍及挤奶厅室内供水、供电系统维修及更换零件；办公楼室内部分维修。住宅楼区及场部公共区域零星维修包括：场部食堂粉刷；广场凉亭维修及刷漆；修补住宅区楼房外墙 100 平方米；修补楼区地面及路边石；修补场部小广场出口台阶及石凳。

同年，农场自筹资金 119.16 万元为第一生产队农业基础设施项目新建 750 吨种子储存仓 1 组 2 座。

三、机械购置项目

2013 年，农场实施高产优质苜蓿示范建设项目，为第三生产队购置 D416 压扁割台及 HT156 搂草机各 1 台，总投资 133.7 万元，其中项目投资 60 万元、企业自筹 73.7 万元。

2014 年，农场实施高产优质苜蓿示范建设项目，为第一生产队购置约翰迪尔 1354 拖拉机 1 台；为第二生产队购置圆盘割台 1 台；为第三生产队购置纽荷兰 1404 拖拉机 1 台、4526 播种机 1 台；为第四生产队购置纽荷兰 1404 和 1554 拖拉机各 1 台、4526 播种机 1 台；为伊根生产队购置 30 吨拖车 1 台。总投资 277.3 万元，其中项目投资 240 万元、企业自筹 37.3 万元。

2015 年，农场实施高产优质苜蓿示范建设项目，为第四生产队购置包膜机 1 台、纽荷兰指针式搂草机和普通搂草机各 1 台；为第六生产队购置纽荷兰方捆机 1 台；为第七生产队购置纽荷兰指针式搂草机和普通搂草机各 1 台。总投资 216.2 万元，其中项目投资 180 万元、企业自筹 36.2 万元。

同年，农场实施一事一议财政奖补项目中心区环卫工程，投资 25.7 万元为第三生产队购置东风天锦自卸车 1 台，其中项目投资 10 万元、企业自筹 15.7 万元；投资 17.5 万元为场部购置东风洒水车 1 台，其中项目投资 7.5 万元、企业自筹 10 万元。

2016 年，农场实施高产优质苜蓿示范建设项目，为第一生产队购置三唐 1S-12 深松犁 1 台；为第二生产队购置三唐 1S-12 深松犁 1 台、凯斯 450 拖拉机 1 台、马斯奇奥动力耙 1 组、马斯奇奥 7 齿深松机 1 台、凯斯空气变量播种机 1 组；为第五生产队购置三唐 1S-12 深松犁 1 台；为第六生产队购置三唐 1S-12 深松犁 1 台、凯斯 450 拖拉机 1 台；为第七生产队购置三唐 1S-12 深松犁 1 台；为伊根生产队购置三唐 1S-12、1S-9 深松犁 1 台。该项目总投资 566.4 万元，其中项目投资 540 万元，企业自筹 26.4 万元。

同年，农场实施少数民族生产生活发展项目，为第三生产队购置卡特 326 挖掘机 1 台，总投资 142 万元，均为项目投资。

同年，农场实施危房改造配套基础设施建设项目，为职工住宅小区锅炉房购置临工 933 装载机 1 台，总投资 22.3 万元，其中项目投资 11.52 万元、企业自筹 10.78 万元。为伊根生产队购置临工 933 装载机 1 台，总投资 22.7 万元，其中项目投资 22 万元、企业自筹 0.7 万元。

同年，农场完成 2015 年禽畜粪污等农业农村废弃物综合利用试点项目，投资 31 万元，为职工住宅小区锅炉房购置临工 L955 装载机 1 台，其中项目投资 20 万元、企业自筹 11 万元；投资 76.6 万元为第四生产队、第五生产队、第六生产队购置东风天锦自卸车各 1 台，其中项目投资 60 万元、企业自筹 16.6 万元。

2017 年，农场完成 2016 年奶牛养殖大县种养结合整县推进试点项目，总投资 732.7 万元，为第二生产队、第七生产队、第八生产队购置国产 TMR 饲料机各 1 台；为第二生产队、第五生产队、第七生产队、第八生产队、千头牛生态牧场购置取料机各 1 台；为第一生产队、第二生产队、第七生产队、伊根生产队购置东风粪污清运车各 1 台；为第二生产队、第三生产队购置 50 型装载机各 1 台；为第二生产队、第三生产队、第六生产队购置马斯奇奥青贮播种机各 1 组；为第五生产队、第七生产队购置麦道割草机各 1 台；为第二生产队、第四生产队、第六生产队购置翻草机各 1 台；为第五生产队、第七生产队购置道依茨-法尔 2604 拖拉机各 1 台；其中项目投资 300 万元，企业自筹 432.7 万元。完成 2016 年草牧业项目，为伊根生产队购置约翰迪尔 W230 联合收割机 1 台，总投资 59.5 万元，其中项目投资 55 万元、企业自筹 4.5 万元；为第三生产队、第四生产队购置凯斯 3230 自走式喷药机各 1 台，总投资 291.6 万元，其中项目投资 280 万元，企业自筹 11.6 万元。

奶牛养殖大县种养结合整县推进试点项目，为第一生产队、第四生产队购置道依茨-法尔 2604 拖拉机各 1 台；为第四生产队、伊根生产队购置凯斯 3230 喷药机各 1 台；为科技站购置约翰迪尔 454 拖拉机 1 台；总投资 525 万元，其中项目投资 200 万元、企业自筹 325 万元。

2018 年，农场完成 2016 年草原补奖绩效奖励补贴苜蓿项目，为第二生产队购置约翰迪尔 W230 联合收割机 1 台，总投资 57.5 万元，其中项目投资 30 万元、企业自筹 27.5 万元。完成 2017 年实施产业扶贫项目，为第一生产队、第四生产队、第七生产队购置程力威牌油罐车各 1 台；为第二生产队、第五生产队、第六生产队购置约翰迪尔 W230 联合收割机各 1 台。总投资 215.6 万元，其中项目投资 200 万元、企业自筹 15.6 万元。完成 2017 年自治区高产苜蓿示范项目，为第五生产队购置约翰迪尔 W230 联合收割机 1 台；为第一生产队购置博田锤片式压扁机 1 台；总投资 79.5 万元，其中项目投资 60 万元、企业自筹 19.5 万元。完成 2017 年国家高产苜蓿示范项目，为第四生产队购置凯斯 470 拖拉机 1 台；为第五生产队购置麦道 155 割草机 1 台；为第二生产队购置蒙拓不停车圆捆机 1 台；为第一生产队、第二生产队、第七生产队购置格兰圆盘式播种机各 1 台；总投资 455.45 万元，其中项目投资 432 万元、企业自筹 23.45 万元。完成 2017 年上库力农场精准农机具技术推广示范项目，为第七生产队购置博田播种机 1 组；为第四生产队购置约翰迪尔 W230 收割机 1 台；为第三生产队、第六生产队购置修造厂制造的平地机各 1 台；总投资 169.15 万元，其中项目投资 80 万元、企业自筹 89.15 万元。完成 2017 年绿色农畜产品发展资金设备购置项目，为第三生产队、第四生产队、第五生产队、第六生产队购置约翰迪尔 W230 联合收割机各 1 台，总投资 223.2 万元，其中项目投资 200 万元、企业自筹 23.2 万元。

同年，农场完成扶持民族生产生活设施项目，为第三生产队、第四生产队、第七生产队、伊根生产队购置约翰迪尔 W230 联合收割机各 1 台，总投资 228.34 万元，其中项目投资 200 万元、企业自筹 28.34 万元。

2019 年，完成 2018 年绿色农畜产品基地建设资金设备购置项目，为第三生产队购置凯斯空气变量播种机 1 台；为第二生产队、第三生产队、第四生产队、第六生产队购置 1QL-[8+1] 45 型牵引犁各 1 组；为第四生产队购置 5XLJZ-3.0 精选机各 1 台；为第三生产队、第六生产队购置约翰迪尔 AutoTrac 自动导航系统各 1 套，为第七生产队购置约翰迪尔 AutoTrac 自动导航系统 2 套。总投资 278.93 万元，其中项目投资 250 万元、企业自筹 28.93 万元。

上库力地区少数民族生产力提升设备购置项目，为第四生产队购置凯斯空气变量播种机 1 台；为第三生产队购置 CM2017A320-3 打包机 1 台；为第一生产队、第四生产队购置 GMT3605FlexR 压扁机各 1 台；总投资 232 万元，其中项目投资 200 万元、企业自筹 32 万元。

2020 年，农场实施上库力街道办事处、上库力农场农机设备购置项目，为第二生产队、第三生产队、第六生产队、第七生产队购置格兰圆盘式播种机各 1 组；为第二生产队购置阿玛松 UF1801 喷药机、5XFZ-60 精选机各 1 台；为第四生产队购置凯斯 TMII 耕耘机、5XFZ-80 清粮机各 1 台；为第七生产队购置雷肯苗床播前整地机 1 组；为第五生产队购置贝斯特 6964525B 防腐剂喷雾箱 1 台；总投资 300.89 万元，其中项目投资 300 万元、企业自筹 8914 元。

同年，农场实施现代农牧业综合农机科技示范项目，购置解放 J6P 牵引车 1 台、9YG-1.3A2 圆捆机 1 台、92YG-1.2 宽胎圆捆机 1 台、约翰迪尔 AutoTrac 自动导航系统 1 套、5XFZ-80 清粮机 1 台、5XFZ-60 精选机 1 台；总投资 100.3 万元，其中项目投资 100 万元、企业自筹 3000 元。

四、危旧房改造工程项目

2011 年危旧房改造项目新建平房 8 栋，建设地点为第八生产队、第六生产队，累计投资 14.4 万元，其中项目资金 12 万元、企业自筹 2.4 万元。

2012 年危旧房改造项目新建楼房 200 户、新建平房 2 户、维修平房 405 户，建设地点为惠泽嘉园小区及各生产单位，总投资 3361.73 万元，其中项目资金 910.5 万元、企业和职工自筹资金 2451.23 万元。

同年 5 月 8 日，农场为满足更多职工住楼要求，第三次开工建设住宅楼 7 栋 23000 平方米，220 户。

2013 年危房改造项目于惠泽嘉园小区新建楼房 9 栋 288 户，总投资 5015 万元，其中项目资金 432 万元、企业和职工自筹 4583 万元。

2014 年危房改造项目新建楼房 7 栋 224 户，建设地点为惠泽嘉园小区，总投资 3853 万元，其中项目资金 336 万元、企业和职工自筹 3517 万元。

同年，农场实施公共租赁住房建设项目，为了更好地安置生态移民人员，在惠泽嘉园小区新建楼房 2 栋 100 户，总投资 1068.11 万元，其中项目资金 373.66 万元，企业和职工自筹 694.45 万元。

2016 年农场实施危房改造项目，解决部分职工子女住房问题，在惠泽嘉园小区新建楼房 1 栋 36 户，总投资 642.36 万元，其中项目资金 72 万元、企业和职工自筹资金 570.36 万元。

五、"一事一议"财政奖补项目

2011 年，农场实施"一事一议"财政奖补：中心区广场、道路硬化、公共厕所项目，累计投资 726.96 万元，其中项目投资 487.36 万元、企业自筹 239.60 万元；实施第六生产队公共厕所、道路硬化、职工活动室、广场建设项目，累计投资 280.85 万元，其中项目投资 149.44 万元、企业自筹 131.41 万元；实施第五生产队道路硬化、屯内砂石路项目，累计投资 271.75 万元，其中项目投资 188.72 万元、企业自筹 83.03 万元；实施第七生产队道路硬化项目，总投资 77.18 万元，其中项目投资 53.07 万元、企业自筹 24.11 万元。

2012 年，农场实施中心区文化活动室项目，投资 78.5 万元，全部为项目投资；实施中心区道路硬化项目二期工程总投资 255.30 万元，其中项目投资 182.07 万元、企业自筹 73.23 万元；实施伊根生产队、第五生产队文化活动室设施建设项目，投资 345.89 万元，均为项目投资；实施第五生产队人畜分离奶牛暖舍建设项目，总投资 206.96 万元，其中项目投资 140.73 万元、企业自筹 66.23 万元；实施第一生产队、第七生产队人畜分离奶牛暖舍建设项目，总投资 509.52 万元，全部为项目投资。

同年，根据海农局字【2012】56 号文件《关于 2012 年一事一议财政奖补项目批复》，农场获批奖补项目 7 个，分别为中心区道路硬化二期工程，中心区小型文化活动室，第五生产队文化活动设施，伊根生产队文化活动设施，第一生产队、第七生产队、第五生产队三个人畜分离奶牛养殖基地建设项目，共获财政奖补 1448.98 万元。

2013 年，第二生产队文化活动室建设项目总投资 296.94 万元，其中项目投资 87.83 万元、企业自筹 209.11 万元。

2014 年，农场完成 2013 年惠泽嘉园小区文化活动中心建设及功能设施项目，累计投资 1309.00 万元，其中项目投资 669.69 万元、企业自筹 639.31 万元；中心区蔬菜温室大棚项目总投资 186.65 万元，其中项目投资 61.12 万元、企业自筹 125.53 万元；道路工程项目总投资 199.35 万元，其中项目投资 101.25 万元、企业自筹 98.10 万元。

2015 年，第一生产队美丽乡村建设项目总投资 253.28 万元，其中项目投资 128.77 万元、企业自筹 124.51 万元；中心区环卫工程项目总投资 215 万元，其中项目投资 72 万元、企业自筹 143 万元。

六、安全饮水工程项目

2012 年，惠泽嘉园小区安全饮水工程项目，建设规模为 1000 户，累计投资 149.09 万元，其中项目投资 120 万元、企业自筹 29.09 万元。

同年 7 月 16 日，根据呼财建【2012】536 号文件《关于下达 2012 年农村牧区饮水安全工程（第一批）中央基建投资（拨款）的通知》，拨款给付上库力农场场部 149 万元、第一生产队 33 万元、第二生产队 33 万元。

2013 年 10 月 13 日，农场购进、安装完成饮用水净化设备，惠泽嘉园小区 728 户居民共 2184 人开始饮用安全纯净水。

额尔古纳市水务局安全饮水项目工程对第一生产队、第二生产队、第五生产队进行安全饮水改造，包括打水源井、建泵房、铺设配水管道及配电线路等。实现新增安全饮水户数 716 户，人数 3318 人。

七、"十个全覆盖"工程建设项目

（一）机构设置

2015 年 6 月 20 日，农场成立"十个全覆盖"工程领导小组。组长：韩旭东；常务副组长：郭祥华；副组长：李月忠、何松、高安起；成员：于建涛、边向民、刘惠斌、宋华民、李增斌、包义清、于建波、王建鹏、王爱敏、李崇斌、各单位行政主要领导。办公室设在土地项目办，主任：于建涛（兼）；副主任：刘惠斌、王建鹏、王爱敏。

9 月 21 日，农场与上库力街道办事处联合成立"十个全覆盖"工程领导小组。总指挥由额尔古纳市副市长闫淑霞兼任；副总指挥由郭祥华、韩旭东、徐向泽兼任；办公室主任由农场党委书记郭祥华兼任。同时下设工程工作小组：规划制定组，宣传动员组，危房拆迁组，建设板杖子组，供料垫料组，道路建设组，庭院清理组，绿化组，全体工作人员 32 人。

2016 年，农场成立"十个全覆盖"办公室，于建涛担任办公室主任，负责工程进度上报、内业整理、档案装订等工作。

2017 年 3 月 6 日，农场撤销"十个全覆盖"办公室。

（二）"十个全覆盖"基本建设投资完成情况

2015 至 2016 年"十个全覆盖"工程共计总投资 1.03 亿元。

全场累计架设彩钢围栏总数 78577.2 延米，其中中心区建设 44384.7 延米，第一生产队建设 4366 延米，第二生产队建设 14005 延米，第五生产队建设 733 延米，第七生产队建设彩钢围栏 1880 延米、铁艺围栏 650.5 延米，第八生产队建设 8313 延米，伊根生产队建设 4245 延米，总投资 959.25 万元。

新建木板围栏 13757 延米，其中中心区新建 6837 延米、第六生产队新建 6920 延米，总投资 151.24 万元。

各住户院内新建网围栏 61010 延米，其中中心区新建户内网围栏 30480 延米、其他各生产队新建网围栏 30530 延米，总投资 61.01 万元。

环境美化工程粉刷外墙、房盖面积 41.7 万平方米，该项目均在农场中心区开展，投资 500 万元。

街巷硬化工程新建水泥路 42.29 千米，其中中心区新建水泥道路 27.37 千米、第二生产队新建水泥道路 3.54 千米、第五生产队新建 3.65 千米、第六生产队新建 3.39 千米、第七生产队新建 3.69 千米、第八生产队新建 0.65 千米，总投资 1825.46 万元。

维修砂石路累计 15.98 千米，其中中心区及养牛小区维修 3.98 千米、第二生产队维修 1.96 千米、第五生产队维修 2.25 千米、第七生产队维修 0.27 千米、第八生产队维修 3.71 千米、伊根生产队维修 3.81 千米，总投资 96.55 万元。

实施中心区住户铺垫黄沙料工程 8.3 万立方米，投资 14.94 万元。

实施路边沟工程投资 30 万元；铺设甬道及路缘石 2865.15 平方米，总投资 4.57 万元；铺设人行道彩砖工程 2700 延米，投资 2.26 万元。

中心区及各生产队绿化美化植树 2.2 万株，投资 161.72 万元。

第二生产队、第七生产队、第八生产队小广场工程建设共计 3800 平方米，购置户外健身器材各一套，总投资 10 万元。

新建仓房、厕所工程 206 个，其中新建仓房 80 个、住户简易厕所 126 个，总投资 18.2 万元。

实施各单位卫生室、活动室及附属设施维修工程总投资 88.72 万元。其中第二生产队、第八生产队卫生室维修费用 6.29 万元，第三生产队、第六生产队、第七生产队、第八生产队、伊根生产队活动室维修费用 81.93 万元，广告牌维修费用 0.5 万元。购置旗杆 11 个，投资 2.28 万元。

实施环境整治工程，中心区进行房屋改造，拆除圈舍、危旧仓房 1300 处，拆除破旧围栏 11.13 万延米，投资 40.4 万元。

实施人畜分离及牛舍工程建设，总投资 4102 万元；其中第四生产队牛舍改扩建、厂房内硬化、道路硬化、饮水设备安装等 260 万元，第一生产队、第四生产队、第五生产队、第七生产队新建牛舍及千头牛生态牧场一期、二期改造工程投资 3842 万元。

实施垃圾清运工程，清理垃圾 102.21 万立方米，其中中心区清运垃圾 14.60 万立方米；第一生产队清运垃圾 3.43 万立方米；第二生产队清运垃圾 6.09 万立方米；第五生产队清运垃圾 5.69 万立方米；第六生产队清运垃圾 65.52 万立方米；第七生产队清运垃圾 3.51 万立方米；第八生产队清运垃圾 1.08 万立方米；伊根生产队清运垃圾 2.29 万立方米；总投资超千万元。

实施中心区 2014 年公共租赁住房 35#、36# 楼附属建筑、装饰、排水、采暖、桩基础、床护栏、百叶窗等设施建设，总投资 998.65 万元。

实施 2014、2015 年中心区危房改造配套基础设施建设项目、绿化美化亮化及供暖外网工程，总投资 465.37 万元，其中包括小区换填种植土、建设供暖外网、绿化植树、铺设混凝土道路、建设铁艺围栏、房前屋后硬化、采暖供水、亮化安装路灯 68 盏等工程。

实施第一生产队美丽乡村建设，包括广场、活动室、彩砖、甬道及道路硬化工程，总投资 46.74 万元。

实施粮食风干仓基础工程建设项目，包括 2014 年第四生产队，2015 年第二生产队、第三生产队、第四生产队、第七生产队基础建设，总投资 247.09 万元。

实施维修工程，包括中心区供电所屋面维修、第四生产队锅炉房基础、1-9# 楼屋面保温工程、栏板拆除维修、活动室维修、石头墙修补、温室大棚新建、锅炉房改造维修及第一生产队砖墙新砌维修、第六生产队改造新建猪场等工程，总投资 416.8 万元。

实施第七生产队增加水利工程土地整理配套项目，农场自筹资金建设蓄水池土建设施和第三生产队蓄水池维修等工程，总投资 557 万元。

八、老旧小区改造工程项目

2012 年，农场实施中心区危旧房改造集中供热项目，总投资 256.28 万元，其中项目投资 127 万元、企业自筹 129.28 万元。

2013 年，农场实施中心区危旧房改造配套基础设施道路工程，新建 6 米宽水泥路 5.17 千米，总投资 631 万元，其中项目投资 428 万元、企业自筹 203 万元。

完成 2012 年危房改造配套基础设施建设项目，新建 6 米宽水泥路 0.8 千米，总投资 127.67 万元，其中项目投资 60 万元、企业自筹 67.67 万元。

实施农场场部道路工程建设项目，建设水泥道路 2040 延米、挖设排水沟 2040 延米、安装路灯 40 盏，总投资 233.9 万元，其中项目投资 184 万元、企业自筹 49.9 万元。

实施中心区 2013 年危房改造配套道路建设项目，新建水泥路 4.8 千米及桥涵附属工程，总投资 624.44 万元，其中项目投资 527 万元、企业自筹 97.44 万元。

实施第八生产队危房改造配套道路建设项目，建设水泥路 3.5 千米及附属工程，总投资 396.5 万元，其中项目投资 378 万元、企业自筹 18.5 万元。

实施中心区 2013 年危房改造配套基础设施建设项目，新建供热管网 3120 延米，总投资 122.08 万元，其中项目投资 34.56 万元、企业自筹 87.52 万元。

2014 年，农场实施中心区危房改造配套基础设施建设项目，新建铁艺围栏 1680 延米、安装路灯 17 盏、绿化美化环境，总投资 137.03 万元，其中项目投资 53.76 万元、企业自筹 83.27 万元。新建锅炉房 640 平方米、供热管网 1656 延米，购置 14 兆瓦锅炉设备 1 套，修建小区道路 2.1 千米，总投资 624.4 万元，均为项目投资。

实施中心区 2014 年街巷硬化工程，硬化街巷 3 千米，总投资 199.35 万元，其中项目投资 92.28 万元、企业自筹 107.07 万元。

2015 年，农场实施垦区危房改造配套基础设施建设项目，新建供热供水管网 400 延米、硬化地面 4989 米、安装路灯 10 盏，总投资 156.03 万元，其中项目投资 135 万元、企业自筹 21.03 万元。

实施中心区危房改造配套基础设施供暖外网工程，总投资 23.8 万元，均为企业自筹。

2016 年，农场实施中心区危房改造配套基础设施建设项目，硬化地面 18000 平方米，建设供热供水管网 295.4 米，购置装载机 1 台，进行锅炉维修改造、绿化等，总投资 718.4 万元，其中项目投资 675 万元、企业自筹 43.4 万元。购置装载机 1 台，总投资 22.70 万元，其中项目投资 11.52 万元、企业自筹 11.18 万元。

2017 年，农场实施场部小城镇公益性综合基础设施建设项目，新建锅炉房 900 平方米、改造供热管网 4300 延米、新建供热管网 340 延米、购置 30 吨锅炉一套、进行地面硬化 50000 平方米，总投资 1732.15 万元，其中项目投资 1130 万元、企业自筹 602.15 万元。

2018 年，农场实施场部公益性基础设施建设项目配套环保设备项目，购置锅炉脱硫脱硝设备及进行配套工程，总投资 163.88 万元，均为企业自筹。

九、畜牧业项目

2011 年，农场实施额尔古纳市上库力农场第三生产队标准化奶牛小区建设，改扩建牛舍 880 平方米、饲料地 500 亩，总投资 130.21 万元，其中项目投资 80 万元、企业自筹 50.21 万元。

4 月 5 日，农场争取国家项目资金 60 万元，配套资金 40 万元，对购入高产奶牛户进行补贴，补贴标准为购入单产 5 吨以上优质高产奶牛者，每头牛补贴 4000 元。该项目在第一生产队、第五生产队、第六生产队三个单位进行试点。

10 月，农场申请项目资金 60 万元，配套资金 40 万元，购买高产奶牛 242 头，每头补贴 4000 元。

2012 年 4 月，农场申请项目资金，为职工购买高产奶牛 206 头，每头补贴 3000 元，每户补贴 1~2 头。

实施第三生产队肉羊标准化规模养殖场建设项目，改建羊舍 1200 平方米、饲料库 80 平方米、配料室 70 平方米，新建机电井 1 眼，总投资 94.67 万元，其中项目投资 50 万元、企业自筹 44.67 万元。

2013 年，农场实施千头牛生态牧场一期工程建设项目，新建挤奶厅 756 平方米、干草库 1000 平方米、精料库 900 平方米、青贮窖 1800 平方米，同时建设其他附属设备设施，总投资 583.7 万元，均为企业自筹。

实施第四生产队奶牛标准化规模养殖场建设项目，新建牛舍 1000 平方米、机电井 1 眼、输电线路 0.5 千米、新修道路 0.5 千米，总投资 108 万元，其中项目投资 80 万元、企业自筹 28 万元。

实施第五生产队奶牛标准化规模养殖场建设项目，新建牛舍 3433.8 平方米、机电井 1 眼，总投资 397.74 万元，其中项目投资 60 万元、企业自筹 337.74 万元。

实施第七生产队奶牛标准化规模养殖场建设项目，新建牛舍 3160 平方米及配套青贮窖 3600 立方米，总投资 401.85 万元，其中项目投资 60 万元、企业自筹 341.85 万元。

实施内蒙古自治区高产优质苜蓿示范建设项目，种植高产苜蓿 1000 亩，总投资 78 万元，其中上级投资 60 万元、自筹资金 18 万元。

2014 年，农场实施千头牛生态牧场二期工程建设项目，新建青年牛舍 3060 平方米、后备牛舍 1632 平方米、挤奶通道 404 平方米、宿舍楼 860 平方米及配套设备设施，总投资 1008.88 万元，均为企业自筹。

实施第六生产队人畜分离生猪养殖基地建设项目，建设猪舍及库房 803.57 平方米、硬化地面 1100 平方米、围栏 430 延米、化粪池 50 立方米及配套设备设施，企业自筹资金 219.22 万元。

实施第七生产队奶牛标准化规模养殖场建设项目，建设泌乳牛舍 1 栋 2323.75 平方米及配套附属设施、机电井 1 眼，总投资 228.64 万元，均为企业自筹。

实施第五生产队奶牛标准化规模养殖场建设项目，新建泌乳牛舍 1 栋 2350 平方米及配套附属设施，总投资 245.63 万元，其中项目投资 80 万元、企业自筹 165.63 万元。

实施第四生产队奶牛标准化规模养殖场建设项目，新建配电室 161.9 平方米、泵房 1 栋、消防水池 400 立方米、围栏 1344.5 延米，总投资 162.73 万元，其中项目投资 80 万元、企业自筹 82.73 万元。

实施国家高产优质苜蓿示范建设项目，种植高产苜蓿 3000 亩，总投资 201 万元，其中项目投资 180 万元、自筹资金 21 万元。

实施内蒙古自治区高产优质苜蓿示范建设项目，种植高产苜蓿 1000 亩，总投资 65 万元，其中项目投资 60 万元、自筹资金 5 万元。

2015 年，农场实施第一生产队奶牛场建设项目，新建牛舍 1 栋 2092.45 平方米、干草棚 817.1 平方米、精料库 3908.17 平方米，总投资 290.37 万元，其中项目投资 130 万元、企业自筹 160.37 万元。

实施第七生产队奶牛场建设项目，新建牛舍 1 栋 2655.45 平方米及配套设备设施，总投资 261.15 万元，其中项目投资 130 万元、企业自筹 131.15 万元。

实施中心区第一奶牛场建设项目，新建牛舍 1 栋 2655.45 平方米，总投资 261.93 万元，其中项目投资 180 万元、企业自筹 81.93 万元。

10 月 2 日，呼垦覆办字〔2015〕7 号批复同意农场 2015 年奶牛规模养殖建设，第一生产队投资 288 万元建设存栏 160 头奶牛舍 1 栋、挤奶厅 1 个；第五生产队投资 558 万元建设存栏 310 头奶牛舍 1 栋、挤奶厅 1 个；第七生产队投资 468 万元建设存栏 260 头奶牛舍 1 栋、挤奶厅 1 个；中心区投资 435 万元建设存栏 242 头奶牛舍 1 栋、挤奶厅 1 个；合计投资 1749 万元，入住奶牛 972 头。

11 月 19 日，海农公司办字〔2015〕46 号批复同意农场第四生产队奶牛标准化养殖场建设项目，建设规模及主要内容为：新建配电室 1 栋，建筑面积 156.9 平方米；消防池泵房 1 栋，面积 33 平方米；防水池 1 座，容积 400 立方米；内外围墙 1594 延米。总投资 160 万元，其中中央预算 80 万元、企业自筹 80 万元。

实施中心区禽畜粪污等农业农村废弃物综合利用试点项目，购入粪污处理设备 4 套、装载机 1 台、运输车 3 台，建设堆肥槽 400 立方米，硬化地面 3360 平方米，总投资 516.65 万元，其中项目投资 400 万元、企业自筹 116.65 万元。

实施国家高产优质苜蓿示范建设项目，种植高产苜蓿 3000 亩，总投资 216.2 万元，其中项目投资 180 万元、自筹资金 36.2 万元。

2016 年，农场实施伊力根奶牛养殖场建设项目，新建牛舍 2700 平方米，总投资 130 万元，其中项目投资 80 万元、企业自筹 50 万元。

实施第二生产队奶牛养殖场建设项目，新建牛舍 3042 平方米、青贮窖 1000 立方米及配套设施，总投资 268.16 万元，其中项目投资 130 万元、企业自筹 138.16 万元。

农场自筹资金实施第二生产队奶牛暖舍及挤奶厅建设项目，新建奶牛暖舍 3042.27 平方米、挤奶厅 877.98 平方米，总投资 447.25 万元。

实施第八生产队奶牛标准化规模养殖场建设项目，新建奶厅 1 栋 1075 平方米，总投资 171.57 万元，其中项目投资 130 万元、企业自筹 41.57 万元。

农场自筹资金实施第八生产队奶牛暖舍建设项目，新建牛舍 2 栋 6084 平方米，总投资 456.45 万元。实施第一生产队羊舍建设项目，新建羊舍 8400 平方米，总投资 111.37 万元。实施挤奶厅设备采购项目，伊根生产队、第二生产队、第八生产队新建 3 个奶牛场挤奶厅并购买配套设备，总投资 348.12 万元。

实施第六生产队、第七生产队额尔古纳市农牧交错带已垦草原治理项目，草场改良 2000 亩，建设人工草地 2350 亩、饲草储备库 3000 平方米，总投资 160 万元，均为项目投资。

农场自筹资金实施青贮窖建设项目，新建青贮窖 5 座，总投资 439.74 万元。

实施国家高产优质苜蓿示范建设项目，种植高产苜蓿 9000 亩，总投资 566.4 万元，其中项目投资 540 万元、自筹资金 26.4 万元。实施草原补奖绩效奖励补贴苜蓿项目，种植高产苜蓿 5000 亩，总投资 57.5 万元，其中项目投资 30 万元、自筹资金 27.5 万元。

实施上库力农牧场种养结合建设项目，购置 TMR 饲料车 3 台、取料机 5 台、粪污清运车 4 台、50 型装载机 2 台、青贮播种机 3 台、割草机 2 台、翻草机 3 台、2204 拖拉机 2 台，总投资 622 万元，其中上级资金 300 万元、企业自筹 322 万元。

2017 年，农场实施国家高产优质苜蓿示范建设项目，种植高产苜蓿 7200 亩，总投资 455.5 万元，其中上级投资 432 万元、自筹资金 23.5 万元。

实施内蒙古自治区高产优质苜蓿示范建设项目，种植高产苜蓿 1000 亩，总投资 79.5 万元，其中上级投资 60 万元、自筹资金 19.5 万元。

2018 年，农场实施额尔古纳市农牧局草原围封项目，围封草原 2 万亩，架设围栏 3 万延米。

同年，农场联系额尔古纳市草原站申请灭杀草原鼢鼠项目，每只草原鼢鼠补贴 15 元。全年场区灭杀鼢鼠 6100 只，共计补贴 9.15 万元，草原受益 2.8 万亩，灭蝗虫 3000 亩。

十、其他项目

2013年1月8日，农场争取国家户户通项目，为第一生产队93户、第二生产队299户、第五生产队55户、第六生产队88户、第七生产队150户、第八生产队146户、伊根生产队85户，合计916户安装户户通卫星信号接收设备。

2016年，农场实施额尔古纳市林业局森林植被恢复项目，恢复植被800亩，总投资120万元，均为项目投资。

第十七章　基本建设

上库力农场基建科负责基本建设工作，2011 年至 2020 年完成公共基础设施建设、农业基础设施建设、牧业基础设施建设、农场小城镇建设多项工程。

第一节　机构设置

2011 年初，基本建设工作由生产部负责，4 月由生产部分离，成立基建科，刘惠斌担任科长，负责农场基本建设工作，科员为张志扬。

2016 年 3 月 16 日，基建科与土地项目办合并，成立基建土地项目办公室，王建友担任主任、王建鹏担任副主任，负责土地项目工作；张志扬担任副主任，负责基本建设工作。

2017 年 3 月 24 日，基建土地项目办公室分离，恢复基建科建制，王建友担任科长，张志扬担任副科长。

2017 年 6 月 5 日，聘任王鹏、刘明阳为基建科科员。

2018 年 4 月 10 日，聘任马庆存为基建科科长、戚鹏为基建科科员。

2019 年 4 月 10 日，聘任孟繁强为基建科科长，张志扬担任副科长，戚鹏、刘明阳为基建科科员。

第二节　公共基础设施建设

2011 年，农场自筹资金 114.27 万元新建第六生产队砖混办公室一栋，占地面积 503.6 平方米；投资 89.15 万元建设广场 1 处；投资 5.18 万元建设广场公厕 1 处，面积 32 平方米。

7 月 19 日，农场新办公大楼竣工，建设面积 4271.72 平方米，投资 1222.95 万元；建设会议室、食堂面积 1596.96 平方米，投资 433.23 万元；机关各科室由原办公楼搬迁至新办公楼。

7 月 21 日，"东方红广场"全面竣工，该广场东西长 175 米、南北宽 105 米，占地面积 18375 平方米；内设硬化面 3300 平方米、活动舞台 336 平方米；中间设有主题标志一处，其基座宽 3 米、长 4.2 米，顶部宽 2.2 米、长 3.2 米、高 4.8 米，代表"四平八稳"的农垦基础，顶面呈～型，代表巨人的手掌，托起农场开垦荒原的链轨式拖拉机"东方红"，迎着朝阳、开垦未来；基座东侧呈斜面，采用邓小平书体雕刻"实事求是"四个大字，南侧刻印农场企业核心价值观，北侧刻印农场简介；整体标志坐落在三步台阶之上；广场另有六角亭 2 处，篮球场 1 处，32 平方米公厕 1 处，游玩过道 148 米，植树 312 株，铺设草坪 4800 平方米，种植草坪 7500 平方米。累计投入自筹资金 502.62 万元。

同年，第七生产队屯内铺设水泥道路 3918.6 平方米，投资 48.3 万元；第五生产队至第六生产队铺设田间路 9.5 千米，投资 80.8 万元。

2012 年，农场利用危房改造配套基础设施道路工程建设 6 米宽水泥路 5.97 千米，总投入资金 758.67 万元。

2013 年，农场利用危房改造配套道路建设项目，投资 30.7 万元建设惠泽嘉园小区水泥路 0.56 千米；投资 201.6 万元建设第一生产队屯内水泥路 2.096 千米；投资 283.5 万元建设第二生产队屯内水泥路 3.116 千米。

实施新建田间机耕路 50.05 千米，其中：第一生产队 4.2 千米、第二生产队 7.1 千米、第三生产队 8.9 千米、第四生产队 1.8 千米、第五生产队 20.25 千米、第八生产队 7.8 千米，总投资 768 万元。

2014 年，农场利用自治区一事一议财政奖补项目，建设面积 3850.47 平方米的中心区文化活动中心 1 栋，室内包含羽毛球馆、老年活动中心、儿童活动中心、篮球场、健身室、排球馆以及附属设施，总投资 1300 万元。

同年 8 月，农场利用呼伦贝尔市交通局街巷硬化项目，投资 194.7 万元，硬化中心区道路 3 千米。

同年 10 月，农场利用危房改造配套基础设施建设项目，农场自筹资金 396.5 万元，新建中心区铁艺围栏 1680 米、安装路灯 17 盏。实施道路升级改造工程，将 S301 省道通往第三生产队、第二生产队、第五生产队、伊根生产队砂石路升级为三级柏油路，共计 7.014 千米，第八生产队村屯水泥道路工程 10.1 千米。

利用额尔古纳市交通局项目建设场部至第一生产队、第七生产队水泥路 29 千米，至此，上库力农场在海拉尔垦区率先实现道路硬化队队通。

同年，投资 527 万元建设机耕路 35.3 千米，其中第四生产队 10 千米、第五生产队 4.3 千米、第六生产队 6 千米、第七生产队 15 千米。

2015 年，农场利用垦区危房改造配套基础设施建设项目，投资 323.3 万元，建设惠泽嘉园小区水泥地硬化 6579.53 平方米、安装路灯 41 盏；农场投资 853.6 万元进行街巷硬化 20.48 千米，其中第三生产队 6.53 千米、第四生产队 8.10 千米、第五生产队 3.14 千米、第六生产队 2.71 千米。

5 月，利用自治区"一事一议"财政奖补项目，建设温室大棚 2 栋，共计 1920 平方米。硬化地面 2500 平方米，建设水泥路 1.07 千米、彩钢围栏 2500 延米，铺设人行道彩砖 445.06 延米、路边石 1270 延米。

7 月，实施呼伦贝尔市交通局街巷硬化项目，为农场第三生产队、第四生产队、第五生产队、第六生产队硬化道路合计 12 千米。

同年，农场投资 23.8 万元，建设惠泽嘉园小区 35、36 号住宅楼外网工程 240 延米；投资 92.56 万元，为第二生产队、第三生产队、第六生产队、第七生产队、第八生产队、伊根生产队维修卫生室、活动室。

2016 年，农场实施危房改造配套基础设施项目建设工程，硬化地面 1.8 万平方米、建设供热供水管网 295.4 延米并进行锅炉维修改造，建设第五生产队彩钢围栏 2465 延米，总投资 29.58 万元。

2018 年，农场购置的锅炉脱硫脱硝设备完成安装调试。农场投资 65.07 万元，对第四生产队办公室内外进行维修，建设文化活动中心水泥硬化地面 2573 平方米。

2019 年，农场投资 13.1 万元，对伊根生产队办公室内外进行维修；利用垦区危房改造小区配套基础设施工程，投资 93.5 万元，建设锅炉房道路及地面 3916 平方米。

第三节　农业基础设施建设

2011 年，农场实施额尔古纳市财政局粮食仓储大棚项目，投资 214.83 万元，建设第六生产队拱形大棚 4000 平方米、第四生产队拱形粮食储备棚 3000 平方米；投资 426.36 万元，建设水泥晒场 38695.2 平方米，其中第一生产队 5160.0 平方米、第四生产队 8636.4 平方米、第五生产队 3252.4 平方米、第六生产队 13279.4 平方米、第七生产队 8367.0 平方米。

2012 年，修造厂建设第三生产队拱形粮食储备大棚，面积 3000 平方米，投资 88.53 万元；新建物资科库房大棚，面积 1100 平方米，投资 77.58 万元；建设水泥晒场，面积 19537 平方米，投资 222.91 万元，其中第二生产队 6650 平方米、第三生产队 9253 平方米、第五生产队 3634 平方米。

2013 年，修造厂承建的全封闭式拱形粮食仓储大棚在第二生产队建成交付使用，仓储面积 3000 平方米，投资 83.57 万元；维修面粉厂大棚，面积 750 平方米，投资 16.12 万元；同时负责第三生产队水利工程蓄水池输水管道的焊接、安装任务。农场建设第五生产队水泥晾晒场，面积 3968.4 平方米，投资 29.12 万元；为第二生产队建设砼面，面积 6735.4 平方米，投资 80.98 万元。农场投资修建的第八生产队田间路开工建设，从村屯至开荒点路段，全长 7.5 千米。

2011—2013 年，新建伊根生产队、第一生产队、第二生产队、第三生产队、第四生产队、第五生产队、第七生产队 S-C-S-100-2C 电子地衡 7 座，总投资 127.46 万元。

2014 年，农场投资 156.73 万元，建设第五生产队、第七生产队、第八生产队水泥晒场工程 12617 平方米；投资 267.23 万元，建设第二生产队、第三生产队、第四生产队、第六生产队风干仓 8 座。修筑机耕路 35.3 千米。修造厂承建第五生产队面积 3000 平方米全封闭式拱形粮食仓储大棚一座，投资 99.84 万元。

2015 年，农场完成 2014 年上库力农场粮食风干仓建设项目 2 座，建设地点为第四生产队，投资 94.26 万元；完成二、三、四、第七生产队 75 万千克风干仓 8 座、监控设备 13 套，总投资 380.72 万元。新建中心区蔬菜温室大棚 2 座，面积 1920 平方米，投资 157.17 万元。

2016 年，农场投资 20.65 万元，为第八生产队建设 150 吨电子地衡 1 个；自筹资金进行农业基础设施建设，投资 167.38 万元，为第二生产队、第三生产队、第四生产队、第五生产队、第六生产队建设水泥晒场，面积 12427 平方米；投资 516.50 万元，为第二生产队、第三生产队建设 500 吨烘干塔各 1 座，为第四生产队、第五生产队、第六生产队建设 300 吨烘干塔各 1 座；投资 77.77 万元，建设第三生产队晾晒大棚，面积 3000 平方米。

2017 年农场实施额尔古纳市 1.5 万吨粮食流通设施项目，投资 295.3 万元，为第五生产队建设 3000 平方米晾晒棚 1 座、600 平方米粮食平房仓 1 座、750 吨粮食风干仓 2

座、水泥晒场 3050 平方米。修造厂铺设第三生产队水利工程地下输水管线并进行连接、埋土，共 13255 延米。

2018 年，农场投资 59.5 万元，为第六生产队建设水泥晒场，面积 4564 平方米。

2019 年，修造厂利用农场自筹资金 107.6 万元，建设伊根生产队全封闭式拱形粮食仓储大棚 1 座，面积 3000 平方米；农场投资 85 万元，为伊根生产队建设水泥晒场，面积 4550 平方米。

2020 年，修造厂焊接第三生产队水利蓄水池围栏 700 延米。

第四节　牧业基础设施建设

2012 年，农场新建第五生产队人畜分离奶牛彩钢保温牛舍 2 栋 1480 平方米及配套设施、机电井 2 眼，第七生产队人畜分离奶牛彩钢保温牛舍 3 栋 2520 平方米及配套设施，第一生产队人畜分离奶牛暖舍 2448 平方米及附属设施、机电井 2 眼。

2014 年，农场建设大鹅养殖舍 36 栋，共 7200 平方米，其中第五生产队东侧新建养殖舍 24 栋。

同年，农场于第四生产队建设奶牛标准化规模养殖场建设奶牛暖舍 4 栋，建设面积 4200 平方米；建设挤奶厅 1 处，建设面积 450 平方米。第五生产队建设奶牛暖舍 5 栋，建设面积 7550 平方米，奶厅面积 469 平方米；建设青贮窖 2 个，建设面积 1827 平方米，容积 5481 立方米。于第六生产队建设奶牛暖舍 2 栋，建设面积 2040 平方米。于第七生产队建设奶牛暖舍 5 栋，建设面积 7307 平方米，奶厅面积 469 平方米；建设青贮窖 2 个，建设面积 2238 平方米，容积 6714 立方米。

同年，农场于第六生产队建立人畜分离生猪场养殖基地建设新建猪舍及库房 803.57 平方米、地面硬化 1100 平方米、围栏 430 米、化粪池 50 立方米及配套设备设施。

2015 年，农场实施禽畜粪污等农业农村废弃物综合利用试点项目，购置粪污处理设备装载机 1 台、运输车 4 台，新建堆肥槽 9 条，地面硬化 5323.6 平方米。

2013—2015 年，农场建设千头牛生态牧场，占地面积 10.8 万平方米；建设奶牛暖舍 5 栋，面积 12096 平方米，奶厅 756 平方米；新建青贮窖 3 个，占地面积 5400 平方米，容积 12600 立方米；建设饲草料储备库 1 个，面积 648 平方米；建设储草棚 1 个，面积 1000 平方米。

2012—2016 年，农场于第一生产队建设奶牛暖舍 5 栋，面积 6150 平方米，奶厅面积 429 平方米；建设青贮窖 1 座，3084 立方米。

2016 年，农场于第一生产队新建羊舍 6 栋，总占地面积 5534 平方米。其中羊舍 6 个

4040 平方米，育羊舍 6 个 1200 平方米，彩钢板住房 6 座 294 平方米。打机井 6 口总深度 386 米，平均井深 64.3 米。

同年，农场于伊根生产队建设奶牛暖舍 1 栋，面积 2250 平方米，奶厅 226 平方米。投资 4.3 万元，进行第六生产队人畜分离生猪养殖基地建设项目维修。

2016—2017 年，农场于第二生产队建设奶牛暖舍 2 栋，建筑面积 6082 平方米，奶厅面积 878 平方米；建设青贮窖 2 个，占地面积 2050 平方米，容积 6150 立方米。于第八生产队建设奶牛暖舍 2 栋，建筑面积 6082 平方米，奶厅面积 878 平方米；建设青贮窖 2 个，占地面积 2000 平方米，容积 6000 立方米。

第五节　农场小城镇建设

一、文化设施建设

2012 年，农场利用自治区财政奖补一事一议项目，建设完成惠泽嘉园小区南侧 479 平方米彩钢板多功能活动室，内设舞厅、棋牌室、卫生所等，小区内安装部分文体设施。

建设伊根生产队文化活动室 635.34 平方米、公厕 1 处 30 平方米，投入资金 157.43 万元。

农场投资 113.17 万元，建设第五生产队职工活动室 551.03 平方米，硬化地面 550 平方米、小型广场 1600 平方米。

2014 年，农场建设第二生产队文化活动室 620 平方米，硬化地面 3000 平方米，建设铁艺围栏 400 米，配备路灯、体育器材、机电井及相关配套设施。

10 月底，职工文体活动中心建设完成，开始向群众服务。该中心功能齐全，其中一楼设有篮球场、移动看台、农场史展厅、棋牌室、瑜伽室、陈列室、儿童室内淘气堡、室外淘气堡，二楼设有乒乓球室、台球室、健身室、电动棋牌室、扑克室，三楼设有点歌室、舞池、地颤平台等。一楼和三楼均设有大型 LED 屏。

2016 年，农场投资 15.38 万元，为第七生产队建设小型文化活动广场 981.7 平方米。

二、住宅小区建设

2012 年，农场为满足职工住楼要求，利用垦区危旧房改造项目，建设砖混住宅楼 9 栋、23774.68 平方米，共计 33 个单元 264 户，户平均面积 90.06 平方米。

2013 年，伊根生产队建设木刻楞住房 14 栋，户均面积 80 平方米，总建设面积 1120 平方米。

2013 年，农场住宅小区 9 栋楼房竣工，建设面积 32942.84 平方米，设置 36 个单元 288 户，户均面积 114.38 平方米。

同年，楼房住宅小区被命名为"惠泽嘉园小区"。

2014 年，惠泽嘉园小区利用危房改造项目，建设完成 7 栋住宅楼，总建设面积 25994.23 平方米，设有 28 个单元 224 户，户均面积 116.05 平方米。

2015 年，农场利用移民搬迁工程，为 100 户移民搬迁户建设砖混住宅楼 2 栋、5990.59 平方米，共计 8 个单元，户平均面积 59.91 平方米。

2016 年，农场利用危房改造工程项目，建设住宅楼 1 栋，建设面积 3422.2 平方米；共 4 个单元 32 户，户均面积 106.94 平方米。

三、生活设施建设

（一）供水、供热设施建设

2011 年，农场实施办公楼室外供热、供水管道及 1 号、2 号楼地沟改造 246 延米，总投资 43.9 万元。

2012 年，农场利用危房改造集中供热项目，新建安全饮水工程库房 150 平方米，建设锅炉房 285.6 平方米、供热管网 989 延米，购置安装 12 吨锅炉一台，总投资 252.29 万元。

2013 年，农场建设危房改造自来水管网及供暖管道工程 1236 延米、安全饮水用房 112 平方米，总投资 252.64 万元。

同年，农场投入资金 45.2 万元，对惠泽嘉园小区进行旧检查井、管道拆除、维修和安全饮水工程库房旧地面拆除，维修。更换楼区检查井 84 个、井盖 40 个。

2014 年，农场实施危房改造配套供暖工程，建设 20 吨锅炉房、采暖、供水外网，购置安装 20 吨锅炉一台，总投资 436.43 万元。

2015 年，农场实施垦区危房改造配套基础设施建设项目，建设惠泽嘉园小区供热、供水管网 400 米。

2016 年，农场实施危房改造配套基础设施建设项目，硬化地面 18000 平方米，建设供热供水管网 295.4 延米并进行锅炉维修改造。

2017 年，农场利用财政部农场小城镇公益性综合基础设施建设项目，新建锅炉房 900

平方米、改造供热管网 4300 延米、新建供热管网 340 米、购置 30 吨锅炉 1 套、硬化地面 50000 平方米。该工程于 2018 年完成，总投资 1010.02 万元。

（二）照明设施

2012 年，农场实施中心区道路硬化二期工程，硬化道路 17000 平方米，安装路灯 56 盏。

同年，农场实施危房改造配套基础设施道路工程，中心区安装路灯 35 盏，第一生产队、第二生产队安装路灯 163 盏。

2013 年，农场投资 53.3 万元，为第一生产队、第二生产队、第八生产队屯内安装路灯 103 盏；投资 15 万元，为惠泽嘉园小区安装路灯 47 盏。

2014 年，农场实施危房改造配套基础设施建设项目，为惠泽嘉园小区安装路灯 17 盏。

2015 年，农场实施垦区危房改造配套基础设施建设项目，硬化地面 4989 平方米、安装路灯 10 盏。

（三）环境卫生设施

1. 环境卫生设施　2015 年，农场利用内蒙古自治区一事一议财政奖补项目，安置中心区垃圾箱 80 个，购入垃圾清运车 1 台、垃圾处理设备 1 套。

2. 绿化工程设施　2012 年，农场实施内蒙古自治区一事一议财政奖补项目，进行中心区道路硬化项目二期工程，绿化植树 2500 株。

2014 年，农场利用危房改造配套基础设施建设项目，进行蒙草抗旱中心区绿化美化工程，投资 30.19 万元。

2015 年，农场利用自治区一事一议财政奖补项目，于中心区街巷共计植树 72060 株。

四、物业管理

2016 年 8 月，供电所接管小区物业管理工作；2018 年 7 月，场办公室接管小区物业管理工作。

2020 年 9 月 21 日，经招投标程序，惠泽嘉园小区物业移交额尔古纳市馨雅物业公司管理。

第十八章 劳动工资与社会事业管理

社会事业部负责上库力农场职工劳动用工管理、劳动合同管理、工资与福利管理、社会保险、灵活就业人员管理等工作。

第一节 机构设置

2011—2014 年 12 月，社会事业部部长为孙福任，副部长为齐铁岭，科员为崔岩。

2015 年 1 月—2017 年 3 月，社会事业部副部长为齐铁岭，科员为崔岩。

2017 年 3 月—2020 年 2 月，社会事业部部长为齐铁岭，副部长为崔岩。

第二节 职工队伍

2011—2020 年，农场职工队伍人数变化不大。10 年中，全场职工人数由 1536 人变动到 1340 人（其中管理人员 175 人），累计退休 271 人，死亡 40 人，安置退伍军人 6 人，安置职工子女及零就业家庭人员 162 人，因违反劳动合同离职人员 8 人。2011—2020 年农场在岗职工人数见表 18-1。

表 18-1 在岗职工人数统计表

单位：人

单位	2011 年	2012 年	2013 年	2014 年	2015 年	2016 年	2017 年	2018 年	2019 年	2020 年
第一生产队	97	95	95	100	103	94	88	88	86	86
第二生产队	199	195	188	195	200	189	181	179	172	163
第三生产队	210	206	204	209	201	193	187	177	168	163
第四生产队	205	205	205	214	210	206	191	183	177	169
第五生产队	181	168	170	168	173	168	166	162	165	157
第六生产队	188	184	184	189	187	189	178	175	172	169
第七生产队	108	106	102	105	110	109	107	103	98	97
第八生产队	49	49	47	49	48	46	44	39	36	33

（续）

单位	2011 年	2012 年	2013 年	2014 年	2015 年	2016 年	2017 年	2018 年	2019 年	2020 年
伊根生产队	107	106	108	110	108	109	105	104	99	94
供电所	15	15	13	14	17	25	31	17	17	18
物资科	20	20	20	19	18	23	22	19	17	17
兽医站	10	11	10	10	10	14	14	14	12	12
科技试验站	25	27	24	27	28	29	13	14	16	18
林草工作站	—	—	—	—	—	—	25	26	27	21
有机肥厂	—	—	—	—	—	—	—	—	1	1
职工医院	39	38	39	39	35	32	33	31	—	28
机关	72	79	79	78	77	71	73	90	96	93
多经队	8	7	5	3	2	2	2	2	2	1
加工厂	3	2	2	2	—	—	—	—	—	—
合计	1536	1513	1495	1531	1527	1499	1460	1423	1361	1340

注：多经队、加工厂为农场民企民营单位，人员属性为内退人员

第三节　劳动用工管理

根据《中华人民共和国劳动法》及其配套法规、规章的规定，结合企业的实际情况，上库力农场各单位定员定编人数由农场根据实际情况酌情核定，人员的录用由场长（总经理）批准，社会事业部办理具体手续考试录用。农场严格掌握录用人员的条件，任何单位无权擅自用工，否则被录用人员发生任何意外、伤亡，由擅自录用者个人承担一切责任。职工被录用后，农场根据职工素质和岗位要求，实行岗前培训、在岗深造培训或职业培训。职工入职后，企业负有支付职工劳动报酬、为职工提供劳动和生活条件、保护职工合法劳动权益等义务，同时享有生产经营决策权、劳动用工和人事管理权、工资奖金分配权、依法制定规章制度权等权利。职工享有取得劳动报酬、休息休假、获得劳动安全卫生保护、享受社会保险和福利等劳动权利，同时应当履行完成劳动任务、遵守企业规章制度和职业道德等劳动义务。

上库力农场《生产经营管理责任制实施方案》规定，全场在岗职工无极特殊原因应保持正常出勤，全年（除工伤、长期住院、女职工产假等特殊情况）春播期间预计 35 天、夏管期间预计 35 天、秋收期间预计 30 天，农忙季节实际出勤不得低于 100 天，低于在本单位正常出勤 100 天的，农场按实际出勤天数承担养老保险，同时不享受粮补、草补、年终福利待遇。各单位将实际出勤情况每月上报社会事业部和财务部，达到解除劳动合同条件的人员由各单位上报社会事业部解除合同。

农场社会性的公益活动要求全民参与，全场职工每人每年需参加不低于 10 个工作日的义务劳动。

2011—2020 年招录职工情况：

2012 年 6 月 22 日，农场根据海拉尔农垦（集团）公司《关于统一招聘大学生分配意见的通知》，分配王秋颖、孙岩、吴丹、任路颖、梁跃虎、陈岩 6 名大学生到农场工作。招聘人员试用 6 个月，在此期间发给 1200 元/月的生活费。9 月 18 日，农场面向大中专毕业生，以公开考试形式，择优录取了 31 名职工子女实现就业。

2013 年 7 月 11 日，农场将集团公司第二批统一招聘的 6 名大学生和集团公司统一培训的 2 名水利专业学员分配到生产一线参加工作。8 月 2 日，农场对零就业家庭子女核实情况进行公示，公示期满后，于 8 月 21 日安置分配第一批零就业家庭职工子女 35 人到生产一线试用。7 月 20 日，为充实农业一线生产力量，经农场党政班子研究决定，农场 2012 年通过考试招录的职工子女于海拉尔农牧职工中专进行岗前培训，经考试后取得劳动预备役培训证书，具备上岗条件的 28 名人员安置就业，并签订临时用工合同，待遇与正式职工同等。

2014 年 8 月 22 日，农场安置 1 名转业军人到伊根生产队参加工作。8 月 23 日，农场安置分配零就业职工子女 64 人到各单位实习，其中第一生产队 8 人、第二生产队 13 人、第三生产队 4 人、第四生产队 4 人、第五生产队 9 人、第六生产队 8 人、第七生产队 8 人、伊根生产队 6 人、科技试验站 3 人、兽医站 1 人。实习合格后签订劳动合同。

2016 年 4 月 30 日，农场与 2014 年已参加岗前培训人员及复转军人签订劳动合同，分配 16 人到基层单位试用，其中第二生产队 1 人、第四生产队 2 人、第五生产队 2 人、第六生产队 1 人、伊根生产队 7 人、供电所 3 人。

2017 年 6 月 6 日，经农场党政班子研究决定，与 2016 年已参加岗位培训的 13 名人员签订劳动合同，并分配到各基层单位。其中第三生产队 4 人，第二生产队、第四生产队、第五生产队、第六生产队、第七生产队、伊根生产队、林草工作站、科技试验站、职工医院各 1 人。

2018 年 5 月 14 日，经农场党政班子会议研究决定，与符合要求的 5 名退伍军人签订劳动合同，并安置到基层单位工作，其中王占江、宋锐分配到伊根生产队工作，王鹏飞、何平、王立国分配到林草工作站工作。

2019 年 6 月 5 日，按照呼伦贝尔市政府《呼伦贝尔市农垦企业医疗卫生职能改革实施方案》规定，为农场职工医院企业办社会剥离遗留的 9 名人员安置工作，与 4 名人员签订劳动合同，安置到第五生产队工作，其余 5 人自愿放弃工作机会。8 月 1 日，与自愿转岗并由子女顶替上岗的 13 名职工的子女签订劳动合同。

上库力农场劳动用工规划见本节附文。

附：

上库力农场劳动用工规划

第一条　为规范职工子女的招用管理工作，建立健全职工招录机制，依据《中华人民共和国劳动法》及国家有关法律、法规，结合本企业的实际情况，特制定本办法。

第二条　本办法适用于全场各基层单位职工的招聘工作。

第三条　就业岗位不足，劳动力供大于求是当前和以后一个时期内农场就业的总趋势。2016—2020年，农场结合企业发展战略，以实际需求为基础，统一规划，重点加强生产一线及紧缺专业人员配置，优化人员录用程序，建立高效、科学的招聘体系，按照"公开招聘、择优录用、企业需求、合理配置、充实一线、总量控制"的基本原则，不定期地招录部分职工子女。

第四条　遵循国家《就业促进法》规定的"劳动者自主择业市场调节就业"的方针，坚持依法、合规的原则，严格执行国家和地方政府的法律、法规，严格执行集团公司的有关规定，坚持标准，严格程序，遵守规则。

第五条　坚持立足企业需求原则，坚持企业发展必须保持合理的用工规模、必须坚持较高的劳动效率。补充劳动用工应立足于实际需要，在上级批准的用工计划内，根据岗位需要招录。坚持公开、公平、择优的原则，在办理招录的过程中，做到标准公开、结果公开、程序透明、操作规范。在统一考试、考核尺度下，择优录用。

第六条　建立促进职工子女就业的有序运行机制：

一、教育引导机制。引导广大职工家庭及子女懂法律、明政策、转观念，走自主就业，自主创业和多渠道、多途径就业之路。

二、协调联动机制。农场与基层单位召开会议、分析形势、研究相关政策、制订实施计划，在推进就业，帮扶困难家庭子女就业等方面协调联动，做到统一政策、统一标准。

三、困难群体帮扶机制。加强组织领导和统一协调，掌握准确信息和资料，依据岗位的需求，区别不同情况，通过统一标准的招录程序，优先录用。

第七条　促进职工子女就业的主要措施

一、争取上级的政策支持。根据集团公司产业链的调整和业务发展，通过各种渠道向集团公司争取子女就业的倾斜政策，反映目前职工队伍存在的结构性矛盾以及面临的稳定形势等困难，争取集团公司在用工计划上予以支持。

二、加快农场主营业务发展。加大多元开发力度，基层各单位要通过加快自身发展，做大、做强主营业务，积极开辟新的经济增长点。加大多元开发力度，多业并举，推动多种经营的发展，增加就业岗位，更多地吸纳农场子女就业。

第八条　编制用工计划

一、各单位年初根据生产需要，按空岗数量，确定用工总量，制定用工计划报社会事业部。年度新安排用工主要满足关键紧缺岗位和生产一线岗位用工的需要，控制一般岗位的用工，严禁计划外用工，各单位无直接用工权。

二、在各单位上报计划需求的基础上，下发招聘文件，组织相关职能部门审核、筛选和评审报名人员提供的材料，将评审通过的人员名单上报总经理审批，审批通过后，组织考试。根据考试成绩及体检结果，农场将依据空岗情况，择优录用。

农场经上级批准招录的职工子女属于初次用工，应按集团公司社会事业部的要求，参加劳动预备役培训，培训合格，取得资格证书，方可上岗。

第九条　签订劳动合同

企业自用工之日起，应签订期限为3～5年的书面合同；新职工执行试用期制度，试用期一般3～6个月，但最长不超过6个月，试用期包含在劳动合同期限内。

试用期间，新职工若有严重违规违纪行为或能力明显不足，用人单位可上报社会事业部审核后立即辞退。

第十条　农场总经理为招录工作的最终负责人，其主要职责为：

一、审核招聘计划。

二、审核录用人员名单。

三、对人员是否录用做出最终决策。

四、对特殊人员的录用标准和所享受的待遇等进行审批。

第十一条　本办法与上级部门新规定不相符的以新规定为准，未尽事宜由社会事业部负责解释。

第四节　劳动合同管理

上库力农场社会事业部以《中华人民共和国劳动法》《中华人民共和国劳动合同法》等相关法律法规作为劳动合同运行的依据，负责与农场职工的劳动合同签订、履行、变更、解除和终止等工作，对劳动者履行劳动合同情况，主要是其个人工资、休假、保险福利及奖惩等进行记录。劳动合同的签订每三年为一周期，合同期满前一个月向职工提出终止或续订劳动合同的书面意向，并办理有关手续。合同周期外新聘任的人员，经岗前培训合格上岗后签订合同。具体劳动合同管理方法如下：

上库力农场劳动合同管理办法

一、签订劳动合同

（一）劳动合同由双方各执一份，职工本人一份，劳动部门备案一份。

（二）劳动合同必须经职工本人、企业法定代表人（或法定代表人书面授权人）签字并加盖企业公章方能生效。

（三）劳动关系自用工之日起建立，劳动合同自双方签字盖章时成立并生效。

（四）农场对新录用的职工实行试用期制度，试用期不超过6个月。试用期包括在劳动合同期限中。

二、解除劳动合同

农场与职工协商一致后可以解除劳动合同，由农场提出解除劳动合同的，依法支付职工经济补偿金；由职工提出解除劳动合同的，不支付职工经济补偿金。双方协商一致可以变更劳动合同的内容，包括变更合同期限、工作岗位、劳动报酬等。

（一）职工有下列情形之一的，农场可以解除劳动合同：

1. 在试用期内被证明不符合录用条件的。

2. 提供与录用相关的虚假的证书或者劳动关系状况证明的。

3. 严重违反农场依法制定并公示的工作制度的。

4. 严重失职，营私舞弊，对农场利益造成重大损害的。

5. 劳动者同时与其他用人单位建立劳动关系，对完成本单位的工作任务造成严重影响，或者经用人单位提出，拒不改正的；被依法追究刑事责任或者劳动教养的。

6. 法律、法规、规章规定的其他情形。

以上情况，农场依法解除劳动合同，不支付职工经济补偿金。

（二）有下列情形之一，企业提前30天书面通知职工本人，可以解除劳动合同：

1. 职工患病或非因工负伤，医疗期满后，不能从事原工作，也不能从事企业另行安排的适当工作的。

2. 职工不能胜任工作，经过培训或调整工作岗位，仍不能胜任工作的。

3. 劳动合同订立时所依据的客观情况发生重大变化，致使原劳动合同无法履行，经协商就变更劳动合同内容不能达成协议的。

以上情况企业依法解除劳动合同，依法支付职工经济补偿金。

（三）农场有下列情形之一的，职工可以随时通知农场解除劳动合同：

1. 未按照劳动合同约定提供劳动保护或者劳动条件的。

2. 未及时足额支付劳动报酬的。

3. 未依法为职工缴纳社会保险费的。

4. 企业的规章制度违反法律、法规的规定，损害劳动者权益的。

5. 因《劳动合同法》第二十六条第一款规定的情形致使劳动合同无效的。

6. 法律、行政法规规定劳动者可以解除劳动合同的其他情形。

（四）职工有下列情形之一的，劳动合同自然终止：

1. 劳动合同期满的。

2. 职工开始依法享受基本养老保险待遇的。

3. 职工死亡，或者被人民法院宣告死亡或者宣告失踪的。

4. 企业被依法宣告破产的。

5. 企业被吊销营业执照、责令关闭、撤销或者企业决定提前解散的。

6. 法律、行政法规规定的其他情形。

农场在解除或者终止劳动合同时出具解除或者终止劳动合同的证明，并在 15 日内为职工办理档案和社会保险关系转移手续。

职工按照双方约定，办理工作交接。农场依照有关规定向职工支付经济补偿的，在办结工作交接时支付。

2011—2020 年，上库力农场解除职工合同情况：

2013 年 7 月 15 日，农场根据海拉尔农垦集团公司文件精神和《2013 年生产经营管理责任制方案》有关规定，对男职工年满 55 周岁、女职工年满 45 周岁的予以转岗，通过对职工档案年龄进行核对，对符合转岗条件的 23 名职工进行转岗，同时解除与上库力农场的劳动合同。

2018 年，职工白杨严重违反《上库力农场（分公司）2018 年生产经营责任制方案》第二十四条、《关于重申职工劳动纪律管理请销假审批权限的通知》以及《职工劳动纪律管理规定》的有关规定，农场根据《中华人民共和国劳动法》规定予以解除劳动关系。

2019 年 1 月 21 日，职工赵红松、康丽洁、王洪波、鞠敬涛严重违反《上库力农场（分公司）2018 年生产经营责任制方案》第二十四条、《关于重申职工劳动纪律管理请销假审批权限的通知》以及《职工劳动纪律管理规定》的有关规定。农场根据《中华人民共和国劳动法》之规定对此 4 人予以开除，并解除劳动关系。

2019 年 8 月 1 日，根据 2019 年生产经营责任制实施方案，由本人自愿提出申请，由其子女顶替上岗，与被替岗的 13 名职工解除劳动合同。

2020 年 5 月 20 日，职工郑继文、薛永哲严重违反《上库力农场（分公司）2020 年生产经营责任制方案》第三十五条第三款、《关于重申职工劳动纪律管理请销假审批权限的通知》以及《职工劳动纪律管理规定》的有关规定。农场根据《中华人民共和国劳动法》之规定对此 2 人予以开除，并解除劳动关系。

2020 年 11 月 20 日，职工李建鹏违反《上库力农场（分公司）2020 年生产经营责任制方案》第三十五条第三款、《关于重申职工劳动纪律管理请销假审批权限的通知》以及《职工劳动纪律管理规定》的有关规定。农场根据《中华人民共和国劳动法》之规定予以开除，并解除劳动关系。

农场职工劳动纪律管理规定见下文。

上库力农场（分公司）职工劳动纪律管理规定

第一章　总　则

第一条　严格劳动纪律和规章制度，建立规范的工作秩序，是加强企业经营管理，促进农场（分公司）各项事业健康发展的重要保证，是组织生产经营必不可少的条件。根据《中华人民共和国劳动法》《劳动合同法》及国家有关文件精神，结合农场实际，制定本管理规定。

第二条　农场（分公司）职工必须严格遵守劳动纪律与职业道德，自觉维护农场（分公司）的声誉，不断提高政治和业务素质，爱岗敬业、忠于职守。本制度的内容是企业职工行为规范的依据。

第三条　本管理规定适用于农场（分公司）全体在岗职工。

第二章　劳动纪律与行为规范

第四条　职工应遵守如下劳动纪律和行为规范：

一、遵守国家法律、法规和农场（分公司）的各项规章制度。严禁损害农场（分公司）声誉和利益的行为，不准以贪污、受贿、偷窃、挪用等手段侵占公共财物。要有强烈的主人翁责任感，以场为家，树立"我依企业生存，企业靠我发展"的理念。弘扬"团结奋进、务实创新、科学发展、强企富民"的企业精神。

二、遵守社会公德，注重个人品德修养，诚实守信，谦虚谨慎。待人接物要举止文雅，讲究礼貌，尊重他人，互相帮助。要严以律己，宽以待人，不准寻衅滋事、打架斗殴、聚众闹事。积极创建并保持良好的工作、生活氛围。

三、要树立科学发展观，崇尚科学文明，反对愚昧落后。严禁从事赌博、封建迷信、信奉邪教等活动，婚丧迁居不准大操大办，提倡勤俭节约、艰苦创业的精神，主动践行社会主义核心价值观。

四、要热爱本职工作，努力学习，勤奋上进，坚持不懈地提高工作能力和业务水平，培养良好的职业操守。实行坐班制的工作人员，不得无故串岗，不得谈笑吵闹、高声喧哗、搬弄是非。

五、必须严格遵守农场及所属各单位的作息制度。坚守岗位，认真履行岗位职责，不准在工作期间擅自离岗或从事与本职工作无关的事情。

六、必须服从分配，听从指挥。在工作中，要积极主动，讲究效率。按时保质保量地完成工作任务。非管理类员工，正常情况下，生产队工人在农忙季节年出勤应达到 90 天标准工作日，其他直属单位无极特殊原因经队长、场长批准后应保持正常出勤。

七、必须按时参加农场或本单位组织的政治学习、职工培训、安全教育或集体活动，无故不参加者，按旷工（脱岗）处理。

八、职工因公外出或因事不能按时到岗上班者，按照请销假制度，应及时向单位（部门、主管）领导履行请（告、续）假手续。未经批准擅自离岗或假满未续假者，一律按旷工（脱岗）处理。

九、饮酒驾驶机动车，被公安机关依法处罚的，罚款 2000 元，停止工作，学习交通法规，经安全生产部考试合格后上岗。

十、任何单位无权擅自用工，即使需要季节性临时工也必须由总经理签批，并严格履行各项手续，否则被雇佣人员发生任何意外伤亡，由擅自雇佣者个人承担一切责任。

十一、任何单位管理人员无权擅自外派各种机械、设备和人员从事与单位生产无关的事项，一经查实，第一次罚款 5000 元，第二次解聘管理人员职务，到生产一线劳动。

十二、非工作陪客需要，工作期间中午不许饮酒。特别是生产一线人员，从业中要严格按照安全和技术规程操作，文明作业，严禁酒后上岗、疲劳作业、违规操作、睡岗等行为。应注意自身安全、防火和防止事故的发生，并有权利拒绝违章指挥和冒险作业。

十三、无单位主管领导的批准，职工不得私自调班换岗，发现一次取消双方当日出勤。同时不得擅自动用不由自己驾驶、使用的机械设备。出现事故或造成损失的，责任自负。

十四、严禁职工顶班替岗，出勤一律按本人实际在岗工作天数计算，并按照有关规定计酬和管理。单位擅自安置长年顶岗，发生人身伤亡、机械设备等事故的，所造成的后果，由单位主要领导及责任者负全责。

十五、职工在工作途中严禁超速、超载、无证和酒后等违章驾驶，要增强自我保护意识，自身负起安全责任，确保行车安全。由于上述原因导致伤亡的，责任自负。

第三章　奖惩办法

第五条　职工模范执行企业各项规章制度，自觉遵守劳动纪律，积极、主动、有创造性地工作，农场给予精神、物质、经济奖励。

一、在思想道德建设和完成生产及工作任务方面，成绩显著、业绩突出的，被选评为劳动模范、优秀共产党员等的职工，应受到农场荣誉、物质或经济奖励。

二、为农场（分公司）争得各项荣誉或在维护企业安全、社会治安、制止违法违纪活动、见义勇为及防止、抢救事故过程中，使国家、企业利益免受重大损失的，视情况予以奖励或重奖。

三、任何提出有助于农场（分公司）进一步加强经营管理，提高经济效益的合理化意见和建议，被采纳并产生明显经济效益和社会效益的，在技术革新、修旧利废、新技术推广等方面成绩突出的，给予嘉奖。

四、在岗职工符合下列情形之一的，给予表彰奖励。

（一）获得场级劳动模范等称号 3 次的。

（二）获得局（旗）级先进称号 2 次的。

（三）获得地市级（包括市级）先进称号 1 次的。

五、职工违反劳动纪律和规章制度的，坚持思想教育、行政经济处罚相结合，注重教育的原则，视情节对其进行处理。处罚分行政处分和经济处罚，可以独立使用，也可以综合使用。

行政处分有五种：警告、记过、记大过、降职、解聘（解除劳动合同）。经济处罚方面，根据当事人错误严重程度、造成损失大小、分别处以当事人年工资总额 5%～25% 不等的经济处罚。

由单位经营管理不善，给农场造成重大经济损失或造成重大人员伤亡的，给予单位 5 万～10 万元处罚，负责人 1 万～2 万元罚款，调离原工作岗位。

职工有下列情形之一的，农场（分公司）有权解除劳动合同：

（一）劳动教养或依法追究刑事责任的。

（二）醉酒驾驶机动车，被公安机关依法追究刑事责任的，解除劳动合同，管理人员免职。

（三）无组织、无纪律、造谣惑众、宣传封建迷信和传播信奉邪教，无故煽动怠工、罢工、聚众赌博、打架斗殴，严重影响社会稳定，职工团结、扰乱工作秩序的。

（四）劳动期满或当事人约定合同终止的。

（五）试用期内部不符合录用条件的。

（六）恶意损坏、偷窃农场和他人财物两次以上，或一次数额1000元以上的。

（七）严重失职，渎职对农场和单位造成经济损失的。

（八）擅自旷工无任何请假手续超过10天，或违规违纪累计被惩罚处理达3次的。

（九）全年出勤非客观原因按农场2018年《生产经营管理责任制实施方案》执行。

（十）因工作内容发生重大变化，原岗位变更或被取消，经协商职工拒绝不服从新工作安排或不同意调整薪酬的。

（十一）不履行岗位责任制，工作能力和技术水平低，无法胜任本职工作，经教育、培训或调整岗位仍无法适应的。

（十二）非因公患病医疗期满身体情况欠佳，不能从事或胜任原岗位工作或调整后岗位工作的。

（十三）违反劳动纪律，酗酒后上岗或不服从领导指挥和劝阻，无理取闹，漫骂他人，影响正常工作秩序的。

（十四）因工作麻痹大意，玩忽职守，不遵守岗位职责、规章制度和各项安全技术操作规程而造成工作失误、事故、经济损失的。

（十五）工作期间非工作需要或未经领导批准私自换班、替班或经常找借口推卸责任、消极怠工的。

（十六）违反法律法规和企业规章制度，损害企业利益和声誉的，被农场（分公司）解除劳动合同后，取消农场内一切待遇。

第四章　考勤管理

第六条　职工的考勤管理工作统一由财务部、社会事业部和基层单位负责。基层各单位管理人员及后勤服务人员出勤，由各单位党支部书记负责记录和管理（书记请假期间由单位行政主要领导负责）。考勤实行日记月报制度，每月考勤公示无异议后上报至农场（分公司）财务部、社会事业部审核备案。

第七条　机关各部室工作人员考勤由办公室负责管理，并于每月第一个工作日将《考勤表》报农场（分公司）各主管领导审核后公示交由财务部备案。

第八条　各单位职工工分或出勤记录，按照行业或工种特点，坚持谁主管、谁派工、谁记录，实行日记月报制度，每月由统计汇总公示无异议后，会计、行政领导审核签字后上报至农场（分公司）财务部审核备案。

一、严格执行派工权限制度，各生产队队长负责本单位用工、派工、记工的监管和审查，统计负责对本单位出勤及用工的审核。各单位原则上只有队长、书记、副队长有权派工。派工人员每天派工前做好沟通，杜绝重复记工。

二、记工要严格按照《2018年生产经营管理责任制实施方案》和单车核算工分及计件工分标准执行。

三、工分使用分配要坚持轻重缓急的原则灵活分配使用，把握农闲、农忙时段工分调整，每日工分调整后不得超过原职务工分的2倍。零活尽量采取包工计件的方式记工。特殊工作无法准确把握计分标准时，由班子集体讨论决定后记工。

四、各单位要严格按照填表要求认真填写报工表，准确填写工作内容、工作量、工分值、工作时间（以小时为计时单位）。上报表必须有队长、会计及填表人员签字。特殊工作报工时须附带翔实的情况说明。

五、严格执行工分日报和次日上墙公示制度，各派工人员每天在工人完成工作后将其工分报给统计，与工人核对准确无误后，由统计统一记录在《职工出勤明细》上，并由队长审核签字后于次日公示，要求工分上墙率要达到100％。特殊情况可酌情对待。每月出勤表在20日之前经职工本人签字后由会计汇总，并将审核签字后的出勤表及其电子表格报送财务部、社会事业部，每月上报时间至25日截止。

六、财务部每月在各单位上报出勤后的5个工作日内，完成对各单位上报出勤、工分使用的审核，监察审计部协助工作。审核后财务部有关负责人负责将每月的工分使用情况形成翔实的书面材料，向主管领导汇报。

七、年终工分汇总，由监察审计部、社会事业部、财务部联合审查无误签字后，才可以作为职工工资的核算依据。

八、建立严格的责任追究制度。各单位要严格执行本管理制度，各职能部门切实发挥监督审查作用，加强考勤及工分使用的内部监管工作，在工分运行和执行过程中，严禁徇私舞弊、中饱私囊和人情分现象，杜绝买零部件、队内用品以工分结算，雇用私车不经请示同意者一经发现，立即追查相关人员的责任，严肃处理。

第九条　机关及基层单位办公室工作人员，每无故迟到或早退三次扣发一天出勤，达到五次的扣发三天出勤，无故脱岗（旷工）一天扣发三天出勤。一年内擅自脱岗（旷工）两次的，进行诫勉谈话；脱岗（旷工）三次的，给予纪律处分、降职或调岗；屡教不改的，予以免职。

第十条　职工必须在规定上班时间到岗，每无故迟到或早退三次，扣发一天出勤。农业生产单位职工，年标准出勤原则上定为90天，低于90天者，不享受福利待遇、粮补、草补，农场按实际出勤天数承担养老保险。

第五章　请销假制度

第十一条　假别（缺勤）共分公出、事假、病假、婚假、丧假、产假、工伤假、公休假八种，外加旷工（每种情况要在考勤表中体现，必要时附加文字说明）。全场管理人员，全年请假总计 5 天不扣发工资，超出 5 天扣正科级每天 100 元，其他管理人员按比例下调，工人每天 40 元，全场各单位参照执行。

第十二条　职工公出、因病、因事等原因需要离开工作岗位，必须办理请销假手续，并以书面形式提出，同时说明请假理由、期限，按照管理权限履行批手续。

第十三条　机关各部室工作人员公出办事，应提前一天向主管（部门）领导和办公室说明事由及时间，履行请假手续经批准后方可公出，否则按脱岗处理。

第十四条　农场（分公司）副科级以上管理人员以及农业、机务技术员、会计、出纳、统计、畜牧兽医、育种员等，请假 1 天以内，由本单位（部门）领导批准。农忙季节必须提前向农场分管领导请示，否则视为脱岗，并按前述规定进行处分处罚；1 天以上 2 天以内，经本单位（部门）领导同意后，由分管农场领导批准，并向总经理或党委书记报告，到政工部办理请假手续；3 天及以上，经本单位（部门）领导同意后，由总经理或党委书记批准，到政工部办理请假手续，政工部当月与社会事业部和财务部核对确认管理人员出勤，如弄虚作假，一经查实，对相关责任人第一次罚款 1000 元，第二次调离工作岗位。

第十五条　其他职工请假 3 天以内，由所在单位领导批准；3 天以上，由所在单位领导批准，报场长审批，到社会事业部办理手续。

第十六条　所有在职人员因病休假超过 7 天的，需另提交本人申请、单位领导意见和县级以上医院出具的诊断书和病休证明，并按照程序办理请销假手续。

第十七条　因特殊情况或原因不能及时办理请假手续的，要事先说明情况，可在事后 3 日内补交请假手续。假期未满提前上班、假满或仍需续假的，应及时销续假。未按规定执行的按脱岗（旷工）处理。

第六章　相关假类规定

第十八条　管理人员、专业技术类人员、工人，相关假类按照如下规定办理。

一、病假或事假总计 5 天不扣工资。

二、婚假 3 天不扣工资。范围包括职工子女、直系兄弟姐妹。

三、丧假 3 天不扣工资，范围包括职工的父母、岳父母、公婆、夫妻、子女。

四、农场（分公司）职工工伤及生育产假，按照国家有关规定执行。

第十九条　职工因工致伤，经上级主管部门认定为工伤的，停工留薪期内，薪酬按原工作岗位工资标准适当下调。

第七章　值班制度

第二十条　农业生产繁忙时节，各生产队管理及专业技术人员要执行值班制度，非工作所需及个人极特殊事宜的，不能随意离岗。

第二十一条　农闲及节假日期间，各基层单位务必保证每天有一名管理人员带班值班。值班人员和党政主要领导要保证 24 小时通讯畅通，值班制度、值班排序表务必公示上墙。

第二十二条　规定值班值宿时间内，发现无正当理由擅自离岗的，发现一次处以罚款 500 元。

第八章　附　则

第二十三条　各单位应高度重视劳动纪律管理工作，认真及时查处本单位职工违反劳动纪律的现象。因失察、拖延、推诿致使本单位违反劳动纪律的问题得不到及时纠正和处理，并造成不良影响和后果的，将追究主要领导的责任。

第二十四条　单位领导有滥用职权，对本单位职工进行刁难、打击、报复或对违反劳动纪律应该进行查处的职工予以包庇、纵容的，一经查实，农场将给予严肃处理。

第二十五条　各单位可结合自身生产实际制定内部劳动管理、处罚细则，但不得违背国家法律法规及集团公司和农场（分公司）的有关规定，并报农场主管部门备案。

第二十六条　本规定在执行中可根据实际情况对有关条款进行补充增加和删除、更改。

第二十七条　本规定与集团公司制定的有关规定不一致时，以集团公司的规定为准。

第二十八条　本规定由农场社会事业部负责解释。

第五节　工资与福利管理

一、工资管理

农场管理人员工资由基本年薪、绩效年薪和奖励工资三部分组成。

（一）基本年薪

基本年薪按播种面积 90 元/亩的标准计提，作为基本年薪总额。

1. 场级正职基本年薪 94000 元，场级副职基本年薪按正职的 85% 执行。

2. 生产队按播种面积 68 元/亩提取基本年薪，第五生产队新点耕地按 58 元/亩提取。企业在经营亏损时，盈亏比例的 5% 用于调剂。

3. 生产队正职基本年薪为场级正职基本年薪的 75%，副职为生产队正职的 80%，会计、农业技术员为生产队正职的 65％，核算员为生产队正职的 60％。出纳员、统计为生产队正职的 50％。

（二）绩效年薪

按农场合并计算经营利润（按生产实现制计算）35％提取全员绩效年薪。标准如下：

1. 场级管理人员绩效按集团公司相关文件执行。

2. 生产队完成利润指标后（生产队利润承担农场管理费净额），按利润比例计提全队绩效工资：按经营利润的 19％～25％提取。

生产队正职年薪原则上不超过本单位工人平均年薪的 3 倍，副职为正职的 80％，会计、农业技术员为生产队正职的 65％，机务技术员、核算员为生产队正职的 60％。出纳员、统计为生产队正职的 50％。

3. 生产队超利润奖励工资。

按利润比例提取管理人员奖励工资，按净利润的 0.2％～0.4％提取。管理人员按照比例计算。

生产队管理人员基本年薪、绩效年薪的分配采取与考核指标挂钩（具体内容是经济工作与党建精神文明工作捆在一起，分公司工作和老农场工作捆在一起，与薪酬分配挂钩）的考核办法。完不成责任状考核指标的，按未完成得分比例扣减薪酬。考核细则由分公司统一制定执行。

生产队其他人员工资标准为：生产队劳均收入达到 3 万元以上。二、三、四、五、六大队作业组长工资为本组职工劳均工资的 1.4 倍（3 万元以下为本组平均工资），麦场主任工资为麦场职工劳均工资的 1.4 倍；第一生产队、第七生产队、第八生产队、伊根生产队作业组长工资为职工劳均工资的 1.3 倍，麦场主任工资为麦场职工劳均工资的 1.3 倍；修理工、保管员、电工、护青员比照全队劳均收入分配，标准是：大队修理工（1～2 名）1.2 倍、小队修理工（1 名）1.2 倍；保管员 1.1 倍；电工为全队劳均工资；护青员为 90％。修理工、保管员、护青员不允许另外记工，生产队也不允许雇用以上人员的车辆、机械在本队从事生产作业。更夫为全队职工劳均工资的 85％。

生产队职工以工分计酬，农闲季节和零工每天 8 分，农忙时每天 10～12 分。各生产环节根据工作实际，可采取定额计件和计时工资相结合的分配办法，麦场实行计件或包干制。年终工资经农场党政班子扩大会议研究分配后，上墙公示分配方案和结果，公示期 3 天，3 天后无异议视为认可，农场不再受理相关问题。

农场管理人员全年请事假或病假（住院的除外）总计 5 天内不扣工资，产假、婚假、丧假按国家规定执行。

二、员工福利

为改善职工生活，生产队饲养福利性生猪，节假日生猪屠宰必须经场长批准，否则追究队长责任。按生产队经营规模，大队饲养 30 口猪、小队饲养 15 口猪，各生产队生猪饲养建账管理。猪饲料经场长批准作价后入账处理，生猪禁止对外销售和私自处理。

上库力农场在每年元旦、春节两节期间购买米、面、油等物资，为在岗职工、退休职工发放职工福利。

2011 年，享受福利人数 2415 人（其中在岗职工 1536 人，退休职工 879 人）；2012 年，享受福利人数 2455 人（其中在岗职工 1513 人，退休职工 942 人）；2013 年，享受福利人数 2520 人（其中在岗职工 1495 人，退休职工 1025 人）；2014 年，享受福利人数 2635 人（其中在岗职工 1531 人，退休职工 1104 人）；2015 年，享受福利人数 2724 人（其中在岗职工 1527 人，退休职工 1197 人）；2016 年，享受福利人数 2776 人（其中在岗职工 1499 人，退休职工 1277 人）；2017 年，享受福利人数 2812 人（其中在岗职工 1460 人，退休职工 1352 人）；2018 年，享受福利人数 2842 人（其中在岗职工 1423 人，退休职工 1419 人）；2019 年，享受福利人数 2804 人（其中在岗职工 1361 人，退休职工 1443 人）；2020 年，享受福利人数 2852 人（其中在岗职工 1312 人，退休职工 1540 人）。

三、退岗养病

2017 年 6 月 1 日，根据 2017 年生产经营管理责任制方案，患病职工（有二级医院诊断证明）不能正常参加工作的，以档案年龄计男职工年龄 50 周岁及以上、女职工年龄 40 周岁及以上，并连续缴纳养老保险 15 年以上的，本人申请后经本单位领导签字、农场批准后可退岗养病，经农场党政班子会议研究决定，批准 8 名职工退岗养病，其中第一生产队 1 人、第四生产队 2 人、第六生产队 2 人、第七生产队 1 人、第八生产队 1 人、伊根生产队 1 人。退岗养病人员每人每月发放 500 元生活费，本人缴纳养老保险金、医疗保险金、失业保险金个人承担部分，直至达到法定退休年龄为止。

第六节　社会保险

2011 年 6 月 10 日，按照内蒙古自治区人力资源和社会保障厅《关于将原"五七工"

纳入城镇企业职工基本养老保险的通知》（内人社发〔2010〕234号）、《额尔古纳市人力资源和社会保障局关于启动将原"五七工"纳入城镇企业职工基本养老保险的通知》（额人社发〔2011〕12号）文件精神，为积极稳妥做好此项工作，上库力农场成立"五七工"纳入城镇企业职工基本养老保险工作领导小组，并制定实施细则。

2011年8月5日，农场就收缴2011年下半年养老、医疗保险金发出通知：

一、基本养老保险费

1. **基本养老保险费**　分公司员工按实际收入作为缴费基数，其中，下半年基本养老保险缴费基数低于全市2010年度在岗职工平均工资60％的，即下半年缴费基数低于9936元的，按60％作为缴费基数；高于49680元的，按300％作为缴费基数，实际收入为60％～300％的，按实际收入作为缴费基数。灵活就业人员全年基本养老保险按全市2010年度在岗职工平均工资的60％作为缴费基数，按20％的比例全额缴纳，即缴纳养老保险金3974.4元，其中上半年收缴1585.44元，下半年收缴2388.96元。

2. **基本医疗保险费**　公司员工，内退、转岗、退岗养病人员基本医疗保险费按实际收入作为缴费基数，低于全市2010年度在岗职工平均工资80％的，按80％作为缴费基数；灵活就业人员下半年基本运疗保险费按全市2010年度在岗职工平均工资的80％作为缴费基数，即下半年缴费基数为12489.6元。公司员工，内退、转岗、退岗养病人员个人承担2％、单位承担6％，灵活就业人员个人承担8％，即灵活就业人员下半年应缴纳基本医疗保险费为999.17元。大病统筹下半年每人应缴纳60元，其中公司员工、退休及内退等人员每人承担30元，其余30元由公司或农场支付；灵活就业人员由个人全部承担。

3. **失业保险金**　公司员工失业保险金按实际收入作为缴费基数，低于每月680元的按680元作为缴费基数，个人承担1％，单位承担2％。

4. **月平均工资标准**　2010年全市在岗职工月平均工资为2760元。

5. **停保**　参加基本医疗保险的灵活就业人员，如不能按时缴纳养老保险金、医疗保险金则按停保处理。

6. **缴纳形式**　灵活就业人员以现金形式缴纳，其他人员在工资中扣缴。

（1）"十二五"期间。五年内累计缴纳养老保险人数7597人次、缴纳工伤保险7598人次、缴纳生育保险7439人次、缴纳失业保险7439人次、缴纳基本医疗保险7943人次、缴纳大额医疗保险12075人次，各项保险缴费总金额12964.4万元。

（2）"十三五"期间。五年内累计缴纳养老保险人数7056人次、缴纳生育保险5744

人次、缴纳工伤保险 7056 人次、缴纳失业保险 7056 人次、缴纳基本医疗保险 7107 人次、缴纳大额医疗保险 11910 人次，累计缴纳各项保险费 13509 万元。

农场 2011—2020 年在岗职工社会保险缴费情况见表 18-2。

表 18-2　在岗职工社会保险缴费情况统计表

险种		2011 年	2012 年	2013 年	2014 年	2015 年	2016 年	2017 年	2018 年	2019 年	2020 年
养老保险	人数（人）	1531	1513	1495	1531	1527	1499	1460	1423	1362	1312
	金额（万元）	1217	1361	2261	1741	2070	2006	2281	1940	1769	573
工伤保险	人数（人）	1532	1513	1495	1531	1527	1499	1460	1423	1362	1312
	金额（万元）	71.0	70.0	119.0	91.8	113.0	79.4	90.4	77.5	76.0	73.5
生育保险	人数（人）	1373	1513	1495	1531	1527	1499	1460	1423	1362	—
	金额（万元）	25.3	31.0	48.8	40.2	43.0	30.6	34.0	31.3	32.0	—
失业保险	人数（人）	1373	1513	1495	1531	1527	1499	1460	1423	1362	1312
	金额（万元）	119.0	131.0	233.0	171.3	151.7	114.7	77.8	63.8	67.7	31
基本医疗	人数（人）	1820	1533	1513	1536	1541	1512	1471	1431	1370	1323
	金额（万元）	366	413	460	678	798	775	859	791	813	678
大额医疗	人数（人）	2576	2323	2340	2405	2431	2435	2419	2406	2335	2315
	金额（万元）	27.3	27.0	28.0	28.8	29.2	29.7	29.3	29.2	28.2	27.9
当年缴费金额合计（万元）		1825.6	2033.0	3149.8	2751.1	3204.9	3035.4	3371.5	2932.8	2785.9	1383.4

第七节　灵活就业人员管理

上库力农场灵活就业人员参加社会保险，办理退休，享受"4050"人员补贴，获取生活田补助等由农场社会事业部代办代缴。

农场 2011—2020 年灵活就业人数及相关情况见表 18-3、表 18-4。

表 18-3　灵活就业人员人数统计表

单位：人

单位	2011 年	2012 年	2013 年	2014 年	2015 年	2016 年	2017 年	2018 年	2019 年	2020 年
第一生产队	62	60	58	55	52	47	44	42	32	28
第二生产队	140	137	130	125	104	93	83	79	59	55
第三生产队	85	83	79	73	66	60	63	62	59	44
第四生产队	121	110	103	99	89	85	86	76	67	60
第五生产队	137	131	124	120	116	107	101	96	93	85
第六生产队	87	83	78	72	66	61	55	54	53	52

（续）

单位	2011 年	2012 年	2013 年	2014 年	2015 年	2016 年	2017 年	2018 年	2019 年	2020 年
第七生产队	104	101	99	96	93	99	93	85	85	84
第八生产队	83	83	76	71	69	64	64	59	49	43
伊根生产队	58	53	51	51	50	46	45	41	39	38
供电所	63	60	57	51	47	40	34	29	27	21
物资科	5	5	3	3	3	3	3	2	2	1
兽医站	9	9	9	9	9	8	8	7	7	6
科技试验站	39	35	30	28	23	21	19	18	18	15
林草工作站	0	0	0	0	0	0	0	0	1	1
职工医院	16	14	14	14	14	10	13	12	0	0
机关	66	63	58	56	50	48	44	41	40	35
加工厂	73	73	70	64	62	56	52	52	39	35
修造厂	55	53	51	50	49	43	42	40	40	34
多经队	159	156	146	143	138	126	114	111	105	95
合计	1362	1309	1236	1180	1100	1017	963	906	815	732

表 18-4　灵活就业人员相关情况统计表

年份	办理退休审批（人）	收缴两险		地方政府"4050"人员补贴		管理局"4050"人员补贴		生活田补贴	
		人数（人）	金额（万元）	人数（人）	金额（万元）	人数（人）	金额（万元）	人数（人）	金额（万元）
2011	0	1076	428	212	45	853	130	1253	56
2012	76	969	614	235	53	0	126	1244	54
2013	73	928	585	270	64	0	117	1243	55
2014	79	861	594	176	44	0	117	1215	44
2015	79	792	593	160	39	0	119	1204	41
2016	69	737	590	163	39	0	0	964	150
2017	66	700	607	153	37	0	0	896	157
2018	61	640	612	132	32	0	0	839	135
2019	64	593	568	106	26	0	0	805	128
2020	83	523	523	128	32	0	0	0	0
合计	650	7819	5714	1735	411	853	609	9663	820

第十九章 计划财务

上库力农场财务部负责全场财务队伍建设、计划管理、财务管理、统计管理等工作。

第一节 机构设置

2011—2015 年，农场财务部部长为宋华民，副部长为毕文虎，主管会计为于艳，会计为吕恩敏，出纳为邓立军，统计为李军。

2016 年，部长为毕文虎，主管会计为于艳，会计为吕恩敏、王建龙，出纳为邓立军，统计为李军。

2017—2020 年，财务部部长为毕文虎，副部长为王建龙，主管会计为于艳，会计为吕恩敏，出纳为何晓蕊，统计为辛仲续。

第二节 财务队伍

上库力农场财务队伍由财务部和生产队及直属单位财务人员组成。财务部由部长、副部长、主管会计、出纳员等 7 人组成，生产队财务人员由会计、出纳员、统计及核算员组成。2020 年，全场财务人员 44 人，男女性别比例 1：1，其中财务部长 2 人，副部长 2 人，出纳 1 人，会计 2 人，基层单位会计 16 人，出纳兼进销存、统计 9 人，专职核算员 8 人，核算员兼农业技术员 1 人，出纳兼统计 3 人。本科学历 12 人，大专学历 27 人，中专及以下学历 5 人。中级职称 3 人，初级职称 16 人。

农场 2020 年财务人员情况见表 19-1。

表 19-1 上库力农场 2020 年财务人员统计表

单位	姓名	性别	出生年月	毕业院校	专业	学历	职称	职务	参加工作时间
	李志君	男	1975.09	中央党校	经济管理	本科	无	会计	1992.12
一队	宋宇	男	1989.12	黑龙江大学	行政管理学	本科	初级职称	出纳兼进销存、统计	2013.08
	于渤	男	1992.06	内蒙古民族大学	农学	大专	初级机械工程	核算员	2011.07

（续）

单位	姓名	性别	出生年月	毕业院校	专业	学历	职称	职务	参加工作时间
	谷怀森	男	1965.02	山东洛城中学	—	高中	无	会计	1984.12
二队	周梦宇	男	1991.03	黑龙江八一农垦大学	农业机械化及其自动化	本科	无	出纳兼进销存、统计	2013.08
	马国忠	男	1970.05	中央农业广播电视大学	经营管理	中专	无	核算员	1986.12
	孙敏	女	1977.09	内蒙古党校函授学院	经营管理	大专	无	会计	1992.12
三队	赵彩芝	女	1969.06	内蒙古广播大学	财务	大专	无	出纳兼进销存、统计	1986.12
	陈志鹏	男	1985.06	齐齐哈尔职业技术学院	机械设计及其自动化	大专	无	核算员	2009.04
	毕晶	女	1972.03	中央电视广播大学	财务与管理	大专	无	会计	1988.12
四队	刘洋	女	1988.09	大连海洋大学	人力资源与管理	本科	初级职称	出纳兼进销存、统计	2013.08
	唱万里	男	1982.07	黑龙江八一农垦大学	经营管理	大专	无	核算员	2002.03
	李颖	女	1971.03	呼伦贝尔管理干部学院	经济管理	大专	无	会计	1986.12
五队	胡凤珍	女	1972.11	内蒙古农业大学	企业管理	大专	无	出纳兼进销存、统计	1988.12
	张明浩	男	1987.09	大连理工	机械制造与自动化	大专	无	核算员	2004.04
	杨民	男	1969.03	内蒙古财经学院	企业财务与管理	大专	无	会计	1992.12
六队	商婷	女	1989.02	通化师范	汉语言文学	本科	初级职称	出纳兼进销存、统计	2013.08
	冯立军	男	1966.02	海拉尔农牧职工中专	经管	中专	无	核算员	1984.12
	孟新华	男	1968.04	黑龙江八一农大	财会	大专	初级职称	会计	1984.12
七队	王东立	女	1989.11	民族大学	会计电算化	大专	初级职称	出纳兼进销存、统计	2010.01
	贾拥军	男	1967.09	内蒙古党校函授学院	农村管理	大专	无	核算员	1986.12
	张辉	男	1990.12	内蒙古农业大学	会计	大专	初级职称	会计	2013.08
八队	蔡奇影	女	1989.01	内蒙古民族大学	会计电算化	大专	初级职称	出纳兼进销存、统计	2009.08
	陈岩	男	1986.04	北京师范大学	计算机科学与技术	本	无	核算员兼农业技术员	2013.01
伊根队	邵国军	男	1980.08	内蒙古党校函授学院	经济管理	大专	无	会计	2002.03
	田甜	女	1989.08	吉林大学	会计学	本科	无	出纳兼进销存、统计	2012.01
	房伟东	男	1982.01	东北农业大学	行政管理	本科	无	核算员	2008.08
物资科	马淑娟	女	1966.09	中央广播电视大学	财务会计	大专	无	会计	1984.12
	钱秋杰	女	1980.01	北京工商大学	工商管理	大专	无	出纳兼统计	2002.03
销售科	包春云	女	1979.12	中央广播电视大学	财务会计	大专	无	会计	1996.01
供电所	苗培菊	女	1971.08	内蒙古自治区农业广播电视学校	乡镇企业经营管理	中专	无	会计	1987.12
	彭春午	男	1981.04	呼伦贝尔学院	会计	大专	初级职称	出纳兼统计	2008.01

（续）

单位	姓名	性别	出生年月	毕业院校	专业	学历	职称	职务	参加工作时间
科技站	马淑贤	女	1967.02	中央广播电视大学	财会	大专	初级职称	会计	1986.12
林草站	吴丹	女	1988.03	齐齐哈尔大学	英语	本科	初级职称	会计	2013.01
兽医站	王慧敏	女	1967.01	内蒙古二机工学院	工业企业经营管理	大专	初级职称	会计	1987.12
	杨静雯	女	1989.01	北京师范大学	会计学	本科	初级职称	出纳员兼统计	2010.04
多经队	邵淑华	女	1964.11	内蒙古广播电视大学	工业企业管理	大专	无	会计	1990.12
财务部	毕文虎	男	1974.02	燕山大学	会计电算化	大专	中级职称	财务科长	1990.12
	邓立军	男	1986.01	内蒙古工业大学	金属材料工程	本科	中级职称	财务科长	2008.07
	王建龙	男	1985.03	中央广播电视大学	行政管理	本科	初级职称	财务副科长	2010.01
	于艳	女	1972.12	中央广播电视大学	财务会计	大专	初级职称	财务副科长	1988.12
	吕恩敏	女	1972.02	中央广播电视大学	财务会计	大专	初级职称	会计	1987.12
	辛仲续	男	1984.02	西安培华学院	会计学	本科	无	会计	2010.01
	何晓蕊	女	1988.12	内蒙古民族大学	会计电算化	大专	中级职称	出纳	2012.01

第三节　计划管理

一、企业中长期发展计划

（一）上库力农场经济社会中期发展计划

到 2015 年，农牧业生产总值达到 6 亿元，年均增长 15％；粮油总产达到 1.25 亿千克，年均增长 11％；农业总产值达到 4 亿元，年均增长 15％；职均年收入达到 6 万元，年均增长 9％；人均年收入达到 3 万元，年均增长 8％；农业生产利润达到 2 亿元，年均增长 15％；畜牧业生产总值达到 2 亿元，年均增长 15％。

（二）上库力农场经济社会长期发展计划

到 2020 年年末，实现农牧业生产总值达到 6.48 亿元，年均增长 8％；粮油总产达到 1.35 亿千克，年均增长 8％；农业总产值达到 4.36 亿元，年均增长 9％；职均收入达到 6.6 万元，年均增长 10％；人均收入达到 3.3 万元，年均增长 10％；农业利润达到 2.3 亿元，年均增长 15％；畜牧业生产总值达到 2.18 亿元，年均增长 9％。

二、年度计划管理

2011 年，农场粮油计划播种面积 47 万亩，其中油菜 22 万亩、小麦 18 万亩、大麦 7

万亩。油菜计划单产 140 千克，总产达到 3100 万千克；小麦计划单产 325 千克，总产达到 5850 万千克；大麦计划单产 275 千克，总产达到 1925 千克。粮油总产达到 1.05 亿千克，增长 35%；农业生产总值达到 2.5 亿元，增长 25%；经营利润达到 1.2 亿元，增长 20%；劳均收入达到 4.2 万元，增长 13%；人均收入达到 2.3 万元，增长 10%；牲畜存栏达到 4 万头（匹、只、口），增长 8%；牛奶总产量达到 2 万吨，增长 7%；畜牧业从业人员收入达到 18000 元，增长 17%。种植业总收入达到 12784 万元，畜牧业总收入达到 3630 万元。

2012 年，计划播种面积 48 万亩，其中油菜 27 万亩、小麦 12 万亩、大麦 9 万亩，预计粮油总产 1 亿千克，比上年增长 55%；牲畜存栏 40000 头（匹、只、口），比上年增长 3%；牛奶总产 25000 吨，比上年增长 12.3%；畜牧业总产值 1.2 亿元，比上年增长 46%；实现经营利润 1 亿元，比上年增长 49.5%；职均收入 42000 元，比上年增长 35.4%；人均收入 28000 元，比上年增长 16.8%。

2013 年，计划总播面积 50 万亩，其中小麦 13.8 万亩、大麦 8.5 万亩、油菜 24.8 万亩、青贮 2.8 万亩、其他 0.1 万亩，实现总产值 8.2 亿元，比上年增长 26%；粮油总产 1 亿千克，比上年增长 11%；农业总收入 3.2 亿元，比上年增长 10.3%；牲畜存栏 60000 头（匹、只、口），比上年增长 22.5%；实现总产值 8.2 亿元，比上年增长 26%；粮油总产 1 亿千克，比上年增长 11%；农业总收入 3.2 亿元，比上年增长 10.3%；牲畜存栏 60000 头（匹、只、口），比上年增长 22.5%；职均收入 4.4 万元，比上年增长 4%；人均收入 2.9 万元，比上年增长 4%。

2014 年，计划总播面积 50 万亩，其中小麦 21 万亩，总产量 56076 吨，总收入 13402 万元；大麦 2 万亩，总产 5810 吨，总收入 1541 万元；油菜 26 万亩，实现总收入 9.5 亿元，同比增长 14.8%；粮油总产 0.9 亿千克，同比增长 32%；农业总收入 3 亿元，同比增长 29%；职均收入 5.6 万元，同比增长 36.8%；人均收入 3.48 万元，同比增长 20%；经营利润 1.5 亿元；牲畜存栏 7.5 万头，同比增长 34.9%；牛奶总产 2.8 万吨，同比增长 11.2%。

2015 年，计划总播面积 49.4 万亩，其中小麦 26.8 万亩，油菜 22.2 万亩，其他 4000 亩。全场力争完成经济总收入 9.1 亿元；粮油总产 0.95 亿千克，农业总收入 3 亿元，牲畜存栏 6.5 万头（匹、只、口），牛奶总产 2.64 万吨，畜牧业总产值 2.5 亿元，工业总产值 650 万元，经营利润 1.2 亿元，职均收入 6.1 万元，人均收入 3.55 万元。

2016 年，计划总播面积 50 万亩，其中小麦 25.4 万亩、大麦 3 万亩、油菜 18 万亩、苜蓿 2.2 万亩、青饲料 1.4 万亩，粮油总产 0.925 亿千克。完成销售收入 2.2 亿元，经营利润 4000 万元，职均收入 5 万元，人均收入 2.5 万元，牲畜存栏 6.8 万头（匹、只、口），鲜奶总产量 1.2 万吨，肉类总产量 1200 吨。

2017 年，计划总播面积 51.7 万亩，其中小麦 26.6 万亩、大麦 1 万亩、油菜 22.3 万亩、其他 1.8 万亩。总产量 0.95 亿千克，各业总收入 6.3 亿元，国内生产总值 3 亿元，农业总收入 2.8 亿元，职均收入 5.4 万元，人均收入 3.2 万元，牲畜存栏 6.2 万头（匹、只、口），鲜奶总产量 1 万吨，肉类总产量 1000 吨，畜牧业总收入 9200 万元。

2018 年，计划总播面积 51.84 万亩，其中油菜 19.1 万亩、小麦 17.2 万亩、大麦 3 万亩、莜麦 1.6 万亩、甜菜 2.6 万亩、水飞蓟 4.8 万亩、饲草 3.54 万亩。农业总收入 3 亿元，职均收入 5.6 万元，人均收入 3.5 万元，牲畜存栏 7 万头（匹、只、口），鲜奶产量 6000 吨，肉类总产 1200 吨，畜牧业总收入 1 亿元。

2019 年，计划总播面积 52.9 万亩，其中小麦面积 22.1 万亩，大麦面积 4.1 万亩，油菜面积 14.7 万亩，甜菜面积 3.1 万亩，水飞蓟面积 4.4 万亩，莜麦 1.9 万亩，饲草面积 2.6 万亩。粮油总产 0.9 亿千克，各业总收入 3.5 亿元，职均收入 5.5 万元，人均收入 3.5 万元，牲畜存栏 8.5 万头（匹、只、口），鲜奶产量 6000 吨，肉类总产量 1500 吨，畜牧业总收入 1.2 亿元。

2020 年，计划总播面积 53.42 万亩，其中小麦面积 18.65 万亩、大麦面积 1.15 万亩、油菜面积 18.24 万亩、莜麦面积 3.37 万亩、甜菜面积 5.5 万亩、水飞蓟面积 3.7 万亩、饲草 2.81 万亩。各业总收入 3.7 亿元，国内生产总值 1.7 亿元，粮油总产 8 亿吨，职均收入 5.6 万元，人均收入 3.5 万元，牲畜存栏 7 万头（匹、只、口），鲜奶总产量 6000 吨，肉类总产量 1600 吨，畜牧业总收入 1.6 亿元。

第四节　财务管理

为了适应现代农垦企业的快速发展，全面加强财务管理工作，使流动资产、固定资产、生产成本、会计基础规范化，进销存管理、财务人员管理、电算化管理纳入企业管理工作中，农场逐步建立规范的企业财务管理制度，使之渗透到企业财务管理的每一个环节。财务管理工作是在场长、总经理统一领导下，基层单位相关领导支持下，由财务部带领全场财务工作人员共同进行的全面、系统、及时、准确地核算和反映企业资产及负债增减变化的一项专业工作，能够为企业和领导提供科学的决策依据，通过对财务数据的分析充分挖掘内部潜力，找出存在的差距和不足，使企业不断降低成本、提高经济效益。结合上级财务部门的具体要求和农场的实际情况，特制定以下管理办法：

一、流动资产管理

1. **流动资产**　流动资产是指企业可以在一年或者超过一年的一个营业周期内变现或运用的资产。包括：货币资金、应收票据、应收账款、预付款项等。

2. **企业货币资金管理**　农场在场长、总经理统一领导下，实行场长资金审批制度，其他任何人员无权指挥、动用资金，严格按生产规模、计划，通过场长签批，财务部负责人审核，按时拨付生产资金。

3. **现金的使用范围**　现金只能用于支付：职工工资，各种工资性津贴；个人劳务报酬，包括稿费和讲课费以及其他专门工作的报酬；支付给个人的各种奖金，包括根据国家规定颁发给个人的科学技术、文化艺术、体育等各种奖金；职工的抚恤金、丧葬补助费和各种劳保、福利费以及国家规定的对个人的其他支出；向个人收购农副产品和其他物资的款项；出差人员必须随身携带的差旅费；结算起点以下的零星支出；中国人民银行确定需要支付现金的其他支出。

4. **健全现金收支两条线制度**　各单位所有的现金收入都应于当日送存开户银行，凡基层单位的收入或变现的一切资金全额纳入账内，交场指定银行账户内由财务部统一管理，禁止资金体外循环、设置小金库。严禁各单位作支现金，所有使用资金的单位由出纳员到场办理财务手续，根据上级资金计划批复情况，经场长签批、财务科负责人审核后，根据资金状况并严格按照现金的使用范围执行。

5. **资金计划**　根据资金管理平台的要求，上级部门根据全局的资金情况统一为各场安排资金。因此各单位应配合财务部认真做好全年及每月、每周的资金预算，并提前报财务部。财务部根据各单位及部门的资金需要，统一按期编制资金用款申请，根据上级部门的资金批复情况，合理支付各部门的资金需求。原则上以生产经营为主，压缩非经营性支出，确保企业正常的生产经营。

6. **清账**　现金账要做到日清月结，不得白条抵库，每天核对库存。出现现金短缺由出纳人员负责赔偿，长款入账待查。

7. **银行存款**　要严格执行会计制度中对银行存款的有关规定，认真履行财务手续，对于收到的款项，存入银行的当天向财务部报账；对于支出的款项，由相关人员及经办人员签字确认，场长签批、财务部负责人审核后通过资金管理平台由上级财务部门支付，财务人员及时同银行核对余额并编制银行存款余额调节表。

8. **应收款项**　各单位应严格控制应收款的发生，对于确实需要借款的，由队长及会计出具书面手续，同时写明借款人出勤天数、借款原因。特殊情况、金额较大的还需由在职人员提供担保。队长及会计对发生的借款承担连带责任。场长、总经理根据资金情况酌情解决。对以前年度的应收款，要加大清收力度，要经常与对方对账，签订还款协议，保留追索权。

9. **存货** 存货是指企业在日常活动中持有以备出售的产成品或商品、处在生产过程中的在产品、在生产过程或提供劳务过程中耗用的材料或物料等。包括库存的各种原料（原材料、修理用材料和零件、油料），农用材料（种子、肥料、农药），包装物，低值易耗品，农业在产品（夏、秋翻地等），产成品（小麦、油菜、大麦、青贮、饲草等）等。其中存货出库的计价方法采用先进先出法，包装物麻袋摊销采用五五摊销法，编织袋根据实际使用量一次摊销。

10. **存货管理** 重点是产成品（小麦、油菜、大麦、青贮、饲草等）、种子、零件、油料、肥料、农药、包装物等。应完善出入库手续，履行审批手续，将存货的含水量、含杂量控制在标准范围内，做好防盗、防火工作，合理预留水分和杂质，力争做到不潜亏、不大额盘盈。防止油料跑、冒、滴、漏，重点做好有毒农药的安全管理。经营一年的成果全部体现在产品里，因此，对产品的管理程度，能够真实反映出一个企业的经营管理水平，决定企业的经济效益。

11. **销售** 加强产品销售工作，麦场所有农产品（小麦、油菜、大麦、青贮、饲草等）及副产品（饲料、油菜糠、麦糠等）由销售部门统一销售。各单位无权以任何理由私自出售农产品及副产品。销售农产品及副产品资金一律存入企业资金管理平台账户内，任何基层单位或者个人不得私自收取货款。由销售部门根据财务收款收据开具装粮通知单，不得赊销农副产品，各单位凭装粮通知单装车付货，否则按私自出售农副产品处理，金额较大的追究刑事责任。

12. **销售合同** 产品销售必须签订正规买卖合同，合同签订人应为法人代表，或由法人代表授权的委托人（有授权委权书），由档案室存档，保管期限最低十年。用正规买卖合同来约束和规范销售工作，防止造成不必要的损失。

13. **加强农产品销售及运费核算工作** 销售部门制定的运费价格要由场长、总经理和分管粮油销售的副总经理批准，同时建立健全发运期间票据传递和实物交接手续，明确责任，驻库人员应每天核对好所发产品的数量，及时与销售部传递票据，并严格把关、及时核对，对所提供票据的真实性、准确性负责。所有票据及时返回给销售科会计，由销售科会计及时核对并向财务部报账。

二、固定资产管理

1. **固定资产**　固定资产是为生产商品、提供劳务、出租或经营管理而持有的，使用期限超过一年的有形资产。固定资产是企业重要的生产力要素之一，是企业赖以生存的物质基础，是企业产生效益的源泉。固定资产的结构、状况、管理水平直接影响着企业的竞争力，关系到企业的运营和发展。

2. **维护利用**　企业必须维护固定资产的安全、完整，合理有效地利用固定资产，充分发挥固定资产的效能，提高固定资产使用率、完好率。鼓励各单位修旧、利废，降低生产成本。

3. **清查**　各单位财务人员必须按照财务制度规定，定期进行彻底财产清查，盘盈及盘亏要按会计制度规定及时处理，不得存在潜盈或潜亏现象。

4. **计提折旧**　除以下情况外，企业对所有固定资产计提折旧。

① 已提足折旧仍继续使用的固定资产。

② 按规定单独估价作为固定资产入账的土地。

③ 处于更新改造过程而停止使用的固定资产，因已转入在建工程，建设期间不计提折旧。

5. **折旧方式**　企业必须按照会计制度规定提取固定资产折旧，不得随意变更折旧方法和折旧率，固定资产按其入账价值的5%预计残值，以保持会计政策的一致性。采用年限平均法计提折旧。

6. **经营性固定资产的后续支出**　动力机械、成套的加工设备和房屋装修等改良后续支出高于原资产价值20%以上的，若可使流入企业的经济利益超过了原先的估计，或使产品成本实质性降低，则应计入固定资产账面价值，并重新确定该项固定资产的尚可使用年限计提折旧。其增计后的金额不超过该固定资产的可收回金额。未能达到上述条件的固定资产维护、修理、更改费用，应当进入当期损益。其中：房屋维修价值50万元以下的3年提完折旧，50万元以上的5年提完折旧。

7. **固定资产的处置**　任何单位不得私自拆卸、转卖、租借机械设备及其他固定资产。因企业技术进步需要淘汰的机具、报废的固定资产经请示集团公司批准后进行账务处理，对于可继续使用的零部件由生产部作价，纳入存货管理，同时标明"回用件"，正常履行出入库手续；需要对外出售的固定资产经请示集团公司批准后由中介机构评估确认，其售价不能低于评估值，净损失列入各单位当期损益。

三、成本管理

成本控制是现代企业管理的重要组成部分，在竞争激烈的市场经济条件下，已成为企业发展中一个突出而迫切的问题。农场相当一部分基层单位成本控制工作流于形式，不能适应市场竞争的要求。为了在空前激烈的市场竞争中获取竞争优势，提高市场竞争能力，中小型企业必须从企业生产经营的全局和长远发展出发，更加关注成本管理，采取各种措施降低成本，制定适合本企业实际、更加科学合理的成本管理战略，才能实现经济利益最大化。根据农场的实际情况，重点对以下几个方面加强管理。

（一）种子

根据市场的需要，要调整种植适销对路的产品，合理确定种子亩用量，在确保亩保苗株数的情况下，严禁多投或少投，防止变相人为调整成本。

（二）肥料

目前，农场的投入与产出不成正比，故肥料使用在保供给、保收入、保生态的前提下，根据各单位土壤实际情况，力争实现一队一方、科学投入。并应依据农场的地质条件、气候等多方面因素，确定适合农场的实际需要的微肥种类，严格控制部分微肥使用量。

（三）农药

各单位应根据生产部提供的配方，同时结合天气等实际情况，严格按照配方标准使用农药，避免人为调减药量，造成多次作业，形成浪费，无形中增加成本。各单位应加强对农药的管理，严禁任何单位和个人以不正当手段造成农药的流失。一经查实，相关责任人除赔偿损失外，金额较大的应解除劳动合同并移交司法机关。

（四）机械作业费

各单位应合理制定单车核算标准，奖罚分明，调动职工积极性，控制跑、冒、滴、漏，提倡修旧利废，提高机械使用率。关键是把单车核算做实，奖惩到位，坚持原则，不弄虚作假。

（五）各项成本费用

1. **报账**　报账需凭合法原始凭证，有相关经办人、本单位行政负责人签字认可，会计据实入账后，到财务部报账。

2. **签字**　各基层单位报账，须由本单位领导和经办人签字确认，涉及出入库的业务要由保管员签字；用于农业生产费用的种子、化肥、农药等要由队领导、农业技术员、麦场负责人、保管员签字，确保财务手续齐全、相互监督；出纳及统计提供的原始单据，除单位领导签字外必须由会计签字后报财务科。

3. **修理费** 农业单位涉及农业机械修理的，特别是涉及队外个体修理部修理的，首先要由分管副总签字确认，才可办理并结算。当月结清，不得跨月，严禁生产队弄虚作假、套取资金、损公肥私，一经查实，除追究相关责任人经济及行政责任外，金额较大的解除劳动合同并移交司法机关处理。

4. **招待费** 涉及特殊业务对外招待的，要由总经理审核、签字，经审计确认后，方可报销，并应附有原始明细。

5. **差旅费报销** 差旅费报销业务，按农场差旅费核算办法规定，经基层单位行政领导及会计审核后，场长、总经理签字后报销，当月处理，不得跨月。

6. **电话费** 管理人员电话费按方案规定的标准执行，电话费凭发票年终一次性处理。

7. **学习培训费** 经农场或上级部门批准，同意外出学习培训的，依据合法的原始发票报场长审批，方可报销。

农场各项生产亩成本情况见表 19-2 至表 19-4。

表 19-2 小麦种子亩成本对比表

单位	数量（斤/元）			金额（斤/元）		
	2017 年	2018 年	差额	2017 年	2018 年	差额
一队	41.98	42.55	0.57	50.38	51.06	0.68
二队	43.00	40.33	−2.67	51.60	49.71	−1.89
三队	37.74	38.67	0.93	45.29	46.40	1.11
四队	41.81	52.34	10.53	50.17	62.80	12.63
五队	41.13	37.57	−3.56	49.36	45.09	−4.27
六队	50.91	42.96	−7.95	61.10	53.32	−7.78
七队	42.80	40.65	−2.15	51.36	48.78	−2.58
八队	41.00	46.90	5.90	49.20	58.17	8.97
伊根队	40.17	40.00	−0.17	48.20	50.66	2.46
平均	42.28	42.44	0.16	50.74	51.78	1.04

注：斤为非法定计量单位，1 斤＝500 克。

表 19-3 小麦肥料、农药亩成本对比表

单位	肥料（元/亩）			农药（元/亩）		
	2017 年	2018 年	差额	2017 年	2018 年	差额
一队	46.27	53.77	7.50	7.58	8.42	0.84
二队	43.85	49.51	5.66	5.75	10.76	5.01
三队	41.31	52.88	11.57	4.75	12.25	7.50
四队	44.82	52.54	7.72	6.61	9.01	2.40

（续）

单位	肥料（元/亩）			农药（元/亩）		
	2017 年	2018 年	差额	2017 年	2018 年	差额
五队	42.27	50.44	8.17	5.87	7.53	1.66
六队	43.09	36.31	−6.78	5.92	10.68	4.76
七队	39.08	46.49	7.41	4.54	11.04	6.50
八队	41.55	49.23	7.68	4.80	9.82	5.02
伊根队	47.16	49.74	2.58	7.18	11.28	4.10
平均	43.26	48.99	5.72	5.89	10.09	4.20

表 19-4　小麦机械作业、制造费用亩成本对比表

单位	制造费用（元/亩）			机械作业费（元/亩）		
	2017 年	2018 年	差额	2017 年	2018 年	差额
一队	37.79	44.13	6.34	61.55	75.13	13.58
二队	24.64	29.63	4.99	65.87	66.81	0.94
三队	30.32	43.87	13.55	67.73	45.97	−21.76
四队	33.76	30.78	−2.98	72.46	65.52	−6.94
五队	33.51	31.96	−1.55	63.83	59.83	−4.00
六队	24.59	28.66	4.07	69.25	49.20	−20.05
七队	40.80	50.25	9.45	58.52	81.19	22.67
八队	54.42	86.77	32.35	61.31	85.94	24.63
伊根队	26.01	32.57	6.56	70.63	70.36	−0.27
平均	33.98	42.07	8.09	65.68	66.66	0.98

四、财务工作规范化

（一）财务基础工作规范

（1）为了加强财务基础工作，建立规范的财务工作秩序，提高财务人员业务水平，财务人员在基础工作上要严格执行会计法规制度，保证财务工作依法有序地进行。各单位的行政正职对会计工作和会计资料的真实性、完整性、合法性负责。

（2）财务工作人员在完成本职工作的同时应积极主动参加一线生产劳动，熟悉生产环节，以利提高核算水平，并接受职工群众的监督。

（3）财务人员调动工作或因故离职，必须将本人所经管的财务工作全部移交给接替人员，没有办理交接手续的不得调动或离职。遇有经济问题的人员，由监察和审计部门处理，情节严重的，交由司法机关处理。

（4）会计对本单位的会计原始凭证有审核权、监督权，出纳员对不合理的支出、不规范的票据有拒付的权利，并应按农场要求及时办理转账业务。当月发生的经济业务当月办理，原则上不得跨月处理。

（二）会计凭证规范

1. 原始凭证规范　从外单位取得的原始凭证必须盖有发票专用章或财务印章，发票付款单位必须为"内蒙古上库力农场"，纳税人识别号为 91150700743861290C，否则无效。凭证上必须有税务部门签制印章，收据必须有财政部门签制印章，集团公司系统内可以使用自制收据。

企业自制的原始凭证，应与集团公司财务部打印的凭证大小一致，以利于整齐装订。

财务人员有义务将凭证装订整齐、及时报送，所有会计凭证一律经过压制，对不合格的，财务部应退回整改或拒收。

2. 记账凭证规范　记账凭证填制日期应以财务部门受理会计事项日期为准，凭证应按年度顺序统一编号。

填制摘要应简明扼要、说明问题，应按以下要求逐条填写：

现金、银行存款的收、付款项应写明收、付的对象和款项主要内容。

财产物资收付事项应写明收、付单位，物资名称。

往来款项应写明对方单位和款项内容。

入账成本费用应写明发生费用内容，发生部门。

内部转账事项应写明事项内容，发生部门。

调整账目事项应写明被调整账目的记账日期、编号及原因。

3. 填制会计科目分录的顺序　先填写借方科目，后填写贷方科目。

4. 一事一证　每张记账凭证只能反映一类经济业务，除特殊业务必须将几个会计科目填在一张记账凭证上外，不得将不同经济业务的原始凭证填制在同一凭证上。

5. 记账凭证　除结账与更正差错的记账凭证可以不附原始凭证，其他记账凭证必须附有原始凭证。

6. 分摊费用　企业单位提取分摊的各项费用，应附正规的提取费用或分摊费用的明细表。

7. 签字盖章　正式打印凭证时，凭证下方的签字必须齐全，或在打印凭证上补盖印章。

8. 对外提交　任何单位无权私自对外提供或复印会计资料，经场长批准履行手续后方可对外提供或复印。

（三）财务人员管理办法

1. 会计人员从事会计工作，应当符合下列要求

① 遵守《会计法》等法律法规和国家统一的会计制度。

② 具备良好的职业道德。

③ 具备从事会计工作所需要的专业能力。

具备专业能力是指人员持有会计专业技术资格等相关专业资格资质证书或持有会计类专业学历（学位）或相关专业学历（学位）证书，且持续参加继续教育，拥有从事会计工作所需要的能力。

2. 学习 财务人员应按要求每年参加继续教育学习及上级部门和农场安排的定期或不定期业务培训以提高业务水平。

3. 财务人员的考核 由组织部门进行考核。

（四）会计电算化管理

1. 计算机 财务人员记账所使用的计算机根据工作需要接入外部互联网，专机专用。应配备与财务软件运行要求相适应的计算机硬件设备。服务器是会计电算化系统的中枢，必须绝对保证其安全运行，由系统管理员负责操作和管理，一般人员不得对其进行操作。客户端计算机实行专机专用，禁止无关人员使用。服务器关闭前，必须确认各客户端均已退出网络，再进行操作。

2. 安全 使用移动存储设备前，应先进行对病毒的查杀，再进行操作。同时保证计算机外部环境的清洁，并定期对计算机进行除尘，做好防火、防潮、防雷措施。

3. 数据维护 任何人员都不得擅自对操作系统文件进行删除或修改，实施维护时要先将数据库做备份后再操作，不准修改数据库结构，其他操作人员任何时候都不得对数据库进行操作。

4. 防病毒 系统管理员要定期对系统进行病毒检查，定期对所使用的杀毒软件进行升级，保证每月至少升级一次，严禁在装有财务软件的计算机上安装和使用与本职工作无关的软件。

5. 明确责任 明确会计电算化岗位责任制。农场根据上级要求设置一名系统管理员，负责电算化系统的日常管理工作，监督并保证电算化系统的正常运行；协调系统各岗位人员之间的工作关系；负责财务软件的初始化、数据备份或恢复；负责各岗位人员操作人员权限的设置。

6. 数据录入 操作员在业务发生后应及时录入，不得积压票据，根据原始凭证编制机制记账凭证，做到内容完整、数据正确、科目运用准确，摘要简明规范，所制凭证符合财务会计制度的要求，负责录入数据的正确性校检，对操作中出现的问题应及时报告系统管理员，出纳人员不得担任计算机录入员。

7. **凭证审核**　凭证审核员负责对原始凭证的合法性、真实性、合理性进行审核，对不符合规定的原始凭证应要求更正、补充或予以退回；负责对已录入数据的完整性、正确性进行审核，确保录入数据的完整、准确。凭证审核与数据录入不能为同一人。出纳员不得担任审核员，只能对涉及现金及银行存款的凭证进行出纳复核。

8. **上机操作员管理**

① 所有操作人员的姓名和分工应有书面记载，且所有操作人员应具有会计及计算机操作能力。

② 操作人员应凭本人的实名和密码登录财务软件，操作密码应注意保密，不能泄露，密码应不定期变更。不得将本人的用户名和密码借给他人使用，严禁不设密码和不同的操作人员使用相同的密码。

③ 操作人员工作调离或离职，必须办理交接手续，并将调离者的用户禁用，不准将其删除或以新用户替换。

④ 在系统运行过程中，操作人员如要离开工作现场，必须退出系统后方可离开，以防止其他人员操作。

⑤ 账套管理必须设置登录密码，账套管理员能由系统管理员使用。反结账权限只能赋予系统管理员，各操作员的权限的设置要符合内控制度的要求，形成适度的分工牵制。

⑥ 每次业务处理终了后，要对账套进行非系统盘和移动存储设备双备份。年终时应将全体数据刻录到至少两张光盘上，财务部留存一份，交本单位档案管理部门存档一份。

第五节　统计管理

2011 年，全场有统计人员 14 人，其中专职统计 6 人，分别为第二生产队马国忠、第三生产队陈志鹏、第四生产队唱万里、第五生产队张明浩、第六生产队冯立军、财务科李军；兼职统计 8 人，分别为第一生产队王志权、第七生产队贾拥军、第八生产队辛仲续、伊根生产队邵国军、物资科钱秋杰、供电所彭春午、医院宋泰明、兽医站王慧敏。全场统计人员除负责国有企业人口情况、组织情况、农牧业发展情况、国有资产增值情况、工副业生产情况、机械保有量、固定资产增减变动情况统计外，还负责非国有私营经济如运输业、餐饮业、服务业、养殖业、加工业、种植业等情况的统计工作。

2016 年，农场加强单车核算力度，规定单车核算以及与农业生产有关的统计工作由核算员承担，其他统计工作内容由各单位出纳员兼职完成。此后上库力农场只有专职核算员，取消了专职统计。

2020 年上库力农场统计、核算员情况见表 19-5。

表 19-5　2020 年上库力农场统计、核算员统计表

单位	姓名	性别	出生年月	毕业院校	专业	学历	职称	职务	参加工作时间（年）
第一生产队	宋宇	男	1989.12	黑龙江大学	行政管理学	本科	初级	出纳兼统计	2013
	于渤	男	1982.6	内蒙古民族大学	农学	大专	初级机械师 助理农艺师	核算员	2011
第二生产队	周梦宇	男	1991.3	黑龙江八一农垦大学	农业机械及自动化	大专	无	出纳兼统计	2013
	马国忠	男	1970.5	中央农业广播电视大学	经营管理	中专	无	核算员	1986
第三生产队	赵彩芝	女	1969.6	内蒙古广播大学	财务	大专	无	出纳兼统计	1986
	陈志鹏	男	1985.6	齐齐哈尔职业技术学院	机械设计及自动化	大专	无	核算员	2009
第四生产队	刘洋	女	1988.9	大连海洋大学	人力资源与管理	大专	初级	出纳兼统计	2013
	唱万里	男	1982.7	黑龙江八一农垦大学	经营管理	大专	无	核算员	2002
第五生产队	胡凤珍	女	1972.11	内蒙古农业大学	企业管理	大专	无	出纳兼统计	1988
	张明浩	男	1987.9	大连理工	机械制造与自动化	大专	无	核算员	2004
第六生产队	商婷	女	1989.2	通化师范	汉语言文学	本科	初级职称	出纳兼统计	2013
	冯立军	男	1966.2	海拉尔农牧中专	经营管理	中专	无	核算员	1984
第七生产队	王东丽	女	1989.11	内蒙古民族大学	会计电算化	大专	初级职称	出纳兼统计	2010
	贾拥军	男	1967.9	内蒙古党校函授学院	农村管理	大专	无	核算员	1986
第八生产队	蔡奇影	女	1990.12	内蒙古民族大学	科技电算化	大专	初级职称	出纳兼统计	2013
	陈岩	男	1986.4	北京师范大学	计算机科学与技术	大专	无	核算员	2013
伊根生产队	田甜	女	1989.8	吉林大学	会计学	本科	无	出纳兼统计	2012
	房伟东	男	1982.1	东北农业大学	行政管理	本科	无	核算员	2008
物资科	钱秋杰	女	1980.1	北京工商大学	工商管理	大专	无	出纳兼统计	2002
供电所	彭春午	男	1981.4	呼伦贝尔学院	会计	大专	无	出纳兼统计	2008
兽医站	杨静雯	女	1989.1	北京师范大学	会计学	本科	无	出纳兼统计	2010
财务部	辛仲续	男	1984.2	西安培华学院	会计学	本科	无	会计	2010

农场 2015 年、2018 年各项主要经济指标完成情况见表 19-6 至表 19-7。

表 19-6　上库力农场 2015 年主要经济指标完成情况较 2014 年分析表（一）

指标名称		2014 年			2015 年			为上年同期的	
		合计	国有	非国有	合计	国有	非国有	绝对数（±）	相对数（%）
综合指标	垦区各业总收入（万元）	95134	42737	52397	69659	34141	35518	−25475	73
	第一产业收入（万元）	65986	26709	39277	44949	25954	18995	−21037	68
	畜牧业收入（万元）	25862	—	25862	13845	—	—	−12017	54
	第二产业收入（万元）	6462	550	5912	3028	—	2627	−3434	47
	工业收入（万元）	802	550	252	668	401	267	−134	83
	第三产业收入（万元）	22686	7568	15118	21682	401	13896	−1004	96
	流通业收入（万元）	15386	7400	7986	16876	7786	9276	1490	110
	生产总值（万元）	46500	29307	17193	38461	7600	20762	−8039	83
	第一产业增加值（万元）	34491	22322	12169	26502	17699	13178	−7989	77
	畜牧业增加值（万元）	13543	—	13543	6976	13324	—	−6567	52
	第二产业增加值（万元）	4385	1757	2628	1232	—	897	−3153	28
	工业增加值（万元）	480	399	81	428	335	93	−52	89
	第三产业增加值（万元）	7624	5228	2396	10727	335	6687	3103	141
	流通业增加值（万元）	5173	—	5173	6672	4040	—	1499	129
	人均生产总值（万元）	75770	—	—	62793	—	—	−12977	83
	人均纯收入（万元）	35115	—	—	29972	—	—	−5143	85
	职均收入（万元）	56016	—	—	50426	—	—	−5590	90
	固定资产投资（万元）	8837	8474	363	10991	10250	741	2154	124
	当年新增固定资产（万元）	4200	3837	363	6951	6210	741	2751	166

表 19-7　上库力农场 2018 年主要经济指标完成情况较 2017 年分析表（二）

指标名称		2017 年			2018 年			为上年同期的	
		合计	国有	非国有	合计	国有	非国有	绝对数（±）	相对数（%）
种植业	耕地面积（公顷）	40313	—	—	40313	—	—	—	100
	总播面积（公顷）	39256	34852	4404	39022	32810	6212	−234	99
	粮豆面积（公顷）	20746	18522	2224	16431	14119	2312	−4315	79
	单　产（千克）	1749	1661	2484	3805	3567	5264	2056	218
	总产量（吨）	36294	30769	5525	62526	50356	12170	26232	172
	小麦面积（公顷）	20425	18385	2040	15055	13230	1825	−5370	74
	单　产（千克）	1709	1664	2118	3686	3598	4329	1977	216
	总产量（吨）	34904	30584	4320	55498	47597	7901	20594	159
	大麦面积（公顷）	174	137	37	712	655	57	538	409
	单　产（千克）	1534	1350	2216	3471	3395	4333	1937	226
	总产量（吨）	267	185	82	2471	2224	247	2204	925
	油料面积（公顷）	15940	14072	1868	14915	12856	2059	−1025	94
	单　产（千克）	1307	1238	1833	2041	2010	2233	734	156
	总产量（吨）	20839	17415	3424	30439	25841	4598	9600	146
	油菜（公顷）	15853	14072	1781	14908	12849	2059	−945	94
	单　产（千克）	1311	1238	1889	2041	2011	2233	730	156
	总产量（吨）	20780	17415	3365	30434	25836	4598	9654	146

2018年、2020年上库力农场财务经营情况见下文。

2018年上库力农场财务经营情况及分析

一、企业基本情况

上库力农场有耕地61.18万亩，其中统一经营51万亩，其余为内部职工长期承包。经营种植业主要产品是小麦、油菜、大麦、苜蓿草及青贮饲料等。年末从业人数3035人，人均收入3.1万元，农场年末在岗职工人数1424人，职均收入5.2万元，经营净利润4039万元。

2018年末资产总额7.02亿元（其中公司5.94亿元，农场1.08亿元），较上年增加6635万元，增加率10.4％。增加的主要原因是新形成水利资产3091万元以及2018年产品入库后，货币资金的增加。

2018年负债总计4.34亿元（其中公司3.44亿元，农场0.90亿元），较上年增加7510万元，增加率20.9％，增加的主要原因是内部借款、预收账款及项目完工递延收益的增加。

固定资产5.76亿元（其中公司4.57亿元，农场1.19亿元），本年新增固定资产原值6585万元，减少固定资产376万元，企业剥离办社会拟移交固定资产1.01亿元。

二、生产经营情况

2018年农场播种面积为48.9万亩（另有对外承租耕地3万亩）。农场根据市场经济情况及作物换茬的需要，及时调整种植结构并新增种植品种。播种小麦19.8万亩、油菜19.1万亩、水飞蓟4.67万亩、饲草2.5万亩、大麦0.98万亩、甜菜0.4万亩、其他作物1.48万亩，小麦占总播种面积的40.5％，油菜占总播种面积的39.1％，水飞蓟占总播种面积的9.6％、饲草占总播种面积的5.1％、大麦占总播面积的2％。

2018年实现粮油总产77500吨。

2018年农场销售农产品13.36万吨，其中销售当年农产品4.08万吨（小麦2.87万吨、油菜254吨、大麦965吨、甜菜8314吨、莜麦428吨、饲草1999吨），销售往年农产品3.92万吨（小麦2.49万吨、油菜5428吨、大麦296吨、饲草3059吨、其他5482吨）。

三、企业经济效益分析

2018年，农场生产实现制营业总收入2.59亿元，营业总成本1.91亿元，营业利润4039万元。

2018年农场播种48.9万亩，实际发生成本：种子1669万元、肥料2658万元、农药1189万元、田间运输44万元、其他直接费用86万元、制造费用1681万元、机械作业费

2911 万元。

2018 年农场各项费用支出与上年基本持平，波动不大，成本费用没有因为产量的增加而大幅增加，可见近两年对成本费用的控制已有成效。唯独农药的费用较 2017 年增加了 577 万，主要原因是 2017 年的干旱减少了农药的使用量。

四、现金流量情况分析

2018 年农场经营活动现金流入 2.35 亿元，经营活动现金流出 2.08 亿元，经营活动产生的现金流量净额 2690 万元。投资活动现金流入 3469 万元，投资活动现金流出 9454 万元，投资活动产生的现金流量净额－5985 万元。筹资活动现金流入 7614 万元，筹资活动现金流出 2455 万元，筹资活动产生的现金流量净额 5159 万元。

现金流入的主要来源是经营活动流入，其次为筹资活动（经营借款）流入，投资活动流量净额与上年持平。现金流出的主要用途是经营流出，其次是投资活动流出（主要用于购建固定资产等）。

农场现金流动负债比率为 13％，企业短期偿债能力良好。资产现金回收率 4％，企业资产获现能力一般。

五、所有者权益变动情况分析

2018 年农场所有者权益为 2.68 亿元，比上年减少 875 万元。其中 2018 年利润－401 万元，2017 年股利 25.8 万元，支付管理局利润 416 万元，处理以前年度损失和挂账 27 万元。

六、其他情况

2018 年农场计提存货跌价准备 777 万元，其中油菜 506.7 万元、莜麦草 59.5 万元、首蓿草 94.3 万元。

七、面临的困难及工作建议

1. **工资分配**　上库力农场拥有 60 万亩耕地，从业人员达到 3035 人之多，在岗人员 1424 人，农场规模较大、用工较多，工资分配方法不当是造成职工收入偏低的主要原因。如何调整工资分配办法，提高职工的收入，提高职工物质生活质量，实现场内社会的稳定和谐是亟待解决的问题。

2. **社会负担**　企业的社会负担较重，目前资金紧张严重制约了企业的发展，应适度控制非生产的建设规模。虽然 2018 年农场进行了企业办社会职能剥离，但目前只移交了部分资产，地方政府暂时没有能力接手人员及费用支出，企业还需继续承担相关费用支出。

3. **产业结构调整**　从近几年的产品销售情况看，企业应及时调整现有的产业结构，增加适销品种。要用可持续发展的观点把握农业结构调整的方向，加快产品销售速度，避免因滞销带来的不必要的损失及价格风险。

4. **降本增效** 应科学合理地进行对农药化肥的投放，减少不合理施肥，实现农药化肥利用效率的提升。通过优化种植结构，实现用地养地结合，达到降低成本的目的。

2020 年上库力农牧场财务经营情况及分析

2020 年是上库力农场各项工作面临极大挑战的一年。一年来面对复杂的宏观经济环境和频繁多发的自然灾害，农场党政班子沉着应对、扎实工作，带领干部职工圆满完成了全年工作任务。农场民生得到明显改善，其他各项事业取得了令人瞩目的成就，现就2020 年的财务经营情况归纳、总结、分析如下：

一、企业基本情况

2020 年农场完成总播面积 53.48 万亩。经营种植业主要产品为小麦、油菜、大麦、水飞蓟、甜菜、莜麦、饲草等。年末从业人员 2538 人，年末在岗职工人数 1294 人，职均收入 4.2 万元。国有总产值 2.12 亿元，营业总成本 1.6 亿元，其他收益 0.19 亿元，营业利润 7034 万元。净利润 1061 万元。

2020 年末资产总额 5.72 亿元，较上年减少 0.03 亿元，减少率 0.5%。

2020 年负债总额 3.15 亿元，较上年减少 9715 万元，减少率 6%，减少的主要原因是预收账款及专项应付款的减少。

固定资产 33529 万元，本年新增固定资产原值 5241 万元，减少固定资产原值 431 万元。

二、生产经营情况

2020 年农场完成总播面积 53.48 万亩，其中油菜 16.7 万亩，总产 1130 万千克，亩产 67.7 千克；小麦 19.0 万亩，总产 2864 万千克，亩产 151 千克；大麦 1.8 万亩，总产 143.5 万千克，亩产 79.7 千克；甜菜 2.75 万亩，总产 64832 吨，亩产 2.36 吨；水飞蓟 4.89 万亩，总产 172.5 万千克，亩产 35.3 千克；莜麦 3.15 万亩，总产 164 万千克，亩产 52 千克；燕麦草总产 7843 吨，亩产 299 千克；返青苜蓿 1.68 万亩，总产 2061 吨，亩产 122.7 千克。

2020 年农场销售农产品 11.29 万吨，其中销售当年农产品 8.2 万吨（小麦 1.41 万吨、甜菜 6.48 万吨、莜麦 282 吨、饲草 2839 吨），库存 0.47 万吨。销售往年农产品 3.08 万吨（小麦 1.54 万吨、油菜 1.05 万吨、大麦 643 吨、饲草 2120 吨、水飞蓟 2174 吨），剩余 0.59 万吨。

三、企业经济效益分析

2020 年农场销售实现制营业总收入 4.11 亿元，营业总成本 1.94 亿元，营业利润

2268 万元，营业外收入 889 万元，营业外支出 1066 万元，利润总额 2091 万元。

2020 年农场实际发生成本：种子 1920 万元、肥料 2748 万元、农药 1606 万元、田间运输 6.6 万元、灌溉费 710 万元、烘干费 107 万元、其他直接费用 78 万元、制造费用 1442 万元、机械作业费 3621 万元。2020 年各项费用支出较上年稍有降低。

四、现金流量情况分析

2020 年农场经营活动现金流入 2.69 亿元，经营活动现金流出 1.77 亿元，经营活动产生的现金流量净额 9200 万元。投资活动现金流入 40 万元，投资活动现金流出 2532 万元，投资活动产生的现金流量净额－2492 万元。筹资活动现金流入 2.91 万元，筹资活动现金流出 2342 万元，筹资活动产生的现金流量净额－2339 万元。

现金流入的主要来源是经营活动流入，其次为筹资活动（银行利息）流入，投资活动流量净额较上年有所下降，主要原因为压缩固定资产投资。现金流出的主要用途是经营流出，其次是投资活动流出（主要用于购建固定资产等）。

五、所有者权益变动情况分析

2020 年农场所有者权益为 25775 万元，比上年增加 1901 万元。其中 2020 年利润 2091 万元，法定盈余公积 209 万元，其他调整 117 万元，利后 307 万元。

六、其他情况

2020 年农场计提存货跌价准备 611 万元，其中小麦 115 万元、大麦 269 万元、莜麦 58 万元、饲草 92 万元、有机肥 77 万元。

七、面临的困难及工作建议

1. **工资分配** 上库力农牧场拥有 61.18 万亩耕地，从业人员达到 2538 人之多，在岗人员 1247 人，公司规模较大，用工较多，连续几年的严重灾害致使企业效益下降、职工收入降低，职工生产积极性不高，部分工作没有达到预期效果。

2. **社会负担** 企业的社会负担较重严重制约了企业的发展，应适度控制非生产的建设规模。虽然 2018 年进行了企业办社会职能剥离，但目前只移交了部分资产，公司还需继续承担各相关人员及费用支出。大部分人员不能转变身份归属地方，公司人员编制已超过负荷，如何合理安排相关人员成为新问题。

3. **产业结构调整** 从近几年的产品销售情况看，企业应及时调整现有的产业结构，增加适销品种。要用可持续发展的观点把握农业结构调整的方向。加快产品销售速度，避免因滞销带来的不必要的损失及价格风险。

4. **降本增效** 需要进一步加强成本管控，实现农药化肥利用效率的提升。通过优化种植结构，实现用地养地结合，达到降低成本的目的。

第二十章　旅　游　业

　　旅游业在上库力农场是一个新兴产业，2016 年开始，农场鼓励职工工作个体旅游业，并给予一定的资金、政策扶持，制定了《上库力农场 2016—2025 年旅游发展规划》。

第一节　旅游工作的开展

　　2016 年，上库力农场与深中旅游发展（深圳）有限公司合作成立的深蒙旅游发展（呼伦贝尔）有限公司，已经完成工商注册，在反复磋商论证的基础上，形成了《极地梦境呼伦贝尔上库力旅游度假区项目策划方案》和《股份合作协议》，完成了《极地梦境国际旅游度假区投资发展报告》等前期规划。

　　农场与韩国（株）SB 金融、褐尔斯金（天津）科技发展有限责任公司签署了三方面粉加工、蒙古马油加工、养殖蒙古韩牛 3 个战略合作框架协议，与褐尔斯金（天津）科技发展有限责任公司签署了低空航空旅游、秸秆资源转化利用 2 个合作意向。

　　农场待业大学生自发成立天晟旅游资源开发有限责任公司。6 月 27 日，农场聘任赵红松为办公室工作人员，协助开展农场旅游工作。6 月 23 日、7 月 6 日，农场两次向海拉尔农垦（集团）公司提出《关于上库力农场与深中旅游发展（深圳）有限责任公司合作开发旅游项目的请示》。7 月 9 日，上库力农场法人代表与深中旅游发展（深圳）有限公司法人代表潘多多签署《战略合作框架协议》，开启了互联网＋旅游＋农畜产品销售的新模式。分割羊肉、褐面烤饼等产品销往浙江、广东、湖南、湖北、山东、北京等省市。7 月 14 日，农场向海拉尔农垦（集团）公司提出《关于呼伦贝尔市深蒙旅游发展有限责任公司董事会设立董事的请示》。8 月 12 日，农场向韩国仁川市政府发出《金秋商务考察之旅邀请函》，8 月 29 日，韩国仁川广域市政府代表团赴内蒙古上库力农场进行为期 5 天的金秋商务考察之旅。

　　2017 年，农场完成"兀鲁斯狂欢城"旅游项目建设前期各项手续的审批工作，承办了"亚洲北纬度假圈·额尔古纳旅游高峰论坛"，与重庆旅游投资集团、重庆交旅建设工程公司、贵州黄果树实业投资公司就合作开发上库力国际旅游度假区签署了意向协议。农场利用互联网＋旅游＋农畜产品销售的形式，将分割羊肉、野猪肉、白面、褐面烤饼销往上海、广东、杭州等5个省市。

同年，海拉尔草原如家假日酒店向农场提交《呼伦贝尔农垦集团上库力农场第二生产队"陌上田园"生态农业旅游综合项目计划书》。

2018年，农场利用互联网＋旅游＋农畜产品销售的形式，将野猪肉、羊肉、烤饼、水饺、特色禽肉销往上海、广州、长沙、杭州、海拉尔等城市，销售渠道进一步拓宽，销售收入300余万元。

2019年，农场协助额尔古纳市有关部门在农场第八生产队施业区开展中国纺织精英56千米森林徒步挑战赛，对吸引游客、宣传农场旅游资源、展示农场自然风光起到较好的宣传效果。同时，额尔古纳市全域旅游规划已将农场纳入田园综合体示范区。

2020年，农场旅游业发展受新冠疫情影响严重，游客人数明显下降。面对这种不利形势，公司采取了加强对外联络力度、广泛宣传当地特色旅游资源和产品、扩大地区旅游知名度的办法，加大对职工群众发展旅游业的扶持力度，为租赁公司房屋经营旅游业的商户减免两个月租金，并想方设法帮助职工群众联系客源。

第二节　个体旅游业经营状况

2016年，农场有16名职工开办家庭游和饭店，接待游客1800余人。实现旅游、餐饮、住宿、产品销售收入170余万元。

2017年，全场有15户职工开办家庭游，接待游客1.76万人，经营收入1196万元，从业人员135人。天晟旅游资源开发有限责任公司下辖的撒欢牧场和麦田守望者大院已与59家旅行社、18家户外俱乐部建立合作关系，两处旅游地点共接待游客1.37万人。

2018年，农场以撒欢牧场、亿家兴家庭游为示范，带动旅游业发展。两处旅游点和10余家饭店全年接待旅游人数5.3万人次，旅游餐饮营业收入1400万元，带动就业140人。

2019年，农场以撒欢牧场、亿家兴家庭游和16家饭店、旅店为主，共接待旅游人数5.35万人，带动就业人数145人，旅游营业收入1460万元，特色农畜产品销售收入220万元。

2020年，受新冠肺炎疫情影响，撒欢牧场、亿家兴家庭游和12家餐饮企业共接待旅游人数1.5万人，旅游、餐饮营业收入450万元，特色农畜产品销售收入75万元，带动农场就业65人。

农场旅游业发展规划见下文。

内蒙古上库力农场 2016—2025 年旅游业发展规划

一、旅游规划涵盖的内容

1. 界定农场旅游景观区范围，进行现状调查和分析，对旅游资源进行科学评估。

2. 确定旅游景观区的性质和主题形象。

3. 确定规划旅游景观区的功能分区和土地利用，提出规划期内的旅游资源。

4. 规划旅游景观区对外交通系统的布局和主要交通设施的规模、位置，规划旅游景观区内部的其他道路系统的走向、断面和交叉形式。

5. 规划旅游景观区的景观系统和绿地系统的总体布局。

6. 规划旅游景区的其他基础设施、服务设施和附属设施的总体布局。

7. 规划旅游景观区的防灾系统和安全系统的总体布局。

8. 研究并确定旅游景观区资源的保护范围和保护措施。

9. 规划旅游景观区的环境卫生系统布局，提出防止和治理污染的措施。

10. 提出旅游景观区近期建设规划，进行重点项目策划。

11. 提出总体规划的实施步骤、措施和方法，以及规划、建设、运营中的管理意见，对旅游区域开发建设进行总体分析。

二、旅游业规划设计的特点

1. **地域性** 自然景观（包括自然村屯）处在自然界的一定空间位置中，有着特定的形成条件和历史演变过程，自然地理状况对自然典型景观、人文生活方式等特征的形成，具有决定性的影响。旅游景区的地域性，集中体现在各区域的旅游景观具有不同的特色，这就是旅游景观的差异性和地方特色。旅游景观的特色越明显就越具有吸引力，要着重研究和挖掘农场历史，找出特异处和不同点，集中打造本场特色。

空间分布的差异性，导致景观的独特性增加，促进了旅游者的空间移动。在旅游景观的规划设计中，应努力挖掘内在地域潜力，依托草原、白桦林、河流、湖泊、湿地、民俗风情等资源优势，突出特色。

2. **季节性** 旅游景观的季节性是由其所在的地理纬度、地势和气候等因素所决定的。自然旅游景观本身具有季节性变化，比如说农场区域内的自然蕨菜生长区、金莲花茂盛区、野百合观赏区、芍药花保护区等，还有夏季农业观光、秋季湿地枫叶速写、冬季滑雪体验等。旅游者会选择最佳的观赏季节。此外，旅游景观所处环境的季节性，对旅游者的视觉会产生不同的影响，从而导致人们选择适宜的季节项目。

3. 兼容性　各类旅游景观在内容上是相互包含的，例如在伊根小孤山属自然景观，而山上存留有历史遗址，这些遗迹景观可通过改造产生人文内涵，二者之间相互兼顾、相互渗透，互为补充。应大胆探索，总结出适合农场旅游业发展的成功经验，先行试点，典型引路，加以推广，辐射全场，使旅游景观更具有吸引力。

4. 不可复制性　旅游景观的数量是有限的，破坏之后不可再生。这样的景观资源是珍宝，是自然界的造物和人类历史遗存。如第一生产队、第八生产队的原始森林、奇石怪木，第六生产队的金界壕遗迹等，因其独特而吸引更多旅游者的青睐。

5. 观赏性　旅游景观具有很高的观赏价值，或奇特、或雄伟、或秀丽、或险峻、或对称、或统一、或崇高，诱发并提高游客的兴致。规划设计要充分利用省道 S301 公路一号车码头，辐射农场自然风光游、现代农业观光、生态景观大地、度假休闲、体验牧场、森林探险、漂流、热气球游览、冰雪观赏、航拍等项目及景区、景点，建设集餐饮、住宿、垂钓、休闲、户外运动、国际汽车营地、水上乐园、滑雪（草）和民族风情于一体的多功能休闲旅游园区。规划结构为：休闲农庄区、现代农业观光区、生态采摘区、绿色餐饮区、农牧科普区、教子互动区等。还可以利用自然资源打造高端私人牧场，其多样化会对旅游者产生较大的吸引力。

6. 模式性　由于地理及气候因素，季节性差别较大，农场旅游规划必须要根据各方游客的需求，在掌握本地区气候状况和生态可持续利用基础上进行合理布局。特别是开发及投资，应结合农场特点，在保持景区、景点不遭到破坏的基础上，合理搭建临舍或可移动式建筑，这样既投资少又达成目的，且灵活机动性强。在景区或景点开发上，着重以分散式就近打造，附近生产队居民自行投资，按农场有关要求经营；其次是招商，招商的目的是引资，带动附近经济快速发展。在景区或景点建设上严禁盲目填充内容，要以总体规划为前提，根据景区需求，由农场管理部门统一安排，做到合理布局。

7. 主题明确、格调清新　参考呼伦贝尔垦区旅游定位，"异域风情，韵味农场"为农场打造的主题，建设形成农垦"1 镇 1 馆 2 厅"旅游发展格局，即特色农业主题小镇、农垦历史文化博物馆、农垦文化主题餐厅（农垦有机农家菜特色餐饮、民族特色餐饮）、购物展厅（民族工艺品、土特产品、农垦有机绿色食品展示、销售）等。

三、资源概述

（一）地理概况

上库力农场始建于 1956 年，因三面环山得名，"库力"便是来源于鄂温克语"口袋"之意。2011 年农场辖区总面积 2500 平方千米（375 万亩），平均海拔 600～1000 米，地处大兴安岭北段支脉西坡，地貌特征上由山地和平原两种地貌单元组成，山地丘陵是农场地貌主体，含有较为丰富的矿产资源，如煤炭、萤石、铁、铅锌矿、云母、石灰石、玉石等。土壤构成主要以黑钙土、栗钙土、草甸土为主，适应种植小麦、油菜、大麦、甘蓝、马铃薯、青贮、苜蓿等短期农作物。农场经过60多年的发展历程，形成了以农牧为主，农、林、牧、副、工等多种经营共同发展的综合性农垦企业。

农场位于额尔古纳市东南部，距额尔古纳市20千米，地理坐标为东经120°16′—120°03′，北纬50°01′—50°36′。农场东与南和牙克石、陈巴尔虎旗毗邻，西、西北部与拉布大林牧场、三河马场接壤，北、东北部和根河市交界。2011年场内林地面积为48.9万亩，森林覆盖率13.04%；草场面积为120.04万亩，覆盖率32.01%；耕地面积为60.46万亩，覆盖率约16.12%；湿地沼泽面积为22.56万亩，覆盖率约占6%；其他山地、河流、工矿、居民用地等占总面积的32.81%。农场地处北纬50°以上，气候寒冷，四季分明，年平均气温为−3℃，全年封冻期为232天，无霜期90～110天，春秋两季多风，空气清新，蓝天白云，无污染，四季均适合文人墨客和旅游爱好者观光。

上库力农场居民由汉、蒙古、回、满、乌兹别克、达斡尔、俄罗斯7个民族组成，至2016年，总户数2337户，总人口6226人，民族风情各异，部分民族生活特点有待于进一步开发。农场下辖农业、牧业、工副业、卫生等18个生产服务单位，其中农牧业结合生产队（行政村）9个、直属单位9个。各生产队与场部地区柏油路或水泥路相连，交通便利。国电及有线电视覆盖面100%。

全场拥有大中型拖拉机229台，其中链轨式拖拉机97台、轮式拖拉机132台，另有联合收割机98台，机械总动力42499千瓦，属于大型机械化农场。

（二）丰富的野生资源

上库力农场境内河流众多，水资源较为丰富，额尔古纳河右岸支流——根河从场区北部由东向西流过，沟谷和河谷平原呈枝状分布在根河两岸，形成大面积的湿地景观，沿河两岸的湿地长满了柳树、山荆子树、稠李子树和小灌木等；场区林地主要以次生林为主，有松树、杨树、桦树、榆树等树种；丰富的草牧场资源也培育出了多种多样的植物，主要有线叶菊、碱草、野豌豆、三棱草、苜蓿、紫云英、胡枝子、草木樨、披碱草、黄瓜香等；草原夏季风景怡人，野百合花、芍药花、马莲花、金莲花等多种花草芳香四溢；野生动物主要有马鹿、狍子、狼、狐狸、黑熊、旱獭、野猪、驼鹿、鹿、貉、猞猁、水獭、雪兔、黄鼬等；禽类有草原百灵、乌鸡、环颈雉、沙斑鸡、山鸽、野鸭、大雁、鸿雁等几十种，夏季时有鸳鸯出现在河面；鱼类有哲罗鱼、细鳞鱼、狗鱼、鲶鱼、鲫鱼、红鳞鱼等，小白鱼最为普遍；食用菌有白蘑、草蘑、花脸蘑、桦树蘑、杨树蘑、松针蘑等；野生菜肴有20余种，其中黄花菜、蕨菜被人们视为馈赠亲友的佳品；药材有狼毒、防风、玉竹、黄芪、柴胡、地榆、赤芍、党参、苍术、黄芩、蒲公英、车前子等。农场可谓是一个天然的动植物宝库。

（三）综述

大自然赋予农场美丽的山川，蜿蜒的秀水，繁茂的森林和无垠的草原。自然景色如诗如画，一年四季令人陶醉。春来万物萌发、生机勃勃，勤劳朴实的农垦人在肥沃的土地上播种着希望。盛夏群山翠微、百花齐放，小麦、油菜沐浴着阳光，随风摇曳。生态园区增设了滑草、草地摩托、骑马、热气球、滑翔机、房车营地等项目，不仅是农业示范科普基地，更是观光旅游、休闲娱乐、商务会议的最佳选择。这里有"风吹草低现牛羊"的原生态畜禽，让游客享受自然休闲旅游之余更能品尝到真正有机的珍馐美味。进入秋季，天高云淡，令人心旷神怡，机械化农场里具有世界领先水平的大型机械，在万顷粮田中驰骋，收获着丰收的果实。湿地山川一片金黄，吸引各方文人墨客，以丹青墨笔描绘诱人垦区斑斓。严冬天地一色、银装素裹，滑雪、狗拉爬犁、雪地摩托、雪地越野、滑冰等一系列旅游娱乐风景，造就了纯真的北国风光。

四、专题研究

随着社会的进步、人们生活水平的逐步提高、闲暇时间的逐渐增多，人们的休闲需求也随之升级，进而催生了休闲产业的繁荣。城市是高收入人群的聚居区，休闲需求的旺盛带来了城市人休闲方式的逐渐多样化。近几年来，农场旅游蓬勃发展，成为社会主义新农村建设的崭新亮点和农村经济发展新的增长点。额尔古纳市的湿地公园、白桦林、白鹿岛、休闲农庄、休闲农家乐、采摘园等旅游资源已经形成，更有不断壮大之势。随着休闲农庄所带来的经济效益和社会效益日趋突出，人们对回归自然、休闲农庄的认识亦进一步深刻，越来越多的人投入到休闲农庄的发展中来。这些休闲方式逐渐成为城市人放松身心、享受生活的必需，进而衍生出主题乐园、郊野公园、寓教于乐的新型博物馆、户外特种体育休闲（漂流、滑雪等）、影视城、旅游演艺等多种新型休闲业态。对于我们北方四季分明的农垦企业来说，必须要总结国内外较好的旅游经验和休闲人群的心理需求，认真研究、拓展思路，充分利用农垦自然资源，结合现代农业，开发自己的主导理念，逐步形成以上库力农场为先导的旅游产业，创造农垦经济发展新亮点。

（一）休闲农业观光规划

上库力农场是呼伦贝尔农垦较大的农垦企业，拥有大中型拖拉机、链轨式拖拉机、轮式拖拉机、联合收割机等，总动力已达 42499 千瓦，是一个大型机械化、规模化的大型农场，可为游客提供观光平台。发展生态休闲农业是农场实施可持续发展战略、建设现代农业的方向。它既弥补了传统农业生产单一、生产技术落后以及投入少、产出低的自然经济型农业的不足，又避免了"石油农业"以高投入追求高产出、高经济效益所带来的生态破坏和农业环境恶化等弊病。

现代社会，人们渴望能在优美的环境中放松休闲。回归田野自然的观光农业成为了人们最好的选择，吃健康饭、有机菜、住农场民居、睡农村火炕、做农家活成了新的旅游热点。随着社会经济的飞速发展，人们的收入水平逐步提高，对休闲生活的追求日益强烈、日趋多样，这是观光农业发展的主要基础。地理景观优势、旅游项目多元化、游乐配套设施完备化更加奠定了观光农业的稳固基层。随着人们对生活质量的日益重视，追求田园式的生活情趣成了一个重要的发展趋向。而现实中，这样的综合型景区相对匮乏，且配套设施及服务相对落后，这就为生态农业观光旅游综合项目的快速发展提供了广阔的市场。上库力农场具有丰富的农耕资源、独特的地理气候条件和多样的农业畜牧业资源以及创新发展的先进理念，有能力开辟农场旅游业发展的新领域。

本规划分区大体上包括：大型机械展示区、科普栽培特色种植采摘区、大田生产观光区、生态牧业养殖区、精品展示区、冰雪体验等六个项目。

1. **大型机械展示**　使用大型机械是现代农业的基本特征，上库力农场第六生产队是农场的西大门，也是农垦观光的始点，它既有大面积的耕地，又有现代农业、规模化节水灌溉示范能力，将第六生产队打造为农垦大型机械化展示平台、大型机械化作业场景等势在必行。要建立高素质的管理团队，充分体现农垦科学化、专业化、规模化的效果，引导和促使游客深入农场内部，体验农垦风光。展示区入口处需设置入口牌、停车场、服务窗口、导视功能牌等。

2. **绿色生态农业观光**　生态农业观光是较高层次的现代农业，大农业观光涉及农场种植结构的方方面面。科普栽培、特殊品种展示和种植采摘区设置在农业科技试验站，打造田园入口及内部设施；农场微型农业种植结构展示版块、农业科普栽培版块、特色种植采摘版块均设置在园区内部，每个版块均有牌匾介绍，并有接待导视人员。在生态农业观光园区，游客可自行采摘，体验采摘乐趣，品尝有机水果蔬菜，并享受全方位系列化和多样化的服务。

3. **大田生产观光区**　广袤的农垦大地集中连片，充分展现了大规模耕种的壮观景象。大田生产观光区遍布在农场的各个生产队，由砂石路全面贯通，打造出一条自驾游绿色通道，即从第五生产队入口进入，途经一至六节地（如在开花季节，在一节地东侧有金莲花园区、灰包沟有百合花园区），通过越野翻山土路在大老郭沟进入第四生产队，路过九队沟、大湾子到达第一生产队（项目有野奢度假、特殊餐饮等），经前进村到达伊根生产队（知青怀旧、铁姑娘坟遗址、水磨），进入第二生产队民族风情区域（服饰歌舞、篝火），再进行康大街湿地观赏、漂流、野外垂钓、水库小船等其他项目活动。第七生产队湿地观景台设置在根河南岸的最高峰上，这里既能领略湿地景色，又可直观南坡麦田、油菜田内的各种图案，使游客能够真正亲身体验在书本电视上才可见的"UFO麦田怪圈"，以此结束整个大田观光，给游客留下一个值得永久回味的记忆。

4. 生态牧业养殖区 以发展大规模奶牛养殖生产为主，与特种养殖等项目相结合，建设生态牧业养殖区，生产奶制品和特种养殖产品，力求做到新奇特。监督管理人员对奶牛养殖场每天要清理干净、利落，并安排专业的消毒人员。着重建设绿色旅游通道。由于奶牛场有着特殊的工作要求，可设置专业的消毒间，并设置箱包存放柜和消毒衣帽等必要的设施，当游客进入牛场时，脚下需套有安全袋，以防止带入病菌。进入牛场首先要进行消毒，这样既说明牛场安全、绿色、环保，又展现了对游客的好奇心理和农场畜牧业发展方向的绝对肯定。

5. 历史遗迹、古物挖掘 据相关记载，成吉思汗边墙源头遗址金界壕位于第六生产队至上库力中间部位，现轮廓清晰，有待于开发；场内另有日本开拓团小孤山遗址、罕大街炮台遗址、第一生产队军需库遗址等；第二生产队曾多次发现猛犸象化石，现多流入民间，需进一步搜集、整理、开发。

6. 精品展示区 面粉加工厂作为农场农产品最终的集结点，厂内应建设有观光式面粉加工长廊，展示洗麦、磨粉、包装，要有精致的、介绍各个作物品种的牌匾，创造人们喜欢的休闲与观赏产品生产的环境。游客观赏后直接进入农场成品超市精品展示区。高新技术的集中采用，是生产高品位、高效益产品的必备条件，要求由专业人员设计产品的内容与包装，让游客真正体验、品味到农垦绿色、有机、环保的农产品。

作为精品展示区，首先在思想上要有先进的理念，要通过走出去、学经验、善总结、敢创新、务实效来打造适合本场产品的高端品牌，此品牌不能只局限于农牧产品，要广开思路，将农场的自然资源纳入其中，应包括山珍野味产品（黄花菜、野生蘑菇、野生韭菜花、芍药芽、柳蒿芽、金莲花、蕨菜、小黄芪、野玫瑰花、山荆子、稠李子、小白鱼等制品）、有机畜禽产品（奶酪、黄油、熏肉、腊肉、肉干、烤鸡、红心鸭蛋、鹅蹼、鹅珍、灌肠等制品）、农副产品（大麦茶、小麦饼、新鲜瓜果、干菜、果脯、爆米花等制品）、手工艺制品（精品编织品、桦树皮模具、针织产品、手工制作品）等。这些产品力求精小，便于游客携带，可在全场范围内进行搜集，并确定专业加工店，制定相应规定及措施，为我们的精品展示区提供后备货源，从而带动全场大部分群众增加可持续的经济收入。

7. 冰雪体验 进入冬季的农场，空气清新、山舞银蛇、原驰蜡象。冰雪体验不仅仅在我们的农场才会体现，所以要借鉴农场外部的精彩项目，找出自身独特的发展方向，打造独有、不可复制的项目，如充分利用水利灌溉的大型蓄水池进行冬季滑冰体验，开展架子山滑雪场体验等，借鉴外界精彩项目，塑造农场自身的"锦绣中华"。

（二）农场风情体验综合游

合理开发休闲度假旅游，加快实现农场旅游产品从观光型向综合型方向转变，从以餐饮住宿收入为主向以旅游综合收入为主转变，注重本土化开发和特色化开发，推进农场旅游产业链本地化和农场旅游经营者的共生化，逐步培育和发展中高端农场旅游市场，重点发展家庭旅游、有机餐饮、观光农业、生态采摘、休闲垂钓、民俗节庆等农场旅游产品系列。

重点发展休闲度假、农耕体验、生态环保、会议服务旅游项目，完善旅游度假的综合配套服务体系，强化生态型项目的建设。依托现有的独特自然风光、优越的生态环境，提升休闲农业发展水平。在全力保护本地区森林、草地、湿地、河流等自然旅游资源环境的前提下，积极推进这些区域的基础设施和服务设施建设，改善旅游环境以适应公众日益提高的旅游需求。

特色是旅游产品的吸引力，在农场旅游规划中，强化特色，一是要突出原汁原味的乡土特色，避免农村城镇化和商业化。突出特色，就是强调农场旅游文化性和原生性。在农场旅游布局中，服务设施、设计应防止脱离朴素、协调的基本原则，贪大求洋、追求豪华、使建筑物富丽堂皇，不仅与农场旅游内涵相脱离，而且还破坏了当地资源和环境；日常餐饮提供和旅游项目要贴近农家生活，满足游客"吃农家饭、住农家屋、干农家活、享农家乐"的消费需求，创办专项特色餐饮、特色住宿、特色观光、特色休闲、特色商品、特色娱乐、特色种养业等，防止盲目追求高档。二是忌不切实际地生搬硬套。农场旅游规划应对农场资源优势和风土人情进行认真的调查和研究，选择合适的旅游项目，切忌照抄他人模式、生搬硬套。强化特色，就是在学习他人的基础上，研究农场旅游市场，研究、挖掘本土特色，突出本土特色，用本土特色赢得市场。

1. 多元化　农场具有丰富和多元的旅游资源。在农场旅游规划中，要走出吃饭、打牌、钓鱼、拍照等单调的千篇一律的旅游活动项目，要多元开发，形成农家乐、渔家乐、林家乐、品果游、赏花游、采摘游、特色居住、农业观光园区、休闲农庄、农场俱乐部等多层次的项目结构和多业态的旅游结构，同时还可以开展烧烤垂钓、策马扬鞭、户外健身、漂流探险等，使农产品在各种休闲项目中就地消费。

2. 参与性　农场旅游的核心吸引力，就在于游客的体验参与。游客从城市来到农场，通过观赏青山秀水获得审美体验，在果园中亲手采摘新鲜的果蔬，感受硕果累累的丰收喜悦。农场旅游规划要提供给旅游者参与采摘、捕捞、耕耘、栽种、推磨等农场劳作的机会，让游客在体会农事艰辛的同时健身娱情。农场旅游需要发展和建设多功能、复合型旅游项目，让游客能充分体验农场的民风民俗、生活和劳作，在劳动的欢快之余，购得满意的农副产品和民间工艺品；在农场参与游泳、摸鱼、捉泥鳅、钓细鳞鱼、荡木排等娱乐活动，实现娱乐休闲的目的；在农场品尝各色水果蔬菜，获得视觉、味觉、触觉和听觉上全方位的体验。此外，让旅游者在观赏农场生态景观的同时，了解农场系统内部结构的依存关系，使旅游者能通过参与农场实践，体会和认识农场最真实质朴的风俗文化。

3. 保护生态环境 农场旅游是以良好的生态环境为基础的旅游，盲目地进行旅游开发会破坏当地的生态环境和旅游资源，不但不能产生应有的效益，而且还会破坏游客的心理状态。越是对生态环境保护完好的生产队，发展农场旅游的优势就越大。保护农场生态环境最重要的一点，就是要保持原有的特色，与城市生活相区别，保持旅游吸引力。

4. 生产队民居旅游模式 生产队民居旅游模式是依托特色或民居建筑为旅游吸引物的旅游发展模式。农场民居建筑按发展特点分为近代与现代两类，家庭游模式也相应分为旧民居旅游与新民居旅游两种。

随着我国农村经济的发展，农场按小城镇建设规划的民居仍可继续开发，家中的土炉土灶、火墙火炕尚有巨大的旅游吸引力。在此方面，农场应重点选择1～2个生产队鼓励百姓自筹资金建设家庭游基地，其他生产队不可千篇一律。在这两个单位集中或队内分散设置家庭住宿，游客自行种植、养殖、采摘、耕作等，吸引游客观光和学生假期旅游。

5. 民俗风情旅游模式 民俗风情旅游模式是以农场的风土人情、民俗文化为旅游吸引力的旅游发展模式。民俗风情旅游模式突出展示农场的衣食住行、婚丧嫁娶、时令风俗、工艺游艺、体育竞技、信仰崇拜等乡土文化和民俗文化。可以整理规划各种民俗节庆，如游春、歌舞会、篝火晚会等，举行跳皮筋、打扑克、抓小鸡、丢手绢等娱乐活动，整理即将失传的民谣，以此体现民族风情特点；可以制作民族图腾或有象征意义的雕塑，也可人为打造特殊物件，满足游客的好奇心理。农场的民族手工制作风俗亟待搜集与开发，如打草帘、弹棉铺等，还可新开发木刻、根雕、手工编制等具有乡土民风的特色工艺。篝火晚会上的游客互动是必不可少的，在此可集中农场多方人才，编制自己的民族舞蹈，掺杂街舞、杂耍等，吸引游客。

6. 野奢度假模式 农场青山秀水，有着良好的森林资源和绿地资源。第一生产队地处农场东部，山川森林密布，具有独特的野外奢华狩猎、森林探险之功能。在此居住的家庭可根据生产队统一规划，饲养山野畜禽等各种小动物，做好山地围圈，将饲养的动物放至森林之中，在所辖区域内修建土路或铺垫少许沙石，使道路弯曲环绕在山林内部，并组织专业的领航队伍，根据法律法规要求及正确的狩猎方式，让游客使用弩或弓箭，利用乘坐老式吉普212或骑马的方式开展野外狩猎活动。也可以在树林深处的家禽园用网捕捉活鸡、家兔等。让旅游者出门上山，欣赏漫山遍野的自然花草、山川美景，体验亲自狩猎的兴奋快感，并将捕获的"山珍野味"、鲜花野果带回营中，或自行烹饪，或饭店统一制作，使旅游者可以品尝到纯绿色食品佳肴。

7. 秀美湿地乐园 以第二生产队、罕大街景区为主线，建立形式多样的湿地观光游、漂流探险、野外垂钓、索道、浮桥、野果采摘、热气球观赏、航拍、历史遗迹打造等项目，从而为旅游者提供放松心情、回归自然的基本条件，满足游客的心理需求。

8. 人文历史打造 对日本开拓团遗迹（小孤山、罕大街炮台）进行恢复，帮助游客了解当年日本侵略者在农场范围内进行屯垦养兵侵略的历史，形成文字，必要时恢复场景。在内蒙古自治区内，有许多绵亘不尽的古代城垣遗迹，这些长形地物在地形图上被注记为"成吉思汗边墙"，也称金界壕，又名"金源边堡""界壕边堡"。金界壕，大部分为东北走向西南。整个界壕分为北线和南线，南线又分第一、第二两条主线。第一主线在外侧，经突泉县、科右中旗沿霍林河上游越过兴安岭，经扎鲁特旗北部进入蒙古国境内。上库力地域金界壕遗址位于上库力农场和农场第六生产队之间的梁岗上，据历史记载，此处"边堡"为北线始点延伸的边墙。成吉思汗边墙就是由此开始，途经黑龙江甘南、赤峰市达里湖段兴安段、通辽市霍林河矿区、河北省张家口市、丰宁县、呼和浩特市成二沟、乌日塔沟、巴彦淖尔乌拉塔中旗、锡林郭勒盟等。它位于锡林郭勒盟境内位于乌拉盖管理区贺斯格乌拉牧场北 60 千米处，筑于金明昌五年至承安三年（1194—1198 年）。上库力区域边堡的城墙与城壕轮廓清楚，保存较好。墙长约 70 米，宽约 60 米，周长 260 米。整个城墙用黄黑土版筑，坚硬结实，虽历经千年的风雨剥蚀，现仍近 2 米高。如能围绕这一罕见的历史遗迹进行专业设计，定会成为农场的一大风景。

9. 深山探险 充分利用大乌尔根野猪沟生态原始森林、第一生产队原始森林打造云海雾凇观景台、探险观光等；吸引游客回归自然，体验天然氧吧之乐趣。

10. 经营与管理 上库力农场在发展壮大现代化机械耕作的同时，在农牧业生产科学化、制度化、规模化、效益化管理等方面有着较好的经验，在整个海拉尔垦区有较大的影响力，但在新型旅游产业的开发力度上，却显得非常薄弱。目前，在新一届农场党政班子的高度重视下，农场加快农牧业经济转型升级，积极开发农垦旅游项目，拓宽经济领域，冲破农垦靠天吃饭、只能种地的陈旧思想，走出去、引进来，结合实际，创新思路，积极探索新型农垦产业，逐步形成各种不同类型的经济产业链，把旅游规划、经营纳入其中，为农垦经济开拓出一个崭新的大好局面。

开发旅游产业，首先务必要提升农场各类人员的素质，以适应越来越多的外地游客，这客观上促进了传统的农垦人向新型农垦人转变，在新旧观念的碰撞中，自觉不自觉地融入新的文化氛围。其次要充分发挥农场内部的协调与带动作用，形成农场旅游业管理一体化，紧密结合实际，创新发展思路，深入研究与探索，确定经营模式，形成区域经济互动发展。

应充分发挥农场的主导作用，建立综合开发型模式。通过整体规划与设计，引进有经济实力和市场经营能力的企业或者个人，进行对公共设施建设和环境的改善，完善生产队内或景区道路、水电、公共厕所、景点指示牌、污水垃圾处理等配套服务、接待设施，开通宽带网络、有线电视、医药卫生服务站，配备相应的解说员，引导城乡居民参与旅游接待服务，带动景区周边住户旅游住宿、餐饮、购物及配套服务，拉动农副产品、土特产品的销售，形成旅游景区和社区经济的互动发展。

农场旅游开发景区建设基本路线见图20-1。

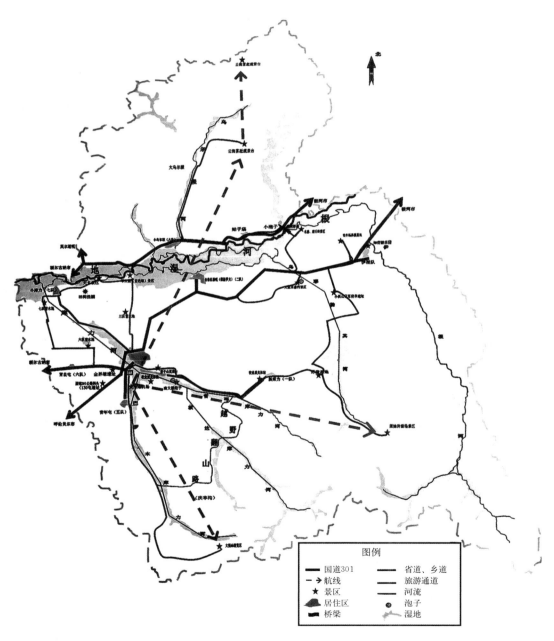

图 20-1 上库力农场旅游开发景区建设基本线路简图

第二十一章　交通　通信　寄递　电力

2011年至2020年，上库力农场没有公共交通，人们日常出行依靠私家车或出租车；通信方面逐步取消了固定电话，取而代之使用手机。"十三五"期间，快递业遍地开花，各种快递业务应运而生，国有邮政系统也开始各种快递业务；电力行业发展迅速，高压输电线路延伸到用电的每个角落。

第一节　交　通

一、道路建设

2013年，农场投资485.1万元，完成危旧房改造配套道路建设项目，第一生产队修建水泥路2.096千米、第二生产队修建水泥路8.328千米，共计10.424千米。进行危旧房改造，配套场部水泥路硬化0.56千米和美化、绿化、亮化工程，共计投资30.7万元。修筑田间机械运行及运输机耕路50.05千米（其中第一生产队4.2千米、第二生产队7.1千米、第三生产队8.9千米、第五生产队20.25千米、第八生产队7.8千米），总投入资金768万元。

2015年，农场借助S301省道根河至拉布大林一级公路建设机遇，为第二生产队、第三生产队、第五生产队、伊根生产队修筑柏油路7.6千米；利用额尔古纳市交通局项目修筑场部至第一生产队、第七生产队水泥路29千米，至此，农场在垦区率先实现道路硬化队队通。同年投资949.6万元，完成"十个全覆盖"道路硬化工程23.1千米。投资115万元，完成"十个全覆盖"砂石路工程17.96千米。

2016年，投资160.6万元，完成"十个全覆盖"街巷硬化水泥路工程3.78千米。

农场2011—2020年公路桥涵建设情况见表21-1。

表 21-1　2011—2020 年公路桥涵建设统计表

工程	建设时间	单位	工程数量	投入资金（万元）
上库力第五生产队道路工程	2011	—	—	32.8
第七生产队水泥路	2011	千米	1.300	48.3
惠泽家园楼区水泥路	2013	千米	0.560	30.7
第一生产队屯内水泥路	2013	千米	2.096	201.6
第二生产队屯内水泥路	2013	千米	8.328	283.5
第一生产队、第二生产队屯内路灯	2013	盏	103.000	53.3
惠泽家园楼区路灯	2013	盏	47.000	15.0
危房改造配套道路工程（第八生产队）	2014	千米	10.100	396.5
危房改造配套道路工程（伊根、楼区路、桥等）	2014	千米	16.580	613.3
危房改造配套道路工程（第一、第二生产队）	2014	千米	2.210	82.1
危房改造配套道路工程（2.04 标）	2014	千米	2.040	233.9
危房改造中心区道路工程	2014	千米	2.090	77.5
中心区街巷硬化工程（十个全覆盖）	2014	千米	3.000	194.7
上库力农场危房改造配套基础设施建设项目路	2015	千米 盏	混凝土道路 2.200 路灯 41.000	165.8
上库力农场第三生产队街巷硬化工程	2015	千米	6.500	248.9
上库力农场第四生产队街巷硬化工程	2015	千米	8.100	323.3
上库力农场第五生产队街巷硬化工程	2015	千米	3.130	150.8
上库力农场第六生产队街巷硬化工程	2015	千米	2.700	130.6
上库力农场 2015 年中心区及各生产队街巷硬化工程	2015	千米	23.100	949.6
2015 年"十个全覆盖"砂石路工程	2015	千米	17.960	115.0
中心区"十个全覆盖"路边沟工程	2015	千米	5.500	29.8
"十个全覆盖"街巷硬化工程	2016	千米	3.780	160.6
2015 年垦区危房改造配套基础设施项目路	2016	千米	0.270	12.7
上库力农场第五、第六生产队街巷硬化工程	2017	千米	2.430	109.1
文化活动中心混凝土路	2018	平方米	2573.000	41.9
内蒙古海拉尔农垦区上库力农场场部小城镇基础建设项目（沥青路面铺设）	2019	平方米	50000.000	303.3
垦区危房改造上库力农场惠泽小区配套基础设施工程（锅炉房路及地面）	2019	平方米	3916.000	93.5
第一生产队美丽乡村建设项目砂石路工程	2016	—	—	45.9
第五生产队至第六生产队田间路	2011	千米	9.500	80.8
上库力农场田间路工程含涵管（第一生产队 4.2 千米、第二生产队 7.1 千米、第三生产队 8.9 千米、第四生产队 1.8 千米、第五生产队 20.25 千米、第八生产队 7.8 千米）	2013	千米	50.050	768.0
第四生产队机耕路	2014	千米	10.000	143.7
第五生产队机耕路	2014	千米	4.300	64.5
第六生产队机耕路	2014	千米	6.000	93.1
第七生产队机耕路	2014	千米	15.000	225.7
机耕路涵管工程	2014	千米	4.690	30.5

二、货物运输

1.**"十二五"期间** 全场个体运输车辆保有量为 117 台,运送货物 323 万吨;主要运输的货物有粮油、化肥、农药、煤炭、水泥及其他物资等,货运、装卸收入1223.7 万元。

2.**"十三五"期间** 全场个体运输车辆保有量为 82 台,运送货物 755.5 万吨;主要运输的货物有粮油、化肥、农药、煤炭、水泥及其他物资等,货运、装卸收入 644.3万元。

三、旅客运输

1.**"十二五"期间** 截至 2015 年底,农场拥有载客汽车 73 台(辆),累计载客人数930000 人次,载客收入 994.8 万元。

2.**"十三五"期间** 截至 2020 年底,农场拥有载客汽车 67 台(辆),累计载客人数1040000 人次,载客收入 232.6 万元。2019 年 9 月,额尔古纳运输公司开通拉布大林至上库力公交线路。

第二节 通 信

一、移动电话

随着移动通信的迅猛发展,固定电话逐渐被移动电话取代。截至 2020 年末,上库力地区固定电话用户剩余不足 50 户,其中多数用于企事业单位办公。

2010 年,智能手机逐渐兴起,伴随而来的是微博、微信的快速发展,不但可以进行文字交流,还可以使用语音、视频。在这种新的通话模式下,用户只需要使用网络电话小程序,就可以通过互联网实现呼叫连接,能够低资费和免费打移动电话的网络电话极其方便和灵活。同时还可享受低至运营商收费几分之一的话费标准,帮助用户降低话费支出,为工作和生活带来更大的便利。

截至 2020 年,农场移动电话用户达到 6800 人,而且大多数人使用两个或更多的卡号,便于工作和生活。其中联通用户数量 3340 人,电信用户 1230 人,移动用户 2230 人。

二、网络通信服务

2013 年，农场争取国家户户通卫星信号接收项目，为第一生产队 93 户、第二生产队 299 户、第五生产队 55 户、第六生产队 88 户、第七生产队 150 户、第八生产队 146 户、伊根队 85 户更新电视接收信号设备。

2015—2016 年，上库力联通公司网络运营完成从 3G 通信到 4G 通信的转换升级，提升了通话质量和数据传输速度。随着 4G 网络的普及，电视机、个人电脑及手持设备可以作为显示终端，通过机顶盒或计算机接入宽带网络，实现数字电视、时移电视、互动电视等服务。网络电视的出现给人们带来了一种全新的电视观看方法，改变了以往被动的电视观看模式，实现了电视以网络为基础按需观看、记忆播放、随看随停。很多青年群体甚至通过网络远程使用家中的智能化设备，利用智能手机就可以操控家中的各种电器设备。

截至 2020 年，全场网络电视用户达到 2120 户，其中联通公司用户 1100 户、网通公司 650 户、移动公司 370 户。部分家庭安装网络监控设备，为生活带来了便利和安全。

第三节　寄递业务

快递业是现代服务业的重要组成部分，让人足不出户就可以通过网络购物平台购买物品，连接生产与消费两端。近十年来，随着邮政快递业的发展，农场物流服务水平不断提升，职工群众所享受到的快递服务不断升级，邮政快递业已经成为覆盖面最广、与人民生活最相连紧密的行业之一。寄递物流与电商、交通运输、供销、流通等相关资源实现协同发展，为农场职工群众自产的农畜产品销售带来了便利条件，补齐了冷链寄递短板。上库力农场的寄递服务公司有邮政速递（EMS）、顺丰、极兔、中通、圆通、申通、百世、韵达、德邦等。2020 年全年收件约 30 万件，发件约 2 万件。

第四节　电　　力

上库力农场供电管理及电力设施归属额尔古纳市电业局，上库力变电站出口至上库力辖区所有架空线路、设备、电缆由上库力供电所管理维护。2011 年至 2020 年，为了更好地加强电业管理和安全供电、继续实行承包方式，推行了组包线、人包变的管理模式，把线损指标落实到 2 个班组，责任到人，线损指标完成情况直接与工资挂钩，做到有奖有罚，杜绝了"三电"，严禁了"跑、冒、滴、漏"的情况发生，认真完成了10年间的安全供电任务，完成了各项线路的规划、架设、检修维护和铺设电缆、电气设备的安装，没有出现任何安全供电事故。

2011年3月，上库力农场供电所全体干部员工对屯内线路进行用电安全检查，入户1600户，更换了老化的进入导线和控制闸刀的保险丝，保证了上库力地区居民的用电安全。为确保春播的正常供电，4月检修高压线路120千米、检查变压器40台，改造麦场线路2千米、第七生产队养牛小区线路0.5千米。7月，为迎接上库力"两会"的顺利召开，按照分公司领导的部署，供电所组织全所干部员工，为第五生产队安装小区路灯30盏、第六生产队安装小区路灯47盏；改造第六生产队麦场线路，由原来的地面架设改造为地下电缆供电；改造农场场部及惠泽嘉园楼区高压线路1.5千米、架设路灯13盏，配合施工单位安装了新建办公楼内的吊灯、广场路灯。

2012年，架设了农场场部至惠泽嘉园新建楼房10千伏线路0.3千米，铺设了7栋新建楼房的电源电缆，5月架设了第四生产队水利10千伏线路0.6千米。10月铺设第三生产队水利用电10千伏线路14千米，铺设了第一生产队水利线路电缆4千米。为根河市至额尔古纳市公路施工单位安装变压器13台，架设10千伏线路10千米，保证了施工的顺利进行。因农场锅炉房扩建、用电负荷增大，改造了锅炉房的线路、更换了电缆。为联通3G信号塔设备的投入使用铺设了电缆350米，安装了变压器1台。上库力农场变电站6月份调试完工，经与额尔古纳市电力部门沟通，供电所改造了变电站线路出口，停用了农场原有的变电站，用上了新变电站，经过实际运行提高了电压质量，保证了用电负荷。8月为第九生产队2个农业点、2个牧业点架设线路并安装变压器。

2013年，为了春播的顺利进行，供电所干部员工冒雪提前对各生产队高压线路进行检修，共检修150千米、检查变压器60余台。改造第五生产队、第三生产队、第二生产队、伊根生产队麦场旧线路，为麦场铺设新电缆并安装了漏电保护开关井，保证了春播的正常供电。架设了变电站至新楼区10千伏线路0.25千米、九队沟至第四生产队养牛点10千伏线路1.2千米、第四生产队养牛小区10千伏线路0.2千米、第一生产队养牛小区低压线路0.5千米、变电站至第三生产队水利10千伏线路5千米、第七生产队养牛小区10千伏线路0.5千米，架设第八生产队至诚诚矿业10千伏线路2千米。铺设了惠泽嘉园9栋新建楼房的电源电缆并安装了630千伏安箱变1台。安装第一生产队水利用变压器1台及启动设备1套。铺设第三生产队水利线路电缆，安装了启动设备控制开关及变压器和控制线路。因2013年天气原因，雨水频繁造成自然灾害，使秋收的用电负荷增大，农场与额尔古纳市电力部门沟通，提高了上库力地区的用电电压，调整了两个挡位，经过实际运行提高了电压质量，保证了用电负荷，保证了秋收工作的顺利完成。

2014年，供电所架设了变电站至惠泽家园小区10千伏线路1千米。6月架设了变电站至第五生产队养鹅区线路1.7千米，完成上库力屯内路灯改造80盏。10月为第三生产队水利工程铺设电缆8000米，架设高压线路1.7千米。改造第三生产队麦场高压线路，为三个养牛点架设线路2千米。11月改造锅炉房铺设电缆110米，铺设锅炉房至楼区电缆370米。架设第八生产队至诚诚矿业10千伏线路1千米。铺设了10栋新楼房的电源电缆，并安装了新楼区630千伏安箱变2台。因不可抗拒的自然灾害使线路多次遭受损坏，供电所组织了干部员工不分昼夜进行抢修。因当年秋收的用电负荷增大，供电所及时和额尔古纳市电力部门沟通，提高了上库力地区的用电电压，调整了变电站主变两个挡位，经过实际运行提高了电压质量，保证了用电负荷。组织了有经验的技术人员到生产队参加烘干、进行指导，多次下生产队排除电气设备故障，确保没有因供电故障而长时间停电，保证了秋收工作的顺利完成。

2015年1月1日，上库力地区开始实行民用电同网同价，每度电从0.984元调整为0.477元。同年，供电所为伊根生产队架设百米大桥线路。检修了上库力农场场部和各生产队的高低压线路。7月，供电所架设线路水泥杆100根。为保证第三生产队水利工程的顺利完成，执行安装变压器、控制柜、真空开关、高压计量箱的工作。7月30日前完成了公路和楼区80盏路灯检修工作。因不可抗拒的自然灾害，农场多处线路受损，供电所及时处理遭电击线路7处。9月30日前改造完成原第六生产队高低压线路。11月测量第六生产队水利高压线路，铺设电缆3900米，更换惠泽家园电缆150米。7月，安装前进村变压器一台，铺设高压电缆70米。为配合"十个全覆盖"工程顺利实施，为施工队安装临时变压器、配电箱，及时处理因施工破损的电缆。为新建蔬菜大棚安装变电箱、铺设电缆220米。10月，为原第三生产队羊圈、牛舍铺设电缆130米，为原筑路队院内新建牛舍安装配电箱2个、铺设电缆230米。为帮助面粉厂新建厂房施工顺利完成，改造线路0.5千米。11月18日，农场向额尔古纳市宏源电力报告"十三五"期间节水灌溉项目电力工程规划，总用电量19988千瓦，架设10千伏线路200千米。

2016年，供电所为上库力各生产队进行高压线路检修200千米，架设第八生产队、第二生产队、第一生产队养殖小区高低压线路2千米；4月，为第六生产队水利工程铺设电缆1.9万米，安装变压器13台、控制电柜55台，连接大型水泵电机8台，提前完成第六生产队水利运行供电任务。7月，安装了第二生产队、第三生产队、第四生产队、第五生产队、第六生产队新建烘干塔线路，铺设了高低压电缆1千米，架设高压线路0.8千米，新安装变压器5台，检修路灯50盏，更换20号楼居民电缆100米，维修了楼区施工种树挖断电缆 23 处。全年处理雷击线路 6 次，改造上库力街道办事处建造广场一处线路 300 米，更换低压电缆 260 米。

2017 年，供电所为上库力各生产队检修高压线路 380 千米，扶正线杆 50 根；处理雷击线路故障 6 次；安装有机肥厂变压器 1 台，架设高低压线路 200 米；5 月，为第八生产队、第二生产队麦场的线路、配电箱进行改造；检修路灯 60 盏。8 月，新铺设了第四生产队麦场电缆 550 米，安装电柜 4 台；为在本地区施工单位安装变压器 5 台；为第八生产队湿地架设线路 1.5 千米，铺设电缆 600 米；为第二生产队提水站安装高压计量箱 1 组、低压计量箱 9 组；为林草站铺设电缆、改造线路 200 米；为面粉加工厂铺设电缆 70 米；为第五生产队牛舍进行线路改造。

2018 年，供电所为上库力各生产队检修高压线路 400 千米，扶正线杆 70 根；处理雷击线路故障 10 次；4 月，改造了第五生产队麦场高低压线路，改造了第六生产队高压供电线路 1 千米。5 月，架设改造水利第六生产队至第七生产队高压线路 6.5 千米。9 月，架设第一生产队农业点牧业点高压线路 10.5 千米。架设垃圾处理厂高压线路 300 米。11 月，铺设新锅炉房电缆 300 米，更换场部办公楼电缆 125 米，帮助水利施工单位进行了配电柜、电机的安装，积极配合了额尔古纳市宏源电力对上库力地区的配电线路设计工作。全年安装变压器 10 台、水利高压计量 4 台。

2019 年，供电所为上库力各生产队检修高压线路 400 千米，及时处理雷击线路故障 20 次；4 月，完成了变电站乡 3、乡 5 线出口线路的供电，使两条线路实现了专线供电，增加了水利用电负荷。增加了水浇地的喷灌面积。完成了养殖户鹅棚的线路和用电设备的安装，帮助鹅雏尽早进入鹅棚，使养殖户没有了后顾之忧。5 月，架设变电站出口至第六生产队，架设第七生产队水利线路 200 米，架设原第六生产队蓄水池高压线路 400 米，安装了真空开关、高压计量箱。配合额尔古纳市宏源电力完成了上库力第二生产队大桥至额尔古纳市变电站 110 千伏线路的规划、测量和上库力地区农网改造线路的复核工作。完成旅游景点的用电设备安装和电缆铺设，增加了上库力地区的游客接待量。完成上库力第二生产队变电站新建上报和上库力变电站变压器增容规划。完成了额尔古纳市电力农网改造线路的施工规划，移除田间地里的线路，方便了农业田间作业。6 月，配合水利施工单位，完成第三生产队水利工程的架线、电缆铺设和变压器台的安装工作。7 月，完成了第四生产队、第五生产队、第七生产队牛舍、奶厅的供电线路改造。10 月，完成了楼区的路灯电缆铺设和检修工作。

2020 年，供电所对上库力各生产队检修高压线路 460 千米，及时处理雷击线路故障 20 次。配合额尔古纳市宏源电力完成了上库力第二生产队水利工程 10 千伏线路的规划，以及测量上库力地区农网改造线路符合情况的分配工作。5月，完成上库力变电站主变压器增容工作，由原来的8000千伏安增到12500千伏安，为今后的安全供电打好基础。指派技术员工参加了各生产队的水利泵房运行，派出技术员工参加生产队烘干工作，多次去生产队排除电气运行故障。9月，更换4至9号楼供电主电缆，抢修16至18号楼供电主电缆，新装楼区主道两侧路灯，方便了小区居民夜间出行。完成了各农牧业作业点高压计量箱的安装。

截至2020年12月，供电所所辖范围内农牧业、居民电力设施设备：变压器126台，总容量5540千伏安；10千伏线路300千米，0.4²以下线路210千米。

上库力农场水利设施、电力设施设备：变压器231台，总容量36323千伏安；架空线路130千米；高压电缆100千米；低压电缆276千米。

农场2011—2020年购、售电情况见表21-2。

表21-2　上库力农场2011—2020年购、售电情况

年份 \ 内容	用电度数（万度）		购、售电单价（元）					
	购电量	售电量	农业生产（购）	三产（购）	居民（购）	农业生产（售）	三产（售）	居民（售）
2011	400	343	0.700	0.700	0.700	0.908	0.931	0.908
2012	570	490	0.451	0.710	0.710	0.908	0.931	0.908
2013	757	640	0.451	0.710	0.710	0.908	0.931	0.908
2014	697	618	0.451	0.710	0.710	0.908	0.931	0.908
2015	725	622	0.451	0.710	0.477	0.451	0.931	0.477
2016	875	772	0.451	0.710	0.477	0.451	0.931	0.477
2017	905	795	0.305	0.710	0.467	0.305	0.931	0.477
2018	972	842	0.305	0.716	0.467	0.305	0.716	0.467
2019	1271	1116	0.305	0.637	0.467	0.305	0.637	0.467
2020	1496	1331	0.305	0.637	0.467	0.305	0.637	0.467

农场电工安全操作规程见下文：

上库力农场电工安全操作规程

1. 电工作业人员必须持电工许可证上岗，严禁无电工许可证人员修理电气设备、线路。

2. 电工操作者在工作前，应验明劳保用品和工具是否符合绝缘安全要求。

3. 任何电气设备或线路在未经验电、确认无电之前一律视为有电，电气设备停电后，即使是事故停电，在未拉开有关刀闸和采取安全措施前，不得触及设备，以防突然来电。

4. 电工作业人员必须充分熟悉和了解分管区域的动力线路、电气设备及控制系统的情况。

5. 工作现场临时夜间照明电线及灯具，一般高度不低于 2.5 米。

6. 运行中的电气设备严禁拆卸和修理，需要修理时，要停电切断电源，取下熔断器或开关，挂上"有人工作禁止合闸"的警示牌，并验明无电后，方可进行作业。

7. 电气操作顺序：停电时应先断空气断路器，后断开隔离开关，送电时与上述操作顺序相反。

8. 路线上禁止带负荷接电或断电，并禁止带电操作。

9. 电气设备或线路拆除后，可能来电的线头必须及时用绝缘材料进行安全处理，高压线必须三相短路接地。

10. 检查电气设备时，应先切断电源，并用验电器测试是否带电，在确定不带电后，才能进行检查修理。验电时必须用电压等级相应的验电器，验电前应先在有电设备上进行试验，确定验电器良好，高压验电必须戴绝缘手套，严禁用手触试探。

11. 检查工作完毕后，应检查线路是否正确，电气线路上和电气设备内是否有遗留的材料、工具等物，接地线是否撤除等，确认无电后方可送电。

12. 电气设备发生火灾时，要立即切断电流，并使用二氧化碳干粉灭火器或四氧化碳灭火器灭火，严禁用水扑救。

13. 手持电动工具必须使用质量良好的漏电保护器，使用前需按保护器试验按钮来检查是否正常可用。

14. 登高 2 米以上工作时必须戴安全带。

15. 供电系统突然停电，严禁不作任何停电的安全处理，在线路或设备上检修。

16. 金属壳的电气设备都必须有牢固的保护接地线，接地线电阻不应大于 4 欧姆。

17. 新安装的电力线路、电气设备、照明灯具等，不符合安全要求时，电工应向安装施工人员提出建议，不符合安全要求的电工拒绝验收。

18. 检查、检修电气设备时，应二人以上相互监护。

19. 作业人员应经常注意和了解区域的电气设备和线路的运行情况，发现问题应及时采取必要的安全措施。

20. 用摇表测绝缘电阻时，要确认被遥测设备不带电，线路上无人。

21. 禁止用大容量保险丝（片）更换小容量的，特别禁止用铜线、铝线代替保险丝（片）。

22. 禁止违章作业，不得私拉乱接。

上库力农场供用电管理制度见下文。

上库力农场供用电管理制度

为确保农场及居民生产、生活安全用电，特制定本制度。

一、各生产队集体、居民供用电由所在单位电工负责。

二、上库力屯内居民用电由所在（片、组）电工负责。

三、集体、居民生产生活用电统一由电工负责接、换、转、停。严禁私拉乱接线路及更换供用电器材。使用保险丝必须5A以下（不含5A）。

四、严禁偷电，盗窃国家电力资源。集体、居民户电表严禁私自拆装，变动电表数字。

五、个体经营户用电一律经供电所同意，安排专人按规定布线操作。

六、集体、居民严禁使用自制电炉、电风扇取暖、做饭。

七、遇有电路故障须报供电所处置，不准私自处理。

八、凡因私接、私拉、私装电线、电器引起的一切后果自负。

九、对偷电者（不论何种方式）一经查实，除补缴电费外，处罚500~1000元。

十、本规章自2000年1月1日起执行。

1999年12月26日

第二十二章　党建工作

党建工作是党委的一项重要工作。上库力农场党委注意加强基层组织建设，党员队伍建设，强化后备干部队伍培养，按组织要求召开党员代表大会，坚持理论学习教育不松懈。

第一节　组织建设

一、党委机构

2011年，上库力农场设置政治工作部，负责农场党的建设、企业文化建设、精神文明建设、广播电视、内外宣传、工会、共青团、妇委会等工作，有部长1人、副部长4人、干事1人；有基层党支部20个，其中农业生产队党支部9个、机关党支部1个、离退休党支部1个、直属单位党支部6个、民企民营党支部3个；设党支部书记17人（其中有6个生产队为队长兼书记）、副书记6人、其他支部委员70人；农场共有党员423人，其中在岗党员257人、离退休党员101人、灵活就业党员16人、其他职业党员49人。

2016年，政治工作部设有部长1人（6月27日增设为党委委员）、副部长3人、干事1人；有基层党支部20个，其中农业生产队党支部9个、机关党支部1个、离退休党支部1个、直属单位党支部6个、民企民营党支部3个；设党支部书记18人，其中科技站、兽医站、办事处、医院为兼职书记，副书记3人，其他支部委员68人；农场共有中共党员439人，其中在岗党员309人、离退休党员130人。灵活就业党员及其他职业党员安排到各支部。

2017年，农场设置党委办公室。成立农业科技试验站、林草工作站和有机肥厂联合党支部，党支部书记为张建成。

2018年，联合党支部进行调整，张建成负责农业科技试验站和有机肥厂党务工作；徐喜龙担任林草工作站党支部书记。

政工系列职称评定工作结束，晋升政工师1人，办理职称继续教育16人；对农场管

理干部人事档案进行整理，整理档案 211 册，其中卫生人员 32 册；完成事业工资升级 35
人，办理企业干部退休 5 人；办理教育遗留问题 5 人；配合集团公司和政府部门完成企业
剥离卫生移交人员的档案整理审查。

2019 年，党委工作机构设党委办公室、政治工作部，部长 1 人（党委委员，副场
级）、副部长 4 人、干事 1 人；有基层党支部 20 个，其中农业生产队党支部 9 个、机关党
支部 1 个、离退休党支部 1 个、直属单位党支部 6 个、民企民营党支部 3 个；设党支部书
记 16 人，其中兽医站、办事处为兼职书记，副书记 5 人，其他党支部委员 61 人；农场共
有党员 435 人，其中在岗党员 303 人、离退休党员 132 人。

2020 年，离退休党支部有 85 名党员移交地方街道办惠泽嘉园社区党组织管理，还有
退休党员 47 人暂未移交；农场共有党员总人数 349 人，其中在岗党员人数 302 人。

上库力农场委员会管理架构如图 22-1。

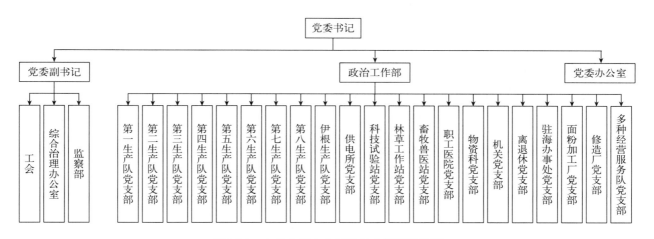

图 22-1　中共上库力农场委员会管理架构图

二、党委成员

2011—2014 年，上库力农场（分公司）党委由 4 名成员组成，苗培昆担任党委书记，
主持分公司党委全面工作，协助总经理分管新垦区建设等工作；王延生担任党委副书记、
总经理、场长，主持农场行政及分公司全面工作；吴国志担任党委委员、副总经理，协助
总经理分管农业、节水灌溉、农机、科技、土地、林业、防灾减灾等工作；郭本生担任党
委副书记、纪委书记、工会主席，协助党委书记分管思想政治、纪检、监察、宣传、工
会、群团、普法、信访、精神文明、政务公开、武装等工作。

2015 年 4 月，农场（分公司）党政班子调整，由 3 名党委成员组成，郭祥华担任党

委书记，主持分公司党委全面工作，主管思想政治、企业文化、精神文明、组织、宣传、纪检、监察、普法、信访、维稳、政务公开、武装、团委、妇联等工作，协助总经理分管畜牧业，分管政治工作部、畜牧业管理部、兽医站、文体活动中心；韩旭东担任党委副书记、总经理、场长，主持上库力分公司、农场行政全面工作，主管经营管理、财务、审计、项目、基本建设、旅游、城镇化建设、分管办公室、财务部、项目办、基建科、审计部、社会事业部；李月忠担任党委委员、工会主席，协助党委书记工作，主持工会、关工委工作，承担主要领导交办的其他事项。

2016 年 10 月，中共上库力农场（分公司）委员会由党委书记郭祥华，党委副书记、总经理、场长韩旭东，党委副书记、纪委书记高兴良，党委委员、工会主席李月忠，党委委员何松、高安起、张永昌 7 名成员组成。

2018 年 4 月，农场（分公司）党委由 6 名成员组成。党委书记郭祥华主持分公司党委全面工作，主管党建、意识形态、组织、宣传、企业文化、精神文明建设、老干部、新垦区建设和农场改革工作，分管党委办公室、政工部；党委副书记、总经理、场长韩旭东主持农场行政及分公司全面工作，主管经营管理、企业发展、审计、项目、财务、劳动人事、粮油销售，分管社会事业部、财务部、项目办、审计部和战略发展部；党委副书记、纪委书记高兴良协助党委书记工作，分管监察科、综治办、工会；党委委员、副总经理何松协助总经理分管农场工副业、供电所、供销部；党委委员、副总经理屈伟协助总经理分管综合办公室、旅游办公室、职工医院、计划生育办、畜牧业管理部、兽医站和锅炉房；党委委员、政工部长张永昌协助党委书记负责政工部工作，分管党建、思想政治、意识形态、政治理论学习、组织、宣传、企业文化、精神文明、网络、职工活动中心；副总经理高安起协助总经理分管农林科、农机科、水利办公室、安全生产部、农业科技试验站、有机肥厂和林草工作站；总经理助理宋华民协助总经理分管财务部、项目办、审计科和基建科，承担主管领导交办的其他事项。

2019 年 6 月，农场（分公司）党委由 7 名成员组成。党委书记郭祥华主持分公司党委全面工作，负责农垦改革、党建、思想政治工作、组织、宣传、企业文化、精神文明建设和老干部工作，分管党委办公室、政工部、改革发展研究会；党委副书记、总经理、场长韩旭东主持农场（分公司）全面工作，负责经营管理、企业发展、财务、劳动人事工作，分管社会事业部、财务部；党委副书记、纪委书记屈伟协助党委书记工作，分管监察科、综治办；党委委员、副总经理高安起协助总经理分管生产部、安全生产部、物资科、农业科技试验站、有机肥厂、林草工作站和水利办公室；党委委员、副总经理高兴良协助总经理分管综合办公室、审计科、畜牧业管理部、兽医站、锅炉房、驻海办事处；党委委员、副总经理卢念章协助总经理分管销售科、项目办、基建科、战略发展部和计生办；党委委员工会主席、政工部部长张永昌协助党委书记工作，负责政工部承办的各项事务。

2020年4月，韩旭东担任上库力分公司党委书记，郭祥华担任上库力分公司党委副书记。12月，农场成立中共呼伦贝尔农垦上库力农牧场有限公司委员会，韩旭东担任农牧场有限公司党委委员、书记；郭祥华担任党委委员、副书记；屈伟担任党委委员、副书记、纪委书记；高安起、卢念章、高兴良、张永昌担任农牧场有限公司党委委员。韩旭东、郭祥华、屈伟、高安起、卢念章、高兴良、张永昌七名人员在中共上库力分公司委员会所任职务自然免除。

农场党委历任领导名录见表22-1。

表22-1　上库力农场党委历任领导名录

姓名	职务	任职时间	姓名	职务	任职时间
轩辕左顺	党委书记	2011.01—2011.04	王延生	党委副书记	2011.01—2015.03
苗培昆	党委书记	2011.04—2014.12	郭本生	党委副书记	2011.01—2013.08
郭祥华	党委书记	2015.03—2020.04	韩旭东	党委副书记	2015.03—2020.04
韩旭东	党委书记	2020.04—2020.12	高兴良	党委副书记	2016.10—2019.06
刘友山	党委委员	2011.01—2011.04	屈　伟	党委副书记	2019.06—2020.12
吴国志	党委委员	2011.04—2015.03	李月忠	党委委员	2015.03—2017.11
何　松	党委委员	2016.10—2019.06	高兴良	党委委员	2019.06—2020.12
高安起	党委委员	2016.10—2020.12	卢念章	党委委员	2019.06—2020.12
张永昌	党委委员	2016.10—2020.12			

第二节　党委工作部门

一、政治工作部

上库力农场政治工作部于1991年12月设立（简称政工部），是集上库力农场党的组织建设、干部管理、精神文明建设、企业文化、内外宣传、工青妇群团组织、老干部工作等为一体的工作机构，负责党的路线方针政策的贯彻落实、政治理论学习和农场基层党支部党建工作、党员纳新、后备干部培养、干部人事调整、场内外宣传报道、工会工作、妇联共青团建设以及企业文化和精神文明建设等事宜。同时对农场党委与基层党支部工作起协调作用。

2011年，潘金龙担任政工部部长，负责政工部日常工作；副部长张永昌负责企业文化、精神文明建设、工会、共青团、妇委会具体业务工作，负责扶贫救困、金秋助学、爱心捐助等工作；副部长于建波负责广播电视、网络通信、专题片策划、录制、编排及广电设施维修维护等工作；副部长王爱敏负责场报编辑、发行和对外宣传报道等工作；干事孙凤军协助内外宣传；工作人员左兆礼负责协助部长做好党的组织建设及党统、干统管理等工作。

2012年3月，包义清调入政工部担任副部长，负责企业文化、精神文明建设、工会、共青团、妇委会具体业务工作。

2013年1月，副部长于建波负责企业文化、精神文明建设工作，广播电视、局域网络、通信工作移交地方；贾文慧调入政工部，协助宣传工作。

2015年10月24日，农场党委任命张永昌为政工部副部长，兼任第五生产队党支部书记，负责政工部宣传报道工作。

2016年3月，副部长王爱敏兼任机关党支部书记职务。4月，贾文慧担任政工部干事，协助场内外宣传报道工作；孔卫东调入政工部工作，负责网络通信、监控设施安装、维修维护工作。6月，张永昌担任政治工作部部长职务。10月8日，海农党干字〔2016〕4号文件任命张永昌为海拉尔农垦（集团）有限责任公司上库力分公司党委委员、政工部部长。

2019年4月，孙凤军调入政工部，担任副部长职务，负责农场内外宣传工作，贾文慧协助负责农场内外宣传；副部长王爱敏负责组织建设、干部管理、党统、干统等工作。6月，呼垦党干字〔2019〕27号文件任命张永昌为上库力分公司工会主席。

2020年9月，石芳调入政工部，负责组织建设、干部管理、党统、干统等工作。

截至2020年底，农场政治工作部人员分工情况：工会主席、政工部部长张永昌负责工会、政治工作部全面工作；副部长王爱敏分管党的组织建设工作；副部长孙凤军分管宣传工作；副部长包义清分管工、青、妇等群团组织工作；副部长于建波分管企业文化、精神文明建设工作；干事贾文慧协助抓好内外宣传、学习强国督导、农垦报收发、影像采集录制、对外发送稿件审核、场报编发、电视新闻、上库力农场互联网络编稿等工作；干事石芳协助抓好党组织建设、干部管理、党统、干统等工作。

农场政治工作部历任领导及工作人员情况见表22-2。

表22-2　上库力农场政治工作部历任领导及工作人员名录

姓名	职务	待遇	主管业务	任职时间
潘金龙	部长	正科级	政工部全面工作	2011.04.25—2014.12.01
张永昌	部长	党委委员	政工部全面工作	2016.06.27—2020.12.31
边向民	主任	正科级	党委办公室工作	2017.03.06—2020.12.31
包义清	副部长	正科级	精神文明建设、企业文化等工作	2012.03.20—2013.01.01
			工会、共青团、妇委会等群团工作	2013.01.01—2020.12.31

（续）

姓名	职务	待遇	主管业务	任职时间
于建波	副部长	副科级	负责广播电视、网络通信、专题片策划、录制、编排及广电设施维修维护等工作	2011.01.01—2012.03.20
		正科级	企业文化、精神文明建设工作	2013.01.01—2020.12.31
王爱敏	副部长	副科级	计划生育	2011.01.01—2016.03.16
		正科级	宣传报道工作	2016.03.16—2020.09.10
			党建、党统、干统	2020.09.10—2020.12.31
张永昌	副部长	副科级	宣传报道工作	2011.01.01—2013.01.01
			宣传报道工作	2015.10.24—2016.06.27
孙凤军	干事	科员	宣传报道工作	2011.01.01—2013.01.01
	副部长	正科级	宣传报道工作	2019.04.10—2020.12.31
左兆礼	工作人员	转岗返聘	党建、党统、干统	2011.01.01—2020.11.01
贾文慧		科员	宣传报道工作	2016.04.30—2020.12.31
孔卫东	干事	科员	广播电视、网络通信、广电设施维修维护	2016.04.30—2019.04.10
石芳		科员	党建、党统、干统	2020.09.10—2020.12.31

二、党委办公室

2017年3月6日，农场成立上库力农场（分公司）党委办公室，边向民担任办公室主任。

2019年4月10日，农场各级管理人员任期届满，重新任命边向民为农场（分公司）党委办公室主任。

第三节　党员队伍

2011年，农场党员全年参加上级组织的各类学习与培训8次，参加党员42人次。全年共组织党员集中理论学习共75次，参加人员3000余人次。有12名预备党员转为中共正式党员，13名积极分子被接收为中共预备党员。

2012年，13名预备党员转为中共正式党员，接收13名积极分子为中共预备党员。11月23日，举办上库力分公司党委中心组读书会和党员干部党风廉政教育培训班。农场副科级以上管理人员、党员、积极分子、机关全体工作人员160人参加此次培训学习。

2013年，农场发展6名预备党员，13名预备党员转为中共正式党员。

2014年，6名积极分子纳新为中共预备党员，预备党员转正6名。

2015 年，农场以党的群众路线教育实践活动为契机，积极倡导领导干部践行"三严三实"。先后开展专题讲座 8 场次，集中培训 6 场次，以会代训 17 场次。全年共发展预备党员 6 名，转正党员 6 名。

2016 年，农场有基层党支部 20 个，全部建成了标准化活动室，图版、文体器材、影音设备配备齐全。全年开展党员学习活动 485 次，举办文体活动 46 场次，编排文艺节目 12 场，党员参与人数达到 2120 人次。全年共发展预备党员 6 名，转正党员 6 名。

2017 年，20 个党支部结合实际情况，以不同方式开展主题党日活动。在发展党员工作方面，分公司党委严把质量关，从 20 个党支部选出 4 名积极分子列入预备党员候选人，经过市委组织部培训学习、政治理论测试和书面答题、谈话等程序，4 名积极分子被接收为预备党员。同时经过各党支部申请、审核，分公司党委确定积极分子 50 名。6 名预备党员按期转正。

2018 年，农场设有党支部 21 个，党员人数 450 人。发展预备党员 4 人，预备党员转正 4 人，中共额尔古纳市为党校培训积极分子 8 人。

2019 年，分公司党委共有 20 个基层党支部，有党员 435 人。其中在岗党员 262 人，占党员总数 60.2％，占在岗职工总数 19.2％；灵活就业党员 41 人，占党员总数 9.4％；离退休党员 132 人，占党员总数 30.3％，其中预备党员 4 人、女党员 49 人、少数民族党员 26 人。

2020 年，农场党委开展"走出去、学回来"，注重创新实践。打造"最强党支部"，深化"四强四优"创建活动。党委组织部分基层党支部书记、政工部人员深入额尔古纳市检察院、和谐社区、法院及蒙源公司，实地参观了党员活动室、党支部阵地建设和党建智慧小平台，积极对"互联网＋党建"进行有益探索，开发微信公众号、微信群、QQ 群，定期上传党建理论、法律法规、先进典型事迹、先进经验做法，便于党员开展学习，搜集对党建工作的意见和建议。

2020 年农场党支部情况见表 22-3，2011 年—2020 年党员情况见表 22-4。

表 22-3　上库力农场党支部情况表（2020 年）

单位：人

序号	党支部名称	党员人数	党支部负责人 书记	党支部负责人 副书记	党支部委员人数（包括书记、副书记）	提出申请入党人数	积极分子培养人数
	合　计	349			82	68	32
1	第一生产队党支部	15	李崇斌		5	5	5
2	第二生产队党支部	21	张亚良		5	4	2
3	第三生产队党支部	32		张会武	5	5	1

（续）

序号	党支部名称	党员人数	党支部负责人 书记	党支部负责人 副书记	党支部委员人数（包括书记、副书记）	提出申请入党人数	积极分子培养人数
4	第四生产队党支部	21	刘东旗		5	12	7
5	第五生产队党支部	19	李万民		5	8	4
6	第六生产队党支部	19	张建成		5	4	1
7	第七生产队党支部	20	冯志林		5	3	
8	第八生产队党支部	13	丁忠海		5	3	1
9	伊根生产队党支部	18	宋宝国		5	2	2
10	供电所党支部	13	郭庆河		5	2	1
11	物资科党支部	12	于兴航		5		
12	兽医站党支部	5	韩业谦	李军	3	2	1
13	科技站党支部	8	李万华		3	2	
14	林草站党支部	5	于建涛		3	3	1
15	机关党支部	47	高美艳		3	12	5
16	驻海办事处	6	马义		3	1	1
17	离退休党支部	47	于占德		3		
18	修造厂党支部	5	白玉涛		3		
19	面粉厂党支部	9	白瑞祥		3		
20	多经队党支部	14	刘国德		3		

表 22-4　上库力农场党员情况一览表

	单位	2011年	2012年	2013年	2014年	2015年	2016年	2017年	2018年	2019年	2020年
党支部	个	20	20	20	20	20	20	20	21	20	20
党员总数	人	404	423	430	435	437	439	443	448	435	349
少数民族	人	23	27	27	29	30	30	30	30	26	21
在岗党员 合计	人	238	257	259	246	272	309	311	318	303	302
在岗党员 男	人	220	234	237	227	249	280	280	285	271	269
在岗党员 女	人	18	23	22	19	23	29	31	33	32	33
在岗党员 少数民族	人	13	17	17	18	20	22	22	22	17	18
离退休党员 合计	人	102	101	104	126	124	130	132	130	132	47
离退休党员 男	人	87	86	87	107	104	107	109	107	115	44
离退休党员 女	人	15	15	17	19	20	23	23	23	17	3
离退休党员 少数民族	人	6	6	6	8	8	8	8	8	9	3
灵活就业党员 合计	人	15	16	16	14	0	0	0	0	0	0
灵活就业党员 男	人	14	15	15	13	0	0	0	0	0	0
灵活就业党员 女	人	1	1	1	1	0	0	0	0	0	0
灵活就业党员 少数民族	人	0	0	0	0	0	0	0	0	0	0

（续）

		单位	2011 年	2012 年	2013 年	2014 年	2015 年	2016 年	2017 年	2018 年	2019 年	2020 年
其他职业党员	合计	人	49	49	51	49	41	0	0	0	0	0
	男	人	42	42	43	39	33	0	0	0	0	0
	女	人	7	7	8	10	8	0	0	0	0	0
	少数民族	人	4	4	4	3	2	0	0	0	0	0
当年发展新党员	合计	人	13	14	6	6	6	6	4	4	4	5
	男	人	13	12	6	6	4	6	3	4	3	4
	女	人	0	2	0	0	2	0	1	0	1	1
	少数民族	人	0	2	0	0	0	1	0	1	0	1

第四节　后备干部队伍

2011 年，为建立强有力的后备人才队伍，为企业发展打牢人才基础，各单位建立健全青年人才和后备干部档案，因材施教，有意识地锻炼、帮助他们早日成为企业可用人才。农场共有场级后备干部 5 人、科队级后备干部 32 人，对这些人员的培养与使用，采取个人自觉提高、组织关心培养、择优竞争上岗的办法，为他们提供展示才能的机会与平台。

2012 年 3 月，农场党委利用 7 天时间对基层班子、卫生员、兽医和机关科室正副职人员进行考核。在各单位召开述职大会 15 场，收回民主测评票 1289 张，被考核人员 134 人。4 月，根据《海拉尔农垦集团公司推进垦区人才工程实施方案》的安排，就招聘大学生和有意愿回垦区工作的大学毕业生进行调查摸底。

2016 年，按照干部年轻化、知识化、专业化的发展方向，农场建立了后备人才储备库，经过单位推荐、组织审核，136 名符合条件的在岗职工进入人才储备库。每个入选进库人员都建立了培养信息台账，通过多种渠道进行考核培养。

2017 年，为落实分公司人才发展战略，加强分公司人才队伍建设，3 月在分公司范围内公开选拔中层管理人员，报名、资格审查和考核相结合，24 名职工入围，经过现场演讲、答辩、民主测评，9 名职工走上管理人员工作岗位。同时，通过基层单位推荐、党委政工部审查，农场在岗职工中各类专业大专以上学历的 130 名 35 周岁以下人员被纳入后备人才资源储备库，政工部门通过不同方式对库储人员进行考核培养。

2018 年，农场对基层推荐的人才进行入库管理，建立规范的人才后备梯队，农场大专以上学历、38 周岁以下的 45 名符合条件的一线职工列入中层后备干部人才库。通过政治审查、民主测评、组织考核、会议研究，符合年龄、学历要求的副科级以上职务管理人员 6 名、正科级管理人员 3 名和副处级管理人员 2 名被推荐到集团公司优秀年轻后备干部和正副处级领导后备人才库。

截至 2020 年底，农场共有任职的在岗管理人员 128 名，其中具有研究生学历的 3 人、大学学历的 39 人、大专学历的 81 人、中专学历的 4 人、高中学历的 1 人；高级政工师 10 人、高级兽医师 1 人、高级农艺师 1 人，政工师 18 人、会计师 3 人、经济师 1 人、农艺师 10 人、农机师 2 人、工程师 4 人、建筑师 1 人、兽医师 15 人，助理会计师或会计员 22 人、助理经济师 2 人、助理政工师或政工员 8 人、助理工程师 4 人、农艺技术员 8 人、农机技术员 15 人、建筑员 1 人、助理兽医师 5 人、水利技术员 2 人。

第五节　党员代表大会

一、换届选举大会

2016 年 10 月 17 日，中共上库力分公司委员会召开第二次代表大会，参加会议党员共计 106 人，其中应到会代表 91 人，实到会代表 87 人，列席代表 13 人，大会历时半天。本次大会选出的代表具有广泛性和代表性，其中干部代表 46 名，占全体党员代表的 50.6%；一线工人代表 25 名，占全体党员代表的 27.4%；离退休党员 7 名，占全体党员代表的 7.7%；专业技术人员代表 13 名，占全体党员代表的 14.3%。50 岁以下代表 60 名，占全体党员代表的 65.9%；妇女代表 10 名，占全体党员代表的 11%；少数民族代表 7 名，占全体党员代表的 7.7%；先进人物代表 23 名，占全体党员代表 25.3%。根据《党章》规定，按照海拉尔农垦集团公司党委关于对上库力分公司第二届委员会和纪律检查委员会候选人的批复，经过代表的充分酝酿讨论，采取差额选举和等额选举的办法，民主选举产生 7 名中共上库力分公司委员会委员和 5 名纪律检查委员会委员。

17 日下午，中共上库力分公司第二届委员会和中共上库力分公司纪律检查委员会分别召开第一次全体会议，选举郭祥华为上库力分公司委员会书记，韩旭东、高兴良为副书记，何松、高安起、屈伟、张永昌为党委委员；选举高兴良为中共上库力分公司纪律检查委员会书记，王翠平为副书记，毕文虎、王爱敏、齐铁岭为纪律检查委员会委员。

二、庆祝表彰大会

2011 年 6 月 30 日，农场党委召开庆祝中国共产党建党 90 周年暨表彰大会。各党支部党员、积极分子代表 110 人参加大会。王延生、苗培昆、郭本生、吴国志、郭祥华、何松出席会议。副书记郭本生主持会议。党委书记苗培昆作了题为《回忆建党历史，不辱历史使命，巩固发展效果，开创辉煌未来，为建设富裕文明和谐的上库力农场做出新贡献》的讲话。会上表彰了 3 名优秀党务工作者、20 名优秀共产党员。党委副书记、场长王延生做总结讲话。

2012 年，农场（分公司）党委召开庆"七一"暨优秀共产党员表彰大会，农场 145 名党员、积极分子代表参加大会。党委书记苗培昆作了题为《解放思想，开拓创新，抢抓机遇，干事创业，为全面推进党的建设伟大工程而努力奋斗》的报告。大会对 20 名优秀共产党员、3 名优秀党务工作者进行表彰，副书记、场长王延生作总结讲话。

2013 年，农场党委召开庆祝建党 92 周年暨表彰大会。农场党政班子成员、各单位党员、积极分子代表 160 人参加大会。会上表彰了 3 名优秀党务工作者、20 名优秀共产党员。

2014 年 7 月 1 日，农场党委召开庆祝中国共产党建党 93 周年暨庆"七一"表彰大会，农场各单位党员、积极分子代表、受表彰的优秀党务工作者、优秀党员共 150 人参加了会议，党委书记苗培昆作了题为《牢记党的宗旨，肩负发展使命，为推进党的领导新的伟大工程而奋斗》的讲话。会上对 3 名优秀党务工作者、20 名优秀党员进行了表彰。党委副书记王延生作总结讲话。

2015 年，农场党委召开庆祝建党 94 周年暨表彰大会，场党政领导、党员代表、受表彰的优秀党员、纳新党员 150 人参加会议，党委副书记韩旭东作了题为《践行党的宗旨，激发创业斗志，为开创党建工作新局面而努力奋斗》的讲话，对 2014 年度党的建设中表现突出的 20 名优秀共产党员予以表彰。

2016 年，农场党委召开庆祝建党 95 周年暨表彰大会，对在党的建设和农场各业生产中表现突出的 2 个先进基层党支部、3 名优秀党务工作者、22 名优秀共产党员予以表彰。

2017 年，农场党委召开庆祝建党 96 周年暨表彰大会，20 名优秀共产党员、3 名优秀党务工作者和 2 个先进基层党组织受到表彰。

2018 年 6 月 29 日，农场党委召开庆祝建党 97 周年暨表彰大会，农场党政领导、党员代表、受表彰的优秀党员、纳新党员 190 人参加会议，对 2017 年度党的建设中表现突出的 2 个先进基层党支部、4 名优秀党务工作者和 22 名优秀共产党员予以表彰。

2019 年 6 月 28 日，农场召开庆祝建党 98 周年暨表彰大会，农场党政领导、党员代表、受表彰的优秀党员、纳新党员 180 人参加会议，对 2018 年度党的建设中表现突出的 2 个先进基层党组织、4 名优秀党务工作者和 22 名优秀共产党员予以表彰。

2020年，在建党99周年之际，农场党委召开庆祝暨表彰大会。党委书记、场长韩旭东作了题为《凝聚合力，勇往直前，牢记使命，担当作为，为全面推动党的建设取得新成绩不懈奋斗》的重要讲话，会上表彰了2个先进基层党组织、4名优秀党务工作者、22名优秀共产党员和3名"学习强国"学习标兵及10名农业信息化建设测试成绩优异员工；同时分公司党委积极组织筹备各项庆祝活动，各党支部推送文艺节目，职工和退休职工家属自编自演的节目受到大家的欢迎。农场举办以"奋进新时代、共筑家国梦"为主题的综合知识竞赛，14个代表队参加比赛，通过比分评出一、二、三等奖各一队。

第六节　理论学习教育

2011年12月，农场举办政治理论培训班，呼伦贝尔市委宣传部讲师团团长刘忠民主讲了党的十七届六中全会精神、自治区九次党代会和呼伦贝尔市第三次党代会精神。呼伦贝尔市工会干校校长张敬辉主讲了如何做好企业工会工作。集团公司党委宣传部李光明主讲构建企业文化和"三创精神"等内容，农场副科级以上管理人员、党员代表、职工代表、入党积极分子和机关工作人员170人参加学习。

2012年1月，农场举办政治理论培训班，农场副科级以上管理人员、党员代表、职工代表、入党积极分子共计170人参加培训。12月，举办学习贯彻十八大精神专题学习班，农场各单位管理人员、群团组织负责人、党员代表、入党积极分子204人参加学习。学习班聘请呼伦贝尔农垦集团"十八大"讲师团成员骆永发、呼伦贝尔市党校教授王丽娟授课，学习内容为《反腐倡廉的中国特色》《健全民主监督制度》《十八大报告的意义、主题、框架》《十八大报告的理论创新》。同日，农场举办十八大精神学习班，学习了十八大报告、意义和框架以及中央"八项规定"等内容，农场党员、干部共210人参加学习。

2013年12月，农场举办学习十八届三中全会会议精神学习班，各级管理人员及机关全体工作人员共计126人参加学习。

2014年4月，农场党委邀请额尔古纳市党校潘玉丽老师，就党的基础知识对基层党组织书记进行专题培训。30日，农场邀请上库力农场原纪委书记潘树礼为农场96名党员干部讲了一堂以"听农垦先辈历史，弘扬艰苦奋斗精神"为主题的党课。

2015年6月11日，呼伦贝尔农垦集团有限公司总经理胡家才到场，以"三严三实"为主要内容，为正科级以上管理人员讲授专题党课。

2015年12月，农场党委邀请额尔古纳市委党校许庆香讲师到场讲授党风廉政建设，场各单位管理人员、党员代表、入党积极分子162人参加学习。

2016 年，农场规范完善"三会一课"，后备人才储备和干部考核等多项制度，并以宣传贯彻党的十八届五中、六中全会精神为主线，以"两学一做"教育为切入点，不断加强党的基层组织建设和干部队伍建设，在考核评议的基础上，重新聘任调整了企业各级管理人员，把新聘任的全体管理人员在生产、经营管理等工作中的表现和群众公论纳入年终工作实绩考核之中。配齐 20 个党支部书记，召开思想政治工作和党建座谈会，明确工作任务，落实具体措施。

2017 年，组织党员和全体职工，观看十九大开幕会实况，聆听习近平总书记的报告。各基层党支部组织党员重温入党誓词。第五生产队、物资科党支部组织老党员讲党课。截至 11 月中旬，上库力分公司 20 个党支部召开各种形式的学习会 72 场次，开展主题党日活动 15 次，参与人数 1618 人次。

2018 年，通过到陶海农牧场学习党建工作电子档案建设，农场的电子档案初步完成，各单位以不同形式开展传达学习集团公司第六届党建现场会精神，按照上级的工作要求及时开展周末大讲堂，先后有 1510 人次参加学习；专题召开党支部书记学习培训会 3 次，通过以会代训的形式，研讨党建工作新思路。

2019 年，农场积极组织基层党支部召开专题组织生活会，分公司党委成员全程指导，确保组织生活会的质量和实效。开展对照党章党规找差距专题会议 20 次，党员围绕 18 个"是否"撰写了对照检查材料，查摆问题、明确改进措施和努力方向。

开展党员教育"七上"活动，启动上电视、上广播、上手机、上广场、上 LED 屏、上智慧党建云平台、上终端站点等活动，以"七上"活动为载体，规范党员干部现代远程教育工作，强化远程教育工作宣传、教育、服务、管理四大功能，实现"让党员干部受教育，人民群众得实惠"的目的。

2020 年，新冠肺炎疫情防控期间，为了提高干部职工的知识水平，农场推行"网上办公、网上学习"新模式，利用微信群、QQ 工作群、网易邮箱、钉钉办公群进行疫情防控知识宣传和多种技术知识学习，组建了农场承包组长微信群和后备干部微信群，充分利用微信群及钉钉群进行线上学习，全年共发放线上学习资料 300 余条，并进行线上测试，测试内容包括党的建设、党的群众路线、安全生产等，同时又进行了职工劳动纪律管理规定等知识测试，线上线下相结合，共计 2000 余人次参加学习。

一、党的群众路线教育实践活动

2014 年 3 月 5 日上午，呼伦贝尔农垦集团公司党委组织召开党的群众路线教育实践活动督导组工作视频会议，上库力分公司党的群众路线教育实践活动领导小组利用党员远程教育系统在上库力农场分会场参加会议。

3月6日上午，上库力分公司在三楼会议室召开党的群众路线领导小组会议，党的群众路线领导小组全体成员参加会议。会议对深入开展党的群众路线教育实践活动动员会的内容及实施方案进行细致研究讨论，按照要求步骤统筹安排，高质量完成每一环节的工作任务，确保教育实践活动在农场迅速扎实推进，通过教育活动的开展，切实解决在党组织及党员中存在的"四风"突出问题。领导小组成员进行集中讨论，大家各抒己见，发表了自己的意见和想法，经过讨论，在全面抓好群众路线教育实践活动、打造主题农场和优化资源配置、发展规模化畜牧业上达成共识。

3月13日下午，上库力农场（分公司）在机关二楼会议室召开党的群众路线教育实践活动动员部署大会，分公司党委副书记、总经理王延生主持会议，集团公司党委"党的群众路线教育实践活动"第一督导组组长张学才一行三人到会指导，并做重要讲话。农场副科级以上管理人员、退休党员代表、机关党员、职工代表共150人参加会议。

3月18日，农场组织副科级以上管理人员81人进行党的群众路线教育实践活动集中学习。

3月19日下午，海拉尔农垦集团公司总经理胡家才、组织部人员陈莉到农场（分公司）检查指导第一阶段党的群众路线教育实践活动情况，征求意见。农场（分公司）党政领导、基层单位领导和群众路线教育实践活动领导小组成员参加会议。

4月2日至3日，农场（分公司）党的群众路线教育实践活动领导小组组长苗培昆带领分公司教育实践活动领导小组成员对农场20个基层党支部的党的群众路线教育实践活动开展情况进行检查指导，并召开座谈会。

4月13日上午，呼伦贝尔市委第六督导组副组长智杰一行来到上库力农场（分公司）督导检查党的群众路线教育实践活动开展情况，额尔古纳市委组织部副部长游钎，上库力街道办事处负责人，上库力分公司副总经理郭祥华、何松陪同督导检查。

4月21日，分公司在机关二楼会议室举办党的群众路线教育实践活动专题辅导讲座，特邀请额尔古纳市委党校讲师桑凤云授课，农场基层各单位管理人员、党员代表、入党积极分子、机关全体工作人员178人听取讲座。

4月23日下午，呼伦贝尔农垦集团公司党委书记黄元勋，党委副书记、党的群众路线教育实践活动第一督导组组长张学才，组织部副部长邓娥等一行4人到场召开党的群众路线教育实践活动汇报会，上库力分公司、拉布大林分公司、苏沁分公司、三河分公司党政领导在上库力农场三楼会议室就各自单位党的群众路线教育实践活动进展情况、学习教育成果、征求意见梳理整改情况、存在问题以及下一步活动打算进行汇报。汇报会由张学才主持。

4月24日，集团公司党的群众路线教育实践活动第一督导组组长张学才一行到上库力分公司检查指导教育实践活动开展情况并入户走访。分公司总经理王延生、党委书记苗培昆、副总经理郭祥华陪同。

8月19日下午，呼伦贝尔市委党的群众路线教育实践活动办公室检查组组长姜开军一行到上库力农场（分公司）检查党的群众路线教育实践活动开展情况，并对下一步工作提出指导意见。

8月21日上午，集团公司"回头看"工作第二抽查小组组长殷淑燕一行到上库力农场（分公司）检查教育实践活动查摆问题和相互批评环节的开展情况。检查组查看了农场（分公司）教育实践活动第二环节相互批评和谈心谈话等活动材料，听取了农场（分公司）在"回头看"工作中七个方面的自查自评情况汇报。在座谈中，殷淑燕组长表示，上库力农场（分公司）在教育实践活动中学习教育扎实有效，查摆问题突出聚焦"四风"，自我剖析深刻具体，谈心谈话充分全面，开展批评认真到位，整改措施立竿见影，边查边改初见成效。

9月25日，上库力农场（分公司）党委组织农场各单位党支部书记、群众路线教育实践活动领导小组成员共计28人，在农场分会场参加集团公司党委整改落实建章立制视频会议。

10月27日上午，上库力农场（分公司）党委组织各基层党支部书记和机关副科级以上管理人员43人，参加集团公司群众路线教育实践活动总结大会视频会议。

11月12日上午，上库力分公司召开了党的群众路线教育实践活动总结和党员干部下基层四级联动大引领行动动员会，呼伦贝尔农垦集团公司第一督导组组长张学才、副组长李凤华莅临指导，农场各单位管理人员、党员代表和机关全体工作人员共计150人参加大会，会议由分公司党委副书记、总经理王延生主持。

上库力分公司党的群众路线教育活动具体方案如下：

上库力分公司党的群众路线教育实践活动实施方案

按照《集团公司党的群众路线教育实践活动实施方案》和集团公司《关于在垦区生产队开展党的群众路线教育实践活动的指导意见》的要求，结合农场实际，特制定以下实施方案。

一、指导思想

高举中国特色社会主义伟大旗帜，以马克思列宁主义、毛泽东思想、邓小平理论、"三个代表"重要思想、科学发展观为指导，紧紧围绕保持党的先进性和纯洁性，以为民务实清廉为主要内容，以贯彻中央八项规定精神为切入点，以作风建设为聚焦点，加强全体党员马克思主义群众观点和党的群众路线教育，坚决反对形式主义、官僚主义、享乐主义和奢靡之风，扎实推进作风建设，为构建和谐社会、推动经济持续健康发展、全面建成小康社会、实现中华民族伟大复兴的中国梦贡献力量。

广大党员干部要深刻认识开展教育实践活动的重要性和紧迫性，不折不扣地贯彻落实中央和自治区党委、集团公司党委的精神，自觉把思想和行动统一到场党委的要求部署上来，推进教育实践活动健康开展。进一步夯实基层基础，着力解决联系服务群众"最后一公里"问题，完成中央确立的"五个进一步"的目标。各党支部要认真贯彻中央确定的指导思想、目标要求和方法步骤，把握总体要求，以党支部班子中的党员干部为重点，组织全体党员搞好教育实践活动，把改进作风的成效落实到党的基层组织和"末梢神经"，确保教育实践活动得到人民群众的认可和支持。

二、基本原则

坚持正面教育为主，加强马克思主义群众观点和党的群众路线教育，加强党性党风党纪教育和道德品行教育，引导党员、干部坚定理想信念，增强服务意识，讲党性、重品行、作表率，模范践行社会主义核心价值观，坚守共产党人精神追求。坚持批评和自我批评，开展积极健康的思想斗争，敢于揭短亮丑、崇尚真理、改正缺点、修正错误，真正让党员、干部思想受到教育、作风得到改进、行为更加规范。坚持讲求实效，开门搞活动，请群众参与，让群众评判，受群众监督，努力在解决作风不实、不正和行为不廉上取得实效，在提高群众工作能力、密切党群干群关系、全心全意为人民服务和带领群众加快发展上取得实效。根据农场的特点，坚持分类指导，针对直属单位和生产队的不同情况，找准各自需要解决的突出问题，提出适合各自特点的目标要求和办法措施。坚持领导带头，一级抓一级、层层抓落实。坚持与农场主要工作紧密结合，查找并解决突出问题。

三、总体要求和要解决的突出问题

党的群众路线教育实践活动全过程，要贯穿"照镜子、正衣冠、洗洗澡、治治病"的总要求。"照镜子"，主要是学习和对照党章，对照廉政准则，对照改进作风要求，对照群众期盼，对照先进典型，查找宗旨意识、工作作风、廉洁自律方面的差距。"正衣冠"，主要是按照为民务实清廉的要求，严明党的纪律特别是政治纪律，敢于触及思想，正视矛盾和问题，从自己做起，从现在改起，端正行为，维护良好形象。"洗洗澡"，主要是以整风精神开展批评和自我批评，深入分析出现形式主义、官僚主义、享乐主义和奢靡之风的原因，坚持自我净化、自我完善、自我革新、自我提高，既要解决实际问题，更要解决思想问题。"治治病"，主要是坚持惩前毖后、治病救人方针，区别情况、对症下药，对作风方面存在问题的党员、干部进行教育提醒，对问题严重的进行查处，对与民争利、损害群众利益的不正之风和突出问题进行专项治理。

主要任务是落实为民务实清廉要求，教育引导广大党员、干部树立群众观念，保持优良作风，解决突出问题，保持清廉本色，切实继承和发扬党的优良传统和作风。以着力解决"四风"问题、着力解决关系群众切身利益问题，着力解决党组织自身建设方面的问题为重点；使每个党员、干部在思想认识上真正得到深化，在工作作风上真正得到转变，在群众工作能力上真正得到提高。结合农场实际，要突出解决以下重点问题。

（一）突出解决科队级干部"四风"问题，密切党与人民的血肉联系

1. 突出解决宗旨意识不强，群众观念淡薄，服务群众能力不强，落实惠民政策缩水走样，好事办不好，甚至好心办坏事；不关心群众冷暖，同群众贴心不紧、关心不够，帮难不快；办公室常常"铁将军"把门，在位不在岗，工作不专心，有事找不着人；只关心自己那一亩三分地，对群众基本需求不上心、不愿管，对老百姓的诉求，总想着"多一事不如少一事"，睁一只眼闭一只眼，能躲就躲、能拖就拖，老百姓有话无处说，办事找不到人，有意见没有地方提，发家致富找不到门路的问题。

2. 要突出解决忽视理论学习，把握政策能力差，综合素质低，服务群众的意识和能力不强，群众威望不高，说话没人听，干事没人跟；身在群众中却不了解群众，同老百姓"进不了门、说不上话、交不了心"，作风不民主，主观武断，作风漂浮，简单粗暴，听不进群众意见，沉不下身子，"猫"在队部当"机关干部"，不敢担当，不愿负责，不会落实或落实不力，责任心不强，当"老好人"，回避矛盾，工作打不开局面的问题。

3. 要突出解决艰苦奋斗意识淡漠，大手大脚、铺张浪费，丢弃农垦艰苦奋斗、勤俭办事业的好传统；意志消沉，思想空虚，理想信念动摇，玩心很重，玩风很盛，热衷于"酒桌""麻将桌"，大吃大喝、赌博，甚至以权谋私、贪污腐化，侵害群众利益的问题。

（二）突出解决群众反映强烈的问题，纠正群众身边的不正之风

1. 重点解决办事不公，以权谋私，侵占集体资产；吃拿卡要，与民争利，弄虚作假，获取私利等问题。

2. 要突出解决漠视群众，脱离群众，脱离实际，自我感觉高高在上，对待群众缺乏耐心，没有感情，对群众的合理诉求和饥寒饱暖麻木不仁、无动于衷，不及时有效地处理化解群众矛盾纠纷，把群众反映问题看成找麻烦，一推了之或应付差事；忽视自谋职业、牧业员工这些弱势群体的生产生活困难问题。

3. 要突出解决各单位管理人员纪律涣散，自由散漫，上班打游戏、逛淘宝、嗑瓜子、聊闲天，不干正事，无所事事，"当一天和尚撞一天钟"，甚至"当了和尚不撞钟"；机关服务科室、服务环节工作人员不为群众指引正确的办事途径，不一次性告知，让群众来回跑，不拿群众当回事的问题。

（三）突出解决基层党组织自身建设方面存在的问题，提高基层党建的科学化水平

1. 重点解决党支部思想政治工作被淡化，党员模范带头作用不明显，基层党组织战斗堡垒作用不强的问题。

2. 要重点解决班子不团结、关系不协调，凝聚力、战斗力不强，缺少执行力；组织生活不规范，党员教育管理不到位，执行制度不力；党员意识淡薄，组织纪律性不强等问题。

3. 要突出解决经济建设与党的建设仍然存在的"一手软、一手硬"，思想政治工作与经济工作"两张皮"，不能有效地围绕经济抓党建，抓好党建促发展，党建的科学化水平不高的问题，

四、方法步骤

生产队级属于教育实践活动的第三个层级，每个单位集中教育时间原则上不少于3个月。各党支部要先行摸清党员底数，特别是摸清流入、流出党员基本情况，全部建立有效联系，为开展教育实践活动做好准备、打牢基础。在此基础上，要紧密结合实际，围绕学习教育、听取意见，查摆问题、开展批评，整改落实、建章立制三个环节，重点抓好以下七项工作。

（一）认真做好动员部署

召开全体党员会议，并邀请普通群众代表参加，由生产队党支部书记做动员、提要求，传达关于开展教育实践活动的精神，对开展教育实践活动做出部署。对党员、普通群众，要做到三个"讲清楚"，即讲清楚党的群众路线的深刻内涵，讲清楚开展教育实践活动的重大意义，讲清楚教育实践活动的方法步骤。动员会议结束后，要在参会人员中开展民主评议，对领导班子及成员"四风"方面的情况进行评议，并形成班子及个人书面评议材料。

（二）搞好学习教育

各单位领导班子成员要积极参加农场党委组织的集中学习（5天左右）。其他干部、党员的学习教育由各党支部组织进行（2天左右）。集中学习重点要组织开展以下8项活动：

1. 至少通读一遍上级党委规定的必读书目和集团公司编印的四本乡土教材（《论群众路线——重要论述摘编》《党的群众路线教育实践活动学习文件选编》《厉行节约、反对浪

费——重要论述摘编》《各地联系服务群众经验做法选编》《损害群众利益典型案例剖析》《干部爱民事迹选》《老农垦人的风采》《道德模范读本》《职工增收读本》）。

2. 观看党内教育参考片《苏联亡党亡国 20 年祭——俄罗斯人在诉说》和集团公司制作的反映农垦干部爱民爱岗敬业的三部专题片。

3. 至少选看 2～3 部中央台播放的"十大最美村官"事迹电视片。

4. 请老农垦人做一场报告会，用先辈照镜子、找差距。

5. 组织一场亲民爱民为民先进事迹报告会，用先进照镜子、查问题。

6. 上一堂以"群众路线是党的生命线和根本工作路线"为主题的党课。

7. 集中开展一次以"群众需要我做什么，我能为群众做什么"为主要内容的专题讨论会。

8. 组织一次学习体会交流会。

通过学习教育，着重搞清楚、弄明白 7 个问题。即搞清楚群众路线是什么，弄明白怎样践行群众路线；搞清楚为什么要开展教育实践活动，弄明白活动能给农场带来什么变化；搞清楚教育实践活动主题是什么，弄明白怎样做到为民、务实、清廉；搞清楚教育实践活动总要求是什么，弄明白怎样"照镜子、正衣冠、洗洗澡、治治病"；搞清楚聚焦的"四风"问题是什么，弄明白它们有哪些危害；搞清楚群众对党员、干部作风方面反映最强烈的问题是什么，弄明白自身存在哪些"四风"问题；搞清楚当前群众最期盼解决的问题是什么，弄明白怎么为群众办实事。

（三）广泛征求意见

学习教育与听取意见可以同步进行。利用春播之前这段时间，集中组织本单位党员、干部"走百家、进千户"，深入开展"工作表现大家评""目标差距群众论"的民主公议干部活动和"为了谁、依靠谁、我是谁"的下基层、接地气、问民生活动。采取召开干群座谈会、发放征求意见表、电话征求意见和主动走访慰问等多种形式，组织党员深入群众、深入基层，倾听百姓心声，把百姓的意见、困难和需求当成头等大事，第一时间解决职工群众最关心、最直接、最期盼的问题。要开展"五访五问"活动，即访困难户，问衣食冷暖；访发展户，问致富经验；访返乡农民，问就业现状；访老党员老干部，问发展良策；访上访户，问事情原委。在征求意见过程中，对于群众反映的突出问题，能改的要"立马就办"，暂时解决不了的，要向群众做好说明解释工作，此项工作过程要有详细的文字记录。

（四）认真查摆突出问题

强化问题导向，结合征求到的意见建议，对照中央八条规定和自治区、呼伦贝尔市委双 28 条规定要求，认真查找突出问题。单位领导班子要撰写对照检查材料，并通过党务、队务公开栏公示，经农场督导组审核后报局党委备案。

(五) 召开专题组织生活会

会前主要负责人要与班子成员逐一谈心，班子成员之间要相互谈心，党支部书记撰写对照检查材料，其他班子成员撰写发言提纲。会上做好会议记录，要做到"五必谈"，即必须谈自身存在的问题、必须谈存在问题的思想根源、必须谈个人努力方向和整改措施、必须谈班子存在的问题、必须谈对班子的整改建议。每个党员都要开展批评与自我批评，农场督导组将派员全程参加专题组织生活会。专题组织生活会可邀请基层非党干部、群众代表列席，扩大组织生活会的积极效应。

(六) 抓好整改落实、建章立制

重点是针对查找出的突出问题，提出解决对策，切实抓好整改落实。

1. 认真抓好整改落实 要针对查摆的"四风"突出问题、群众反映强烈的切身利益问题、联系服务群众"最后一公里"问题，制定和落实整改方案，主要内容包括：整改事项、整改措施、整改责任、整改时限等，并进行公示，请群众评价和监督。

2. 严格抓好正风肃纪 场党委将对软弱涣散、凝聚力和服务群众能力不强的基层党组织，进行集中整顿；对法制观念淡薄、办事不公的基层党组织和党员干部进行严肃教育和严格查处；对侵吞集体资产，侵害群众利益的组织和个人，严格追究其责任；对政治立场不坚定、生活作风不端正、长期不起作用甚至起副作用的党员，进行严肃教育或组织处理。

3. 建设服务型党组织，提高服务群众的能力和水平 进一步夯实基层基础，要充分发挥党员先锋模范作用，深化和完善为民服务工作，组织开展"四个一"活动，即实情在一线掌握、作风在一线转变、问题在一线解决、形象在一线树立，同时要求党员干部把党政干部的执政能力、普通党员干部的率先垂范能力、党员为群众服务的能力、党员科技致富的能力放在首位，深入职工群众调查研究，帮助群众解决生产生活中存在的问题。

4. 进一步推动查摆问题的整改落实，完善联系服务群众的长效机制 各党支部和党支部书记要分别制定简明整改方案和个人整改措施，列出问题清单，明确整改举措，向群众做出整改承诺，及时公布整改情况，请群众评价和监督。

(七) 召开总结会议

各项任务完成后，各单位要召开总结会议，会议结束时要对班子及班子成员开展教育实践活动情况进行民主评议，重点评议改进作风、解决问题情况。群众认可度不高、认为走过场的要返工补课。

五、加强组织领导

各党支部要高度重视，求真务实，精心组织，认真实施，确保活动不走过场，取得实效。

（一）落实领导责任

各党支部书记要不缩水、不走样、不打折扣、创造性开展工作。全力推进教育实践活动，确保领导到位、责任到位。

（二）加强督查指导

各单位要坚持从实际出发，做好统筹兼顾，要尽量利用农闲时间开展活动，不能影响正常的生产生活，确保两手抓、两不误、两促进。场党委将专门派出督导组，对各单位开展活动的情况进行全程督导。同时接受上级督导组的巡查督导。

（三）注重实际效果

各党支部要以打造服务型基层党组织为目标，扎实开展丰富多彩的主题实践活动，着力解决损害群众利益和党的形象的各类问题，真正打通联系服务群众的"最后一公里"。

二、"三严三实"专题教育

2015年5月20日，上库力分公司党委召开会议，学习贯彻中央、自治区、呼伦贝尔市委、集团公司党委"三严三实"专题教育座谈会精神，研究部署农场（分公司）专题教育工作。制定了切实可行的专题教育实施方案，对开展"三严三实"专题教育的总体要求、重点工作任务、推进措施等方面进行安排部署。分公司党委高度重视专题教育活动，成立了"三严三实"专题教育领导小组、"三严三实"专题教育活动办公室，设立了"三严三实"专题教育监督电话、意见箱，按照"三严三实"专题教育实施方案，有条不紊、扎实推进。

6月30日，农场（分公司）召开副科级以上管理人员、党员代表、积极分子代表大会，90人参加会议，传达集团公司党委书记黄元勋在庆祝建党94周年暨推进"三严三实"专题教育座谈会上的讲话。党政班子成员把深入学习习近平总书记系列讲话和考察内蒙古时的重要讲话精神、党章和党的纪律规定作为学习的重点，重点研读《习近平谈治国理政》《习近平关于党风廉政和反腐败斗争论述摘编》，认真学习、深刻领会，开展严以修身，加强党性修养，坚定信念，把牢思想和行动的总开关专题研讨。

7月15日上午，农场（分公司）组织召开了党政班子"三严三实"专题研讨暨征求意见座谈会，党政领导、各生产队书记、队长、机关科室长，直属单位负责人40人参加会议。党委书记郭祥华在讲话时指出，党性修养是共产党人的立身之本，理想信念是共产党人的精神支柱。践行"三严三实"，必须坚定理想信念，坚持把对党忠诚作为思想根基，做到讲政治、讲党性、讲规矩、讲大局。当前，分公司需大力践行"三严三实"，与社会主义核心价值观、"十个全覆盖"工程的开展、旅游沿线环境卫生整治、新垦区建设等内容紧密结合，从严上要求，向实处着力，坚持抓好理论教育、舆论引导、社会价值塑造，补足精神之钙，拧紧思想"总开关"。

上库力分公司党政班子"三严三实"专题教育工作方案如下。

上库力分公司党政班子开展"三严三实"专题教育工作实施方案

按照中央和自治区党委统一部署，根据自治区党委《关于在县处级以上领导干部开展"三严三实"专题教育实施方案》（内党办发〔2015〕20号）、《呼伦贝尔市委关于在县处级以上领导干部中开展"三严三实"专题教育实施方案》（呼党发〔2015〕16号）、《呼伦贝尔农垦有限公司党委关于印发场处级以上领导干部开展"三严三实"专题教育工作实施方案的通知》精神，现就上库力分公司党政班子开展"三严三实"专题教育工作制定如下方案。

一、总体要求

开展"三严三实"专题教育，是教育实践活动的延展深化，是持续深入推进党的思想政治建设和作风建设的重要举措，是严肃党内政治生活、严明党的政治纪律和政治规矩的重要抓手。以学习"三严三实"、践行"三严三实"为主题，深入学习贯彻党的十八大和十八届三中、四中全会精神，学习贯彻习近平总书记重要讲话精神，学习贯彻自治区党委九届十一次、十二次、十三次全委会议精神和市委三届五次、六次全委会议精神，对照"严以修身、严以用权、严以律己，谋事要实、创业要实、做人要实"的要求，紧紧围绕协调推进"四个全面"战略布局，聚焦对党忠诚、个人干净、敢于担当，坚持思想教育、党性分析、整改落实、立规执纪相结合，自觉加强党性修养，坚持实事求是，改进工作作风，弘扬农垦人艰苦奋斗、吃苦耐劳的光荣传统，着力解决"不严不实"问题，切实增强践行"三严三实"要求的思想自觉和行动自觉。努力在持续深化"四风"整治、巩固和拓展党的群众路线教育上见实效；在守纪律讲规矩、营造良好政治生态上见实效；在真抓实干、贯彻落实自治区"8337"发展思路、建设美丽农场、推动改革发展稳定上见实效。

要坚持从严要求，强化问题导向，真正把自己摆进去，做到"三个认真查摆"和"三个着力解决"。一是认真查摆和着力解决理想信念动摇、信仰迷茫、精神迷失，宗旨意识淡薄、忽视群众利益、漠视群众疾苦，党性修养缺失、不讲党的原则等问题；二是认真查摆和着力解决滥用权力、设租寻租，不直面问题、不负责任、不敢担当，顶风违纪、还在搞"四风"、不收敛不收手等问题；三是认真查摆和着力解决无视党的政治纪律和政治规矩，对党不忠诚、做人不老实，阳奉阴违、自行其是，心中无党纪、眼中无国法等问题。党政班子成员要把"三严三实"作为修身做人的基本遵循、用权律己的警示箴言、干事创业的行为准则，要做到信念坚定、为民服务、勤政务实、敢于担当、清正廉洁，争做"三严三实"的好干部。

二、重点工作任务

认真贯彻落实"三严三实'专题教育不分批次、不划阶段、不设环节，不是一次活动的要求，分公司党政班子专题教育工作从 5 月开始，到年底结束。重点做好"四个关键动作"任务。

（一）党委书记带头讲党课（6 月初）

6 月初，郭祥华书记为场党政领导班子成员，各单位正科级、副科级主持工作人员，党支部书记、副书记，支部委员，积极分子讲一次党课，6 月下旬，其他党政领导班子成员为所分管部门或引领单位讲一次党课，要紧扣"三严三实"要求，联系单位实际，联系党员干部的思想、工作、生活和作风实际，及时讲好一次党课。

（二）分专题组织好学习研讨（6—10 月）

党政班子成员要深入学习习近平总书记系列重要讲话和考察内蒙古时的重要讲话精神，把学习党章和党的纪律摆在重要位置，重点研读《习近平谈治国理政》和《习近平关于党风廉政建设和反腐败斗争论述摘编》2 本必读书目，注重读原著、学原文、悟原理，领会核心要义和精神实质，深入学习焦裕禄、谷文昌、杨善洲、沈浩、牛玉儒等优秀干部的事迹，从中找到差距、见贤思齐，同时要从反面典型的违纪违法案件中吸取教训、自警自省，用好两面镜子。在组织领导干部自学的基础上，重点分 3 个专题开展高质量学习研讨，坚持两个月开展一次专题研讨，每个月组织一次理论中心组学习，每半个月参加一次双休日讲座，按时参加所在党支部的学习会。

专题一：严以修身，加强党性修养，坚定理想信念，把牢思想和行动的"总开关"。

6 月底，重点学习研讨如何坚定马克思主义信仰和中国特色社会主义信念，增进道路自信、理论自信、制度自信；如何站稳党和人民立场，牢固树立正确的世界观、人生观、价值观和公私观、是非观、义利观，忠于党、忠于国家、忠于人民；如何保持高尚道德情操和健康生活情趣，自觉远离低级趣味，树立良好家风，坚决抵制歪风邪气，坚守共产党人的精神家园。

专题二：严以律己，严守党的政治纪律和政治规矩，自觉做政治上的"明白人"。

8月底，重点学习研讨如何严格遵守党章，自觉维护中央权威，任何时候任何情况下都做到思想上政治上行动上同以习近平为核心的党中央保持高度一致；维护党的团结，做老实人、说老实话、干老实事，不搞团团伙伙，不搞任何形式的派别活动；遵循组织程序，不超越权限办事，不搞先斩后奏；服从组织决定，不跟组织讨价还价，不欺骗组织、对抗组织；管好亲属和身边工作人员，不让他们擅权干政，不让他们利用特殊身份谋取非法利益。

专题三：严以用权，真抓实干，实实在在谋事创业做人，树立忠诚、干净、担当的新形象。

10月底，重点学习研讨如何坚持用权为民，自觉遵守宪法法律和党的纪律，按规则、按制度、按法律行使权力，敬法畏纪，为政清廉，任何时候都不搞特权、不以权谋私；如何坚持民主集中制，自觉接受监督，不搞大权独揽、独断专行；如何坚持从实际出发谋划事业、推进工作，敢于担责、"为官有为"，努力创造经得起实践、人民、历史检验的实绩。

（三）认真组织召开专题民主生活会（11—12月）

年底前，以践行"三严三实"为主题，结合全年工作，召开一次专题民主生活会。一是要对照党章等党内规章制度，党的纪律、国家法律、党的优良传统和工作惯例，对照正反两方面典型，联系个人思想、工作、生活和作风实际，联系个人成长进步经历，联系教育实践活动中个人整改措施落实情况，深入查摆"不严不实"问题，紧扣"三严三实"主题，采取自己找、群众提、上级点、互相帮、集体议的方式，深入检查扫描，把"不严不实"的问题摆准、摆实、摆具体。二是深入谈心谈话，谈心交心要充分，交换意见直截了当，既主动说出自己的问题，也要点出对方的问题，把问题谈深谈透。三是严肃认真开展批评和自我批评，相互批评要有辣味，开展积极健康的思想斗争，出以公心、与人为善，出汗排毒、使人受益。四是认真进行党性分析，撰写剖析检查材料，整改措施要实在，要有几条硬措施，实打实、不空洞，看得见、摸得着。

（四）强化整改落实和立规执纪（12月底）

坚持边学边查边改，深入整改、持续整改。立说立行、边学边改。建立机制、督促整改。上下结合、联动整改。立规执纪、刚性整改。切实把查摆出来的"不严不实"问题整改到位、解决彻底。认真列出问题清单，提出整改措施，一项一项整改，开展专项整治，切实做到新问题、老问题一起整治。针对"不严不实"问题，制定有效管理的制度，强化制度的刚性执行，自觉做到遵纪守法，确保践行"三严三实"要求制度化、常态化、长效化。

三、推进措施

党政班子"三严三实"专题教育工作，由郭祥华书记负总责，分公司办公室、政工部共同做好协调服务工作。

（一）加强组织领导、发挥示范带动作用

分公司党委全面负责本单位的专题教育工作，党委委员要做好表率，带头抓学习、讲党课、查问题、严批评、促整改、带头执行制度规定，认真谋划安排，精心组织实施，扎实有效推进。

（二）落实从严责任、坚持以上率下

党委书记要承担起第一责任人的责任，投入足够的时间和精力，亲自谋划、部署和推动，尽心竭力抓好专题教育工作，组织部门要履行牵头组织实施责任，重要节点步步衔接、环环相扣，具体工作明确责任、落实到位。按照"五级示范抓引领"工作要求，认真履行双重责任，加强对分管部门和所引领单位专题教育具体指导，要严要求、做表率、亲自抓，一级抓一级。形成上行下效、上率下行的良好局面。

（三）突出问题导向、抓好教育引领

紧紧盯住"不严不实"的问题和具体表现，一条一条梳理，一项一项分析，弄清问题性质、找准症结所在，既要解决共性问题，也要解决个性问题；既要解决表象问题，也要解决深层次问题；既要解决现实问题，也要解决遗留问题。要把专题教育与大引领工作结合起来，了解推进情况，把握工作进度，研究解决重点难点问题，指导民主生活会，督促做好整改落实工作，确保"三严三实"专题教育扎实推进，取得实效。

（四）做到两手抓两促进

专题教育要始终坚持围绕中心服务大局，与协调推进"四个全面"战略布局、做好当前改革发展稳定各项工作结合起来，与落实从严治党主体责任、抓好教育实践活动整改后续工作结合起来，与完成年度重点任务、推进重点工作重点项目结合起来，与农场当前重点工作结合起来，摆布好时间和精力，两手抓、两促进、两不误。

三、"两学一做"学习教育

2016年5月25日，上库力农场（分公司）"两学一做"学习教育动员大会在机关二楼大会议召开，党政领导、各党支部支委成员、农场副科级以上管理人员、团支部书记、机关全体工作人员、民营单位支部成员、老干部支部代表共计100余人参加会议。党委书记郭祥华首先传达了5月20日集团公司党委召开"两学一做"动员视频大会的会议精神。郭祥华在讲话中指出，开展"两学一做"学习教育是继党的群众路线教育实践活动、"三严三实"专题教育之后，深化党内教育的又一次重要实践，对巩固拓展党的群众路线教育

实践活动和"三严三实"专题教育成果具有重大的现实意义。会上宣读了《上库力分公司"两学一做"实施方案》和"两学一做"协调领导组织机构。

为推进"两学一做"学习教育，农场发放各种学习宣传资料 3300 册、党章读本 435 册、习近平系列讲话 380 册、党员应知应会读本 430 册、党员学习笔记 885 本、党徽 435 枚；编发"两学一做"学习教育简报 33 期。培训党支部书记和业务骨干 3 次，集中收看集团公司"两学一做"专题推进会和视频培训会议。

按照党员问题自查清单，435 名党员开展党员自查、支部自查和党员民主评议活动，针对党员在各自的岗位上存在的问题，大胆剖析；针对党支部发挥战斗堡垒作用方面存在的问题，揭短亮丑。集中梳理农场党员干部存在的共性问题 11 条、支部存在的问题 5 条，并针对存在的问题制定了整改方案。

2017 年，农场通过"上库力农场新天地"微信公众号向农场干部职工发送"两学一做"学习教育常态化制度化应知应会知识；4 月 29 日，党政班子成员召开"两学一做"专题民主生活会；分公司各基层党支部结合"两学一做"学习教育的开展，组织开展重温入党誓词、唱党歌等各种形式的主题党日活动。

6 月 1 日，农场召开"两学一做"学习教育常态化制度化推进会，分公司党政领导、农场副科级以上管理人员参加会议。会议就"两学一做"常态化制度化工作进行安排部署。

2018 年，农场（分公司）党委针对深入开展"两学一做"常态化制度化进行专题研究和部署，召开党支部书记专题会议落实此项工作，各基层党支部按照部署要求制定具体学习计划和任务推进计划。

2019 年，农场深入开展"两学一做"，将"学、做"结合引向深入。各基层党支部按照要求、结合本支部的具体情况，利用"三会一课"学习习近平系列重要讲话和当前集团公司党委的重要工作部署。不定期组织基层支部书记进行阶段工作安排，利用微信公众号和微信群传达学习计划和学习内容。

农场开展"两学一做"学习教育的具体实施方案如下。

上库力分公司党委开展"两学一做"学习教育实施方案

根据集团公司党委的工作部署，在全体党员干部中开展"学党章党规、学系列讲话，做合格党员"学习教育。现结合农场工作实际，制定实施方案。

一、指导思想

坚持以邓小平理论和"三个代表"重要思想为指导，全面贯彻落实科学发展观，紧密联系当前农垦改革发展稳定工作的实际，紧密联系党的建设特别是党风廉政建设和反腐败斗争的现实需要，认真开展学习教育，推动上库力分公司各项事业持续快速健康发展。

二、总体要求

（一）充分认识开展此项活动的重要性、必要性

农场要把握正确政治方向的根本准则，坚持从严治党的根本依据，加强党性修养的根本标准。只有把党章党规学习好、遵守好、贯彻好、维护好，才能确保农场党组织始终沿着正确的方向前进，才能保证全党严格执行党的制度和纪律，才能有效地引导党员加强党性修养，严格遵守党员标准，使全体党员在推动党和农垦事业发展中充分发挥先锋模范作用。

（二）认真学习，全面深刻地掌握实质

全面系统地学习，切实领会和掌握主要内容、基本观点和精神实质。坚持把学习贯彻同邓小平理论和"三个代表"重要思想紧密结合起来，与中共十八大和十八届三中、四中、五中全会精神紧密结合起来，与树立和落实科学发展观，推动农垦快速、和谐发展紧密结合起来，做到融会贯通、学以致用。把学习贯彻作为深化先进性教育、巩固先进性教育和"三严三实"成果、建立党员学习教育长效机制的重要内容，组织广大党员进行专题学习，查找问题、明确重点、整改提高。

（三）自觉遵守，严格依照要求规范言行

全体党员要严格按照党章的要求规范自己的言行，增强党的观念，坚持党性原则，在任何时候任何情况下，都要牢记党员身份、铭记党员标准、履行党员义务、执行党的决定、正确行使权利，始终做到在党章允许的范围内行动，始终将自己置于党章的制约和监督之下。把智慧和精力集中到上库力农场的发展上来，努力做一名合格的共产党员。

（四）切实贯彻，增强党组织的凝聚力和战斗力

进一步发扬党内民主，在民主的基础上实行正确的集中，精心维护分公司领导班子和党员队伍的团结。大力培养和选拔政治上靠得住、工作上有本事、作风上足够硬、职工群众信得过的优秀人才，并推荐到领导干部的岗位上，努力建设一支高素质的农垦企业干部队伍。

三、学习内容

（一）强化学习

重点学习和加深理解党的性质和宗旨、党的路线和纲领、党的指导思想和奋斗目标；党内政治生活、组织生活的重大原则和各项基本制度；党员的权利和义务以及党员领导干部应具备的基本条件。

（二）强化理想信念教育

重点学习马列主义、毛泽东思想、邓小平理论、"三个代表"重要思想和习近平总书记系列重要讲话。

（三）强化党的作风教育

重点学习《条例》《准则》，领导干部廉洁从政各项规定和自治区、市委和集团公司党委关于加强作风建设方面的要求。

（四）强化党内民主教育

重点学习《关于党内政治生活的若干准则》《党政领导干部选拔任用工作条例》等党内规章制度。

（五）强化党的制度教育

在党员干部中开展党的制度的学习和宣传教育，加强以党章为核心的党内法规制度体系建设。

四、重要任务

开展"两学一做"学习教育，要聚焦党员队伍在思想、组织、作风、纪律等方面存在的问题，"学"要带着问题学，"做"要针对问题改，树立党员干部先锋和担当形象，具体做到"七个着力解决"。一是着力解决一些党员理想信念模糊动摇的问题。主要是对共产主义信仰不坚定，对中国特色社会主义缺乏信心，精神空虚，推崇西方价值观念，热衷于组织、参加封建迷信活动等。二是着力解决一些党员党的意识淡化的问题。主要是看齐意识不强，不守政治纪律、政治规矩，在党不言党、不爱党、不护党、不为党，组织纪律散漫，不按规定参加党的组织生活，不主动按时交纳党费，不完成党组织分配的任务，不按党的组织原则办事等。三是着力解决一些党员宗旨观念淡薄的问题。主要是利己主义严重，漠视群众疾苦、与民争利、执法不公、假公济私、为政不廉、损害群众利益，在人民群众生命财产安全受到威胁时临危退缩等。四是着力解决一些党员精神不振的问题。主要是工作消极懈怠，不想事、不干事、不担当、不作为，逃避责任，不起先锋模范作用等。五是着力解决一些党员法治意识不强的问题。主要是法治观念不牢，对党纪国法缺少敬畏心，目无法纪、徇私枉法、吃拿卡要等；六是着力解决一些党员道德行为不端的问题。主要是违反社会公德、职业道德、家庭美德，不注意个人品德，言行不一、表里不一、不守信用，贪图享受、奢侈浪费，生活情趣低级庸俗等。七是着力解决基层党组织落实"三会一课"制度不严肃、不认真、不经常，党员日常管理监督不到位、失之于软、失之于宽，基层党组织软弱涣散等。要持续抓好"四风"突出问题整改，持续抓好不严不实突出问题整改，持续抓好群众反映强烈的突出问题整改，推动党的作风不断好转。

五、基本原则

做到"六个坚持"，即坚持正面教育为主，用科学理论武装头脑；坚持学用结合，知行合一；坚持问题导向，注重实效；坚持领导带头，以上率下，层层示范；坚持从实际出发，分类指导；坚持从严从实，高质量推进。

落实好"三个基本"要求。要以党支部为基本单位，以"三会一课"等党的组织生活为基本形式，以落实党员教育管理制度为基本依托，针对领导机关、领导班子和干部、党员的不同情况做出安排。给基层党组织结合实际创造性开展学习教育工作留出空间，发挥党支部自我净化、自我提高的主动性，防止大而化之、走过场，防止空、虚、偏，力戒形式主义。

六、重点解决的问题

一是解决个别党员干部不注重学习，缺乏必要的法律法规知识，理想滑坡、信念动摇、党员意识和服务意识淡薄等方面的问题。

二是解决个别党员、干部道德修养不够、作风浮飘、情绪昏沉、私心作怪、个人英雄主义膨胀等方面的问题。

三是解决个别党员干部纪律观念淡薄，有自由化行为、非组织行为；对错误言行不报告、不抵制、不斗争；阳奉阴违，搞当面一套、背后一套的两面派行为的问题。

四是解决制度建设不完善、不健全、系统性不够，贯彻落实不到位、制度权威性不强的问题。

五是强化党内监督。完善监督机制，建立健全制度，使决策权、执行权、监督权既相互制约又相互协调。每个党员都必须接受党内外群众的监督，不允许有任何不参加党的组织生活、不接受党内外群众监督的特殊党员。教育广大党员敢于监督、善于监督、乐于接受监督。

七、学习方式及时间安排

（一）准备阶段（2016年5月上中旬）

1. **党员排查，做好人员准备** 各党支部要组织开展党员排查工作，全面摸清党员相关信息，系统掌握党员队伍整体情况，补充完善党员信息档案，将各类流动党员纳入统一管理。对老弱病残党员、无职党员、离退休党员等无法参加集中学习的党员，建立帮扶学习制度，送学上门，确保学习教育不留空白和死角。

2. **夯实基础，做好组织准备** 统筹谋划，做好思想准备。充分认识开展"两学一做"学习教育的重大意义，紧紧围绕党建中心工作，做到"八个结合"，努力实现两不误、两促进。

3. **强化宣传，做好舆论准备** 加强宣传引导，通过各种形式宣传"两学一做"学习教育工作的意义、做法和成效，加强舆论引导，营造良好氛围。

4. **制定方案，做好工作准备** 结合实际情况制定切实可行、科学合理、有针对性的学习教育方案，并召开动员大会，创新学习方式，拓展学习教育内容，确保学习教育扎实有效开展。

（二）学习教育（2016 年 5 月下旬—12 月中旬）

1. 围绕专题学习讨论 支部每半个月开展一次专题学习，每半个月开展一次支部活动。11 月底前，以党支部为单位，开展"两学一做"学习教育成果测试。

（1）学党章党规。逐句逐条通读党章，全面理解党的纲领，牢记入党誓词，牢记党的宗旨，牢记党员义务和权利，引导党员尊崇党章、遵守党章、维护党章，坚定理想信念。认真学习《中国共产党廉洁自律准则》《中国共产党纪律处分条例》等党内法规，学习党的历史，学习革命先辈，学习先进典型，从违纪违法案件中汲取教训，肃清恶劣影响，发挥正面典型的激励作用和反面典型的警示作用。

（2）学系列讲话。着眼加强理论武装、统一思想。认真学习习近平总书记关于改革发展稳定、内政外交国防、治党治国治军的重要思想，认真学习以习近平同志为核心的党中央治国理政新理念、新思想、新战略，认真学习习近平总书记考察内蒙古时的重要讲话。

（3）围绕专题组织学习。党支部每季度至少组织一次党员活动，可结合主题党日、警示教育、扶贫帮困等活动进行。"七一"前后各党支部要集中组织一次主题党日活动。要根据实际情况，对党员提出自学要求，可编印制作应知应会手册、明白纸，运用微党课、微视频等满足党员学习需求。

（4）结合实际专题讨论。党支部至少每季度召开一次全体党员会议，每次围绕一个专题组织讨论，讨论要围绕解决问题来进行。通过学习讨论，真正找出问题所在，提出解决问题的方法，明确改进和努力的方向。

2. 创新方式讲党课 党员领导干部要以上率下，领导班子成员要以身作则，带头讲党课，带头学习讨论，带头开展批评和自我批评，带头解决自身问题。分公司领导班子成员要深入"十个全覆盖"、扶贫攻坚等联系点所在党支部讲党课，到所引领的单位讲党课。政工部门要组织党课宣讲团到基层一线开展巡回宣讲。"七一"前后，党支部要结合开展庆祝建党 95 周年活动，集中安排一次党课。

3. 表彰先进及立足岗位做贡献 开展"两学一做"学习教育基础在学、关键在做。要通过党建活动和教育培训，引导党员以知促行，做讲政治、有信念，讲规矩、有纪律，讲道德、有品行，讲奉献、有作为的合格党员。针对不同群体党员实际情况，提出党员发挥作用的具体要求，对不同领域、不同单位、不同岗位合格党员的标准要体现出差异化和针对性，各单位可结合实际，进一步把合格党员标准具体化到角色身份和岗位职责中，让广大党员学有目标、做有方向。重点落实党员星级化管理、党员先锋岗、党员责任区、党员承诺制等制度。通过开展党员亮身份、树形象、讲效率、做表率、比贡献活动，全面提高党员干部的工作效率，切实转变作风，着力解决部分党员干部中存在的纪律不严、效率不高、作风不实等突出问题。通过给每名党员发放1本党章、1枚党徽、1本党费证，组织开展1次重温入党誓词和1次公开承诺践诺"五个一"活动，增强党员的荣誉感和责任感，进一步激发广大共产党员的干事创业热情。大力发现、培育、树立和宣传共产党员先进典型，结合庆祝建党95周年活动，评选表彰一批优秀共产党员、优秀党务工作者和先进基层党组织。

4. **查摆问题，集中整改** 在"两学一做"学习教育工作中，要突出问题导向，每个党支部和每名党员都要对照合格党员的标准及要求检查自身在思想、组织、作风、纪律等方面存在的问题，通过专题民主生活会、党支部组织生活会、民主评议党员等形式，深入查摆问题、集中进行整改、建立长效机制，真学真做真改，确保"两学一做"学习教育收到实效，确保学习教育不虚不空不偏、不走过场。

5. **党员领导干部做表率** 建立领导干部学习教育联系点制度，督促指导联系点搞好学习教育，努力把联系点打造成示范点。要召开专题党课，学习党章党规和习近平总书记系列重要讲话；要组织集中研讨，深化学习效果。年度民主生活会要以"两学一做"为主题，领导班子和领导干部把自己摆进去，查找存在的问题，抓好整改落实。

（三）总结验收阶段（2016年12月下旬）

1. **召开专题组织生活会** 支部班子及成员对照职能职责，进行党性分析，查摆在思想、组织、作风、纪律等方面存在的问题。面向党员和群众广泛征求意见，严肃认真开展批评和自我批评，针对突出问题和薄弱环节提出整改措施。组织全体党员对支部班子的工作、作风等进行评议。

2. **开展民主评议党员** 以党支部为单位，召开全体党员会议，组织党员开展民主评议。对照党员标准，按照个人自评、党员互评、民主测评、组织评定的程序，对党员进行评议。结合民主评议，支部班子成员要与每名党员谈心谈话。党支部综合民主评议情况和党员日常表现，确定评议等次，对优秀党员予以表扬；对有不合格表现的党员，按照党章和党内有关规定，区别不同情况，稳妥慎重给予组织处置。

（四）巩固阶段（2017年以后）

1. **推进整改，巩固成果** 充分认识"两学一做"学习教育工作的重要性，严格要求，对存在的问题坚持整改，确保学习教育取得实效。

2. **建立机制，注重长效** 积极探索和建立健全"两学一做"学习教育长效机制，不断丰富新的内容，确定新的主题，使学习教育扎实有序长期开展下去。

3. **总结经验，促进工作** 把"两学一做"学习教育成果转化为做好本职工作的强大动力，团结带领广大职工群众开拓进取，创造出新的工作业绩。

八、组织领导和保障措施

"两学一做"活动是全体党员政治生活中的一件大事，分公司党委将切实加强领导，精心组织，狠抓落实，确保活动顺利开展、取得实效。

（一）加强组织领导

为加强对教育活动的组织领导，成立"两学一做"学习教育协调领导小组，成立办公室具体负责活动的组织开展，沟通情况，布置任务，协调运作。

（二）建立党员领导干部联系点制度

按照"一岗双责"要求，领导干部包队包户，了解情况，发现问题，及时处理问题，使问题消灭在萌芽状态。

（三）加强督导检查

活动领导小组办公室切实负责活动的开展，搞好调度，实行检查督导结果通报。

（四）强化理论宣传

将牢牢把握正确的导向，把宣传学习党章、学习党规和系列讲话、做合格党员作为当前和今后一个时期工作的重点，积极加强与新闻媒体的联系，充分发挥各种载体的作用，把握亮点，拓宽宣传渠道，努力营造上库力农场学习教育的浓厚氛围。

四、大学习大讨论

2019 年 4 月 1 日，上库力农场（分公司）召开"解放思想、深化改革、加快发展"大学习大讨论会议，动员部署工作任务，农场副科级以上管理人员 120 人参加大会。党委副书记韩旭东作动员讲话，政工部部长张永昌宣读活动实施方案，党委书记郭祥华主持大会并作总结讲话。根据上级工作部署，准确把握六项总体要求、七条学习讨论重点、四个方法步骤，有计划、分层次开展大学习大讨论，总结差距不足，明确目标，推动成果转化。基层各党支部以不同形式开展"解放思想、深化改革、加快发展"大学习大讨论，并结合本职工作提出合理化建议。

五、"不忘初心、牢记使命"主题教育

2019 年 9 月 22 日，上库力农场（分公司）召开"不忘初心、牢记使命"主题教育动员大会。集团公司企业改革发展研究会副主任、第二巡回指导组组长郇志强，集团公司党委宣传部企业文化主管赵鹏飞，纪委案管室副主管尤婷婷，分公司党政班子成员、农场副

科级以上管理人员及机关全体工作人员 100 余人参加大会。分公司党委书记郭祥华做动员讲话，党委副书记、总经理韩旭东主持会议。会议强调将理论学习贯穿于主题教育全过程。

9 月 30 日，上库力农场（分公司）党委组织召开了"不忘初心、牢记使命"主题教育集中（扩大）学习会，分公司党委书记郭祥华，党委副书记、纪委书记屈伟，工会主席、政工部部长张永昌出席会议，主题教育领导小组办公室成员、巡回指导联络小组成员和基层党支部书记 35 人参加了集中学习会。学习会由党委副书记、纪委书记屈伟主持。同日，基层各单位党支部举行"不忘初心、牢记使命"系列主题党日活动，庆祝新中国成立 70 周年。党员干部、职工群众 100 余人参加，进行了唱红歌、参观农场史展馆、重温入党誓词和签名等活动。

10 月 8 日，上库力分公司召开"不忘初心、牢记使命"主题教育调度会，分公司党委副书记、纪委书记屈伟，工会主席、政工部部长张永昌出席会议，分公司各基层党支部书记和"不忘初心、牢记使命"主题教育工作小组成员 36 人参加会议。

分公司党委及各基层党支部组织党员学习《习近平新时代中国特色社会主义思想纲要》《习近平关于"不忘初心、牢记使命"论述摘编》《中国共产党章程》等，集中学习研讨达到 2445 人次。开展为期一周的读书班，共有 664 人次进行集中学习和研讨。分公司党委中心组将学习习近平总书记在全国宗教工作会议上的重要讲话和关于宗教工作的一系列重要指示批示精神纳入"不忘初心、牢记使命"主题教育重要学习内容。20 个基层党支部积极组织党员通过学习强国小程序、以集中和自学的方式参观"网上展馆"。

11 月中旬，分公司领导班子成员分 3 组到基层开展"不忘初心、牢记使命"主题教育专题调研，调研人员以入户走访、现场办公、召开座谈会等形式，征集到党建、农业、牧业、民生、旅游等多个方面的建议与意见 96 条，经梳理后形成 57 条建议与意见，其中即时解决 42 条。针对不能当场解决的 15 条意见与建议，领导班子成员经认真分类梳理，列入整改落实台账，制定了整改措施。成立了以党委书记为组长、党委副书记为副组长、其他班子成员为组员的整改落实推进领导小组，明确落实整改责任人和整改期限，并建立了职工信息反馈制度。

农场党委"不忘初心、牢记使命"主题教育方案如下。

上库力分公司党委"不忘初心、牢记使命"主题教育实施方案

根据《呼伦贝尔农垦集团有限公司党委"不忘初心、牢记使命"主题教育领导小组》（呼垦教组字〔2019〕1 号文件）的通知精神，结合上库力分公司实际，制定如下具体工

作方案。

一、总体要求

上库力分公司"不忘初心、牢记使命"主题教育在分公司所属的20个党支部中开展。从2019年9月开始至11月底基本结束。

第二批主题教育要把深入学习贯彻习近平新时代中国特色社会主义思想作为根本任务，全面把握"守初心、担使命，找差距、抓落实"总要求，认真贯彻落实习近平总书记考察内蒙古时关于开展主题教育"三个必须""四个到位"重要指示精神，充分借鉴第一批主题教育成功经验，以彻底的自我革命精神解决违背初心和使命的各种问题，努力实现"理论学习有收获、思想政治受洗礼、干事创业敢担当、为民服务解难题、清正廉洁作表率"的目标。

一是要紧紧围绕学习贯彻习近平新时代中国特色社会主义思想这条主线，紧扣习近平总书记关于"不忘初心、牢记使命"重要论述，把习近平总书记关于内蒙古工作重要讲话、重要指示精神作为重要内容，引领党员、干部原原本本学、踏踏实实做，以理论滋养初心、以理论引领使命，增强"四个意识"、坚定"四个自信"、做到"两个维护"。

二是要突出问题导向，既着力解决党员、干部自身存在的问题特别是思想根子问题，坚守理想信念、初心使命不动摇，又必须坚持一心为民，着力解决群众最关心、最直接、最现实的利益问题，以为民谋利、为民尽责的实际成效取信于民。

三是要按照自治区"1＋12＋18"专项整治部署要求，坚持上下联动整治，采取项目化方式，逐项推进专项整治，特别是对于对群众关心的利益问题漠然处之，空头承诺，推诿扯皮，以及办事不公、侵害群众利益的问题；基层党组织软弱涣散，党员教育管理宽松软，基层党建主体责任缺失的问题；对黄赌毒和黑恶势力听之任之、失职失责，甚至包庇纵容、充当保护伞的问题，要着力抓好专项整治。各党支部要统筹安排、合理安排各项措施和工作任务，防止惯性思维、路径依赖，防止顾此失彼、单打一。

四是要把主题教育同庆祝新中国成立70周年结合起来，同落实当前改革发展稳定各项任务结合起来，同落实集团公司经济工作会议精神结合起来，同当前正在大力推进的深化农垦集团体制机制改革工作结合起来，同抓好本部门本单位的中心工作结合起来，引导广大党员不忘历史、不忘初心，始终保持奋斗精神和革命精神，汇聚起推动呼伦贝尔农垦集团走以生态优先、绿色发展为导向的高质量发展新路子的磅礴力量。

二、抓好各级领导班子和领导干部主题教育

这次主题教育以科级以上领导干部为重点，在全体党员中开展，各单位领导班子要聚焦主题主线，统筹四项重点措施，坚持"学做结合、查改贯通"，推动学习教育、调查研

究、检视问题、整改落实有机融合、贯穿始终。聚焦主题开展学习，采取个人自学、专题学习、辅导讲座、集中研讨、现场教育等形式，读原著、学原文、悟原理，理解其核心要义和实践要求，自觉对表对标、及时校准偏差，把学习成效体现到增强党性、提高能力、改进作风、推动工作上来。

（一）学习教育形式

1. **个人自学**　党员领导干部要以自学为主，原原本本学习规定内容，不断加深对习近平新时代中国特色社会主义思想重大意义、科学体系、丰富内涵的理解，学深学透、入脑入心、融会贯通、真信笃行。要灵活运用各种学习方式，通过"学习强国""北疆先锋"公众号、网络干部学院等线上线下平台加强自学。

2. **专题学习**　党委中心组采取专题学习、举办读书会等形式，围绕学习尊崇党章、深学笃用习近平新时代中国特色社会主义思想、锤炼忠诚干净担当的政治品格等专题，认真组织开展专题学习。

3. **辅导讲座**　结合集团公司党员干部教育培训，邀请专家授课，举办专题报告、专题讲座；参加自治区党委"双休日讲座"、呼伦贝尔市"干部教育大讲堂"、呼伦贝尔农垦智慧大讲堂，引导党员干部深化学习认识，提高学习实效。

4. **集中研讨**　各党支部要根据主题教育学习专题，抓好集中学习研讨，把学习研讨同研究解决本部门本单位改革发展稳定的突出问题和党的建设面临的紧迫问题结合起来，同个人的思想和工作实际结合起来，交流心得体会、深化学习效果。

5. **现场教育**　结合庆祝新中国成立70周年开展主题宣传教育活动；依托满洲里国门党建学院、红色教育基地开展革命传统教育；组织学习于海俊、张恕先进事迹，开展先进典型教育；运用反面教材开展警示教育，领导干部要集中观看党风廉政建设警示教育片《初心的蜕化》，不断增强学习的针对性、实效性和感染力。

（二）调查研究方法

调查研究要接地气，一竿子插到底，切实掌握第一手材料，沉下去了解民情、掌握实情，拿出破解难题的实招。

1. **"四个围绕"专题调研**　领导班子成员要采取灵活多样的方式，围绕贯彻落实党中央决策部署和习近平总书记重要指示批示精神，围绕解决本部门、本单位存在的突出问题和职工群众反映强烈的热点难点问题，围绕解决党的建设面临的紧迫问题，围绕坚决打好三大攻坚战、应对和化解各种风险挑战等进行调研，真正把情况摸清楚，把症结分析透，研究提出解决问题、改进工作的办法措施。

2. **交流调研成果**　调查研究要树立鲜明的问题导向，注重实效。调研结束后，领导班子成员要认真梳理调研情况，及时交流调研成果，把调研成果转化为解决问题的具体行动。

3. **讲好专题党课**　领导班子成员要在学习调研基础上讲好专题党课。主要负责带头讲，其他班子成员到联系单位讲。党课要突出针对性，讲学习体会收获，讲运用习近平新时代中国特色社会主义思想指导实践、找出工作存在的差距和改进工作的思路措施。

（三）抓好检视问题

对照习近平新时代中国特色社会主义思想和党中央决策部署，对照党章党规，对照初心使命，对照职工群众新期待，查找在服务职工群众、思想觉悟、能力素质、道德修养、作风形象方面存在的差距，深刻检视剖析。

1. **广泛听取意见**　要结合调查研究，充分听取职工群众对领导班子、领导干部存在突出问题的反映，对改进作风、改进工作的意见和建议。采取谈心谈话、召开座谈会、进队入户、设立专线电话和意见箱、发放征求意见表等多种渠道，广泛听取意见建议。

2. **上级提出意见**　针对集团公司党委提出的意见建议，农场要举一反三深入查摆存在的短板弱项。

3. **认真检视反思**　党员干部要在调查研究、听取意见的基础上，联系思想工作实际，实事求是检视自身差距，把问题找实、把根源找深，并明确努力方向。

4. **列出问题清单**　各级领导班子要安排专门时间，召开对照党章党规找差距专题会议。对在学习研讨中查摆的问题、调研发现的问题、职工群众反映的问题、对照党章党规找出的问题以及上级党组织督导督察、干部考察、工作考核中所反馈的问题，一条一条列出问题清单，从思想、政治、作风、能力、廉政方面特别是从主观上、思想上进行剖析。

（四）抓好整改落实

各党支部要认真抓好对通过深入调查研究、广泛听取意见、上级提出意见、认真检视反思等发现问题的整治整改，制定专项整治方案，领导班子和领导干部要从群众反映强烈的问题中，分别列出几个最突出的、在主题教育期间能够解决的问题，抓紧整改解决。

专项整治情况根据上级的要求，在场内"上场通讯"中开设"整改进行时"专栏向党员干部职工进行通报，同时，要把开展主题教育同树立正确用人导向结合起来，形成优者上、庸者下、劣者汰的良好政治生态。

（五）开好专题民主生活会

主题教育结束前，场级领导班子要召开专题民主生活会，运用学习调研成果，针对检视反思的问题，联系整改落实情况，见事见人见思想，红脸出汗，认真开展批评和自我批评。集团公司巡回指导组将列席专题民主生活会。

三、抓好基层党支部主题教育

党员参加主题教育，要以党支部为单位，做实基层党支部的学习教育和检视整改，加强分类指导，教育引导广大党员干部领悟初心使命，正视自身差距和不足，增强"四个意识"、坚定"四个自信"、做到"两个维护"。

（一）开展学习教育

结合"两学一做"学习教育常态化制度化，依托"三会一课"、主题党日等，组织党员以个人自学为主，原原本本通读《习近平关于"不忘初心、牢记使命"论述摘编》等，领悟初心使命，增强党的意识，坚定理想信念。

1. **开展好党支部书记轮训**　按照集团公司党委的统一部署，对党支部书记进行1次全员轮训，重点组织学习习近平新时代中国特色社会主义思想和党中央关于开展"不忘初心、牢记使命"主题教育的部署要求。

2. **组织党支部书记作专题报告**　通过召开党员大会、支委会、党小组会，交流学习体会，相互启发提高，党支部书记要讲1次专题党课，或者向所在支部党员报告1次个人学习体会。

3. **注重创新方式方法**　要结合实际，创新方式方法，在运用"学习强国"学习平台、内蒙古干部培训网络学院等已有的载体平台的基础上，采取生动鲜活、喜闻乐见的方式，用好案例教育、微信公众号等，增强主题教育的吸引力和感染力。

（二）认真检视整改

组织党员对照党章规定的党员条件和义务权利，对照《中国共产党廉洁自律准则》《关于新形势下党内政治生活的若干准则》《中国共产党纪律处分条例》，对照职工群众提出的意见建议，查找党员意识、担当作为、服务群众、遵守纪律、作用发挥等五个方面存在的差距和不足，一条一条列出问题，一项一项整改到位。通过党员先锋岗、党员责任区，设岗定责、承诺践诺等，组织党员立足岗位、履职尽责。通过主题党日，组织党员结合自身实际至少参加1次志愿服务，为身边群众至少办1件实事好事，以实际行动践行初心和使命。党支部要结合"三会一课"召开专题会议，对照党章、准则、条例，自我检视问题，自我整改提高。

（三）开好专题组织生活会

主题教育结束前，针对检视反思的问题，联系整改落实情况，党支部要以"不忘初心、牢记使命"为主题召开一次专题组织生活会，开展民主评议党员。

四、抓好各基层单位的分类指导

第二批主题教育涉及的单位和人员范围广、类型多、数量大，情况复杂。分公司党委要针对不同层级、不同对象的特点，创新方式方法，分层分类指导，统筹抓好主题教育，确保主题教育实现全面覆盖、取得实效。

要结合专项整治，首先整顿软弱涣散党支部，为开展主题教育打牢组织基础。要将整改落实与开好专题民主生活会结合起来，确保民主生活会质量。

要聚焦精神不振、能力不足、作风不实等问题检视整改，同步解决好贯彻落实集团公司党委各项安排和服务群众"最后一公里"问题。对离退休人员、灵活就业党员、职工子女大中专毕业生、进城务工人员中的流动党员，要根据其工作、生活、居住等情况，采取切合实际的方式方法，发放必要的学习资料，方便参与主题教育。

五、加强组织领导

"不忘初心、牢记使命"主题教育在集团公司党委领导下开展。分公司党委成立主题教育领导小组，党委书记担任组长。领导小组下设办公室，负责日常工作。办公室下设的5个小组要各司其职、各尽其责，充分发挥作用，形成齐抓共管合力。

（一）强化责任落实

各党支部要成立主题教育领导小组，各支部书记要带头学、带头改、带头抓，切实担负第一责任人责任。领导班子成员要履行"一岗双责"，各单位因地制宜、分类施策，统筹安排、有序推进主题教育，分公司党委在抓好自身主题教育的同时，精心组织安排好基层党支部和党员干部的主题教育。各党支部要从领导干部自身素质提升、解决问题成效、群众评价反映等方面，客观评估主题教育效果。主题教育结束后要组织开展"回头看"，严格自查自纠，确保取得实效。同时，健全完善制度机制，各单位从主题教育一开始，就要加强制度建设，把主题教育中形成的好经验、好做法用制度形式运用好、坚持好。

（二）加强督促指导

分公司党委主题教育领导小组派出指导组，采取巡回指导、随机抽查、调研访谈等方式，对各单位开展主题教育进行督促指导，确保主题教育质量。指导组要坚持原则，从严从实加强督促指导，及时发现和解决问题，推动上级党委精神落地见效。指导组对主题教育中可能出现的各种问题，要提前预判、有效防范；对搞形式、走过场的，要严肃批评，通报曝光，促其改正。

（三）注重宣传引导

发挥上库力农场公众号和网站作用，深入宣传各级党委的精神，深入宣传分公司党委工作部署，及时反映进展成效，加强正面引导，强化舆论监督，为主题教育营造良好氛围。

第二十三章　宣传工作

2011 年至 2020 年，上库力农场宣传部门做了大量工作，创建上库力农场公众号，进行正面宣传报道，以正能量宣传鼓舞职工干劲，牢牢占领宣传阵地。

第一节　机构设置

2011 年，王爱敏担任政工部副部长职务，负责农场的宣传报道工作。

2012 年，孙凤军调入政工部，任科员职务，协助王爱敏从事新闻宣传工作。

2015 年，农场成立宣传工作领导小组，组长为郭祥华，副组长为韩旭东、李月忠，成员包括何松、高安起、包义清、王爱敏、边向民、于建涛、宋华民、王翠萍，办公室设在政工部，主任为王爱敏（兼）。

2016 年，贾文慧调入政工部，从事新闻宣传工作。

2019 年，孙凤军担任政工部副部长，负责宣传报道工作，宣传干事为贾文慧。

第二节　思想教育

2011 年，在推动学习型党组织建设中，农场党委创造性地开展了"和谐垦区大讲堂"活动，使学习型党组织建设有抓手、有特色，受到职工家属普遍认可。

为使大讲堂活动内容丰富多彩，分公司党委组成宣传小组不定期深入到各单位，从尊老爱幼、和谐邻里、家庭和睦到衣食住行等方面进行讲授、交流，使大讲堂的内容更加贴近职工生活。

截至 10 月中旬，和谐大讲堂已开展活动 7 次，参与人数 600 多人。同时还开展了"十佳好儿媳"评选主题活动；通过各单位班子会、职工大会和投票推选，推举出 16 位好儿媳候选人。为了解这些候选人更真实的情况，由农场党委副书记带队、各基层单位支部书记参与的调查了解小组入户走访，进一步掌握她们的真实事迹，真正将孝敬公婆、夫妻恩爱、教子有方、邻里和睦的好儿媳推选上来。

12月，农场举办政治理论培训班，呼伦贝尔市委宣传部讲师团团长刘忠民传达了党的十七届六中全会精神、自治区九次党代会和呼伦贝尔市第三次党代会精神。呼伦贝尔市工会干校校长张敬辉主讲了如何做好企业工会工作。集团公司党委宣传部李光明主讲了构建企业文化和"三创精神"等内容，农场副科级以上管理人员、党员代表、职工代表、入党积极分子和机关工作人员170人参加学习。

2012年1月，农场举办政治理论培训班，农场副科级以上管理人员、党员代表职工代表、入党积极分子共计170人参加培训。13日，首届"十佳好儿媳"颁奖典礼隆重举行，政工部对十名当选的好儿媳进行了深入采访，制作了长达30多分钟的专题片，通过LED大屏幕播放，让农场职工家属全面了解了她们在坚守孝道、敬老孝亲等方面的感人故事。这次活动的开展和活动形式的创新对今后开展群众性精神文明创建活动起到了积极的推动作用。

2013年，为了发挥劳模榜样的作用，农场首次为2012年度的40名职工劳模每人录制劳动风采片段，制成专题片进行宣传报道。

3月，召开了传达贯彻集团公司经济工作和农牧业工作会议精神；8月，召开会议传达集团公司党建工作现场会；10月，组织农场管理人员学习贯彻落实《集团公司廉政风险防控工作实施方案》。

2014年，对职工落实纪委关于禁止借乔迁、升学大摆宴席"拉桌风"的情况，排查岗位廉政风险，加强企业管理、转变工作作风、廉洁从政、反对奢侈浪费等进行跟踪报道；对农场为特困职工进行危旧房改造、金秋助学、农田水利灌溉工程建设等方面进行及时宣传报道。

3月，召开了传达落实集团公司经济工作会议和农牧业工作会议精神大会。8月，召开了传达学习集团公司第二届党建现场会会议精神大会。

2015年4月，召开会议传达海拉尔农垦集团公司工作会议和农牧业工作会议精神。6月，召开会议传达集团公司党委书记黄元勋在庆祝建党94周年暨推进"三严三实"专题教育座谈会上的讲话精神；9月，召开会议传达落实海垦集团董事长在"十个全覆盖"工作推进会上的讲话和在海拉尔农垦集团岭南农场"十个全覆盖"工作推进会上的讲话精神；9月23日，召开传达海拉尔农牧场管理局"十个全覆盖"60天攻坚战实施方案精神会议。

上库力分公司落实农场党政班子成员包队、副科级以上机关干部包片、生产队领导和党员包户的责任制，实行点对点包联、入户宣传动员。机关工作人员分为十个入户组，对老屯区进行无遗漏、无死角划片，安排十个入户宣传组负责分管区域内的宣传动员工作，十个入户宣传组9次阶段性深入职工群众家中，坚持正面宣传教育，向住户讲解"十个全覆盖"的重大意义和目的，宣传农场实施"十个全覆盖"工程建设的重大决策、实施措施，扎实做好耐心细致的思想疏导和答疑解惑工作。

成立退休老党员"十个全覆盖"宣传小组，深入各个生产队，采取集中宣讲和入户走访谈心交流的方式，宣传"十个全覆盖"工程的重要意义和目的，激发广大职工群众对"十个全覆盖"工程的参与热情，引导职工群众提升大局观念，树立"场兴我荣、场衰我耻"的意识，积极支持配合，主动参与、无私奉献，为建设美好家园做贡献。

2016年，为庆祝建场60周年，农场举办征文比赛，共收到各单位征文作品36篇，评选出6篇作品分别获得一、二、三等奖。摄影比赛共收到各单位参赛摄影作品112幅，评选出优秀作品予以表彰奖励。

10月28日，组织各基层党支部书记和机关科室长共38人学习中国共产党十八届六中全会精神。

2017年，农场分设35个观看点，组织农场干部、职工和家属2000余人集中观看中央13套直播的内蒙古自治区成立70周年，庆祝大会实况。

2018年，农场成立意识形态领导小组，下设办公室。同时加强内外宣传媒介、宣传品的管理和审核把关工作，由分管领导专人负责。加强网络舆情的监管力度，对上库力农场贴吧、官方网站、官方微信公众号专人负责，严格监管。

2019年，开展农场"解放思想、深化改革、加快发展"大学习大讨论活动和"不忘初心、牢记使命"主题教育。完成各环节任务的工作组织、撰写各项材料、文件起草与印发、阶段性总结与活动总结等工作任务，按时上报每周报表与开展情况67次，撰写领导调研报告7份，编制印发简报29期，并做好材料整理收集归档。

2020年，农场全面学习习近平总书记在党的十九届四中、五中全会上的重要讲话精神和全会通过的决定，读原文，悟原理，强素质，推动各项目标任务落实落地，集中学习26次，参与人数2167人次；"学习强国"小程序实现党员干部全员登录、全员覆盖，党员年均学习成绩8000分以上；组织党员、干部学习座谈会和交流会57次，2万余人次参与学习。做好社会主义核心价值观宣传，充分利用微信公众号、微信工作群和宣传栏等开展社会主义核心价值观宣传，制作宣传图板3块、橱窗和宣传栏12期。弘扬正能量，开展学习雷锋精神、讲文明、树新风、岗位奉献等活动，形式多样、内容丰富，全年开展形式多样的志愿服务活动136次，2000余名青年职工群众参与。

第三节　理论宣传

2011年，按照分公司党委的工作部署，农场有阶段、分步骤地对党员、管理人员及工人进行党的政治理论、党史以及党的路线方针政策等方面的学习。各党支部利用不同的方式开展党的十七届六中全会精神和呼伦贝尔市第三次党代会精神集中学习。农场各党支部召开集中政治理论学习班34班次，参加人员3021人次。

2012年，农场举办政治理论培训班，副科级以上管理人员、党员代表、职工代表、入党积极分子共计170人参加培训。

2014年，农场党委群众路线教育实践活动领导小组参加海拉尔农垦集团有限公司党委群众路线教育实践活动培训视频会议；3月，召开党的群众路线教育实践活动动员部署大会，开展党的群众路线教育实践活动集中学习和领导干部下基层接地气听民意活动；4月，开展群众路线教育实践活动"走基层、送知识"巡回授课活动，领导小组深入基层检查指导活动开展情况；24日，农场党委举办党的群众路线教育实践活动专题辅导讲座；同日下午，在农场召开额尔古纳市四个农牧场党的群众路线教育实践活动开展情况汇报会；5月，在参加集团公司党的群众路线教育实践活动第二环节视频会议，后于22日在农场开展第二环节集中学习活动；8月，各基层党组织召开专题组织生活会和开展民主评议党员工作；10月，组织农场全体领导干部参加集团公司群众路线教育实践活动总结视频会；11月，召开党的群众路线教育实践活动总结会暨党员干部下基层四级联动大引领行动动员会。

2016年5月，农场召开"两学一做"学习教育动员大会；6月，海垦集团公司"两学一做"指导小组到场讲授党课，农场党委书记为副科级以上党员干部、积极分子72人上专题党课；7月，农场机关党支部支委成员亲自将《习近平总书记系列重要讲话读本》送到退休干部家中；16日，内蒙古自治区《实践》杂志社原主任周菊霞，在呼伦贝尔农垦集团公司组织部部长鲍业明的陪同下到场，就党建、"两学一做"学习教育等工作进行调研；农场组织广大党员干部，积极于北疆先锋在线学习平台注册，利用早晚时间上网学习。11月，农场党委组织基层党支部书记18人，赴延安进行为期5天的革命传统教育、政治理论和延安精神"两学一做"主题培训学习；12月，农场邀请额尔古纳市委党校陈云英、孙广斌讲师为副科级以上管理人员、党员代表、机关全体工作人员共计152人讲授十八届六中全会精神。

2017年，为认真学习十九大会议精神，上库力农场各党支部组织广大党员和群众观看十九大会议实况直播；10月，各基层党支部组织党员干部积极学习十九大精神，掀起学习热潮；11月，农场党委组织正科级以上领导干部学习习近平总书记代表第十八届中央委员会向大会作的题为《决胜全面建成小康社会夺取新时代中国特色社会主义伟大胜利》的报告。

2018 年，为进一步提高积极分子的政治理论水平，分公司党委举办积极分子政治理论学习测试，全面提高积极分子综合素质和思想理论素养。考试内容涵盖《中国共产党章程》、党的十九大精神、党风廉政建设等内容，采取集中、限时、闭卷的形式进行。农场各单位的积极分子 57 人参加测试，参考人员聚精会神、专心答卷，通过考试增强积极分子的学习进取意识，收到很好的效果。

2019 年，农场开展党的十九届四中全会精神宣传贯彻落实等各项工作，利用各种宣传阵地在各基层党支部开展学习宣传贯彻活动。与职工面对面、零距离宣传企业发展规划、规章制度和各项惠民政策，开展各类培训，提高职工素质、安全意识和创业致富的本领。

2020 年，农场开展党的十九届四中、五中全会精神宣传贯彻落实等各项工作，利用各种宣传阵地在各基层党支部开展学习宣传贯彻活动，集中学习 36 次，上万人次参加。

第四节　新闻工作

一、通讯员队伍建设

2011 年，中国农林水利工会全国委员会举办的优秀调研成果论文评比中，农场政工部干事孙凤军撰写的论文《以人为本、关注民生，实现企业经济社会和谐稳步健康发展》获得三等奖。

2012 年，根据各单位上报情况，并结合通讯员的写作能力，确定了 36 名农场骨干通讯员。政工部利用《呼伦贝尔农垦报》研讨班在农场举办之机，对通讯员进行了培训。通过老师授课、通讯员之间交流和实地采风活动等多种办法提高了农场通讯员的写作水平。同时还上报《呼伦贝尔农垦报》评论员、记者、特约记者和通讯员 9 人。

7 月 18 日至 21 日，农场承办了《呼伦贝尔农垦报》报社首次举办的为期 3 天的特邀评论员、摄影报道员研讨班。来自海拉尔农垦集团公司和大兴安岭农垦集团公司的 62 名通讯员参加了学习活动。政工部对这次研讨班在上库力举办做了详细的工作安排，对开班前的准备工作，制作宣传画册、通讯录，接待等各项环节都进行了具体分工。这次《呼伦贝尔农垦报》研讨班的成功举办，对上库力农场的宣传工作起到了积极的推动作用。尤其是上库力农场首次召开记者招待会，更是开了农场的先河。

10 月 12 日，农场派出宣传人员参加了《中国农垦》2012 年通联会议；11 月 4 日，农场选派人员参加《呼伦贝尔农垦报》抽调宣传负责人到大兴安岭垦区进行的异地采访活动；11 月 15 日，农场派出宣传负责人员参加呼伦贝尔市委宣传部举办的十八大政治理论骨干培训班。

2013 年，农场根据各单位上报情况，并结合通讯员的写作能力，确定了 35 人为农场骨干通讯员。利用教师授课、网络、飞信等形式，与通讯员进行交流、加强培训，使农场通讯员的写作水平不断提高。同时，政工部随时与本场青年，尤其是大学生中的写作爱好者保持联系加强交流，为他们搭建平台，积极引导他们发挥聪明才智踊跃投稿，为农场宣传工作后备力量储备人才。上报《呼伦贝尔农垦报》诗歌爱好者 5 人、文学爱好者 12 人、摄影爱好者 5 人。5 月，农场选派 1 名宣传工作人员参加中国农垦信息业务培训班。9 月，1 名宣传工作人员被《呼伦贝尔农垦报》抽调到大兴安岭垦区进行异地采访活动。农场派出宣传、摄影爱好者 2 人到绰尔河农场参加《呼伦贝尔农垦报》报社举办的新闻业务（摄影）研讨班。12 月，农场派出 1 名宣传负责人员参加了呼伦贝尔市委宣传部举办的十八届三中全会精神理论骨干培训班。

2014 年 6 月，农场 1 名宣传工作人员作为记者被抽调到巴彦农场进行集体采访两天，参与编纂的《巴彦党建专刊》成为呼伦贝尔农垦集团党建现场会参考材料。8 月，选派 1 名宣传工作人员参加《呼伦贝尔农垦报》报社在那吉屯农场召开的上稿率分析会，并对那吉屯农场进行采访。9 月，派出 1 名宣传工作人员参加呼伦贝尔农垦采访团，赴安徽农垦和广东农垦进行采访培训。10 月，有 1 名宣传工作人员参加呼伦贝尔广播电影电视局举办的第三届全区电视编导摄像摄影专业培训班。11 月，农场派出 1 名宣传负责人员参加呼伦贝尔市委宣传部举办的十八届四中全会精神理论骨干培训班。

2015 年 6 月，农场选派 1 名宣传工作人员前往格尼河农场，参加集团公司举办的"优秀记者"颁奖大会并对格尼河农场进行采访。8 月，派出 1 名宣传工作人员到麦福劳公司参加集团公司举办的"抗战反法西斯胜利七十周年诗歌朗诵大赛"。9 月，派出 1 名宣传工作人员到大垦区参加学习交流笔会，并对古里、扎兰河等农场进行采访。

2016 年 3 月，上库力农场举办骨干通讯员摄影培训班，邀请中国摄影家协会会员、黑龙江省摄影家协会理事、专业摄影师陆晓路老师专题授课。60 名骨干通讯员参加培训。同年，农场选派 1 名宣传工作人员参加宁夏银川由中国农垦组织举办的第三期农垦宣传信息业务专题培训班。参加呼伦贝尔市委宣传部举办的全市学习贯彻党的十八届六中全会和内蒙古自治区党的第十次代表大会精神理论骨干培训班。

2017 年，为储备宣传工作后备人才，在农场范围内培养摄影爱好者，组织开展摄影培训班 3 期，深入田间进行外景采风。作品收集整理后，发表在上库力农场新天地微信公众号上。

在内蒙古自治区书香征文比赛中，农场政工部贾文慧获得自治区"书香三八"征文一等奖。两名通讯员在额尔古纳市"辉煌70年"征文比赛中获二等奖和优秀奖。两名通讯员在额尔古纳市"文明在我心·志愿我先行"主题演讲比赛中获优秀奖。在呼伦贝尔农垦集团公司举办的《农垦这五年》摄影大赛中，张永昌、范鹏旭获得二等奖，贾文慧、朱悦获得优秀奖，王爱敏、张永昌、王丽获得入围奖。徐德、王丽、高云宝、张楠楠、孟庆杰、朱悦6人获得上库力分公司2017年优秀通讯员荣誉称号。上库力农场（分公司）举办的《冰雪上库力》摄影大赛，评选出一等奖2名、二等奖3名、三等奖5名、鼓励奖5名，范鹏旭、王丽获得一等奖。

2018年，农场邀请《呼伦贝尔农垦报》总编辑张玉枢、三版编辑王敏、四版编辑李广斌对基层各单位书记、通讯员、政工部全体共计81人进行培训。同时组织通讯员摄影培训班2期，参加人数55人。

2020年，农场组织通讯员培训班，邀请呼伦贝尔农垦集团公司党委宣传部副部长韩玉军和《呼伦贝尔农垦报》编辑到场授课，基层支部书记及骨干通讯员50人参加学习。

二、对外宣传

2011年2月15日，《农民日报》7版发表《上库力农场避灾型农业连年夺丰收》，《红旗文稿》杂志11期上发表的《杨帆拓进谱华章长风破浪铸辉煌》《上库力农场建场55周年庆祝活动》等稿件，宣传上库力农场几年来的发展变化和取得的成绩，同时也被中国农业新闻网、央视网等多家网站进行了大量的转载宣传。为庆祝上库力农场建场55周年，经过精心策划，8月5日《呼伦贝尔日报》刊发了专版，从引领现代农业发展"排头兵"、经济快速发展提升幸福指数等8个方面，配发9张图片，对上库力农场改革转制以来所取得的成绩进行了概括总结。8月6日，《海拉尔农垦》旬报4版刊发题为"上库力 镌刻在黑土地上的丰碑"的专版。同时制作了海拉尔农垦集团上库力分公司宣传画册，49张具有代表性的图片，展现了上库力农场的快速发展。9月2日下午3时，新闻时段与内蒙古广播电台进行了连线直播，报道了上库力农场大篷车为职工带来便利的新闻。《海拉尔农垦》旬报9月26日第三版"红旗飘飘"专栏，以《上库力抓班子带队伍促发展》为题，刊登上库力农场在集团公司政治工作会议上的发言节选，从把创建"四好"领导班子作为班子建设的重点，形成目标一致、团结务实、敢为人先的领导集体，把创建"四好"领导班子与建设三支队伍融为一体，全面提升职工素质，促进企业不断发展，把创建"四好"领导班子与坚持以人为本、改善民生紧密结合，促进社会和谐稳定，加强"四好"领导班子建设，为企业发展奠定坚实的物质基础四个方面全面介绍上库力农场党委创建"四好"领导班子所确定的目标、采取的措施、取得的成效。

截至 11 月 15 日，各级媒体发表稿件 177 篇，其中国家级媒体发稿 25 篇、自治区级 32 篇、呼伦贝尔市三家媒体 16 篇、农垦旬报 40 篇、局域网 64 篇。

2012 年 5 月 14 日，呼伦贝尔电视台身边新闻栏目组一行到场，对春播生产进行采访报道。26 日，内蒙古电台台长张兴茂、新闻中心主任新娜带领走基层采访报道组到场，对新垦区建设、危旧房改造、发展畜牧业等方面的情况进行采访。呼伦贝尔农垦集团党委书记黄元勋、总经理胡家才，呼伦贝尔广播电台台长齐穗峰，海拉尔农垦集团宣传部部长范红光陪同。场长王延生、党委书记苗培昆，副书记郭本生陪同采访。7 月 18 日，《呼伦贝尔农垦报》研讨班在上库力农场开班。呼伦贝尔市原人大主任德玉庆、集团公司党委书记黄元勋、农垦报总编王欣及农场领导出席开班仪式，来自海大两局的 62 名通讯员参加了学习、研讨。20 日，农场举办《呼伦贝尔农垦报》特约评论员、记者、报道员研讨班记者招待会。共有 60 名新闻媒体人员参加。场长王延生、党委书记苗培昆、副书记郭本生、副场长郭祥华就如何提升农垦职工的幸福指数等问题分别回答了记者的提问。12 月，农场政工部副部长张永昌采写的《上库力农场避灾型农业连年夺丰收》一文，被《农民日报》二版头条刊发。文章详细介绍了农场打造避灾型农业各环节采取的措施、方法、技术和取得的成效。

中国生殖健康网、内蒙古日报等多家省级以上媒体先后刊发了高美艳撰写的《上库力农场女职工尽展风采》《麦场来了娘子军》等多篇新闻稿件。

截至 12 月 5 日，农场在各级媒体发表稿件 204 篇，其中国家级媒体发稿 13 篇、自治区级 25 篇、呼伦贝尔市三家媒体 29 篇、农垦旬报 56 篇、局域网 81 篇，圆满完成全年外宣工作任务。

2013 年，呼伦贝尔电视台民生部身边新闻栏目先后三次到场，深入生产队、职工家庭和养殖户家中进行实地采访报道，并就新垦区建设、危旧房改造、扶持养畜户发展畜牧业等方面的情况进行了采访。呼伦贝尔广播电台《农牧林新天地》栏目先后 5 次就农场危旧房改造、畜牧业、职工群众幸福指数节节攀升、秋收生产等多方面进行连线直播。8 月，中央电视台记者阮超、祁晓新采访报道组来到农场，深入第七生产队对遭受特大水灾的群众、被大水冲倒及毁损的房屋以及居民群众生活等多方面情况在中央电视台新闻频道进行报道；内蒙古电视台《草原晨曲》栏目于 8 月 10 日播出《上库力农场开启今秋呼伦贝尔收割第一镰》，展现了农场在大灾之年誓夺丰收的强劲势头；《农民日报》于 8 月 20 日刊登了《海垦区上库力大麦收割第一镰》；集团公司宣传部刘慧欣撰写的《王延生攥着

"四样法宝"让土生金》在《人民日报》《农民日报》《中国农垦》《内蒙古晨报》《内蒙古北方新报》等多家媒体发表。通过这些平台，农场宣传了在两个文明建设中取得的新成绩。

呼伦贝尔农垦党委举办"那吉屯杯·呼伦贝尔农垦"诗歌大赛，政工部组织各单位踊跃投稿，共计投稿30篇；呼伦贝尔市妇联举办"我与中国梦"主题宣传活动征文和演讲比赛，农场各单位共投稿18篇，同时贾文慧代表海拉尔农垦赴呼伦贝尔市演讲，获得优秀奖。

截至12月，农场在各级媒体发表稿件331篇（条），其中国家级媒体发稿25篇、自治区级36篇、呼伦贝尔市三家媒体43篇、农垦旬报52篇、呼伦贝尔农垦网及杂志26篇、局域网99篇、额尔古纳市电视台21条、农垦电视新闻及农垦之声29篇。

2014年，呼伦贝尔电视台在秋收时来到农场深入田间地头和养殖户家中进行实地采访报道，并就科学种植、农机标准化应用、扶持职工发展特色养殖业致富等进行了采访。呼伦贝尔广播电台《牧业新交响》栏目先后5次就农场农业生产、特色养殖、文化活动月、职工体检和基层通讯员队伍建设等多方面进行连线直播。内蒙古新闻联播7月13日播出的《呼伦贝尔做足绿文章》展现上库力农场畜牧业发展的良好态势。同期节目7月14日在内蒙古草原晨曲栏目播出。《中国农垦》杂志第一期刊登《上库力农场调试新建成的挤奶平台》图片新闻，《中国农垦》杂志第四期刊登反映农垦风物的散文《撒不开手的大羊肉串》，《中国农垦》杂志第六期刊登《上库力农场植树造林》图片新闻。通过这些平台，农场宣传了在两个文明建设中的新成绩。

截至12月20日，农场在各级媒体发表稿件262篇（条），其中国家级媒体发稿13篇、自治区级23篇、呼伦贝尔市三家媒体35篇、农垦旬报64篇、呼伦贝尔农垦网及杂志24篇、局域网99篇、额尔古纳市电视台4条。

2015年，呼伦贝尔电视台来到农场，深入第一生产队、第三生产队、第四生产队和场部中心区进行实地采访报道，就集资圈养肉牛、"十个全覆盖"工程建设、秋收生产等方面情况进行了采访。呼伦贝尔广播电台《牧业新交响》栏目对农场的"十个全覆盖"工作进行连线直播，并对农场《大灾之年喜获丰收》的稿件进行播报。

截至12月底，农场在各级媒体发表稿件262篇（条），其中国家级媒体发稿3篇、自治区级媒体3篇、呼伦贝尔市三家媒体22篇、《呼伦贝尔农垦报》97篇、呼伦贝尔农垦网及杂志3篇、海拉尔局域内网94篇、额尔古纳市电视台10条、网络媒体30篇。

2016年，呼伦贝尔电视台在春播时，来到农场深入田间地头对第六生产队队长张会武进行采访报道；6月14日，呼伦贝尔电视台采访播出上库力农场人畜分离工作报道；6月15日，呼伦贝尔电视台播出采访上库力农场自主创业大学生李明爽的新闻报道。呼伦贝尔广播电台《牧业新交响》栏目先后 5 次就农场农业生产、社会治安综合治理、职工体检和义务献血等进行连线直播。中央电视台军事农业频道《致富经》栏目 9 月 1 日播出《赵红松养羊致富，同样的羊他咋卖出三倍价》。《农民日报》6 月 21 日刊登《上库力农场美化环境》图片新闻。《内蒙古日报》3 月 25 日刊登《上库力农场机械检修》图片新闻，4 月 14 日刊登《上库力农场现代机械》图片新闻。

截至 12 月 12 日，农场在各级媒体发表稿件 473 篇（条），其中国家级媒体发稿 7 篇、自治区级 18 篇、呼伦贝尔市三家媒体 17 篇、农垦旬报 99 篇、呼伦贝尔农垦网及杂志 15 篇、局域网 60 篇、额尔古纳市电视台 2 条、"上库力农场新天地"微信公众号发布新闻消息 255 篇。

2017 年，春播期间，农场在"上库力农场新天地"微信平台开设"春耕第一线""劳模风采"等专栏；在文化活动月期间结合庆祝内蒙古自治区成立 70 周年文艺演出进行了专题报道。

呼伦贝尔电视台来到农场春播现场，对新购进的凯斯 450 履带式拖拉机、空气变量播种机、自走喷药机、约翰迪尔联合收割机、道依茨·法尔拖拉机等大型现代化先进机械进行专题报道；9 月 2 日，农场举办"亚洲北纬度假圈·额尔古纳旅游高峰论坛"暨揭秘旅游"新物种"极地梦境品牌全球路演，额尔古纳市新闻媒体进行现场报道；呼伦贝尔广播电台对农场 57 名治安联防队员着装上岗、多措并举保春耕、文化活动月、苗木基地吸引大批游客和有机肥厂情况等进行报道。《农民日报》5 月 9 日刊登农场种子发芽实验图片新闻，6 月 27 日刊登农场油菜花图片新闻，9 月 12 日刊登农场赵红松创业事迹。中国农垦公众号 9 月 25 日刊登农场《上库力农场有机褐麦》报道。《内蒙古新闻》5 月 29 日播出农场《呼伦贝尔互联网＋推动农牧业转型升级》报道，9 月 3 日播出农场《牧草种植》新闻报道。

截至 11 月 15 日，农场在各级媒体发表稿件 436 篇（条），其中国家级媒体发稿 5 篇、自治区级 13 篇、呼伦贝尔市级三家媒体 14 篇、农垦旬报 60 篇、呼伦贝尔农垦网、手机报及杂志 11 篇、海拉尔农垦局域内网 88 篇、额尔古纳电视台 7 条、"上库力农场新天地"微信公众平台发布新闻消息 238 篇。

2018 年，农场参加集团公司举办庆祝首届"中国农民丰收节"手机摄影大赛活动，共收集了 30 名作者的 115 幅作品参赛。

中央电视台国际频道摄制采访组对农场改革开放 40 周年以来发生的巨大变化，以及农场在乡村振兴发展方面的举措进行专题采访。内蒙古电视台、内蒙古广播电台、内蒙古日报、呼伦贝尔日报、集团公司宣传部、额尔古纳电视台对农场举办的"庆丰收"田间日活动进行了专题采访、报道，以上采访在各媒体相继刊发、播出。

截至 10 月 26 日，农场在各级媒体发表稿件 327 篇（条），其中国家级媒体发稿 4 篇、自治区级 6 篇、呼伦贝尔市级三家媒体 16 篇、农垦旬报 40 篇、报友杂志 7 篇、额尔古纳电视台 5 条、"上库力农场新天地"微信公众平台发布新闻消息 249 篇。

2019 年，中央电视台摄制采访组对新中国成立 70 周年以来农场发生的巨大变化以及农场在科技发展、推进现代农业等方面的情况进行专题采访报道。

呼伦贝尔市、额尔古纳市电视台对农场现代化先进大型农机具、农田水利、粮油草销售、鸵鸟与藏香猪养殖和有机面粉生产的情况进行了专题采访并相继播出。

截至 12 月 9 日，农场在各级媒体发表稿件 417 篇（条），其中国家级媒体发稿 4 篇、自治区级 5 篇、呼伦贝尔市级三家媒体 15 篇、农垦旬报 54 篇、网络媒体 14 篇、集团公司简报 5 篇、学习强国平台投稿 36 篇、上库力农场网站 60 篇、报友学苑 5 篇、额尔古纳电视台 5 条、"上库力农场新天地"微信公众平台发布新闻消息 214 篇，完成全年外宣工作任务。

2020 年，呼伦贝尔日报、电视台、广播电台三家媒体对农场发生的巨大变化以及农业信息化、奶业发展、现代化农业建设等方面进行专题采访报道。

中央电视台财经频道消费主张栏目组深入王艳杰养殖场实地采访拍摄特种养殖，并在《2020 中国夜市全攻略：内蒙古海拉尔》节目中播出。

推送《内蒙古推广机械化规模化种植多举措抢农时》新闻报道，在中央电视台新闻频道《朝闻天下》栏目播出，重点报道第四生产队苗强机车组大型农机具播种现场画面。

中央电视台农业农村频道整点报时栏目，连续播出上库力农场纸筒甜菜种植、肉鹅养殖、粮油运输、甜菜收获等现场画面。其中粮食丰收、装车运输微视频于 9 月中旬～12 月末晚 9 时连续近 3 个半月在整点报时栏目中播出。

呼伦贝尔市和额尔古纳市电视台对农场现代化先进大型农机具、农田水利、甜菜收获销售和奶业发展进行专题采访，并相继播出。

"上库力农场新天地"微信平台继续开设"春播纪实"专栏，对生产一线和技术革新进行全面纪实专题报道。

在文化活动月期间对篮球比赛、地企联合组织文艺演出和庆祝中华人民共和国成立 71 周年、建党 99 周年等系列活动进行了专题报道。

推送农场场歌、电视专题片歌曲《草原明珠上库力农场》参加 2020 年"庆丰收·迎小康"中国村歌大赛，荣获全国二等奖的好成绩，并在大赛现场浙江省江山市大陈村推介了"苍茫谣"芥花油。《草原明珠上库力农场》歌曲得到社会各界广泛关注，在《中国农垦》杂志、《中国农村》杂志、学习强国学习平台和《呼伦贝尔日报》等多家媒体广泛宣传报道。

张永昌的作品《内蒙古呼伦贝尔：沃野秋色美如画》被推送到国家级"学习强国"平台，在《快闪》频道《最美中国》栏目中发表，同时在《每日一景》中刊发，阅读量突破100万。

农场全年在各级新闻媒体发表稿件444篇（条），其中国家级媒体发稿26篇、自治区级23篇、呼伦贝尔市级三家媒体50篇、农垦旬报90篇、农垦快讯27篇、额尔古纳电视台8条，"上库力农场新天地"微信公众平台发布新闻消息220篇。

2020年，农场宣传部门被集团公司党委评为外宣工作先进集体。

三、对内宣传

2011年，农场收到各单位通讯员来稿174篇，编辑《上场通讯》15期、机关橱窗7期，自办电视节目播放900多小时，场内通讯刻录光盘45张。为做好"两会"的宣传工作，在集团公司宣传部和额尔古纳市电视台的积极支持下，完成了《惠民阳光暖乡村》《希望的田野》两部专题片，为第四生产队制作了文明单位复审专题片《草原无处不飞花》。8月，农场政工部制作建场55周年巡礼专题片《希望的田野》。

2012年，农场收到各基层单位通讯员来稿152篇，编辑《上场通讯》12期、机关橱窗6期，自办电视节目播放电视剧38部，长达855小时；播出《上场新闻》33期，场内通知32次；每天播出时间达7.5小时。制作了呼伦贝尔农垦上库力农场（分公司）宣传画册，以55张具有代表性的图片展现了上库力农场发展建设取得的成就。1月18日政工部制作了长达30多分钟的《盘点2011年》专题片，此片集中反映了农场在2011年各项工作中取得的辉煌成绩，并在春节期间滚动播出。

2013年，农场收到各单位通讯员来稿155篇，编辑场报《上场通讯》18期、机关橱窗4期，自办电视节目播放爱国影片29部2249.6小时、场内通知864个小时、场内新闻28期48条69个小时。制作了时长30分钟的专题片《精彩2013》。

2014年，农场收到各单位通讯员来稿50篇，编辑场报《上场通讯》18期，编发关于群众路线教育实践活动开展情况的简报42期、机关橱窗4期，自办电视节目播放爱国影片24部2565小时、场内通知864小时、场内新闻56小时。制作了长10余分钟的专题片《回顾2014》。

2015年，收到各单位通讯员来稿74篇、刊发场报（上场通讯）18期、"十个全覆盖"简报49期、大引领行动简报10期、机关橱窗5期，自办电视节目播放爱国影片29部

2670 小时、场内通知 12 条、场内新闻 28 篇，制作了"十个全覆盖"专题系列报道 3 期，自制"十个全覆盖"专题片《将上库力农场建设得更美好》。印制并下发《"十个全覆盖"相关知识》宣传单 2000 份、《致广大奶户的一封信》2000 份、《致广大职工群众的一封信》2500 份，发放宣传手册 3500 册、明白纸 2500 张。印发"十个全覆盖"宣传挂图 3000 份，为每家每户张贴上墙，使职工群众能够简单直观地了解"十个全覆盖"内容。印制党员干部联系卡，在党员干部入户宣传走访过程中共发放联系卡 2000 余张。制作室内外宣传图版、牌匾、条幅 654 块（条、个），内容为党建、"十个全覆盖"、社会主义核心价值观和中华传统文化等。制作党旗、国旗、六队队旗共 32 面。制作"十个全覆盖"画册 80 本、折页 300 本、民情日记 70 本、VCD 光盘 3 盒。

2016 年，全年收到各单位通讯员来稿 79 篇，编辑《上场通讯》18 期、"十个全覆盖"简报 20 期、"两学一做"学习教育简报 33 期、春播简报 5 期、机关橱窗 4 期。

2017 年，继续将通讯员稿件量化纳入两个文明建设考核范围，对各单位的投发稿数量进行了量化。从一年中收到的稿件情况来看，各单位稿件写作质量有所提高。全年收到各单位通讯员来稿 85 篇，编辑《上场通讯》场报 18 期、机关橱窗 4 期。

2018 年，收到各单位通讯员来稿 92 篇，编辑刊发《上场通讯》场报 18 期、机关橱窗 4 期，制作擎天柱和各路段户外宣传牌 6 处、拍摄图片 15000 余张、视频资料 1400 小时。

2019 年，农场收到各单位通讯员来稿 24 篇，编辑刊发《上场通讯》场报 18 期、主题教育简报 29 期、机关橱窗 4 期。拍摄图片 16700 余张、视频资料 1360 小时。

2020 年，农场全年收到各基层单位通讯员在"上库力农场新天地"微信公众号上刊发的稿件 60 篇，其中第一生产队 6 篇、第二生产队 5 篇、第三生产队 7 篇、第四生产队 2 篇、第五生产队 2 篇、第六生产队 4 篇、第七生产队 9 篇、伊根生产队 2 篇、供电所 5 篇、林草站 3 篇、科技站 5 篇、机关支部 2 篇、生产部 2 篇、畜牧科 2 篇、办公室 2 篇、安全生产部 1 篇、水利办 1 篇。制作机关橱窗 4 期；开展安全生产、励志和警示教育，制作宣传图版 25 块；《上场通讯》编辑刊发 18 期；更换集团公司标识 5 处；拍摄图片 18600 余张、视频资料 1570 小时。

农场政工部被集团公司党委评为 2020 年度内宣工作先进集体，孙凤军被评为宣传工作先进个人。

四、旬报发放

2011 年，经分公司党委研究决定，农场再次下发《海拉尔农垦》旬报管理发行办法，要求各单位认真地做好发行工作。同时还根据集团公司宣传部的要求对各单位旬报数量进行了再次核实，原发放份数为 1960 份，通过各单位上报统计情况，增加为 2015 份，增加 55 份，有 6 个单位增加、2 个单位减少。

2012 年，为了让职工第一时间能看到报纸，在分公司党委的领导下，政工部制定了多项措施和办法，不让报纸在各环节滞留，让职工第一时间看到《呼伦贝尔农垦报》，将发放工作纳入分公司精神文明建设考核细则当中，重点对发放和留存进行了分解细化指标考核。第五生产队利用妇女组织与职工家属联系密切的有利条件，组织妇委会分组按时登门直接发放报纸，生产队对发放人员进行薪酬补助；第六生产队将发放工作与各班组分级对接，按大组分到班组，班组分到小组，小组分到个人的方式层层落实；还有部分单位采取了指定专人负责取报纸、发报纸，一条龙直接到户的办法。同时，对不在上库力居住的农场退休干部，采取在海拉尔区居住者送报纸上门、在外地居住者信件邮递的方式，将报纸按时送到他们手中。2012 年农场发放报纸数量为每期 2015 份。

2013 年，政工部统一印制了报纸发放记录表，各基层单位成立发放小组，投资 1 万多元，为农场 2015 个职工家庭购买了报纸夹，指定报纸摆放位置。基层各单位采取"三个一"的发放原则，即第一时间领取报纸、第一时间送到职工家中、第一时间让职工看到报纸。这使呼伦贝尔农垦党委的声音传到了每家每户。全年共计发放报纸数量为每期 2015 份。

2014 年，农场发放报纸数量为每期 2015 份。杨文忠和岳晓红获《呼伦贝尔农垦报》报社"优秀发行员"称号。

2015—2016 年，《呼伦贝尔农垦报》由旬报改为周报，政工部结合实际，统一印制了农垦周报发放记录表，继续按照"三个一"的发放原则，每周一期，每期 2015 份。

2017 年，上半年发放报纸数量为每周一期、每期数量 2015 份；自 7 月起，《呼伦贝尔农垦报》改为每 10 天 1 期，每月 3 期，每期 750 份。农场全年累计发放报纸 61860 份。

2018—2020 年，发放《呼伦贝尔农垦报》方式为每月 3 期、每期 750 份。累计发放报纸数量 99 期，74250 份。

第五节　宣传阵地

2011—2014 年，农场（分公司）加强党务、政务公开栏等阵地建设，建立健全公开栏管理制度，成立场队两级公开领导小组，不断完善公开内容，分公司重大决策、公车管理、招待费用、职工考勤、单车核算、生产进度等内容及时上墙公布或电视公示，接受职工群众的监督，做到了公开内容及时、真实、准确。

继续利用广播电视、网络通信平台，专人管理、定期宣传党的路线方针政策、农场重大决策等，播放农场内部专题片、新闻报道等，利用网络平台，建立 QQ 工作群、微信工作群，政工部专人负责，上传下达、发布农场文件、理论宣传等重大事项。

2015 年 11 月，农场建立"上库力农场新天地"微信公众平台，共发布《美丽的上库力农场欢迎您》系列报道和"十个全覆盖"典型人物报道共计 13 篇。通过读者的分享和转载，微信平台稿件的点击阅读量达 4630 人次。

2016 年，农场利用网络微博、微信群等宣传平台与 35 名骨干通讯员沟通交流，随时与青年、大学生写作爱好者保持联系、搭建平台，引导他们发挥聪明才智踊跃投稿，为农场宣传工作后备力量储备人才。

2015—2016 年，"十个全覆盖"工程建设期间，农场及基层各单位制作宣传图版、宣传栏 87 个，制作张贴宣传标语 362 处，投资 25 万元建设 S301 省道擎天柱 1 座。

2018 年，农场加强网络舆情的监管力度，对上库力农场贴吧、网站、微信公众平台、上库力农场微信群进行专人负责，严格监管。额尔古纳图书馆开展草原书屋送书活动，共为农场五个草原书屋送书 382 册。

"上库力农场新天地"微信公众号将农场党委的工作部署和基层各单位的新闻信息进行及时刊发，微信公众号全年点击率达到 144907 次。

2019 年，"上库力农场新天地"微信平台开设"春播纪实"专栏，对生产一线的先进机车组和劳动模范及技术革新等方面进行了专题报道。农场建立钉钉智能移动办公平台，开启农场办公、宣传、交流、事物审批等智能移动办公时代。组织 5 个单位的草原书屋管理员，参加额尔古纳市文化旅游体育局举办的为期 3 天的草原书屋业务培训班；第一生产队草原书屋被评为第五届全区服务农牧民、服务基层文化建设先进集体；协调配合书香额尔古纳全民阅读活动草原书屋赠书 250 册。

充分利用钉钉、微信群平台，将党建、农业生产、水利技术和安全生产等多项内容进行了网上资料传送，通过近一个月的自学，开展了 6 项专题知识测试，分公司全体管理干部和青年骨干 200 余人参加了测试。农场按时发布农业生产知识、大型机械化展示、线上集团公司党建和经济会议精神、知识测试、信息化培训等内容，并督促员工观看学习。

2020 年，农场利用"上库力农场新天地"微信公众号将分公司党委的工作部署和各单位的新闻信息及时刊发，微信公众号全年点击率达到 16 万次。利用微信平台组建上库力农场宣传群，促进写作爱好者保持联系、交流，将好的作品分享在微信群里。制作"扫黄打非"宣传图板 18 块，移动展板 9 个。

开展草原书屋检查，五个草原书屋各类图书均摆放整齐，各项管理制度健全，有专（兼）职人员负责有借阅记录和图书目录等，发挥了书屋的作用。额尔古纳市委宣传部向各草原书屋赠书278册。

第六节　法制宣传

2011年9月，农场党委就《深入开展法制宣传教育推进依法治理工作第六个五年规划》发出通知。对"六五"普法的指导思想、基本目标、工作原则、主要任务、重点普法对象、工作步骤、普法内容、组织领导和保障措施等方面进行了部署。

2014年3月，农场聘请3名上库力边防派出所干警，到偏远生产队一队、八队、伊根队进行普法宣传教育。11月，举办年度企业管理人员法律知识考试。副科级以上管理人员77人参加考试。

2015年12月，农场组织副科级以上经营管理人员75人参加2015年度法律知识考试。本次考试农场党委高度重视、精心组织、周密安排，在机关设立了专门的考场，同时安排了专门的监考人员，杜绝了替答、代考现象的发生。考试内容涵盖《干部学法用法读本》《公务员学法用法读本》《企业经营管理人员学法用法读本》等内容，采取集中、限时、开卷的形式，增强相关人员依法治企的意识，为农场经济社会发展营造了良好的法治环境。

2017年4月，上库力农场、上库力街道办事处、上库力边防派出所在农场第三生产队会议室共同举办上库力治安联防队服装发放仪式暨联防队成员培训大会，来自上库力地区的57名治安联防队员参加会议。

2020年，基层党支部采取线上＋线下的学习教育方式，通过三会一课、钉钉、微信群、QQ工作群多种形式开展普法学习宣传教育，并以灵活多样的、党员喜闻乐见的形式，组织普法学习20次，重点学习了《中华人民共和国野生动物保护法》《全国人民代表大会常务委员会关于禁止非法野生动物交易、革除滥食野生动物陋习、切实保障人民群众生命健康安全的决定》和《内蒙古自治区实施〈中华人民共和国野生动物保护法〉办法》（简称一法一决定一办法）。让普法内容深入人心，不断增强党员干部职工的法律意识。

全面落实"扫黄打非"治理能力提升年的各项工作，进一步筑牢"扫黄打非"治理体系和治理能力，建立组织、健全制度，分工明确、落实职责，制作宣传图板18块、移动展板9个，设立工作室，制度上墙、设举报电话，做到有人抓、有人管、有成效。利用微信公众号、工作群，公开栏，广泛宣传、管好阵地。

上库力分公司法制宣传教育规划文件如下。

上库力分公司法制宣传教育第七个五年规划

为深入开展法制宣传教育，增强全民法治观念，进一步提高分公司基层管理干部队伍的法律素质和依法行政管理水平，服务"十三五"时期经济社会发展，根据海拉尔农垦（集团）有限责任公司法治宣传教育工作的要求，分公司制定并下发了《上库力分公司开展法治宣传教育的第七个五年规划（2016—2020 年）》。

一、指导思想、主要目标和工作原则

（一）指导思想

以马克思列宁主义、毛泽东思想、邓小平理论和"三个代表"重要思想和科学发展观为指导，深入贯彻习近平总书记重要讲话精神。紧紧围绕分公司经济发展"十三五"规划和构建社会主义和谐农垦的总体要求，以及完成经济社会发展新阶段对法制宣传教育提出的新任务、新要求开展工作。为分公司加快各业发展和建设平安农垦、和谐上库力创造良好的法治环境。

（二）主要目标

通过深入扎实的法制宣传教育和法治实践，进一步增强垦区干部职工法律意识和法律素质，进一步提高企业干部依法治企、依法管理和服务职工群众的水平，在全垦区营造浓厚的法治氛围。

（三）工作原则

坚持围绕中心、服务大局的原则。紧紧围绕"十三五"规划总体目标，安排和落实法制宣传教育各项任务，围绕分公司的中心工作，服务经济建设和社会和谐发展。坚持以人为本、服务群众的原则。始终把尊重和保障人民群众合法权益、提高企业干部职工的法律素质作为法制宣传教育的出发点和落脚点，从着力解决群众关心的热点、难点问题入手，不断丰富内容，创新方式方法，增强工作实效。

二、主要任务

（一）深入学习宣传习近平总书记全面依法治国的重要论述

深入学习宣传宪法和国家基本法律法规。宪法是国家的根本大法，宣传宪法是法制宣传教育的基础性工作。进一步学习宣传党和国家关于民主法制建设的政策、方针和理论，促进依法治国基本方略的全面落实，进一步学习宣传国家基本法律制度。培育爱国意识、安全意识、民主法制观念；深入开展以学法律、讲权利、讲义务、讲责任为主题的公民法制教育活动，促进企业干部职工依法正确行使权利和履行义务，努力在全社区营造遵守法律、崇尚法律、依法办事的良好社会风尚。

（二）深入学习宣传维护社会和谐稳定、促进社会公平正义的法律法规

加强守法观念的培养，形成自觉守法的社会风气；积极开展基层民主自治观念的宣传教育，增强职工群众依法参与管理企业事务的能力；加强依法维权、依法信访宣传教育，引导职工群众依法表达自己的利益诉求、依法解决各种矛盾和纠纷；开展治安和刑事法律法规宣传教育，预防和减少违法犯罪；加强法律权威和司法公正教育。

（三）深入学习宣传与经济社会发展相关的法律法规

着力于完善社会主义市场经济法律体系、加强公平竞争、诚实信用等市场经济基本法律原则和制度的宣传教育，促进经济主体依法生产经营和管理，推进经济平稳持续较快发展；大力提倡和宣传通过法律途径、运用法律手段进行基层管理和公共服务，促进社会事业进步；积极开展人口、资源、环境和公共卫生等方面法律法规的宣传教育，推进资源节约型和环境友好型社会建设；深入开展文化、体育相关法律法规的宣传教育，为文化和体育事业发展服务。

（四）深入学习宣传与群众生产生活密切相关的法律法规

加强安全生产、劳动和社会保障、婚姻家庭、社会救助等方面法律法规的宣传教育，增强全社会的安全生产意识和保护劳动者合法权益意识；普及知识产权法律法规，培养职工群众尊重劳动、尊重知识、尊重人才、尊重创造的观念，促进形成自主创新的良好社会氛围；大力开展对职工群众所关心的社会热点、难点问题相关法律法规的宣传教育，保护居民权益，预防和减少社会矛盾。

（五）普治并举，同步推进，整体提高依法治理水平

继续坚持学用结合、学以致用，以普法教育促进依法治理，以依法治理增强普法效果。以法制宣传教育为基础，把依法管理村务作为重点，以法制化管理为目标，进一步加大依法治理工作力度，保障各单位法制宣传教育和依法治理工作协调发展，促进民主法制建设，整体推进依法治理。

（六）组织开展法制宣传教育主题活动

大力推进法律进基层活动，掀起学法用法的热潮。

三、重点对象和要求

法制宣传教育的对象是企业全体管理干部、职工家庭，重点对象是分公司党员、干部、职工，党员干部要带头学法用法，模范遵守宪法和法律，自觉在宪法和法律范围内活动，提高依法决策和依法管理经济社会事务的能力，大力推进基层单位两委集体学法制度、法律知识考试考核制度，大力加强职工法制教育，努力培养职工的爱国意识、守法意识和权利义务意识。有针对性地开展法制教育，培养职工分辨是非的能力，养成守法习

惯。建立和完善社会、企业相结合的法制教育网络，大力加强职工法制教育。引导职工群众树立遵纪守法观念、依法进行生产生活观念和依法维权观念，着力培养和增强基层普法工作管理的能力，了解和掌握解决矛盾纠纷、维护合法权益的法律途径，充分运用法律手段、及时化解各类矛盾纠纷。自我加强对基层单位"两委"干部的法制教育，大力宣传有关法律法规，提高依法管理、依法办事和为居民服务的能力和水平。

四、实施步骤

"七五"法制宣传教育规划从2016年开始实施，到2020年结束，分为三个阶段。

宣传发动阶段：2016年，根据上级要求，结合自身实际，研究制定本单位普法工作规划，做好宣传发动工作，建立工作制度，抓好基础宣传教育工作。

组织实施阶段：2017—2019年，依据本规划目标任务，按照年度工作计划，突出工作重点，扎实有效地抓好规划的组织实施和检查监督。

检查验收阶段：2020年，接受上级普法依法治理主管机关组织开展的检查验收。

五、组织领导和保障措施

各单位两委要切实加强对法制宣传教育工作的认识，各支部书记负责此项工作。健全普法依法治理工作领导机构，明确领导小组成员职责、制定普法工作五年长期规划，年初有普法工作计划、普法学习记录、影像记录，年终有总结。及时报上级普法办公室备案。

大力开展法制宣传教育阵地建设。加强宣传园地建设，在公共场所建立固定和流动法制宣传设施，并定期开展宣传活动；加强法制教育基地建设，完善基础设施，提高教育水平；加强传媒阵地建设，广播和网络等大众传媒要积极开展公益性法制宣传教育活动。加强对新颁布法律法规的宣传教育，积极探索开展社区法制宣传教育与法律服务机构建设工作。加强法制宣传队伍建设。每年要有针对性地开展法制宣传教育培训，积极推进法制宣传教育志愿者队伍建设，推进法制宣传志愿者活动逐步规范化。建立法制宣传教育奖惩激励机制，推动法制宣传教育和依法治理工作的深入开展。总结经验，推广典型。准确把握新形势下法制宣传的特点和规律，集思广益，认真研究，创新思路，开拓新的工作方法和宣传形式。各单位普法依法治理工作领导小组办公室要善于发现和培养各类典型，并及时总结推广典型经验和做法，全面推进本单位法治进程。

第二十四章　干部工作

上库力农场党委注重干部队伍建设，按资质要求及时对干部进行考核，关心爱护老干部，举办干部培训班，年均培训干部百人次以上。

第一节　机构设置

上库力农场政治工作部管理全场干部工作。

2011—2014 年，政工部部长为潘金龙，副部长为张永昌、于建波、王爱敏，干事为孙凤军。工作人员为左兆礼。

2015—2019 年，政工部副部长为包义清、于建波、王爱敏，宣传干事为贾文慧。工作人员左兆礼负责党统、干统及老干部工作。

2016 年 6 月至 2018 年，政工部部长为张永昌。

2019—2020 年，政工部部长为张永昌，副部长为包义清、于建波、王爱敏、孙凤军，宣传干事为贾文慧。工作人员左兆礼负责党统、干统及老干部工作。

第二节　干部队伍

2011—2014 年，上库力农场场级领导班子由 6 人组成，包括总经理（场长）王延生，党委书记苗培昆，党委副书记、纪委书记郭本生，副总经理吴国志、郭祥华、何松。科级及以下干部 166 人，其中副科级以上干部 68 人，医疗卫生及畜牧业专业技术干部 49 人；大专以上学历 115 人，中专及以下学历 57 人；高级职称 5 人，中级职称 27 人，初级职称 60 人；女干部 45 人，少数民族干部 9 人。

2015 年，上库力农场副处级以上干部共 5 人，党委副书记、场长、总经理韩旭东，党委书记郭祥华，工会主席李月忠（正处级），副总经理何松、高安起。

2016 年 10 月，上库力农场副处级以上干部共 8 人，党委副书记、场长、总经理韩旭东，党委书记郭祥华，党委副书记、纪委书记高兴良，工会主席李月忠（正处级），副总经理何松、高安起、屈伟，党委委员、政工部部长张永昌。

2018年，上库力农场副处级以上干部共6人，场长、总经理韩旭东，党委书记郭祥华，党委副书记、纪委书记高兴良，副总经理何松、高安起、屈伟、张永昌。

2019年，上库力农场副处级以上干部共8人，场长、总经理韩旭东，党委书记郭祥华，党委副书记、纪委书记屈伟，副总经理高安起、高兴良、卢念章，工会主席、政工部部长张永昌，企业改革发展研究会副主任何松（副处级）。

2020年，党委书记、董事长为韩旭东，党委副书记、总经理为郭祥华，党委副书记、纪委书记为屈伟，副总经理为高安起、高兴良、卢念章，工会主席、政工部部长为张永昌，企业改革发展研究会副主任为何松（副处级）；科级及以下干部167人，其中正科级干部45人，副科级干部28人，畜牧业技术干部19人，一般干部75人；大专以上学历159人，中专及以下学历16人；高级职称10人，中级职称38人，初级职称55人。女干部33人，少数民族干部21人。全场干部共175人。

2020年上库力农场（分公司）管理人员情况见表24-1。

表24-1　2020年上库力农场（分公司）管理人员一览表

单位	姓名	性别	民族	出生日期	工作时间	政治面貌	学历	现任职务	技术职称
党委成员	韩旭东	男	蒙古族	1967.01	1988.01	党员	研究生	党委书记、董事长	政工师 2015.08
	郭祥华	男	汉族	1968.08	1984.12	党员	大专	党委副书记、董事、总经理	高级政工师 2012.12 工程师 2006.12
	屈伟	男	汉族	1967.08	1990.12	党员	本科	党委副书记、纪委书记	—
	高安起	男	汉族	1971.02	1988.12	党员	本科	党委委员、副总经理	—
	高兴良	男	汉族	1971.03	1988.12	党员	大专	党委委员、副总经理	政工师 2017.09
	卢念章	男	汉族	1967.09	1986.12	党员	本科	党委委员、副总经理	经济员 1999.09
	张永昌	男	汉族	1967.07	1984.12	党员	本科	党委委员、工会主席、政工部部长	高级政工师 2011.12
	何松	男	汉族	1962.11	1980.08	党员	本科	企业改革发展研究会副主任	助理工程师 1996.12
党委办公室	边向民	男	汉族	1961.06	1978.08	党员	大专	党委办公室主任	高级政工师 2014.05
机关党支部	高美艳	女	汉族	1974.02	1990.12	党员	大专	机关党支部书记兼计生办主任	政工师 2014.06
社会事业部	齐铁岭	男	汉族	1968.03	1986.12	党员	大专	社会事业部部长	政工师 2014.06
	崔岩	女	汉族	1975.10	1992.12	党员	大专	社会事业部副部长	政工师 2015.08
财务部	毕文虎	男	汉族	1974.02	1990.12	党员	大专	财务部部长	会计师 2011.05
	王建龙	男	汉族	1985.03	2010.03	群众	大专	财务部副部长	—
	于艳	女	汉族	1972.12	1988.12	党员	大专	财务部主管会计	会计员 1996.05
	吕恩敏	女	汉族	1970.09	1987.12	党员	大专	财务部会计	会计员 1993.11
	辛仲续	男	汉族	1984.02	2010.01	党员	本科	财务部会计	—
	邵淑华	女	汉族	1965.12	1990.12	党员	大专	多经队会计	助理经济师
	何晓蕊	女	汉族	1988.12	2012.01	群众	大专	财务部出纳员	中级会计师 2019.09

（续）

单位	姓名	性别	民族	出生日期	工作时间	政治面貌	学历	现任职务	技术职称
监察科	王翠平	女	汉族	1968.05	1990.09	党员	大专	监察科科长	助理会计师 1997.04
畜牧业管理部	白树国	男	汉族	1962.04	1978.09	党员	大专	畜牧业管理部部长	—
	胡凤文	男	汉族	1968.09	1984.12	党员	大专	畜牧业管理部副部长（正科级）	兽医师 2008.09
	宋华庆	男	汉族	1968.11	1986.12	群众	大专	畜牧业管理部副部长	兽医师 2011.09
	马晓宇	女	汉族	1986.12	2011.03	群众	本科	畜牧业管理部科员	助理兽医师 2015.09
办公室	张明波	男	汉族	1972.02	1987.12	党员	大专	办公室副主任（正科级）	政工师 2016.09
	李守元	男	汉族	1962.04	1982.12	党员	大专	办公室副主任（正科级）	会计员 1999.03 小教三级 1988.06
	董其盟	男	汉族	1983.08	2001.12	党员	大专	办公室副主任（正科级）	政工师 2017.09
	魏慧慧	女	汉族	1984.08	2002.03	党员	大专	综合办公室总务	政工师 2016.09
	郑旭东	男	汉族	1988.11	2012.08	群众	本科	综合办公室科员	—
	陈文杰	男	汉族	1986.12	2012.01	群众	本科	综合办公室科员	政工员 2012.12 助理农艺师 2016.12
政工部	包义清	男	汉族	1965.02	1982.10	党员	大专	政工部副部长（正科级）	高级政工师 2016.12
	于建波	男	汉族	1963.10	1983.12	党员	大专	政工部副部长（正科级）	高级政工师 2010.12 工程师 2008.09
	王爱敏	女	汉族	1970.04	1986.12	党员	大专	政工部副部长（正科级）	政工师 2016.09 助理会计师 1999.12
	孙凤军	男	汉族	1975.03	1992.12	党员	大专	政工部副部长（正科级）	政工师 2017.09
	贾文慧	女	汉族	1989.10	2013.01	党员	本科	政工部干事	政工师 2018.09
	石芳	女	回族	1990.01	2013.01	群众	本科	政工部干事	—
销售科	毛元江	男	汉族	1965.1	1982.07	党员	大专	销售科科长	二级教师 1990.10
	包春云	女	蒙古族	1979.12	1996.01	群众	大专	销售科会计	
	郭振东	男	汉族	1991.09	2014.03	党员	本科	销售科科员	农机工程师 2020.12
	龙天骄	男	汉族	1986.04	2010.03	党员	大专	销售科科员	助理农艺师 2019.11
综治办	马春秋	男	汉族	1981.08	2007.01	党员	大专	综治办副主任	助理政工师 2017.09
	王金强	男	汉族	1989.11	2008.01	党员	大专	综治办科员	助理政工师 2015.08
生产部	李世岭	男	汉族	1971.07	1996.09	党员	研究生	生产部部长兼农业科技试验站站长	高级农艺师 2013.12
	陈树林	男	汉族	1974.12	1994.12	党员	大专	生产部副部长（正科级）	助理工程师 2018.12
	卢振德	男	汉族	1962.12	1980.12	党员	大专	生产部副部长	农艺师 2010.09
	孔卫东	男	蒙古族	1990.08	2008.05	群众	大专	生产部科员	农机助理工程师 2016.12
安全生产部	苏勇峰	男	蒙古族	1961.11	1978.08	党员	高中	安全生产部部长	—
	王鹏	男	俄罗斯族	1988.11	2014.03	群众	本科	安全生产部科员	—
基建科	孟繁强	男	汉族	1974.05	1990.12	党员	本科	基建科科长	政工师 2016.09
	张志扬	男	蒙古族	1985.01	2008.07	党员	本科	基建科副科长	工程师 2015.09
	戚鹏	男	满族	1991.09	2009.12	党员	本科	基建科科员	—
	刘铭阳	男	汉族	1990.09	2014.03	群众	大专	基建科科员	建筑工程助理工程师 2018.12

（续）

单位	姓名	性别	民族	出生日期	工作时间	政治面貌	学历	现任职务	技术职称
水利办公室	刘惠斌	男	汉族	1962.12	1983.12	党员	大专	水利办主任	建筑工程师 2008.09
	冯国斌	男	汉族	1980.08	2003.04	党员	本科	水利办副主任	农艺师 2014.09
	孟繁星	男	汉族	1988.07	2012.09	党员	本科	水利办公室技术员	水利工程助理工程师 2018.12
	蔡海杰	男	汉族	1988.07	2008.12	群众	本科	水利办公室技术员	农机助理工程师 2018.12
	于智浩	男	汉族	1991.09	2012.07	群众	大专	水利办公室技术员	水利工程技术员 2018.12
	王志权	男	蒙古族	1976.01	1994.12	党员	大专	水利办公室技术员	—
审计部	徐根岭	男	汉族	1968.06	1984.12	党员	大专	审计部副部长	—
	吴丹	女	汉族	1988.03	2013.01	群众	本科	审计部科员兼林草工作站会计、报账员	会计初级 2018.05 初级审计师 2020.10
土地项目办	邓立军	男	汉族	1986.01	2009.04	群众	本科	土地项目办副主任	会计师 2015.12
	张盟	男	汉族	1986.02	2010.07	党员	本科	土地项目办科员	农机工程师 2017.12
战略发展部	宋华民	男	汉族	1968.02	1986.12	党员	大专	战略发展部部长	政工师 2011.04 助理会计师 1996.12
第一生产队	马庆存	男	汉族	1965.06	1984.12	党员	大专	第一生产队队长	—
	李崇斌	男	汉族	1980.04	2002.03	党员	大专	第一生产队党支部书记	政工师 2020.10
	丁钟鸣	男	汉族	1974.04	1991.03	党员	大专	第一生产队机务副队长	—
	李志君	男	汉族	1975.09	1992.12	党员	本科	第一生产队会计	—
	于渤	男	汉族	1992.06	2011.07	群众	大专	第一生产队统计	助理农艺师 2017.12 机械工程技术员 2013.09
	宋宇	男	汉族	1989.12	2013.08	群众	本科	第一生产队出纳员兼进销存管理员	助理工程师 2016.12 初级会计 2019.05
	宋宁	男	汉族	1990.02	2014.03	群众	大专	第一生产队农业技术员	—
	李刚	男	汉族	1982.08	2004.06	党员	大专	第一生产队兽医	兽医师 2016.12
	罗鑫	男	汉族	1994.02	2016.07	群众	本科	第一生产队兽医	
第二生产队	王建友	男	汉族	1964.02	1980.07	党员	中专	第二生产队队长	助理工程师 2008.08
	张亚良	男	蒙古族	1979.10	2004.06	党员	大专	第二生产队党支部书记	—
	周洋	男	汉族	1986.09	2004.06	党员	本科	第二生产队机务副队长	工程师 2020.12
	谷怀森	男	汉族	1965.02	1984.12	党员	高中	第二生产队会计	—
	马国忠	男	汉族	1969.04	1986.12	群众	中专	第二生产队统计	—
	周梦宇	男	汉族	1991.03	2013.08	群众	本科	第二生产队出纳员兼进销存管理员	助理工程师 2015.09
	刘岩	男	汉族	1981.02	2006.04	党员	中专	第二生产队农业技术员	助理农艺师 2008.08
	李玮池	男	汉族	1982.12	2002.03	党员	大专	第二生产队兽医	兽医师 2015.09
	景保磊	男	汉族	1988.11	2010.01	群众	本科	第二生产队兽医	兽医技术员 2012.09
第三生产队	刘天雷	男	汉族	1973.09	1990.12	党员	大专	第三生产队队长	政工师 2017.09
	张会武	男	汉族	1975.12	1990.12	党员	大专	第三生产队党支部副书记（正科级）	政工员 2011.04
	徐亚江	男	汉族	1976.01	1992.12	党员	大专	第三生产队机务副队长	—

（续）

单位	姓名	性别	民族	出生日期	工作时间	政治面貌	学历	现任职务	技术职称
第三生产队	孙敏	女	汉族	1975.11	1992.12	群众	大专	第三生产队会计	—
	陈志鹏	男	汉族	1985.06	2009.04	群众	大专	第三生产队统计	—
	袁立明	男	蒙古族	1985.05	2010.04	党员	研究生	第三生产队农业技术员	农艺师 2016.12
	赵彩芝	女	蒙古族	1969.06	1986.12	党员	大专	第三生产队出纳员兼进销存管理员	会计员 1999.09
第四生产队	刘彦政	男	汉族	1962.05	1978.09	党员	大专	第四生产队队长	助理工程师 1998.09
	刘东旗	男	汉族	1970.01	1987.12	党员	大专	第四生产队党支部副书记	—
	刘俊鹏	男	俄罗斯族	1981.02	1999.12	党员	大专	第四生产队机务副队长	—
	毕晶	女	汉族	1971.03	1988.12	党员	大专	第四生产队会计	会计员 1999.09
	唱万里	男	汉族	1982.07	2002.03	党员	大专	第四生产队统计	—
	刘洋	女	汉族	1988.09	2013.08	群众	本科	第四生产队出纳员兼进销存管理员	初级会计 2019.05
	王桂安	男	汉族	1968.12	1986.12	党员	大专	第四生产队农业技术员	工程师 2009.09
	李明栋	男	汉族	1987.03	2008.01	群众	本科	第四生产队机务技术员	助理工程师 2018.12
第五生产队	刘爱军	男	汉族	1965.12	1990.12	党员	大专	第五生产队队长	
	李万民	男	汉族	1970.12	1987.12	党员	大专	第五生产队党支部副书记	政工师 2019.10 农机助理工程师 2011.09
	宋华双	男	汉族	1965.07	1983.12	党员	大专	第五生产队机务副队长	—
	陈德	男	汉族	1970.09	1987.12	党员	大专	第五生产队副队长	—
	徐洪武	男	汉族	1976.03	1992.12	党员	本科	第五生产队农业副队长兼农业技术员	农艺师 2014.09
	李颖	女	汉族	1970.03	1986.12	党员	大专	第五生产队会计	—
	张明浩	男	汉族	1987.09	2004.04	党员	大专	第五生产队统计	—
	胡凤珍	女	汉族	1971.12	1988.12	群众	大专	第五生产队出纳员兼进销存管理员	中级经济师 2017.11
	贾长城	男	汉族	1988.01	2005.04	党员	本科	第五生产队技术员	农机工程师 2020.12
	石建龙	男	汉族	1989.07	2004.04	党员	大专	第五生产队机务技术员	农机工程师 2020.12
	刘立军	男	汉族	1969.09	1987.12	党员	大专	第五生产队兽医	兽医师 2008.09
	周迎海	男	汉族	1977.11	2002.03	群众	大专	第五生产队兽医	助理兽医师 2008.08
第六生产队	周明俊	男	汉族	1962.07	1978.09	党员	初中	第六生产队队长	
	张建成	男	汉族	1961.09	1988.12	党员	高中	第六生产队党支部书记	政工员 2004.06
	董殿波	男	汉族	1975.05	1992.12	党员	大专	第六生产队副队长	—
	苗唤维	男	汉族	1986.08	2004.06	党员	本科	第六生产队机务副队长	农机工程师 2020.12
	杨民	男	汉族	1969.03	1992.12	党员	大专	第六生产队会计	助理会计师 1999.09
	冯立军	男	汉族	1966.02	1984.12	群众	中专	第六生产队统计	农机技术员 1995.11
	商婷	女	满族	1989.02	2011.07	群众	本科	第六生产队出纳员兼进销存管理员	初级会计 2020.11
	宋喜亮	男	蒙古族	1989.06	2009.01	群众	本科	第六生产队机务技术员	助理工程师 2018.12
	刘建	男	汉族	1984.09	2002.03	群众	大专	第六生产队兽医兼育种员	助理兽医师 2020.12
	蔡国军	男	蒙古族	1969.07	1986.12	党员	大专	第六生产队兽医兼育种员	兽医师 2018.12
	孙秀琳	女	汉族	1986.03	2008.07	党员	本科	生产部科员兼第六生产队农业技术员	农艺师 2015.09

（续）

单位	姓名	性别	民族	出生日期	工作时间	政治面貌	学历	现任职务	技术职称
第七生产队	周桂波	男	汉族	1972.03	1990.12	党员	大专	第七生产队队长	—
	冯志林	男	汉族	1962.07	1978.09	党员	大专	第七生产队党支部书记	高级政工师 2014.05 助理工程师 2008.09
	孙士亮	男	汉族	1962.03	1978.09	党员	大专	第七生产队机务副队长	工程师 2008.09
	孟新华	男	汉族	1968.04	1984.12	党员	大专	第七生产队会计	会计员 1993.11 政工员 2007.06
	贾拥军	男	汉族	1966.03	1986.12	党员	大专	第七生产队统计	—
	刘思杨	男	汉族	1989.01	2009.01	党员	本科	第七生产队农业技术员	助理农艺师 2016.12
	辛俊杰	男	汉族	1981.02	2004.04	党员	大专	第七生产队兽医	兽医师 2016.12
	张旭	男	汉族	1995.08	2016.07	群众	本科	第七生产队兽医	—
第八生产队	丁钟海	男	汉族	1974.04	1991.03	党员	大专	第八生产队副队长、党支部副书记	—
	孙志刚	男	汉族	1968.08	1984.12	党员	初中	第八生产队副队长	—
	张辉	男	汉族	1990.12	2013.08	群众	大专	第八生产队会计	初级会计 2013.10
	陈岩	男	汉族	1986.04	2011.08	群众	本科	第八生产队统计兼农业技术员	—
	姚守江	男	汉族	1986.04	2009.04	党员	本科	第八生产队兽医	兽医师 2016.12
	王涛	男	汉族	1986.05	2010.01	群众	大专	第八生产队兽医	兽医师 2018.12
伊根生产队	杨玉岐	男	俄罗斯族	1968.04	1984.12	党员	初中	伊根生产队队长	—
	宋宝国	男	汉族	1967.01	1984.12	党员	大专	伊根生产队党支部书记	—
	白杨	男	汉族	1986.10	2007.01	党员	本科	伊根生产队机务副队长	农艺师 2019.07
	邵国军	男	汉族	1980.08	2002.03	党员	大专	伊根生产队会计	—
	房伟东	男	汉族	1982.01	2009.01	党员	本科	伊根生产队统计	—
	田甜	女	汉族	1989.08	2012.01	群众	大专	伊根生产队出纳员兼进销存管理员	—
	韩立国	男	满族	1988.03	2008.01	党员	大专	伊根生产队农业技术员	农艺师 2018.12
	辛江生	男	汉族	1967.05	1986.12	群众	大专	伊根生产队兽医	兽医师 2018.12
物资科	张海友	男	汉族	1961.05	1979.11	党员	大专	物资科科长	高级政工师 2013.12
	于兴航	男	汉族	1961.06	1978.08	党员	大专	物资科党支部书记	助理工程师 1995.11
	蔡海军	男	汉族	1983.03	2004.06	党员	本科	物资科副科长	助理政工师 2011.12
	马淑娟	女	汉族	1966.09	1984.12	群众	大专	物资科会计	会计员 1999.09
	钱秋杰	女	汉族	1980.01	2002.03	党员	大专	物资科统计兼出纳员	—
供电所	孟繁杰	男	汉族	1970.02	1987.12	党员	大专	供电所所长	—
	郭庆河	男	汉族	1966.06	1988.12	党员	大专	供电所党支部书记、副所长	政工师 2015.08
	刘凤文	男	汉族	1977.02	1995.12	党员	高中	供电所副所长	—
	苗培菊	女	汉族	1971.08	1987.12	群众	中专	供电所会计	—
	彭春午	男	汉族	1981.04	2008.01	党员	大专	供电所统计兼出纳员	初级会计 2019.05
农业科技试验站	李万华	男	汉族	1965.12	1983.12	党员	本科	农业科技试验站党支部书记	政工师 2007.06
	马淑贤	女	汉族	1967.12	1986.12	群众	大专	农业科技试验站会计	会计员 1996.05
	胡建丽	女	汉族	1983.01	2010.01	群众	本科	农业科技试验站技术员	助理农艺师 2018.12
	孙洪洁	女	汉族	1989.02	2010.01	群众	本科	农业科技试验站技术员	助理农艺师 2018.12
	王丽民	女	汉族	1980.04	2004.06	党员	大专	农业科技试验站技术员	农艺师 2015.09
	杨志云	男	俄罗斯族	1992.04	2014.07	群众	大专	农业科技试验站技术员	助理农艺师 2019.11

（续）

单位	姓名	性别	民族	出生日期	工作时间	政治面貌	学历	现任职务	技术职称
林草工作站	陈文学	男	汉族	1965.01	1983.01	党员	大专	林草工作站站长	高级政工师 2016.12
	于建涛	男	汉族	1965.02	1983.10	党员	大专	林草工作站党支部书记	高级政工师 2014.12
	徐喜龙	男	汉族	1977.05	2002.03	党员	本科	林草工作站副站长	农艺师 2019.06 助理政工师 2012.07
	朱凤丽	女	汉族	1974.06	1992.12	党员	本科	林草工作站技术员	农艺师 2018.12
有机肥厂	王建鹏	男	满族	1982.04	2004.06	党员	本科	有机肥厂厂长	农机工程师 2015.09
驻海办事处	宋华成	男	汉族	1978.05	1994.08	党员	大专	驻海办事处会计	会计员 1999.09
	袁浩腾	男	汉族	1985.07	2009.01	党员	大专	驻海办事处科员	农机助理工程师 2016.12
畜牧兽医综合服务站	韩业谦	男	汉族	1963.03	1980.07	党员	中专	畜牧兽医综合服务站站长兼党支部书记	兽医师 2002.09
	李军	男	汉族	1962.08	1980.06	党员	大专	畜牧兽医综合服务站党支部副书记	会计员 1990.12
	董殿军	男	汉族	1970.10	1987.12	党员	大专	畜牧兽医综合服务站副站长	兽医师 2019.11
	王慧敏	女	汉族	1967.11	1987.12	群众	大专	畜牧兽医综合服务站会计	初级会计 2018.05
	杨静雯	女	俄罗斯族	1989.10	2010.04	群众	本科	畜牧兽医综合服务站出纳员兼统计	初级会计 2018.05
	袁立文	男	汉族	1981.03	2004.06	党员	本科	畜牧兽医综合服务站兽医	高级兽医师 2019.12
	曲红杰	女	汉族	1968.05	1987.12	群众	大专	畜牧兽医综合服务站兽医	兽医师 2017.12
	刘岩	男	蒙古族	1990.10	2010.01	党员	大专	畜牧兽医综合服务站兽医	兽医师 2018.12
	胡振强	男	汉族	1990.02	2011.07	群众	大专	畜牧兽医综合服务站兽医	助理兽医师 2016.12
	陈传鹏	男	汉族	1993.05	2011.12	群众	本科	畜牧兽医综合服务站兽医	助理兽医师 2016.12
	景兵	男	汉族	1968.01	1986.12	群众	大专	畜牧兽医综合服务站兽医	兽医师 2019.11

第三节　干部培训

2011年12月12日，农场举办管理干部政治理论培训班，呼伦贝尔市委宣传部讲师团团长刘忠民主讲了党的十七届六中全会精神、自治区九次党代会和呼伦贝尔市第三次党代会精神。呼伦贝尔市工会干校校长张敬辉主讲了如何做好企业工会工作。集团公司党委宣传部李光明主讲构建企业文化和"三创精神"等内容，全场副科级以上管理人员全部参加学习。

2012年1月8日，农场举办管理干部政治理论培训班，全场副科级以上管理人员参加培训。

2012年12月14日，农场举办贯彻学习十八大精神专题学习班，学习班聘请呼伦贝尔农垦集团十八大讲师团成员骆永发、呼伦贝尔市党校教授王丽娟授课，内容包括《反腐倡廉的中国特色》《健全民主监督制度》《十八大报告的意义、主题、框架》《十八大报告的理论创新》。

同日，农场举办十八大精神学习班，学习了十八大报告、意义和框架以及中央"八项规定"等内容，全场党员、干部共 210 人参加学习。

2013 年 12 月 6 日，农场举办学习十八届三中全会会议精神学习班，全场各级管理人员 126 人参加学习。

2014 年 4 月 21 日，农场邀请额尔古纳市党校潘玉丽老师，为基层党组织书记举办专题培训班。

4 月 30 日，农场邀请上库力农场原纪委书记潘树礼为全场 96 名党员干部讲了以"听农垦先辈历史，弘扬艰苦奋斗精神"为主题的党课。

2015 年 6 月 11 日，呼伦贝尔农垦集团有限公司总经理胡家才到农场对正科级以上干部进行"三严三实"党课教育。

2015 年 12 月 15 日，农场邀请额尔古纳市委党校许庆香讲师到场讲授党课，各单位管理人员参加学习。

2017 年，农场管理干部观看十九大开幕会和习近平总书记的报告，重温入党誓词。上库力农场 20 个党支部召开各种形式的学习会 72 场次，开展主题党日活动 15 次，参与学习培训 1618 人次。

2018 年，农场管理干部参加周末大讲堂学习培训，先后有 1510 人次参加学习；召开党支部书记学习培训会 3 次，通过以会代训的形式，传达上级工作精神，研讨党建工作新思路。

2019 年，农场开展党员干部教育"七上"活动，启动上手机、上广场、上智慧党建云平台、上 LED 屏幕等活动，以活动为载体，规范党员干部现代远程教育工作制度，强化远程教育工作宣传、教育、服务、管理四大功能，实现"让党员干部受教育，人民群众得实惠"的宗旨。全体管理人员参加学习培训。

2020 年，新冠疫情防控期间，为了加强干部职工的知识水平，农场推行"网上办公、网上学习"新模式，利用微信群、QQ 工作群、网易邮箱、钉钉办公群进行疫情防控知识宣传和多种技术知识学习，充分利用微信群及钉钉群进行线上学习，全年共发放线上学习资料 300 余条，并进行了线上测试，测试内容包括党的建设、党的群众路线、安全生产等，同时又进行了职工劳动纪律管理规定等知识测试，线上线下相结合，共计 2000 余人次参加了学习。

上库力农场历年干部培训情况见表 24-2。

表 24-2 上库力农场干部培训统计表

培训内容或名称	培训时间	组织部门	授课教师	参加培训层次	参加培训人数
信息化建设培训班	2019 年	呼伦贝尔农垦集团有限公司	中国科学院智能农业机械装备	全场管理人员、职工代表	146 人
管理人员综合能力提升学习班	2019 年	—	工程实验室:张玉成博士等	—	—
怎样拍好图片、如何写稿、主题宣传、人物类报道、党建类报道	2020 年	政工部	张永昌、边向民、孔卫东等	骨干通讯员培训班	217 人
党建、智慧农业、现代农业、单车核算、农业机械、水利工程、信息化	2020 年	政工部	呼伦贝尔农垦集团宣传部副部长韩玉军《呼伦贝尔农垦》报编辑王敏、李娟授课	骨干通讯员培训班	50 余人
党建、工会、宣传业务知识	2020 年	政工部	张永昌	全场党支部书记	28 人

第四节 干部考核

2011—2020 年,上库力农场(分公司)党委每年年终都组成考核小组,按照年初制定的工作实绩考核目标,对全场各单位管理人员进行年终考核。考核组召开职工大会,副科级以上管理人员述职述廉。参加会议的职工代表对本单位管理人员的德、能、勤、绩、廉进行投票表决,民主评议基层管理人员。考核组还要与职工代表进行谈话,征求职工意见,通过投票和谈话,给出客观评价,形成考核报告,上报农场党委。农场党委根据考核组报告,对基层领导班子进行表彰奖励或诫勉谈话或人员调整等。上库力农场 2019 年度关于干部考核的通报如下。

中共上库力分公司委员会关于 2019 年度
领导班子和领导干部考核结果的通报

一、工作实绩突出领导班子

第三生产队、伊根生产队、供电所、林草工作站。

二、工作实绩比较突出领导班子

第一生产队、第二生产队、第四生产队、第五生产队、第六生产队、第七生产队、第八生产队、畜牧兽医综合服务站、物资科、农业科技试验站。

三、称职领导干部

共 159 人。

第五节　老干部工作

老干部工作是干部工作中的一个重要组成部分,农场按照政治性与政策性、科学性和综合性、规范性与适用性相统一的原则,深入细致地做好老干部工作。政工部积极组织老干部开展政治理论学习,进行召开组织生活会,阅读文件、情况通报,走访慰问,参观考察等活动。落实老干部生活待遇,从政治上关心、生活上照顾,切实解决他们的特殊困难和问题,让他们共享改革发展成果。政工部在农场党委领导下,制定老干部工作的具体措施。对老干部工作中的新情况、新问题进行调查研究,积极探索做好老干部工作的新思路、新办法,加强老干部阵地建设,广泛开展有益于老干部身心健康的文体活动,引导老干部在党建、精神文明以及经济建设中发挥作用。

上库力农场 2011—2020 年离休老干部名录见表 24-3。

表 24-3　上库力农场离休老干部名录（2011—2020）

姓名	性别	民族	出生年月	籍贯	参加革命时间	入党时间	离休前职务	离休时间	备注
包广翠	男	汉族	1925.12	江苏淮阴	1942.08	1946.12	上库力农场保卫科长	1983.01	2012.04 病故
刘永文	男	汉族	1928.10	山东福山	1947.02	1947.10	上库力农场八队党支部书记	1984.05	2014.12 病故
李仲希	男	汉族	1930.12	山东莱西	1947.02	—	上库力农场面粉加工厂副厂长	1984.05	2012.10 病故
张德胜	男	汉族	1924.01	山西	1948.12	1950.03	上库力农场副科长	1983.08	2020.11 病故
王延增	男	汉族	1924.07	山东沾化	1948.12	1947.10	上库力农场林业站党支部副书记	1984.06	2015.08 病故
詹德武	男	汉族	1927.08	安徽枞阳	1948.12	1950.06	上库力农场七队党支部书记	1986.12	2015.09 病故
李青山	男	汉族	1932.10	陕西华县	1949.06	—	上库力农场农田队副队长	1984.05	2018.02 病故

第二十五章 精神文明建设

上库力农场党委把精神文明建设、企业文化建设工作纳入制度化、规范化、目标化管理，使之便于操作、便于考核，做到三个文明建设相互促进、同步发展。常态化开展企业文化建设将环境建设纳入基层领导班子考核内容，使文体活动丰富多彩，从而扎实开展文明单位创建活动。

第一节　机构设置

2011年，农场精神文明建设委员会主任由党委书记苗培昆兼任，副主任由副书记、场长（总经理）王延生兼任，成员为：副书记、纪委书记郭本生，副总经理吴国志、郭祥华、何松，政工部长潘金龙，社会事业部长孙福任，财务部长宋华民，销售部长张海友，项目办主任于建涛，财务部副部长刘惠斌，监审部副部长王翠萍，政工部副部长张永昌、王爱敏、于建波，综治办副主任董其盟，办公室副主任张明波，计生办负责人高美艳，政工部干事孙凤君。

2012年4月2日，农场精神文明建设委员会主任由党委书记苗培昆兼任，副主任由副书记、场长（总经理）王延生兼任，成员为：郭本生、吴国志、郭祥华、何松、孟繁国、潘金龙、孙福任、宋华民、张海友、李增斌、于建涛、刘慧斌、王翠萍、李世岭、边向民、包义清、张永昌、王爱敏、于建波、李崇斌、高美艳、孙凤军。

2013年4月2日，农场调整精神文明建设委员会成员，主任为苗培坤（党委书记），副主任为王延生（党委副书记、总经理、场长），成员为郭本生（党委副书记、纪委书记、工会主席）、吴国志（党委委员、副总经理）、郭祥华（副总经理）、何松（副总经理）、孟繁国（总经理助理）、潘金龙（政工部长）、孙福任（社会事业部部长）、宋华民（财务部部长）、张海友（销售科科长）、李增斌（畜牧科科长）、于建涛（项目办主任）、刘慧斌（基建科科长）、王翠萍（监察审计部部长）、李世岭（生产部部长）、边向民（机关党支部书记、兼场办秘书）、包义清（政工部副部长）、于建波（政工部副部长）、王爱敏（政工部副部长）、李崇斌（综治办副主任）、高美艳（计生办副主任）。办公室设在政工部，主任为潘金龙（兼），工作人员为包义清、于建波、王爱敏、左兆礼、孔卫东、贾文慧。

2015 年 7 月 2 日，农场精神文明建设委员会成员进行调整，主任由党委书记郭祥华兼任，副主任由党委副书记、场长（总经理）韩旭东兼任，成员为：工会主席李月忠，党委委员、副总经理吴国志，副总经理何松、高安起，办公室主任边向民，财务部长宋华民，销售科长张海友，畜牧科长李增斌，项目办主任于建涛，基建科长刘慧斌，监察审计部长王翠萍，生产部长李世岭，政工部副部长包义清、于建波、王爱敏，办公室副主任张建成，生活事业部副部长齐铁岭，综治办副主任李崇斌，计生办副主任高美艳。在政工部下设办公室，主任为郭祥华（兼），工作人员为包义清、于建波、王爱敏、左兆礼、孔卫东、贾文慧。

2016 年 4 月 2 日，农场精神文明建设委员会主任由党委书记郭祥华兼任，副主任由党委副书记、场长（总经理）韩旭东兼任，成员包括工会主席李月忠，党委委员、副总经理何松、高安起，战略发展部长宋华民，政工部副部长张永昌、包义清、于建波、王爱敏，办公室主任兼秘书边向民，财务部部长毕文虎，销售科长张海友，畜牧业管理部长李增斌，"十个全覆盖"办公室主任于建涛，水利办公室主任刘慧斌，基建、土地项目办主任王建友，监察审计部长王翠萍，农林科科长李世岭，农机科科长苏勇锋，综治办主任李崇斌，计生办副主任高美艳。在政工部下设办公室，主任为张永昌（兼）；工作人员为包义清、于建波、王爱敏、左兆礼、孔卫东、贾文慧。

2017 年 4 月 6 日，根据人员工作变动的实际情况，经分公司党政班子会议研究决定，农场精神文明建设委员会人员进行调整。主任由党委书记郭祥华兼任，副主任由党委副书记、场长（总经理）韩旭东兼任，成员包括工会主席李月忠，党委副书记、纪委书记高兴良，党委委员、副总经理、办公室主任屈伟，党委委员、副总经理何松、高安起，党委委员、政工部长张永昌，总经理助理宋华民，党委办公室主任边向民，政工部副部长于建波、包义清，机关支部书记、政工部副部长王爱敏，财务部部长毕文虎，水利办公室主任刘慧斌，畜牧业管理部长周桂波，基建科科长王建友，监察科科长王翠平，审计科科长毛元江，农机科科长苏勇峰，安全生产部长陈树林，社会事业部长齐铁岭，综治办主任李崇斌，办公室副主任张明波，项目办副主任邓立军，农林科副科长卢振德，计生办副主任、医院副书记高美艳等。在政工部下设办公室，主任为张永昌（兼），副主任为于建波（兼），工作人员为包义清、王爱敏、左兆礼、孔卫东、贾文慧。

2018 年 4 月 6 日，农场精神文明建设委员会人员进行调整，主任由党委书记郭祥华兼任，副主任由党委副书记、场长（总经理）韩旭东兼任，成员包括党委副书记、纪委书记高兴良，党委委员、副总经理何松、高安起、屈伟，党委委员、政工部部长张永昌，总经理助理宋华民，党委办公室主任边向民，政工部副部长于建波、包义清，机关支部书记王爱敏，财务部长毕文虎，水利办公室主任刘慧斌，畜牧业管理部长白树国，基建科长马庆存，监察科长王翠平，审计科长毛元江，安全生产部长苏勇峰，农机科长陈树林，社会事业部长齐铁岭，综治办主任李崇斌，办公室副主任张明波，项目办副主任邓立军，农林科副科长卢振德，计生办副主任、医院副书记高美艳等。在政工部下设办公室，主任为张永昌（兼），副主任为于建波（兼），工作人员为包义清、王爱敏、左兆礼、孔卫东、贾文慧。

6月12日，农场党政班子研究决定成立精神文明建设工作领导小组，并就领导小组和各工作组组成人员及工作职责下发通知。

2019年6月25日，农场精神文明建设委员会成员调整，主任由党委书记郭祥华兼任，副主任由党委副书记、场长（总经理）韩旭东兼任，成员包括党委副书记、纪委书记屈伟，党委委员、副总经理高安起，党委委员、副总经理、办公室主任高兴良，党委委员、副总经理卢念章，党委委员、工会主席、政工部部长张永昌，党委办公室主任边向民，政工部副部长于建波、包义清、王爱敏、孙凤军，机关党支部书记、计生办主任高美艳，战略发展部部长宋华民，财务部部长毕文虎，监察科科长王翠平，社会事业部部长齐铁岭，生产部部长李世岭，安全生产部部长苏永峰，农机科科长陈树林，水利办公室主任刘惠斌，畜牧业管理部部长白树国，审计科副科长徐根岭，综治办副主任马春秋，办公室副主任张明波，土地项目办副主任邓立军，农林科副科长卢振德。在政工部下设办公室，主任为张永昌（兼），副主任为于建波（兼），工作人员为包义清、王爱敏、左兆礼、孙凤军、贾文慧。

2020年6月12日，经农场党政班子研究，成立精神文明建设工作领导小组，组长由党委书记、场长韩旭东兼任，副组长由党委副书记、总经理郭祥华兼任，成员为：党委副书记、纪委书记屈伟，党委委员、工会主席、政工部部长张永昌，党委办公室主任边向民，政工部副部长于建波、王爱敏、包义清、孙凤军，纪检监察科长王翠萍，社会事业部主任齐铁岭，综治办副主任马春秋。领导小组办公室设在政工部，主任为张永昌（兼），副主任为于建波，成员为包义清、王爱敏、石芳。

第二节　精神文明建设工作

2011年，为使精神文明建设的各项工作有章可循，把精神文明建设、企业文化建设工作纳入制度化、规范化、目标化管理，使之便于操作、便于考核，做到三个文明建设相互促进，同步发展。同年年初下发了《上库力农场党委 2011 年党建、企业文化、精神文明建设目标管理考核细则》，量化了各项指标任务。10 月 31 日党委书记苗培昆率领政工部有关人员对基层各单位落实党委 2011 年党建、企业文化、精神文明建设目标管理考核细则的完成情况进行考核。

2012 年，修订完善《上库力农场党委 2012 年党建、企业文化、精神文明建设目标管理考核细则》，进一步量化了各项指标任务。基层各单位精神文明建设、企业文化建设的力度进一步加大，重视程度明显提高，群众性精神文明建设活动内容丰富、各有特点，单位环境建设、职工培训、档案资料的规范化管理等在原有基础上都有了新的起色。

2014 年，结合党的群众路线教育实践活动，农场开展第八届广场文化活动月，活动的主题是"践行群众路线、丰富职工业余文化生活"，该次活动有拔河、四人五脚、袋鼠跳、4×50 米乒乓球接力赛、齐心协力（背球接力赛）、跳大绳、踩气球、同舟共济等一系列群众喜闻乐见的文体活动。

2015 年，农场以社会公德、职业道德、家庭美德、个人品德和社会主义核心价值观教育为主要内容的精神文明建设取得长足进步，自办电视节目播放爱国影片 29 部 2670 小时、场内通知 12 条、场内新闻 28 篇，制作了"十个全覆盖"专题系列报道 3 期，自制"十个全覆盖"专题片 1 部，题目为《将上库力农场建设得更美好》。印制《"十个全覆盖"相关知识》宣传单 2000 份、《致广大奶户的一封信》2000 份、《致广大职工群众的一封信》2500 份、发放宣传手册 3500 册、明白纸 2500 张。印发"十个全覆盖"宣传挂图 3000 份，为每家每户张贴上墙，使职工群众能够简单直观地了解"十个全覆盖"内容。印制党员干部联系卡，在党员干部入户宣传走访过程中共发放联系卡 2000 余张。制作室内外宣传图版、牌匾、条幅 654 块（条、个），内容为党建、"十个全覆盖"、社会主义核心价值观和中华传统文化等。发放党旗、国旗共 32 面。制作"十个全覆盖"画册 80 本、折页 300 本、民情日记 70 本、VCD 光盘 3 盒。

2016 年，按照上级安排，农场开展了"讲文明、树新风"活动，"倡导文明新风、共建美好家园"把社会公德、职业道德、家庭美德、移风易俗等教育融为一体。

2017 年，利用上库力农场网站、法宣在线、北疆先锋党员在线、电子显示屏、QQ 群、微信群和博客群、手机短信平台、草原书屋等渠道，在农场干部职工和网民中积极传播健康的思想文化和精神文明建设有关内容，传播文明之风、礼义之风、廉洁之风，宣传农场精神文明创建工作取得的成效。组织职工开展社会"道德讲堂"活动。

2020 年，坚持"一把手抓两手""一把手负总责"，切实加强宣传思想及精神文明建设工作的领导，农场党委始终把加强精神文明建设作为振兴农场经济、促进社会各项事业全面进步的关键工程来抓。认真落实"第一责任人"职责，加大责任制的落实力度。农场制定了"双文明"建设考核制度，把精神文明建设工作纳入农场总体规划当中。制定《上库力农场 2020 年精神文明建设工作安排》，出台外宣工作奖励办法等，保证精神文明创建活动顺利开展。农场 9 个农业生产队、9 个直属单位、3 个民有民营单位，都有 1 名领导主抓指导本单位的宣传思想及精神文明建设工作。

第三节　企业文化建设

2011 年，农场借助"一事一议"和建场 55 周年庆祝活动，制作户外宣传牌 4 块、路灯宣传牌 66 块、室内墙体彩图 7 块，场部机关和第六生产队分别制作了企业精神宣传版和背景墙，场部机关大会议室安装了 LED 大屏幕；在新建成的东方红广场入口处竖立了"一事一议"广场石 1 块，广场中心处建设了象征农垦开拓奋进、蓬勃发展的东方红雕塑。

经过场志编撰办公室工作人员的辛勤努力，在各级领导和农场各单位的支持下，农场仅用不到 1 年时间完成了《上库力农场志》的编纂、出版工作。

5 月 28 日，上库力农场（分公司）开展文明礼仪进单位进家庭活动。农场党委领导来到第六生产队职工家中，针对"衣食住行"的文明礼仪进行了细致的宣讲，针对人们在日常生活中言谈举止、风俗习惯列举实例、规范行为，让职工家属在学习中受到启发。

8 月 8 日，农场在东方红广场举行建场 55 周年庆典。呼伦贝尔人大常委会主任孙震，副主任张继勋，政府副市长王国林，发改委主任张福礼，政府副秘书长辛万杰，额尔古纳市委书记牛振声，市长陈立岩，市政协主席戎占祥，市委常委、副市长董仕民，市委常委、办公室主任晋洪生，人大常委会副主任郑炳文，海拉尔农垦集团董事长、总经理范红旗，党委书记高俊强，副总经理胡家才出席庆祝大会。额尔古纳市部分科局领导、各农牧场主要领导、局直单位领导参加了庆祝大会。农场原副场级以上退休干部、离休老干部、老劳模代表、建场老工人代表一同参加大会。大会由党委书记苗培昆主持。上午 8 时 58 分，建场 55 周年庆典正式开始。在国旗引领下，68 名少年组成的鼓号队、40 名青年组成的彩旗方队及 9 个农业生产队、农场直属服务单位、女职工等 18 个方队依次入场，走过主席台和观礼台，接受各级领导和农垦老同志的检阅。庆典上鸣礼炮 55 响，放飞 500 个彩色气球。额尔古纳市委书记牛振声，集团公司董事长、总经理范红旗分别与场长、分公司总经理王延生为赠送的礼品揭幕。呼伦贝尔市副市长王国林，额尔古纳市委书记牛振声，集团公司董事长、总经理范红旗分别代表呼伦贝尔市委、市政府，额尔古纳市委、市政府，海拉尔农垦集团公司讲话。场长、分公司总经理王延生在庆祝大会上做了题为《回顾建场历程，珍惜发展成果，承担时代使命，续写企业辉煌，为创造上库力农场更加美好的未来而奋斗》的讲话。中粮集团小麦加工部、呼伦贝尔市公安局、海拉尔区公安分局、额尔古纳市检察院等单位的领导到会祝贺。中共阿荣旗委、政府向大会发来贺电。中午和晚上，农场职工表演编排的文艺节目给参加庆祝活动的各级领导和职工家属。晚 8 时 18分，建场 55 周年庆典活动在礼花绽放中结束。

2012 年，呼伦贝尔农垦挂牌成立，制作户外宣传牌 14 块、室内墙体彩图 7 块。夏季，农场组织承办了呼伦贝尔农垦与呼伦贝尔市发改委大型联谊会，《呼伦贝尔农垦报》评论员、记者通讯员研讨班和呼伦贝尔农垦首届职工篮球赛上库力农场分区赛。

6 月 15 日，为迎接党的十八大胜利召开，庆祝中国共产党成立 91 周年，农场开展"党在我心中""爱我家乡"主题征文活动，这次活动共收到 13 个单位和 5 个科室的参赛作品 86 篇，经过四个环节的认真评比，《淡淡的情怀》获一等奖，《家乡——上库力农场》等 2 篇作品获二等奖，《红色故事照亮我航程》等 3 篇作品获三等奖，《歌颂党啊赞家乡》等 10 篇作品获得优秀奖。

6 月 17 日，呼伦贝尔农垦集团与呼伦贝尔市发展和改革委员会联谊活动在上库力农场举行。农场一线职工精心为联谊活动编排了精彩的文艺节目，市发改委和呼伦贝尔农垦集团公司也精心准备了文艺节目同台演出。联谊活动前，呼伦贝尔农垦集团领导和市发改委领导参观了第六生产队整村推进建设的职工住宅小区和上库力职工住宅楼区；参观了标准化农机具场、办公室；到田间观看了大型喷药机作业。

10 月 16 日，农场开展以"喜迎十八大，展农垦新形象"为主题的环境治理活动。此次活动历时 7 天，出动人力 1100 人，动用机械设备 170 台次，公路和主街道两侧植树21000 株，清理垃圾 3400 立方米。拆除危旧房 20 栋 1500 平方米。

2013 年 6 月 28 日，农场举办"劳动美托起中国梦"演讲比赛，20 名职工参加演讲。经过初、决赛，第五生产队张明浩获得一等奖，机关贾文慧、伊根队田甜获得二等奖，第五生产队周丽丽获得三等奖，6 名选手获得优秀奖。10 月 15 日，农场组织 40 名 2012 年度一线劳动模范赴北京、海南学习考察。

2014 年，利用 3 月中旬至 4 月中旬一个月的农闲时间，农场以各生产队为单位开展"职业技能比赛、技术比武、练兵培训"活动，参加培训职工达 3655 人次。为达到培训的预期效果，各生产队领导班子成员针对自己负责的业务认真备课，并请专业老师、边防派出所的干警讲授专业知识和普法知识。

2015 年，按照集团公司的统一部署，结合农场实际，农场统筹兼顾、规划先行，举全场之力，以"五区"规划为引领，以环境整治为突破口，以拆旧、新建为重点，以责任到人、追踪问责为保障，全面实施"十个全覆盖"工程建设。经过"十日攻坚""百日会战"和"六十天攻坚会战"，环境脏乱差局面得到有效治理，场容队貌焕然一新。

2016 年 3 月 18 日，农场邀请额尔古纳市委副书记到场，就农垦企业旅游发展和产业升级举办专题讲座，200 余名农场职工代表及家属参加学习。

政工部为各单位制作"两学一做"宣传图版 18 块，为伊根生产队、第五生产队等单位制作"十个全覆盖"和廉政建设图版 35 块。文体活动中心设施齐全、常年开放，为职工群众提供了贴心周到的服务。

2017 年，是中国共产党建党 96 周年、中国人民解放军建军 90 周年、内蒙古自治区成立 70 周年、香港回归 20 周年。为进一步增强员工企业文化建设的意识，农场利用春秋两季员工大会进行企业文化学习，宣传企业精神。围绕"公民道德宣传月""公民道德宣传日"，广泛开展"做爱国守法公民""诚信从我做起""做文明农垦人"为主题的宣传活动，通过多种渠道不断提高和引导干部职工养成文明、健康、科学的生活习惯和良好的文明素质。

同年，农场地企并肩携手、同心同德，联合开展庆祝巴斯克节活动。上库力地区的华俄后裔们欢聚一堂，载歌载舞，共同欢庆巴斯克节。

2018 年，农场根据各生产单位机构、人员调整情况，适时对精神文明建设委员会成员进行调整，党委书记为第一责任人，办公室设在政工部，由政工部部长负责落实文明创建活动，并制定了上库力农场 2018 年精神文明、企业文化创建方案，分阶段有步骤地执行，力争使农场创建工作水平再上一个新台阶。同年，农场为关心职工生活，实行"八到家"制度，即：职工家庭有困难解决到家，遇到天灾人祸送温暖到家，有了缺点错误帮助到家，被评为先进通知到家，家属丧葬病故慰问到家，职工新婚之喜祝贺到家，离退休人员关心到家，家庭发生矛盾调解到家，职工生日祝福到家。

2020 年，农场各单位文化室均能开展基本的健身舞蹈活动，由场退休女职工及职工家属所组建的由 50 人组成的舞蹈队，在健康舞蹈活动的基础上自行编演节目，面向广大群众演出。4 个草原书屋图书阅览借阅数量逐步增加，草原书屋的服务功能进一步提升。

第四节　文明单位创建

2011 年 8 月 4 日 8 点 38 分，农场举行新办公室楼挂牌剪彩仪式，场长、总经理王延生，党委书记苗培昆为"上库力农场"牌匾揭幕。仪式由党委副书记郭本生主持，部分基层单位领导及机关全体人员参加了剪彩揭幕仪式。

9月，对第四生产队进行呼伦贝尔市级文明单位届期制复审申报工作，对单位的档案进行了统一规范。10月17日，以呼伦贝尔市委宣传部副部长、文明办主任陆炳武为首的文明单位复审检查组一行，对第四生产队进行了文明单位届期制复审。检查组一行在第四生产队查看了三年来的各项工作档案，观看了反映第四生产队三个文明建设成果的专题片，通过查看了解，对第四生产队的复审工作表示满意。

同年，呼伦贝尔市文明办组成的文明单位复审验收小组到场，对第四生产队进行文明单位届期制复审。截至2011年底，农场有呼伦贝尔市级文明单位标兵2个，呼伦贝尔市级文明单位6个，额尔古纳市级文明单位5个。

2012年，为了发挥好各级文明单位的辐射作用，按照局、市文明办的要求，农场加强了各级文明单位的管理与创建工作，制定创建文明规划和创建目标。2012年10月份对上库力农场进行呼伦贝尔市级文明单位标兵届期制复审申报工作，对单位的档案进行了统一规范。

2013年10月10日，呼伦贝尔市文明办组成的文明单位复审验收小组到场，对第二生产队、第三生产队、职工医院进行文明单位届期制复审，对第五生产队进行文明单位（标兵）届期制复审。

同年12月，上库力农场被中共内蒙古自治区委员会、内蒙古自治区人民政府命名为文明单位。

2014年2月11日，依据《内蒙古自治区党委自治区人民政府关于命名表彰全区文明城市（区）、文明旗县城、文明村镇和文明单位的决定》，上库力农场晋升为内蒙古自治区文明单位，并颁发了证书、牌匾。

2015年，为了发挥好各级文明单位的辐射作用，按照局、市文明办的要求，农场加强了各级文明单位的管理与创建工作，制定创建文明规划和创建目标。

2016年，按照自治区文明单位创建要求，农场扎实开展创建工作，建立档案和向内蒙古自治区精神文明动态管理系统报送材料45份，积极协助基层单位做好呼伦贝尔市级文明单位复审验收工作。

2017年，结合文明单位创建工作要求，大力开展村屯环境综合整治工作。积极做好村屯主要街区的"硬环境"建设，针对居住区乱堆乱放、乱搭乱建、乱丢乱扔等现象，组织居民、职工对居住区主要道路、房前屋后和居室开展多次清扫活动。

2018年10月，上库力农场拥有呼伦贝尔市文明单位称号情况如下：第二生产队、第三生产队晋升年份为1998年，重新复审认定时间为2009、2013年；第四生产队晋升年份为1999年，重新复审认定时间为2007、2011年；第五生产队晋升年份为1996年，重新复审认定时间为 2009 年，2013 年认定为呼伦贝尔市文明单位（标兵）；第六生产队认定为呼伦贝尔市文明单位（标兵）年份为 2010 年；农场职工医院晋升年份为 1996 年，重新认定时间为 2009、2013 年。

2019 年，农场对照《内蒙古自治区文明单位建设管理办法》的有关要求及内文明办字（2018）33 号文件精神，对第二生产队、第三生产队、第四生产队、职工医院呼伦贝尔市文明单位进行了自查、测评。

第五节　思想道德建设

2011 年，农场围绕贯彻党的十七大精神、创建和谐社会，把全面提高职工群众的思想道德素质作为思想道德建设的重点，组织职工学习建设有中国特色的社会主义理论、法律、综治知识，进行党风廉政建设教育，爱国主义、社会主义和热爱农场、建设家乡教育的大学习活动，各单位分别举办学习班，干部、党员、积极分子、职工近千人次参加学习。

同年 5 月，政工部利用《上场通讯》分期连续刊发了农场劳动模范感人事迹，弘扬农垦精神。

2012 年，政工部利用《上场通讯》和有线电视分期连续刊发和播放了农场劳动模范、生产一线优秀员工的感人事迹。1 月 13 日，农场举行"十佳好儿媳"颁奖典礼。通过 LED 大屏幕播放"十佳好儿媳"事迹专题片，典礼现场 200 多名观众观看她们在坚守孝道、敬老孝亲等方面鲜为人知的感人故事。

2013 年 3 月 18 日，农场制定了《上库力农场道德经典诵读年度工作方案》。同年，在农场范围内开展文明礼仪进单位进家庭活动，农场（分公司）党委组成 3 个宣讲小组，深入各单位和职工家庭，采取开办讲座与职工家属面对面交流等形式，宣传和讲解文明礼仪有关内容，拉开了上库力农场文明礼仪进单位进家庭活动的帷幕。在这项活动中，为了达到效果、起到积极的推动作用，宣传小组制定了学习计划，重点是将学习面扩大，让职工、家属都参与到学习当中。讲座针对农场实际情况，精心准备，从远古时代到现代社会，从尊老敬老到邻里相处等多方面进行讲授，一个个小故事不但打动人心，而且让听众从中得到了启示。到 12 月上旬，文明礼仪进单位、进家庭活动先后进行了 9 场讲座，课时达 30 余小时，覆盖农场所有单位，职工家属参与人数达 1000 余人次。

《上库力农场道德经典诵读年度工作方案》内容如下。

上库力农场道德经典诵读年度工作方案

为传承中华民族优秀的传统文化，弘扬伟大的民族精神，提高干部职工的文化素质，推动企业文化建设，结合文明单位测评体系，经研究决定，在农场开展道德经典诵读活动，具体活动方案如下：

一、活动目的

中华传统文化经典是华夏五千年文化的精髓，其中具有深刻的思想内涵和严谨的道德规范。道德经典美文诵读活动，是对干部职工进行思想道德教育的重要载体，是弘扬优秀传统文化、提升文明素质的有效途径，也是精神文明创建活动的主要内容。

活动旨在通过诵读道德经典，使干部职工从中华民族优秀的道德传统文化中汲取营养，树立良好的道德规范，提高道德素质，为"弘扬美德，构建和谐"营造文明的社会环境和人文环境。

二、活动内容

1. **诵读主题** 读国学经典，做道德先锋。

2. **活动对象** 农场干部职工。

3. **主要内容** 诵读内容主要围绕劝学励志、爱国爱民、齐家治国、勤奋敬业、团结和谐等主题，选择中华经典藏书（论语为主）、近现代白话文以及反映改革开放新成就的优秀作品（如抗震救灾类、抗击冰雪类、山川风物类等），也可结合教育主题和清明、端午、中秋、春节等传统节日相关的篇目进行诵读。

4. **诵读原则** 坚持"分散自学和专题讲解相结合、学习经典和道德实践相结合"的原则，以诵读为基础，以感悟为路径，以实践为目的，提升干部职工的文化素养，促进道德生成。

三、活动安排

第一阶段：学习、宣传阶段（1—10 月）

1. 组织爱好文学、喜好古文的职工组成道德经典诵读文化志愿队伍。组长为郭本生，副组长为潘金龙，成员包括边向民、包义清、于建波、王爱敏、张明波、董其盟、孙凤君、李万华、张永昌、张会武、李万民、胡凤文、徐喜龙、张静波、韩业谦、陈文学、于兴航、郭庆河。

2. 以部门为单位，有计划地组织干部职工进行诵读。

3. 利用网站、简报、宣传橱窗宣传开展诵读活动的意义，登载有关学习篇目，畅谈学习心得，营造学习氛围，使诵读经典成为干部职工的自觉行动，成为提高干部职工素质、推动工作的有效载体。

第二阶段：辅导、交流阶段（11—12 月）

1. **进行辅导**　针对古诗文中难懂的篇目，由道德经典诵读文化志愿者进行专题辅导，帮助干部职工加深理解，提高文学素养和艺术鉴赏力。

2. **组织干部职工开展学习交流**　干部职工互推读本和相关中华传统文化知识，畅谈诵读感悟，交流诵读体会。

3. **开展诵读比赛**　在个人诵读的基础上，进行中华经典诵读比赛。

2014 年，农场围绕贯彻党的十八大精神、创建和谐社会，把全面提高职工群众的思想道德素质和整体水平作为思想道德建设的重点，利用基层党校，组织职工学习建设有中国特色的社会主义理论、法律、综治知识，进行党风廉政建设教育，深入开展爱国主义、社会主义和热爱农场、建设家乡教育的大学习活动，各单位分别举办学习班，干部、党员、积极分子、职工 1000 余人次参加学习。

2017 年，农场（分公司）组织职工开展了社会"道德讲堂"活动。以扶贫济困、文化宣传、法治宣传、慰问困难群众等为主要内容进行宣传服务，大力倡导社会公德、职业道德、家庭美德、个人品德建设，使先进的道德理念入脑入心、外化于行，营造"讲道德，做好人，树新风"的浓厚氛围。深入开展"我们的节日"系列宣传教育和庆祝活动，不断引导广大干部职工认知传统、尊重传统、弘扬传统，增进爱党、爱国、爱社会主义情感。

2018 年，农场扎实开展思想道德教育，加强诚信教育，提高职工综合素质。全年累计在场部会议室举办大型培训班 24 期，做到授课人员有教案、听课职工有记录、有考评，在提高职工业务水平的基础上，提升自身综合能力。

2020 年，农场广泛开展《未成年人保护法》宣传活动，加大对未成年人保护工作的力度，农场党委非常重视对《未成年人保护法》等法律法规的宣传贯彻，切实履行对未成年人保护工作的指导、协调、督促、检查和完善机构网络及工作队伍建设，形成了社会、家庭、学校共同关心未成年人保护工作的格局。农场党委组织班子成员利用中心组集中学习、周五干部职工理论学习时间，专门安排对《未成年人保护法》进行学习，使全体干部职工对加强未成年人保护工作的重要性有了深刻认识。

第六节　环境治理

2011 年，农场借助自治区农村公益事业"一事一议"财政奖补项目支持，整合资金 320.26 万元，实施街道硬化、休闲广场、人畜分离三个项目建设。其中企业出资 204.82

万元；个人筹资、筹劳 19.35 万元；申请一事一议财政奖补资金 96.07 万元，修建了 4 米宽、1840 米长的水泥路，安装了 56 盏路灯，种植了杨树、桦树等树木 3000 多株。建设奶牛暖舍 840 平方米，配套饮水器材 110 套。修建文化广场 2400 平方米，安装文体健身器材 12 台（件）以及广场灯具等设备。

同年，农场抓住建设文明周活动有利时机，组织农场干部职工对 3 个危旧房改造新区、职工住宅楼小区进行为期半个月的街道绿化，栽植杨树、松树、榆树和灌木 10600 多株。农场 9 个农业单位，5 个场直服务单位和机关人员全部参加，动用人力 1450 人次，出动大型挖掘机、装载机 5 台次，轮式拖拉机 116 台次。

在开展社会主义新农村文明周建设活动中，农场第五生产队、第六生产队、第七生产队完成道路硬化、人畜分离；广场建设等项目共投资 1651.47 万元；上级财政奖补资金 495.55 万元，企业自筹资金 1055.66 万元，个人筹劳筹资 100.3 万元，为公益事业发展提供了强大的资金保障。农场实施公益事业 9 项，2200 多人受益。

2012 年，中心区街道硬化、美化、绿化、亮化工程总投资 267.75 万元，主要用于硬化新建楼房区域内的道路，部分空地植树，绿化、美化环境，完善路灯等配套设施；其中：职工群众筹资 7.52 万元；筹劳 12.54 万元。动员农场干部职工群众全力以赴投入到环境治理活动中，一是把植树列为活动中的主要任务，出动人力 1100 人次，动用装载机、胶轮车等机械设备 170 台次，在场部公路和主要街道两侧及居民区栽植杨树、柳树、松树等各种树苗 21000 株、花卉 22190 株。二是开展环境治理大会战，农场基层单位对所有街道划分责任区进行统一清理，清扫街道 15000 延米，清除垃圾、杂物 3400 立方米，建设板杖子 180 延米、铁杖子 4800 延米。三是拆除年久失修陈旧的危旧房 20 栋 1500 余平方米。统一规范门前三包责任区，落实责任人进行监督管护。在项目建设中，第一生产队、第五生产队、第七生产队、伊根生产队人畜分离、文化活动设施建设等项目和中心区道路硬化二期工程、小型文化活动室建设投资 1448.98 万元；上级财政奖补资金 985.3 万元，企业自筹资金 360.21 万元，职工个人筹资筹劳 103.46 万元。农场实施公益事业 7 项，使 2700 多人受益。

2014 年，农场（分公司）开展春季义务植树活动，160 人参加植树，栽种树苗 30000 株，其中樟子松 20000 株、杨树 10000 株。

2015 年，农场投资 9805 万元，完成街巷硬化 36.5 千米，铺设彩砖路肩 2700 延米，修建路边沟 2200 延米、路缘石 3242 延米，修建砂石路 30 千米，改扩建卫生室 7 个、文化活动室 8 个、便民连锁超市 8 个，新建文化活动广场 4 个 4800 平方米。累计投入车辆 39065 班次、机械设备 1830 台次，出动职工群众 63703 人次，清运垃圾 21.3 万立方米，拆除危旧房、圈舍1309座，拆除旧围栏11.3万延米，新建彩钢围栏7.8万延米，网围栏6万延米，木板杖子1.9万延米，铺设甬道605条9300延米，新建厕所206个，储运黄沙料8.3万立方米。

2016年，"十个全覆盖"总投资6612万元。完成25户职工搬迁，硬化砂石路5千米，拆除旧围栏162307延米，拆除仓房、棚舍546个，新建围栏155377延米，改造建设文化活动室、标准化卫生室各1处，绿化植树22.9万株，清除垃圾36万立方米，标准化养殖场和奶牛暖舍建设，使生产队和场部中心区实现了人畜分离，环境卫生管理长效机制基本形成。

2017年，农林科技服务站整体开发绿化面积200余亩，引进栽种乔木20余万株、灌木10余万株，成活率90％。繁育树苗20万株，架设围栏34000延米。

第一生产队种植2万余株糖槭、黄槐及紫叶稠李等树种，种植花荟1130株。动用人力347人次、运输车57台次。全年浇树273车次，动用人力180人次。清运垃圾动用小四轮263台次，人力78人次，清运垃圾800余立方米。

第二生产队全年种植、补种松树、杨树40100株240亩。种植花卉5个品种，数万株。对上年、当年种植的花草、树木浇水10余次。清理村内垃圾5次，清除垃圾171车684立方米。出动装载机、卡701拖拉机37台次，胶轮车164台次，出动人员622人次。

第三生产队运垃圾出动胶轮车8台次，311人。绿化植树出动胶轮车55台次，人员1691人，浇水车267台次，共种植绿植48500株。

第四生产队在办公室及新建农具场周围植树235株，树种为糖槭、紫叶稠李；秋季补种杨树4500株；共用时2天，出动人力125人次，724胶轮车1台、2个台班。道路两旁，植树1000株，用时6天，出动人力360人次。夏季架设树带网围栏15000延米，用时5天，出动人力150人次，出动724胶轮车2台、10个台班；为树木花草浇水出动724胶轮车2台，累计台班28个。4月15日卫生大扫除参加人数140余人，出动大小车辆5台，维修彩钢围栏74延米、平整矫正边沟盖板342延米，清扫街道5348米，清理垃圾17.3吨，并捡拾了街道两侧的白色垃圾。7月25日，开展辖区街巷卫生、杂草大清理、大扫除活动。共计参加人数92人，出动胶轮车4台、装载机1台。全面清扫了辖区主干道周边、小巷道路两旁的杂草及白色裸露垃圾，清除了住户门前的卫生死角，清理街道6323延米，扫除垃圾、杂草7车，21.4吨。10月27日开展秋季环境卫生整治大会战工作，全队出动人力76人，完成6300米街道两侧蒿草的清理、白色垃圾的捡拾和街边卫生清扫工作。

第六生产队把"与我无关"转变为"我要管理"，解决村屯卫生管理中的难题和死角。

全年组织开展春季、秋季卫生大扫除，清运垃圾 17 车。动员职工积极承包闲散空地，整理后种植中药材，使 35 亩垃圾遍地的空地变成芍药种植园。在秋季造林工作中，累计参加职工 596 人次、机车 61 台次，植树 65450 株。

第七生产队出动 30 人、装载机 1 台、运输车辆 5 台，清理垃圾 25 吨；出动 315 人次，绿化植树 44100 株；浇水车运输车 131 台班，浇水人数 108 人次。自建农具场地 15176 平方米，新建库房 200 平方米。环境得到较大改善。

第八生产队清运村屯垃圾共出动装载机 30 个台班，胶轮车 37 个台班。打扫街道、拉水浇树共出动小四轮 30 个台班。环境治理共计出动 150 人次。

伊根队组织职工群众对村屯内环境进行不定期清理、清扫 6 次，共计参与人员 130 余人，清理垃圾 480 立方米。

2019 年，为全面掌握各单位管理区内综合环境整治长效管护工作，1 月 21 日至 22 日，农场成立由场长、总经理、党委书记为组长的环境卫生治理管护工作检查小组，检查基层单位党政主要领导环境治理工作实际完成情况，对各单位办公区、居民区、牧业生产区环境卫生、安全防火和绿化树带、苜蓿地及围栏管护情况、环境卫生综合整治等项工作进行检查评比。本次检查采用百分评分制，检查小组现场检查现场打分，检查评分结果在农场范围内通报。

第七节　文体活动

2012 年，呼伦贝尔农垦集团公司首届职工篮球赛上库力赛区小组赛开始。上库力农场、拉布大林农牧场、苏沁牧场、三河马场代表队参加了比赛。比赛历时 2 天，上库力代表队以三战全胜积 6 分的成绩，名列小组第一名。

2013 年，农场政工部、工会、共青团、妇委会于 6 月 17 日—7 月 18 日在东方红广场联合举办职工"广场文化活动月"，本次活动在内容和形式上进行了创新，突出了活动项目的知识性和趣味性，注重职工的广泛参与。邀请额尔古纳市乌兰牧骑在东方红广场为场部地区和附近生产队职工群众进行文艺演出，每个单位编排节目并与乌兰牧骑专业团体同台演出，并深入五个边远生产队进行巡回演出。这次演出共四天六场，生产队的麦场、办公室院内、机车前都变成了临时的小剧场，挤满了前来观看节目的职工群众，深受职工群众欢迎。演出结束后，邀请琴师举办一周的"消夏"广场舞会，大家边唱边跳，非常踊跃，下至 6 岁儿童、上至 80 岁老人，广大职工群众积极踊跃参加。

农场于"广场文化活动月"在东方红广场举办拔河比赛，第三生产队、第四生产队、第六生产队分别获得前三名。举办的推单车接力码装劳动竞赛，第二生产队、第四生产队、第六生产队获前三名。乒乓球赛共有 22 名职工参赛，经过两天激战，第三生产队的姚玉河夺冠，机关的崔敏获得亚军，伊根队的徐喜龙获得季军。同期又举办了"唱响生活、唱响未来"卡拉 OK 大赛，37 名选手参与，经过初赛和复赛，最终 10 名选手进入决赛，经过激烈的角逐，产生一等奖 1 名、二等奖 2 名、三等奖 3 名、优秀奖 4 名。至此农场 2013 年文化活动月圆满结束。

2014 年 7 月，上库力农场（分公司）文化活动月正式拉开序幕，组织进行拔河赛、四人五脚、袋鼠跳、4×50 米乒乓球接力赛、齐心协力背球接力赛、跳大绳、踩气球、"同舟共济"等一系列群众喜闻乐见的文体活动。

齐心协力背球接力赛共有 10 个代表队、60 名队员参赛，此项活动，每队由 6 名参赛队员组成，队员自由组合成 3 个小组进行接力。经过激烈争夺，伊根生产队代表队、第五生产队代表队、第七生产队代表队分获前三名。

跳绳比赛在上库力农场东方红广场举行，共有 11 个代表队的 66 名选手参赛。比赛过程中，每组有 6 名选手参赛，4 名选手跳绳、2 名选手摇绳。4 名选手同时跨越方为一个有效计数，如一人出现错误，则所有人重新开始，计数累加。每组时间为 2 分钟。经过激烈比拼，最终兽医站代表队以 108 分的好成绩摘得桂冠，第三生产队代表队和第二生产队代表队分别获得第二名和第三名。

乒乓球单拍托球 3×50 米接力赛共有 14 个代表队参加。每个代表队由 3 名队员组成，参赛者均匀分配在各个规定的点上，每一名参赛队员单手用乒乓球拍子托着乒乓球，从起点出发把球传给下一个点的另一个队员，依次循环进行，传得最快的组获胜。经过激烈角逐，第三生产队代表队获得第一名，伊根生产队代表队获得第二名，机关代表队获得第三名。

踩气球比赛，每场由两组参赛，每组 6 人，每名队员脚踝处各绑上 2 个气球，3 分钟的时间，在指定的时间范围内踩爆对方选手的气球，并保证自己的气球不被踩破。脚上 4 个气球全部被踩坏的队员要及时离场。在规定的时间内保留气球最多的组获胜。本次比赛共 8 个代表队参加，最终第五生产队代表队获得第一名，机关代表队和第四生产队代表队分别获得第二、第三名。

"袋鼠跳跳跳"比赛，受到职工群众热烈欢迎，赛场上气氛热烈，选手们斗志昂扬。此项比赛农场共有 13 个代表队 42 名队员参加，每组 4 人，每人站在麻袋内跳，越过障碍，先到终点者为胜。经过激烈角逐，第六生产队包利洋、第二生产队刘金平、第六生产队宋奇林分获前三名。

"同舟共济"共有 11 个代表队参赛，每个参赛队由 5 名运动员组成，穿木筏鞋成一路纵队，后面队员抱紧前面队员的腰部，紧靠在一起。赛程为 60 米，在 30 米处设置一个障碍物，参赛队须绕过障碍物再返回出发点。经过团结共进，第五生产队代表队、伊根生产队代表队、第七生产队代表队分获前三名。

2015 年，基层各单位利用迎新春"两节"契机，组织职工开展各种有益的文体活动，如象棋赛、扑克赛、娱乐套圈、歌咏比赛等。

2016 年，时值农场建场 60 周年，农场举办了歌咏比赛、征文比赛、摄影大赛等系列活动，利用农闲时间开展球类等体育活动。在文化广场为职工群众新建健身娱乐场一处，安排两名专职人员负责广场的日常管理和卫生工作。老年活动室、图书室、健身房长年开放，不休节假日。职工群众广场舞队、秧歌队常年在老区和新区活动。春节期间工会为夕阳红秧歌队购买一台音箱，解决他们年龄大、敲锣打鼓易疲劳的问题。

2017 年，农场结合春播生产实际，开展青年创业和典型选树，青年创新创业大赛"挑战杯"竞赛活动。6 月 15 日，邀请额尔古纳市乌兰牧骑来上库力农场为职工群众演出文艺节目。29 日，农场联合街道办、学校和边防派出所共同开展"庆祝建党 96 周年、内蒙古自治区成立 70 周年"文艺汇演。7 月 3 日，广场文化月活动正式开始，职工篮球赛、乒乓球赛、拔河、跳大绳，以及趣味活动等多个项目，丰富了职工文化生活，为广场活动增添了新的内涵。

在参与推荐海拉尔农垦集团公司举办的"大众创业万众创新"评比活动中，赵红松"互联网＋旅游"的经营模式，荣获二等奖。

2018 年，上库力农场（分公司）召开冬季冰雪摄影大赛，经过策划、宣传、征稿、评选、展览等一系列紧张繁忙的工作，面向农场的摄影比赛历时两个月（2018 年 1 月 20 日—3 月 20 日）于 3 月 20 号圆满地落下了帷幕，共收到 17 名作者的作品 105 幅。最后评出一等奖 2 名，二等奖 3 名，三等奖 5 名，鼓励奖 5 名。

7 月 25 日—8 月 30 日，农场举办"夏日风情"区域摄影大赛，共收到 38 名作者的作品 222 件。最后评出一等奖 1 名，二等奖 2 名，三等奖 3 名，优秀奖 8 名，鼓励奖 24 名。

2019 年 5 月 2 日，上库力农场与上库力街道办事处联合举办了隆重而热闹俄罗斯族节日——巴斯克节庆祝活动。庆祝活动现场，大家载歌载舞，歌声、手风琴声交相呼应，萦绕耳畔。人们穿着漂亮的服装，跳着欢快的舞蹈，品尝着列巴、列巴圈、米嘎达、稀米丹、果酱和格瓦斯，碰撞着彩蛋，送上五谷丰登、生活五彩缤纷、吉祥如意的祝福。农场职工表演的舞蹈《青春》和独唱《高原红》将庆祝活动现场氛围推上一个又一个高潮，一曲曲《喀秋莎》《俄罗斯小调》《额尔古纳的夏天》，一阵阵鼓掌声、欢呼声、跳舞脚踏地板的声音展示着华俄后裔的能歌善舞、热爱生活。

6 月 17 日上午，农场举办篮球赛。组织开展这次活动，是为了庆祝中国共产党成立 98 周年、新中国成立 70 周年，以及激发广大职工的爱岗热情和敬业精神、丰富职工业余文化生活、增进农场各基层单位之间的友谊和协作、弘扬农垦精神和争先创优的行业精神，对促进分公司精神文明建设和综合实力的提高起到了积极的推动作用。篮球赛共 8 个代表队参赛，以抓阄的形式分为 A、B 两组，小组内循环赛分别取前两名，进入决赛后再进行交叉比赛，取前三名予以奖励。

上库力农场、上库力街道办事处党工委、上库力学校和上库力边境派出所联合举办的庆祝新中国成立 70 周年、建党 98 周年"不忘初心跟党走，牢记使命谱新篇"文艺演出于 6 月 27 日晚在农场东方红广场精彩上演。

2020 年，在国庆 71 周年和中秋佳节来临之际，各党支部开展形式多样、内容丰富的庆祝活动。机关党支部开展庆"十一""祖国你好"主题党日活动，以与退休职工联欢等形式开展红歌联唱、舞蹈等文娱活动，退休职工以舞蹈《红星歌》《五星红旗迎风飘扬》为祖国母亲 71 岁华诞献上最美好的祝福。第七生产队党支部党员职工在秋收一线开展了庆"'十一'感党恩，奉献岗位"主题党日活动。第一生产队、伊根生产队党支部举行"同升国旗、共唱国歌"主题升旗仪式，惠泽嘉园小区街道主干道两边挂上了崭新、鲜艳的国旗，庆祝氛围浓厚。

第二十六章 纪检监察

上库力农场纪委加强党风廉政教育，建立健全廉政制度，经常性开展廉政监督检查工作，及时对违纪案件进行查处。

第一节 机构设置

2011年1月—2013年3月，上库力农场党委副书记、纪委书记为郭本生，监察审计部副部长为王翠平。

2013年3月—2016年5月，农场没有纪委书记，监察审计部部长为王翠平。

2016年5月—2017年6月，农场监察审计部部长为王翠平，副部长为徐根岭。

2017年6月—2019年6月，农场党委副书记、纪委书记为高兴良；纪委副书记、监察科科长为王翠平，纪委委员为高兴良、王翠平、王爱敏、毕文虎、齐铁岭。

2019年6月—2020年12月，农场纪委书记为屈伟；纪委副书记、监察科科长为王翠平，纪委委员为屈伟、王翠平、王爱敏、毕文虎、齐铁岭。

第二节 党风廉政教育

2011年，农场对新提任的2名干部进行了岗前廉政谈话，同时开展廉政党课教育。在全场党员干部中开展了《中国共产党党员领导干部廉洁从政若干准则》《国有企业领导人员廉洁从业若干规定》的学习活动，深入学习贯彻中共中央、国务院第四次廉政工作会议精神。在党员干部中继续开展"五慎"教育活动，基层支部继续开展每季度学习一本纪检教程活动，提高了干部队伍对纪检监察工作的认识，加强了党性修养。

2012年，对新提任的6名干部进行了岗前廉政谈话，同时开展廉政党课教育。组织党员干部深入学习贯彻中央纪律检查委员会第七次全体会议精神，在全场党员干部中广泛开展了《中国共产党党员领导干部廉洁从政若干准则》《国有企业领导人员廉洁从业若干规定》的学习活动，累计510人次。

2013 年，组织党员干部深入学习和领会中共十八大报告、新党章和中共十七届中央纪律检查委员会的工作报告，学习中央政治局八项规定和六项禁令，在全场党员干部中广泛开展了《中国共产党党员领导干部廉洁从政若干准则》《国有企业领导人员廉洁从业若干规定》的学习活动，累计 630 人次。对新提任的 4 名干部进行了岗前廉政谈话。继续完善和规范政务公开工作，通过动态管理，使员工群众关心的各种事项及时公布、公开，工作有监督制度和形式。

2014 年，组织党员干部深入学习和领会中共十八大会议精神、中央政治局八项规定和六项禁令、中共十八届三中全会精神，开展党的群众路线教育实践活动，学习《国有企业领导人员廉洁从业若干规定》《中国共产党党员领导干部廉洁从政若干准则》，学习《关于领导干部报告个人有关事项的规定》《加强党风廉政建设预防职务犯罪（上中下）》，深刻领会其精神实质。每季度学习一本新编纪检教材。采取多种形式，如利用场内有线电视播放廉政教育片，以场报、板报、文艺节目宣传廉政文化，发送廉政教育飞信，组织观看警示教育片等进行反腐倡廉宣传教育。深化宣传教育，端正舆论导向。通过学习牢固树立拒腐防变思想道德防线，提高廉洁从业的总体水平，全年累计学习 830 人次。

2015 年，组织党员干部深入学习和领会《中共十八大、十八届中纪委五次全会》会议精神、中央政治局八项规定和六项禁令、中共十八届三中全会精神、开展党的群众路线教育实践活动，学习《国有企业领导人员廉洁从业若干规定》《中国共产党党员领导干部廉洁从政若干准则》，转发呼垦集团公司纪委关于认真学习贯彻《中国共产党廉洁自律准则》和《中国共产党纪律处分条例》的通知，组织观看电视专题片《作风建设永远在路上》，处级以上领导干部写了观后感，认真开展"三严三实"教育活动。采取多种形式，如利用场内有线电视播放廉政教育片，以场报、板报宣传廉政文化，发送廉政教育飞信，组织观看警示教育片等进行反腐倡廉宣传教育。通过学习牢固树立拒腐防变思想道德防线，提高廉洁从业的总体水平，累计 680 人次。督促科级以上领导干部定期收看集团公司纪委发送的廉政手机短信，在党员干部中继续开展"五慎"教育活动，在基层党支部继续开展每季度学习一本纪检教程活动，提高了干部队伍对纪检监察工作的认识，加强了党性修养，开展党员干部四级联动大引领行动。纪检监察人员认真学习业务知识提高业务能力，增强责任意识，自觉接受监督。对 5 名新聘任管理人员进行岗前廉政谈话。上报信息12 篇，上报 4 个季度招待费情况，按时上报纪检监察半年工作总结。为集团公司编撰《党员干部廉洁自律学习宣传手册》提供稿件 32 篇。预定 3 份《中国纪检监察报》。

2016 年，农场有计划地开展警示教育活动，订阅《中国纪检监察报》3 份，给各党支部购买《中国共产党廉洁自律准则》《中国共产党纪律处分条例》及相关法规 25 本，组织观看"送廉政教育到基层"系列讲座8讲，累计516人次观看，观看后了写学习心得，每讲挑选2篇上报集团公司纪委。观看警示教育片《四风之害》，达到了预期的受教育效果，分公司党员干部受教育面100%。举办一期冬季党风廉政建设培训班。参照《集团公司公开选任中层管理干部指导意见》，上库力农场（分公司）党委制定了选任中层管理干部实施方案并严格执行，在干部选拔任用上于资格审查、民主测评、进行公示、廉政谈话等各个环节都体现出"公开、公平、公正、择优"的原则，建立适合企业需要的后备干部人才储备库。对新提拔管理人员20人进行岗前集体廉政谈话，签订廉洁承诺书，由纪检监察部门监督办理交接。

2017年，农场按照《关于开展党规党纪学习宣传教育活动的通知》要求，组织副处级以上党员领导干部开展学习习近平总书记系列重要讲话和"两准则四条例"等活动。6月19—23日全场参加集团公司举办的视频培训班"两准则四条例"学习，于农场内开展2次警示教育活动，学习人数累计640人次。

2018年，农场有计划地开展警示教育活动，通过视频播放警示教育片，利用微信平台宣传学习内容，制作宣传图版2块，以各种形式进行宣传学习。参加集团公司举办的视频培训班学习，于农场内开展纪检工作会议1次、警示教育活动3次，组织集体学习4次，学习人数累计680人次，上报信息2篇。

2019年，农场党委宣传部门在上库力农场新天地宣传报道廉政教育6次。开展党风党纪教育活动，学习《中国共产党章程》、党纪党规、法律法规以及党的十九大精神，进行试题测试，引导党员干部牢固树立"四个意识"，坚持"两个维护"。开展廉政文化活动，结合崇廉尚俭、纯正家风警示教育等主题，教育引导广大党员干部发扬传承传统文化中的廉洁元素，营造廉荣贪耻的良好风尚。有计划地开展警示教育活动，通过视频播放警示教育片，利用微信平台宣传学习内容，制作宣传图版2块等形式进行宣传学习。参加集团公司举办的视频培训班学习，开展警示教育活动2次，累计教育570人次，对全场管理人员进行党风廉政建设试题测试1次。开展纪检监察业务培训2次，累计培训74人次。进一步提高政治站位，选择违纪违法典型案例和警示教育资料《永远在路上——拍蝇惩贪》等，深入学习，剖析反思，促进党员干部以贪腐者为戒，以反面典型为镜，达到教育一片、警示一方的效果。

2020年，农场开展警示教育活动2次，通过视频播放警示教育片，利用微信平台宣传学习内容，制作宣传图版2块等形式进行宣传学习。召开党风廉政专题会议1次、举办纪检监察业务培训班1次，对党政班子成员、副科级以上管理人员、纪委委员和基层党组织纪检委员进行党风廉政建设和反腐败工作业务知识测试，累计参试580人次。开展纪检监察业务培训 2 次，累计培训 65 人次。7 月 24 日，上库力农场纪委举办由纪委委员、各基层党支部书记、纪检委员、监察科负责人参加的党风廉政建设知识培训班，邀请额尔古纳市纪委监委第一纪检监察室主任王静围绕如何落实党风廉政建设责任制，基层纪检委员如何开展工作，落实中央八项规定精神及学习违纪违法案例进行授课，还观看了警示教育片《忘记初心的悔恨》。

第三节　廉政制度建设

2011 年，农场采取多种形式，如利用场内有线电视播放廉政教育片，以场报、板报、文艺节目宣传廉政文化，发送廉政教育短信，组织观看警示教育片等进行反腐倡廉宣传教育，集中宣传教育收到了良好的效果。

农场继续完善和规范队务公开工作，通过动态管理，使员工群众关心的各种事项及时公布、公开，工作有监督制度和规定形式，令群众满意。

2011 年 5 月 24 日，海拉尔农垦集团公司纪委对上库力、拉布大林、三河、苏沁四个农场新提任的领导干部的廉政谈话会在上库力农场举行，集团公司党委副书记、纪委书记张学才，监察处长卜淑英，四场新提任的领导干部及上库力农场党政领导、纪委委员参加了会议。会上张学才副书记代表海拉尔农牧场管理局党委、纪委做了讲话。四场新提任的领导干部针对廉洁自律等工作进行表态发言。

2013 年 9 月，农场开展廉政风险防控工作，制定廉政风险防控工作实施方案，成立领导小组，制定权力运行流程图，编制职权目录，填写《个人廉政风险防控自查表》《单位廉政风险防控自查表》，广泛搜集岗位人员、其他同事、分管领导和服务对象提出的岗位风险点见解，认真进行分析总结，扎实有效归纳提炼，经过多方面征求意见，搜集整理了多个风险点提交审核。领导小组利用 4 天时间对全场各单位重点经营管理工作进行监督检查，针对检查中暴露出来的问题和经营管理中存在的差距立即进行整改，防止出现更严重的问题，在此基础上制定了"六个严禁"和"四个加强"纪律和规定，为后期风险点的防控工作提供重要保障。

2016 年，结合实际情况，农场将党风廉政建设和反腐败工作作为重点任务进行分解，分为 5 大项和 10 小项落实到每位领导班子成员及各牵头部门，层层明确落实责任，确保党风廉政建设和反腐败工作上一个新台阶。将 2016 年定为企业管理年，制定 6 项上库力农场经营管理有关规定，包括农业生产管理细则、财务工作管理办法、职工劳动纪律管理规定、物资管理规定、机务管理制度和单车核算管理规定。

2017年，结合实际情况，农场将党风廉政建设和反腐败工作重点任务进行分解，内容分为5大项和26小项落实到分公司每位领导班子成员及各牵头部门，层层明确落实责任，严格执行"一岗双责"，使各项工作有序开展，全面落实党风廉政建设党委主体责任和纪委监督责任。下发《上库力农场纪委工作要点》，和15个基层党支部签订党风廉政建设责任状；上库力农场党委将贯彻落实"三重一大"决策制度作为党风廉政建设责任制的重要内容，制定班子"三重一大"议事规则，在重大问题决策、重要干部任免、重大项目投资决策上均做到班子集体讨论、民主决策；在大额资金使用上，严格按集团公司《资金统管办法》执行（按计划申请资金、批复后严格按规定用途使用）。农场纪检监察部门切实发挥职能作用，积极参与其中；因领导班子在思想上认识到位，制度上加以保证，主观上积极努力，上库力分公司"三重一大"工作得到了很好的落实。参照《海垦集团公司公开选任中层管理干部指导意见》，上库力分公司党委制定了公开选聘中层管理干部实施方案，设定9个岗位，其中行政正职2个、行政副职7个，并严格执行，在干部选拔任用上，资格审查、民主测评、公开演讲、答辩、公示、廉政谈话等各个环节都体现出"公开、公平、公正、择优"的原则。建立适合企业需要的后备干部人才储备库。制定下发了上库力分公司《关于加强和改进干部作风建设的若干规定的通知》；对新提拔管理人员21人进行岗前集体廉政谈话，签订廉洁自律承诺书，观看警示教育片《永远在路上》，每个新聘任的领导干部都写了观后感，由纪检监察部门监督办理交接；以工作纪律为突破口，从机关做起，实行签到制度、早会制度、机关工作人员参加劳动制度，为基层单位起到了表率作用。

2018年，农场严格执行个人重大事项报告制度，严禁婚丧嫁娶大操大办，厉行节约，规定操办婚事活动前，必须向所属党组织申报，说明时间、地点、邀请人员范围及数量，并承诺遵守相关纪律规定；操办丧事的，可以在事发时申报，也可以在严格按规定操办后如实报告情况。党员干部办"生日宴""乔迁宴""升学宴""贺寿宴"等活动的，除亲属外，一律不得通知邀请同事、服务对象等人员参加，同时禁止参加非亲属家宴性质的上述宴请活动。严禁部门之间、领导干部之间以各种理由用公款相互宴请。

落实"三重一大"决策制度，制定"三重一大"议事规则。在重大问题决策、重要干部任免、重大项目投资决策上均做到班子集体讨论，民主决策；在大额资金使用上，严格按集团公司《资金统管办法》执行（按计划申请资金、批复后严格按规定用途使用）。规范"三公"经费和公务用车使用，严格执行农场制定的差旅费管理办法、农场车辆管理制度、公务接待管理制度，对各项管理制度的执行情况进行监督，不定期进行明察暗访，防止"四风"现象发生。

上库力农场党风廉政制度方案如下。

上库力农场党风廉政制度

为推进党风廉政建设和反腐败斗争，切实加强新时期党的建设和党内监督，进一步保持清正廉洁，端正党风，提高反腐倡廉的自觉性，制定本制度。

一、场党委、各基层党支部把党风廉政建设列入党政工作的议事日程，抓好责任制工作的计划制定和任务分解。领导班子主要负责人是党风廉政建设的第一责任人，必须对党风廉政建设亲自部署、重大问题亲自过问、重点环节亲自协调。领导班子其他成员根据工作分工，履行"一岗双责"，必须对职责范围内的党风廉政建设负主要领导责任。

二、全场党员干部必须严格遵守党和国家的法律、法令和法规，增强法纪观念、职业道德观念，自觉抵制各种不正之风，做到廉洁奉公，遵纪守法。

三、全场党员干部要加强八小时外自律和监督，做到自重、自省、自警、自律。

四、全场党员干部不准在各种公务活动中以各种名义和变相形式收受礼金和有价证券；不准利用工作之便索取和收受回扣；不准接受各类宴请。

五、全场党员干部不准以各种名义公费娱乐。

六、全场党员干部不准利用职权和工作时间私自经商办企业，不得从事有固定收入的业余兼职，不准利用自身影响和关系为配偶、子女、亲属的经营性活动提供便利。

七、全场党员干部不准参与任何形式的赌博活动和封建迷信活动。

八、全场党员干部严格遵守国家财经纪律和财务制度，厉行节约、反对浪费。加强预算外资金管理，不得私设"小金库"。不准利用职权到下属单位或其他企事业单位报销应由个人支付的各种费用和借钱借物或无偿占用财物。

九、全场党员干部在业务工作中，应自觉履行工作职责、遵守工作规程和本局有关政务公开和承诺制度、公务回避等规定。不得向当事人索取或变相索取各种报酬或好处。

十、全场党员干部必须自觉遵守本制度，党政领导必须带头执行和认真贯彻落实，并在日常工作和生活中，时刻进行对照检查。对违反本制度规定的，视情节轻重给予批评教育直至党纪、政务处分。

第四节　廉政监督检查

2011年7月25日，上库力农场纪委就严禁操办"升学宴"发出通知，坚决制止借子女升学大操大办、借机敛财。严禁大操大办丧、喜、庆和乔迁、升学、职务变动等方面事宜，倡导丧、喜、庆事宜文明节俭办理。工作取得较好效果，在连续几年的努力下大办丧、喜、庆之风得到了有效控制，特别是婚庆提前"拉桌"现象大为收敛。指定专人对本单位子女升学情况调查摸底，和高考中榜学生家长座谈，提倡文明节俭庆升学，中榜的33名大学生无一例操办"升学宴"。

2011年10月25日，集团公司纪委书记张学才率领联合检查组来到上库力农场，对纪检监察、社会治安综合治理和"小金库"等工作进行检查。场长（总经理）王延生、党委书记苗培昆、副总经理郭祥华陪同检查。通过检查，检查组对相关部门所做工作给予肯定，对加强档案建设和管理提出了意见和建议。按照上级文件精神，2011年农场继续深化"小金库"专项治理工作，下发《上库力农场（分公司）2011年"小金库"专项治理实施方案》，成立了由纪检监察、审计、财务人员组成的领导小组并郑重作出承诺，于7月份对14个单位进行了全面复查。8月份开始，全场"小金库"治理工作进入抽查阶段，重点抽查了五个生产规模较大的生产队、设立独立账户的医院和资金周转频繁的办事处等，执行收支两条线、场长一支笔工作制度。截至12月31日，无被举报单位，未发现"小金库"问题和各类违法违纪问题。

2012年7月，为严禁大操大办丧、喜、庆、升学、乔迁宴、职务变动等方面事宜，纪委先后下发了《关于重申严禁操办"升学宴""乔迁宴"的通知》《关于严禁婚庆提前"拉桌"的通知》，再次重申严禁操办"升学宴""乔迁宴"，并将此项规定作为各单位领导班子和班子成员党风廉政建设责任制考核的一项重要内容和领导干部廉洁自律工作的重点。设立举报电话，对近期举办婚礼的家庭、秋季子女考上大学的家庭、冬季准备搬新居的家庭进行摸底、事前谈话，倡导丧、喜、庆事宜文明节俭办理。工作取得较好效果，在连续几年的努力下，大办丧、喜、庆之风得到了有效控制，2012年25户结婚家庭、34名高考中榜家庭、200户乔迁新居家庭无一例违反规定。

为加强生产管理，实现管理出效益，上库力农场党政班子研究决定成立督查领导小组，下发关于成立贯彻执行《生产经营责任制方案》监督检查领导小组的通知，下发关于贯彻执行《方案》情况监督工作实施方案的通知。检查组由6个部门组成，对14个基层单位随时进行抽查，检查组汇总后向被检查单位通报监督检查情况，有问题单位限期整改。农场党政领导随时检查各单位管理人员是否有饮酒上岗、室内吸烟、上班时间缺岗等情况，并上报考勤情况等，严明了工作纪律。对2011年各基层单位工资分配情况进行了审核监督，严格按照《经济责任制方案》执行。指派1名纪检监察干部对新建7栋职工住宅楼基建材料采购、桩基工程定价等进行监管，对物资采购、工程项目、产品销售进行监督检查，使工资分配严格按照集团公司要求进行计划内采购和按规定销售农产品。

2013 年 10 月 12 日，上库力农场廉政风险防控工作领导小组用 4 天时间对各单位重点经营管理工作进行检查。

2014 年，上库力农场党政领导随时检查各单位管理人员是否上岗饮酒、是否坚守岗位及考勤情况，严明工作纪律；对农场职工医院库存药品真实情况进行监督检查；对 2013 年各基层单位工资分配情况进行了审核监督，严格按照《经济责任制方案》执行；对原第六生产队整体协议拆迁补贴情况进行监督；对新完工 7 栋 224 户职工住宅楼抓阄进行监督；对惠泽嘉园小区场外住户进行身份调查。

2015 年，按照呼垦纪字〔2015〕4 号文件要求，上库力农场成立工程质量监督领导小组，加强工程质量监管，推进工程进度，明确工作目标，层层落实责任。全力以赴参加"十个全覆盖"百日攻坚会战，从 2015 年 6 月 20 日至 11 月 7 日，先后 11 次入户，深入一线，认真完成宣传、调查登记等任务，为领导决策环境治理工作提供参考依据。

2016 年，上库力农场认真落实集团公司党委、纪委关于改进干部作风建设方面的相关规定及监督办法等。在元旦、春节到来之际转发了《2016 年元旦春节期间贯彻落实八项规定做好廉洁自律关工作的通知》，签订了《管理人员拒收不送礼品礼金承诺书》；分别在"五一""端午""国庆""十一"期间开展明察暗访工作，由 28 人组成工作组，累计 7 次对 15 个单位进行了明察暗访。严禁党员干部借婚丧、乔迁、子女升学等违规大操大办。

2016 年 1 月，农场对全场 14 个单位工资分配方案执行情况进行监督检查，使工资分配严格按照《上库力农场生产经营责任制方案》执行；为彻底摸清所有财产物资情况，库存系统网络管理，统一调配，盘活存量，减少资金占用，专门成立了财产物资清查领导小组，严肃工作纪律，从 4 月 8 日开始，对全场各单位所有资产、物资库存情况进行清查；农机科、财务部和监审部检查监督春播和夏管单车核算；配合工会对"金秋助学补助"困难家庭大学生享受补贴真实性进行监督；对干部职工上交互助储金进行监督；于 9 月份和 11 月份在上库力农场成立阶段性联合检查组，重点对 2016 年生产经营情况、"十个全覆盖"工作、职工考勤等工作进行大检查，并将检查结果汇总上报分公司党委。完成惠民政策的落实、效能监察、场（队）务公开等各项工作，上报信息 12 篇。监督基本建设项目 4 类 20 项，其中：公益性基础设施建设 5 项，牧业基础设施建设 7 项，农业基础设施建设 3 项，种植业项目 5 项。上库力农场项目在实施上严格按照项目基本建设的程序进行，在项目得到批复的情况下，委托有资质的设计单位进行初步设计，初步设计方案报主管部门审批后，进行公开招投标并报管理局备案，工程完工后进行验收。

2017 年，农场转发集团公司《关于严禁操办"升学宴"和在端午期间开展明察暗访工作的通知》，制定《上库力分公司领导干部严格执行个人重大事项报告制度》，暗访小组先后累计 4 次、16 人次参加对上库力及周边生产队 16 个单位进行的暗访活动，严禁党员干部借婚丧、乔迁、子女升学等违规大操大办。要求领导干部个人重大事项必须向纪委报告，共有 5 名干部办理婚庆事宜前上报了农场纪委，并严格按有关规定进行。

该年共完成基本建设项目 8 项，其中公益性基础设施建设 1 项、牧业基础设施建设 4 项、农业基础设施建设 2 项、防护林 1 项。大型农机具、大宗农用物资的采购由农场党政班子集体讨论、民主决策后将采购计划上报集团公司，由集团公司进行批复并统一采购；农副产品销售严格按照集团公司粮油销售工作会议精神执行，分公司在粮油销售方面制定了严格制度，销售过程中严把质量关，坚持先款后货原则，采取场、队二级开票制，确保了农副产品销售各个环节的透明度。

纪检监察部门对落实各项制度及各项规定执行情况进行督促检查，严格按照《上库力农场生产经营责任制方案》，于 1 月对全场 14 个单位工资分配方案执行情况进行监督检查。分别在 5 月和 10 月由各部门联合对 14 个基层单位《生产经营责任制方案》执行情况进行检查。参加对基层单位领导班子及成员工作实绩的考核。监督职工住宅楼分配。减少会议数量，严格控制会议规模，开短会、讲短话、讲管用的话，可以合并召开的会议合并召开（全年大型会议：春播动员、三夏会议、秋收动员和总结会议）。按照务实高效的原则，为基层各单位腾出时间和精力，用在农业生产重点工作上。厉行勤俭节约，压缩日常办公经费开支，减少纸质公文数量。控制公务接待标准，限制陪餐人数。实行公务派车审批制度，严禁公车私用，压缩车辆费用开支（车辆油耗每月公开）。控制办公用房面积，大的办公间隔成多个办公区。本年度无公务出国。倡导文明高尚的生活作风，厉行节约，不搞铺张浪费，严禁婚丧嫁娶大操大办。

第五节　案件查处

2014 年，农场在夏管工作期间，对工作、管理上出现问题的单位给予个人经济处罚和通报批评。第四生产队由于农业技术员负责的农药管理混乱，导致本队 270 亩小麦死亡，造成较大的经济损失。农场对第四生产队农业技术员进行全场通报批评，并给予经济处罚 5000 元。第四生产队队长在农药出入库、台账管理方面监管不到位，给予全场通报批评，并给予经济处罚 2000 元。第三生产队个别油菜田、大麦田灭草不及时，造成部分地块作物长势差，导致一定程度的减产，给予第三生产队队长、副队长、农业技术员全场通报批评。第八生产队没有很好地进行前期试验，对水飞蓟全田化控，造成水飞蓟减产严重，给予第八生产队队长、副队长、农业技术员全场通报批评。

2014 年 9 月 13 日，经上库力农场秋收领导小组成员检查，发现第六生产队领导管理松懈，康拜因带队组长脱岗，在第一天跑粮严重遭警告前提下，第二天仍然跑粮严重。经秋收生产指挥部研究决定，给予第六生产队队长经济处罚 2000 元、副队长经济处罚 1000 元、承包组长经济处罚 1000 元、所有康拜因车组脱岗人员每人经济处罚 500 元。

2014 年 11 月 17 日，上库力农场领导在基层检查工作时发现个别单位干部、管理人员无视上库力农场规章制度，放松了对自己的约束，纪律松弛，忽视了全场干部大会提出的要求，不能严格遵守请假、考勤、上下班制度，擅离岗位等现象时有发生。经上库力农场党政班子会议研究决定，给予第六生产队队长兼党支部书记、机关销售科科长、副科长全场通报批评，为教育本人，警示全场各级管理人员，每人处罚五天全额工资（含基础岗位工资和效益工资）。

2015 年，上库力农场党委、纪委高度重视党员领导干部廉洁从政、从业，党风党纪的宣传教育工作，办理集团公司转办函 3 件。对第二生产队违反《春播实施方案》规定，播种时车速过快，导致覆土过浅，种子、化肥外漏，严重影响播种质量一事，作出给予队长、机务副队长、大组长和车长经济处罚各 1000 元，牵引手调离机务工作岗位的处理决定；对违反秋收工作纪律造成经济损失的第八生产队主管麦场工作的副队长作出解除职务的处罚决定；对第六生产队领导班子违反《秋收生产实施方案》，工作责任心不足，对秋收割晒质量要求和监管不到位一事，作出分别给予第六生产队领导班子 3 名成员和造成直接损失的机车长经济处罚 2000 元、1500 元和 1000 元的决定；对第四生产队、第五生产队、第七生产队因忽视麦场管理，缺乏责任意识，在安全管理、加强值班工作上存在严重漏洞一事，分别经济处罚队长 2000 元、主管麦场领导 1000 元，并全场通报批评。

2016 年，上库力农场纪委认真对待纪律审查工作，办理集团公司组织部转办事务函 2 件，场党委、纪委高度重视党员领导干部廉洁从政、从业和对党风党纪的宣传教育工作，源头上遏制违纪违法现象发生。

2017 年，上库力农场纪委依规依纪开展纪律审查工作。运用监督执纪"四种形态"，在规定时限内办理案件。规范群众来信来访等问题线索的排查管理，按问题线索的处置方式集体排查处理，做到件件有着落、事事有回音。办理集团公司转办函 2 件。处理实名举报问题线索 4 条。分公司党委、纪委高度重视党员领导干部廉洁从政、从业和对党风党纪的宣传教育工作，从源头上遏制违纪违法现象发生。

2018 年，农场进行安全文明纪律审查，无安全事故发生。纪委协助集团公司、额尔古纳市纪委监委处理问题线索，办理呼垦集团公司纪委转办函 1 件，办理海垦集团公司纪委转办函 1 件，办理匿名举报问题线索 1 件。开除党籍 1 人，党内警告处分 1 人。

2019年，纪委协助呼垦集团公司纪委处理问题线索4次，协助额尔古纳纪委监委处理问题线索1次，办理呼垦集团公司纪委转办件1件，办理额尔古纳市纪委转办函3件，处理实名举报问题线索2条，处理匿名举报问题线索1条。参与其他调查2次。党内警告处分1人，政务处分1人。批评教育1人。

2020年，农场纪委协助呼垦集团公司纪委处理问题线索5次，协助额尔古纳纪委监委处理问题线索5次，办理呼垦集团纪委转办件2件，办理额市纪委转办函1件，处理实名举报问题线索1件，处理其他问题线索1件。开除党籍2人，诫勉谈话1人，及时向上级纪委上报本单位管理人员重要违纪线索。

2020年11月25日，依据《国有企业领导人员廉洁从业若干规定》第五条第一款、第二十四条规定，按照额尔古纳市纪委、集团公司纪委指导意见，经上库力农场党委会研究决定，没收管理人员入股第五生产队（9人，共计540325.00元）、第七生产队（2人，共计25680.00元）奶厅所得分红共计566005.00元。

第二十七章 党政办公室工作

上库力农场党委办公室接收、下发文件程序规范，信息督查工作及时，档案管理落实到人，在机关日常工作运转中起着承上启下的关键性作用。

第一节 机构设置

2011年1—4月，李增斌为党政办公室主任，张明波、李守元为副主任；5—6月潘金龙代理党政办公室主任；7月起，党政办公室主任由副总经理郭祥华兼任，魏慧慧为科员。有勤杂工、招待所员工、食堂员工、司炉工、物业人员、司机等工勤人员17人。

2012—2015年，副总经理郭祥华兼党政办公室主任，党政办公室副主任为李守元、张建成。李守元分管招待所、食堂工作；张建成分管惠泽嘉园物业小区管理工作，边向民兼党政办公室秘书，魏慧慧为科员，有工勤人员22人。

2015年，党政办公室主任为边向民，兼秘书。

2016年，党政办公室主任为边向民，兼秘书，党政办公室副主任为张建成、毛元江、张明波，魏慧慧为科员，有工勤人员21人。

2017年3月，党政办公室分设为党委办公室和行政办公室两个部门，边向民任党委办公室主任，行政办公室主任由副总经理屈伟兼任，张明波、孟凡强任行政办公室副主任，郑旭东为科员，魏慧慧为总务，有工勤人员19人。

2019—2020年，行政办公室工作由副总经理高兴良分管，张明波、李守元、董其盟任副主任，陈文杰、郑旭东为科员，魏慧慧为总务，有工勤人员22人。

第二节 文秘工作

2011年，农场未设专职秘书，党政班子会议记录、收文、传阅、发文由办公室副主任张明波负责。全年接收中央、内蒙古自治区、呼伦贝尔市、额尔古纳市、海拉尔农牧场管理局等上级来文 315 件，场发文件 160 份，起草农场大型会议材料 8 份，编辑工作简报 14 期。

2012 年，边向民兼任党政办公室秘书工作，负责上级文件接收、农场下发文件起草等工作，陈文杰负责文件传阅、转办、分类归档等工作，全年接收各级文件 293 份，按照要求均进行传阅、落实和上报等。下发文件 78 份，撰写农业生产、加强企业管理、推进畜牧业发展等调研报告 4 篇、会议材料 11 份，作党政班子会议记录 28 次。

2013 年，撰写各类会议讲话、材料 18 份，起草农场管理制度 6 份，接收上级文件 289 份，其中呼伦贝尔农垦集团公司 42 份，海拉尔农垦集团公司 205 份，额尔古纳市委、市政府 42 份。撰写农场发文 25 份。作党委或行政班子会议记录 24 次。

2014 年，党政办公室起草农场召开各类大型会议材料 6 份，撰写场发文件 6 份，起草了《2014 年生产经营管理责任制实施方案》。接收上级各类文件或转发文件 643 份，对农场机关其他部门下发文件审核校对 34 份，处理转办各类信件 27 件。向主管上级报送工作信息 58 条。

2015 年，起草职工代表大会、春播动员会议、夏管工作会议、秋收动员会议，场党政领导班子年终考核述职报告等各类讲话、材料 27 份。接收、传阅、转办、落实上级来文 407 份。起草农场下发各类文件 150 份。与场外 9 个有关部门建立信息沟通渠道。

2016 年，按照农场党委安排，办公室加强文秘工作规范化建设，明确办公室工作人员岗位职责，制定岗位责任制和相关制度，使文秘信息传递更加顺畅快捷，提高了工作效率。全年接收、传阅、落实上级各类文件 437 份，起草场发文件 182 份。撰写各类重要会议材料 23 份，记录党政班子会议记录 41 次，编发场内工作动态 8 期。

2017 年，进一步落实文秘工作和日常信息服务的各项措施，规范接收、下发文件程序，在日常办公管理上增强针对性，促进了机关工作效率的提升，办公室与各科室之间的沟通交流更加紧密，使文秘工作涉及的有关事项得到落实。全年接收上级文件 344 份，按要求进行传达贯彻和执行。下发场发文件 147 份，撰写各类会议材料 38 份，牵头起草制定企业管理规章、规定、制度 29 份。撰写了农场全体管理人员工作能力提升培训班 12 种常用公文写作讲稿，对管理人员进行授课培训，得到良好效果。

2018—2020 年，共接收上级文件 1161 份，农场下发文件 598 份，撰写农场类大型会议材料 28 份，为主管上级报送工作信息 108 条。2020 年，针对规章制度在企业的贯彻、落实、执行情况，办公室深入 9 个农业生产队、6 个场直服务单位、机关 13 个科室进行调研，撰写出《加强企业规章制度建设的实践与探索》调研报告，获得呼伦贝尔农垦集团有限公司调研报告一等奖。

第三节　信息督查工作

2011—2020年，上库力农场信息督查工作未设专门工作机构，农场党政班子职责分工由党委副书记、场长或党委书记分管信息督查工作，办公室具体负责信息督查工作的落实。信息督查的主要内容有：一是对中共中央、内蒙古自治区、呼伦贝尔市、海拉尔农垦集团公司、呼伦贝尔农垦集团有限公司重要会议精神、重要文件、决定、决议、重要工作部署及贯彻落实情况进行督查；二是对上级领导、农场领导的批示件、交办件的落实情况进行督查；三是对职工群众来信、来访领导签批件解答落实反馈情况进行催办督查；四是对农场下发的各项规章制度、纪律、规定等执行情况进行督查；五是围绕农场各阶段中心工作，及时收集、整理相关信息材料，为党委决策提供参考；六是负责向上级有关部门报送重要信息；七是负责机关局域网络监督检查。为了做好信息督查工作，成立由分管场领导任组长，办公室主任任副组长，有关部门人员为工作人员的信息督查工作领导小组，分工明确，责任到人。领导小组每月召开一次信息督查会议，每半年进行一次总结，分析存在的问题，落实相应的整改措施。形成了工作有部署、督查有重点、指导有依据的工作机制，确保信息督查工作规范化开展。

上库力农场信息督察制度如下。

上库力农场信息督查制度

为进一步做好农场信息督查工作，逐步实现跟踪检查和督办催办工作制度化、规范化、程序化，进一步改进工作作风，增强干部职工的大局意识和责任感、紧迫感，确保政令畅通，提高办事效率，促进各项工作任务的全面完成，根据上级有关督查工作的规定，结合农场实际，特制定本制度。

一、信息督查工作部门

农场办公室负责信息督查具体工作。

二、信息督查内容与范围

（一）上级机关重要文件、重要工作部署和领导重要指示的贯彻落实情况。

（二）上级有关部门要求农场办理、报送且涉及考核、评比、通报事项的落实情况。

（三）上级重要工作部署、工作目标、重要会议精神和重要决定的贯彻落实和执行情况。

（四）农场领导批示、交办的重要事项的落实情况。

（五）久拖不办或逾期未办理（上报）的重要事项。

三、信息督查工作要求

（一）领导负责制。承办单位、部门、机关科室负责人要按照领导指示组织完成被督查工作。

（二）讲求实效。对列入督办范围的工作，承办单位、部门、机关科室要狠抓落实，注重实效，切实防止和克服为了应付督办搞形式主义。

（三）注重时限。所有列入督办范围事项，都要及时办理，按时完成，不得相互推诿和拖拉延误。

1. 对督办检查事项的办理，凡明确规定办结时限的，要按照要求的内容和时限及时办结和报告。

2. 对领导批示需要查办落实的事项，未规定时限的一般应在5个工作日内办结。

3. 对有特殊要求的事项，要特事特办，及时报告查办结果。

4. 情况特殊需要延长办理时间的，须提前向办公室报告办理进展情况、说明延长原因。

四、督办程序

（一）责任分解。办公室根据场长办公会、党委会、专业会议以及场领导确定的督办事项，按职责范围分解任务，涉及多个部门的由办公室指定牵头部门。承办部门要按照领导批示和要求及时办理。

（二）督办检查。根据办理时限要求，对久拖未办、逾期未办的，办公室将采取当面催办、电话催办、书面督办通知、会议督办、通报督办等方式进行督办检查。

（三）协调落实。对分解的承办事项，办理落实确有困难要协调的，涉及农场内部事项由办公室负责协调，涉及场外事项由承办部门分管场长协调；重大事项可报请农场主要领导出面协调。

（四）反馈回复。承办单位、部门、机关科室必须将督查事项办理结果按时限要求实事求是回复办公室。办公室根据落实情况，向场领导报告或定期统一通报。

（五）立卷归档。督办检查事项办结后，承办单位、部门、机关科室应将查办工作中形成的来往文件、领导批示、书面报告等材料交办公室归档。

五、结果运用

督办检查情况列入对工作人员年度工作实绩考核的重要依据。凡因对布置的重要工作久拖不办、逾期未办，多次被行使督办手段的单位、部门、机关科室和相关责任人，农场将予以通报批评；造成严重不良后果的，将依据有关法规予以行政处分或经济处罚。

附：

信息审查制度

一、信息在政治、涉外、保密等方面是否符合国家、自治区有关法律和政策规定。

二、坚持党的基本路线，坚持实事求是的原则，做到及时、真实、准确、全面、客观地反映有关情况。

三、紧紧围绕中心工作，不断拓宽领域、创新方法，提高工作质量和水平。

四、信息内容应全面、准确、及时。

五、信息来源应真实可靠，数据准确，论据充分。

六、信息文稿要素齐全，条理性、逻辑性强，文字简明扼要，表述准确规范。

七、办公室及机关各部门向主管上级、政府或部门报送的信息，要经农场分管负责人审核、签发，必要时报请主要领导审核、签发。办公室履行审核把关职能。

八、报送信息力求简短精练、主题明确，不带个人观点评论，要用有代表性的数据反映事件概况和发展变化趋势。

九、报送信息一定要注重时效性，越及时越快越好。

十、报送信息须经本部门、本单位主要领导签发。

第四节 档案工作

上库力农场档案管理工作由办公室负责，建有专门的档案室。为了使档案管理工作规范化、标准化，达到提档升级的目的，2011年，农场对档案室进行重新改造，拆除老旧档案柜，安装轨道移动式封闭档案柜6组，彻底改变了档案管理、保存环境，并对内存近千册档案进行整理，按年度设目录、分门别类保管存放。两次安排档案管理人员外出参加档案管理业务培训，提升了档案管理水平和能力。

2011—2020年，先后制定了《档案资料的存档岗位职责》《档案室管理制度》《档案借阅审批程序》等规章制度，进一步规范了档案管理。同时，对档案资料的存档提出"应存尽存、分类存档、保存完整、防虫防潮"等具体要求，能当月归档的文件、材料、资料当月归档，不能当月归档的材料必须在一季度归档完毕，保持了档案归档、管理的连续性。购置了档案标准化装订设备，10年来，累计装订档案194册。

第五节　行政事务管理

一、会议筹备

2011—2020 年，办公室直接筹备上级在农场安排的大型会议 13 次，主要有：内蒙古自治区国有农牧场公益事业"一事一议"财政奖补现场会、"极地梦境"北纬度假圈额尔古纳旅游高峰论坛、全国农业技术推广服务中心国家大麦青稞技术产业体系创建植保新技术现场会、呼伦贝尔"四好"农村工作交流现场会、《呼伦贝尔农垦报》记者招待会、内蒙古大麦生产技术交流现场会、海拉尔农垦集团畜牧业工作现场会等，每一次重要会议的筹备，从材料准备、会议报道、会场布置、接待服务、车辆安排等各个环节分工负责，责任到人，保证历次场外会议获得圆满成功，会议筹备的各项工作得到了各级领导的赞许。在筹备开好上级安排的会议同时，10 年来，办公室筹备农场内部 100 人以上参加的会议如职工代表大会、春播动员会议、夏管工作会议、秋收动员会议、农业科技总结会议、环境治理会议、畜牧业工作会议、半年工作检查会议等 63 次，均收到良好效果，圆满完成了各类会议筹备工作任务。

二、公务接待

公务接待是办公室一项重要的常规工作，一定程度上是展示企业的窗口。为做好接待工作，办公室制定了《接待管理制度》，从接待工作原则、接待规格、接待要求、服务标准等方面都做出明确规定。2011—2020 年，农场接待过农业农村部、内蒙古自治区、呼伦贝尔市等多部门领导及呼伦贝尔农垦集团有限公司、海拉尔农垦集团公司领导及副处级以上领导 386 人。10 年来，还接待来自全国各地的参观者、考察团、业务洽谈人员、授课教师及其他事宜来访者共计 20325 人，安排就餐 14875 人，安排住宿 8193 人。

三、政务公开

为了增加工作透明度，保护职工群众和机关工作人员的知情权，办公室在机关门厅设立政务公开专栏，将允许公开的事项全部公开公示，定期或不定期更新公开公示内容，上级政策信息、农场重大事项决策、举措、农场下发文件、"三公经费"、机关人员考勤等均进行公开。

上库力农场机关政务公开制度如下。

机关政务公开制度

为了规范行政行为，增强工作透明度，保证决策公正性，保护人民群众和相关人员的知情权，根据自治区、集团公司有关规定，结合农场实际，制定机关政务公开制度。

一、农场政务信息以公开为原则，政务信息公开应遵循合法、全面、真实、及时、便民的原则。

二、除下列不予公开的政务信息以外的其他政府信息，都应当予以公开：

（一）属于国家秘密的；

（二）属于商业秘密或者公开后可能导致商业秘密被泄露的；

（三）属于个人隐私或者公开后可能导致对个人隐私造成不当侵害的；

（四）正在调查、讨论、处理是否公开过程中的政府信息，但法律、法规另有规定的除外；

（五）与执法有关、公开后可能直接影响案件查处或者危及个人生命安全的；

（六）法律、法规、规章规定不予公开的其他情形。

三、农场公开的政务信息包含主动公开的政务信息和依申请公开的政务信息。

四、机关公开的政务信息包括：

（一）部门的职责、地址和联系电话；

（二）与部门职责相关的法律、法规、规章、政策及其他规定；

（三）行政许可的事项、依据、条件、数量、程序、期限以及需要提交的全部材料目录和申请书示范文本；

（四）行政收费的标准和依据；

（五）行政执法公开承诺及行政处罚的程序；

（六）农场执法过错追究、行政许可监督、行政复议受理等规范行政行为的规章制度及投诉或申请的方式、负责的部门；

（七）需要让群众清楚、明白的有关事项和群众关注、反映强烈的"热点"问题的处理；

（八）需要广泛征求群众意见或采用听证程序制订的规范性文件草案和重要的行政措施方案；

（九）农场制定的规范性文件；

（十）机关全体人员考勤；

（十一）公车费用；

（十二）接待就餐费用；

（十三）其他应当向社会公开的内容。

四、机关管理

在机关事务管理中，办公室发挥着上传下达、沟通协调、检查督办、提供服务等重要职能。在认真总结以往经验的基础上，近10年来，一改过去传统的管理模式，将以人管人管事转变为用制度规章管人管事，使机关行政事务管理逐步走上制度化、规范化轨道。

（一）学习管理

办公室根据工作实际情况，除秋收等农忙季节外，坚持每周五下午安排机关全体工作人员进行学习，以政治理论、理想信念、党中央及党委各级重要会议精神、党的群众路线教育实践活动、"不忘初心、牢记使命"主题教育、警示教育、革命传统教育、英模事迹、党史学习教育等为主要学习内容。学习方式灵活多样，收看视频录像、读原著、解读会议精神、研讨等多种形式相结合，增添了学习的趣味性。在学习管理上，实行签名制度和点名制度，对无故不参加学习者，每缺席一次扣罚5天基础岗位工资＋绩效工资，累计至年终一次性从应得报酬中扣除。有特殊情况不能参加学习的需向办公室主任请假。

（二）劳动管理

机关干部参加劳动是转变工作作风、密切联系群众的有效途径，也是磨炼机关干部意志、了解掌握生产一线实际情况的载体。办公室结合农场和机关实际，将机关绿化植树、草坪修剪、环境卫生管护、花圃管理，支援农业生产队夏管，看护水利设施，秋收麦场劳动，清理积雪、垃圾等工作都纳入劳动管理范围。有些劳动如草坪修剪、花圃管理、植树、机关窗户保洁等都按科室人数划分责任区，实行定额管理。每次劳动都由办公室记录参加劳动人员的出勤情况，作为年终评先、发放福利、享受婚丧嫁娶待遇的依据。2011—2020年，机关工作人员累计参加劳动996天，累计参加劳动人数28621人次，栽植各类树木8万余株，拔除田间野油菜17565亩，参加生产队麦场劳动累计235天1089人次。清理职工住宅小区和机关大院积雪308次，开展环境卫生治理，捡拾垃圾75次。

（三）公车管理

办公室为公务用车主管部门，负责车辆调配、维修保养、驾驶员安全教育等工作。建立并执行《公务用车管理制度》，明确了公务车的对象、范围，主要安排领导、各科室办理业务、后勤服务用车。各科室公务用车需向办公室主任提出用车计划，视公务轻重缓急安排车辆。到较近的单位办理公务一律不予派车，如需长途用车，需提前一天申报用车计划，办公室负责为前往同一目的地办理业务的人员统一安排乘车。8小时以外因工作急需用车，需经分管办公室工作的场级领导批准。公务车辆需在指定加油站加油，实行签发加油票管理，建立司机加油签名手续，办公室与加油站核实加油票、车辆号牌和司机签名后一个月结算一次。节假日机关公务车辆一律入库封存。公务用车方面一系列管理制度和措施的实施，防止了浪费现象，公务用车的各项费用呈逐年下降趋势。

除上述行政事务管理之外，办公室结合机关工作实际，修订完善了接待就餐管理规定，考勤、请假管理规定，机关安全管理制度，微机使用规章制度，办公用品采购审批程序，值班制度，保密制度，卫生管理制度等，使机关行政事务管理制度化。

第二十八章　内部审计

内部审计在促进企业可持续发展中具有重要意义。上库力农场按上级财务部门要求，建立健全内部审计制度，发挥内审作用，及时纠正错误，保证企业在正常轨道上运转。

第一节　机构设置

农场设监察审计部，监督企业经营活动依法、合规运行，加强和完善内部管理控制，降低企业经营中的相关风险。

2011—2016 年，监察审计部部长为王翠平。

2017—2018 年，农场设立审计科，科长由毛远江担任。

2019—2020 年，审计科副科长为徐根岭，2020 年 9 月审计科增加科员吴丹。

第二节　审计制度

内部审计不仅对增加组织价值、改善组织经营、评价组织控制发挥着作用，而且在促进企业发展、企业改制中也扮演着重要角色。随着农场内部管理标准化、正规化程度的提高，发挥内部审计在企业中的作用、完善其流程，对建立健全企业内部审计体系、促进企业可持续发展有了越来越重要的意义。因此，农场制定内部审计制度。上库力农场企业内部审计制度如下。

企业内部审计制度

为了规范公司内部审计工作，加强现代企业制度建设，根据《中华人民共和国审计法》和审计署《关于内部审计工作的规定》，结合公司具体情况，特制定本制度。

一、内部审计是一项独立、客观的活动，以增加价值、促进公司经营为基本指导思想，通过系统化、规范化的方法，提高公司风险管理控制。凡公司内部生产连队、直属单位均应按照本制度规定，接受内部审计监督。

二、内部审计工作是在本公司内部建立的一种独立评价职能，目的是对公司经营活动进行审查和评价，协助公司领导有效履行职责，完成公司经营目标。

1. 内部审计工作的范围包括对公司的内部控制系统的合适程度和有效性，及在完成指定工作目标过程中的审查和评价。

2. 内部审计应审查财务和经营资料的可靠程度和完整性。

3. 应审查公司用于保证完成经营目标而制定的政策、计划是否得到遵守、完成。

4. 审查保护资产，核实资产是否真实存在。

5. 审查经营情况以确保其成果与所确定的目标相一致，并确定经营是否按计划进行。

6. 经济责任审计包括对各生产连队、直属单位（正职）进行离任审计。

三、审计部门的职责和权限

1. 职责制定内部审计职责及工作计划，制定审计方案，协调内部和外部审计工作。

2. 权限

（1）根据内部审计工作的需要，要求有关单位按时报送相关文件、资料等；审核凭证、账簿，查阅有关文件和资料。

（2）对审计涉及的有关事项进行调查，并索取有关文件、资料等证明材料。

（3）对正在进行的严重违反财经法规、严重损失浪费的行为，经公司领导同意，作出临时制止决定。

（4）对阻挠、妨碍审计工作以及拒绝提供有关资料的，经公司领导批准，可以采取必要的临时措施，并提出追究有关人员责任的建议。

四、内部审计工作程序

1. 根据上级部署和公司具体情况，拟订审计项目计划，报公司领导批准后实施。

2. 实施审计前，应提前三天书面通知被审计单位。

3. 对审计中发现的问题，可随时向有关单位和人员提出改进的建议。

4. 审计终结，提出审计报告，征求被审计单位的意见后，报公司领导审批。经批准的审计意见书和审计决定，送达被审计单位。被审计单位必须执行审计决定，进行相应的财务调整等工作。

5. 对主要审计事项进行后续审计，检查采纳审计意见和执行审计决定的情况。

6. 对拒不执行审计意见、审计决定的单位及其负责人，审计部门应向公司领导报告并提出处理意见。

7. 被审计单位对审计意见书和审计决定如有异议，可以在接到正式审计报告、审计意见书十天内向审计部提出书面意见，由审计部门报告公司领导。在领导未作出处理意见之前，必须执行审计意见和审计决定。

8. 审计部门对办理的审计事项，应当建立审计档案。审计档案的归档、保管由审计部门负责人负责。其他部门如需借阅审计档案，应经内审负责人批准。

9. 审计机构和人员

（1）公司设立审计部门，配备专职审计人员，在公司领导的带领下，独立行使内部审计监督权。对董事会负责并报告工作。同时，接受上级审计机关的业务指导和监督。

（2）内部审计人员应当具备必要的专业知识依法审计，忠于职守、坚持原则、客观公正、廉洁奉公、保守秘密；不得滥用职权、徇私舞弊、泄露秘密、玩忽职守。

（3）内部审计人员依法行使职权受法律保护，任何组织和个人不得打击报复。

（4）实行内审回避制度。凡有内审人员直接参与被内审单位经济活动的，必须回避对该单位所进行的内审工作。

第三节　审计工作

2011年，对全场9个生产队和5个直属单位工资分配方案进行了审计，并对之前的年度负债进行支付前审计。2011年5月23日—6月18日，参加集团公司审计部的岭北审计组，对拉布大林农场、三河分公司的年度经营成果审计工作。

2012年，场内审计工作：对2011年9个生产队和5个直属单位工资分配方案进行审计；对9个生产队2011年二次工资分配进行审计；对之前的年度负债进行支付前审计；对第五生产队库存物资进行审计。同年9月3日—28日，参加集团公司审计部的岭北审计组对莫拐分公司、免渡河分公司、牙克石分公司的年度经营成果进行审计。

2013年，根据会计电算化以及报账制度要求，实施事前审计即会计凭证必须先审核后报账。全年审核成本费用类凭证540笔，并负责工会有关账务的辅导工作。对2012年9个农业生产队和五个直属单位工作资分配方案进行审计；对农业生产队工分进行了审计；对2012年支付小四轮费用进行了审计；对之前的年度负债进行支付前审计；对农业生产队饲养福利猪、肉牛辅助账以及职工集体饲养牛、羊进行了审计调查。同年6月，参加集团公司审计部岭北审计组对拉布大林农场、免渡河农场、格尼农场、扎兰屯马场、大河湾农场年度经营成果进行的审计。

2014年，根据会计电算化以及报账制要求，继续实施事前审计，即会计凭证必须先审核后报账，共审核成本费用类凭证650笔。7月2日—9月9日对职工医院药品收入、医疗收入、库存药品及经费支出进行审计。对2013年9个生产队、5个直属单位工资分配方案进行了审计，11 月份对 2013 年农业生产队二次分配进行审计。

2015 年，共审计场内各单位 1148 笔会计凭证；对 2014 年 9 个生产队、5 个直属单位工资分配方案进行了审计；对食堂报账进行审计，共审计 26 笔报账发票；提出审计建议并被采纳 8 条。2015 年 5 月 12 日—7 月 2 日参加集团公司岭北审计组对绰尔河农场、那吉屯农场、哈达图农场和免渡河农场等四个农场进行的经营成果审计。

2016 年，继续实施会计凭证先审计后入账制度，建立上库力分公司内部审计会计交流群，便于财务审计沟通，共审计会计凭证 1068 笔，不再重复财务审计；对 2015 年 9 个生产队、5 个直属单位工资分配方案进行了审计；4 月 8 日，对全场 9 个农业队的零件进行审计调查，提出审计建议 4 条；对第五、第六生产队，科技站和医院 4 个单位的行政正职进行离任审计，并出具审计报告；配合机务科和财务科进行春播、夏管和秋收期间阶段性单车核算，审计食堂报账；7 月份开始，农场成立农田水利工程审计推进领导小组，对第一、第三生产队水利工程缺少的所有内页资料进行补充完善，健全内页档案资料，规范水利工程审计程序；2015 年 11 月 2 日—11 月 9 日，历时 8 天，对全场 9 个农业队、5 个直属单位的化肥、农药、零件材料和油料进销存情况，春播秋收农场下拨福利费使用情况，生产队福利养猪、养牛和食堂管理情况进行审计调查，并出具了审计报告，提出审计建议 2 条，联合审计调查取得成效；2016 年 8 月 19 日—10 月 21 日，参加集团公司审计部审计组，先后完成拉布大林农牧场、谢尔塔拉农牧场、哈达图农牧场和免渡河农场等四个农场的经营成果审计和多项专项审计调查任务。

2017 年农场进行的审计工作具体如下：

2017 年上库力农场审计工作总结

（一）常规审计

1. 按规定上报了半年报和上级部门要求报送的各项材料、报表。参加了上级部门组织的相关业务学习。按照呼伦贝尔农垦集团审计处的安排抽调 1 人参加了集团公司为期三个月的审计工作。

2. 3—5 月对农场的五个单位，第三生产队周明俊队长、第四生产队周桂波队长、第七生产队刘天雷队长、伊根生产队刘爱军队长、职工医院张静波院长任职期间的经济责任进行了内部离任审计。严谨执行各项审计程序，对离任者进行了客观公正、实事求是的评价。

3. 对各单位的财务会计凭证中的费用部分实行每月入账事前审核，对在审核过程中发现的问题及时与各单位及财务部沟通，保障完善先审核后入账制度。

4. 对机关招待所账目按月审核入账。

5. 5月、7月、9月、10月，在分管领导的带领下，会同其他有关部门联合对农场各单位的方案执行情况、资金管理、资产管理、产品出入库手续、库存、生产资料的使用、进销存管理、考勤管理、公开制度等进行了 4 次全面检查并提出了相应的整改意见。

（二）对各生产队的审计工作

1. 对春播作业各机型机车单车亩耗油进行了一次全部对比核算审计。

2. 对中耕作业工作量情况进行了审计。

3. 对 2017 年农药、化肥、油料的使用情况进行了审计。

4. 对 2016 年农产品的销售、库存、出入库手续情况进行了跟踪核查审计。

5. 对 2017 年产成品数量进行了详细调查核实统计，对饲草、副产品的销售进行了跟踪审计。

6. 对雇佣、外出机车作业内容、作业地点、作业量进行了跟踪核查审计。

7. 对春季、秋季植树、浇树情况进行了审计。

8. 对农用车耗油费用情况进行了审计。

9. 对食堂账目进行了审计。

（三）对直属单位审计工作

1. 清点、核查物资科报废零件材料 176.9 万元。

2. 核查审计林草工作站春、秋季外购苗木 46.02 万株。

3. 核查审计农业科技试验站外购芍药、白鲜皮种子 589 千克。

4. 对供电所挖掘机、洒水车、装载机的作业情况、费用情况进行了跟踪核查审计。

（四）其他审计工作

1. 配合有关部门对千头牛生态牧场承包资产进行盘点。

2. 监督畜牧业管理部作价处理奶牛、肉羊工作。

3. 参加了第六生产队春播生产责任事故调查组工作，对各单位农药管理进行了专项检查，为调查组出具了调查报告。

4. 配合信访办核查 2010—2016 年草场使用费上访案一件，并出具审计报告。

5. 配合分公司纪检委办理案件 4 件，并出具相关审计报告。

农场 2018 年审计工作开展情况如下：

（一）科室日常业务

1. 对 1—12 月各单位财务会计凭证中的费用部分进行了入账前审核。

2. 对 1—12 月机关招待所食堂账目进行了审核入账。

3. 按呼垦集团公司审计处安排，于 6 月 19 日抽调一人参加了集团公司时长五个半月的内部审计工作。

（二）专项业务

1. 对原第五生产队队长马庆存、第六生产队队长张会武、第七生产队队长周明俊、第八生产队队长白树国任职期间经济责任进行了离任审计，出具审计报告。

2. 对农业科技试验站蔬菜大棚的经营及收支情况进行了审计，出具审计报告并提出整改建议。对科技站的生产、销售进行了跟踪审计。

3. 对有机肥厂的生产情况进行了审计，出具审计报告。

4. 对第六生产队猪场 2016—2018 年的养殖经营情况进行了审计，出具审计报告并进行跟踪审计。

5. 对洒水车及各单位机车浇树数量及面积情况进行了跟踪核查审计。

6. 对林草工作站植树情况及苗木等产品销售情况进行了审计，对 2017 年秋季植树的成活率情况进行了跟踪审计。

7. 对供电所供电情况及相关业务进行了审计。

8. 对赛优牧业的用电情况进行了核查审计并出具了审计报告。

9. 对瑞祥面粉厂往来账目情况进行了核实审计。

10. 对农场锅炉房 2014—2017 年的供热及费用情况进行了审计，出具了审计报告。

11. 对农场物业各项费用的收取和支出做出了分析审计报告。

12. 对上半年供电所管理的装载机、挖掘机等机车的作业量进行了跟踪审计。

13. 对各生产队中耕情况进行了核查审计。

14. 对各单位化肥、农药、物资、油料的使用和库存情况进行了半年和全年核查审计。

15. 对各生产队农副产品的销售和库存情况进行了全年跟踪核查审计。

16. 对 2018 年农产品、饲草的生产情况进行了核查审计。

17. 对各单位及锅炉房燃煤使用进行了核查审计。

（三）其他业务

1. 按分公司纪委安排，对第二生产队 2017 年胶轮车工资分配方案，单车工作量，单车费用进行了专项审计并出具审计报告。

2. 按分公司纪委安排，对第五生产队麦场职工 2015—2017 年考勤等其他有关情况进行了专项审计并出具审计说明。

3. 按呼农集团公司纪委安排，对第一生产队职工 2013 年集资入股养殖肉牛、第七生产队职工 2014 年集资入股养殖肉牛、伊根生产队职工 2014 年集资养殖牦牛的情况进行了专项审计并出具审计报告和说明。

4. 按分公司纪委安排，配合办理其他案件 3 件。

农场 2019 年审计工作开展情况如下：

（一）日常工作

1. 1 月至 12 月对各基层单位财务会计凭证中的费用部分进行入账前审核。

2. 1 月至 12 月对机关招待所食堂采购食材发票进行审核。

3. 1 月至 12 月对各基层单位修造厂的修理费用进行入账前审核。

4. 积极参加单位组织各项学习及劳动。

（二）专项业务

1. 对上库力农场第一生产队队长刘彦政、第二生产队队长魏杰、第四生产队队长刘爱军、第五生产队队长王建友、第八生产队队长宋宝国任职期间经济责任的履行情况及经济指标完成情况，进行离任审计并出具审计报告。

2. 对林草工作站外购树种数量、播种及库存进行审计并实地核实。

3. 协助农场将锅炉房、物业顺利移交第三方机构，将 2016—2018 年惠泽嘉园锅炉房、物业所花费用进行审计核实后汇总报送至信实会计师事务所审核并通过。

4. 对六队猪场 2019 年的养殖经营情况进行了审计，出具审计报告。

5. 根据农场方案规定对各单位的薪酬发放进行审计。

6. 同畜牧科验收各基层单位灭鼢鼠数量和付款凭证审核工作。

7. 监督财务部人员将第四、第五、第七生产队奶厅财务账目与所对接单位会计交接。

8. 对各单位化肥、农药、物资、油料的使用和库存情况进行了核查审计。

9. 对第八生产队 2017—2018 年营业收入、经营成本、经营利润进行对比分析并出具审计报告。

（三）其他工作

4 月 12 日—5 月 4 日呼垦集团公司组织审计人员到南京审计大学参加培训。

农场 2020 年审计工作开展情况如下：

（一）日常工作

1. 1—12 月份对各基层单位财务会计凭证中的费用部分进行入账前审核。

2. 1—12 月份对各基层单位修造厂的修理费用进行入账前审核。

3. 积极参加单位组织各项学习及劳动。

（二）专项业务

1. 6月2日—9月30日参加局内审工作。

2. 同办公室对惠泽家园种植苗木数量进行实地核实。

3. 协助农场物业顺利移交第三方机构，对供热、供水、物业成本进行核算。

4. 对第六生产队猪场2020年的养殖经营情况进行了审计，出具审计报告。

5. 根据农场方案规定对各单位的薪酬发放进行审计。

6. 同畜牧业管理部验收各基层单位灭鼢鼠数量和付款凭证审核工作。

7. 会同有关部门对牛场设备进行核实。

第二十九章 安全生产

安全生产工作是农场日常生产中的重要一环，农场下大力气加强安全生产教育培训，建全安全生产防护设施，实行安全生产一票否决制度。

第一节 机构设置

2011—2017 年 3 月，安全生产、防火、消防领导小组办公室设在社会事业部，主任为孙福任（兼），副主任为李世岭（兼）。

2017 年 3 月 24 日，农场成立安全生产部，陈树林任安全生产部部长，齐铁岭兼任安全生产部副部长，工作人员为苏永峰、周桂波。

2018 年 4 月 10 日—2020 年 12 月 31 日，安全生产部部长为苏勇峰。

第二节 安全生产设施

上库力农场安全生产设施，包括检测、报警设施，有压力、温度、液位、流量报警设备等；机械设备安全保护设施有防护罩、防护屏、负荷限制器、行程限制器、制动器、限速器、传动设备锁闭设施等；电器设备安全保护设施有电器过载保护、静电接地、防雷、防潮、防晒、防冻设施等；作业场所保护设施有通风、除尘、防护栏（网）、防滑、防烫设施等；水利设备保护设施有泄压和止逆设施等；消防设施有灭火器、高压水枪、消防水车等；紧急处理设施有紧急备用电源等；其他设施有职工劳动防护用品和装备以及各种指示、警示作业安全和逃生避难警示标志等。

2011 年，全场有防火水车 9 辆、干粉灭火器 113 个、扑火工具 350 把、风力灭火机 26 台、车载水泵 9 个。

2012 年，全场有防火水车 12 辆、干粉灭火器 130 个、扑火工具 340 把、风力灭火机 30 台、车载水泵 12 个。

2013 年，全场有防火水车 15 辆、干粉灭火器 142 个、扑火工具 360 把、风力灭火机

34 台、车载水泵 15 个。

2014 年，全场有防火水车 16 辆、干粉灭火器 140 个、扑火工具 350 把、风力灭火机 36 台、车载水泵 18 个。

2015 年，全场有防火水车 18 辆、干粉灭火器 144 个、扑火工具 350 把、风力灭火机 36 台、车载水泵 21 个。

2016 年，全场有防火水车 19 辆、干粉灭火器 144 个、扑火工具 360 把、风力灭火机 40 台、车载水泵 22 个。

2017 年，全场有防火水车 19 辆、二号扑火工具 370 把、公共灭火器 140 个、机车灭火器 582 个、安全警示牌 520 个、车载水泵 19 台、风力灭火机 46 台。

2018 年，全场有防火水车 19 辆、二号扑火工具 400 把、公共灭火器 200 个、机车灭火器 582 个、安全警示牌 844 个、车载水泵 19 台、风力灭火机 47 台。

2019 年，全场有防火水车 19 辆、二号扑火工具 390 把、公共灭火器 200 个、机车灭火器 524 个、安全警示牌 714 个、车载水泵 19 台、风力灭火机 47 台。

2020 年，全场有防火水车 21 辆、二号扑火工具 380 把、公共灭火器 200 个、机车灭火器 524 个、安全警示牌 417 个、车载水泵 20 台、风力灭火机 53 台，新建蓄水池安全围栏 7939.66 米。

第三节　安全生产管理

一、安全生产教育培训

农场实行安全生产三级培训教育制度，并以"一人一档"的方式建立个人档案，每年至少组织两次以上的培训教育活动，即：春播和秋收前对各生产单位进行公司级安全生产教育培训，各生产单位组织开展连队级和班组级安全生产教育培训活动。教育培训的主要内容有：

① 学习国家和政府的有关安全生产法律法规。

② 学习有关安全生产文件、安全通报、安全生产规章制度、安全操作规程及安全生产知识。

③ 讨论分析典型事故案例，总结和吸取事故教训。

④ 开展自我保护能力训练，异常情况的紧急处理及应急预案的演练。

⑤ 开展查隐患、反习惯性违章活动。

⑥ 知悉作业场所和工作岗位存在的风险、防范控制措施。

2011 年，培训 1536 人次；2012 年，培训 1513 人次；2013 年，培训 2990 人次；2014 年，培训 3062 人次；2015 年，培训 3054 人次；2016 年，培训 3747 人次；2017 年，培训 4380 人次；2018 年，培训 4269 人次；2019 年，培训 4083 人次；2020 年，培训 3936 人次。

二、安全生产隐患排查

2011 年，农场安全生产检查组对全场各单位进行安全生产隐患排查，发现普遍存在的共性问题：

① 职工上下班骑摩托车不戴头盔。

② 油料库地面不干净，易引发火灾。

③ 麦场清粮机闸刀有漏电危险。

④ 推运器动力电机无防护罩。

⑤ 防火工具不全。

根据排查出的问题，要求各单位立即整改。整改责任人是单位行政正职和党支部书记。

2012 年，农场安全生产领导小组在检查中发现共性问题：

① 播种机踏板缺防护栏。

② 输送机电源线头裸露。

③ 油罐阀门防冻设备松动。

④ 修理间物品摆放混乱。

⑤ 麦场闸刀箱损坏。

⑥ 个别生产队电焊工无证操作。

责令有安全隐患单位立即整改，单位一把手和党支部书记监督整改，并将整改情况上报。

2013 年，农场安全生产检查组在全场安全检查中发现普遍存在的问题：

① 油料库消防沙袋老化破损。

② 油料库灭火器数量不足。

③ 油料库没有防雷设施。

④ 机车防火设备、防火沙袋不足。

要求存在隐患的单位立即整改，并上报整改结果。

2014 年，农场安全生产检查组在检查中发现个别问题：

① 个别机车灯光照明不好。

② 麦场个别闸刀没有绝缘外壳。

③ 个别生产队麦场有大量垃圾。

④ 值班记录不全。

要求立即整改，并上报整改结果。

2015 年，农场安全生产检查组在检查组发现的问题：

① 办公室、车库没有漏电保护器。

② 麦场清粮机闸刀盒缺螺丝，易造成短路。

③ 麦场输送机没有接线盒。

④ 麦场动力线破皮。

要求存在隐患的单位立即整改，并上报整改结果。

2016 年，农场安全生产检查组在检查中发现个别问题：

① 麦场变电器电源线破损。

② 麦场大棚闸刀箱电源线未套管。

③ 职工未正确使用防中毒保护用品。

要求立即整改，生产队长和党支部书记负责监督整改并上报整改结果。

2017 年，农场安全生产检查组在检查中发现个别问题：

① 水渠渠首泵房地面无绝缘板。

② 铁皮房无避雷设施。

③ 安全防护栏不达标。

④ 缺乏安全救援用品。

要求立即整改并上报整改结果。

2018 年，农场隐患排查出个别问题：

① 安全警示标志不规范。

② 加油机和油罐接地避雷线存在隐患。

③ 地上储油罐顶部无操作平台。

④ 地上储油罐未设防火堤。

⑤ 地上储油罐区内有杂草。

要求存在隐患的单位立即整改，并上报整改结果。

2019 年，农场安全生产检查组在检查中发现个别问题：

① 储油罐区缺 35 千克推车式干粉灭火器。

② 输油管、通气管口法兰盘未做跨接。

③ 灭火器有压力不足现象。

④ 蓄水池安全警示牌老化。

要求存在隐患的单位立即整改，并上报整改结果。

2020 年，农场安全生产检查组在检查中发现个别问题：

① 付油间内电器设备不防爆。

② 付油管道过滤器未做接地。

③ 麦场烘干塔缺灭火器。

④ 麦场推运器电机皮带轮无防护罩。

⑤ 普遍存在安全生产教育培训档案整理不规范现象。

要求存在隐患的单位立即整改，并上报整改结果。

三、安全生产检查

安全检查是一项综合性的安全管理措施，是建立良好的安全生产环境、做好安全生产工作的重要手段之一，也是企业防止安全生产事故最有效的方法。

（一）安全检查内容

① 检查安全工作是否得到足够的重视和执行。

② 检查排查到的事故隐患是否得到消除。

③ 检查职工的安全意识和知识是否得到加强和提高。

④ 检查生产单位的安全防护设备、消防器材是否充足。

⑤ 检查零件库、油料库、机车库、修理间及农具场地是否有安全隐患。

⑥ 检查工作场地安全警示标志是否按要求张贴、悬挂。

（二）安全检查方法

① 全场安全生产检查。

② 单位安全生产管理人员进行日常检查。

③ 安全生产部巡视检查。

④ 操作人员对本岗位的设备、设施和机具进行常规性检查。

第三十章　社会治安综合治理

2011 年至 2020 年上库力农场以普法教育为抓手，加强综合治理工作，在民兵与预备役建设、消防管理、防洪防汛工作中强化综合治理。

第一节　机构设置

上库力农场设社会治安综合治理办公室，具体负责综治、普法、信访、防火等项工作。

2011—2015 年 3 月，农场社会治安综合治理委员会组成人员如下：主任为王延生（场长、分公司总经理），副主任为苗培昆（分公司党委书记）、郭祥华（副总经理），成员为潘金龙（政工部部长）、孙福任（社会事业部部长）、宋华民（财务部部长）、张永昌（政工部副部长）、张明波（办公室副主任）。下设办公室，主任为郭祥华（兼）。

2011 年，农场综合治理办公室副主任为董其盟，科员为王金强，全场 14 个单位党支部设有社会治安综合治理领导小组，成员 62 人，调解委员会成员 66 人、治保小组成员 68 人。

2012—2019 年 4 月，农场社会治安综合治理办公室副主任为李崇斌，全场 14 个单位党支部设有社会治安综合治理领导小组，成员 65 人，调解委员会成员 64 人、治保小组成员 62 人。

2019 年 4 月 23 日，农场、农场调整社会治安综合治理委员会，主任为郭祥华（党委书记）、韩旭东（党委副书记、场长、总经理）；副主任为高兴良（党委副书记、纪委书记）、屈伟（党委委员、副总经理）、张永昌（党委委员、政工部部长）；委员为马春秋（综治办公室副主任）、张明波（办公室副主任）、于建波（政工部副部长）、包义清（政工部副部长）、王爱敏（政工部副部长）。社会治安综合治理委员会下设办公室，设在综治办，综治办主任为高兴良（兼），工作人员为董其盟、王金强、郑旭东。

2019 年，农场社会治安综合治理办公室副主任为马春秋，科员为王金强，全场 15 个党支部设有社会治安综合治理领导小组，成员 64 人，调解委员会成员 66 人、治保小组成员 67 人。

2020 年，农场社会治安综合治理办公室副主任为马春秋，科员为王金强，全场 15 个单位党支部设有社会治安综合治理领导小组成员 67 人、调解委员会成员 65 人，治保小组成员 68 人。

第二节　普法教育

2011 年，上库力农场成立"六五"普法依法治理工作领导小组，组长为苗培昆（党委书记）、王延生（党委副书记、总经理）、常务副组长为郭本生（党委副书记、纪委书记、工会主席）、副组长为吴国志（副总经理）、郭祥华（副总经理兼社会治安综合治理办公室主任）、何松（副总经理）、潘金龙（政工部部长），成员为边向民（党委秘书）、董其盟（社会治安综合治理办公室副主任）及各单位书记、副书记。法制宣传教育办公室设在社会治安综合治理办公室，主任为郭祥华（兼）；副主任为董其盟；工作人员为孙凤军、高美艳、王金强。9 月 19 日，农场党委就《深入开展法制宣传教育推进依法治理工作第六个五年规划》发出通知，并对"六五"普法的指导思想、基本目标、工作原则、主要任务、重点普法对象、工作步骤、普法内容、组织领导和保障措施等方面进行部署。农场党委印发《上库力农场深入开展法制宣传教育推进依法治理工作第六个五年规划》，要求各单位认真组织贯彻实施。要求切实提高认识，加强对普法依法治理工作的领导，将普法依法治理工作安排到年度总体工作中，与重点工作同部署、同检查，切实推动本单位普法依法治理工作，为"六五"普法依法治理工作起好步、开好局；为农场经济发展提供优质法律环境。

2013 年 10 月 30 日，农场 78 名副科级以上管理人员参加经营管理人员法律知识考试。

2014 年 3 月 28 日，农场聘请 3 名上库力边防派出所干警，到第一生产队、第八生产队、伊根生产队进行普法宣传教育。11 月 14 日，农场举办年度企业管理人员法律知识考试。副科级以上管理人员 77 人参加考试。

2015 年，农场副科级以上管理人员参加法律知识学习及考试。总学习人数 75 人，参考人数 75 人，参考率 100%，及格率 100%。

2016 年，农场副科级以上管理人员参加《宪法》《刑法》等法律法规网络在线学习和考试。总学习人数 54 人，参考人数 40 人，参考率 74.07%，及格率 72.22%，11 人不及格，平均总分 51.85 分。

2017 年 4 月，农场副科级以上管理人员参加《刑法》《合同法》《中华人民共和国劳动法》《民族区域自治法》网络在线学习和考试。总学习人数 87 人，参考人数 68 人，参考率 78.16％，及格率 78.16％，平均总分 57.75 分。全年举办 9 期企业基层员工普法学习班，受教育员工 1288 人次，加强了基层管理人员的学法用法意识，和坚持依法依规工作、维护企业与群众共同利益的意识。

2018 年，上库力农场开展了"法在身边、法润草原、法治北疆"主题宣传活动；3 月，在各基层单位宣传、介绍《中华人民共和国合同法》《中华人民共和国劳动法》以及《中国共产党纪律处分条例》修订的重大意义、《习近平总书记关于全面依法治国重要论述》中的重大决策。10 月份开展了宪法教育宣传活动。农场副科级以上管理人员参加网络在线学习和考试。总学习人数 88 人，参考人数 86 人，参考率 97.73％，及格率 100％，平均总分 74.68 分。

2019 年 3 月，农场在各基层单位宣传《安全生产知识》等内容的学习，于 5 月 17 日开展了对劳动法、劳动合同法等的学习。农场副科级以上管理人员参加网络在线学习和考试。总学习人数 87 人，参考人数 79 人，参考率 90.8％，及格率 100％，平均总分 71.1 分。

2020 年 6 月，全场在各基层单位开展了"一法一决定一办法"宣传活动；12 月 4 日开展宪法宣传活动。为了有效地提高职工群众知法、守法、懂法意识，社会治安综合治理办公室协助各基层单位党支部利用春季农闲时组织开展基层员工普法学习班 9 次，受教育人数 1389 人次，主要学习内容为《中华人民共和国传染病防治法》《中华人民共和国突发事件应对法》《突发公共卫生事件应急条例》等，通过生动案例进行分析讲解，对职工群众提出的问题一一进行解答。按照集团公司"七五"普法工作要求，组织农场副科级以上管理人员参加第二期网络普法学习与考试，参与率为 100％，合格率为 93％。

上库力农场在法制宣传教育方面的五年规划内容如下。

上库力农场深入开展法制宣传教育
推进依法管理工作第六个五年规划
（2011—2015）

2011—2015 年，我国开展的第六个五年法制教育、依法治理工作规划，根据集团总公司的安排意见，结合上库力农场的实际情况，制定本规划。

一、指导思想、基本目标和工作原则

指导思想：以邓小平理论和"三个代表"重要思想为指导，全面贯彻落实科学发展观和海拉尔农垦（集团）有限责任公司的经济社会发展"十二五"规划的总体部署，按照依法治国基本方略的要求，深入开展法制宣传教育，大力推进依法治企进程，努力提高法治化管理水平，为构建和谐社会、全面建成小康社会营造良好的法治环境。

基本目标：通过深入扎实的法制宣传和法治实践，加大宣传宪法和国家基本法律的力度，广泛传播法律知识，不断满足职工群众的现实法律需求，使广大干部职工群众的法律意识和法律素质得到进一步提高，进一步增强经营管理人员的社会主义理念，提高依法管理、依法治企的能力。

工作原则：坚持围绕中心，按照"十二五"时期集团公司经济社会发展的总体要求，安排法制宣传教育和依法治理各项任务，服务企业经济持续快速健康发展；坚持以人为本，着眼于广大干部职工群众的实际法律需求和法律素质的提升，在法制宣传中服务群众、教育群众，坚持法制宣传与法律服务相结合、与化解社会矛盾相结合，使宣传内容和宣传形式更加贴近基层、贴近生活，发展好、实现好、维护好广大干部职工群众的根本利益；坚持求实创新、与时俱进，探索法制宣传教育和依法治理工作的新思路、新方法和新载体；坚持从实际出发，分类指导，根据不同行业、不同对象的特点确定法制宣传的内容，提高法制宣传教育工作的实效性，把握法制宣传教育工作规律，探索法制宣传教育工作的有效方式和途径，创新工作理念、拓展工作领域、完善工作机制，体现法制宣传教育的时代性、规律性和创造性。

二、主要任务

（一）深入开展法制宣传教育

1. 深入学习宣传宪法和国家基本法律制度。突出抓好对《宪法》和《民族区域自治法》的学习宣传，进一步增强公民的宪法意识，促进企业在改革发展中的稳定和各项事业健康发展。进一步加大对《民族区域自治法》的学习宣传力度，不断加深广大干部职工群众对它的认识，切实增强遵守和运用它的自觉性。深入学习宣传《中华人民共和国公司法》《中华人民共和国劳动法》《中华人民共和国合同法》《中华人民共和国会计法》《中华人民共和国个人所得税法》《中华人民共和国社会保险法》《中华人民共和国民法》等法律，充分发挥法律在经济社会发展中的规范、引导、保障作用。深入开展社会主义法治理念教育，广大党员干部特别是副科级以上经营管理人员要认真学习社会主义法治理念，牢固树立并自觉践行依法治国、执法为民、公平正义、服务大局、坚持党的领导的理念。学习、宣传与经济社会紧密联系，与群众生产、生活密切相关的法律法规。

2. 围绕完善社会主义市场经济法律体系，加强契约自由、公平竞争、诚实信用等市场经济基本法律原则和制度的宣传教育，促进经济主体依法经营管理。宣传安全生产、劳动和社会保障、社会救济方面的法律法规，增强安全生产意识，保护劳动者的合法权益。

3. 学习宣传维护社会和谐稳定，促进社会公平正义方面的法律法规。加强以"学法律、讲权利、讲义务、讲责任"为主要内容的公民法制宣传教育，增强公民依法行使权利、依法履行义务的观念，自觉用法律规范行为，加强依法维权、依法信访的宣传教育，引导公民依法表达自己的利益要求，加强对治安和刑事法律法规的宣传教育，预防和减少违法犯罪，加强对法律权威的宣传教育，促进社会公平正义。

（二）广泛开展法制宣传教育主题活动，进一步拓展普法依法治理的广度和深度

1. 围绕上库力地区各管理区、单位、学校搞好法制教育，按照"谁主管、谁负责"的原则，深入开展企业依法治理活动，充分发挥法制宣传橱窗、有线广播电视、培训等形式定期开展群众性法制专题活动。

2. 围绕"树立法律权威"，开展"12.4"法制宣传日活动。利用法制宣传月、宣传周和纪念日，集中开展以宪法为核心的法制宣传教育，努力拓展法制宣传教育与群众文化生活结合的深度和广度，繁荣法制文艺创作，鼓励、支持、引导群众性法制文化活动。

（三）坚持法制教育与法治实践相结合，进一步加快依法治企进程

1. 努力实践依法治国基本方略，加强法律监督、普法、法律服务工作，深入开展多层次、多领域依法治理工作和法治垦区创建活动，畅通公民参与管理渠道，依法规范企业活动，不断提高依法治理水平。

2. 认真制定依法治企规划，分段组织实施。

三、重点对象和要求

法制宣传教育的对象是一切有接受教育能力的公民，重点对象是企业经营管理人员、广大干部职工群众和青少年。

各级领导干部要带头学法、用法，树立在宪法和法律范围内活动的观念，树立权力来源于人民、国家权力属于人民的观念，树立尊重和保障人权的观念，提高运用法律手段管理经济、处理社会事务的能力，依法规范决策、管理和服务行为。

企业经营管理人员要加强对市场经济、安全生产、劳动和社会保障以及资源、环境等法律法规的学习，增强诚信意识，维护职工合法权益意识和安全生产意识，做到依法经营管理。

突出抓好特殊人群法制宣传教育，针对当前社会开放性强、人口流动性大的特点，加强对外来或进城务工人员的法制宣传教育，注重法制宣传教育与法律服务相结合，提高流动人员法治观念和依法维权的能力。青少年法制宣传教育要根据青少年生理、心理特点和接受能力，有针对性地开展未成年人保护、妇女儿童保护、环境保护和义务教育、交通安全方面法律法规常识的宣传教育，树立崇尚法律、遵守法律的观念。

四、工作步骤和安排

"六五"普法依法治理规划从 2011 年开始到 2015 年结束。分为 3 个阶段，于 5 年内实施。

宣传发动阶段：2011 年 9 月底结束。此阶段要做好宣传发动工作，营造浓厚的社会氛围；做好宣传、发动、组织和骨干培训工作。各单位成立"六五"普法领导小组，根据本单位实际，制定出普法依法治理五年规划，于9月30日前报农场社会治安综合治理办公室。

组织实施阶段：2011年10月至2015年上半年。各单位要根据农场"六五"普法规划要求，认真予以落实，建立普法档案，形成年度工作总结，于每年12月5日前报农场社会治安综合治理办公室，以备集团公司和农场年度检查。

检查验收阶段：2015年下半年。我们将认真总结"六五"普法工作，首先由农场组成检查组进行自查后，再迎接集团公司的检查。

五、具体实施情况

时间：2011—2015年

内容：加深学习《宪法》《民族区域自治法》《劳动法》《合同法》《土地管理法》《刑事诉讼法》《人口与计划生育法》《环境保护法》《反不正当竞争法》《企业法》《未成年人保护法》《治安处罚法》《妇女儿童权益保障法》《安全生产法规》《防火条例》《草原法》《森林法》《野生动物保护法》《公司法》《个人所得税法》《社会保险法》《经济法》《民法》《公民道德实施纲要》和国家出台的一系列法律法规及集团公司出台的相关政策、规定等。

采取措施：

1. 召开场、队"六五"普法动员大会，向干部职工群众宣传"六五"普法工作的意义和重要性，以便推进此项工作的深入开展。

2. 举办"六五"普法干部职工培训班，充分利用有线电视进行普法宣传讲座和教育。

3. 建立普法宣传队伍，深入基层，做到人人学法、守法。利用宣传栏、问卷、考试等多种形式加大普法力度、增强普法效果。

目标效果：

2011年，在宣传发动阶段，重点做好"六五"普法规划，确立以《中华人民共和国宪法》《中华人民共和国民族区域自治法》为主要内容的年度普法规划，形成领导高度重视，各部门、单位密切配合，职工群众积极参与普法工作的良好态势。为"六五"普法的顺利展开打下坚实基础。

2012年，加深对《中华人民共和国个人所得税法》《中华人民共和国社会保险法》《中华人民共和国新公司法》《中华人民共和国合同法》《中华人民共和国信访条例》等法律法规的学习，使干部职工群众的学法意识更浓，守法观念更强。

2013年重点学习《中华人民共和国劳动法》《中华人民共和国土地管理法》《中华人民共和国行事诉讼法》《中华人民共和国人口与计划生育法》《中华人民共和国环境保护法》，增强职工群众自我保护意识和责任观念。

2014年重点学习《中华人民共和国刑事诉讼法》《中华人民共和国治安处罚法》《中

华人民共和国民事诉讼法》《中华人民共和国预防未成年人犯罪法》等法律法规，确保干部职工群众受教育面95％以上，法制观念普遍增强。

2015年上半年，重点学习《中华人民共和国社会公民财产保障法》《中华人民共和国野生动物保护法》等一系列法律法规，下半年全面总结，以备检查。干部职工群众在"六五"普法期间，法制观念应普遍增强，自觉学法、守法的责任意识应得到全面提高。

六、组织领导和保障措施

（一）加强法制宣传工作

各单位要把普法、依法治理工作纳入经济和社会发展规划以及对各单位常务工作、行政工作进行年度实绩考核的重要内容。各单位要充分发挥工作主动性和创造性，更好地担负起普法依法治理工作的组织、指导、检查职能。各单位要注重加强法制宣传教育和依法治理工作调研，及时提出改进意见。

（二）建立普法依法治理协调配合机制

农场各部门要根据本规划，开展法制宣传教育活动，积极推进企业依法治理工作。各单位要积极履行职责，完成承担的工作任务，为推进依法治企做出实际贡献。

（三）健全学法用法制度

继续坚持党委中心组学习制度，经营管理人员和广大干部职工法律知识培训及其年度考试制度。同时，要创新普法依法治理工作的思路和形式，充分利用现有的宣传手段，开展公益性法制宣传教育活动。

（四）落实普法依法治理工作经费

农场要把法制宣传教育和依法治理工作经费列入年度预算，并依财力增长状况逐年加大投入，各单位也要安排必要的专项经费，保证普法依法治理工作的正常开展。

（五）壮大法制宣传教育队伍

着力抓好法制宣传教育工作人员的学习培训，建立法制宣传教育人才资源库，请地方派出所的干警讲法制课，以发挥其在普法工作中的骨干作用。

上库力农场"六五"普法领导小组

2011年9月19日

第三节　综合治理工作

2011年，内蒙古自治区嘎查村级公益事业建设"一事一议"财政奖补现场会在上库力农场召开。综合治理工作任务繁重，综合治理办公室在农场党委的领导下，会同各单位党支部坚持"打防结合，预防为主，标本兼治，重在治本"的方针，积极构建治安防控体系，强化治安防范工作。

信访是社会稳定的不确定因素，对涉及农场的信访案件，综合治理办公室逐案逐人落实稳控责任，切实做好信访人的思想转化和稳控工作，对容易产生越级上访、集体上访的案件深入了解案情、找准症结，对符合政策规定的问题想方设法给予解决，对信访人反映问题无政策依据但确实有困难的，采取社会救助等办法化解矛盾，帮助其解决生产、生活上的困难，同时加强与信访人员的思想沟通，理顺其不良情绪，引导信访人正确认识问题。主要做好以下三方面的工作：一是进一步强化队伍建设，提高工作人员素质和业务水平，强化政策观念，保证平安建设综合治理工作顺利完成。二是做好落实工作，严格按照综合治理责任书的内容一项一项地抓好落实，针对问题及时查缺补漏，在工作中不断创新。三是增加法制宣传和法治教育的次数，认真做好矛盾调解工作，把不稳定因素消灭在源头。

2012年，在农业生产工作方面，社会治安综合治理办公室配合上级领导工作，24小时不定时进行田间督查，配合上库力边境派出所对辖区9个生产队麦场用电、安全生产工作、防火防盗措施及日间作业车辆标准化作业情况进行随时抽检，查出生产过程中存在的安全隐患12件，并严令整改，有效提高了农业生产工作的安全水平。在预防不稳定因素、加强安全防范、法制教育、行车安全、干部职工日常管理等方面制定了一系列措施，以保证各项工作的正常开展。春季，与上库力边防派出所联合进山，开展巡逻工作，驱逐非法进山人员，并与37个农牧作业点签订《治安防火责任书》。加强警企合作，建立联防联动机制，每季度召开一次治安形势分析会议，通报、研究、分析整体治安形势，使信息、资源共享，共同维护社会稳定。对防范打击"蒙头教"工作，始终保持高度重视，常抓不懈，严格落实各项防控措施，不定期开展警企联合走访排查活动，严防邪教势力在场区死灰复燃。对流动人口、重点人口进行管理。开展矛盾纠纷排查1次，调解矛盾纠纷21起。

2013年，农场加强了社会治安综合治理办公室工作团队的统一协调能力，明确责任范围，下发了年终考核细则，并与19个基层单位签订了综治工作、保管人员、更值人员责任状；在各基层单位和各生产队明确了责任集体和责任人，建立抓综治工作实际档案。每季度召开一次综治工作专项会议，研究部署各阶段综治工作主要任务。社会治安综合治理办公室制订了《突发事件应急预案》，对预案所涉及的突发事件，做到分工明确、有序进行；农场对基层综合治理组织进行了重新调整，建立维稳领导小组17个共78人、帮教小组17个共78人、普法小组17个共78人、消防小分队9个360余人。对取缔和打击非法组织"蒙头教"的工作，根据掌握的情况，确定在岗职工及家属没有人员信奉"蒙头教"（不包括职工的亲戚和外来的社会户），做到看好自己的门、管好自己的人，同时积极协助有关部门彻底清除邪教。加强警企共建活动，针对辖区内上半年治安案件有所抬头的趋势，社会治安综合治理办公室联合边防派出所开展严打整治专项治理活动，本着什么案件高发就治理什么案件的原则，重点整治酒后滋事、破坏草原环境类案件。5月20日至7月5日，社会治安综合治理办公室联合地方派出所对辖区9个生产队和牧点进行安全检查，并贴近职工生活，利用手机信息宣传法律法规、安全生产常识、国家政策、企业制度。按照《公安边防民警任村官工作意见》（呼组字〔2009〕65号文件）要求，根据上库力边防派出所人员流动情况，调整民警候晓冰为第一生产队副书记、曹占安为第四生产队副书记，管理上库力场区社会治安综合治理工作。

2015年，开展矛盾纠纷排查1次，调解2起。

2016年，社会治安综合治理办公室工作人员坚持每天对场中心区公共设施进行巡查、维护。及时发现车辆、牲畜损毁公共设施及绿化树木事件46起，追缴赔偿金13600元，并上交财务部，使场区公共设施得到合理维护。在资源管理保护方面，根据上级领导指示精神，加强农场资源的监管力度，严禁外来人员及车辆进入农场辖区掠夺本地资源、破坏环境等。及时扣留滥采滥挖砂石车辆9辆，有效遏制资源流失现象。

2017年8月9日，按照《公安边防民警任村官工作意见》（呼组字〔2009〕65号文件）要求，根据上库力边防派出所人员流动情况，农场重新调整民警村官，调整后第一生产队副书记郭宏庆、第二生产队副书记王伟东、第三生产队副书记薛世群、第四生产队副书记曹占安、第五生产队副书记孙向军、第六生产队副书记周逸、第七生产队副书记任那音太、第八生产队副书记张德浩、伊根生产队副书记约克负责所在生产队社会治安综合治理工作。

2018年，上库力农场党委决定重新调整民警村官人员任命，由基层单位组建联防队，队员66人均为转业退伍军人，职责是负责上库力农场辖区内的安全保卫工作。联防队员不定期巡查辖区内的不稳定因素，联防联动、依法依规保护居民合法权益、保障职工正常生产生活。在安全生产月大检查活动中，农场安全委员会成立由相关科室长、农业单位副队长23人组成的检查组，利用两天时间、分4个专项检查领导小组对15个基层单位的易燃、易爆剧毒物品进行安全生产大检查，确保农场辖区内不会发生安全生产事故。

2020年2月7日—4月27日，上库力农场指派30人24小时轮流在上库力农场惠泽嘉园小区进出口处负责疫情防控值班78天，同时协助上库力边境派出所办理上库力农场惠泽嘉园小区居民出入证1300多张，为防控工作人员发放口罩80个，进行高风险人员隔离护送2次、2人。

2020年，农场开展矛盾纠纷排查4次，排查出矛盾纠纷18起，成功调解矛盾纠纷16起。

社会治安综合治理办公室自 2011 年至 2020 年 12 月检查拉粮运输车辆、麦场院内物资与设施，不定期抽查更值人员，总计检查车辆 238 台次、检查物资与设施 92 批次、抽查更值人员 82 次，发现问题均及时回馈信息，并做出整改。

（一）机构设置

上库力农场信访维稳工作由农场综合治理办公室管理。

2011 年，综合治理办公室副主任为董其盟，科员为王金强。

2012—2019 年，综合治理办公室副主任为李崇斌，科员为王金强。

2019—2020 年，综合治理办公室副主任为马春秋，科员为王金强。

（二）信访维稳

1. 接待群众来信来访　农场接待群众来信来访情况如下：

2011 年，共接待群众来访 13 人次，来访原因为要求分配子女上班。综合治理办公室经解读政策、说服劝导，使来访人员放弃上访。

2012 年，共接待来访人员 13 人次，包括 3 次群体上访。综合治理办公室会同有关部门认真查找矛盾源头，解决群众困难，最终让群众满意。实现了纠纷不出单位，一般矛盾纠纷不上交的工作目标。

2013 年，共接待来访人员 19 人次，来访原因是草场纠纷。经综合治理办公室调节，来访人员满意而归。

2014 年，共接待群众来访 23 人次，包括 3 人以上群访 1 次，来访原因都是草场纠纷。综合治理办公室会同畜牧业管理部调查后，妥善解决。

2015 年，共接待群众来访 13 人次，来访原因是草场纠纷，经调解得到解决。

2016 年，共接待来访人员 187 人次，其中 5 人以上群体性上访事件 2 次。综合治理办公室及时协调、上报，认真查找矛盾原因，合理解决群困难，来访群众比较满意。

2017 年，共接待群众来访 21 人次，5 人以上群访 1 次。来访原因：有 2 人来访要求恢复干部身份，享受干部转岗待遇等；有 1 人来访要求生活田补贴；有 2 人来访要求恢复职工身份、享受耕地地力保护补贴和禁牧草畜平衡补贴；其他均为草场边界不清，打草纠纷问题。经各部门疏导，来访人员满意而归。

2018 年，共接待群众来访 11 人次。来访原因：1 人来访要求解决个人牧点与公共放牧场界线问题；1 人来访要求解决退回多收草场使用费问题；1 人来访要求返还农业补贴；5 人次来访因牲畜进地罚款过高；其他为草场界限不清问题。

2019 年，共接待群众来访 10 人次，来访原因：1 人要求农场承认公共放牧场合同适合私人建牧业点使用，并划归一部分草场；1 人要求农场为原职工医院 37 人补发粮油补贴和草畜平衡补贴；6 人次认为牲畜进地罚款太高交不起，要求农场出面解决。来访问题逐一解决。

2020 年，共接待群众来访 9 人次，来访原因：有 3 人次要求解决第八生产队牧业点与公共放牧场界限不清问题；4 人次要求解决更夫与保管员工资平等问题。来访问题逐一解决。

2. 矛盾纠纷排查调解　农场排查调解矛盾纠纷情况如下：

上库力农场信访工作由综合办公室管理，负责接待群众来信来访、矛盾纠纷排查调解，信访工作领导小组负责对每年落实和执行情况进行督促检查。

2016 年 4 月 6 日，第六生产队职工家属 25 人来访，来访原因为住房冬天太冷，无法正常居住，要求农场给予解决。综合治理办公室立即将此情况上报至场党委。场党委高度重视此上访问题，成立以工会主席为组长的调查小组，对来访者反映的情况进行实地调查。

2009 年，在新农村建设中，第六生产队实施整体拆迁、整村推进、原住房全部拆除，本队雇佣工程队进行施工，统一新建了 39 栋新型建筑材料板房。职工居住后，发现这种建筑材料不适合北方高寒地区，冬天不保温透风，夏天闷热漏水。第二年出现墙体开裂、保温板封闭不严、鼠害将保温板盗空等情况，加上施工质量存在问题，职工反响非常强烈，多次到农场集体上访。尽管对房屋进行了几次维修，但一直没有解决不保温、墙体开裂等根本问题。

调查结果与来访者反映问题一致。从维护生产队稳定的大局出发，场党政领导多次深入职工住户家中，与职工进行多次沟通协商，达成一致意见。形成解决方案：

1. 农场将以房屋建设原价收回其中 29 栋住房（另 10 栋农场已于 2013 年收回），房屋收回后，农场不再承担其维修费用，房屋维修等一切事项由职工住户自己负责。

2. 农场将职工房屋回购后，5 年之内产权归农场所有，不得买卖、转让、拆除，5 年后房屋产权归原住户。

经请示集团公司领导研究批准，按建房时职工实际付款金额，农场支付资金 93 万元支付给 29 户住房职工，2017 年 1 月，款项打入职工账户。

第四节　民兵组织工作

2020 年，额尔古纳市武装部在上库力农场挑选 8 名基干民兵，于 10 月 10 日至 10 月 20 日在海拉尔军分区参加封闭训练。被选民兵分别是：宋锐、王占江、杨雪原、韩晓明、刘彦民、崔晓波、马洪森、黄磊。

上库力农场 2020 年基干民兵花名册如下。

上库力农场 2020 年基干民兵花名册

第一生产队：孔繁民、袁树刚、陈义、白雪松、宋庆伟、梁红义、刘彦民。

第二生产队：刘坤、于春颖。

第三生产队：唱万程、李永明、王德旺、韩晓明、胡琳松、张丹丹、陈春颖。

第四生产队：刘俊鹏。

第五生产队：王永旗、孙万杰、陈旭东。

第六生产队：赵涛、崔晓波、刘占云。

第七生产队：于海波、张伟利、姜作生。

伊根生产队：师广志、宋锐、王占江、杨雪原、马洪森、黄磊、张明强。

供电所：高文超、杜昊、付鹏程。

机关：王志权、贾文慧、戚鹏、董其盟。

第五节　防火消防管理

2011 年 4 月 26 日，农场对森林草原防火指挥部人员调整，总指挥为王延生，副总指挥为郭祥华、吴国志、郭本生、何松，成员为潘金龙、李世岭、张海友、宋华民、于建涛、孙福任。防火指挥部下设办公室，主任为潘金龙（兼）。农场就做好春季森林草原防火工作做出安排，从认真落实责任制，加强防火宣传，加大预防措施力度，完善应急预案，加强值班等方面进行了详细部署。防火指挥部副总指挥责任区划分：郭祥华负责第二生产队、第三生产队、伊根生产队；吴国志负责第一生产队、第四生产队、第五生产队；何松负责第六生产队、第七生产队、第八生产队；郭本生负责后勤保障、物资供应。

各单位成立以行政正职为组长，党支部书记为副组长的防火消防领导小组，农业生产队有 30 人组成的快速扑火队，直属单位有 15 人组成的快速扑火队，全场快速扑火队人数达到 350 人。防火指挥部要求：

1. **加大宣传力度**　在各单位每年春秋两季举办的安全生产培训班上对防火消防知识进行培训，发放宣传材料，制定防火公约，与职工家庭签订防火责任状。

2. **确定防火区域**　将容易发生火灾，且一旦发生火灾可能严重危及人身和财产安全以及对消防安全有重大影响的区域确定为重点区域，设置明显防火标志，实行严格管理。

3. **控制用火范围**　禁止在具有火灾、爆炸危险的场所用火；因特殊情况需要进行用火作业的，分别落实防火责任人，在确认无火灾、爆炸危险后方可进行用火作业。

4. 保障消防设施　保障防火区域内的疏散通道、安全出口畅通，保持防火门、防火卷帘、消防安全疏散指示标志、应急照明、消防广播、消防通道等设施处于正常状态。

5. 控制危险物品　对易燃易爆危险物品的使用、储存、运输或销毁应遵守国家相关规定，实行严格的消防安全管理。

6. 注意防火戒严　在防火戒严期，严禁一切野外用火，职工在野外作业严禁吸烟，生产队保持两台消防水车 24 小时处于待命状态。

2012 年 4 月 27 日，农场根据人员变动，对森林草原防火指挥部成员进行调整。总指挥为王延生，副总指挥为郭祥华、吴国志、郭本生、何松、孟繁国。下设办公室，主任为郭祥华。

2013 年 4 月 15 日，农场对森林草原防火指挥部成员进行调整，王延生、苗培昆任总指挥；郭祥华、郭本生、吴国志、何松、孟繁国任副总指挥；防火指挥部下设办公室，主任为郭祥华（兼）；副主任为李守元（兼）、张建成（兼）。

2015 年 4 月 13 日，鉴于人事变动，农场调整防火指挥部，总指挥为韩旭东，副总指挥为郭祥华，成员为李月忠、何松、孟繁国、张海友、李世岭、宋华民、李增斌、于建涛、刘惠斌、李守元、孟繁强、孟繁杰、赵彩霞，防火指挥部下设办公室，主任为孟繁国（兼）。

2020 年 4 月 2 日，农场在机关三楼会议室召开春季防火工作会议，农场党政领导、各基层单位主要负责人及相关科室长 30 人参加，会议要求提高对春防工作的认识，加强组织领导，建立森林草原防扑火队伍，储备防火物资，加强对职工群众防火宣传教育，制定防扑火预案，副总经理高安起与各单位签订《森林草原防火责任状》。

2020 年 4 月 12 日，为了保证各基层农业单位遇到火情时，能够及时有效控制住火情，农场向额尔古纳市林草局申请了大量防火物资，发放进口灭火机 6 台、国产风力灭火机 10 台、二号工具 120 把、防火宣传旗 100 面、防火服装 100 套。

2017 年至 2020 年，上库力农场防火办下发物资情况说明：进口风力灭火机（斯蒂尔）35 台、国产风力灭火机 103 台、二号工具 326 把、防火宣传标语旗 480 面、防火服 150 件、组合工具 20 套、灭火水枪 20 套、防火鞋 200 双、防火头盔 100 顶、手套 100 双、防火水杯 100 只、全球定位系统 2 部、对讲机 6 部、车载电台 1 台、帐篷 20 顶、防潮垫 20 张、睡袋 20 个。

为了落实呼农集团有限公司安全生产防火工作要求，进一步强化干部职工防火意识，应对突发火灾时能够及时有效地进行扑救，农场森林草原防火办公室组织开展了 2 次森林草原火灾扑救实战演练。森林草原火灾扑救实战演练按照方案分别于 2020 年 4 月 8 日和 9

月 5 日进行。

演练要求，一旦发生火情要冷静、沉着，能找到着火方位、确定风向，并要在保证自己不受伤害的前提下扑救火灾，同时还要保证防火设备维护到位，勤检查、细保养，关键时候能够用得上。演练有条有序地进行，没有人员意外受伤，最终在大家通力配合下火被扑灭。通过这两次防火演练，各相关人员充分体会到真正遇到火情时应该在火头后方开始扑救，还要保持一定的安全距离，同时还要预设安全区域，充分利用有利地形避险，抓住最佳扑救时间段，运用所学的灭火知识，将火灾扑灭。

通过两次防火演练，农场发现了存在的不足之处，一是有个别人员防火防范意识还不够强，对此次防火演练活动认识不足，突发事件处理能力有所欠缺，扑救战术相对比较单一，还不能够快速有效地处置突出火灾。二是缺乏专业运输车辆，农场辖区道路地势崎岖，大部分运输车辆是胶轮车，一旦发生火情，车速较慢，承载人数少，安全性能差，容易导致火情蔓延，给企业带来损失。

演练结束后对出现的问题做出整改方案，并确定应做好宣传教育和预防火灾工作，加强理论与实践相结合，保证企业内不发生重大火灾。

上库力农场防火、演练等相关方案如下。

上库力农场 2020 年森林草原防火预案

一、指导思想

根据《中华人民共和国森林法》《森林防火条例》等相关法律法规。为了有效预防和扑救森林草原火灾，保护农场资源不受损失，确保扑救工作高效进行，将森林草原火灾造成的损失降到最低限度，切实贯彻落实"预防为主，积极消灭"的森林防火工作方针，根据上库力农场实际，特制定此预案。

二、适用范围

上库力农场辖区内发生森林草原火灾时，使用此预案。

三、组织机构

为确保预案的顺利实施，上库力农场成立森林草原防火指挥领导小组：

总 指 挥：韩旭东（党委副书记、总经理、场长）

　　　　　郭祥华（党委书记）

副总指挥：屈　伟（党委副书记、纪委书记）

　　　　　高安起（党委委员、副总经理）

　　　　　高兴良（党委委员、副总经理）

卢念章（党委委员、副总经理）

张永昌（党委委员、工会主席、政工部部长）

成　　员：马庆存　王建友　刘天雷　刘彦政　刘爱军　周明俊　周贵波

丁忠海　杨玉岐

四、森林草原防火指挥领导小组下设办公室，设在综合治理办公室

总指挥：高兴良（兼）

副总指挥：张明波、马春秋

工作人员：董其盟、郑旭东、王金强

值班电话：6992248

（一）负责协调森林草原防灭火日常工作。

（二）及时掌握、分析特殊天气时防火工作，并向农垦集团防火办与及额尔古纳市防火办报送信息。

（三）向农场森林草原防火指挥领导小组报送处置森林草原火灾的意见和建议。

（四）执行农场森林草原防火指挥领导小组的决定。

（五）扑救火灾时的调度与救援工作。

（六）负责对各基层单位防火设施的检查，保障生产安全进行。

五、防火工作组织机构

（一）通讯组

组长：于建波

成员：孔卫东、林秋阳

（二）交通运输组

组长：陈树林

成员：各单位专职驾驶人员

（三）后勤保障组

组长：张明波

成员：魏慧慧、尉建明

（四）医疗救护组

组长：苗翠海

成员：上库力街道办医院工作人员

六、预案的启动范围

（一）火灾发生在农场生产队区域。

（二）燃烧损失森林面积 2 公顷以上的火灾。

（三）严重威胁村屯、居民区、农场重要设施等。

（四）燃烧时长达到 1 小时以上尚未扑灭的火灾。

（五）上级防火部门指派防火指挥部扑救的火灾。

七、报告处置的程序

（一）各单位防火值班人员发现火情时，应立即向农场森林草原防火指挥部报告起火时间、着火地点、起火原因、持续时间、林地植被状况、火场风向、风速，以便更快、更准、更有效地组织人员扑救火灾。

（二）森林草原防火指挥领导小组办公室值班人员接到火情报告后，必须立即向指挥领导小组报告，以最快的速度赶赴现场查看情况，制定科学有效的扑救方案。

（三）对火灾处置不力造成重大事故的单位及人员，给予全场通报批评，并按有关规定追究责任。

八、预案的实施

（一）组织实施

防火期内，农场防火指挥领导小组应至少有一位领导带班，发生火灾时组织相关部门人员以最快速度赶赴火场，组织、协调、督促、指导各单位处置火灾事故。

（二）扑救原则

既要实施有效扑救，又要避免人员伤亡。根据不同的火情，采取如下扑救方法。

1. 加强现场指挥，根据地形、植被、风向、风速等，科学有序组织扑救，确保扑救人员人身安全。

2. 采取"牺牲局部、保护整体"的办法，利用自然地形，开设防火隔离带，防止火势蔓延。

3. 火灾扑灭后，事发现场必须留有人员看守火场，防止火灾复发。

（三）扑救力量

农场辖区内森林草原防火力量主要由各单位扑火队员组成，防火设备使用各单位物资。

（四）联络通讯

农场森林草原防火指挥领导小组办公室坚持 24 小时值班制度，赶赴现场指挥人员应携带移动电话、对讲机等通信工具，随时保持与防火指挥领导小组、前线扑火队人员的联系。

扑火工作相关成员在接到扑火命令后立即到指挥领导小组办公室报到并认真完成领导交办的任务，没有领导批准，一律不得离岗。

本预案自发布之日起实施。

防火指挥部总指挥、副总指挥防火责任区划分：

韩旭东负责三、第四生产队施业区农牧业点。

郭祥华负责一、第二生产队施业区农牧业点。

屈伟负责第八生产队施业区农牧业点。

高安起负责第七生产队施业区牧业点。

高兴良负责第五生产队施业区农牧业点。

卢念章负责第六生产队施业区牧业点。

张永昌负责伊根生产队施业区农牧业点。

2020 年 3 月 24 日

上库力农场森林草原火灾扑救实战演练计划方案

一、概述

（一）演习依据

依据《中华人民共和国森林法》《森林防火条例》的相关规定，按照《上库力农场春季森林防火应急预案》以"预防为主、积极消灭"的方针和"打早、打小、打了"的原则，制定本方案。

（二）演习目的

为了有效、快速、科学、安全地进行森林草原火灾扑救，完善森林草原火灾和突发火灾事故综合防治应急体系；训练一只业务素质高，战斗能力强的专业森林草原火灾扑救队伍；提高森林草原火灾扑救效果，减小火灾损失，确保上库力农场辖区森林草原资源安全和维护生态安全及人民财产安全，决定在上库力农场辖区内进行一次突发火灾扑救演练，以提高处置突发森林草原火灾的能力和扑火技能以及防火意识。

二、演习组织机构

（一）上库力农场指挥部

总指挥：韩旭东

副总指挥：高兴良

指挥部成员：苏勇峰、刘天雷、刘爱军、马春秋

（二）组织机构

在上库力农场防火总指挥部统一领导下，由场防火办公室组织实施春防和秋防演练，上库力农场第三生产队和第五生产队协助配合实施。

（三）演习计划方案及相关要求

春防防火演练时间：2020 年 4 月。

地点：农场第五生产队作业地块，坐标点分别是经度120°25′55.97″纬度50°09′10.04″；120°21′36.9″纬度50°14′53.2″；120°21′58.7″纬度50°14.54′54.3″。

秋季防火演练时间：2020 年 9 月。

地点：农场第三生产队作业地块，坐标点经度120°32′51.09″，纬度50°18′47.93″。

1. **演习指挥部** 设上库力农场防火办，现场指挥部设在演习区域 5 千米范围内。

2. **参演人员** 防火指挥部总指挥韩旭东、副总指挥高兴良、防火办成员及相关单位扑火队员和工作人员参加。

3. **扑火工具及材料** 由上库力农场参演单位提供，包括斯迪尔进口灭火机 6 台、国产风力灭火机 5 台。二号工具 34 把。安排扑火队员 45 名。

4. **参演车辆** 现场指挥车 2 辆、运兵车 2 辆、大型防火水车 2 辆、胶轮式防火水车 4 辆。

三、指挥原则

火灾演练实施由上库力农场总指挥部统一领导和指挥，副总指挥分级管理，第三生产队、第五生产队按照规定，在施业区范围内做好火灾应急处理工作。

四、具体职责

（一）由防火办做好演练前选择地块和定位（GPS 定位）具体地点，参加演习人员准备好演练所需的可燃物，并安置于指定地点。

（二）参演单位要提前检修好灭火设备，确保演练正常进行。

（三）参加防火演练人员做好准备工作，保持通信畅通，接到演练命令，按时到达演练地点集合待命，无特殊情况，一律不得缺勤。

五、实际扑救

扑火队员将演习地块火源扑灭，之后由上库力农场第三生产队、第五生产队扑火人员守护现场。

六、总结

由上库力农场防火总指挥进行本次演练总结。

总指挥办公设在防火办公室。

联系人：马春秋；联系电话：18847027688；电子邮箱：32355488630@qq.com

2020 年 6 月 1 日

第六节　防洪防汛工作

上库力农场根据辖区地形地貌以及气候特点，成立防洪防汛指挥部，要求全场干部职工树立"防大汛、抗大灾"的思想，大力宣传"安全第一、常备不懈、以防为主、全力抢险"防洪防汛工作方针。落实"谁主管，谁负责"的原则。实行"行政一把手负责制"，统一指挥，分级管理。

全场各单位成立相应的组织机构，完善各项防洪防汛预案，落实各项抗灾抢险措施，并对预案进行演练。通过演练，既锻炼了队伍，又提高了应急协调组织能力。

每年汛前开展隐患排查工作，将排查出的隐患集中力量整治。在汛期，加强组织领导，明确职责任务。把防汛工作目标任务全面落实到单位和个人。加强汛期巡查，有效应对处置。

加强防汛值守，保证指挥畅通。严格落实24小时值班和领导带班制度，值班人员必须在岗在位，认真履职，认真做好防汛值班记录，确保一旦发生汛情（灾情）能及时上报，及时采取有效措施进行抢险救灾，将损失降到最低。

2013年6月1日，农场连续多日的强降雨及根河上游地区降雨，致使根河水出槽。农场局部地区降雨累计达到136毫米，仅5月31日夜间到6月1日清晨水位就上涨30厘米，第二生产队和第八生产队16600亩已播种农田被水淹。6月3日，因根河上游大量降雨，河水出槽。致使靠近根河沿岸的第七生产队屯内进水，屯内以北12户住户37人被困，种植的蔬菜被淹，奶户交奶道路封闭，牲畜圈舍进水。7月26日18时30分，一场特大暴风雨袭击了上库力农场场区，降雨持续了一天一夜，局部降雨量累计达到128.5毫米，根河水再次出槽，多个单位的农用、居民房屋，道路遭受水灾，第一生产队、第二生产队、伊根生产队、场部地区受灾严重。海拉尔农垦集团公司总经理胡家才、农机科技部部长张爱民到农场查看灾情，指挥救援。额尔古纳市政府副市长臧著强，额尔古纳市防汛指挥部、消防大队、水务局、扶贫办、上库力街道办事处等多个部门领导参与抢险救灾。额尔古纳市防汛指挥部调来冲锋舟，解救被大水围困的7名群众，并将被困牲畜转移到安全地带。农场安排人员24小时对水位进行严密监测，据统计，全场受灾农田面积7.9万亩，其中倒伏6.2万亩、水淹1.7万亩，冲倒房屋1栋，199户房屋进水，受灾群众700余人，麦场被淹1.1万平方米，冲毁主要路段桥涵10座，冲走蜜蜂31箱，淹死或冲走白鹅1052只、鸡550只，羊死亡1000余只。7月29日，根河水暴涨，第七生产队167户房屋进水，水位最深的地方达到1米。全队476人全部撤离。第二生产队42户居民房屋被淹，水深 2 米，部分仓房和厕所被水冲毁。额尔古纳市民政局及时为灾区送来 20 套行李和 20 顶帐篷，额尔古纳市红十字会为灾区送来 400 个馒头、400 支火腿肠、400 瓶水、400 袋咸菜。7 月 30 日，额尔古纳市委书记姜宝东，市委常委副市长晋洪生，市委常委、秘书长、统战部长岳晓波，副市长兼公安局局长逢万军到灾区指挥抗洪抢险，水务局、民政局、水文站、红十字会、卫生监督所、疾控中心、额尔古纳消防队员、上库力街道办事处、上库力边防派出所官兵到农场水灾重灾区第二生产队和第七生产队参与抢险救灾。呼农集团公司董事长张福礼到重灾区第七生产队、第二生产队指导救援，看望受灾群众，并分别为第七生产队、第二生产队送来 2 万元慰问金。8 月 5 日，农场针对第二生产队、第七生产队水灾，开展了"我向灾区献爱心"活动，此次捐款持续两天时间，共收到 1260 名干部职工群众捐款 223400 元。来自江苏省海安县（现海安市）的在上库力建楼的施工负责人谢晓峰捐款 2000 元人民币。8 月 6 日，麦福劳公司为农场受水灾群众送来特产食品。8 月 9 日，陶海牧场总经理耿玉山、党委书记郭本生、副书记荀志国来到上库力农场，为遭受水灾职工群众送来 2 万元慰问金。8 月 10 日，内蒙古自治区民政厅救灾处处长梁永清、副处长张佰华到农场查看水灾情况，并就受灾房屋修缮、重建、牲畜放牧、过冬饲草、三大作物收获等问题进行调研。8 月 12 日，谢尔塔拉牧场总经理刘友山一行到农场，为遭受水灾的群众送来 5 万元慰问金。8 月 14 日，由内蒙古自治区党委书记王君、自治区政府主席巴特尔委派，自治区副主席王玉明率由自治区水利厅厅长戈锋、财政厅副厅长杨茂盛等组成的工作组到农场，察看汛情、了解灾情，看望慰问抗洪抢险一线职工群众，检查指导防汛抗洪工作。工作组听取了呼农集团公司副总经理、海拉尔农垦集团公司总经理胡家才、农场总经理王延生对灾情和抗洪抢险的工作汇报。王玉明传达了王君书记对呼伦贝尔防汛救灾情况做出的批示，并对抢险救灾工作进行安排。

2017 年春季，气温突然升高，大量积雪融化直接注入上库力街区，致使场区南井泉地区五户居民家遭受水灾。3 月 28 日晚 10 点，社会治安综合治理办公室组织三产队和相关部门出动 3 台防汛车辆，12 名职工参加抗汛，经过多方努力，汛情得到控制，未给居民造成财产损失。6 月 2 日，上库力农场老屯区至第七生产队交叉路口处，排水系统不畅通造成路面积水，给就近居民生产生活带来诸多不便，社会治安综合治理办公室组织出动挖掘机、装载机、自卸翻斗车 5 辆，用时 50 工时，疏通排水系统、修复涵洞、整理道路两旁环境，解决了群众出行难等问题。

2020 年 9 月，因降雨量大，上库力农场老屯区很多职工住户遭受水灾，社会治安综合治理办公室组织人员为第三、第四生产队受灾职工家房屋及院内进行抽水并于院外开设排水沟渠。

农场防汛相关预案如下。

<h2 style="text-align:center">上库力农场 2019 年防汛应急预案</h2>

为了有效防御灾害性洪水，规范防汛抗洪程序，切实保障职工群众生命财产安全，最大限度地减轻灾害损失，根据《中华人民共和国防洪法》和《中华人民共和国防汛条例》规定，按照呼伦贝尔市安全生产委员会呼安委会字〔2019〕12 号文件和呼农集团有限责任公司呼垦安字〔2019〕8 号文件，《关于转发加强汛期安全生产工作的通知》要求，结合上库力农场防汛工作实际，特制定本预案。

一、成立场防汛指挥部

总指挥：韩旭东（总经理、场长）、郭祥华（党委书记）

副总指挥：高安起　高兴良　卢念章　屈　伟　张永昌

成　　员：边向民　张明波　苏勇峰　李世岭　齐铁岭　毕文虎　马春秋　孟繁强

　　　　　刘惠斌　白树国　包义清　孟繁杰　张海友　陈树林　各单位党政负责人

防汛指挥部办公室设在场行政办公室

主　　任：高兴良（兼）

副主任：张明波　边向民　李世岭

工作人员：李守元　董其盟　王金强

防汛指挥部下设 5 个抢险救援小组

（一）防汛抢险物资供应、后勤供给小组

组　　长：高兴良

副组长：毕文虎　张海友　孟繁杰

成　　员：财务部、物资科、供电所全体成员、各单位保管员、电工

（二）抢救、抢险小组

组　　长：高安起

副组长：各单位党政负责人

成　　员：各单位应急抢险队人员和抢险救灾机械设备

（三）消防灭火警戒保卫小组

组　　长：卢念章

副组长：马春秋

成　　员：机关、各单位快速扑火队

（四）安全监察、保卫小组

组　　长：屈　伟

副组长：苏永峰

成　　员：机关综治办公室负责各单位抽调人员组成

（五）临时医疗救护组

组　　长：张永昌，负责协调政府相关部门组建临时救护组织

成　　员：齐铁岭　包义清

二、防汛指挥部职能、职责

（一）抢险现场指挥和协调。

（二）发生事故时现场事故评估。

（三）保证现场人员和公众应急行动的执行。

（四）控制紧急情况、应急行动的指挥，协调政府相关防汛部门及各抢险救援小组各单位之间工作联系。

（五）做好应急救援处理现场指挥权转化后的移交和应急救援处理协助工作。

（六）做好与地方政府、消防、医疗、交通、抢险救灾等部门联系工作。

三、各小组职能和职责

（一）物资抢救抢险小组职能、职责

1. 抢运可以转移的灾区内重要物资。

2. 转移可能成为新危险源的物品到安全地带。

3. 合理配备人员机械进行抢险救灾。

（二）消防灭火警戒保卫小组职能、职责

1. 组织快速灭火队及时扑灭出现的火灾。

2. 联系沟通地方消防队进行扑火，参与救灾。

（三）安全监察保卫疏导小组职能、职责

1. 对灾区内外进行有效的隔离，维护现场应急救援通道畅通。

2. 疏散职工群众撤出危险地带。

（四）抢险物资供应和后勤供给小组的职能、职责

1. 迅速调配抢险物资器材至事故发生点。

2. 供应和检查抢险人员的装备。

3. 及时提供后续的抢险物资、迅速组织后勤供给急需物品。

4. 及时输送后勤供给物品到抢险人员手中。

5. 保证物资供应、电力畅通，对损毁电力设施、设备进行抢修和维护。

（五）临时医疗小组职能、职责

1. 对轻伤人员进行抢救、包扎。

2. 及时转移重伤人员到医疗机构救治。

3. 引导职工群众转移到安全区域。

四、调度值班

各单位成立相应的防汛组织机构和抢险救援队，配备必要的物资，在汛期安排人员 24 小时值班，同时将组织机构、救援队伍、值班名单上报到防汛办。场汛期值班室设在综治办。电话：6992248。

在险情发生第一时间及时上报到农场防汛办和农场主要领导。

五、应急准备

（一）防汛办在防汛指挥部的领导下，负责组织辖区内各单位制定相应的应急预案，做好准备工作。

（二）防汛办负责做好天气预报信息的收集、跟踪和传递工作，督促各单位落实汛期的值班，并做好记录。

（三）防汛办公室接到各单位有关紧急报告后，在第一时间上报到农场防汛指挥部主要领导，组织各个小组做好抗灾准备工作，督促做好各项应急措施，督促各单位加强巡逻检查，配备好抢险器材和物资。

（四）各单位按防汛区域做好应急措施，保证排水畅通，停电并加固临时用电线路，保证应急供电和通讯畅通。

（五）危险品存放应有明显的标志，防止洪水将其搅乱、混杂、流失、造成事故，要制定相应的应急措施。

（六）防汛指挥部组织应急预案的实施和检查，办公室督促各部门做好检查并记录。

六、应急响应

（一）当汛期到来时，农场防汛指挥部办公地点设在农场水利办公室；主任：刘惠斌（兼）。

（二）防汛办负责联络防汛应急响应有关事宜，并组织各单位实施应急响应预案。

（三）各单位、机关各部门应积极配合防汛办工作，并按制定的应急响应预案实施。

（四）当发生严重汛情时，防汛指挥部立即报告政府有关部门，以求得援助和指导，同时组织全体抢险人员根据灾害事故情况的特点，实施有效的应急措施，争取在短时间内，努力将损失、不利因素降至最低限度。

（五）当发生一般意外事件时，各单位按应急措施进行事件的处置，及时撤离人员和重要物资，控制和防止事件扩大，努力将损失或不利因素降至最低限度。

（六）发生洪水应立即断电，防止个别线路漏电发生意外，险情排除后，经检查确认安全方可恢复供电。

（七）在发生水灾时，应加强巡视，隔离安全地带，禁止闲杂人员围观，禁止一切人员进入危险区域。

（八）如发生大的洪水，应提前转移职工群众、牲畜和重要物资，配备救生器材、沙袋等重要抢险物资，确保备用电源和照明专线处于良好工作状态。

（九）各单位主要领导汛期要保持 24 小时开机，确保通信畅通。

七、应急抢险队

总指挥：高安起（副总经理）

队　　长：由各单位行政领导担任

成　　员：各单位抢险队成员

抢险队人数：400 人

八、应急抢险、救灾机械设备

装载机：14 台，勾机 2 台，应急运输车 18 台，推土机 6 台

负责人：李世岭（生产部部长）　陈树林（生产副部长）

应急指挥车：8 台

负责人：张明波（行政办公室副主任）

九、消防、通信器材设备

灭火器 460 个、消防水车 7 辆、消防水泵 11 个、风力灭火机 30 台、对讲机 5 部、铁锹 400 把。

负责人：马春秋（综治办副主任）

十、后勤应急保障

食品 40 箱、矿泉水 60 件、后续应急食品保障供给

负责人：张明波（行政办公室副主任）

上库力农场防汛应急指挥部

总　指　挥：韩旭东　党委副书记、场长、总经理

　　　　　　郭祥华　党委书记

副总指挥：高安起　党委委员、副总经理

　　　　　　高兴良　党委委员、副总经理

　　　　　卢念章　党委委员、副总经理

　　　　　屈　伟　党委副书记、纪委书记

　　　　　张永昌　党委委员、工会主席、政工部部长

成　　员：边向民　党委办公室主任

　　　　　张明波　行政办公室副主任

　　　　　苏勇峰　安全生产部部长

　　　　　李世岭　生产部部长

　　　　　齐铁岭　社会事业部部长

　　　　　马春秋　综治办副主任

　　　　　毕文虎　财务部部长

　　　　　孟繁强　基建科科长

　　　　　白树国　畜牧业管理部部长

　　　　　刘惠斌　水利办公室主任

　　　　　陈树林　生产部副部长

　　　　　包义清　政工部副部长

　　　　　张海友　物资科科长

　　　　　孟繁杰　供电所所长

一、场防汛指挥部办公室设在水利办公室

主　任：刘惠斌（兼）　电话：13804709993

二、指挥部成员工作职责

信息发布组组长：韩旭东　郭祥华

物资抢救抢险组组长：高安起

物资供应和后勤供给组组长：高兴良

消防灭火保卫组组长：卢念章

安全监察、保卫组组长：屈　伟

医疗救护组组长：张永昌

成　　员：马春秋、冯国斌　值班电话：04706992248

第三十一章　工　　会

上库力农场工会积极发挥民主管理职能，用心筹备每一届职工代表大会；开展职工业务培训，在职工中开展劳动竞赛；与基层分工会合力开展扶贫帮困工作；与市民政部门协调，对困难职工、遗属进行补贴。开展文体活动，丰富职工业余生活。

第一节　机构设置

2011—2012年，农场党委副书记、纪委书记郭本生兼任工会主席，孙凤军负责具体工会工作。农场下设15个基层分工会，兼职分工会主席15人，会员1398人，职工入会率100％。

2013年，农场政工部副部长包义清负责工会工作；8月，党委书记郭祥华分管工会工作。下设15个基层分工会，兼职分工会主席15人，会员1341人，职工入会率100％。

2014年，农场工会下设15个基层分工会，兼职分工会主席15人，会员1375人，职工入会率100％。

2015年3月，李月忠担任工会主席；政工部副部长包义清负责工会具体工作。下设15个基层分工会，兼职分工会主席15人，会员1378人，职工入会率100％。

2016年，农场工会下设15个基层分工会，兼职分工会主席15人，会员1397人，职工入会率100％。

2018年11月，党委副书记、纪委书记高兴良分管工会工作；政工部副部长包义清负责工会具体工作。

2019年6月，政工部部长张永昌担任工会主席；政工部副部长包义清负责工会具体工作。

2020年，农场有工会主席1人，工作人员1人，下设基层分工会15个，兼职分工会主席15人，会员1288人，入会率达100％。

上库力农场工会历任领导情况见表31-1。

表 31-1　上库力农场工会历任领导名录

姓名	职务	任职时间	姓名	职务	任职时间
郭本生	工会主席	2011.01—2013.07	高兴良	分管工会	2018.11—2019.06
郭祥华	分管工会	2013.07—2015.03	张永昌	工会主席	2019.06—2020.12
李月忠	工会主席	2015.03—2018.11			

第二节　民主管理

一、职工代表大会

2011 年 4 月 18 日，农场（分公司）召开二届二次职工代表暨 2010 年度"双先"表彰大会。职工代表 70 人、列席代表 21 人、特邀代表 4 人以及"双先"代表等共计 156 人参加会议。场长（分公司）总经理王延生做了题为《统一思想、坚定信心、把握机遇、再创佳绩，为实现"十二五"目标开好局，起好步而奋斗》的工作报告。海拉尔农垦集团公司党委副书记、纪委书记张学才，额尔古纳市市长陈立岩、副市长岳晓波，上库力街道办事处党委书记张广民出席会议。会上表彰 2010 年度经济效益突出贡献一等奖获得者第六生产队，经济效益突出贡献二等奖获得者第七生产队，经济效益突出贡献三等奖获得者第三生产队、第八生产队；工作实绩突出奖获得者职工医院、兽医站；民营单位服务工作突出奖获得者修造厂；先进承包组 4 个，先进机车组 9 个，先进科室奖获得者史志办；特色养殖典型户奖获得者任英江，奶牛科技示范户奖获得者郎仪斌；副科级以上劳动模范 10 名，职工劳动模范 40 名。场长、分公司总经理王延生与各单位签订了 2011 年生产经营责任状和安全生产责任状。

2012 年 4 月 8 日，农场（分公司）召开三届一次职工代表大会，呼农集团公司党委书记黄元勋、额尔古纳市政府市长出席大会，职工代表、列席代表、特邀代表以及受表彰代表 114 人参加大会，其中职工代表 90 人、列席代表 19 人、特邀代表 6 人。会上场长总经理王延生作了题为《凝心聚力，克难攻坚，抢抓机遇，再创辉煌，为建设文明和谐幸福的新家园而奋斗》的工作报告，大会表彰 2011 年度经济效益突出贡献一等奖获得者第七生产队，奖金 8000 元；经济效益突出贡献二等奖获得者第六生产队，奖金 6000 元；工作实绩突出奖获得者职工医院，奖金 3000 元；先进承包组 3 个，奖金各 2000 元；先进机车组 9 个，奖金合计 8400 元；先进科室奖获得者机关办公室，奖金 2000 元；特色养殖典型户王艳杰，奖金 600 元；奶牛科技示范户王金良，奖金 600 元；副科级以上劳动模范

9名，奖金合计 5400 元；职工劳动模范 40 名，奖金合计 2.4 万元。场长、分公司总经理王延生与各单位签订了 2011 年生产经营责任状和安全生产责任状。

2013 年 4 月 27 日，农场（分公司）在二楼会议室召开三届二次职工代表大会，职工代表 90 人、列席代表 21 人、特邀代表 9 人共 120 人参加会议。农场党委副书记、纪委书记、工会主席郭本生主持会议。场长王延生作了题为《励精图治，创新发展，为把我场率先建成小康社会而奋斗》的工作报告。听取了副总经理郭祥华宣读的《2013 年经营管理责任制方案》。职工代表经过讨论审议，一致通过了场长工作报告和经营管理责任制方案的决议，场长与 16 个基层单位签订 2013 年目标责任状。大会表彰 2012 年度经济效益突出贡献一等奖获得者第二生产队，经济效益突出贡献二等奖获得者第一生产队、第五生产队，奖金各 8000 元；先进承包组 3 个，奖金各 3000 元；先进机车组 6 个，合计奖金 6000元；先进科室奖获得者土地项目办，奖金 2000 元；标准化奶牛场示范单位第一生产队，副科级以上劳动模范 5 名，职工劳动模范 40 名，分别颁发了奖品、奖状。审议通过《上库力农场（分公司）2012 年经营管理责任制方案》，签订了生产经营、安全生产、计划生育、综合治理工作目标责任状。

2014 年 4 月 17 日，农场（分公司）召开分公司四届一次职工代表暨 2013 年度"双先"表彰会。职工代表 91 人，列席代表 21 人，特邀代表 11 人，先进班组、劳模及先进典型共计 179 人参加了会议。场长、总经理王延生作了题为《凝聚正能量，增创新优势，为推进多元产业快速协调发展而奋斗》的报告。会上通过《上库力农场（分公司）2014年经营责任制方案》，表彰奖励了在 2013 年度各行业工作中经济效益一等奖获得者第五生产队，经济效益二等奖获得者第四生产队；抗洪抢险先进单位获得者第七生产队，先进单位获得者兽医站，先进经营组 3 个，先进机车组 4 个，先进科室获得者政工部，奶牛养殖示范户王桂安，抗洪抢险先进个人 3 名，副科级以上劳动模范 6 名，职工劳动模范 40 名，分别颁发了奖品、奖状。

2015 年 4 月 18 日，农场（分公司）召开分公司四届二次职工代表暨 2014 年度表彰大会，海拉尔农垦集团公司副总经理、额尔古纳市副市长等领导出席，农场职工代表 87 人、列席代表 21 人、特邀代表 11 人及受表彰的先进集体和先进个人共计 175 人参加会议。场工会主席李月忠主持会议，场长、总经理韩旭东做了题为《适应新常态，抢抓新机遇，为实现企业持续增效职工稳步增收而奋斗》的工作报告。会上表彰 2014 年度经济效益一等奖获得者第五生产队，经济效益二等奖获得者第七生产队、第四生产队，大鹅养殖组织奖获得者第五生产队，先进承包组 3 个，先进机车组 14 个，先进科室获得者综治办，养殖示范户徐效俭，副科级以上劳动模范 7 名，职工劳动模范 40 名，分别颁发了奖品、奖状。

2016 年 4 月 22 日，农场（分公司）在机关二楼会议室召开五届一次职工代表大会。职工代表 90 人、列席代表 25 人、特邀代表 12 人共 127 人参加会议。工会主席李月忠主持会议。场长韩旭东作了题为《整章建制，规范管理，褒奖先进，注重民生，为实现"十三五"奋斗目标再创企业辉煌而奋斗》的工作报告。与会代表还听取了副总经理何松解读的《2016 年经营管理责任制方案》，副总经理高安起宣读的《2014—2030 年发展规划》《2014—2016 年十个全覆盖工程建设规划》《2015 年经济运行情况分析报告》和《2016 年财务预算说明》。经过职工代表审议表决，通过了场长工作报告、2014—2030 年发展规划及 2014—2016 年"十个全覆盖"工程建设规划决议。会上表彰 2015 年度综合经济效益一等奖获得者第六生产队，综合经济效益二等奖获得者第三生产队，亩效益一等奖获得者第六生产队，亩效益二等奖获得者第七生产队，亩效益三等奖获得者第三生产队，先进承包组 3 个，先进机车组 13 个，先进科室获得者财务部，养殖示范户邱艳，"十个全覆盖"先进个人 6 名，副科级以上劳动模范 7 名，职工劳动模范 40 名，分别颁发了奖品、奖状。场长韩旭东与各基层单位签订 2016 年工作目标责任状，党委书记郭祥华做了会议总结。

2017 年 4 月 16 日，农场（分公司）在机关二楼会议室召开五届二次职工代表大会。工会主席李月忠主持会议。职工代表 90 人、列席代表 25 人、特邀代表 12 人共 127 人参加会议。场长韩旭东作了题为《凝聚正能量，增创新优势，为全力以赴开创各项工作新局面而奋斗》的工作报告，副总经理何松宣读了《2017 年经营管理责任制方案》，经职工代表讨论表决，通过了场长工作报告和责任制方案两个决议，结合各单位 2017 年责任目标和重点工作，场长、总经理与基层单位签订了目标责任状。大会表彰了 2016 年度综合经济效益一等奖获得者第六生产队，综合经济效益二等奖获得者第二生产队，生产队亩效益获得者第一名获得者伊根生产队，生产队亩效益第二名获得者第六生产队，生产队亩效益第三名获得者第五生产队，先进承包组 3 个，先进机车组 14 个，先进科室水利办公室，先进班组供电所锅炉班，副科级以上劳动模范 8 名，职工劳动模范 40 名，养殖示范户薛国军，畜牧业转型升级先进个人袁立文，分别颁发了奖品、奖状。

2018 年 4 月 28 日，农场（分公司）在机关二楼会议室召开六届一次职工代表大会，党委书记郭祥华主持会议。职工代表 93 人、列席代表 29 人、特邀代表 8 人共 130 人参加会议。与会代表听取了场长韩旭东作的《励精图治，攻坚克难，为开创新形势下各项工作新局面而奋斗》的工作报告。副总经理高安起解读了《2018 年生产经营管理责任制方案（草案）》，职工代表对场长工作报告和责任制方案进行认真讨论，审议通过并表决了场长工作报告和责任制方案两个决议。会上表彰了 2017 年度工作实绩一等奖获得者伊根生产队，工作实绩二等奖获得者第三生产队、第四生产队，工作实绩三等奖获得者第一生产队、第二生产队、供销部、林草工作站，先进承包组 3 个，先进机车组 14 个，先进科室水利办公室，养殖示范户王立印，劳动模范 49 名，分别颁发了奖品、奖状。

2019 年 4 月 28 日，农场（分公司）召开六届二次职工代表大会。职工代表 92 人，列席代表 29 人，特邀代表 11 人共 132 人参加会议。党委副书记、纪委书记高兴良主持会议，场长韩旭东作了题为《转变方式、提振信心，强化管理，促进增效，为扎实推进各项事业高质量发展不懈奋斗》的工作报告。副总经理高安起解读《2019 年经营管理责任制方案》，党委副书记高兴良宣读了《上库力农场集体合同》和《上库力农场工资专项集体合同》。经职工代表讨论审议，一致通过了场长工作报告、责任制方案、集体合同、工资专项合同 4 个决议。大会表彰了 2018 年度工作实绩一等奖获得者伊根生产队，工作实绩二等奖获得者第二生产队，工作实绩三等奖获得者第六生产队，技术革新一等奖获得者第二生产队，技术革新二等奖获得者第五生产队，技术革新三等奖获得者第六生产队，先进机车组 14 个，养殖示范户唐立军，劳动模范 41 名，分别颁发了奖品、奖状。

2020 年 4 月 18 日，农场（分公司）在机关二楼会议室召开七届一次职工代表大会。职工代表 92 人，列席代表 27 人，特邀代表 4 人共 123 人参加会议。工会主席、政工部部长张永昌主持会议。与会代表听取了场长韩旭东作的题为《同心同德，举力攻坚，为开创提质增效新局面再创企业辉煌而奋斗》的工作报告。大会表彰了 2019 年度先进单位伊根生产队；畜牧业管理先进单位第七生产队，技术革新一等奖获得者第二生产队，技术革新二等奖获得者第六生产队、第七生产队，技术革新三等奖获得者第三生产队、第四生产队，小麦新品种推广奖获得者第三生产队、科技站，先进机车组 22 个，养殖示范户李艳红，劳动模范 40 名，分别颁发了奖品、奖状。审议通过了《2020 年生产经营管理责任制实施方案（草案）》《关于上一届职工代表大会提案落实情况和本届职工代表大会提案征集情况的报告》《关于 2019 年场务、队务公开情况的报告》《上库力农场 2019 年财务决策和 2020 年财务预算情况的报告》。听取了副总经理卢念章宣读的《上库力农场工资专项集体合同》和《2019 年集体合同执行情况的报告》。场长韩旭东分别与各基层单位签订 2020 年工作目标责任状。党委书记郭祥华做会议总结。

同年 12 月 14 日，农场召开七届二次职工代表大会。职工代表 91 人参加，会议审议通过了《上库力农牧场公司制改制实施办法》《呼伦贝尔农垦上库力农牧场有限公司章程》。周桂波当选呼伦贝尔农垦上库力农牧场有限公司职工董事，齐铁岭当选呼伦贝尔农垦上库力农牧场有限公司职工监事。

二、场务、政务公开

2012 年，农场机关直属单位、农业生产队全面执行政务公开制度，增强企业管理透明度。分公司重大决策、公车管理、招待费用、职工考勤、单车核算、生产进度等内容，及时上墙公示或电视公布，接受职工群众监督，充分体现民主管理和监督作用，维护职工合法权益，使职工真正成为企业的主人。

2013 年，农场主要领导广泛深入零就业职工家庭，详细了解实际情况，几次召开党政班子专题会议，研究解决方案，根据企业生产经营情况和群众的迫切要求，决定 119 名零就业家庭职工子女工作问题分两年两批解决，当年首先解决 43 名，第二年再解决 76 名。农场进行公示，接受职工群众监督。

2014—2020 年，农场坚持场务公开民主管理制度，将场务政务公开内容纳入年终工作实绩考核范畴；分公司"三重一大"（即：重大事项决策、重要干部任免、重要项目安排、大额资金的使用）、公车管理、招待费用、职工考勤、单车核算、生产进度、费税收缴、场队方案、上级文件、管理制度等内容及时上墙公布或电视公示，接受职工群众的监督。

三、民主决策

2011 年，农场（分公司）召开表彰大会，奖励获全国首届农机技能大赛内蒙古自治区赛区第一名，代表自治区参加全国首届农机技能大赛并获得二等奖的农场第六生产队轮式拖拉机手陈树林。呼伦贝尔市农牧局、额尔古纳市农牧局领导到会祝贺并颁奖。呼伦贝尔市农牧局奖励陈树林个人 1000 元，农场奖励其 10000 元。海拉尔农垦集团公司党委书记高俊强代表集团公司发来慰问电。对农场和陈树林表示祝贺。

2012 年，农场出台政策，对患病职工实行退岗养病，条件是需本人申请、单位证明、医院诊断书认定。批准退岗后每月发 500 元生活费，"两险"待遇不变，到转退休年龄为止，享受退休待遇。

2015 年，根据《中华人民共和国劳动法》《内蒙古自治区企业工资集体协商条例》及有关法律法规之规定，农场决定工资时遵循合法、平等合作、协商一致、劳动权利与义务相统一、维护正常工作秩序、保持和谐稳定的原则，企业法人代表和工会法人代表签订了《上库力分公司（农场）工资集体协商合同》，工会法人代表、工会主席参与企业生产方案、工资分配、人员调整等重大决策的研究和制定，企业和工会双方都能够认真按照合同履行责任和义务。

第三节 主要活动

一、职工培训

2011年9月30日，海拉尔农垦集团公司农机科技部牵头，呼伦贝尔市农机监理所全程监督，25日至30日组织联合收割机、链式拖拉机驾驶员120余人，进行系统培训和考证。

2012年9月27日，农场采取单位推荐与考试相结合的方式，择优选拔8名一线职工赴高校学习培训。集中举办2期安全生产宣传教育培训班，以安全生产基本知识、企业安全生产规章制度、劳动纪律、作业场所和工作岗位存在的危险因素、防范措施及事故应急措施、有关事故案例等为主要培训内容，1398名职工上岗前接受教育，受教育面达到100%。以各生产队工会为单位开展的职工技能培训活动中，参加培训职工达3642人次。

2013年，利用3月中旬至4月中旬一个月的农闲时间，农场开展"职业技能比赛、技术比武、练兵培训"活动，参加培训职工达3624人（次）。此次培训内容从农场实际出发，理论与实践相结合，提高职工素质和专业技能，使其了解国家相关法律法规及政策，内容丰富多彩，主要有国情教育、安全生产、安全防火、生产管理、《现代农业农机技术》《机械的使用保养与维修》《企业法》和《治安处罚条例》等。为达到培训的预期效果，各生产队领导班子成员针对自己负责的业务，认真备课，每人至少讲一课，并请专业老师、边防派出所的干警讲解专业知识和普法知识。

2014年3月13日，农场举办机动车车长、驾驶员培训班，有145名车长、驾驶员参加培训。邀请哈尔滨凯斯纽荷兰公司售后服务人员，就农场购进该公司的各种车型的操作流程、性能调整、保养维护和故障排除进行培训。

8月，农场举办联合收割机、割晒机驾驶员安全生产培训班，各农业生产单位机务副队长，联合收割机、割晒机驾驶员230人参加培训。

2015年，工会立足于建设一支"有理想、有道德、有文化、有纪律"的职工队伍，按照"技术过硬、业务优良"的总体要求，采取会议、板报宣传等多种形式加强职工的思想教育、职业道德教育，进一步提高了职工队伍的综合素质。农场举办烘干设备使用维修技术培训班，黑龙江省嫩江县现代农业机械有限公司技术科长张胜兰授课，各单位相关人员26人参加培训。

2016年，农场召开向内蒙古自治区包头市达茂联合旗人民检察院检委会专职委员、第三检察部主任潘志荣学习动员大会，农场副科级以上管理人员共计70余人参加会议；组织各农业生产单位队长、机务队长、统计、机务技术人员、机车长和大组长190人，进行了为期半天的安全生产知识培训。

2017年，农场利用春播前的有利时机，邀请凯斯纽荷兰公司的技术人员对农场机务队长、机务技术员、进口机车车长、驾驶员及农机业务骨干进行为期两天的集中培训，195人参加学习培训。培训内容主要针对450空气式播种机、3230喷药机、联合收割机、自走式割晒机等进口车型的工作原理、操作、维修、保养等方面进行授课。3月26日，举办安全生产培训班，场安全生产领导小组成员、基层单位安全生产领导小组成员及各单位业务骨干共计200人参加。4月，在基层有关单位选拔了6名年轻的业务骨干进行农田水利技术培训学习。9月，按照上级要求，选拔4名一线年轻的"80后"管理人员到农业农村部干部管理学校培训学习，10月，在农闲季节分公司从基层一线35周岁以下人员中选拔29名职工送往海拉尔农牧职工学校进行两年的学习培训。同时，分公司党委聘请呼伦贝尔市讲师团老师到场讲授十八届六中全会精神和供给侧结构性改革等相关内容。政工部会同安全生产部、社会事业部和农林科等部门先后围绕分公司中心工作开展了不同形式的培训学习，党员干部和管理人员、技术人员870人次参加学习培训。

2018年8月30日，在农场机关二楼大会议室组织开展凯斯470履带式拖拉机驾驶员选拔考试，农场10名机务职工报名参加。通过公平、公正、公开的考试过程，三批次分别选拔M155自走割晒机驾驶员、道依茨法尔拖拉机车长、驾驶员、凯斯470履带式拖拉机驾驶员共8人。

2020年，为使干部职工综合能力得到有效提升，上库力农场（分公司）对党建、农业生产、水利技术和安全生产等多项内容进行了网上资料传送，通过近一个月的自学，开展了6项专题知识测试，农场全体管理人员和青年骨干200余人参加答题测试。同时，举办了格兰电驱甜菜专用播种机在线远程视频培训，凯斯450、470驾驶员培训，农业知识再培训，甜菜种植培训班，通讯员培训班，线上学习集团公司党建和经济会议精神，线上知识测试，信息化培训班等一系列学习培训活动。

二、文体活动

2012年，呼伦贝尔农垦成立挂牌，组织承办呼伦贝尔农垦与呼伦贝尔市发改委大型联谊会和呼伦贝尔农垦通讯员记者研讨班，作为承办单位的分公司工会积极筹备、精心组织了一台精彩的节目，演员全部来自一线职工和职工子女。节目以舞蹈、歌曲和快板等为主，献给与会领导及农场广大职工群众，精彩的演出节目得到与会人员和职工群众的高度评价。

春节期间，分公司工会为基层单位发放 15550 元活动经费，利用重大节日开展歌舞、扑克、麻将、知识竞赛、套圈、才艺表演等健康向上的娱乐活动。为夕阳红老年秧歌队发放 1 万元活动经费，这支秧歌队长期活跃在大街小巷，他们既能自娱自乐，也给当地百姓带来欢乐，又对当地的文化生活起到了丰富和促进作用，成为上库力地区一道亮丽的风景。正月初六至初九，52 名老年人冒着零下 40 余度严寒深入基层走街串巷为农场干部职工拜年，他们带去了欢乐，送去了美好的祝福和诚挚的问候。

农场聚宝广场和新建的东方红广场为职工群众提供健身娱乐场地，丰富了业余文化生活，建设 400 余平方米的室内多功能活动室，为前来健身娱乐的人们提供更加广阔的活动空间。

2013 年，工会发放各基层单位"两节"活动经费 24200 元，开展歌舞、扑克、麻将、知识竞赛等健康向上的娱乐活动。同时为夕阳红老年秧歌队发放 5000 元活动经费。6 月 17 日至 7 月 18 日农场利用一个月的时间举办职工文化体育活动。邀请额尔古纳市乌兰牧骑，在东方红广场为场部地区和附近生产队职工群众演出。乌兰牧骑专业团体与农场基层单位编排节目同台，深入五个边远生产队巡回演出，四天六场，分别以生产队的麦场、办公室院内、机车前作为临时剧场，深受职工群众欢迎。农场举办了"劳动美托起中国梦"演讲比赛，农场基层各单位的 20 名参赛选手进行了初次比拼，选出 10 名选手进入决赛，4 名选手进入前三名。陆续开展拔河比赛，10 支队伍参赛，最终获得前三名的单位是第三生产队、第四生产队和第六生产队。乒乓球赛共有 22 名职工参赛，经过两天激战，第三生产队姚玉河夺冠、机关崔敏获得亚军、伊根生产队徐喜龙获得季军。

7 月 18 日晚上，"唱响生活、唱响未来"卡拉 OK 大赛决赛在东方红广场举行。经过初赛和复赛，最终 10 名选手进入决赛。经过激烈的角逐，产生一等奖 1 名、二等奖 2 名、三等奖 3 名、优秀奖 4 名。伴随着卡拉 OK 大赛的结束，上库力农场 2013 年广场文化活动月隆重落下帷幕。闭幕式上举行了隆重的颁奖仪式，农场党政领导分别为拔河比赛、趣味劳动竞赛，乒乓球比赛和卡拉 OK 大赛的获奖单位及选手进行颁奖。党委副书记郭本生为闭幕大会致闭幕词。

2014 年，农场工会为基层单位发放 24200 元活动经费，同时为夕阳红老年秧歌队发放 5000 元活动费。

7 月下旬，结合党的群众路线教育实践活动，农场继续开展职工文化活动月，活动的主题是"践行群众路线、丰富职工业余文化生活"，组织拔河、四人五脚、袋鼠跳、4×50 米乒乓球接力赛、齐心协力（背球接力赛）、跳大绳、踩气球、同舟共济等一系列群众喜闻乐见的文体活动。

2015年，鼓励基层单位利用工闲季节组织职工参加各种有益的文体活动，如篮球赛、乒乓球赛、象棋赛、扑克赛、娱乐套圈、歌咏比赛等文艺活动，分公司工会为基层单位发放24200元活动经费。

2016年，为基层单位发放活动经费24200元，利用工闲时间，组织职工参加各种有益的文体活动；春节期间工会为夕阳红秧歌队购买一台音箱，解决他们年龄大、敲锣打鼓累的问题。在建场60周年之际，举办了歌咏比赛、征文比赛、摄影大赛等系列活动，丰富了职工的业余生活。

2017年，为17个基层单位发放24000元春节活动经费。地企并肩携手、同心同德，联合开展庆祝"巴斯克"节活动。内蒙古俄罗斯民族研究会会长张晓兵、内蒙古俄罗斯民族研究会副会长、秘书长张宝山、额尔古纳市政协主席赵卫忠、人大常委会副主任孙江、额尔古纳市副市长刘子峰、口岸经济合作区管委会主任贾志奎、上库力农场（分公司）总经理韩旭东、上库力街道办党工委书记齐子群、主任胥继良与上库力地区的华俄后裔们欢聚一堂，载歌载舞，共同欢庆"巴斯克"节。

6月15日，邀请额尔古纳市乌兰牧骑来上库力农场为职工群众演出文艺节目。6月29日，农场联合街道办、学校和边防派出所举行"庆祝建党96周年、自治区成立70周年"文艺汇演。7月3日，广场文化月活动拉开大幕，职工篮球赛、乒乓球赛、拔河、跳大绳，以及趣味活动等多个项目。积极参与推荐海垦集团举办的"万众创业大众创新"评比活动中，赵红松利用"互联网＋"旅游的经营模式，荣获二等奖。

2018年，春播结束后，利用一个月的时间开展广场文化系列活动，拔河比赛，有10个代表队参赛，经历三天，三轮比拼第一名第三生产队、第二名第四生产队、第三名第二生产队；邀请额尔古纳市乌兰牧骑和信用联社来上库力农场为职工群众演出文艺节目；农场联合地方政府、学校、边防派出所上演一台"庆祝建党97周年、改革开放40周年"文艺节目，晚上在农场东方红广场演出；经过6天职工篮球赛，最后第三生产队、供电所、机关获前三名。

7月13日，举办首届广场舞比赛活动，农场15个基层代表队参赛，林草站、兽医站联合队获得第一名；第二名机关、第二生产队代表队；第三名农业科技试验站、医院、第三生产队代表队。

9月19日，农场开展"庆丰收"为主题大型农机演示活动。海垦集团公司党委委员、副总经理吴国志、内蒙古农机局、呼伦贝尔农牧局、海垦集团部分农场主要负责人参加活动。活动现场，大型机群整齐排列，机声隆隆，多台先进大马力机车悬挂配套农机具，在田间穿梭，展示着先进机械的魅力。

2019 年，农场为 17 个基层单位发放春节活动经费 2.33 万元。各单位相继举办春节联欢、歌咏、套圈等各类活动。5 月 2 日，农场与街道办事处联合举办俄罗斯族节日—巴斯克节庆祝活动。6 月 17 日上午，举办篮球赛，庆祝中国共产党成立 98 周年、新中国成立 70 周年；篮球赛共 8 个代表队参赛，以抓阄的形式分为 A、B 两组，小组内循环赛分别取前两名进入决赛，进行交叉比赛，取前 3 名进行奖励。6 月 27 日晚由农场、街道党工委、学校和边境派出所共同举办的庆祝新中国成立 70 周年、建党 98 周年"不忘初心跟党走，牢记使命谱新篇"文艺演出，在上库力农场东方红广场精彩上演。

2020 年 7 月 2 日，农场庆祝中国共产党成立 99 周年文艺演出在东方红广场举行，独唱、大合唱、诗朗诵等节目丰富多彩。

三、劳动竞赛

2011 年，农场开展以"当好主力军、建功'十二五'、共建先锋号、创新促发展"为主题的劳动竞赛活动。参加劳动技能比赛的职工 542 人，职工专业技能培训 70 人次，选树技能带头人 2 人。本次劳动竞赛提出合理化建议 8 条、技术革新 6 项、发明创造 2 项。

2012 年，农场继续开展以"当好主力军、建功'十二五'、共建先锋号、创新促发展"为主题的劳动竞赛活动。参加职工达到 400 人，产生技术革新项目 5 项、发明创造 1 项；职工提涉及技术进步的合理化建议 5 条，涉及节能减排的合理化建议 4 条。通过岗位练兵、技术培训、技能比赛提升技术等级 6 人，选树技能带头人 2 人。

9 月 20 日，农场举办首届农机技能大赛，比赛内容包括挂接农具、移库、故障排除、割茬高度测试、田间标准化作业、安全生产常识等技能操作。610 名农机手参加比赛。

2013 年，农场开展"岗位练兵、提升技能"劳动竞赛活动，职工 500 余人参加活动。提合理化建议 10 条以上，产生技术革新项目 5 项、发明创造 1 项，选树技能带头人 2 人。

2014 年，农场开展岗位练兵、技术培训、技能比赛活动，参与职工 400 余人。产生职工技术革新项目 7 项、发明创造 1 项，获得专利 1 项，职工提合理化建议 10 条。通过比赛活动，提升技术等级的职工 10 人。职工专业技能培训 50 人次。开展"首席职工""金牌工人"评选活动；选树技能带头人 3 人，组织技能人才（劳模）师徒结对 3 对，有效地提高了职工的岗位技能。

2015 年，农场开展以"增产节约，增收节支"为主要内容，以企业提高经济效益、劳动生产率以及增强职工主人翁责任感和工作积极性为主要载体的群众性劳动竞赛活动。

产生职工技术革新项目 7 项、发明创造 1 项，职工提合理化建议 10 条，参加劳动竞赛活动的职工 400 余人。

2016 年，农场开展"践行新理念、建功'十三五'"创先争优劳动竞赛活动，参加职工 398 人。产生职工技术革新项目 6 项，发明创造 2 项，职工提合理化建议 14 条。通过比赛活动提升技术等级的职工 4 人。

2017 年，农场继续以"践行新理念、建功'十三五'"为主题，开展竞赛活动。产生职工技术革新项目 6 项、发明创造 2 项，职工提合理化建议 20 条，落实合理化建议 10 项，推广先进操作法 1 项。

2018 年，农场开展岗位练兵、技术培训、技能比赛活动，参与职工 500 余人。职工提合理化建议 15 件。第七生产队利用废旧材料对晾晒机具进行改装，通过实验效果良好。将割晒机进行改装，解决了塌铺子、拾禾难的问题，降低了收获过程中的损失，确保颗粒归仓。第六生产队将麦道 155 型割晒机龙门缩减到原来的三分之一大小，加长一侧传送皮带的长度，取消散铺器。这样不但利于康拜因捡拾，不丢铺子，而且有效降低了小麦雨天生芽的风险。

2019 年，以"三比一降"（比创新、比技能、比管理、降能耗和排放）为主要内容，围绕清洁生产、传统业绿色改造、发展循环经济等开展节能减排立功竞赛活动和小革新、小发明、小改造、小设计、小建议"五小"活动，活动中，产生职工技术革新项目 5 项、职工合理化建议 15 条。参与岗位练兵、技能比赛职工 200 余人，晋升技术等级的职工 3 人。

2020 年，以"当好主人翁、建功新时代"为主题，开展劳动和技能竞赛活动，职工参与率 85% 以上。提出技术革新项目 8 项、发明创造 6 项、职工合理化建议 15 条，参加职工 550 人。农场对在劳动竞赛中涌现出的技术革新项目进行表彰，其中：获得技术革新一等奖的第二生产队奖励金额 9000 元，获得技术革新二等奖的第六生产队、第七生产队各奖励 6000 元；获得技术革新三等奖的第三生产队、第四生产队分别奖励 3000 元，累计奖励金额 27000 元。

9 月上旬，农场选送第二生产队职工韩明磊参加自治区农牧业厅主办的农机修理工技能大赛并荣获第一名，并代表内蒙古自治区参加第三届全国农机行业职业技能大赛。

四、扶贫帮困

（一）金秋助学

2011 年 8 月 19 日，农场开展金秋助学活动。对低保户和特困职工家庭子女考入大专以上院校的给予助学补助。其中考入一二本院校的奖励 3000 元和 2000 元、考入专科学院的补助 2000 元。累计资助人数 15 人，金额 34000 元。

2012 年 8 月 26 日，农场对 16 名高考成绩优异者进行奖励，其中一本考生 8 名，每人奖励 3000 元；二本考生 7 名，每人奖励 2000 元；三本考生 1 名，奖励 2000 元。对 4 名考入专科的特困家庭考生每人资助 2000 元。累计奖励、资助金额 48000 元。

2013 年 8 月 19 日，对 15 名高考成绩优异者进行奖励，其中一本学生 1 名，奖励 3000 元；二本学生 14 名，每人奖励 2000 元。专科学校特困生 1 名，助学补助 2000 元。共计补助和奖励 16 名学生，总金额 33000 元。

2014 年，"金秋助学"活动资助困难学生 1 名，金额 2000 元。

2015 年，对 36 名高考成绩优异者进行奖励资助，其中资助贫困生 6 名，每人 2000 元；奖励一本生 3 名，每人 3000 元；奖励二本生 27 名，每人 2000 元；奖励资助总金额 75000 元。

2016 年，农场对 6 名家庭贫困职工大学生进行资助，每学年资助 1000 元，直至大学毕业。

2017 年，农场开展"金秋助学"活动，资助 9 名贫困大学生。将"博爱一日捐"募集资金上交额尔古纳市"红十字会"后，利用结余款项资助每名学生每学年 1000 元，即 9000 元；农场继续资助 2016 年 6 名贫困大学生，每人资助 1000 元，共计 15000 元。

2018 年，农场利用"博爱一日捐"募集资金开展金秋助学活动，资助张静怡、董馨、闫少亮、金洋、宋海生、莫琼、孔秀梅、边雪松、杨梦雪、周宏杰、陈星星等 11 名贫困大学生，每人每学年资助 1000 元，直至大学毕业。

2019 年，为解决贫困职工家庭子女上大学难题，当年金秋助学资助：马凯悦、马凯乐、张琦、刘洋、韩艾桢、房皓铮、罗薇、朱宏妍 8 名贫困大学生，每人每学年 1000 元资助金，直至大学毕业。

2020 年，"金秋助学"活动资助贫困大学生 8 名，每人每学年资助 1000 元，总计资助金额 32000 元。

农场 2011 年至 2020 年金秋助学情况见表 31-2。

表 31-2　2011 年至 2020 年金秋助学情况一览表

年度	2011	2012	2013	2014	2015	2016	2017	2018	2019	2020
资助人数（人）	15	20	16	1	36	6	9	11	8	8
金额（元）	34000	48000	33000	2000	75000	23000	34000	46000	30000	32000

（二）博爱一日捐

2011—2020 年，上库力农场坚持开展"博爱一日捐"募捐活动，累计参加捐款人数 13483 人次，共计募集资金 204331 元。

农场 2011 年至 2020 年博爱一日捐情况见表 31-3。

表 31-3 2011 年至 2020 年博爱一日捐情况统计表

年度	2011	2012	2013	2014	2015	2016	2017	2018	2019	2020
捐款人数（人）	1377	1398	1333	1397	1362	1385	1347	1349	1281	1254
金额（元）	18740	19240	18061	19600	18430	19120	23420	23760	22190	21770

（三）困难救济

2011 年 1 月 7 日，根据上级文件，农场提高遗属生活费发放标准，新标准为：遗属配偶由每月 245 元提高到 350 元，未成年子女由 175 元提高到 250 元，高于 350 元的不予增加。从 2011 年 1 月 1 日起执行。

1 月 10 日，农场对 54 户老弱病残及其他原因造成生活困难的职工进行春节慰问，其中为特殊困难户祝显勇发放救济金 2000 元，其余 53 户每户各发放救济金 500 元，同时每户发放一袋大米、一袋面粉；累计发放救济金额 28500 元。为 32 名 80 岁以上老人发放春节慰问金 25600 元。

2012 年，"两节"期间农场开展送温暖活动，农场党政领导分 6 个慰问组，利用 3 天时间，对 67 户贫困家庭，38 位离退休老干部、老党员、遗属以及 32 名 80 岁以上的老人发放困难补助和慰问金，累计金额 11 万元。同时，为未享受国家优抚政策的 80 周岁以上低收入的 37 名老年人申请办理了高龄津贴。

同年，农场帮扶转岗再就业人员和弱势群体，无偿将 30 亩土地交给多种经营服务队使用，尝试种植万寿菊，并给予技术指导及田间管理，获利 3 万元，增加了 26 名灵活再就业人员的收入。

2013 年，农场积极开展以"关爱帮扶困难职工，努力构建和谐社会"为主题的春节送温暖活动，对 105 户家庭进行了走访，发放慰问救济金 75000 元，其中困难救助 71 户，金额 58000 元。

7 月 28 日，上库力农场发生特大水灾，社会各界人士纷纷捐款捐物，帮助受灾群众。8 月 5 日农场开展"我向灾区献爱心"活动，仅用两天时间，共收到 20 个单位 1261 名干部职工群众捐款 22.35 万元。随后农场党政班子扩大会议研究决定，对遭受水灾严重的职工家庭第二生产队 9 户、第七生产队 23 户、伊根生产队 2 户进行慰问，共计发放慰问金 13 万元。29 户因水灾房屋严重受损，需要购房，农场利用捐款资金为每户补贴 2.6 万元。

10月13日，农场在第一个法定的老年节，为437位老人每人发放价值300元的慰问品。

2014年1月13日，农场（分公司）党政班子组成5个送温暖小组，深入基层，走访慰问81户贫困职工家庭，发放救济金66000元；走访慰问35户80岁以上老人，发放慰问金17500元。

2015年1月22日，经农场党政班子扩大会议研究，农场决定为农场贫困职工家庭85户发放救济金，累计发放金额8.62万元。对80岁以上老人38人每人发放慰问金500元，共计19000元。利用职工捐款资助2名因病致困人员，发放救助金6000元。

2016年，农场成立了精准扶贫领导小组，核实确定59户为扶贫对象，落实了副科级以上管理人员一对一帮扶措施。党政领导走访慰问贫困职工92户，送去慰问金73600元。争取民政临时救助资金1.41万元，发放到扶贫对象、低保边缘贫困户和患大病人员121户家中。向额尔古纳市"红十字会"申报4户大病致贫户，获得救助资金8000元。

2017年，在开展精准扶贫工作时，农场制定了《精准扶贫工作实施方案》，确定58户、141人为扶贫对象。按照"单位到队、干部到户、责任到人、措施到位"的要求，采取党员干部与贫困户开展"一帮一"结对帮扶。"两节"期间对农场119户困难职工家庭进行走访慰问，发放慰问金99600元；为28户低保边缘家庭送去救济金20000元。合计发放慰问金119600元。

2018年，农场分成5个慰问小组，走访慰问困难职工123户、260人，慰问金额69000元。其中：农场出资慰问76户、162人，金额38000元；额尔古纳市民政局出资慰问36户、72人，金额18000元；集团公司出资慰问3户、8人，金额6000元；红十字会出资慰问8户、18人，金额7000元。中秋节和国庆节期间，农场争取额尔古纳市民政支持，慰问104户贫困户，为每户发放2袋大米、2袋白面、2壶油。为80岁以上老人申报困难救助金7000元。

同年，农场利用扶贫项目资金购买3台收割机，净收入作为扶贫帮困资金，发放给特困户解决生活实际困难。

2019年，农场（分公司）党政领导分成5个慰问小组，走访慰问困难职工家庭，为130人发放临时救助基本生活费，每人发放金额为1000元，共计发放金额13万元，其中包括低保户35人、无经济收入困难户95人。利用额尔古纳市"红十字会"资助款7000元，资助贫困户11户、25人。

2020年，农场党政领导分成4个慰问小组，发放临时救助基本生活费，救助125户238人，发放救济金13万元。

同年，基层党支部通过走访农场职工家庭，深入了解职工家庭情况，摸排出需要帮扶的贫困家庭，根据每个生产队屯区的实际情况，激发贫困户创业脱贫干劲，扶持职工进行特色种植、特色养殖和家庭旅游等产业。其中第二生产队党支部和第八生产队党支部重点扶持职工家属发展芍药种植产业，第二生产队种植芍药规模达 30 余户、200 余亩，第八生产队有 25 户种植芍药，共 140 余亩。

农场 2011—2020 年困难救济情况见表 31-4。

表 31-4　2011—2020 年困难救济情况一览表

年度	2011	2012	2013	2014	2015	2016	2017	2018	2019	2020
救济户数（户）	54	67	71	81	85	92	147	112	174	125
金额（元）	28500	48200	58000	66000	86200	73600	119600	56000	167000	130000

五、职工医疗互助保障

2017 年，农场建立职工互助储金会，组织开展储金筹集活动，在职工中倡导"人人关心社会、个个奉献爱心"的社会道德风尚，动员各方力量，为职工扶贫济困服务，全年筹集互助资金 50600 元。

2019 年 7 月开始，上库力农场（分公司）共组织 1294 名职工参加职工医疗互助，每人缴纳 100 元（其中自治区总工会补 10 元/人；农场工会补 60 元/人；个人交 30 元），合计缴纳 12.94 万元；办理了 12 人的申请补助工作。

2020 年，完成 1266 名职工医疗互助保障的续互工作，共计收缴互助金 12.75 万元（其中 4 人退休续保，每人缴纳 300 元）；自 2019 年入会以来，已有 13 人次出院后进行了申请补贴工作，领取申报金最高达 7088.43 元。

第四节　最低生活保障

2011 年，农场纳入最低生活保障户数 87 户 165 人，人均享受低保金 1687 元。

2012 年，对因老、弱、病、残失去劳动能力的贫困职工家庭，农场工会主动与当地政府民政部门沟通，申请最低生活保障，并提高个别特困户的最低生活保障金。有关部门曾多次深入低保家庭逐户调查，本着公平、公正、公开的原则，做到该保的必保，不该保的绝不能保。截至 2012 年第四季度，新增低保户 16 户 24 人，停保 14 户 29 人。参保户已达 93 户 165 人，月人均享受最低生活保障金 159 元，确保他们基本生活有保障。同时积极与额尔古纳市社保局沟通联系，由额尔古纳市政府帮助代缴部分养老保险金，使无经济来源、无劳动能力的特困人群老有所养。

2014年，按照有关规定及要求，农场工会多次深入农场因老、弱、病、残、失去劳动能力的贫困职工家庭，逐户调查，本着公平、公正、公开的原则，新增最低保障户7户，截至年底共有低保户93户127人。

2015年，工会与当地政府民政部门沟通，深入低保家庭调查，及时将脱保家庭减除低保行列，真正做到公平、公正、公开，目前，农场共有低保家庭91户125人。

2016年，农场工会为86户120人办理了城镇最低生活保障。

2018年，农场对残疾人和光明行活动调查摸底。78户112人纳入低保，全年低保金56.48万元。

2019年，街道办民政部门与农场联合对低保户进行全面核查，已脱贫不符合条件的及时撤出；截至年底，农场共有低保户34户53人，比上年减少44户59人。

2020年，农场继续对低保户进行全面核查，截至年底有低保户32户49人，每月发放低保金22993元。

第三十二章　共　青　团

上库力农场团委加强共青团组织建设、思想建设，在青年职工中开展各种读书、摄影、演讲活动，发现人才、培养人才；以各种方式开展志愿服务活动。

第一节　机构设置

2011年，上库力农场（分公司）党委副书记、纪委书记、工会主席郭本生分管农场团委工作，政工部干事孙凤军负责团委具体工作。

2013年7月，党委书记郭祥华分管农场团委工作，政工部副部长包义清负责团委各项事宜。

2015年3月，工会主席李月忠分管农场共青团工作。

2018年11月，党委副书记、纪委书记高兴良分管农场团委工作。

2019年6月，工会主席、政工部部长张永昌分管农场团委工作，政工部副部长包义清负责团委各项业务。

上库力农场共青团委员会历任领导名录见表32-1。

表 32-1　上库力农场共青团委员会历任领导名录

姓　名	职　务	任职时间
郭本生	党委副书记、纪委书记、工会主席	2011.01—2013.07
郭祥华	党委书记	2013.07—2015.03
李月忠	工会主席	2015.03—2018.11
高兴良	党委副书记、纪委书记	2018.11—2019.06
张永昌	工会主席、政工部部长	2019.06—2020.12

第二节　组织建设

2011年，上库力农场（分公司）共青团共有基层团支部10个，兼职团支部书记10人；团小组15个；有团员142人，其中女团员24人；有青年353人。

2012 年，上库力农场（分公司）设有基层团支部 10 个，兼职团支部书记 10 人；成立学雷锋、树新风活动小组 16 个，团小组 15 个；全场共有青年 396 人；有团员 132 人，其中女团员 28 人。

2013—2017 年，政治工作部副部长 1 人负责团委工作；下设基层团支部 10 个，兼职团支部书记 10 人；有学雷锋、树新风活动小组 16 个，团小组 15 个；有青年 342 人，团员 171 人，其中女团员 42 人。

2018 年，农场完成团统花名册录入微机系统工作。

截至 2020 年底，全场共有基层团支部 10 个，兼职团支部书记 10 人；共有团员 51 人。

2011—2017 年，农场收缴团费人数累计 418 人次，合计缴纳金额 5628 元。上缴海拉尔农垦集团公司团委 2636 元。

第三节　思想建设

2011 年 5 月 3 日至 8 日，上库力农场政工部号召农场基层各单位团支部认真学习曹征海在共青团内蒙古自治区十二届四次全委会议上的讲话和朱炳文部长在共青团呼伦贝尔市一届十二次全委（扩大）会议上的讲话。开展"学党史、知党情、跟党走"主题教育。参与团员青年人数 342 人。

5 月 16 日至 22 日，农场组织学习《关于认真学习贯彻党的十七届五中全会精神团结带领团员青年为实现十二五时期奋斗目标作贡献的决定》《中国共产党简史》，参与人数 221 人。

2012 年，上库力农场团委在"五四"青年节来临之际，以建团 90 周年、五四运动 93 周年为契机，以"扬志愿精神，展青春风采，促和谐发展"为主题举行系列纪念活动。基层各团支部在纪念活动期间，组织安全防火教育 9 期，开展团情教育、形势政策教育 6 次，544 名青年团员参与，上团课 762 课时。

2013 年，农场团委加强团员思想政治建设，各基层团支部以集中学习与自学相结合的形式深入开展党史、团史、革命史和民族团结进步教育，用"五四"精神激发广大青年对共青团的自豪感、认同感和归属感，激励广大团员青年勇立时代潮头、勇担时代责任。

2014 年，农场团委组织开展学习贯彻习近平总书记在五四青年节发表的重要讲话精神，同时转发《习近平在北京大学师生座谈会上的讲话》《李鹏新在纪念"五四运动"95 周年暨全区各族各界青年代表深入学习贯彻习近平总书记考察内蒙古重要讲话精神座谈会上的讲话》，基层各单位团支部利用不同形式一手抓工作、一手抓学习，把资料发到团员青年手中。

2015年，农场团委号召基层团支部分别采取不同形式开展党史、团史、革命史和民族团结进步教育、普法宣传、安全防火教育和"学雷锋、树新风"活动，深化"我的中国梦"主题教育，促进广大团员青年践行社会主义核心价值观。

2016年，"青年文明号"创建成为凝聚青年、团结青年、塑造青年的有效形式。春播工作伊始，农场团委开展争创春播"青年文明号"活动，组织广大团员青年利用春播生产，发挥青年风采，唱响时代主旋律，激励团员青年发挥聪明才智，把远大理想和实际工作相结合，在工作中比、学、赶、帮、超，树立敢于争先的信心。在播种机上安插"青年号"流动红旗，鼓舞士气。只要在田间地头看到哪里有红旗，那里就是"青年号"，既渲染了气氛、又达到激励干劲的效果。

2017年，农场团委号召基层团支部一手抓工作、一手抓学习。提高广大团员、青年的政治觉悟、理论水平，树立正确的世界观、人生观、价值观，注重学习习近平总书记讲话中的社会主义核心价值观，激励团员青年践行富强、民主、文明、和谐，自由、平等、公正、法治，爱国、敬业、诚信、友善的社会主义核心价值观，为建设更加富强、更加民主、更加文明、更加和谐、更加美丽的伟大祖国贡献力量。

2019年，农场团委开展纪念"五四运动"100周年，弘扬百年"五四"精神纪念活动。召开以"我的人生价值观"为主题的大学习大讨论专题座谈会，向大家讲解"五四运动"的始源和历史意义，号召团员青年传承和发扬"五四运动"精神，开展读书交流和好书推荐，让青年多读书、读好书，每天坚持阅读一小时。

2020年，农场团委组织开展贯彻落实《"绽放战'疫'青春·坚定制度自信"主题宣传教育实践活动实施方案》精神。把学习宣传贯彻习近平新时代中国特色社会主义思想作为首要政治任务，结合疫情防控实际和青年特点，广泛动员基层团支部发挥教育职责，在线上线下深入开展"青年大学习"行动。

同年，举办团员青年综合能力培训学习。作业组长、修理工、青年员工共110人分批参加培训。

第四节　团的活动

2011年，农场（分公司）团委组织开展"以春播生产为契机，以岗位练兵为平台，以工作实绩庆祝节日"纪念"五四"青年节活动，各基层团支部、承包组、同型机车之间开展劳动竞赛。第二生产队团支部组织团员青年开展春播生产劳动竞赛活动。第三生产队团支部组织团员青年 74 人次利用两天时间到大田里捡拾石头，清理免耕地秸秆 240 立方米，浇灌青年林 562 株，出动 20 余人清扫农具场。第四生产队团支部利用工休时间对团员青年进行安全生产专题教育，组织开展提升春播质量、缝补破旧麻袋等劳动竞赛。第一生产队团支部利用休息时间，开展庆祝建党 90 周年红歌竞赛。机关团支部组织青年团员开展"拾捡白色垃圾，做一名环保清洁卫士"活动，捡拾垃圾 60 立方米。基层 10 个团支部、424 名团员青年参加活动。

2012 年 5 月 4 日，农场团委在"五四"青年节 90 周年到来之际，组织开展"展青春风采，建美丽家园"主题系列活动，组建 16 个青年突击队开展劳动竞赛，义务植树 3640 株，清扫街道 3200 延米。组织团员们缅怀革命先辈，重温入团誓词。544 名青年团员带头向红十字"博爱一日捐"捐款 5760 元。

2013 年，"五四"青年节期间，农场团委组织基层团支部开展治理场部地区街道环境卫生活动。参与团员青年 150 余人，动用机械车辆 44 台次。活动历时 1 天，清理垃圾 600 余吨。开展"植绿护绿"活动，第五生产队、机关、物资科团员青年在场部周围及主要公路两侧种植松树 500 株。

2014 年，农场团委以"践行群众路线、丰富职工业余文化生活"为主题，协同工会联合开展职工文化月活动，组织团员青年拔河、四人五脚、袋鼠跳、4×50 米乒乓球接力赛、齐心协力背球接力赛、跳大绳、踩气球、"同舟共济"等一系列文体活动，丰富团员青年业余文化生活。

2015 年，农场团委组织基层团支部组建春播生产突击队，开展劳动竞赛活动，形成队与队、人与人之间比质量、比进度、比标准化作业的良好氛围。为不误农时，克服各种困难，吃住在田间，昼夜连续奋战，充分发挥青年突击队作用，为春播生产一次播种抓全苗做出较大贡献。

2016 年，为打造旅游沿线卫生环境、提高旅游质量，农场团委组织团员青年开展"争做一名合格环境卫士"活动，清扫主要街道、公路两侧，捡拾白色垃圾，植树 20 余种共计 5 万余株。第七生产队团支部召开以"建功'十三五'、青春亮农场"为主题的座谈会，表扬在"十个全覆盖"工作中肯吃苦、工作突出、表现好的贾长城等几位青年；第三生产队团支部组织团员青年，清扫主要街道 5000 余延米，植树 2300 余株；第五生产队团支部组织全体团员学习"五四"光荣历史，传承"五四"精神，本着"不怕脏、不怕累、一心一意为民服务"的宗旨，帮助陈文英老人进行了院落破旧杖子及圈舍的拆除。

2017 年 6 月 29 日，农场联合地方政府、学校、边防派出所排练的"庆祝建党 96 周年、自治区成立 70 周年"文艺节目，晚上在场部东方红广场演出。7 月 3 日，举办广场文化月活动，项目有职工篮球赛、乒乓球赛、拔河、跳大绳等；趣味活动有四人五脚、袋鼠跳、"齐心协力""同舟共济"等。

2018 年，3 月 5 日是第 56 个"雷锋纪念日"，农场团委组织基层团支部开展"传承雷锋精神、弘扬正能量、保护环境卫生"主题活动。各单位采取不同形式组织团员青年进行环境卫生大扫除活动，为孤寡老人擦窗户、挑水，拿扫帚、拿铁锹清理积雪、垃圾，对场区、村屯道路两侧、垃圾箱等各个角落都进行大扫除，全场团员青年参与活动人数346 人。

同年，继续开展广场文化系列活动。拔河比赛经历三天时间，10 个代表队参与，第三生产队获得第一名、第四生产队获得第二名、第二生产队获得第三名；篮球赛第三生产队、供电所、机关获得前三名；广场舞比赛，全场 15 个基层代表队参赛，林草工作站、兽医站联合队获得第一名，场部机关、第二生产队获得第二名，科技站、医院、第三生产队获得第三名。6 月 27 日，农场联合街道办事处、学校、边防派出所排练"庆祝建党 97周年、改革开放 40 周年"文艺节目，在东方红广场演出。

2019 年，农场团委开展"五四"青年节征文活动。截至 5 月 20 日，共征集作品 11篇。经征文活动评委会认真评选，选出一等奖 1 名、二等奖 2 名、三等奖 3 名、优秀奖 5名，并对获奖人员予以表彰。6 月 17 日，为庆祝中国共产党成立 98 周年、新中国成立 70周年，农场举办篮球赛活动。共 8 个代表队参赛，以抓阄的形式分为 A、B 组，小组内循环赛分别取前两名胜出队晋级，进入决赛后进行交叉比赛，取前三名。

2020 年 7 月 6 日，农场党委举办以"奋进新时代、共筑家国梦"为主题的综合知识竞赛。比赛共有 14 个基层团支部代表队参加，内容为农业生产方案、农机、水利、植保、智慧农业和安全生产等。经过抢答、必答、风险题等程序，最终第五生产队获得第一名、第一生产队获得第二名、供电所代表队获得第三名。

8 月 8 日，一场特大暴雨侵袭上库力农场，顷刻间，村屯街道、职工庭院、草场四处积水。第三生产队、第四生产队充分发挥青年突击队作用，组织团员青年帮助职工群众家庭排水救灾，为 7 户家庭排放园内积水、解决实际困难。

一、青年志愿者

2011 年 3 月 1—10 日，农场以"发扬雷锋精神，拓展志愿服务，促进和谐发展"为主要内容，开展便民服务活动，切实为基层孤寡老人和生活困难的离退休人员、残疾人员、低保户、军烈属等困难群众排忧解难，提供援助服务；农场团委组织全场团员青年积极行动，开展清除白色污染、生活垃圾和积雪等活动；青年团员 240 人参与志愿者宣传活动，营造良好的工作氛围和舆论氛围。

2012 年，是毛泽东题词"向雷锋同志学习"49 周年，根据海拉尔农垦集团公司团委关于开展志愿服务的工作要求，农场结合实际，开展"扬志愿精神，展青春风采，促和谐发展"主题活动，以义务劳动、普法宣传、走访孤寡老人和扶难济困等形式，走访 5 户困难遗属和低保户，帮助他们劈柴、扫院、担水和清除垃圾。第二生产队团支部青年团员来到低保户高昌虎家，帮助他打扫卫生、粉刷房屋。

2013 年，农场团委主抓基层各团支部青年志愿者，开展以唱响"中国梦"贡献青春、"我为家乡做贡献"为主题的志愿者活动，因地制宜开启便民服务、清扫垃圾、治理环境，用实际行动弘扬志愿精神的纪念活动。为孤寡老人、生活困难的离退休人员、残疾人员、低保户、军烈属等困难群众排忧解难，为老人和残疾人理发、擦玻璃。

2014 年，农场进一步弘扬志愿者精神，场部机关、直属单位、民有民营、上库力街道办事处、边防派出所干警共计 160 名志愿者参加春季植树大会战，栽种树苗 30000 株，其中樟子松 20000 株、杨树 10000 株。

2015 年，为确保"3.5 中国青年志愿者服务日"活动顺利开展，农场团委安排布置基层各团支部结合实际，制定《青年志愿者服务实施方案》，积极行动，进行公共场所、街道大扫除活动，出动叉车及运输车 42 台次，清扫村屯主要街道及办公区积雪和垃圾 18 吨。

2016 年，农场团委开展"追寻光辉足迹，传承五四精神"志愿者服务活动。清扫主要街道、公共场所环境卫生，捡拾公路两侧草坪内白色垃圾，植树 1470 株，主要品种有樟子松、山丁子、稠李子、糖槭、王族海棠、山桃稠李、云杉、金叶榆球、紫叶稠李、沙棘、红火、红瑞木、大叶丁香、小叶丁香、茶条槭、黄玫瑰、榆树、垂柳、沙果等。

2018 年，农场团委组织基层团支部团员、青年志愿者 1026 人，出动机动车辆 23 台，对全场环境卫生进行了全面清扫。

2019 年，时值第 20 个"中国青年志愿者服务日"，农场团委结合实际组织基层团支部以不同形式开展纪念活动，开展义务清扫工作区、清扫生活区垃圾和防疫、防火宣传等系列活动，使企业面貌焕然一新。

2020 年，"五四"青年节之际，农场团委开展青年志愿者活动，第一生产队 10 余名团员青年帮助重点帮扶的贫困户刘凤磊家对房屋进行简单装修。

二、表彰先进

2013 年，农场第四生产队团员许超群荣获共青团呼伦贝尔市委员会"优秀共青团员"荣誉称号。

2016 年，农场第四生产队团员许超群被共青团内蒙古自治区委员会授予"全区优秀共青团员"荣誉称号。

同年，农场第六生产队团员范鹏旭荣获共青团呼伦贝尔市委员会"优秀共青团员"荣誉称号。

2018 年，农场第六生产队团员范鹏旭被共青团内蒙古自治区委员会授予"全区优秀共青团员"荣誉称号。

3 月 5 日，额尔古纳市文明委开展命名额尔古纳市学雷锋活动示范点和岗位学雷锋标兵活动并进行表彰，上库力农场第五生产队被命名为额尔古纳市学雷锋活动示范点，第五生产队机务技术员石建龙荣获岗位学雷锋标兵荣誉称号。

2020 年，农场第二生产队青年职工韩明磊在内蒙古自治区农机修理工技能大赛中荣获第一名，受到表彰。

农场全区优秀共青团员称号获得者许超群、范鹏旭事迹如下。

全区优秀共青团员事迹材料

许超群，共青团员，现年 26 岁，2007 年参加工作，现工作于海拉尔农垦集团上库力分公司第四生产队。他在操作 TM-140 大型胶轮车和自走式割晒机两项大型机械的岗位上工作。作为一名共青团员，他处处发挥先锋模范带头作用，努力钻研业务。

中国共产主义青年团是中国共产党领导的先进青年的群团组织，是广大青年在实践中学习共产主义的学校，是中国共产党的助手。参加工作以来，他时刻铭记自己是一个光荣的共青团员，处处严格要求自己，工作上积极，政治上先进。他严于律己、表现突出，自参加工作以来积极参加团组织的各类活动。在活动中严格遵守各项规章制度，虚心学习他人长处，努力弥补不足，不计较个人得失，真心实意做好本职工作。

一名优秀的共青团员，必须严格执行团员的章程和组织原则，为青年带好头，处处领先，争当青年团员表率。首先，许超群始终用先进的思想武装头脑，用积极向上的思想对待学习工作和生活，做到思想觉悟高、为人诚实、做人正派、助人为乐，敢于同不良习气做斗争。其次，他有良好的作风和品德，能做到遵纪守法、热爱集体、尊敬领导、团结同事，积极参加各种集体活动。第三，他认真工作学习，完成任务及时，善于吃苦，能刻苦钻研科学文化知识，做到有知识、有文化、守纪律、讲文明。第四，他立志做有理想的青年、做有作为的团员，从点滴做起，从自己做起，从小事做起，平时爱学习，爱劳动，爱集体，吃苦在前，享受在后，为同事做好榜样，处处树立团员形象，做新时代的好榜样。

思想上，他积极向党组织靠拢，理想信念坚定，坚持正确的政治方向，高举中国特色社会主义伟大旗帜，以邓小平理论、"三个代表"重要思想、科学发展观为指导，深入学习贯彻习近平总书记系列重要讲话，平时认真学习科学发展观和党的十八大精神，不断提升自身政治修养，且关心国家大事，积极参加公司组织的政治学习、培训和文体活动，以团员的标准严格要求自己，全心全意投入到工作中。

在工作中，他积极参加了单位组织的各项活动，用实际行动支持单位的各项工作，在单位中发挥团员的模范作用，帮助同事、领导做好各项工作。他有效地配合领导的工作，服从领导安排，从来不肯放松一丝一毫，努力学习专业知识。他拥有不懈奋斗的意志、越战越强的精神和忠实肯干的作风，赢得了同事们的称赞。

在日常生活上，他与同事关系默契，大家互帮互助团结一致。知识没有尽头，学习更无止境。作为一名团员，他真正做到了不断地适应时代的发展，跟上时代的步伐，不断地扩充自身的知识储备，提高自身的修养。他积极参加团支部组织的政治理论学习，团结同事、互帮互助，努力学习课堂知识，做好社会实践工作。作为一名共青团员，他感觉无比自豪。

在领导的精心培养和自身的刻苦努力下，许超群在工作之后不到两年的时间里，熟练掌握了工作业务和流程。凭借认真的工作态度、扎实的业务素质，始终保质、保量满足各班组的需求，取得了良好的工作业绩。他的机车出勤率高、工作效率高、工作质量好、机车费用低。因此他不仅被提拔为两辆机车的驾驶员，而且得到了领导和同事们的一致好评。

通过团组织的悉心培养和自己的努力，许超群取得了一点点成绩，但是他认为还是远远不够多、不够好，他距离一个优秀团员的标准还有差距，所以在今后的工作中他会实事求是，戒骄戒躁，努力克服自己的缺点，始终保持团组织的先锋模范作用，脚踏实地、积极进取、不断创新、默默奉献，力争使自己在各项工作中取得新的成绩，努力使自己成为共青团组织的优秀先锋。今后他会坚持勤奋努力、踏实工作的优良作风，在工作上学骨干，在政治上求先进，在活动中求积极，认真而努力地做好组织交给的每一件事，带着激情和责任感对待自己的本职工作，不辜负团组织对他的期望。

他知道，只有不断提高自身素质，才能达到新形势下企业对员工的要求。他利用业余时间来努力提高自己、充实自己，顺应飞速发展的时代潮流。在新时代，作为农垦的未来，他要为企业的发展做出自己的一份贡献。

2016 年 3 月 8 日

在奋斗中成长
——全区优秀共青团员事迹

范鹏旭，男，汉族，现年 27 岁，毕业于烟台南山学院，现在呼农集团海拉尔垦区上库力农场第六生产队工作。

范鹏旭是个优秀青年，在大学期间，曾担任外联部部长和团支书的职务，并多次获得优秀干部的称号；参加过山东省大学生机电产品创新设计竞赛，荣获二等奖；在本校举办的各项活动中多次担任过志愿者；在全校区万人参赛的一万米冬季越野赛中取得第五名的好成绩。

毕业后，他没有选择在外地打拼，而是毅然决然地选择了回家乡发展，在 2014 年 8 月份正式成为了一名光荣的农垦工人！

8 月的农场，正处于收获的季节，天高云淡，日丽气爽。一身迷彩、踌躇满志的小伙子满怀期待地来到了工作单位，刚融入一个新的环境，对一切都充满好奇，热情极高，其实，考验刚刚开始。

第一天，上午组长安排他和几个同伴一起清扫麦场清粮时漏撒的麦粒儿，下午安排他到清粮机上去喂入大麦。由于第一天上班没有经验，什么都不懂，他只带了一副手套，脚上没有任何防护措施，麦粒儿不断往鞋子里灌，麦穗扎得脚非常难受。他不断脱鞋清理，但清理后依然还要踩在麦堆上，麦粒儿还是不停地往鞋子里灌。后来感觉实在是清理不过来了，只好任它随意灌了。他也没有戴帽子和口罩，清粮机开始作业时，空气里的粉尘迎面扑来，呛得嗓子又干又痒。他感觉鼻腔里都满是灰尘，不断地咳嗽，鼻涕眼泪都出来了。

不仅如此，人体对大麦有过敏反应，小范也不例外，浑身上下哪里都奇痒无比、难以忍受。当时甚至可以用万分难受来形容。

喂入是清粮工作重要的一环，喂入跟不上，下面所有环节都受影响。虽然浑身奇痒难忍，他还是要一直用耙子去喂入大麦，不能停下。他累得腰酸背痛、筋疲力尽，就盼望着快点儿下班。就这样一直干到了晚上十一点多。小范已如一堆烂泥，随时都要瘫倒在地上。

他从小到大第一次感觉这么无助，心想这大学上的真是毫无意义，非但没找到理想的工作，竟然还会来做这种体力透支、又脏又累的活儿，情绪一激动就想撂耙子回家。就在这时，他突然看到前方有一位步履蹒跚、几近佝偻的背影，还在那里用心地清扫着场院。看到这位老大爷任劳任怨的工作态度，他不由鼻子一酸，两颗泪珠悄悄地滑落下来……顷刻间，他好像领悟到了许多，同时也被组长和同事们的敬业精神所折服。他默默地给自己加油打气：我一定行，我必须挺住，我不能第一天来上班就被累跑，别人能干我就能干，绝不能当逃兵！凌晨一点时，终于结束了一天的工作，他总算可以下班回家了，心里有一种从未有过的感受与期待。

到家洗漱后他倒头就睡，仅四个小时就被闹钟吵醒。他努力地睁开眼睛，来不及赖床就又投入到第二天紧张的工作中。

这个下马威让小范领教了那句"农垦人吃苦耐劳"不是谁都能做到的。

之后周而复始，他以超越同龄人的毅力和恒心一如既往地坚持了下来。而且思想上有了很大转变，从原来对工作的厌倦和抵触到如今对工作认真负责、积极热情、勤学好问、进取务实，服从领导分配、任劳任怨，并且能够认真完成领导交办的任何任务。

由于出色的表现，2016年，小范被调入机务队工作，每天穿梭在机车之间，跟着师傅们一起检修、耕种，从中学到了很多知识与技能。同时，他也为自己能成为一名合格的农垦工人而感到骄傲和自豪！

在工作之余，他不断丰富自己的知识和能力，努力做到一专多能。2016年，在呼伦贝尔市委举办的纪念红军长征胜利80周年的有奖征文活动中，他的作品《红军精神激励我不断前行》荣获成人组三等奖；在庆祝上库力农场建场60周年摄影比赛和歌咏比赛活动中他分别获得一等奖和三等奖；2016年他获第六生产队"劳动能手"称号。

由于天资聪慧，小范在音乐、体育、文学、摄影、表演诸方面都有不错的造诣。在上库力农场举办的篮球赛中，他个人技巧表现优异，被农场选中参加最后的表演赛；在上库力农场元旦晚会及"巴斯克"节等活动中，他被选中表演手风琴独奏及诗朗诵节目；在农场举办的各种摄影比赛中他屡屡获奖，在声乐、器乐、诗朗诵等表演节目中也多次获奖。

2016年5月，小范向党支部递交了入党申请书，得到党组织的重点培养。

几年的磨炼，小范的思想意识得到升华，他意识到，要想实现梦想，必须一步一个脚印踏踏实实地走下去。人，总是要经得起风吹雨打，只有努力、奋斗、拼搏，不断提升自己，才能做到青春无悔！

第三十三章　妇女工作

上库力农场工会负责女工工作，关注女职工身心健康，对女职工给予特病保险，开展选树"巾帼建功标兵"表彰奖励活动。

第一节　机构设置

2011 年 1 月，党委副书记、纪检委书记、工会主席郭本生分管女工工作，政工部副部长王爱敏负责女工工作各项事宜。农场有基层女工组织 15 个，其中生产队女工组织 9 个、农场直属单位女工组织 6 个。有在岗女职工 171 人，其中党员 14 人、专科以上学历 46 人、少数民族 18 人。

2013 年 7 月，党委书记郭祥华分管女工工作，政工部副部长王爱敏具体负责女工工作。农场有基层女工组织 15 个，其中生产队女工组织 9 个、场直单位女工组织 6 个。有在岗女职工 183 人，其中党员 15 人、大专以上学历 66 人、少数民族 14 人。

2015 年 3 月，工会主席李月忠分管女工工作，政工部副部长王爱敏负责女工工作。有基层女工组织 15 个，其中生产单位女工组织 9 个、农场直属单位女工组织 6 个。有在岗女职工 210 人，其中党员 15 人、大专以上学历 67 人、少数民族 20 人。

2016 年 1 月，政工部副部长包义清负责女工工作。

2018 年 11 月，党委副书记、纪检委书记高兴良分管女工工作，政工部副部长包义清负责女工工作。

2019 年 6 月，工会主席、政工部部长张永昌分管女工工作，政工部副部长包义清负责女工工作。

截至 2020 年年底，农场共有基层妇委会组织 15 个，农场在岗女职工总人数 175 人，其中党员 12 人、大专以上学历 54 人、少数民族 17 人。

农场女工工作历任领导情况见表 33-1。

表 33-1　上库力农场女工工作历任领导名录

姓　名	职　务	任职时间
郭本生	党委副书记、纪委书记、工会主席	2011.01—2013.07
郭祥华	党委书记	2013.07—2015.03
李月忠	工会主席	2015.03—2018.11
高兴良	党委副书记、纪委书记	2018.11—2019.06
张永昌	工会主席、政工部部长	2019.06—2020.12

第二节　女工工作

2011 年，"三八"国际劳动妇女节之际，农场工会为 15 个基层女工组织下拨活动经费 5600 元，各基层单位举办女职工座谈会、茶话会，开展了扑克、象棋、麻将、歌咏比赛、智力竞赛等不同形式的庆祝活动。3 月和 8 月，农场两次对农场的 1294 名妇女进行了免费健康检查，对边远生产队采取了上门服务，为她们送去医药和健康知识，为她们的身体健康筑起了一道屏障。

同年，农场开展首届"十佳好儿媳"评选活动。基层女工组织审查推荐好儿媳候选人16 名，其中 10 名女职工被评为分公司 2011 年首届"十佳好儿媳"，分别为一队张学花、三队马春英、四队王俊英、五队赵红华、六队于冬梅、七队白巧丽、伊根队杨丽利、机关吕恩敏、兽医站曲红杰、多经队毛连会。

2012 年 1 月，农场举行了"十佳好儿媳"颁奖典礼，对十位好儿媳进行表彰，颁发了奖品和荣誉证书。

3 月 8 日，农场工会拨付女工活动经费 5600 元，开展妇女节庆祝活动，各基层女工组织采取不同形式举办座谈会、联谊会、猜谜语、套圈活动。场部地区组织妇女观看了"十佳好儿媳事迹"宣传片，同时对 2 名单亲贫困女职工进行了走访慰问。

同年，为全面落实《妇女权益保障法》《女职工劳动保护特别规定》等法律、法规，深入实施女职工"关爱行动"，进一步维护女职工的特殊利益，增强女职工抵御疾病风险能力，农场工会女工部积极与保险公司联系，协商沟通，为 84 名女职工及家属办理女职工特病保险。

2013 年，农场开展庆祝"三八"国际劳动妇女节活动，农场工会女工部为基层女工组织拨付经费 5600 元。以贯彻十八大精神为主题，集中学习了呼伦贝尔农垦高峰论坛会议精神；组织观看"十佳好儿媳"先进事迹；学习女职工劳动保护法律、法规知识，提高女职工法律意识、自我保护意识和依法维权意识。

同年，农场两次免费为育龄妇女体检，检查项目包括腹部 B 超检查、乳透、妇科检查、检测血压等，共有女职工及职工家属 576 人参加体检，其中查出乳腺、妇科疾病 150 余例，解答妇女咨询达 300 人次，发放宣传品 576 册。

2014 年 3 月，农场工会女工部在"三八"国际劳动妇女节之际开展"中国梦·劳动——女职工在行动"主题活动，为基层女工组织拨付活动经费 5600 元。基层女工组织召开女职工座谈会，进行套圈、扑克赛、智力竞猜、击鼓传花等活动。

2015 年，农场女工部全面贯彻党的十八届四中、五中全会精神，集中开展"两癌"预防知识和女职工特病保险的宣传活动。5 月，组织女职工参加内蒙古总工会女职工委员会 2014 年度"书香三八——阳光女性、舒心工作、健康生活"主题读书征文评选活动，农林科技试验站林丹丹《我的小小幸福》荣获一等奖、伊根队田甜《一朵玫瑰》荣获二等奖、四队杨虹《幸福无处不在》荣获三等奖。为保障育龄妇女的身体健康，在农场开展为期 10 天的免费体检，为 1052 名育龄妇女进行健康检查，项目包括腹部 B 超、乳透、妇科检查、检测血压等。宣传女性健康知识，并把宣传教育与生殖健康知识普及紧密结合。边远生产队进行上门服务，让优质服务惠及农场每位育龄妇女。

2016 年，农场女工部为各基层女工组织拨付"三八"节活动经费 5600 元，各单位积极开展套圈、扑克、智力竞猜等系列活动。

2017 年，在"三八"国际劳动妇女节到来之际，农场女工部结合服务女职工办实事和女职工关爱行动，开展"培育好家风——女职工在行动"主题实践活动，为基层女工组织发放 5600 元活动经费。同年，免费为 1105 名妇女进行妇女病普查。

2018—2019 年，农场女工部以庆祝"三八"国际劳动妇女节 107 周年为契机，以贴心服务关心、关爱女职工，做女职工的"娘家人"，为女职工创造良好的生活环境。为基层女工组织发放活动经费 6500 元。

2019 年，以迎接中华人民共和国成立 70 周年为引领，农场女工部组织"三八"国际劳动妇女节系列活动。为基层女工组织庆祝"三八"国际劳动妇女节纪念活动发放经费 6500 元。

2020 年"三八"节，由于疫情严峻，农场没有集中开展活动。按照呼垦集团公司工会要求，转发《关于疫情防控形势下做好开展庆祝"三八"国际妇女节系列活动的通知》《关于继续开展"女职工"特病保险活动的通知》《呼伦贝尔市总工会关于开展"书香三八"读书征文活动的通知》。

12 月，农场开展选树"巾帼建功标兵"表彰奖励活动。

第三十四章　医疗卫生

2011年至2018年，上库力农场职工医院加强医疗队伍建设，加大专业培训力度，开展健康管理及服务，在疾病治疗、卫生防疫、妇幼保健、计划生育等方面取得了巨大成绩。2018年年末，农场退出农垦序列，归地方管理。

第一节　机构设置

上库力农场职工医院隶属于农场管理，其主要工作内容是疾病治疗、卫生防疫、妇幼保健等。

2011年，职工医院院长为张静波，副院长兼副书记为赵彩霞。

2012—2015年，院长为赵彩霞，党支部书记为张静波，副书记为高云宝，副院长为孔宪军。其中孔宪军任职至2013年5月。

2016年，院长兼党支部书记为张静波，副书记为高云宝。

2017—2018年，副院长为苗翠海，党支部书记为高美艳，副书记为高云宝。

2018—2019年4月，院长为苗翠海，副院长为张群，党支部书记为高美艳，副书记为高云宝。

2019年1月，医院归属地方政府管理，退出农场管理序列。

上库力农场医院历任领导干部名录见表34-1、34-2。

表34-1　上库力农场医院2011—2020年历任行政领导干部名录

姓　名	职　务	任职时间	姓　名	职　务	任职时间
张静波	院长	2011.01—2012.03	孔宪军	副院长	2012.03—2013.05
赵彩霞	院长	2012.03—2016.03	苗翠海	副院长	2017.01—2018.07
张静波	院长	2016.03—2017.01	张群	副院长	2018.07—2019.01
苗翠海	院长	2018.07—2019.01	—	—	—

表 34-2　上库力农场医院 2011—2020 年历任党支部领导干部名录

姓名	职务	任职时间	姓名	职务	任职时间
赵彩霞	副书记	2011.01—2012.03	高美艳	副书记	2017.03—2018.07
张静波	书记	2012.03—2017.01	高美艳	书记	2018.07—2019.01
高云宝	副书记	2012.11—2019.01			

第二节　医务队伍

上库力农场职工医院辖生产队卫生所医护人员共 30 人，其中院长 1 人、副院长 1 人、医护人员 28 人。医护人员中，外科医师 1 人，妇产士 1 人，主治医师 4 人，内科医士 4 人，儿科医士 2 人，调剂师 1 人，外科医士 1 人，放射师 1 人，B 超师 1 人，医师 4 人，检验师 1 人，医士 1 人，护师 2 人，护士 6 人。医护人员中大专学历 20 人，中专学历 10 人。

农场医院 2011 年医护人员情况见表 34-3。

表 34-3　上库力农场职工医院 2011 年医护人员统计表

姓名	性别	民族	出生年月	参加工作时间	政治面貌	学历	职务	职称
张静波	男	汉族	1965.05	1975.09	党员	大专	院长	外科医师
赵彩霞	女	汉族	1965.02	1984.12	党员	大专	副院长	妇产士
苗翠海	男	俄罗斯族	1960.09	1978.08	党员	大专	外医	主治医师
翟连成	男	汉族	1960.06	1977.07	党员	大专	内医	主治医师
李明青	女	汉族	1963.12	1980.07	—	大专	内医	主治医师
孔宪军	男	汉族	1964.08	1983.01	党员	大专	内医	主治医师
李宝春	男	汉族	1958.09	1976.12	党员	中专	内医	内科医士
吴荣红	女	俄罗斯族	1961.07	1978.08	—	中专	儿医	儿科医士
包红旗	男	蒙古族	1966.01	1984.01	—	大专	麻醉	调剂师
王洪伟	男	汉族	1970.11	1987.12	—	大专	外医	外科医士
张群	男	汉族	1971.01	1987.12	—	中专	放射	放射师
刘红丽	女	汉族	1973.05	1990.12	—	大专	B超	B超师
滕海娟	女	汉族	1972.09	1988.12	—	大专	妇医	医师
杜永红	女	汉族	1974.01	1992.12	—	中专	医士	医师
张坤	女	汉族	1974.02	1990.12	—	中专	医士	医师
宋海霞	女	汉族	1973.07	1990.12	—	大专	化验	检验师
李红颖	女	汉族	1972.02	1990.12	—	中专	医士	内科医士
王颖慧	女	汉族	1971.05	1987.12	—	中专	心电	内科医士

（续）

姓名	性别	民族	出生年月	参加工作时间	政治面貌	学历	职务	职称
朱凤杰	女	汉族	1976.12	1994.08	—	中专	医士	医士
周金霞	女	汉族	1974.12	1992.12	—	大专	医士	儿科医士
马学玲	女	回族	1962.08	1978.07	—	大专	护士	护士
赵英华	女	汉族	1971.08	1986.12	—	大专	护士	护师
李文	女	汉族	1970.06	1986.12	—	中专	护士	护师
周艳	女	汉族	1972.08	1988.12	—	大专	护士	护士
张爱东	女	汉族	1969.07	1986.12	—	大专	护士	护士
张慧香	女	汉族	1970.11	1988.12	—	大专	护士	护士
张明英	女	汉族	1969.09	1986.12	—	中专	护士	护士
黄敏	女	汉族	1972.03	1988.12	—	大专	护士	护士
李建春	女	汉族	1964.06	1983.12	—	大专	医士	内科医士
刘建华	女	汉族	1966.02	1984.12	—	大专	医士	医师

第三节　专业培训

2011年，护士周艳外出培训，先后在呼伦贝尔市人民医院和扎兰屯市医院接受社区护士全科培训90天。

2015年，张坤、李红颖在呼伦贝尔市人民医院接受全科培训，时间1年。

第四节　健康管理及服务

2011年以来，职工医院通过医学方法与手段对全场职工进行体检，了解职工的整体健康状况，早期发现疾病线索和健康隐患，对个体和群体健康状况评价与疾病风险预测，并提供健康诊疗建议。能在当地治疗的，在职工医院治疗；不能在当地治疗的，建议转诊。2011年，职工医院积极开展体检工作，当年为学校师生和边防派出所干警140人体检；2014年，为离退休干部职工739人体检；2015年，农场为在岗干部职工和离退休干部职工2726人体检；2016年，为60周岁以上老人体检，参加体检人数430人；2017年，为在岗干部职工1278人体检。

第五节　疾病治疗

随着科学技术的进步与对生命及疾病本质认识的深入，农场医院所掌握的治疗手段有了巨大的进步。2011年以来，年接诊人数逐年递增，峰值期是2013—2014年，特别是

2013 年，接诊人数突破 9000 人。随着交通的发达、家庭轿车的普及，农场居民外出诊治的人数与日俱增，2014 年以后，年接诊人数逐年下降。

农场职工医院 2011—2018 年度接诊情况见表 34-4。

表 34-4　上库力农场职工医院 2011—2018 年度接诊表

年度	接治门诊患者人数 （人）	收治住院患者人数 （人）	治愈率 （%）	转诊人数 （人）
2011	3510	102	90	0
2012	2536	73	82	0
2013	9068	149	90	0
2014	8732	146	96	0
2015	4441	103	98	0
2016	3615	74	95	0
2017	3591	86	98	0
2018	2867	50	98	0

第六节　卫生防疫　妇幼保健

一、卫生防疫妇幼保健工作

上库力农场职工医院积极开展卫生防疫和妇幼保健工作，对 7 周岁以下儿童建档立卡，及时接种各种疫苗。2011 年至 2018 年，建档立卡数达到百分之百，疫苗接种率达到百分之百，有效预防各类疾病的发生。

农场职工医院 2011—2018 年疾病预防情况见表 34-5。

表 34-5　上库力农场职工医院 2011—2018 年疾病预防统计表

年度	7 周岁以 下人数 （人）	建卡数 （人）	接种人数 （人）	接种率 （%）	脊髓灰质炎减毒 活疫苗接种人数 （人）	百白破接 种人数 （人）	麻疹接 种人数 （人）	乙肝疫苗 接种人数 （人）
2011	192	29	29	100	29	29	29	29
2012	188	22	22	100	22	22	22	22
2013	183	28	28	100	28	28	28	28
2014	190	29	29	100	29	29	29	29
2015	190	25	25	100	25	25	25	25
2016	195	28	28	100	28	28	28	28
2017	188	27	27	100	27	27	27	27
2018	190	31	31	100	31	31	31	31

二、计划生育工作

2011 年，按照呼垦集团公司社会事业部对计划生育工作的总体要求和安排部署，调整上库力农场计划生育领导小组，场长助理孟繁国分管计划生育工作，计生办副主任高美艳负责具体计生工作。与 18 个基层单位签订了《计划生育目标管理责任书》，开展人口和计划生育宣传活动，从指导思想、活动时间、宣传内容、活动形式、工作要求等方面做出部署。定期组织各生产队和辖区内适龄青年进行免费婚检，降低出生缺陷的发生率。推进避孕方法的知情选择，提倡安全有效的长效避孕措施，减少非意愿妊娠和人工引流产的发生。农场（分公司）共有已婚育龄妇女 1398 人，其中落实长效措施 1296 人，综合节育率94.1%。全年出生 28 人，计划生育率 100%，当年死亡 44 人，自然增长率−2.7%。9 月额尔古纳市计划生育局副局长刘伟峰等一行 10 人到上库力农场，检查计划生育年度工作，伊根生产队代表农场参加人口和计划生育年度检查，从规统、科技药具、流动人员、计生协会、政策宣传五大项，检查软、硬件，认为工作落实情况成绩突出。

2012 年，农场落实全员人口信息库信息报表制，由基层联系员每月上报最新数据，做到全员人口数据库数据及时更新，同时做好每月手工报表和最新全员人口信息库及时比对。每月报表完毕，要进行严格的逻辑审核和数据比对，保证数据库更新更准。要求各单位对符合条件的独生子女，积极申报，不能漏报，开展独生子女爱心保险、关爱女孩保险等。同时，为了落实计划生育基本国策，稳定低生育水平，切实提高全体村（居）民参与计划生育村（居）民自治的积极性，开展了村（居）民自治，有章程、村规民约、协议书和活动记录。增设了全员人口信息库的信息报表制度，基层联系员每月上报最新数据，做到全员人口数据库数据及时更新和校改，同时做好每月手工报表和最新全员人口信息库及时比对。每月报表完毕，要进行严格的逻辑审核和数据比对，保证数据够新、够准。全员人口信息库的增设标志着上库力农场场区计划生育报表质的转换，同时也为领导提供科学准确的数字依据。

2013 年，农场完成春秋两季"三查"工作。分别于 3 月份和 8 月份深入 7 个边远农业生产队及屯内开展以查环、查孕、查病为内容的 B 超"三查"工作。工作人员上门发放宣传品，解读避孕知识，使边远生产队广大育龄妇女在本队就能享受"三查"服务，按计划完成与农场签订的"计划生育责任状"。

2014 年，农场对重点避孕药具服务对象（包括新患病或原有疾病加重的、新使用避孕药或新交换品种的、使用药具出现副反应的、使用药具避孕失败的人群）建立规范体检档案，做好避孕药具新产品的推广和应用工作，药具发放及时到位，重点避孕药具服务对象随访率达到100%，避孕药具免费发放覆盖率、知晓率均达到要求。计划生育外宣工作被自治区级、呼伦贝尔市及额尔古纳市等网站和报刊采用稿件63篇，其中中国新闻网6篇、内蒙古日报12篇、呼伦贝尔市级45篇，赢得了额尔古纳市计生部门好评，收到表彰奖励，并颁发了荣誉证书。

2015年，农场副总经理高安起主管计生工作，高美艳负责具体计划生育工作。计生办负责全场17个行政单位的人口与计划生育工作，专兼职计生服务人员17人，服务对象5456人，其中育龄妇女1389人、流动人口289人。与基层17个单位签订了目标管理责任书。通过网络落实了全员人口在线数据库校改、月报、半年报、全年报等微机报表和手动报表双向报表制。

2016年，农场（分公司）总经理助理宋华民分管计生工作，计生办主任高美艳负责具体工作。继续推进人口计生综合改革，加快"依法管理，村（居）民自治，优质服务，政策推动，综合治理"的长效工作机制，推进住院分娩实名登记制度，制定孕产期全程服务规程、工作措施等。普及预防出生缺陷知识、优生咨询指导，开展婚前检查和孕前优生检测等综合干预，加强孕产期保健、孕期筛查和前期诊断，早期发现、早期干预，减少缺陷儿出生。免费为待孕和现孕妇女发放叶酸补充剂，预防胎儿神经管畸形，有效促进优生促进工程健康有序发展。

2011—2016年，农场连续6年荣获额尔古纳市卫生和计划生育局年度责任目标实绩考核第一名。

2017年，农场副总经理屈伟分管计生工作。开展以"草原风、计生情"为主题的宣传教育系列活动，实施"婚育文明乐家计划"，宣传政策法规、人口理论知识，通过人口学校授课、发放宣传品，倡导科学文明进步的婚育观念，农场的计划生育工作始终走在额尔古纳市前列。

2018年，农场计生部门荣获额尔古纳市计划生育协会"优秀志愿者"荣誉称号。在深入推进剥离企业办社会职能工作方面，将计划生育工作及计生数据库移交上库力街道办事处管理。

2017—2020年，农场由副总经理屈伟负责计生工作、高美艳具体负责计划生育工作。计划生育工作始终走在额尔古纳市前列。

上库力农场人口与生育情况见表34-6。

表34-6 上库力农场人口与计划生育情况统计表

年份	已婚育龄妇女（人）	出生人口（人）	死亡人口（人）	人口自然增长率（‰）	查环查孕查病（次）	条例普及率（%）
2011	1398	28	44	−2.70	1216	98
2012	1376	32	34	−0.34	1289	96

（续）

年份	已婚育龄妇女 （人）	出生人口 （人）	死亡人口 （人）	人口自然增长率 （‰）	查环查孕查病 （次）	条例普及率 （%）
2013	1385	23	31	1.37	1205	97
2014	1376	25	43	−3.13	1187	99
2015	1287	26	30	−0.72	1052	99
2016	1272	34	44	−1.87	1015	98
2017	1262	27	31	−0.76	1018	99

上库力农场职工医院医疗设备仪器情况见表 34-7。

表 34-7　上库力农场职工医院医疗设备仪器明细表

序号	设备名称	单位	数量
1	冰箱	台	1
2	药架子	个	1
3	B 超机	台	1
4	洗胃机	台	1
5	心电机	台	1
6	消毒锅	个	1
7	血球分析仪	台	1
8	尿液分析仪	台	1
9	脑彩超仪	台	1
10	全自动生化分析仪	台	1

第三十五章　人物荣誉

本章记录了 2011 年至 2020 年在上库力农场工作过的副处级及以上领导和 3 位不同时期获得省级劳动模范荣誉称号者的人物简介，以及获各级表彰的先进集体、先进个人的情况。

第一节　人物传记

赵恒禄　男，汉族，1940 年 7 月出生，河北省枣强县人，1956 年参加工作，1962 年 7 月加入中国共产党。

1956 年至 1958 年 6 月，于上库力金星农业社务农。

1958 年 7 月至 1966 年 4 月，于呼和达巴机耕农场修配厂任修理工。

1966 年 4 月至 1968 年 5 月，于呼和达巴机耕农场伊根生产队任机务队长。

1968 年 6 月至 1973 年 8 月，于上库力农场修配厂任技术员。

1973 年 9 月至 1975 年 8 月，于上库力农场机务科任技术员。

1975 年 8 月至 1983 年 5 月，于上库力农场机务科任副科长。

1983 年 5 月至 1985 年 3 月，于上库力农场机务科任科长。

1985 年 3 月至 1994 年 12 月，于上库力农场任副场长。

1994 年 12 月至 1998 年 2 月，于上库力农场任副场长、工会主席。

1998 年 2 月至 1999 年 6 月，于上库力农场任工会主席。

1999 年 6 月，退休。

2016 年 11 月 20 日，病逝。

苗培昆　男，汉族，1962 年 5 月出生，山东省胶南市（现黄岛区）人，1978 年 9 月参加工作，1997 年加入中国共产党，高级政工师。

　　1978 年 9 月至 1985 年 12 月，于上库力农场第五生产队任木工。

　　1986 年 1 月至 1992 年 8 月，于上库力农场第五生产队任统计、出纳员。

　　1992 年 9 月至 12 月，于上库力农场烘干处理中心任会计。

　　1993 年 1 月至 1997 年 3 月，于上库力农场第五生产队任会计。

　　1997 年 4 月至 12 月，于上库力农场野果开发公司任副经理。

1998 年 1 月至 12 月，于上库力农场良种站任副站长。

1999 年 1 月至 12 月，于上库力农场第四生产队任党支部书记。

2000 年 1 月至 2002 年 2 月，于上库力农场第八生产队任队长。

2002 年 3 月至 2003 年 2 月，于上库力农场物资科任科长、党支部书记。

2003 年 3 月至 2006 年 3 月，于上库力分公司第六生产队任队长。

2006 年 3 月至 2008 年 3 月，于上库力分公司任总经理助理。

2008 年 3 月至 2011 年 4 月，于上库力分公司任副总经理。

2011 年 4 月至 2014 年 12 月，于上库力分公司任党委书记。

1992 年，被内蒙古自治区农牧场管理局评为农牧系统先进统计工作者。

2008 年，被海拉尔农垦集团有限责任公司党委评为优秀共产党员。

2009 年，被海拉尔农垦集团有限责任公司党委评为优秀共产党员。

2010 年，被海拉尔农垦集团有限责任公司党委评为优秀共产党员。

2014 年 12 月 1 日，因交通事故身故。

第二节　人物简介

　　王延生　男，汉族，1954 年 1 月出生，内蒙古突泉县人，1973 年 9 月参加工作，1989 年 8 月加入中国共产党，工程师。

　　1973 年 9 月至 1975 年 6 月，于拉布大林农牧场 105 队从事机务工作。

　　1975 年 7 月至 1985 年 4 月，于拉布大林农牧场七队工作，先后任车长、技术员。

1983 年 4 月至 1985 年 4 月，于海拉尔农牧职工中专农机专业学习毕业。

1985 年 5 月至 1991 年 10 月，先后任拉布大林农牧场七队家庭农场场长、机务副队长、队长。

1991 年 11 月至 1993 年 12 月，于扎兰屯马场任副场长。

1994 年 1 月至 1997 年 3 月，于拉布大林农牧场任副场长。

1997 年 4 月至 2000 年 12 月，于恩和牧场任党委书记兼场长。

2001 年 1 月至 2004 年 4 月，于上库力农场党委任副书记、场长。

2004 年 4 月至 2015 年 3 月，任上库力农场场长，上库力分公司总经理、党委副书记。

2015 年 3 月退休。

1982 年，被海拉尔农牧场管理局评为劳动模范。

1988 年，被海拉尔农牧场管理局评为先进工作者，获内蒙古自治区农牧业丰收一等奖。

1989 年，被海拉尔农牧场管理局评为先进工作者。

2002 年，被内蒙古自治区评为农垦系统先进个人。

2007 年，被内蒙古自治区企业联合会、企业家协会授予 2006 年度优秀企业家。

2008 年，被内蒙古自治区党委授予优秀共产党员称号；是额尔古纳市人大第二届、第三届常务委员会委员。

2013 年，被海拉尔农垦集团有限责任公司授予高层管理人员劳动模范称号。

郭本生　男，汉族，1966 年 12 月出生，山东省东阿县人，1990 年参加工作，1998 年 12 月加入中国共产党，大学学历，高级畜牧师。

1986 年 9 月至 1990 年 7 月，于内蒙古农牧学院畜牧系学习。

1990 年 7 月至 1999 年 3 月，先后任管理局畜牧处科员、副主任科员。

1999 年 3 月至 2001 年 1 月，挂职任敖尔金牧场副场长。

2001 年 1 月至 2003 年 3 月，于管理局畜牧处任主任科员。

2003 年 3 月至 2004 年 4 月，于上库力农场任副场长。

2004 年 4 月至 2008 年 3 月，于上库力分公司任副总经理。

2008 年 3 月至 2013 年 8 月，于上库力分公司任党委副书记、纪检委书记、工会主席。

2013 年 8 月调离上库力农场。

轩辕佐顺　男，满族，1954 年 1 月出生，山东省梁山县人，1970 年 7 月参加工作，1973 年 3 月加入中国共产党，大专学历，高级政工师。

1970 年 7 月，于谢尔塔拉种牛场十队参加工作。

1973 至 1975 年，任谢尔塔拉种牛场十队队长。

1976 年，任谢尔塔拉种牛场九队路教队队长。

1977 至 1983 年，先后任谢尔塔拉种牛场生产队长、学校党支部书记。

1984 年 1 月至 1984 年 12 月，任谢尔塔拉种牛场工商科科长。

1985 年 1 月至 2 月，任谢尔塔拉种牛场副场长。

1985 年 3 月至 1993 年 2 月，于莫拐农场先后担任党委副书记、场长、党委书记、场长。

1987 年 9 月至 1989 年 7 月，于呼盟管理干部学院行政管理专业脱产学习。

1993 年 3 月至 1995 年 4 月，任海拉尔农垦企业集团总公司国贸部经理。

1995 年 4 月至 1999 年 2 月，任海拉尔农垦商贸集团副总经理。

1999 年 2 月至 2004 年 4 月，任哈达图牧场党委书记。

2004 年 4 月至 2011 年 4 月，任上库力分公司党委书记、上库力农场副场长。

2011 年 4 月转岗。

2014 年 1 月退休。

1989 年，被呼盟经济处、盟团委、盟企业家协会授予"先进企业经理"称号。

1991 年，被共青团内蒙古自治区委员会授予"青年工作最佳支持者"荣誉称号，并被评为自治区农场总局"全区农牧场科技推广先进工作者"。

2003 年，被呼伦贝尔市委、市政府授予"民族团结进步先进个人"称号；是陈巴尔虎旗第十届政协委员，额尔古纳市第二届政协委员。

郭祥华 男，汉族，1969 年 3 月出生，山东省齐河县人，1984 年 12 月参加工作，1993 年 7 月加入中国共产党，大专学历，高级政工师、机务工程师。

1984 年 12 月至 1991 年 2 月，于哈达图农牧场第一生产队任工人。

1991 年 1 月至 1992 年 1 月，于哈达图农牧场第一生产队任机务技术员。

1992 年 1 月至 1994 年 2 月，于哈达图农牧场第十一生产队任机务副队长。

1994 年 2 月至 1995 年 2 月，于哈达图农牧场机电技术服务科任副科长。

1995 年 2 月至 2003 年 1 月，于哈达图农牧场第十一生产队任党支部书记。

2003 年 1 月至 2008 年 1 月，于哈达图牧场第十三生产队任党支部书记、队长。

2008 年 1 月至 2015 年 3 月，于上库力分公司任副总经理。

2015 年 3 月至 2020 年 4 月，于上库力分公司任党委书记。

2020 年 4 月至 2020 年 12 月，于上库力分公司任党委副书记、总经理、农场副场长。

2006 年，被海拉尔农垦集团有限责任公司党委授予优秀共产党员称号。

2007 年，被海拉尔农垦集团有限责任公司评为劳动模范。

2013 年，被海拉尔农垦集团有限责任公司党委授予优秀共产党员称号。

2016 年，被海拉尔农垦集团有限责任公司评为劳动模范；被海拉尔农垦（集团）有限责任公司党委授予优秀党务工作者称号。

2017 年，被海拉尔农垦集团有限责任公司评为劳动模范。

韩旭东　男，蒙古族，1967 年 1 月出生，内蒙古乌兰浩特人，1988 年 1 月参加工作，1997 年 10 月加入中国共产党，研究生学历，政工师。

1988 年 1 月至 1990 年 7 月，于额尔古纳右旗上库力中心小学任代课教师。

1990 年 7 月至 1990 年 12 月，于额尔古纳一中任职。

1990 年 12 月至 1996 年 9 月，于额尔古纳市上库力乡政府任统计。

1996 年 9 月至 1999 年 10 月，任额尔古纳市政府办公室秘书。

1999 年 10 月至 2002 年 8 月，任额尔古纳市黑山头镇副镇长。

2002 年 8 月至 2003 年 11 月，任额尔古纳市黑山头镇党委副书记、镇长。

2003 年 11 月至 2005 年 5 月，任额尔古纳市黑山头镇党委书记。

2005 年 5 月至 2010 年 2 月，任额尔古纳市农牧业局局长兼农牧业产业化办公室主任。

2010 年 2 月至 2015 年 3 月，任额尔古纳市人大常委会副主任。

2015 年 3 月至 2020 年 4 月，任上库力分公司党委副书记、总经理，上库力农场场长。

2020 年 4 月至 2020 年 12 月，任上库力分公司党委书记、上库力农场场长。

吴国志　男，汉族，1973 年 12 月出生，吉林省安广县人，1996 年 5 月加入中国共产党，大学文化，1996 年 9 月参加工作，高级农艺师。

1996 年 9 月至 1997 年 10 月，任海拉尔农牧场管理局农林处科员（于特泥河农

场锻炼)。

1997 年 10 月至 2003 年 10 月,任海拉尔农牧场管理局农林处科员。

2003 年 10 月至 2004 年 11 月,任海拉尔农垦(集团)有限责任公司农牧业管理部副部长兼农技主管。

2004 年 11 月至 2008 年 4 月,任海拉尔农垦(集团)有限责任公司农牧业管理部副部长。

2008 年 4 月至 2011 年 4 月,任海拉尔农垦(集团)有限责任公司农机科技部部长。

2011 年 4 月至 2015 年 3 月,任海拉尔农垦(集团)上库力分公司党委委员、副总经理(正职待遇)。

2015 年 3 月至 2018 年 12 月,任海拉尔农垦(集团)有限责任公司党委委员、副总经理。

2018 年 12 月至 2020 年 1 月,任呼垦集团有限公司总农艺师(比照正处级管理)。

2020 年 1 月至 2020 年 4 月,任呼垦集团有限公司总农艺师(比照正处级管理)、呼伦贝尔京蓝生态建设有限公司董事。

2020 年 4 月至 2020 年 8 月,任呼垦集团有限公司总农艺师(比照正处级管理)、呼伦贝尔农垦科技发展有限责任公司党委书记、呼伦贝尔京蓝生态建设有限公司董事。

2020 年 8 月至 2020 年 12 月,任呼垦集团有限公司总农艺师(比照正处级管理);呼伦贝尔农垦科技发展有限责任公司党委书记、执行董事。

2002 年 9 月,获农业部颁发丰收奖二等奖。

2004 年 8 月,获自治区颁发丰收奖一等奖。

2006 年 12 月,获自治区颁发科技进步二等奖。

2008 年,获全区高产创建先进个人称号。

2009 年 12 月,获自治区颁发科技进步二等奖。

2010 年 6 月,被中国作物学会栽培专业委员会聘为全国作物高产创建专家指导团专家。

2010 年 6 月,入选自治区新世纪"321 人才工程"第二层次人选。

李月忠 男、汉族,1957 年 11 月出生,辽宁省盖州市人,1975 年 10 月参加工作,1987 年 12 月加入中国共产党,大专学历,高级经济师。

1975 年 10 月至 1976 年 4 月，于拉布大林农场农建队任工人。

1976 年 4 月至 1977 年 11 月，于黑龙江省农场总局设计院学习。

1977 年 11 月至 1978 年 9 月，任拉布大林农场农建科干事。

1978 年 9 月至 1979 年 10 月，任拉布大林农场劳资科干事。

1979 年 10 月至 1983 年 4 月，任拉布大林农场农建科科员。

1983 年 4 月至 1988 年 2 月，任拉布大林农场保卫科干事。

1988 年 2 月至 1992 年 3 月，任拉布大林农牧场办公室副主任、主任兼秘书。

1992 年 3 月至 2001 年 3 月，任恩和农场副场长。

2001 年 3 月至 2003 年 3 月，任恩和农场党委书记。

2003 年 3 月至 2004 年 4 月，任谢尔塔拉种牛场党委书记。

2004 年 4 月至 2008 年 1 月，任陶海牧场党委副书记兼场长。

2008 年 1 月至 2015 年 3 月，任海拉尔农垦集团有限责任公司莫拐分公司党委副书记、总经理，莫拐农场场长。

2015 年 3 月至 2018 年 11 月，任海拉尔农垦集团有限责任公司上库力分公司工会主席（正场级）。

2018 年 11 月退休。

何松　男，汉族，1962 年 11 月出生，河北省阳原人，1980 年 8 月参加工作，1993 年 11 月加入中国共产党，大专学历，助理工程师。

1980 年 8 月至 1991 年 8 月，于拉布大林牧场汽车队任工人。

1991 年 8 月至 1997 年 3 月，任拉布大林农牧场第八生产队机务副队长。

1997 年 3 月至 2004 年 1 月，任拉布大林农牧场 110 生产队队长。

2004 年 1 月至 2008 年 1 月，任拉布大林农牧场 110 管理区主任。

2008 年 1 月至 2008 年 3 月，任拉布大林农牧场 120 生产队队长。

2008 年 3 月至 2011 年 4 月，任拉布大林农牧场 120 生产队队长兼牧业副队长。

2011 年 4 月至 2015 年 5 月，任上库力分公司副总经理。

2015 年 5 月至 2019 年 6 月，任上库力分公司党委委员、副总经理。

2019 年 6 月至 2020 年 12 月，任上库力分公司企业改革发展研究会副主任，享受副场级薪酬待遇。

高安起 男，汉族、1971年2月出生，山东省临沂县（现临沂市）人，1988年12月参加工作，1995年9月加入中国共产党，本科学历。

1988年12月至1999年3月，于苏沁牧场任工人。

1999年3月至2000年2月，任苏沁牧场永胜生产队党支部副书记。

2000年2月至2001年2月，任苏沁牧场团结生产队队长。

2001年2月至2003年1月，任苏沁牧场新兴生产队队长。

2003年1月至2004年4月，任苏沁牧场泉山子生产队队长。

2004年4月至2004年6月，任苏沁牧场泉山子管理区主任兼党支部书记。

2004年6月至2007年3月，任苏沁牧场机耕管理区主任。

2007年3月至2008年11月，任苏沁牧场苏沁管理区主任。

2008年11月至2011年3月，任苏沁牧场苏沁生产队队长。

2011年3月至2011年4月，任苏沁牧场机关综合办公室主任。

2011年4月至2015年5月，任海拉尔农垦集团有限责任公司科研所党总支副书记、所长。

2015年5月至2020年12月，任上库力分公司党委委员、副总经理。

2020年，被呼垦集团有限公司党委评为优秀领导干部。

卢念章 男，汉族，1967年9月出生，山东省沂南县人，1986年12月参加工作，1996年11月加入中国共产党，大专学历，经济员。

1986年12月至1998年1月，于拉布大林农牧场任工人。

1998年1月至2001年1月，任拉布大林农牧场机关食堂管理员。

2001年1月至2002年6月，任拉布大林农牧场良种站代队长。

2002年6月至2004年1月，任拉布大林分公司良种站站长。

2004年1月至2008年2月，任拉布大林分公司第五管理区主任。

2008年2月至2008年3月，任拉布大林分公司105队队长。

2008年3月至2016年3月，任拉布大林分公司105队队长、牧业副队长。

2016年3月至2016年10月，任拉布大林分公司物资站站长。

2016 年 10 月至 2019 年 6 月，任呼伦贝尔合适佳食品有限公司党委委员、副总经理。

2019 年 6 月至 2020 年 12 月，任上库力分公司党委委员、副总经理。

屈伟　男，汉族，1967 年 8 月出生，河北省枣强县人，1990 年 12 月参加工作，1996 年 5 月加入中国共产党，本科学历。

1990 年 12 月至 1991 年 7 月，于苏沁农牧场任工人。

1991 年 7 月至 1992 年 12 月，于海拉尔农牧场管理局公安处任民警。

1992 年 12 月至 1994 年 5 月，于额尔古纳市边境贸易八公司工作。

1994 年 5 月至 1996 年 10 月，于额尔古纳市统计局工作。

1996 年 10 月至 1998 年 7 月，于额尔古纳市委政法委任办事员。

1998 年 7 月至 2001 年 10 月，任额尔古纳市委政法委科员。

2001 年 10 月至 2004 年 2 月，任额尔古纳市计生局副局长。

2004 年 2 月至 2006 年 11 月，任额尔古纳市人口和计划生育局副局长。

2006 年 11 月至 2008 年 3 月，任额尔古纳市人口和计划生育局副局长兼计生协会秘书长（副科级）。

2008 年 3 月至 2015 年 3 月，任额尔古纳市人口和计划生育协会秘书长（正科级）。

2015 年 3 月至 2016 年 10 月，任额尔古纳市旅游局副局长。

2016 年 10 月至 2019 年 6 月，任上库力分公司党委委员、副总经理。

2019 年 6 月至 2020 年 12 月，任上库力分公司党委副书记、纪委书记。

高兴良　男，汉族，1971 年 3 月出生，山东省胶县人，1988 年 12 月参加工作，2001 年 6 月加入中国共产党，大专学历，政工师。

1988 年 12 月至 1998 年 2 月，于上库力农场任工人。

1998 年 2 月至 1998 年 3 月，任上库力农场良种站出纳员。

1998 年 3 月至 2001 年 9 月，任上库力农场良种站出纳员兼统计。

2001 年 9 月至 2003 年 4 月，任上库力农场第五生产队会计。

2003 年 4 月至 2004 年 3 月，任上库力农场第七生产队会计。

2004 年 3 月至 2006 年 3 月，任上库力农场第七管理区党支部副书记兼副主任。

2006 年 3 月至 2007 年 1 月，任上库力农场第七管理区党支部书记。

2007 年 1 月至 2010 年 3 月，任上库力农场第五生产队队长。

2010 年 3 月至 2012 年 3 月，任上库力农场第四生产队党支部书记。

2012 年 3 月至 2016 年 3 月，任上库力农场第一生产队队长兼党支部书记。

2016 年 3 月至 2016 年 10 月，任上库力农场第一生产队队长。

2016 年 10 月至 2019 年 6 月，任上库力分公司党委副书记、纪委书记。

2019 年 6 月至 2020 年 12 月，任上库力分公司党委委员、副总经理。

2012 年，被海拉尔农垦集团有限责任公司评为劳动模范。

2016 年，被海拉尔农垦集团有限责任公司党委授予优秀共产党员称号。

张永昌　男，汉族，1967 年 7 月出生，吉林省德惠县（现德惠市）人，1984 年 12 月参加工作，1997 年 6 月加入中国共产党，大学学历，高级政工师。

1984 年 12 月至 1995 年 3 月，于那吉屯农场胜利队任工人。

1995 年 3 月至 1997 年 1 月，任那吉屯农场胜利队统计。

1997 年 1 月至 1998 年 1 月，任那吉屯农场宣传部干事。

1998 年 1 月至 2001 年 1 月，任那吉屯农场宣传部干事兼有线广播电视站站长。

2001 年 1 月至 2008 年 1 月，任那吉屯农场政工部副部长。

2008 年 1 月至 2009 年 3 月，任上库力农场政工部副部长兼党政办秘书。

2009 年 3 月至 2013 年 1 月，任上库力农场政工部副部长。

2013 年 1 月至 2016 年 3 月，任上库力农场第五生产队党支部代理书记。

2016 年 3 月至 2016 年 6 月，任上库力农场政工部副部长。

2016 年 6 月至 2016 年 10 月，任上库力农场政工部部长。

2016 年 10 月至 2019 年 6 月，任上库力分公司党委委员、政工部部长。

2019 年 6 月至 2020 年 12 月，任上库力分公司党委委员、工会主席、政工部部长。

宋厚荣　女，汉族，1955 年 7 月出生，1973 年 5 月参加工作，1977 年 7 月加入中国共产党。

1973 年 5 月至 1979 年 3 月，于上库力农场第七生产队任牧工。

1979 年 3 月至 1989 年 1 月，于上库力农场第五生产队任农工。

1989 年 1 月至 1990 年 12 月，任上库力农场第五生产队计育员。

1990 年 1 月至 2005 年，在家自主经营畜牧业。

2005 年 7 月退休。

1975 年，获黑龙江省劳动模范称号。

刘爱军　男，汉族，1965 年 12 月出生，内蒙古赤峰人，1990 年 12 月参加工作，1996 年 7 月加入中国共产党。大专学历。

1972 年 9 月至 1980 年 7 月，在黑龙江省齐齐哈尔市华安中心校上小学、中学。

1990 年 12 月至 2007 年 2 月，先后任上库力农场第一生产队 75 型东方红助手、驾驶员、车长、K701 车长和生产队承包组长。

2007 年 2 月至 2009 年 3 月，任上库力农场第三生产队副队长。

2009 年 3 月至 2015 年 10 月，任上库力农场第二生产队副队长。

2015 年 10 月至 2016 年 3 月，任上库力农场伊根生产队代理队长兼党支部书记。

2016 年 3 月至 2017 年 3 月，任上库力农场伊根生产队代理队长。

2017 年 3 月至 2019 年 4 月，任上库力农场第四生产队队长。

2019 年 4 月至 2020 年 12 月，任内蒙古自治区上库力分公司第五生产队队长。

2004 年，被评为呼伦贝尔市劳动模范、优秀共产党员。

2005 年 4 月，被评为内蒙古自治区劳动模范。

2011 年，被评为海拉尔农垦集团有限责任公司劳动模范。

2016 年，被评为海拉尔农垦集团有限责任公司劳动模范。

陈树林　男，汉族，1974 年 12 月出生，河北省围场县人，1990 年 12 月参加工作，1996 年 5 月加入中国共产党，大专学历，助理工程师。

1990 年 12 月至 1994 年 12 月，于上库力农场任工人。

1994 年 12 月至 1997 年 12 月，于吉林省通化市 81127 部队服兵役。

1997 年 12 月至 1998 年 3 月，待安置。

1998 年 3 月至 2012 年 3 月，于上库力农场第六生产队任工人。

2012 年 3 月至 2016 年 3 月，任上库力分公司生产部副部长。

2016 年 3 月至 2017 年 3 月，任上库力分公司农机科副科长。

2017 年 3 月至 2018 年 4 月，任上库力分公司安全生产部部长兼农机科副科长。

2018 年 4 月至 2020 年 12 月，任内蒙古自治区上库力分公司生产部副部长（正科级）。

1997 年 11 月，获"优秀士兵"称号。

2011 年 5 月，获自治区"鑫阳杯"农机技能竞赛第一名。

2011 年 6 月，获全国农机技能大赛个人二等奖。

2011 年 7 月，被额尔古纳市评为优秀共产党员。

2012 年 1 月，被集团公司评为先进车组。

2012 年 9 月，被呼伦贝尔市评为金牌工人。

2013 年 1 月，被自治区评为金牌工人。

2016 年，被呼伦贝尔市农牧业局评为全市农机安全监理工作先进个人。

2019 年 4 月，被呼伦贝尔市授予五一劳动奖章。

第三节　先进集体

十年间，上库力农场及农场各基层单位、基层党支部、承包组为企业各项事业发展和经济效益做出的突出贡献及获得的成绩，受到各级党委、政府及上级主管机关的表彰。农场先进集体名录如表 35-1。

表 35-1　农场先进集体名录

单位名称	表彰时间	表彰机关	荣誉称号
上库力农场	2011	呼伦贝尔市委员会	全市先进基层党组织
上库力农场	2011	海拉尔农垦（集团）有限责任公司	经济效益突出贡献奖
上库力农场	2011	海拉尔农垦（集团）有限责任公司	工作实绩一等奖
上库力农场	2011	海拉尔农垦（集团）有限责任公司	营造林先进单位奖
上库力农场	2011	海拉尔农垦（集团）有限责任公司	小麦、大麦、油菜、大豆、玉米奖
上库力农场项目办	2011	海拉尔农垦（集团）有限责任公司	先进班组奖
上库力农场医院防保科	2011	海拉尔农垦（集团）有限责任公司	先进班组奖
上库力农场第七生产队第一承包组	2011	海拉尔农垦（集团）有限责任公司	先进班组奖
上库力农场第六生产队陈长海承包组	2011	海拉尔农垦（集团）有限责任公司	先进班组奖
上库力农场第六生产队陈树林机车组	2011	海拉尔农垦（集团）有限责任公司	先进班组奖
上库力农场供电所	2011	海拉尔农垦（集团）有限责任公司	先进班组奖
上库力农场	2011	海拉尔农垦（集团）有限责任公司	农牧业科技创新和科技成果应用二等奖
上库力农场	2011	海拉尔农垦（集团）有限责任公司	农牧业科技创新和科技成果应用三等奖
上库力农场	2011	海拉尔农垦（集团）有限责任公司综治委	长安杯

（续）

单位名称	表彰时间	表彰机关	荣誉称号
上库力农场	2011	海拉尔农垦（集团）有限责任公司	农牧业科技创新和科技成果应用三等奖
上库力农场领导班子	2011	海拉尔农垦（集团）有限责任公司党委	"四好"领导班子标兵
第三生产队党支部	2011	海拉尔农垦（集团）有限责任公司党委	先进基层党组织
第六生产队党支部	2011	海拉尔农垦（集团）有限责任公司党委	先进基层党组织
第七生产队党支部	2011	海拉尔农垦（集团）有限责任公司党委	先进基层党组织
职工医院党支部	2011	海拉尔农垦（集团）有限责任公司党委	先进基层党组织
上库力农场	2011	中共额尔古纳市委员会	"博爱一日捐"优秀组织奖
上库力农场	2011	额尔古纳市人民政府	落实消防工作责任状先进单位
上库力农场	2012	海拉尔农垦（集团）有限责任公司党委	"创先争优"先进基层党组织
上库力农场第二生产队党支部	2012	海拉尔农垦（集团）有限责任公司党委	先进基层党组织
上库力农场第三生产队党支部	2012	海拉尔农垦（集团）有限责任公司党委	先进基层党组织
上库力农场机关党支部	2012	海拉尔农垦（集团）有限责任公司党委	先进基层党组织
上库力农场	2012	海拉尔农垦（集团）有限责任公司	经济效益突出贡献奖
上库力农场	2012	海拉尔农垦（集团）有限责任公司	工作实绩一等奖
上库力农场第一生产队	2012	海拉尔农垦（集团）有限责任公司	生产队亩效益前十名（第六名）
上库力农场第一生产队	2012	海拉尔农垦（集团）有限责任公司	小麦、大麦、油菜单产前三名（油菜单产第一名）
上库力农场第一生产队第二承包组	2012	海拉尔农垦（集团）有限责任公司	先进班组奖
上库力农场第二生产队叶伟光承包组	2012	海拉尔农垦（集团）有限责任公司	先进班组奖
上库力农场第三生产队孙树元机车组	2012	海拉尔农垦（集团）有限责任公司	先进班组奖
上库力农场第四生产队李辉机车组	2012	海拉尔农垦（集团）有限责任公司	先进班组奖
上库力农场第五生产队冯志贵机车组	2012	海拉尔农垦（集团）有限责任公司	先进班组奖
上库力农场	2012	额尔古纳市委员会	尊师重教先进单位
上库力农场	2012	额尔古纳市人民政府	落实消防工作责任状先进单位
上库力农场	2013	内蒙古自治区委员会	全区文明单位
上库力农场	2013	海拉尔农垦（集团）有限责任公司	工作实绩二等奖
上库力农场土地项目办	2013	海拉尔农垦（集团）有限责任公司	先进班组奖
上库力农场第三生产队金兆才机车组	2013	海拉尔农垦（集团）有限责任公司	先进班组奖
上库力农场第四生产队齐慧君经营组	2013	海拉尔农垦（集团）有限责任公司	先进班组奖
上库力农场第五生产队第二经营组	2013	海拉尔农垦（集团）有限责任公司	先进班组奖
上库力农场第七生产队宋建成机车组	2013	海拉尔农垦（集团）有限责任公司	先进班组奖
上库力农场第四生产队股份制奶牛养殖场	2013	海拉尔农垦（集团）有限责任公司	规范化养殖先进奖
上库力农场	2013	海拉尔农垦（集团）有限责任公司	农牧业科技创新和科技成果应用二等奖
上库力农场	2013	海拉尔农垦（集团）有限责任公司	农牧业科技创新和科技成果应用三等奖
上库力农场	2013	海拉尔农垦（集团）有限责任公司	农牧业科技创新和科技成果应用四等奖

（续）

单位名称	表彰时间	表彰机关	荣誉称号
上库力农场第一生产队党支部	2013	海拉尔农垦（集团）有限责任公司党委	先进基层党支部
上库力农场第四生产队党支部	2013	海拉尔农垦（集团）有限责任公司党委	先进基层党支部
上库力农场伊根生产队党支部	2013	海拉尔农垦（集团）有限责任公司党委	先进基层党支部
上库力农场	2014	呼伦贝尔市农牧业机械监理所	全市农机安全监理工作先进基层站
上库力农场	2014	海拉尔农垦（集团）有限责任公司	工作实绩二等奖
上库力农场第五生产队第二承包组	2014	海拉尔农垦（集团）有限责任公司	先进承包组
上库力农场第一生产队黄伟机车组	2014	海拉尔农垦（集团）有限责任公司	先进机车组
上库力农场第二生产队刘俊鹏机车组	2014	海拉尔农垦（集团）有限责任公司	先进机车组
上库力农场第六生产队李宏源机车组	2014	海拉尔农垦（集团）有限责任公司	先进机车组
上库力农场	2015	海拉尔农垦（集团）有限责任公司	经济效益突出贡献奖
上库力农场	2015	海拉尔农垦（集团）有限责任公司	水利工程建设先进单位
上库力农场第六生产队	2015	海拉尔农垦（集团）有限责任公司	生产队亩效益前十名奖（第九名）
上库力农场第二生产队金伟强机车组	2015	海拉尔农垦（集团）有限责任公司	先进班组
上库力农场第三生产队姚玉河承包组	2015	海拉尔农垦（集团）有限责任公司	先进班组
上库力农场第四生产队赵慧君机车组	2015	海拉尔农垦（集团）有限责任公司	先进班组
上库力农场第七生产队王军机车组	2015	海拉尔农垦（集团）有限责任公司	先进班组
上库力农场	2016	海拉尔农垦（集团）有限责任公司	工作实绩二等奖
上库力农场伊根生产队王靖承包组	2016	海拉尔农垦（集团）有限责任公司	先进承包组
上库力农场第五生产队孙华文	2016	海拉尔农垦（集团）有限责任公司	先进机车组
上库力农场第六生产队	2016	海拉尔农垦（集团）有限责任公司	先进机车组
上库力农场第六生产队陈树成机车组	2016	海拉尔农垦（集团）有限责任公司	先进机车组
上库力农场伊根生产队陈元鑫机车组	2016	海拉尔农垦（集团）有限责任公司	先进机车组
上库力农场第六生产队富垦小区	2016	海拉尔农垦（集团）有限责任公司	环境管护先进奖
上库力农场第五生产队党支部	2016	海拉尔农垦（集团）有限责任公司党委	先进基层党支部
上库力农场第六生产队党支部	2016	海拉尔农垦（集团）有限责任公司党委	先进基层党支部
上库力农场	2017	呼伦贝尔市妇女联合会	巾帼文明岗
上库力农场第七生产队	2017	呼伦贝尔市"扫黄打非"工作领导小组	"扫黄打非"先进集体
上库力农场	2017	海拉尔农垦（集团）有限责任公司	水利工程建设先进单位
上库力农场伊根生产队刘福承包组	2017	海拉尔农垦（集团）有限责任公司	先进承包组
上库力农场第二生产队马庆海机车组	2017	海拉尔农垦（集团）有限责任公司	先进机车组
上库力农场第三生产队吴玉涛机车组	2017	海拉尔农垦（集团）有限责任公司	先进机车组
上库力农场供电所	2017	海拉尔农垦（集团）有限责任公司党委	环境管护先进奖
上库力农场第二生产队王琢机车组	2018	呼伦贝尔市总工会	工人先锋号
上库力分公司党委	2018	额尔古纳市委宣传部	农牧民文艺汇演优秀组织奖
上库力农场	2019	呼伦贝尔农垦集团有限公司	财务工作先进单位
上库力农场	2019	呼伦贝尔农垦集团有限公司	信息化工作先进单位

（续）

单位名称	表彰时间	表彰机关	荣誉称号
上库力农场	2019	中国纺织户外运动联盟	森林挑战赛贡献奖
上库力分公司党委	2019	中共额尔古纳市委员会	全市先进基层党组织
上库力农场	2020	中国村歌大赛组委会	中国村歌大赛二等奖
上库力农场	2020	呼垦集团有限公司	信息化工作先进单位
上库力农场	2020	呼垦集团有限公司	科技研发创新推广成果突出奖
上库力农场团委	2020	呼垦集团有限公司	五四红旗团委
上库力农场	2020	中共呼垦集团有限公司委员会	内宣工作先进集体
上库力农场	2020	中共呼垦集团有限公司委员会	外宣工作先进集体

第四节　先进个人

十年间，上库力农场干部职工因在各工作岗位上的突出表现及获得的成绩，得到各级党委、政府及上级主管机关的认可，各行各业都有受表彰的先进模范，先进个人。

农场先进个人名录见表35-2。

表35-2　先进个人名录

姓名	性别	工作单位	表彰时间	表彰机关	荣誉称号
陈树林	男	上库力农场第六生产队	2011	中华人民共和国农业农村部	全国拖拉机作业技能竞赛技术能手
孙凤军	男	上库力农场机关	2011	中国农林水利工会全国委员会	优秀调研成果二等奖
陈树林	男	上库力农场第六生产队	2011	内蒙古自治区农牧业厅	内蒙古"鑫阳杯"农机手技能竞赛一等奖
孟繁国	男	上库力农场第七生产队	2011	海拉尔农垦（集团）有限责任公司	劳动模范
孟繁杰	男	上库力农场供电所	2011	海拉尔农垦（集团）有限责任公司	劳动模范
刘爱军	男	上库力农场第二生产队	2011	海拉尔农垦（集团）有限责任公司	劳动模范
王洪涛	男	上库力农场第三生产队	2011	海拉尔农垦（集团）有限责任公司	劳动模范
李辉	男	上库力农场第四生产队	2011	海拉尔农垦（集团）有限责任公司	劳动模范
蔡迪斌	男	上库力农场伊根生产队	2011	海拉尔农垦（集团）有限责任公司	劳动模范
曹永民	男	上库力农场好运来饭店经理	2011	海拉尔农垦（集团）有限责任公司	创业致富奖
陈树林	男	上库力农场第六生产队	2011	中共额尔古纳市委员会	优秀共产党员
潘金龙	男	上库力农场机关	2011	海拉尔农垦（集团）有限责任公司党委	优秀党务工作者
崔效申	男	上库力农场第二生产队	2011	海拉尔农垦（集团）有限责任公司党委	优秀共产党员
杨福军	男	上库力农场第三生产队	2011	海拉尔农垦（集团）有限责任公司党委	优秀共产党员
赵海涛	男	上库力农场第四生产队	2011	海拉尔农垦（集团）有限责任公司党委	优秀共产党员
胡凤文	男	上库力农场第八生产队	2011	海拉尔农垦（集团）有限责任公司党委	优秀共产党员

（续）

姓名	性别	工作单位	表彰时间	表彰机关	荣誉称号
赵彩霞	女	上库力农场职工医院	2011	海拉尔农垦（集团）有限责任公司党委	优秀共产党员
刘惠斌	男	上库力农场机关	2011	海拉尔农垦（集团）有限责任公司党委	优秀共产党员
陈树林	男	上库力农场机关	2012	呼伦贝尔市总工会	金牌工人
孟繁杰	男	上库力农场供电所	2012	海拉尔农垦（集团）有限责任公司	劳动模范
宋华民	男	上库力农场机关	2012	海拉尔农垦（集团）有限责任公司	劳动模范
高兴良	男	上库力农场第一生产队	2012	海拉尔农垦（集团）有限责任公司	劳动模范
魏杰	男	上库力农场第二生产队	2012	海拉尔农垦（集团）有限责任公司	劳动模范
孙士亮	男	上库力农场第四生产队	2012	海拉尔农垦（集团）有限责任公司	劳动模范
张亚良	男	上库力农场第七生产队	2012	海拉尔农垦（集团）有限责任公司	劳动模范
包黎明	男	上库力农场福源饭店经理	2012	海拉尔农垦（集团）有限责任公司	创业致富奖
赵红松	男	上库力农场野猪养殖户	2012	海拉尔农垦（集团）有限责任公司	特色养殖典型户奖
袁立文	男	上库力农场兽医站	2012	海拉尔农垦（集团）有限责任公司	农牧科技创新和科技成果应用二等奖
刘天雷	男	上库力农场第二生产队	2012	海拉尔农垦（集团）有限责任公司党委	优秀党务工作者
白久成	男	上库力农场第七生产队	2012	海拉尔农垦（集团）有限责任公司党委	优秀共产党员
王建友	男	上库力农场第六生产队	2012	海拉尔农垦（集团）有限责任公司党委	优秀共产党员
宋希树	男	上库力农场伊根生产队	2012	海拉尔农垦（集团）有限责任公司党委	优秀共产党员
孙志刚	男	上库力农场第八生产队	2012	海拉尔农垦（集团）有限责任公司党委	优秀共产党员
李文广	男	上库力农场第四生产队	2012	海拉尔农垦（集团）有限责任公司党委	优秀共产党员
赵彩霞	女	上库力农场职工医院	2012	海拉尔农垦（集团）有限责任公司党委	优秀共产党员
陈树林	男	上库力农场机关	2013	内蒙古自治区总工会	金牌工人
许超群	男	上库力农场第四生产队	2013	共青团呼伦贝尔市委员会	优秀共青团员
王延生	男	上库力农场机关	2013	海拉尔农垦（集团）有限责任公司	高层管理人员劳动模范
苏勇锋	男	上库力农场第五生产队	2013	海拉尔农垦（集团）有限责任公司	劳动模范
周桂波	男	上库力农场第四生产队	2013	海拉尔农垦（集团）有限责任公司	劳动模范
刘天雷	男	上库力农场第七生产队	2013	海拉尔农垦（集团）有限责任公司	劳动模范
杜鹏飞	男	上库力农场第三生产队	2013	海拉尔农垦（集团）有限责任公司	劳动模范
闫金良	男	上库力农场供电所	2013	海拉尔农垦（集团）有限责任公司	劳动模范
刘俊鹏	男	上库力农场第二生产队	2013	海拉尔农垦（集团）有限责任公司	劳动模范
刘虎旗	男	上库力农场个体修理	2013	海拉尔农垦（集团）有限责任公司	创业致富奖
潘金龙	男	上库力农场机关	2013	海拉尔农垦（集团）有限责任公司党委	优秀党务工作者
郭祥华	男	上库力农场机关	2013	海拉尔农垦（集团）有限责任公司党委	优秀共产党员
胡凤文	男	上库力农场第八生产队	2013	海拉尔农垦（集团）有限责任公司党委	优秀共产党员
崔岩	女	上库力农场机关	2013	海拉尔农垦（集团）有限责任公司党委	优秀共产党员
王忠	男	上库力农场第三生产队	2013	海拉尔农垦（集团）有限责任公司党委	优秀共产党员
冯长明	男	上库力农场第五生产队	2013	海拉尔农垦（集团）有限责任公司党委	优秀共产党员
杨志友	男	上库力农场第七生产队	2013	海拉尔农垦（集团）有限责任公司党委	优秀共产党员

（续）

姓名	性别	工作单位	表彰时间	表彰机关	荣誉称号
孙秀琳	女	上库力农场生产部	2014	海拉尔农垦（集团）有限责任公司	农牧业科技创新和科技成果应用二等奖
李增斌	男	上库力农场机关	2014	海拉尔农垦（集团）有限责任公司	劳动模范
苏勇锋	男	上库力农场第五生产队	2014	海拉尔农垦（集团）有限责任公司	劳动模范
刘天雷	男	上库力农场第七生产队	2014	海拉尔农垦（集团）有限责任公司	劳动模范
孟繁杰	男	上库力农场供电所	2014	海拉尔农垦（集团）有限责任公司	劳动模范
齐慧波	男	上库力农场第四生产队	2014	海拉尔农垦（集团）有限责任公司	劳动模范
赵雪娇	女	上库力农场第五生产队肉鹅养殖户	2014	海拉尔农垦（集团）有限责任公司	特色养殖典型户
魏杰	男	上库力农场第二生产队	2015	海拉尔农垦（集团）有限责任公司	劳动模范
周明俊	男	上库力农场第三生产队	2015	海拉尔农垦（集团）有限责任公司	劳动模范
王建友	男	上库力农场第六生产队	2015	海拉尔农垦（集团）有限责任公司	劳动模范
刘天雷	男	上库力农场第七生产队	2015	海拉尔农垦（集团）有限责任公司	劳动模范
陈长海	男	上库力农场第六生产队	2015	海拉尔农垦（集团）有限责任公司	劳动模范
许超群	男	上库力农场第四生产队	2016	共青团内蒙古自治区委员会	全区优秀共青团员
范鹏旭	男	上库力农场第六生产队	2016	共青团呼伦贝尔市委员会	优秀共青团员
郭祥华	男	上库力农场机关	2016	海拉尔农垦（集团）有限责任公司	劳动模范
张海友	男	上库力农场供销部	2016	海拉尔农垦（集团）有限责任公司	劳动模范
刘爱军	男	上库力农场伊根生产队	2016	海拉尔农垦（集团）有限责任公司	劳动模范
魏杰	男	上库力农场第二生产队	2016	海拉尔农垦（集团）有限责任公司	劳动模范
马庆存	男	上库力农场第五生产队	2016	海拉尔农垦（集团）有限责任公司	劳动模范
张会武	男	上库力农场第六生产队	2016	海拉尔农垦（集团）有限责任公司	劳动模范
李明爽	女	上库力农场个体经营	2016	海拉尔农垦（集团）有限责任公司	创业脱贫致富奖
赵红松	男	上库力农场撒欢牧场经理	2016	海拉尔农垦（集团）有限责任公司	创业脱贫致富奖
陈树林	男	上库力农场机关	2016	呼伦贝尔市农牧业局	全市农机安全监理工作先进个人
郭祥华	男	上库力农场机关	2016	海拉尔农垦（集团）有限责任公司党委	优秀党务工作者
边向民	男	上库力农场机关	2016	海拉尔农垦（集团）有限责任公司党委	优秀党务工作者
周桂波	男	上库力农场第四生产队	2016	海拉尔农垦（集团）有限责任公司党委	优秀共产党员
高兴良	男	上库力农场第一生产队	2016	海拉尔农垦（集团）有限责任公司党委	优秀共产党员
刘福	男	上库力农场伊根生产队	2016	海拉尔农垦（集团）有限责任公司党委	优秀共产党员
黄国军	男	上库力农场第六生产队	2016	海拉尔农垦（集团）有限责任公司党委	优秀共产党员
冯志林	男	上库力农场第七生产队	2017	呼伦贝尔市"扫黄打非"工作领导小组	"扫黄打非"先进个人
郭祥华	男	上库力农场机关	2017	海拉尔农垦（集团）有限责任公司	劳动模范
蔡海杰	男	上库力农场机关	2017	海拉尔农垦（集团）有限责任公司	劳动模范
鄂秀军	男	上库力农场第三生产队	2017	海拉尔农垦（集团）有限责任公司	劳动模范
苗壮	男	上库力农场第五生产队	2017	海拉尔农垦（集团）有限责任公司	劳动模范
徐洪武	男	上库力农场第四生产队	2017	海拉尔农垦（集团）有限责任公司	劳动模范
杨玉岐	男	上库力农场伊根生产队	2017	海拉尔农垦（集团）有限责任公司	劳动模范

（续）

姓名	性别	工作单位	表彰时间	表彰机关	荣誉称号
王艳杰	女	上库力农场白鹅养殖户	2017	海拉尔农垦（集团）有限责任公司	创业脱贫致富明星
范鹏旭	男	上库力农场第六生产队	2018	共青团内蒙古自治区委员会	全区优秀共青团员
金世志	男	上库力农场第二生产队	2018	海拉尔农垦（集团）有限责任公司	劳动模范
张合龙	男	上库力农场第三生产队	2018	海拉尔农垦（集团）有限责任公司	劳动模范
李文广	男	上库力农场第四生产队	2018	海拉尔农垦（集团）有限责任公司	劳动模范
张志刚	男	上库力农场第六生产队	2018	海拉尔农垦（集团）有限责任公司	劳动模范
魏萌	男	上库力农场伊根生产队	2018	海拉尔农垦（集团）有限责任公司	劳动模范
张惠利	男	上库力农场第二生产队	2018	海拉尔农垦（集团）有限责任公司	金牌工人
许增联	男	上库力农场第六生产队	2018	海拉尔农垦（集团）有限责任公司	金牌工人
胡琳松	男	上库力农场第三生产队	2018	海拉尔农垦（集团）有限责任公司	工人先锋号
吴坤	男	上库力农场第六生产队	2018	海拉尔农垦（集团）有限责任公司	工人先锋号
孙超	男	上库力农场第一生产队	2018	海拉尔农垦（集团）有限责任公司	青年文明号
赵红松	男	上库力农场撒欢牧场经理	2018	海拉尔农垦（集团）有限责任公司	大众创业万众创新先进个人奖
陈树林	男	上库力农场机关	2019	呼伦贝尔市总工会	五一劳动奖章
袁立明	男	上库力农场伊根生产队	2019	呼垦集团有限公司	劳动模范
辛江生	男	上库力农场伊根生产队	2019	呼垦集团有限公司	劳动模范
刘思杨	男	上库力农场第七生产队	2019	呼垦集团有限公司	劳动模范
张惠利	男	上库力农场第二生产队	2019	呼垦集团有限公司	劳动模范
王立军	男	上库力农场科技站	2019	呼垦集团有限公司	劳动模范
刘晶	男	上库力农场第三生产队	2019	呼垦集团有限公司	优秀青年志愿者
孙秀琳	女	上库力农场第六生产队	2019	呼垦集团有限公司	巾帼建功标兵
徐少杰	男	上库力农场第二生产队	2019	呼垦集团有限公司	工人先锋号
李建军	男	上库力农场第三生产队	2019	呼垦集团有限公司	工人先锋号
郭庆河	男	上库力农场供电所	2019	中共额尔古纳市委员会	优秀党务工作者
魏杰	男	上库力农场机关	2019	中共额尔古纳市委员会	优秀共产党员
魏萌	男	上库力农场伊根生产队	2019	中共额尔古纳市委员会	优秀共产党员
韩明磊	男	上库力农场第二生产队	2020	中华人民共和国农业农村部	成绩优异奖
韩明磊	男	上库力农场第二生产队	2020	内蒙古自治区农机推广站	内蒙古自治区农机修理工技能大赛第一名
孙秀琳	女	上库力农场第六生产队	2020	内蒙古自治区农牧业丰收奖评审奖励委员会	农牧业丰收二等奖
孙秀琳	女	上库力农场第六生产队	2020	中共呼伦贝尔市委员会	呼伦贝尔市劳动模范
高安起	男	上库力农场机关	2020	呼垦集团有限公司党委	优秀领导干部
包义清	男	上库力农场政工部	2020	呼垦集团有限公司党委	工会工作先进个人
张德胜	男	上库力农场离休干部	2020	呼垦集团有限公司党委	呼伦贝尔农垦特殊贡献奖
李武和	男	上库力农场退休工人	2020	呼垦集团有限公司党委	呼伦贝尔农垦特殊贡献奖
周桂波	男	上库力农场第七生产队	2020	呼垦集团有限公司	劳动模范
袁立明	男	上库力农场第三生产队	2020	呼垦集团有限公司	劳动模范

（续）

姓名	性别	工作单位	表彰时间	表彰机关	荣誉称号
赵海涛	男	上库力农场第四生产队	2020	呼垦集团有限公司	劳动模范
许增联	男	上库力农场第六生产队	2020	呼垦集团有限公司	金牌工人
刘晶	男	上库力农场第三生产队	2020	呼垦集团有限公司	工人先锋号
张跃香	女	上库力农场第六生产队	2020	呼垦集团有限公司	巾帼建功标兵
何志强	男	上库力农场第五生产队	2020	呼垦集团有限公司	优秀共青团员
朱悦	女	上库力农场机关	2020	呼垦集团有限公司	优秀青年志愿者
韩明磊	男	上库力农场第二生产队	2020	呼垦集团有限公司	优秀岗位能手
边向民	男	上库力农场机关	2020	呼垦集团有限公司	"开展调查研究活动"优秀调研报告一等奖
商哲	女	上库力农场第五生产队	2020	呼垦集团有限公司	三八红旗手

第三十六章　艺　　文

本章记录了 2011 年至 2020 年上库力农场在各级媒体上发表的新闻报道、典型材料、散文诗歌，并记录了个人出版书籍情况。

第一节　新闻报道

内蒙古海拉尔农垦集团上库力农场：苦干巧干奔小康

范红光　　刘慧歆

2013.5.12 人民日报 11 版

美丽的呼伦贝尔草原北端，内蒙古海拉尔农垦集团上库力农场与俄罗斯赤塔州隔着额尔古纳河静静相望。河这边，60 万亩耕地阡陌纵横如诗如画，新社区、新楼房拔地而起。2012 年，上库力农场职工人均收入 2.9 万元。2001 年至今共生产粮油 74.2 万吨，固定资产总值比 2001 年增长了 2.55 倍，相当于再造了一个上库力农场。

传统农业向现代农业升级

今天，上库力农场已成为东北边陲一张亮丽的名片。但在 2001 年，农场发展却陷入"严冬"：企业负债 1.54 亿元，负债率 83.55%，全场年人均收入不足 800 元。职工工资不能兑现，企业资不抵债，一分钱贷不到，春播备耕生产资金仍没有着落……

上库力农场召开了第一次由干部、职工、群众代表参加的重要会议。场长王延生将企业的艰难局面向全场摊了牌："还债、赚钱。"干部职工的管理意识增强，大家都盼着早日摘掉穷帽子。除了一系列节支增效的管理制度，最关键的是整合优势资源、精干农业主体。

完成传统农业向现代农业的转型升级，王延生手里攥着四样法宝：实施科学种田、创新管理模式、实现全程标准化作业、团结协作。

上库力农场有可用耕地 60 余万亩，王延生要求全场职工改变过去广种薄收的思想，逐年调整耕种面积与休耕面积的比例，合理轮作，培肥地力。把农业的主攻方向放在发展精准、高效、生态农业上，先后成立了农林科技试验站和小麦高产攻关小组，培植引进优质高产的作物品种。

自 2004 年开始，上库力农场推广保护性耕作、高产模式化栽培、测土配方施肥、节水灌溉等技术，使作物品质和产量逐年提升。2007 年，在遭受大风、干旱等自然灾害的情况下，上库力农场种植的 4000 多亩杂交油菜单产达到 250 千克，其中 1000 亩通过单独测产的油菜田，平均单产达到 273.5 千克，创下了我国北方高寒地区旱作油菜单产之最。2010 年，王延生和他的团队又摘下了全国油菜高产创建单产奖的桂冠。

"有钱花在刀刃上"，在农业机械更新换代和农业基础设施方面，上库力农场舍得投入。2001—2012 年，上库力农场累计投资 23821 万元用于农业机械更新和农业基础设施建设，目前，这个农场高耗低效的旧机械全部被淘汰，进口农业机械占全场农机拥有量的 70％以上。

王延生的车里常装着一块十几米长的大苫布，每逢秋收时节，他的车就整日在地里转，看到哪台康拜因车速快了，他远远地就冲过去，铺上苫布，机车手开着康拜因从苫布上驶过，王延生马上钻到冒烟的车下，翻看麦秸堆里有没有漏掉的粮食。

2004 年，上库力农场经济效益创建场 48 年以来的最高水平。这一年，上库力农场还被农业部授予全国粮食生产先进县（场）称号，被内蒙古自治区农牧业厅授予全区农垦系统先进企业称号。从此，上库力农场驶入了发展的快车道。

让群众得到实惠

农场发展的最终目的是什么？那就是让干部职工得到实惠，实现小康梦。

2002 年春节前夕，王延生带着时任海拉尔农牧场管理局党委书记的张小弟走访慰问七队的困难户。一开门，一股刺鼻的馊臭味儿扑鼻而来，不足 30 平方米的矮房里，一张歪歪扭扭的板床上，人和大鹅聚在一起互相取暖。

接着串下去，一家比一家情况糟。王延生陷入了深深的自责。从 2002 年起，他发动全场党政班子成员、科队级党员干部自掏腰包结穷亲，每人帮扶一户困难职工家庭。2003—2012 年，上库力农场共投入 223 万元，帮助零就业家庭 389 户、特困家庭 938 户。

2005 年，王延生承诺为职工群众办的 8 件实事中，有 7 件落在了发展畜牧业上。当年，农场投入 780 万元，建起 100 栋 8000 平方米的奶牛暖舍，每 100 平方米给予补贴 4000 元，进入养殖小区建住房的养畜户还可以得到 6000 元的补贴。农场鼓励养畜户购买高产优质奶牛，每购入 1 头奶牛给予 2500～3000 元的补贴，当年引入优质奶牛 500 头。

让每名农场子弟有一份固定的工作。从 2004 年开始，上库力农场采取考试＋培训的方式，吸纳了一大批年轻的技术工人和业务骨干，为企业注入了新的活力。到 2010 年末，职工子女和零就业家庭子女的就业问题全部得以解决，解除了家庭的后顾之忧，也确保了农场的和谐稳定。

对美好生活的追求，王延生比大伙都强烈。2007年，3栋72户漂亮又结实的楼房出现在上库力农场场部的中心位置，这之后每年都增加几百户。"到2015年，让一半的农场职工都能住上新楼房！"王延生铿锵有力地说。

上库力农场避灾型农业连年夺丰收

张永昌

2011年2月15日农民日报

上库力农场年平均气温−3.5摄氏度，年降水量300多毫米，无霜期只有100天，属高寒旱作区。在连年遭受春旱、风灾、低温寡照、冰雹等多种自然灾害的情况下，该场上年（2010年）粮油总产达到0.75亿千克，农业总收入达到2亿元，创造了建场以来的最高效益。

从2004年企业转制以来，农场累计生产粮油4.98亿千克，平均每年为国家提供商品粮油0.71亿千克。2010年该场又一次受到农业部的表彰，荣获全国粮食生产先进农场荣誉。

"农场战胜灾害夺得丰收，主要是依靠科技，大力发展避灾型农业。"场长王延生深有感触地说，"采取引进抗旱品种、调整播种期，实行油菜早播、小麦晚播，有效规避了'卡脖子'旱。"近年来，该场在发展现代农业方面，不断夯实农业基础，大面积推广保护性耕作技术，抗灾能力达到了较高的水平，大灾之年连续夺得丰产丰收。

夯实基础。近年来，该场投入资金1.2亿元，新建防雨晾晒大棚17座、50000平方米，新增水泥晒场12.3万平方米，粮油烘干塔7座，增强了粮油收储能力。先后淘汰了一大批耗油高、功效低、费用高的老式机械，引进了国内外先进的播种机、迪尔1804型拖拉机、CS6080收割机等大批先进机械。目前，国际最先进的迪尔4720型GPS卫星定位系统大型喷药机、凯斯2230型空气播种机、加拿大产M100型自走式割晒机等多种先进的机械设备落户在这里。从春播、夏管、夏翻到秋收、仓储，实现了全程机械化，机械化作业率100％，病虫草综合防治率100％，大大提高了生产效率。

调整结构。近年来，该场因地制宜地调整品种和种植结构，引进优良品种10多个，其中大麦甘啤3号、4号和自己培育的垦啤7号，正常年份亩产达到300千克以上，小麦引进的优质品种白皮2577、高强筋格莱尼2代和培育的Y78品种，单产达到了400千克以上。

保护性耕作。为了抵御干旱和春天季风对作物的影响，海拉尔垦区根据多年的探索和实践，总结出第一年深松整地休耕，第二年播种小麦、收获留茬、秸秆抛撒覆盖，第三年免耕播种油菜，第四年地表处理（耙茬）播种或直接免耕大麦的四年一个循环的大型机械深松、喷药、秸秆覆盖、免耕播种、地表处理等技术综合配套使用的保护性耕作模式。上库力农场大面积推行免耕技术，利用上年耕地，不翻不耙，秸秆茬蓄水保墒，筑起了防风屏障，避免了大风吹起浮尘带来的漫天扬沙。硬盖起垄播种是他们在生产实践中又一次大胆的尝试，利用秋冬季雨雪淋融形成硬盖，春播时不整地，直接采用大小圆盘带镇压轮起垄播种，靠土坷自重压制浮土，抵挡大风的侵蚀，使小苗不易被大风摔打致死。这两项保护性耕作技术的应用，有效地减少了本地区大风毁苗带来的损失。

高产攻关。该场每年都将小麦、大麦、油菜的高产攻关列为生产的重要内容，选派专业人员和班组制定详细的项目计划，按照技术要求实施。通过高产攻关，研究和突破一些关键技术，使核心技术常规化。高产技术攻关田是包括整地、肥料配比、品种选择、播种技术、田间管理、机械收获等在内的一系列高产模式化栽培技术集中展示的平台。

2010 年，在高温干旱严重的情况下，小麦高产攻关田亩产再超千斤。科学种田与防灾减灾措施能力的提高，确保了油菜、小麦和大麦都能高产稳产。

"智慧农业"助力呼伦贝尔农垦绿色发展

王敏　张永昌　本报记者　马晓刚　李昊
2020 年 6 月 25 日　农民日报综合新闻 2 版

大田安装高清摄像头、地里埋藏传感器、机车安装智能终端……这一系列融入互联网＋、机械化、智能化等现代技术手段，让有着近 70 年历史的农垦人惊叹不已，大力发展"智慧农业"，充分发挥科技力量，成为今年内蒙古呼伦贝尔农垦集团春播战场上的最大亮点。

智能终端，提高播种质量

春播关键期，在呼伦贝尔农垦集团上库力农场第一生产队油菜地里，车长李雪刚正在驾驶安装了机车作业智能终端的机车播种油菜。今年，这个场共有 100 余台大型机械安装了机车作业智能终端。李雪刚告诉记者："安装了智能终端后，在驾驶室内就可以实时了解作业和油耗情况。有了这个智能终端，播行直、接茬准，不但提高了工作效率，更提高了播种质量。而且对各项数据的统计汇总，也解决了手工统计数据耗时耗力、不及时不精准等问题。"

上库力农场现代农业信息中心"耕云"平台，是以地块为中心构建的农业数字化高效管理平台，是名副其实的智能平台。"耕云"平台包含了农业指挥调度、远程视频监管、远程土壤监控等系统，通过机车智能终端、手机移动应用程序、土壤传感器等物联网设备自动采集数据，精准获取农事信息。

通过"耕云"平台实时、动态的数据收集与分析，农场技术人员可以实时观测到农作物生长过程中的各项信息，便捷、灵活、高效地掌握天气变化、灾害预警，按照作物不同生长周期和肥料配方，监测作物生长过程中所缺养分、土壤湿度，准确判断作物是否该施肥、浇水或者喷药。

智能平台，给传统农业装上了高科技的"顺风耳""千里眼"，更给农垦企业开辟出一条科技稳粮丰粮的新途径。

"耕云"平台试运行以来，通过卫星遥感技术获取的土地播种面积数据、作业机车自动上报的农业数据、土壤湿度传感器采集的相关数据，经核对准确率接近100%。农场生产部信息中心负责人孔卫东介绍说，工人打开农业信息平台手机应用程序，就可以看到生产任务、设备运行、维修记录等实时信息。

"耕云"平台可以随时统计生产费用，便于农场控制成本。经测算，50余万亩耕地2019年使用主燃油相比上年节省146吨。今年，上库力农场进一步完善了单车核算方案，根据不同车型确定物耗核算指标和作业确定系数，还积极推广机车耗油监控设备和相关应用程序。驾驶员梁玉琢告诉记者："手机上直接可以申请零配件更换，第一时间申请、审批，最快速度领取和更换零配件，每台机车油耗、维修情况一目了然，职工修旧利废、勤俭节约的意识大大增强。"

精准施策，保证粮食安全

传统耕种，只能根据小规模实验数据和以往经验开展施肥灌溉作业，浪费大量人力物力。按照"耕云"平台采集到的大数据，技术人员们坐在信息中心办公室内利用对讲机遥控指挥各类机械开展田间作业，一台大型喷药机正按照接收到的从指挥中心发出的指令给作物喷施生长需要的微肥。

上库力农场通过建立粮食生产源头管控体系，从种子选配入手，严格管理，采用高精度精选设备，将籽粒饱满、发芽率高的种子播种入地。按照测土配方，根据土地所需氮磷钾的含量，适量备肥。实时监测草情，实现了灭早灭小，大大减少了化学灭草剂的用量；监测作物长势及时实施喷灌作业。通过多措并举、精准施策，对粮食安全实现了源头追溯和管理。

科学开展测土配方施肥、精准农业用药等植保作业，智能实施节水灌溉，探索实践出减肥减药、保护生态、绿色增产的新模式，既保证粮食安全，又保证粮食品质。

负责农业生产的副场长高安起说："相比传统方式，无人机30分钟就可以采集2000亩土地的基础数据，实时监测叶片氮含量、病虫草害情况、地表有机物覆盖率，相关数据与实验室化验结果完全相符。不得不承认，科技赋能农业，给农业发展带来了巨大变革。"

据核算，2019年农场化肥农药和微肥使用量同比减少明显，精准农业、绿色农业发展步伐进一步加快。

全面管控，提升农业核心竞争力

农业现代化关键在科技进步和创新。呼伦贝尔农垦集团从亘古荒原到如今的良田万顷，就是在不断将先进科技和机械力量融合，改造和提升传统农业生产方式，加快农业现代化步伐，实现农业高质量发展。

目前，上库力农场可视化管理施业区已全部覆盖所辖9个农业生产单位，实现了各个农业生产环节可管、可控、可查，现代农业信息中心远程视频监控系统逐步完善。党委书记、场长韩旭东说，农业大数据实时反馈，便于决策层更直观地掌握农业生产情况，提高农业生产管理决策水平，实现了土地、资本、技术等要素资源的合理高效配置。

农业生产各环节有严格的标准可遵循，管理高效透明，为数字化、精准化和智慧农业发展奠定基石，推动农垦企业农业生产走上一条集约、高效、安全、持续的现代农业发展之路。

"十三五"以来，呼伦贝尔农垦集团以"生态优先、绿色发展"为方向，致力于智慧农业发展，已经有上库力农场现代农业信息中心、谢尔塔拉农牧场水肥一体化平台、莫拐农场和拉布大林农牧场现代化粮食仓储项目、与京东集团合作共建的可全程质量追溯的京东农场等建成并投入使用……先进科技、大机械、大数据逐步实现了农业生产管理由田间到麦场、粮食仓储分级管理的智能化，提高了管理效能，生产过程"节本、提质、增量、增效"常态化，企业稳定、健康和可持续发展常态化，达到了从数量到质量、稳产到增产的转变，为现代农业插上腾飞的翅膀。

助力农业产业高质量发展

孙凤军　韩利英

中国产业经济信息网

2020 年 12 月 30 日　中国产业经济信息官方权威发布平台

2020 年春季，内蒙古额尔古纳市降雨偏少且分布不均，上库力地区干旱较为严重。受干旱天气影响，呼伦贝尔农垦上库力农牧场有限公司农业生产困难重重。该公司不断优化种植结构，科学规划产业布局，多措并举、科学施策，努力实现农林产业高质量发展。预计全年各业总收入 4.58 亿元，实现生产总值 1.68 亿元。

建设避灾型农业，节水灌溉破解旱情瓶颈

呼伦贝尔农垦上库力农牧场有限公司把兴修水利、节水灌溉作为科技兴农的第一要务，多方筹措、细化安排，干部职工齐抓共管，抢时推进农田水利工程建设，计划到 2021 年末实现水利设施喷灌面积 23 万亩，接近总播种面积的 50％。2020 年旱情十分严重的时期，该公司党政领导深入田间靠前指挥，干部职工昼夜 24 小时轮班喷灌作业，最大限度减少干旱对农业增收的影响。

科技引领、创新发展，加快农业现代化发展步伐

呼伦贝尔农垦上库力农牧场有限公司繁育推广出的小麦 486、k508 两个品种成为农牧场大田种植的主栽品种；引进纸筒甜菜种植技术，实现甜菜总产新突破；杰泰机电智能配肥机全自动化流水作业，六种肥料同时均匀合成，节省人力、提高工作效率；购置最新型格兰甜菜专用播种机，精准控制株距，增减种量，提高播种质量。

"智慧农业"为现代化农业生产插上翅膀

呼伦贝尔农垦上库力农牧场有限公司紧跟现代农业信息化、物联网、大数据快速发展的步伐，通过"耕云"智能平台分析农作物遥感图像数据，可精准客观获取农作物种植布局、播种质量、机车耗油情况、作物灾害等情况；大型农机具安装了作业智能终端，经过高精度 GPS＋北斗定位，实时向现代农业指挥中心传输机车耗油情况、作业质量等信息；植保无人机与"耕云"平台精准配合，实现高效田间管理。

电网建设为现代农业高质量发展提供了能源保障

2020 年大西山灌区二期提水泵站至第六连队 50 万立方米蓄水池长达 10.15 千米输水管道成功通水，保证了 6.3 万亩耕地的灌溉用水。随着喷灌设施的不断增多，喷灌用电负荷也急剧增加，上库力变电站原主变压器的容量已经不能满足负荷增长需求。为此，国网额尔古纳市供电公司负责人与呼伦贝尔农垦上库力农牧场有限公司负责人进行会商研讨，在春播前夕实施了主变压器增容工程，容量由原来的 8000 千伏安增加至 12500 千伏安，供电能力在原有基础上增加了 56％，满足了大部分水利设施的用电需求。

据了解，国网额尔古纳市供电公司计划于 2021 年实施上库力 35 千伏变电站 2 号主变扩建工程，工程投运后，供电能力将进一步提升。该工程的实施将为上库力现代农业高质量发展提供更加坚强有力的能源保障。

一场一品｜上库力农场有机褐麦

贾文慧

2017 年 9 月 25 日中国农垦公众号

内蒙古自治区上库力农场始建于 1956 年，隶属于呼伦贝尔农垦集团旗下的海拉尔垦区，地处欧亚大陆中高纬度区、大兴安岭北段支脉西坡，属于寒温带大陆性季风气候，日照丰富、雨热同季。

由于农场接近于大兴安岭林区，植被处于森林和湿草原过渡地带，土壤主要以极为肥沃的黑钙土为主，pH 6.5～6.7，呈弱酸性，为褐麦提供了绝佳的生长环境，被誉为"中国褐麦之乡"。

褐麦（重 K-1）原产于加拿大，由上库力农场试验站于 2009 年通过小麦引种试验引进，经过多年提纯与南繁，现已稳定。幼苗直立，生长势强，长芒、秆软、落黄好、籽粒褐色、胶质。2012 年经黑龙江农业科学院农产品质量安全研究所进行品质检验分析，褐麦（重 K-1）与其他同类褐麦相比，具有产量高、口感好等特点。

褐麦营养价值高，具有降糖降脂的功效，蛋白质含量高，氨基酸组成齐全平衡程度高，富含人体必需的多种氨基酸，包括苏氨酸、赖氨酸、苯丙氨酸、色氨酸、亮氨酸、蛋氨酸等，尤其是普通白麦没有的色氨酸。褐麦面粉沉淀值 36 毫升，口感极佳，有一种特殊的麦香味，是制作面点、面条、饺子的上等食材，也是家庭主食的优选食品。

上库力农场积极实施无公害农产品、绿色食品、有机食品认证的战略部署，在种植过程中充分利用循环型、生态型现代农业基础，进行绿色无污染的有机种植。上库力农场建成全国最大规模的禽畜粪污处理有机肥厂，采用德国 UTV AG 公司的膜技术进行好氧堆肥，利用秸秆和禽畜粪污生产供有机种植使用的有机肥料，实现零化肥有机种植。

在褐麦收获、加工、管理、销售等各环节严把质量关，使得该产品质量安全得到有效保证。目前，上库力农场种植的褐麦均由上库力农场面粉加工厂进行加工磨粉，制成面粉后向外出售，主要用于制作馒头、挂面、面包、点心等。面粉加工厂磨制的面粉不添加任何防腐剂、增白剂和强筋剂。加工好的褐麦面粉经检测，富含钙、铁、碘、铬、锌等多种人体必需的营养元素，其含有的粗蛋白（干基）颜色鲜艳，呈紫色，区别于普通白色小麦的颜色，是粮食中的佳品。

上库力农场不仅销售褐麦面粉，同时将面粉加工成独具地方特色的土炉烤饼，进行独立包装，销往北京、深圳、湖南等全国各地，土炉烤饼获得"北国汉堡"的美誉。

上库力农场 2017 年种植褐麦 2138 亩，在销售面粉和土炉烤饼的基础上，还将以褐面为原料，开发馒头、花卷和手工水饺等其他面食种类。

上库力农场：智慧新农具　让春耕呈现新景象
秦绪伟　秦亚杰
2019 年 5 月 17 日呼伦贝尔身边新闻

"田家少闲月，五月人倍忙。"额尔古纳市各农牧场春播生产全面展开。在上库力农牧场各生产队，一台台先进的现代化大型农业机械驰骋在广袤的田野上，成为该场今年春播生产的主力军，这些智慧新农具让春耕呈现出一片新景象。

在上库力农场的耕地上，记者看到新购进的凯斯 2230 型空气式变量播种机，在凯斯

470 履带式拖拉机的牵引下，正在进行水飞蓟的播种工作。使用以往的老式免耕播种机，300 亩地要四五名员工用十多个小时才能播完，而现在一名驾驶员在三个小时之内就能完成全部播种任务。上库力农场第四生产队机务队队长刘俊鹏说："现在机械作业是宽幅宽、效率高，节省人力、物力、燃料各方面费用。"

这台凯斯 470 履带式拖拉机上装有传感器、激光仪、导航设备，通过导航系统作业时可以自动走直，精确完成土地平整作业。驾驶员只需做好电脑数据的监控，就可一次性完成土壤的耙茬、深松、碎土、合墒、平整、施肥等作业，实现了节种、节水、节肥、节药、节省人工以及信息化技术所带来的技术集成、资源节约和生态效应。上库力农场第四生产队职工苗强说："他这个车还安装自动驾驶装置，我们在车里面只需要做好电脑操控，观察播种机的状态。它把人从高强度工作中解脱出来，驾驶这一块儿已经被科技所替代了。"

先进机械设备的广泛应用，不仅在管理农作物残茬、减少土壤侵蚀、提高土壤含水量方面发挥了极大的作用，提升了农业生产力水平，而且有效改善了职工农业生产条件。提起这些新装备，在农业生产一线工作了二十多年的苗强是赞不绝口。他说："原先时候有一老话，怎么说呢：一天就得二两土，白天不够晚上补。现在没有这事儿了，干干净净的。以前咱们春播每年工作得一个月到四十天左右，现在咱们农场不断地更新机械，十五天左右就能把准备工作完美地完成了。以前都是起早贪黑地干，有时候儿还得连轴干，因为要抢播期，现在不需要了，现在就是正常点儿上下班，有的时候太阳刚刚下山我们就下班儿了。"

今年上库力农场春播面积 51.9 万亩，自 5 月 2 号春播战役打响，截至 5 月 12 号，已完成播种 28 万亩，仅十天时间，就完成了总任务的一半还多，这完全得益于先进农业机械的助力加油。近几年，上库力农场逐步加大了对农业生产机械的投入力度，从 2014 年开始，相继引进了凯斯 450、凯斯 470 拖拉机，凯斯 2340 型空气播种机，凯斯 2230 型空气式变量播种机，奥地利博田免耕直播种肥一体播种机等国内外先进农业机械，这些先进机械在春播生产中纷纷亮相，纵横驰骋田间地头，为现代农业发展提供了强有力的机械保证。目前，上库力农牧场农业机械数量达到 773 台套、机械总动力达 2.57 万千瓦，实现了农作物从种到收的全程机械化，为推进现代农业高质量、高效率发展奠定了基础。

种啥啥好

高云宝

2018 年 7 月 31 日呼伦贝尔日报

大自然中万物生灵有时相处得竟如此和谐、美妙！10 来岁的时候，到了春天，每天清早起来，我家房前山坡上的电线杆上总有一只布谷鸟欢快地叫着，每叫一次都是连续两声。那时我还是孩童嗓子没变声，就站在山坡下学着布谷鸟叫，而且学得特别像。后来我就想，它这有节奏的两声到底是什么意思呢？我明白了，布谷鸟是在报春呢，它说的是"报春""报春""报春"。偶尔有一天早上鸟儿没来，我就用双手罩在嘴边对着山坡发出"报春"的叫声，不一会儿布谷鸟就飞过来，站在电线杆上和我对唱。

时光荏苒，一晃我已经到了知天命的年龄，如今的嗓音已经不能和鸟儿对唱了。现在我居住在上库力农场一个楼区，楼区的前面是一片非常开阔的草原，还有两条笔直宽广的混凝土公路，一条通往第五生产队、一条通往有机肥厂。五队公路的两旁是枝繁叶茂的杨树和广阔的田野。清晨旭日东升和傍晚夕阳西下的时候，有好多人在这两条公路上散步。正值春光美好的时候，每天晚饭后我也出来走走步。然而，在田野和草原之间，总能听到一只布谷鸟的叫声。那声音是那么的欢快、那么的使人心情愉悦！这时我才发现这只布谷鸟与众不同，它这么好听的叫声竟然是连续发出的 4 个声音，并不像以往听到的"报春"的声音，所以我一直没听懂它到底在诉说什么。

我每天都睡得很晚，昨天深夜 12 点多我来到阳台，打开窗户后又听到了布谷鸟清脆欢快的歌声。夜深人静，这歌声是那样的清晰、回荡。突然我听明白了，它说的是"不要烦恼，种啥啥好"！我既兴奋又激动，它唱出了对农垦的鼓励和期盼！

是啊！我们农场太需要鼓励、太需要"种啥啥好"了。连续几年的自然灾害，尤其是 2017 年遭受有史以来罕见的旱灾，使农业生产面对巨大的压力和挑战。今年，农场党政班子针对市场行情和自身实际，大胆探索，科学决策，合理调整了种植结构，除了小麦、油菜等主要作物，新增种植了水飞蓟、甜菜等经济作物。有耕耘，就会有收获。我们的农场太需要一个风调雨顺的年景了，辛勤工作在一线的员工们太期盼一个丰收年了！

不信你听——"不要烦恼，种啥啥好"……

第二节　典型材料

呼伦贝尔农垦集团先进工作者事迹材料

爱洒农垦写赤诚

——记呼伦贝尔农垦集团上库力分公司党委副书记郭本生

如果把企业比做花木，那么，他就像泥土一样，甘当花木的培养者，视培养花木为己任。正是这种责任心和敬业精神，才使得他在领导岗位上做出了不平凡的业绩，更多的闪光点在他的身上展现，他就是上库力分公司党委副书记郭本生。

带着对农垦深厚的情感，大学毕业后，郭本生就来到了农垦这片热土，经过机关工作的锻炼后，2003 年，他来到了上库力农场。经过五年行政副职的锻炼，2008 年他又肩负起党委副书记、纪委书记、工会主席这些重要的职务，在这个岗位上一干就是 6 个年头。在这 6 年的时间里，他凭借着丰富的工作经验、吃苦耐劳的精神、睿智的思维和聪明的才智，为上库力农场的发展做出了积极贡献，尤其在提高职工技能与文明素质、促进企业劳动关系和谐、推动企业文化发展等方面更是功不可没。

一、培养职工职业技能，提高职工文明素质，保证企业发展的人才支撑

当大家都进入农闲时节，寻找自己休闲娱乐的方式时，郭本生却进入了自己的"繁忙期"，他要利用这个时节组织、筹划、开展职工技能大比武、大练兵、大培训活动，让职工在农闲时节为自己的技能再充电。多年来，在他的精心组织和策划下，上库力农场每年开展职工技能活动不少于两次。通过这项活动的开展，职工的技能水平不断提高，上库力农场的机械化作业水平得到了极大的提升，各类优秀的技术人才也不断涌现。第六生产队轮式拖拉机驾驶员陈树林，通过技能培训和刻苦学习，在众多技术人员中脱颖而出，在全国农机技能大赛上获得了二等奖，还荣获了呼伦贝尔市十大金牌工人称号，并受到了自治区的表彰。有了这些技术人员的辛勤工作和农业技术水平的全面提高，才有了上库力农场连续 9 年经济效益位列海拉尔农垦集团榜首的可喜成绩。

郭本生不但在培养职工技能提升方面找办法，在提高职工家属的文明程度上也不断探索新路径，他不辞辛苦，找资料，写教案，结合农垦企业工人的特点，编写了职工家属文明礼仪教程，并在全场各单位开展文明礼仪进单位进家庭宣讲活动。每到一个单位他都亲自授课、讲案例、摆实情，将最通俗易懂的知识讲授给大家。同时，他还利用各种会议、检查工作等机会潜移默化地向职工家属宣讲文明礼仪常识，在他的带动下，上库力农场文明意识蔚然成风，一个团结、和谐、文明的新农场在农垦的大地上初露端倪。

二、促进企业建立和谐劳动关系，职工权益得到保证，企业步入健康发展轨道

郭本生深知自己不但是党委的领导，还是企业工会的负责人，在他的积极工作和努力下，农场每年都按时召开企业职工代表大会，让职工通过这个渠道行使自己的权利并及时反映大家的诉求。同时，他积极主动协调企业负责人，签订了集体合同，还代表广大女职工与企业签订了女职工权益保护专项集体合同。为了让更多的职工子女实现就业的夙愿，他提出解决职工子女就业的一系列办法，亲自制定考试规程、亲自执笔为考生出试题。经过他的不懈努力，几年来，上库力农场先后有 400 多名职工子女走上了工作岗位，也开启了职工家庭至少有一人参加企业劳动的先河。在逐步完成职工子女实现就业的基础上，他又将建立和谐家庭关系放在了心上。经过精心研究，在他的组织和策划下，上库力农场首届十佳好儿媳评选活动拉开了大幕。为了达到活动的最终目的，他率领工作人员，对各单位上报的 20 多名好儿媳进行深入细致的走访调查，经过多个程序的审核，10 名好儿媳脱颖而出。在表彰大会上，他亲自担当主持人，将一个个好儿媳的感人事迹用声情并茂的话语展现给全场的职工和家属，每一个故事都震撼着人们的心灵。这次活动的开展，极大地触动了农场的每个人和每一个家庭，使他们将这次活动记在心里，将孝老敬亲的理念植根在心中。访贫问苦，关心弱势群体，更是他常年不变的工作内容，大病救助、金秋助学、低保户走访，特别是特困户的危房问题一直是他的一个心结，在他的努力下，上库力农场已经有 57 户特困危房户在个人不花钱的情况下告别了危房。郭本生说，搞这样的活动，就是要建立和谐幸福的家庭关系，只有家庭和睦了，才能有精力去创造财富；只有建立了良好的劳动关系，企业才能大发展。

三、发展的企业文化，促进了企业经济的发展和繁荣

自从担任现在的职务之后，郭本生在抓好其他工作的同时，一直将发展企业文化列为重要工作来抓。在他的倡议下，每年 7 月的企业文化广场活动月，已经成为上库力农场职工家属最渴望的一道文化大餐。一个月的文化活动，人人参与、队队出节目，文艺演出、体育竞技、秧歌表演，可谓是文化体育活动异彩纷呈、人心所向。郭本生常说，文化能振奋人的精神，我们当领导的，不能让职工做文化的"穷人"。通过在大学的深造和本人特有的天赋，郭本生不但具备了较高的管理水平，还具有了深厚的文化底蕴。在各项文化活动中，他都积极带头，搞创作、编舞蹈，与大家打成一片。郭本生是上库力夕阳红老年秧歌队常客，老人搞活动，只要是有时间，他都要跟在队伍后面，加油鼓劲。秧歌队下队演出，他也要随同前往。因为老年秧歌队不仅能自娱自乐、锻炼身体，在农场重大活动中也能烘托气氛，更是体现企业精神风貌的一个窗口。

在全区一事一议现场会上，由上库力一线工人自编自演的一台文艺节目震撼了所有来宾，大部分参会者都认为演出者是聘请的专业文艺团体，殊不知这些演员都是郭本生亲自挑选和排练的农垦子弟。榜样的力量是无穷的，在他的积极带动和领导下，上库力农场文化活动一年一个新变化，促进了人们爱场如家的坚定信念，提升了人们的文化品位，为企业发展培养了一大批新生力量。

随着上库力农场几年来各项事业的不断进步、社会影响力的不断攀升，郭本生又一次开始研究靠文化去创造发展新理念这篇大文章。在他的积极努力下，上库力农场自编自演的文艺节目走出了山沟，来到了城里，在额尔古纳市电视台的春节晚会上、在呼伦贝尔市妇联庆祝"三八"节的文艺演出现场，上库力农场的节目都给观众留下了深深的印象。

郭本生说，只有我们企业发展了，才有各项事业的振兴！我们要利用好这块文化阵地，用更加丰富、更加有影响力的文艺作品去鼓舞士气，用更加先进的企业文化去带动企业经济的大发展、大繁荣。

在为之奋斗了十整年的上库力这片热土上，他还将一如既往地为企业的发展、职工的福祉进行不断的探索和努力。

呼伦贝尔市五一劳动奖章获得者事迹材料
农垦事业上的"尖兵"
——内蒙古自治区国营上库力农场生产部副部长陈树林

他是农垦战线上的一名普通员工，在平凡的岗位上做出了不平凡的业绩。作为一名普通的共产党员，他尽到了一名党员应尽的义务，发挥着模范带头作用。他朴实、好学、勤奋、进取，赢得了上库力分公司广大员工群众的赞扬，曾多次受到了上级部门及领导的表彰和奖励。

陈树林，男、汉族，1974 年 12 月出生在第六生产队的一个普通职工家庭。初中毕业后，在汇流河农机专业学习了 3 年。1995 年参军，在部队光荣地加入中国共产党，历任副班长、班长等职务，由于工作突出受到了团部的嘉奖。1998 年，怀着对家乡的眷恋，他放弃了留队的机会，毅然回到了家乡，并服从农场分配，成了一名普通的机务工人。十三年来，一直在机务战线上工作的他，平时少言寡语，但对工作兢兢业业、一丝不苟，一心扑在工作岗位上，不懂就问、不会就学，专业书籍从不离手。凭着朴实勤奋、脚踏实地的农垦精神，他练就了一身过硬的好本领，并应用到生产实践当中，对全场新型农业机械的普及推广发挥了重要作用，他出色的工作也得到了全场干部员工的一致好评。

2007 年年底，上库力农场新购入一台克拉斯 946 大型胶轮车，这台机车分到了第六生产队。当时人们对进口机械不是很了解，很多人不敢接此项工作，谁来驾驶这台机车成了第六生产队的一个难题。陈树林主动找到生产队，毫不犹豫地挑起了这根大梁。生产队也认为他是最为合适的人选，他在机务战线上干了很多年，积累了丰富的实践经验，有在农业学校专业学习的良好理论基础，这台机车的驾驶员非他莫属了。自接任这台车后，他全身心扑到了机车上。面对外文操作系统，他上网查资料、在阅览室里找相关业务知识、学专业外语单词，他爱人开玩笑地说："他人快疯了，一天到晚就像着了魔。"正是凭借着好学不服输的精神，他把这台大胶轮"修理"得服服帖帖的，使这台机车几年来发挥了最高的工作效率。

2010 年，第六生产队又新增凯斯 3230 自走式喷药机一台，驾驶这台进口机械的任务又落在了陈树林的肩上，他成了全队两台进口机械的机车长。队长开玩笑地说："小陈，六队的全部'家产'都在你手里呢，你得干好呀。但我只能给你一个星期运转调试，夏管再有六七天就开始，要全靠这台机车了，七天后必须下地作业，农时不等人呀。"面对领导的命令，他没有过多的话，只有服从。他就是这样，骨子里总有一种不服输的韧性，凭着丰富的进口车使用经验，他在不到一个星期的时间里，就熟练掌握了喷药机的各项操作。当他开着喷药机在田野里加班加点工作时，生产队长赞许地说："这小子我没看错，是好样的。"这一年这台机车在灭虫、灭草工作中担当了全队的主力，为生产队节省了大量的人力物力，为抢抓农时赢得了宝贵时间。2011 年，在陈树林的精心使用下，克拉斯机车组共计完成免耕任务 1.9 万亩，耙地 5000 余亩，灭草、灭虫、喷施微肥 14.9 万亩，为当年的农业大丰收奠定了坚实的基础。

陈树林热衷于农场事业，在超额完成本职工作的前提下，生产队领导安排任何工作他都毫无怨言，每项工作能出色地完成。2011 年年初，由于播种机人员短缺，克拉斯机车组人员便担负起部分播种任务。他能带领机车组人员，从检修到播种，严格要求、精心管理，使该机车组工作量始终处在同行前列。特别在春节期间，领导安排其到猪场替班喂猪，他一干就是一个多月，没有一句怨言。陈树林就是这样热衷于农场事业的人，他由于工作中的突出表现，多次受到了场队表彰。

陈树林作为农垦新一代的年轻人，他的思想已扎根在了农垦。他心思缜密，外刚内秀，面对农场提供给他发挥的大舞台，他要用自己的实力来证明自己才是舞台的主角。工作之余他把全部的心思都用在了学习上，面对国外先进的大型机械那复杂的操作流程，他没有等靠，自己找资料、上网查，从通到精。他的功夫没有白费，在 2011 年 5 月 9 日由呼盟主办的农机手技能选拔赛上，他获得个人第二名的好成绩，在随后参加的农机手技能竞赛上又技压群雄，获内蒙古自治区"鑫阳杯"农机手技能竞赛第一名。6 月 10 日，他和另一名获奖的选手代表自治区参加了全国农机手技能大赛，通过几天的拼搏奋斗，靠着雄厚的技术实力，获得了全国农机手技能大赛集体二等奖和个人二等奖的优异成绩。

2012 年 9 月 24 日，陈树林被呼伦贝尔市授予"金牌工人"称号，2013 年 1 月被自治区命名为"金牌工人"。

面对各种扑面而来的荣誉，年轻的陈树林没有被荣誉击倒，他又回到了热爱的工作岗位。面对领导和工友们的赞扬，他只是淡淡一笑，说："成绩只能代表过去，在全国比赛中我看到了自身更多的不足，我还要努力。"

自 2012 年担任上库力农场生产部副部长以来，陈树林更加忘我地投入农业管理工作，面对各种接踵而来的工作难题，他迎难而上、勇于探索、细心钻研，加班对他来说更是家常便饭。别人劝他说："别那么傻干，遇事要学会变通，身体是革命的本钱，压力太大身体会垮的。"他只说了一句话："既然我在这个位置上，我就要做这个位置该做的事情，有压力才会动力。"就这样，工作至今，他先后在农场保护性耕作、保护生态环境、深松技术具体应用上取得了骄人业绩。

保护性耕作：上库力农场春季播种时春风较强，如播种后遇大风天气刮起浮土，刚播完的油菜种子容易被掩埋，影响正常出苗。而保护性耕作技术是在保证种子完好发芽的前提下，将农作物秸秆残茬覆盖在地表上，通过少耕、免耕、化学除草等技术过程，减少土壤水蚀、风蚀，实现作物长期发展的一项农业耕作技术。陈树林利用在生产一线积累的工作经验及查阅保护性耕作技术与具体应用等相关资料所得，对农场现有免耕播种机进行改装，在原有一套镇压轮的基础上又增加一整套加强镇压轮。这样做的好处在于增加了土壤的压实程度，一方面避免了土壤压实不够、容易被大风刮起掩埋种子，另一方面压实后的土壤更利于保墒，且可以使种子与土壤接触紧密，有利于种子吸水发芽，增加了油菜的出苗率。为了抢在播期到来之前完成改装，他在田间夜以继日、反复试验，最终为当年粮食增产增收、保护性耕作技术在农场全面推广打下了良好基础。2018年，农场免耕作业面积12万亩，机械化旱地保护性耕作基本上克服了传统机械化旱地耕作的缺点。

保护生态环境：作物收割后秸秆残留数量庞大，简单地焚烧掉会污染土地环境。陈树林早早意识到了这一点，为了保护环境，他从秸秆处理着手，不再焚烧作物秸秆，而是实地改进了联合收割机的秸秆粉碎装置与抛撒装置。他带领机车驾驶人员全天候地在地里一次又一次地进行改装试验，改进后的粉碎与抛洒装置粉碎效果更好，秸秆更细碎，抛撒更均匀，使秸秆更好地覆盖土壤，在培肥地力的同时，用秸秆覆盖根茬固土，达到保护土壤、减少风蚀、水蚀和水分无效蒸发，提高降水利用率的目的。另一方面，在不需要预留秸秆的地块，粉碎后的秸秆可作为牲畜的草料以节省饲养成本，还可捆包后作为有机肥的原料。2018年，陈树林又组织制作了有机肥抛撒车一台、联合整地机一台。这样，利用有机肥抛撒车，有机肥被均匀地抛撒在地里，解决了以前有机肥抛撒不均匀的问题。肥量过大容易对作物产生危害，肥量过小又起不到为作物增加营养的作用。他通过联合整地机对抛撒过有机肥的地块直接进行翻、耙、压，一次成型，使之直接达到可于第二年播种的状态。

深松技术具体应用：2016年开始，自治区大力推广土地深松技术。深松作业能疏松深层土壤，打破犁底层，增加土壤蓄水保墒能力。在深松作业前，陈树林带领安装深松监控设备的技术人员深入田间，针对作业效果与电子监控设备的使用情况对各生产队地块作业情况进行实地查看，有问题及时同技术人员进行排除。他同时对深松埋茬严实度，作业后土壤的细碎程度，地头地边整齐度进行检查，力求达到作业标准化。回到单位后，他又在网上查看每台车辆的作业情况与作业合格率，发现问题及时通知各机车人员进行检查，同时认真填写深松档案的记录，做到每一块深松的土地都有据可查。经过与工作人员多次对田间作业中机车设备进行调试，他最终为全场 36 台作业车辆安装监控设备，以便作业深度达到 30 厘米，享受自治区给予的每亩 25 元补助。这样不仅土地得到了深松所带来的好处，每个生产队也都得到了相应的补助，降低了生产成本，使农场直接受益。2018 年，上库力农场深松面积达到 12.2 万亩，直接获得深松农业补贴 305 万元。

陈树林作为一名普通的共产党员，热衷于农场事业，在平凡的岗位上做出了不平凡的业绩。他朴实、好学、勤奋、进取，尽到了一名党员应尽的义务，用实际行动激励着更多农垦子弟努力奋斗，起到模范带头作用。

呼伦贝尔市劳动模范事迹材料
她在黑土地上播撒希望
——记上库力农场六队女技术员孙秀琳先进事迹

孙秀琳，女，汉族，1986 年 3 月出生，中共党员，大学本科学历，2008 年 7 月毕业于内蒙古民族大学农学院农学专业，现任内蒙古上库力农场第六生产队技术员兼生产部科员，中级农艺师。

孙秀琳从大学毕业至今，从事农业生产工作已有 12 年的时间。这 12 年忙碌的岁月，其间有泪水也有汗水，但更多的是收获。因为她在工作中学到的知识得到了应用，还学到了与工作相关的技能与方法，更重要的是学到了如何做人，如何做一个对企业、对社会有用的人。这些是比任何东西都宝贵的人生财富，并将使她受益终身。

一、踏实工作，任劳任怨

每年春季，孙秀琳都要到第六生产队上班，完成第六生产队所有耕地的全年种植管理任务。第六生产队是上库力农场的"西大门"，还是农场的窗口单位。很多上级领导、来宾到农场视察和参观都要经过第六生产队的地块，所以第六生产队的种植管理任务相当艰巨。不仅各种农作物产量要高，对各项作业的标准化水平要求更高，这就无形中给孙秀琳的工作带来了更大的压力。

每年各种农作物播种之前，她要依照所有农作物的作物布局，根据每一个农作物品种的生理特性，结合第六生产队每一块地的地理优势，做好合理的设计安排。她还要亲自对所有下地播种的播种机进行播量与肥量的摇轮试验，使得每一台播种机的播量都足够精准，确保播种严格按照农场下发的各个农作物的播量和施肥量进行。播种过程中，她还要亲自检查所有种子的拌种、拌肥情况，每一块地的播种是否达到标准、种子用量和用肥情况是否准确。在播种的同时既要调查每块地的草情和农作物病害、虫害情况，又要合理地对各类作物进行化学除草、杀虫、防病、补肥等，以确保各类农作物的正常生长。

每年夏季的清晨，天刚蒙蒙亮，田间道上总能看见一个骑着摩托车穿梭的背影，时而在田地里俯身细看，时而手扶秧苗测量。烈日晒黑了她的脸颊，风雨打湿了她的衣服。路过的人不知情，很难看出每天扎在地里的她是个女生。

每年秋季收获时节，她要每天跟踪记录各个地块的割晒情况，做好每块地农作物含水量的测定工作，以方便领导安排田间收获的时机。待农作物收获后，还要将每块地的土壤按照测土配方施肥的要求进行取样，经过晾晒、分装送往相关单位进行土壤化验。

2019年至2020年，她完成了第六生产队自种11.7万亩耕地的种植管理任务，包括小麦5.7万亩、油菜1.6万亩、甜菜2万亩、水飞蓟1.2万亩、大麦0.8万亩、莜麦和其他作物0.4万亩的拌种、播种、施肥、大田化学除草、防治病虫害、补肥等工作，由于她的努力，第六生产队的所有农作物均没有严重发生病虫草害。

孙秀琳作为农学专业毕业生，始终坚持以农业科技为导向，认真贯彻科学种田的各项措施，积极开展各项农业科技试验。2020年，孙秀琳完成了大田试验共计14项，包括小麦5项、大麦1项、甜菜8项，涉及的项目有种衣剂对比试验、肥料对比试验、品种对比试验、除草剂对比试验、品种展示示范等，最终得到比较具有参考价值的试验数据，并形成了完整的文字试验总结报告。

每年的冬季，孙秀琳又要回机关生产部完成对当年全场9个农业生产队和科技试验站的各项试验的总结校正、整理、上报，规划第二年全场的农业生产种植计划，种子、化肥、农药等农用物资采购计划以及春季播种所需要的小麦、大麦、油菜、水飞蓟种子的发芽试验。落实全场种子、化肥、农药等农用物资的购进及分配，还要完成上级领导安排的临时性任务等工作。多年来她发挥进取性、主动性、事业心和职责感，以职责不推、困难不让的精神为大家树立了楷模。

二、善于学习，提高素质

每年紧张忙碌的农业生产工作使孙秀琳倍感充实，工作之余，她仍然严格要求自己，不断加强学习，能够积极参加党的各种学习活动，提高政治素养，思想和行动与农场的发展思路保持高度一致。她曾经兼任过农场机关党支部的支委，积极协助机关支部书记组织各类党员学习活动，是党支部开展活动的中坚力量，具有非常高的政治理论素养。

孙秀琳不仅积极参加政治理论学习，还高度重视提升自己的专业素养，用她的话说"农业技术人员必须具备过硬的专业知识，种地手法巧、粮食产量高、职工收入高才是我们的职责和使命所在"。

她积极参加农闲时期农场内部举办的农业技术员学习班、上库力农场甜菜种植培训班、上库力农场农业技术培训班、上库力农场单车核算培训班、上库力农场甜菜高产高糖关键栽培技术培训班，额尔古纳市农业推广中心举办的额尔古纳市甜菜产业技术交流会、额尔古纳市中日甜菜种植技术交流会；赴黑龙江省齐齐哈尔市参加黑龙江省农科院克山分院举办的国家小麦产业技术体系克山站培训会；赴黑龙江省哈尔滨市参加黑龙江省北方种业有限公司举办的甜菜种植技术交流研讨会；参加呼伦贝尔市值保站举办的呼伦贝尔市病虫草害防治技术培训班。各种专业知识学习贯穿了她全年工作的始终，她注重从书本上和实践中汲取知识营养，并把掌握到的业务知识灵活地运用到工作实践中去。经过学习，她本人的农作物种植栽培管理技术和实践水平有了很大程度的提高。

一个平凡的岗位上的女技术人员就这样在艰苦的蜕变中完成了质的飞跃。工作没有终点，只有始点；没有最好，只有更好。在以后的工作中，她将会一如既往地高标准要求自己，不求轰轰烈烈，但求扎扎实实，努力做好一名优秀的技术人员，为农场的安全、稳定、和谐、发展，贡献自己的满腔热情。

第三节 散 文

新闻写作一定要"入戏"

贾文惠

《报友》2019 年冬季版总第 24 期

8 年的宣传工作，走过了坦途，也走过了泥泞。回首过往，感恩农垦这片肥沃的土壤，感谢庞大的新闻宣传团队，带领我不断成长。几年来，或多或少，总有那么一些感悟触碰心底，今天，愿与大家共同分享。

想要写出透彻的文字，必须进行实地采访。我们都知道，要演好角色一定要入戏，其实宣传也是一样的，只有设身处地地走入其中、进入环境、进入角色，才能从心底里感悟到他人的心理活动和事情的真相。当农场或生产队发生重大事件时，我常常让自己"入戏"为一个参与者，看着事件的发展变化，然后用自己的语言将事件真实客观地展现出来，当然还要将自己的感受融入其中。对人物的采写更是如此，坐下与其交谈，仿佛并不是在听别人的故事，而是自己走入那年那月那时，变成了主人公。然后问自己，我要是经历他的往事，会有怎么样的想法、怎样的选择？有时，"入戏至深"的我也会做出正确并高尚的选择，内心无比自豪，表扬主人公就像表扬我自己一样荣耀。

对于"入戏"这件事，我想很多宣传工作者肯定都有同样的感受，采访的时候努力把自己沉下去、钻进去。但要记住，在充分"入戏"之后，一定要及时成稿，因为时间一长，内心就不在状态了。身心"入了戏"，情感也就随之充斥全身，这时候就要让这份情感经过充分积攒、酝酿和爆发，最后淋漓尽致地展现出来。千万不要让时间将这份情感消耗殆尽，回过头再重新回味、重新捡拾不如一气呵成。对于这件事，也许仁者见仁、智者见智，但我依然觉得宣传工作者和演员一样，"入戏"的过程其实最难最累。

想要完成一篇稿子，除了采访和成稿两个过程之外，还有一个必不可少的过程，那就是后期推敲修改。有句话说得好：好稿子、好作品都是修改出来的。就像烹饪一道美味佳肴一样，既要有小火慢炖，又要有大火收汤。这个推敲过程不限制时间，根据约稿期限而定。这时就可以完全让自己"出戏"，以一个读者的眼光来评判文字流畅性、语言逻辑性、情节感染力等。因为如果一味沉浸其中，就会出现看不出自己毛病，也不知道怎么修改的现象。

积极参加一些通联活动或培训采风是必不可少的，异地采访、通讯员培训班和通讯员交流座谈都是很好的综合提升机会。在通讯员培训班上，我们能够学到很多新闻写作知识，各版编辑会讲解他们是如何选择稿件的，这样我们就可以有的放矢，还能学到符合当前时政热点的新闻报道写法。通过异地采访不仅可以看到别的单位的亮点，最重要的是还能学到别的单位的宣传工作是怎样搞的。有的单位注重电视新闻，有的单位微信公众号活跃度高，有的单位橱窗内容丰富精彩，他们的先进经验都是值得我们学习借鉴的，带着这些经验回到自己农场，不愁宣传工作搞不好。

我对通讯员交流座谈的感触还是比较深的。以前我的新闻语言比较生硬和死板，后来去集团公司调训一个月，以及和其他通讯员交流，都让我进步很大。杨鸿娜的写作风格让人眼前一亮，语言轻快、简洁、活泼还不失严谨，文字吸引力强，值得学习借鉴。宜里农场的宋丽丽思路敏捷、语言细腻，新闻敏感性极强。在农垦新闻宣传战线上，像她们这样出类拔萃的工作者还有很多，他们分布在农垦的各条战线上，个个本领高强，从他们身上我学到了很多自己以前缺失的东西。

在未来的日子里，我希望和我的战友们在宣传这条道路上，初心不忘，扬帆再起航。

来自家乡的一缕清香

——读徐德杂文选第一集《塞北轶事》有感

高云宝

《报友》2019 年冬季版总第 24 期

近日，我收到文友徐德兄赠予的自著杂文选《塞北轶事》一书，欣喜之情溢于言表。我利用业余时间迫不及待地拜读了全书，受益匪浅，感触良多。

我与徐德兄交往，源于 20 世纪 90 年代初在工作上的接触。那时他任基层党支部书记，我在农场机关工作。最初接触时，他给我的感觉很普通，为人随和，朴实低调，工作认真，积极向上。随着多年来彼此在写作方面的频繁探讨、互通有无以及更密切的交往，我越来越感受到徐德兄就像一杯浓浓的陈年老酒，愈久愈醇，是我难得的良师益友！他充满正能量和勤勉好学的精神，深深地感染和鼓舞着我。

徐德兄有三大爱好"读书、写作和美食"。军人出身的他虽已年近古稀，但仍保持着雷厉风行、刚正不阿的本色。他生活简朴，平易近人，性格豪爽，乐观豁达。他热爱生活，多年来保持着看书动笔的好习惯。早年前，他就通览古典、近代各种文学书籍及"马恩列毛"等哲学著作。他从小酷爱写作，参军后更是痴迷上格律诗词的创作。多年来，他的文学作品和诗词不断在《呼伦贝尔日报》、海管局《绿宝石报》、《呼伦贝尔农垦报》《报友》《额尔古纳河》《骏马》等报刊上发表并多次获奖，曾4 次获得上库力农场"优秀通讯员"称号；他不但喜欢各种好吃的，还经常研究各种美味的做法，品尝着美酒配佳肴，好不惬意。因此，他有关当地珍馐美食的作品也屡见报端。

这本《塞北轶事》共有七章，书中所出版的文章、曲艺等作品，是徐德兄写于2018 年 12 月之前的自己比较喜欢的部分作品。第一章《旧事寻踪》讲述了 20 世纪60—70 年代普通百姓的生活情况，《奶奶的小石磨》磨出了作者对童年的美好记忆和那个年代的苦乐生活。第二章《故乡览胜》深入浅出地描述了当地的风土人情及家乡的变迁，让读者欣喜之余，又多了一份向往。《高洁的白桦树》体现了作者对白桦树高尚高洁之美的崇敬之心。第三章《珍馐美味》就像一档美食电视节目，把众多难得的美食，摆在人们的眼前，挑逗人的味蕾，让人垂涎欲滴。第四章《古醇新酿》陈述了作者的所见所闻和亲身感受，《程祥的趣闻轶事》让读者在开怀大笑之中，看到了农垦人的淳朴与智慧。第五章《盛世讴歌》呈现并颂扬了时代英模和老一代农垦人党员干部的典型代表，他们坚持理想信念、屯垦戍边，发挥共产党员"领头雁"的模范带头作用。这一章用先进事迹和生动的故事引导大家尊重英雄、崇尚英雄，勤劳致富，诚实守信，有很深的教育意义。第六章《精华流芳》重点以《敬爱的周总理，我们怀念你》开篇，深切缅怀老一辈无产阶级革命家周恩来总理的丰功伟绩。周总理为了新中国的解放事业呕心沥血、厥功至伟，为了国家的发展建设殚精竭虑、鞠躬尽瘁。他高风亮节、朴素清廉的人格魅力和无私无畏的革命精神，令全国乃至世界人民爱戴和敬仰！本章同时褒奖了为额尔古纳发展建设"唱响主旋律"的"盛世讴歌者"们。令人振奋，催人奋进；最后一章《艺林撷英》则是徐德兄多年来创作的快板书、三句半等曲艺作品，这是他在诸多作品中甄选出的部分得意之作，也是获奖作品。这些作品以曲艺形式歌唱了党和国家的好政策给农垦事业带来的繁荣景象，赞扬了农场各行各业的岗位能手和行业标兵，展现了社会主义新农场经济发展、社会进步的精神风貌和辉煌历程！总之，本书以循序渐进、润物无声的笔墨和洋洋洒洒、妙笔生花的写作手法，有声有色地歌颂祖国逐步强盛，赞美家乡物产丰富、人民安居乐业的美好生活，体现了作者热爱家乡、热爱祖国的一片炽热之心！

目前，徐德兄是上库力农场建场 60 多年来第一位著书之人，应是这里个人著书的先行者，更是该农场文学爱好者的骄傲和自豪。本人以为，徐德兄的倾情之作通俗易懂，很接地气，散发着黑土地浓郁的芳香，望广大文友细细品读，从中得到启迪！

童年的雪趣

李守元

《报友》2019 年冬季版总第 24 期

雪是大自然的恩赐，是冬天的象征，每到冬季，看到"天仙碧玉琼瑶，点点扬花，片片鹅毛"时，便会想起儿时的雪趣。

初冬第一场雪很黏，适合堆雪人。忽一日清晨，外面一片白茫茫时，我们就不会"懒被窝"了，因为要赶在雪被大人破坏前，去完成自己的杰作——堆雪人。来到院子，先团一个小雪球，然后在雪地上滚啊滚的，当雪球足够大时，立在地上做雪人的身子，再团一个小雪球做雪人的头。然用你能想到的东西做雪人的眼睛、鼻子、胳膊腿等，最后用柳条筐在雪人身上压出各种纹路，好像花衣裳。当一切做完时，鼻涕已经"过河"，手冻得像鸡爪子一样，什么都拿不起了。回到屋里，脸上红扑扑的，笑容好像僵住了，很久很久都会保持这种神态，可爱极了。

一场雪一般会下十几厘米厚，农田一片洁白，被青黛色的防风林整齐分割成一块一块的，宛若宣纸。这么好的机会，如果不去施展一下"才华"，太对不起老天爷了。于是孩子们三五成群来到雪地里，尽情发挥自己的想象力，各种画作便诞生了。有人体画，姿态各异；有树枝画、动物画、车辆画、枪支画，各种各样能想到的东西应有尽有。这时，不知谁家的狗也来凑热闹，在这些画作之间穿来跑去，留下串串梅花。还有小朋友画完画再展示一下书法，在"宣纸"上写下对某某的爱，或是对某某的恨，抑或当时流行的一句话，完全是真情的流露，毫无掩饰。那种认真劲儿，不是家长和老师能够约束出来的。然而，这些"大作"不会保存太长时间，因为那个季节大部分时间早上都会有一场小雪，风一吹，两三天，那些画作就没了，大地又呈现出一块块的"宣纸"，等待着"画家"们再次光临。

春节一过，风渐渐多起来，风吹雪的奇观出现了。有时像涓涓小溪，有时像大河流淌。这时，新下的雪像鹅毛般柔软，以前的雪都结成小颗粒了，特像那种白砂糖。一刮大风，"白砂糖"漫天飞舞，纷纷扬扬的。这时出门，如果没有扎好围巾，后背就感觉凉飕飕、湿漉漉的。大风过后，原来软绵绵的雪面变得像石板一样坚硬起来，人在上面跑跳都不会陷下去，有障碍物的地方，就有大大小小的"雪山"，好玩的东西又多起来了。

那时每家都有很多兄弟姊妹，四五家孩子凑一起，数量就会超过一个班。由两个厉害的孩子当首领，分别挑自己喜欢的人，分成两伙，模仿电影里的情节，准备"开战"。"开战"前，还是要做一番准备工作的。各自选择一个高一点的雪山，在雪山边垒一座城堡，材料就是杠杠硬的雪块。用铁铲或铁锹，在雪面上划出长方形的框儿，划深划透，慢慢一撬，一块大雪砖就出来了。孩子们有划的、有撬的、有搬的、有垒的，分工协作，不用动员，个个争先。城堡垒得有模有样，有射击口、瞭望口，有摆放"枪支弹药"的平台。垒完城堡，在"雪山"里掏几个纵横交错的"山洞"，便于逃跑或撤退。修好工事，还要准备枪支弹药，有木头做的手枪，有葵花秆做的机枪、冲锋枪等。手榴弹当然就是雪块了，这样的工程往往得好几天才能完成。

好啦，一切准备就绪，就等着"开战"了。

于是，某天午后，两伙人如约来到"战场"，面对面开始约定类似于"生死状"之类的条件。意思就是这是一场游戏，谁不慎伤到别人，都不是故意的，不许骂人，不许找家长，否则就不带你玩了。参战的"战士"一个个挺胸叠肚，信誓旦旦，完全一副大义凛然、视死如归的样子。

谈好条件，终于"开战"了。一伙防守、一伙进攻，一时间"乒乒乓乓""嘟嘟哒哒""枪"声四起、杀声震天，好不热闹。这样的战斗，一般都是进攻方胜利，因为枪对于进攻方来说，只是一种背景音乐，毫无杀伤力，真正进攻的是"手榴弹"。防守方一顿"手榴弹"，进攻方停下。再进攻，再用"手榴弹"，再停下，反复几次，防守方的"手榴弹"就用完了，进攻方冲上来，防守方就顺着"地洞"撤退。这样一个回合结束了。然后攻防转换，继续"鏖战"。这样的游戏一玩儿起来就是半天，根本停不住，笑声、喊声充满了这片小世界。

然而，也有例外的时候。有时双方正战得起劲的时候，不知谁的"手榴弹"直接招呼到某位"战士"脸上，嘴唇、鼻子或眼角渗出血来，不用命令，战斗戛然而止。大家全部围上来，哄的哄、劝的劝，失手的伙伴赔礼道歉，还有的赶紧把战前的"生死状"内容絮叨一遍。因为有言在先，受伤的小伙伴也不会怨恨，由能说会道的伙伴护送回家。剩下的人虽然意犹未尽，但也只能蔫蔫散去，游戏也就结束了。

不用担心伤了感情，过不了几天，还是这帮人，还是这个游戏，照常进行。这就是雪给农垦儿女童年带来的乐趣。

打冰尜的乐趣
徐德
《报友》2019 年冬季版总第 24 期

日前在天津女儿家闲住，看到楼区有两个和自己同龄的兄弟，在水磨石铺就的运动场中，每人手中执鞭子，左右挥舞抽一只硕大的冰尜。只见他二人左右开弓，正手反手抽得十分起劲，鞭击尜身"啪啪"作响。不一会儿，只见他们便汗流浃背，可见打尜运动量之大。在他们坐下休息时我拿起了冰尜仔细端详：这筒状大尜重约半斤，高约 15 厘米，直径约 8 厘米，尜体由铝铸成，并有几个哨孔。圆锥形下端嵌一粒大滚珠，在水磨石地面上快速旋转，哨孔"嗡嗡"作响。鞭子也是用尼龙编织带制成，掂到手里很有分量，没有把子力气是玩不动这尜的。看到这二位兄弟的玩具，勾起了我对儿时的回忆。

由于我自幼成长在兴安岭西北的高寒地区，冬季寒冷漫长，所以儿时便常与冰雪打交道。不是吹的，几乎所有和冰雪有关的玩法和运动都亲身体验过，打冰尜也是我所钟爱的游戏之一。20 世纪 60 年代，正是经济困难时期，上至国家，下至小门小户，都很贫穷，花钱买冰尜无从谈起，要想玩就得自己制作。我有两个华俄后裔的铁哥们瓦洛佳和布罗尼，瓦洛佳聪明能想点子，布罗尼心灵手巧，所以想搞啥玩具简直就是手到擒来，不在话下。找来一根直径五六厘米粗的鲜杨木杆（干的太硬不好加工），先用手锯截成约十厘米的段，剥去外皮。瓦洛佳用快斧子将一头砍尖，再用刀子精修，用木锉锉圆，最后找一粒滚珠轻轻地用锤子嵌入正中。嵌珠子可是技术活，就得布罗尼来干，因为滚珠安偏了旋转起来就不平稳，容易倾倒。距顶部约一厘米处还要修出掐腰来，在圆肚处用刀再划出两道环形槽。三个玩伴儿分头砍的砍、锉的锉，最后在尜的顶部正中安一枚电镀图钉，旁边再安两枚塑料彩色图钉，一只只漂亮的冰尜就做成功了。

冰尜做成了，鞭子却是个头疼的事。用线麻搓成的鞭子分量太轻不耐用，没抽两三下，鞭子就秃了。所以我们想出很多种材料来做鞭子，如球鞋带、牛皮条等。相对比较耐用的是用缝纫社做劳动布工作服时，裁剪下来的布条编织起来做成的鞭子，但比起后来出现的尼龙绳，其强度和韧度还是差得太多了。

那时入冬下雪后，男生们几乎是人手一杆鞭子，只要一下课就蜂拥到操场上，兴趣十足地挥鞭抽起来。有时还互相评论着谁的尜做得漂亮，谁的尜转得平稳。当自己受到同学们的夸奖后，心里那个美呀！直到上课铃响了起来，才意犹未尽地奔向教室。那个时候什么数九寒天，什么零下四十（摄氏）度，全不在话下，照玩不误！

那时我们冬季的御寒衣服，也就是棉袄棉裤，贴身穿衬衣和背心的都很少。脚上穿双棉靴靰鞡鞋，手上戴双棉手套，整天不着家到处疯玩疯跑，也没看有哪个孩子冻坏了。可现在的孩子们，毛衣套羽绒服、太空棉马甲套裘皮外套，脚上不是皮靴就是雪地鞋，御寒的衣服越来越高级，但运动量却少得可怜，课间休息也是各自玩手机，很少到户外活动。一个个男女小胖墩占据着学生的各年龄段，近视眼、高血脂、高血压、糖尿病等"富贵病"越来越低龄化。这是不是少年儿童整日沉湎于手机游戏、运动量太少的缘故呢？

早在1952年，伟大领袖毛主席就曾号召："发展体育运动，增强人民体质。"于是全国上下掀起了作广播体操的热潮，全民身体素质有了质的飞跃。现在我觉得应再次从国家层面来鼓励全民开展体育运动，从学校层面狠抓落实，这还是很有必要的。

言归正传，打冰尜是一种老少皆宜、冬夏不误的全身有氧运动。在额尔古纳开展冬季冰雪运动的同时，各个旅游点配上几套高级的冰尜，开辟出几块不大、较平坦的硬雪面小场地，招揽老少游客，也未尝不可。但是老年朋友们需要注意的是，我们不可能像年轻时那样登上滑雪板在高山雪地间飞奔驰骋，或在冰面上穿上冰鞋，飞快滑冰。岁月不饶人，年龄大了，老胳膊老腿的不灵活了，很多时候有那个心也没那个力了，别再勉为其难了。冬季运动时一定要穿上防滑雪地鞋，在硬雪地上小心翼翼地玩玩还可以，尽量不要在冻结的冰面上打尜，以免滑倒造成骨折或摔成脑震荡。给儿女带来不必要的担心和麻烦，那就得不偿失了！

第四节　诗　　歌

七　　律

世界读书日暨央视
2016 年《中国好书》评选有感

作者：徐德

发表于《呼伦贝尔诗词》2017 年第四期总第二十七期

央视多年评好书，知识获取源泉出。

主题荣誉弘能量，科普人文解寡孤。

艺术文学陶将帅，少儿美育教圣儒。

书香社会全民建，涵养摇篮静气舒。

五四青年节的畅想

作者：徐德

2017 年 5 月 2 日 发表于《呼伦贝尔诗词》区庆特刊

新世纪青年人，

祖国的未来和希望。

毛泽东同志指出：

你们是早晨八九点钟的太阳，

担负先辈的嘱托，

满怀着革命的理想。

发扬五四精神，

承前启后再创辉煌。

不论你是一线的产业工人；

黑土地辛勤耕耘的农民；

还是军人卫国戍疆。

不论在校的莘莘学子；

运筹帷幄的科技人员；

还是网络流通金融经商。

都是祖国的未来，

中华民族的栋梁。

奋斗吧，青年人！

腾飞吧，祖国的希望！

不忘初心跟党走，

在党中央的正确领导下，

展开理想的翅膀。

实现富强民主文明和谐，

中华民族的共同梦想！

七　律
观看建军九十周年大阅兵
作者：徐德
发表于《呼伦贝尔诗词》2017年第三期

沙场盘兵首启端，喜庆举义九十年。

雄师威武忠于党，神器初彰慑敌顽。

山姆觊觎华夏地，倭奴企盼钓鱼山。

枕戈待旦刀枪利，钢铁四军捍主权。

浣　溪　沙
参加《辉煌70年》征文颁奖
作者：徐德
2017年8月18日发表于《呼伦贝尔日报》，《天边》栏目

内蒙建区七十年，英才毕至歌飞旋。百业腾飞佳绩传。

妙文诗赋唱盛景，党委政府严把关。传媒通力重宣传。

第五节　出版书籍

徐德同志是生活在上库力农场这片北疆热土上的本土作家，对故乡充满浓浓的爱、深深的情。他用各种文学手法，从各自不同的角度讲述家乡的过去今生，抒发情感，讴歌新时代。2019年出版了20余万字的散杂文选《塞北轶事》第一集；收集400余首诗的《北桦斋诗歌选》一本。

附 录

工 作 报 告

励精图治 创新发展

为把我场率先建成小康社会而奋斗

——在三届二次职工代表大会上的报告

王延生

2013 年 4 月 27 日

各位代表、与会同志们：

承载着农场率先建成小康社会的重任，肩负着企业富强、百姓富裕的光荣使命。今天，我们在这里隆重召开三届二次职工代表大会，主要任务是：以党的十八大精神为指导，深入贯彻落实呼伦贝尔农垦集团经济分析会议、海拉尔垦区经济工作、农牧业工作会议、额尔古纳市四届三次党代会精神，总结 2012 年工作，表彰过去一年里在农场发展建设中涌现出的先进单位、先进集体和劳动模范，部署 2013 年主要任务，审议通过《生产经营管理责任制方案》。下面，我向本次大会报告工作，请各位代表审议，请与会同志提出指导意见。

一、2012 年工作回顾

2012 年，是我场经济社会发展极不平凡的一年，我们借助呼伦贝尔农垦集团组建的契机，围绕贯彻落实自治区党委书记胡春华视察垦区的重要讲话精神，举力攻坚，积极应对挑战，在全场干部职工的辛勤努力下，克服了各种困难，圆满地完成了各项经济指标和重点工作，连续第 9 年荣获集团公司经济效益突出贡献奖、工作实绩一等奖。

（一）经济指标大幅攀升

全年完成总收入 6.5 亿元，同比增长 110.8%；实现生产总值 2.28 亿元，同比增长 31.0%；粮油总产 0.9 亿千克，同比增长 39.5%；农业总收入 2.9 亿元，同比增长

48.7%；经营利润 1.4 亿元，同比增长 109.3%；在岗职均收入 56000 元，同比增长 80.6%；人均收入 29419 元，同比增长 23%；工业总收入 875 万元，同比增长 56.8%；固定资产总值 2.37 亿元，同比增长 11.3%；兑现职工工资 6464 万元，同比增长 95%；应收款降低 2425 万元，企业负债率 33%。

（二）农业生产效益显著

根据市场需求，以调整品种和种植结构为重点，继续加大农业生产投入，全年累计投入资金 7525 万元，用于化肥、农药、油料及生产物资贮备，其中投资 1812 万元，新增农业机械 60 台，提升了农机装备质量。保护性耕作技术得到全面推广。三大作物播种面积 50.7 万亩，油菜种植面积占总播种面积的 56%。随着极端气候条件的增多，从春播开始，农业生产就面临连续不断的考验，低温、冻害、干旱、冰雹、大风等自然灾害造成的粮油减产 2000 多万斤。针对多种原因致使油菜出苗不利的实际情况，我们决策正确，措施到位，对 10 多万亩油菜提前进行补播，增加产量 750 万千克，提高效益 3250 万元。尤其是在抗击风灾过程中，动员全场干部、职工、家属 1000 余人，捡拾归拢被大风刮乱的油菜趟子，把灾害造成的损失降到最低限度，连续 9 年获得农业大丰收，农业在全场各项事业发展中的支撑作用更加凸显。粮油总产，农业总收入，经营利润，劳均、人均收入等多项指标实现了建场以来新的突破。

（三）畜牧业发展势头良好

按照稳农兴牧的发展思路，年初确定为民办好 7 件实事，其中促进畜牧业发展的有 5 件。自治区党委书记胡春华到我场视察时，对我们大力发展畜牧业的扶持政策、鼓励措施给予了充分肯定，并就转变经济增长方式和畜牧业发展指明了前进方向。年末牲畜存栏 53970 头（匹、只、口），同比增长 13.85%；牛奶总产 22950 吨，同比增长 13.9%；出售商品奶 20761 吨，同比增长 11.64%，畜牧业总产值 1.47 亿元，同比增长 79.3%。白鹅、野猪、小笨鸡、蜜蜂等特色养殖业已初具规模，全场个体私营经济总收入达到 3.6 亿元。

（四）基本建设步伐加快

2012 年，农场在全力加强农牧业基础设施、惠民工程和公共设施建设上取得了突出成效。基本建设总投资达到 6649 万元，建设完成水泥晒场、晾晒大棚、办公室、奶牛暖舍、物资库、锅炉房、新建的 7 栋职工住宅楼、车库等基建工程 16 项，总建筑面积 66241 平方米。这是近几年来工程量最大、施工时间最短、投资最多的一年，也是基础设施得到较快改善的一年。

（五）项目拉动作用增强

去年，我们多渠道积极争取各级项目 14 个，先后实施了危旧房改造及配套供暖工程、安全饮水、扶贫开发、农业产业化粮油仓储、人畜分离奶牛养殖基地、中心区道路硬化、退耕种草及在建的节水灌溉项目，总投资4909万元，其中利用项目资金2692万元、农场配套资金1037万元，节水灌溉工程农场先期垫付资金1180万元。项目建设的带动作用，既改善了职工生产生活条件，又增添了企业发展后劲。

（六）惠民工程稳步推进

投入资金4803万元，完成了危旧房改造607户，总面积53539平方米；集团公司每亩地增加10元工资，共计490万元，全部分配给生产一线在岗职工，平均每人增加工资4000元；利用项目资金168万元，完成了职工家庭1200户厕所改造任务；考试招录了31名职工子女；投资28.7万元，为13户特困职工解决住房问题；安排30名职工退岗养病；为职工支付"五险"资金1480万元。年初承诺为民办好7件实事基本完成：一是投入资金3568万元，新建200户职工住宅楼23750平方米。二是购买高产奶牛212头，每头牛补贴3000元。三是投资699万元，建设6栋奶牛暖舍及附属设施6900平方米。四是投资110万元为一队、七队建设两个机械化挤奶厅。五是建设一个120平方米收奶站。六是为每饲养1000只白鹅、舍饲圈养肉羊100只、肉牛50头的养殖户提供5亩和10亩饲料地。七是投资75万元建设住宅楼区活动中心460平方米。一件件惠及民生的实事，使职工群众的幸福指数稳步提升。

（七）党建、企业文化建设得到创新提高

党的建设、宣传思想、企业文化建设紧紧围绕经济建设这个中心，完善工作思路，创新工作方法，巩固"四好领导班子"和"五好党支部"创建成果，争先创优活动得到深入开展。举办了十八大精神理论学习班，隆重举行了"十佳好儿媳"表彰大会，完成了市级文明单位届期制复审，承办了《呼伦贝尔农垦报》记者研讨班和集团公司首届职工篮球分区赛，开展了"党在我心中""爱我家乡"主题征文活动，为7个生产队908户职工家庭安装户户通卫星电视接收设备。1398名干部职工为"博爱一日捐"活动捐款19240元。全年救济困难职工66户，发放救济金48200元。投入资金48000元，奖励考上二本以上大学学生15人，资助5名贫困职工家庭大学生入学。有93户165人纳入城镇最低生活保障。全年用于扶贫济困资金43.8万元。

职工教育、安全生产、防火、社会治安综合治理、医疗卫生、计划生育等工作扎实推进，较好地完成了各项责任目标。

（八）存在的问题与差距

1. 农业生产抵御自然风险的能力比较薄弱，农田基础设施建设滞后，旱灾及突发灾害成为制约农业高产、稳产的主要因素。科学管理、标准化作业水平需要进一步提高。

2. 产业结构不够合理，农业一业独大的局面没有改变，畜牧业经营方式落后，多元化经营格局还没有形成。二、三产业发展后劲不足，影响着职工增收。

3. 有相当一部分干部传统认识和思想观念根深蒂固，对新思想、新事物接受缓慢，学习能力、总结经验能力、开拓创新能力存在差距，对职工群众的思想引导不到位，在扶持职工致富，尤其在人畜分离、外购高产奶牛、发展特色养殖业等方面缺乏主动性，存在着依赖、观望、等待心理，错过了良好发展机遇。

4. 在关注民生办实事上，一些单位重视程度不够，还没有形成本单位整体惠及百姓的逐年推进规划和措施，某些工作还停留在较浅的层面上。

同志们：回顾一年来的奋斗历程，工作中取得的成果，是我们继续前进的坚实基础；实践中积累的经验，是我们快速发展的宝贵财富；发展中存在的问题，是我们今后工作的着力点。上库力农场各项事业的发展进步，离不开集团公司，额尔古纳市委、市政府的正确领导和鼎力支持，更是全场干部职工知难而进、敬业奉献的结果。在此，我代表场党政班子，向集团公司、额尔古纳市委、市政府，上库力街道办事处各位领导表示衷心的感谢！向全场干部职工致以崇高的敬意！

二、2013 年主要任务、重点工作

2013 年全场经济社会发展的总体要求是：以十八大精神为指导，深入贯彻集团公司经济工作、农牧业工作会议精神，坚持发展为第一要务，以调整优化经济结构为重点，以项目支撑、加快农牧业产业化发展为动力，以企业增效、职工增收为目的，在转变发展方式上探索新途径，在做大畜牧业上实现新突破，在改善民生上取得新成效。发挥优势，真抓实干，确保各项工作再创新业绩、再上新台阶。为实现呼伦贝尔农垦集团销售收入 200 亿元的目标，为助推产业化航母破浪远航做出我们最大的贡献。

2013 年主要经济指标：

实现总产值 8.2 亿元，比上年增长 26%；

粮油总产 1 亿千克，比上年增长 11%；

农业总收入 3.2 亿元，比上年增长 10.3%；

牲畜存栏 60000 头（匹、只、口），比上年增长 22.5%；

牛奶总产 25000 吨，比上年增长 8.9%；

畜牧业总产值 2.1 亿元，比上年增长 42.8%；

经营利润 1.5 亿元，比上年增长 7.1%；

在岗职均收入 60000 元，比上年增长 7.1%；

人均收入 31000 元，比上年增长 5.4%。

要完成或超额完成上述目标，我们必须以满腔的热情，务实的作风，努力做好以下工作。

（一）认清形势，坚定信心，开创各项工作新局面

2013 年，是全面贯彻落实党的十八大精神的开局之年，是实施"十二五"发展目标承前启后的关键一年，是为全面建成小康社会奠定坚实基础的重要一年。所以，尽心尽力做好今年的各项工作意义重大而深远。机遇众多，时不我待，从中央到各级党委、政府，对"三农"工作高度重视，针对农牧业发展的优惠扶持政策越来越多，内外部环境越来越有利于我们快速发展。在新的形势下，集团公司提出在全国率先实现农业现代化、率先全面建成小康社会的新目标，这个目标既催人奋进，又鼓舞人心。面对难得的发展机遇，我们只有百尺竿头更进一步。根据十几年来发展建设积蓄的经济基础和产业优势，在综合分析衡量场情的前提下，我们确定 2015 年在垦区率先建成小康社会。就其主要经济指标来讲，我们已经达到小康标准，但全面建成小康社会是一项涉及经济、文化、城镇化水平、公益事业、环境建设、职工群众幸福指数等多方面内容的系统工程，要在短短的三年时间内实现这个目标，是对全场干部职工的一次严峻考验，时间紧迫，任务艰巨，工作繁重。这就需要我们继续发扬攻坚克难、与时俱进的拼搏精神，增强战胜一切困难的信心和勇气，集中全场干部职工的智慧，凝聚力量、统筹兼顾、全面发展。在呼伦贝尔农垦集团所属农场中，把我场建设成为具有引领、示范、带动作用的现代农垦企业。

（二）夯实农业基础，加快建设现代农业

多年的实践已经证明，农业是我场的主导产业，是各项事业不断发展壮大的经济支柱。经过几十年开发建设，尤其是近 12 年来的发展，农场不论是在经营规模、基础设施建设、农机装备水平，还是在科技措施应用、优化品种和种植结构、耕作改制等方面都取得了长足进步，已经具备了快速发展的基础和潜力。所以，在农业生产上，要坚决贯彻集团公司六种形态现代农业发展战略，抓住机遇，加快发展，突出抓好 4 项工作。

一是抓好节水灌溉工程建设，突破旱作农业制约瓶颈。全场上下要充分认识发展农业节水灌溉的重要意义，这是彻底改变几十年来农业靠天吃饭局面、应对气候变化、提高防灾减灾能力、确保农业高产稳产的重大举措，是当前和今后一个时期建设现代农业的重中之重。对现在建设的一队、三队近万亩节水灌溉工程，在保证质量的前提下，加快施工进度，须确保到 6 月中旬全部投入使用。同时，对全场能够实施节水灌溉的农田进行整体规划设计，在项目支持下，力争到年末再完成 4 万亩节水灌溉工程建设。

二是抓好农业科技措施的应用和推广。发展高产优质高效农业，科技措施是重要保障。在已经形成的一整套规范操作应用科技规程的基础上，必须实现从凭借资源优势求生存到依靠科技创新谋发展的转变，强化科技措施的优势整合，依据土壤化验、测土配方结果，把适应我场的三大作物的生长特点又具支撑能力的科技措施应用推广到粮油增产的各个环节，扩大集中连片区域高产攻关面积，用科技创新能力改造提升传统产业的综合生产水平。

三是继续抓好企业管理。上库力农场能有今天良性发展的大好局面，是 12 年来坚持不懈狠抓管理取得的结果。我们不能忘记管理粗放、贫穷落后的历史，不能因管理上取得成效而居功自傲。针对个别单位在管理上出现的反弹现象，一定要高度重视，在全场大力倡导勤俭节约、艰苦奋斗的作风，创新管理模式，突出精细管理，把科学有效的管理措施，贯穿于全场生产经营的全过程，杜绝损失浪费，严格控制成本，堵塞一切漏洞，增收节支、降本增效，实现效益最大化。

四是全力以赴抓好春播工作。目前，春播备耕工作基本就绪，要牢固树立抗灾保春播的思想，充分运用经过实践总结积累的成功经验，预事在先，密切关注气候变化和自然条件，坚持抗旱与防涝并重，把困难估计得充分一些，把措施准备得更周密一些，善于从变化中捕捉机遇，在逆境中创造条件，变对抗性种植为适应性种植，提高防灾减灾能力，为再夺农业大丰收奠定基础。

（三）实施转变战略，推进畜牧业大发展

多年来的鼓励扶持政策，使畜牧业得到了稳步发展，但与我们的产业基础、占有的资源相比不相协调，与集团公司做大做强畜牧业和产业化发展的要求还有较大差距。为彻底改变畜牧业发展现状，我们要全力以赴，借助集团公司大力发展畜牧业的强劲东风和一系列重大举措，抢抓机遇，乘势而上，对畜牧业进行大投入、大建设、大发展，提速增效。力争用 3~5 年时间，把我场畜牧业发展成为经营体制完善、运行机制科学、规模大、效益好、良性循环、快速发展的产业体系。在农垦集团所属农场中确实发挥示范辐射作用。今年在畜牧业发展上要实现三个突破、一个创新、一个提高。

一要在畜牧业基础设施建设上实现突破。多方面争取项目资金支持，加大规模化养殖场、奶牛暖舍、挤奶厅、饲料基地建设力度，为集中饲养创造条件。以此加快人畜分离步伐，在已完成两个生产队的人畜分离的基础上，用 3 年时间全部完成生产队的人畜分离任务，改善职工生产生活条件。

二要在规模化集中养殖上实现突破。紧紧抓住集团公司今年把我场纳入 2000 头奶牛规模化牛场建设的机遇，利用项目资金、农场配套资金和职工个人集资，以规模化集中养殖为突破口，扎实抓好奶牛、肉牛、肉羊集中饲养试点工作，通过多种有效形式，整合养畜户资源，形成规模优势，提高经济效益。打造一队一品、一队一个经营模式的发展格局。

三要在保护草原生态环境上实现突破。争取项目支持和农场投入，对天然草场陆续进行改良，采取播撒草籽、划区轮牧、禁牧、舍饲圈养、鼠害治理等措施，恢复草原植被，提高产草量。逐年扩大退耕种草、青贮饲料种植面积，推广农作物秸秆综合利用。结合草场占有不均、矛盾突出的实际问题，在草场改良的试点单位，逐步实施草场集中统一使用管理，成熟一个单位收回一个单位，使广大职工在草场使用上利益共沾、资源共享。

一个创新就是在畜牧业经营体制上实现创新。大胆探索尝试专业合作社、股份制、集体集中规模化养殖、托牛所等多种经营模式，改变一家一户单独经营既做不大也做不强的经营方式，使多种资源实现优化重组，推动畜牧业向集约化经营、规模化饲养、标准化管理、专业化生产、产业化发展的方向迈进。

一个提高就是提高畜牧业综合服务能力。在连续多年没有发生疫情的良好基础上，创新服务方式，改进服务措施，强化畜牧兽医技术人员业务培训，做好产前、产中、产后服务，全力抓好防检疫、导血改良和冷配工作，提高奶牛受胎率，增强疫病防控能力，严防死守，保证不出现重大疫情，促进畜牧业健康发展。

（四）积极主动争取，发挥项目支撑作用

几年来，我们在利用项目支持发展上取得了较大突破，基础设施、危旧房改造、公益事业、整村推进等方面成效显著。要加快企业发展建设步伐，全凭我们自己的投入难以实现，仍需要大量的项目资金支持。在这方面，要广开思路、寻找先机，只要是对农场发展、百姓致富有利的，我们就千方百计多渠道、多途径主动争取各级项目，利用外力发展自己。认真抓好项目实施的各项工作，为今后争取各级项目赢得话语权。

（五）突出以人为本，推进惠民工程建设

在率先建成小康社会的过程中，要始终秉承经济效益是核心、保障民生是根本的指导思想，把职工群众的利益摆在突出地位，为民着想，关注民生，重视扶持弱势群体，多办让职工群众看得见、摸得着、得实惠的好事实事，让广大职工群众共享企业发展建设成果，让全场百姓生活得更有尊严、更有地位、更加幸福。今年我们要举全场之力，抓好危旧房改造及配套设施、安全饮水、人畜分离、村屯道路、公益事业等一系列惠民工程建设。并再次承诺为民办好 8 件实事。

1. 利用项目资金和职工集资 4950 万元，新建职工住宅楼 9 栋 288 户 3.3 万平方米。

2. 借助 S301 省道根河至拉布大林一级公路建设机遇。经沟通协商争取建设方为二队、三队、五队、伊根队四个生产队建设队部通省道共计 7.6 千米柏油公路；利用额市交通局项目建成场部至一队 17 千米、场部至七队 12 千米水泥公路。年底，场部通往各生产队的柏油或水泥公路实现队队通。

3. 利用项目资金，计划为四队、五队、七队、伊根队各建设 1 栋现代化、高标准奶牛暖舍，配套建设 4 个机械化挤奶厅，争取得到集团公司大力支持，早日立项、设计，力争今年开工建设。

4. 采取新的经营模式，利用项目资金，为一队建设职工集资饲养 200 头肉牛的暖舍 1 栋；为三队职工集资入股饲养的 2000 只肉羊建设集中养殖场；扶持四队职工集资入股购买高产奶牛 300 头，集中饲养。

5. 完成天然草场改良 2 万亩，退耕种草 3000 亩，种植青贮 1000 亩。

6. 申请一事一议项目，建设职工住宅楼区多功能活动中心。

7. 利用项目资金 120 万元，完成场部中心区安全饮水工程。

8. 再一次解决符合年龄、学历条件的新增零就业家庭职工子女就业问题。

（六）创新工作思路，圆满完成各项任务

1. 切实加强党的建设　在新的任务面前，我们要以深入贯彻十八大精神为主线，全面加强党的思想、宣传、组织和作风建设，紧紧围绕经济建设开展工作，做到生产经营、企业管理延伸到哪里，党的建设、思想政治工作就跟随到哪里。真正发挥党组织的领导核心、精神动力和智力支持的重要作用。

2. 切实改进工作作风　各级干部的作风建设、一言一行，职工群众都看在眼里、记在心上，体现了民心所向，关系到企业发展和正气的弘扬。我们要以心正律己、身正垂范，坚决贯彻执行中共中央改进工作作风、密切联系群众的八项规定，适应企业发展，回应群众要求。进一步完善场务队务公开制度，简化办事程序，提高办事效率。坚决杜绝以权谋私、以职务谋私的腐败行为和高高在上，盛气凌人，不了解百姓疾苦，工作方法简单粗暴的官僚主义作风。"国正天心顺，官清民自安"。全场干部要常自省善自励，忌懈怠贵有恒，筑牢思想道德防线，增强自我约束能力，真正做到有权不忘责任重、位尊不移为民心。

3. 切实加强干部队伍建设　经过几年来的调整充实，干部队伍的整体效能得到了发挥，但也存在着知识、专业、年龄结构不合理的现象，有些岗位出现严重的断档，这是我们今后加强干部队伍建设的重点。应把能否察民情，知民意，办实事，解民忧和职工群众信任不信任、拥护不拥护及实际工作能力、学识水平作为衡量干部是否聘用的标准，建设一支综合素质高、想干事、敢干事、能干事、干成事、务实高效的干部队伍，以此推进农场各项事业不断前进。

4. 切实加强学习　目前，我们正处在知识不断更新需要终身学习的信息时代。我们有些干部实干精神可嘉，但学习新知识的能力不足，对农场的大政方针、决策措施理解得不到位。学习新知识、开阔新思路是对全场干部职工的整体要求。从现在做起，从自身做起，每一个人都要注重方方面面知识的学习，增长才干，丰富自己，服务企业，进而使干部职工通过学习集聚的正能量，在企业发展中得到充分释放，为率先建成小康社会贡献自己的力量。

5. 切实维护社会稳定　随着企业改革和利益关系的调整，一些深层次的矛盾逐渐显现。职工群众可能出现情绪波动和思想反映，各级干部要用敏锐的洞察力和高度的政治觉悟，多做耐心细致的思想疏导和解释工作，防止工作不当造成矛盾激化，确实解决职工群众关心的热点问题。同时，要认真做好社会治安综合治理、防火、防盗、防事故工作，重点在宣传、教育、防范上下功夫，打防并举，奖惩结合，为企业发展、社会和谐进步创造稳定宽松的良好环境。

（七）加强沟通协调，促进区域经济发展

多年以来，农场的发展进步得到了地方党委、政府、上库力街道办事处和相关部门的大力支持。在企业发展的关键时期，我们要借助地缘优势，始终坚持一体化、一条心、同呼吸、共命运的宗旨，密切关注地方政府出台的一系列政策措施，主动沟通协调，积极争取优惠政策扶持，把企业发展建设通过多种途径融入地方经济发展之中，竭尽企业全力，承担企业责任，同心同德共谋发展，相互促进实现双赢，为额尔古纳市和上库力地区的经济繁荣、社会进步做出我们应有的贡献。

同志们：辉煌业绩已成历史，光荣使命催人奋进，蓝图已经绘就，号角已经吹响。让我们在十八大精神指引下，在呼伦贝尔农垦集团，额尔古纳市委、市政府的坚强领导下，用我们敢为人先的气魄、吃苦耐劳的品质、勇往直前的精神，增强凝聚力，提升号召力，强化执行力，实现新梦想，续写新篇章，为早日建成小康社会而奋斗。

谢谢大家。

转变方式　提振信心　强化管理　促进增效
为扎实推进各项事业高质量发展不懈奋斗
——在六届二次职工代表大会上的工作报告

韩旭东

2019 年 4 月 28 日

各位代表、同志们：

这次职代会的主要任务是：坚持以习近平新时代中国特色社会主义思想为指导，深入学习贯彻党的十九大精神，贯彻落实集团公司经济工作会议精神，总结 2018 年工作，安排部署 2019 年工作任务，表彰过去一年在企业发展建设中涌现出来的先进单位、先进班组和劳动模范，审议《生产经营管理责任制实施方案》。通过这次会议，使全场上下统一思想、凝心聚力、攻坚克难、与时俱进，为开创各项工作新局面做出更大贡献。

下面，我向本次大会报告工作，请各位代表审议，并请列席会议的同志提出意见。

一、2018 年工作回顾

过去的一年，我场走过了不平凡的发展之路，承受了来自粮油销售市场的巨大压力，经历了各种自然灾害的严峻挑战。在集团公司党委的正确领导和额尔古纳市委、市政府的支持下，全场干部职工同心同德、迎难而上，克服了重重困难，保持了经济社会平稳发展。

（一）主要经济指标完成情况

2018 年完成各业总收入 2.74 亿元；生产总值 1.06 亿元，比上年增加 6187 万元，增长 139%；农业总收入 2.59 亿元，比上年增加 1.2 亿元，增长 86.3%；粮油总产 0.775 亿千克；经营利润 6774 万元，净利润 4039 万元，在岗职均收入 51896 元，比上年增加 8096 元，增长 18.5%；人均收入 31059 元，比上年增加 1559 元，增长 5.28%；年末牲畜存栏 89819 头（匹、只、口），比上年增加 7993 头（匹、只、口）；牛奶总产 6422 吨，比上年增加 1274 吨，增长 24.7%；畜牧业总产值 1.09 亿元，比上年增加 1698 万元，增长 18.5%；肉类产量 584 吨，比上年增加 281 吨，增长 21.6%。完成或超额完成了年初集团公司下达的工作实绩考核指标。

（二）现代农业稳步推进

2018 年全场总播面积 48.93 万亩。其中小麦 19.8 万亩，总产 4593.85 万千克，平均亩产 232 千克；油菜 19.1 万亩，总产 2497.3 万千克，平均亩产 130.7 千克；大麦 9800

亩，总产 225 万千克，平均亩产 230 千克；莜麦 1.3 万亩，总产 52.4 万千克，平均亩产 40.3 千克；水飞蓟 4.67 万亩，总产 397.4 万千克，平均亩产 85.1 千克。同时，种植甜菜 0.4 万亩；燕麦草总产 3204.7 吨，平均亩产 249 千克；苜蓿 2.5 万亩，总产 1234.5 吨；种植马铃薯 1400 亩、中草药 300 亩，试种油葵 100 亩。

农业生产从春播到秋收经受了各种自然灾害的考验，尤其是旱灾仍在持续，全年累计降雨 239.8 毫米，其中有近二分之一的降雨集中在秋季，农作物受灾面积 29.7 万亩。面对旱情影响，我们狠抓了春播阶段以抗旱保墒为中心的各项措施的落实，加强杂草防除、防病防虫等田间管理工作，突出以收获质量为中心，仅用 40 天安全高效完成秋收任务。实施秋整地 26.5 万亩，其中深松面积 15.3 万亩，秋翻 11.2 万亩，全部达到播种状态。利用项目和自筹资金 2199 万元，其中项目资金 2055 万元，新增先进农业机械 48 台，完成小区科技试验和大田试验项目 36 项，龙垦 401、鉴 84、京 199、龙麦 39 等一批优质小麦品种已经在大田推广。

为了适应现代农业信息化、大数据快速发展趋势，我场与哈工大信息研究所合作，建立了上库力农场现代农业信息中心，搭建起发展智慧农业的平台，后续一些技术、设备正在逐步完善。

按照调优、调高、调特的经营策略，在农业种植结构调整上实现了突破。今年是近几年来结构调整力度最大的一年。压缩小麦、油菜种植面积，增加水飞蓟、大麦、莜麦、甜菜、马铃薯、燕麦草、中草药、油葵种植面积，经济作物种植面积占总播面积的近三分之一。种植品种和结构的进一步优化，在促进企业增效上发挥了重要作用。尤其在水飞蓟种、管、收上取得的经验难能可贵，产量和质量超出了预期，坚定了我们继续调整种植结构的信心。

（三）畜牧业基础逐步夯实

面对畜牧业发展的不利局面，按照稳定基础、鼓励扶持、促进转型的发展思路，采取积极有效的应对措施，利用项目资金购进 7 台牧业先进机械，在返青 2.5 万亩苜蓿的基础上，增加燕麦草种植面积，牧草产量 4439 吨，职工打贮饲草 1.8 万吨。职能部门加强了畜牧业产前、产中、产后服务，疫病防控和疾病治疗体系进一步完善，常规防疫和重点防疫相结合，牲畜和家禽防疫密度实现了无死角、全覆盖。牛奶总产增长 24.7%，畜牧业发展逐步进入回暖期，职工发展畜牧业的信心逐步提升，有效遏制了牲畜数量和牛奶产量持续下滑的趋势，由乳转肉、乳肉并举的经营格局正在逐步形成。

特色养殖规模进一步扩大，2018 年购入鹅雏 12.5 万只，比上年增加 4.05 万只，随着多年养殖经验的积累，鹅雏成活率超过了 90%，出售商品鹅 10.3 万羽，产值达到 658

万元。职工饲养蜜蜂 50 箱、野猪 280 口、獭兔 183 只，其他 10 余种特色禽类养殖达到 2.09 万只，取得了较好的经济效益，特色养殖已成为职工增收的新亮点。

与此同步，全面加强草原生态维护和管理，对 1500 亩打草场进行播肥改良试验，灭草原鼢鼠 6100 只，灭蝗虫 3000 亩，围封草场 2 万亩，架设网围栏 3 万延米。完成 2867 户、3815 人草原补奖资金分配工作，共发放补奖资金 864.6 万元。

（四）绿化促进林业发展

按照绿化优先、改善生态环境的目标，2018 年育杨树苗 40 万株，试验扦插银中杨树苗 10 万株，引进栽植桦树苗、暴马丁香等绿化树种 2.7 万株。成活率 85％以上。加强对园林苗木基地的科学管理。采取铺设滴灌、修剪、锄草、防病防虫等一系列措施，园林苗木基地和屯东苗圃栽植成活各类苗木 58.7 万株。补植采伐更新林带 2000 亩，补植"三北"防护林 2000 亩，新增恢复植被造林 800 亩。开展全场秋季植树行动，栽植树木 11.6 万株。

（五）项目、 基本建设如期竣工

2018 年，我们通过不同渠道和路径争取落实包括上年少数未完成项目 26 项，总投资 3.76 亿元，其中各级项目资金 2.79 亿元。开工建设农田节水灌溉工程 19.3 万亩，除电力设施未完工程外，土建工程竣工面积 12.9 万亩，原六队 40 万方、三队 30 万方、六队 10 万方蓄水池建设已经告捷，七队渠首泵站已投入使用。完成其他基本建设投资 2491 万元。新建 3000 平方米晾晒大棚一座、600 平方米平房仓一座、水泥晒场及水泥地面 1.65 万平方米。购置安装 30 吨锅炉一台，建设锅炉房及配套设施，完成住宅楼区新建和改造供水供暖管网 1080 延米和部分基础设施维修改造工程。

（六）旅游工作实现起步

2018 年旅游工作以撒欢牧场、亿家兴家庭游为示范，带动旅游业发展。在增加旅游项目、提高服务质量上做出了艰辛努力，取得了明显进步。两处旅游点和 10 余家饭店全年接待旅游人数 5.3 万人（次），旅游营业收入 1400 万元，带动地区就业 140 人。同时，拓宽经营思路，利用互联网＋旅游＋农畜产品销售的形式，将分割野猪肉、羊肉、烤饼、水饺、特色禽肉销往上海、广州、长沙、杭州、海拉尔等十几个城市，销售渠道进一步拓宽，销售收入 300 余万元。

（七）社会保障日趋完善

农场把加强和完善社会保障体系建设纳入重要民生工程，谋实招、办实事、求实效，取得了突出成效。2018 年为 1347 名在岗职工缴纳"五险"资金 2931 万元，其中企业承担 2160 万元；为灵活就业的 642 人缴纳养老、医疗保险 612 万元；有 138 名困难人员享受社会保险补贴 33 万元；继续执行"4050"人员及非"4050"人员社保补贴及生活田政策，补贴资金 130 万元；对离退休职工、"五七工"及遗属 2163 人进行生存认证；为 290 名建场初期的老农垦职工发放高龄补贴 24 万元，调整边远地区津贴和事业单位养老金补贴资金 123 万元；争取额尔古纳市失业保险补贴资金 38 万元；为 16 名职工进行慢性病体检鉴定；全年走访慰问贫困职工 112 户，送去慰问金 5.6 万元；资助 11 名贫困职工家庭大学生，每人每学年 1000 元，直至大学毕业；为 78 户 112 人办理了城镇低保。全年享受低保资金 56.6 万元；争取额尔古纳市民政扶贫资金 13 万元，用于贫困职工救济。一系列保障措施的落实，使贫困职工尤其是弱势群体共享了企业发展成果。

按照集团公司深化农垦改革的部署，我们积极主动地与地方政府沟通对接剥离企业办社会职能的相关事宜，去年年末，已将卫生行业 67 人（其中退休 37 人）移交地方，2019 年将减少人员工资及各项费用投入 390 万元。基础设施包括卫生、村屯公路、活动中心、广场、屯内街巷道路、供水供热、农机监理等拟移交资产原值 1.26 亿元，预计每年可减少企业折旧费 933 万元。市政府对牲畜防检疫实行购买服务，从 2019 年起每年向农场支付服务费 14.4 万元。上述职能剥离减轻了企业负担。

垦区国有土地使用确权登记工作告一段落，经初步确权认定，我场场区面积 252 万亩，耕地面积 59.12 万亩，草原面积 103 万亩，一些具体事项和细节正在处理中，只待审核验收发证。

（八）安全生产常抓不懈

农场高度重视安全生产工作，党政同责、一岗双责，把安全生产纳入与经济建设同等重要的议事日程，同部署、同检查、同落实、同考核。把常规的安全生产管理与重要阶段的事故防控融为一体，制定了各行业、各岗位、各环节的安全生产管理制度和具体防范措施。农场与单位、单位与职工均签订安全生产责任状，与基层单位领导班子年度工作实绩考核紧密联系，实行安全生产一票否决制。全年由农场主要领导带队组织相关部门负责人对全场各单位进行全方位安全生产检查 6 次，发现隐患及时整改。强化安全生产教育、管理，重点加强岗前培训和生产过程中的监管，形成了一级抓一级、层层抓落实、防事故、保安全的工作格局。一年来全场未发生重大生产事故。

（九）党建、精神文明建设又有新提高

按照集团公司党委的部署，把学习宣传党的十九大精神作为一项政治任务来落实。对各党支部、全体党员，学习贯彻十九大精神做出安排。举办了 3 期十九大精神学习班，党员、干部 581 人分批参加学习，并进行十九大精神学习测试。党委班子成员与相关部门组成 7 个宣讲小组，深入各单位宣讲十九大精神。同时成立学习指导小组，对基层党组织学习十九大精神进行检查指导，使贯彻十九大精神在各单位深入推进。

"两学一做"教育常态化制度化和发展观政绩观专题教育，以十九大报告、党章党规、习近平新时代中国特色社会主义思想及习近平关于发展观政绩观的重要论述为重点学习内容，把做合格党员的具体要求和措施落实到党员工作岗位上，开展了"我是谁、为了谁、依靠谁"和入党为什么大讨论活动，通过专题辅导，研讨交流、主题党日、撰写心得体会等方式，激发了广大党员勇于担当、吃苦在前、岗位奉献的主动性，也促进了"两学一做"学习教育和发展观政绩观专题教育不断深入。

以提高党委和基层党组织党建工作整体水平为抓手，以规范"三会一课"程序为重点，结合贯彻集团公司党建现场会精神，召开党建群团工作会议、庆祝建党97周年大会和3次党建工作座谈会，明确党建工作具体任务，使党建工作开展有目标、工作有标准、落实有措施、考评有依据，党的建设各项工作取得了新成绩。圆满完成了党员、副科级以上管理人员北疆先锋网络学习和自治区公职人员年度普法考试任务。

在党风廉政建设上，认真贯彻执行中央"八项规定"，坚持反对"四风"，召开了党风廉政建设专题会议，在全场党员、干部中集中开展3次警示教育。在重要节点就党风、廉洁自律工作先后对16个单位进行29次暗访，未发现党员干部违规违纪问题。严格规范公车使用、公务接待、办公用品采购、旅差费报销等审批程序，三公经费呈明显下降趋势。

围绕践行社会主义核心价值观和弘扬企业精神，组织开展形式多样的企业文化和精神文明建设活动，文艺演出、篮球比赛、征文、摄影、广场舞比赛等系列活动丰富了职工群众业余文化生活，参加各项活动的职工群众2876人次。已连续14年开展广场文化活动。完成了自治区级文明单位届期制复审的各项工作。企业文化和精神文明建设活动的深入开展，增强了企业向心力、凝聚力，职工群众的文明素质和职业道德、社会公德、家庭美德意识不断提升。

（十）存在的问题和差距

一是随着现代农业信息化、智能化技术的稳步推进，职工岗位适应能力、掌握先进技术的能力需要进一步提高。

二是农业基础设施建设投入不足，抵御自然风险的能力薄弱，在标准化农田、机械更新、仓储烘干、智慧农业、信息化建设等方面还需要大量资金予以扶持。

三是受大环境和畜产品市场价格低迷的影响，职工发展畜牧业的积极性降低了，职工增收缓慢，畜牧业转型升级任重道远。

四是个别单位对苜蓿草产业重视程度不够，放松管理，在灭草、施肥上投入不足，加之地块瘠薄，产量、效益低，甚至出现亏损，拉了全场后腿。

五是由于农用生产资料价格持续上涨，农产品价格下滑及农业精细化管理存在差距，导致生产成本上升，影响了企业效益和职工收入。

六是由于资金统管，农场支配资金的权利有限，一些预定的发展建设规划、民生工程和职工脱贫致富的举措难以如期实施，企业自主经营、自我积累、自我完善、自我发展的能力和市场主体地位受到制约，使企业缺乏应对市场的灵活性。

七是企业管理人员队伍面临断档现象，尤其是高素质管理人才、高技能专业技术人才匮乏。

八是灵活就业人员和职工子女待业较多，就业压力逐步增大。

九是重生产、轻销售的思想依然存在，对农产品销售市场调研不够，销售观念僵化，促销的方式方法陈旧，营销能力不足，缺乏与客户沟通的艺术，在建立长期稳定的客户关系和销售渠道上存在较大差距。

十是干部能上能下、工资能增能减、人员能进能出的机制还没有完全形成。

上述存在的问题和差距，已引起我们的高度重视，在今后的工作中，用改革发展的思路积极稳妥地逐步加以解决。

各位代表、同志们：回顾一年来的奋斗历程，工作中取得的成绩是我们继续发展的动力，实践中积累的经验是我们奋力前行的财富，发展中存在的问题是我们今后工作的着力点。上库力农场各项事业的发展进步，得益于集团公司党委，集团公司，额尔古纳市委、市政府的正确领导和上库力街道办事处的大力支持，更是全场干部职工顽强拼搏、吃苦耐劳、以场为家、敬业奉献的结果。在此，我代表农场党政班子，向集团公司党委，集团公司，额尔古纳市委、市政府各位领导及有关单位表示衷心的感谢，向全场干部职工致以崇高的敬意！

二、2019 年工作思路、发展目标及重点工作

2019 年是新中国成立 70 周年，是垦区开发建设 65 周年，也是我们加强管理、降本增效、蓄势聚能、力争走进集团公司前列的重要一年，扎实做好今年的各项工作意义重大而深远。集团公司党委书记、董事长张天喜同志在集团公司经济工作会议上的讲话，对形势的精准分析和科学研判，以及我们面临的机遇和挑战，为我们做好今年的工作指明了努力方向。我们一定要认清形势、把握机遇，既要正确面对不利因素和新情况、新问题，又要提振精神、勇于担当，充分认识我们在资源、规模、机械装备、科技措施、组织化程度等多方面积蓄的发展潜力和后发优势，把思想和行动统一到集团公司战略决策和整体部署上来，统一到顺应发展趋势、践行新发展理念上来，凝聚全场干部职工的智慧，举力攻坚、真抓实干，我们就一定能够再创新业绩，续写发展建设的新篇章。

2019年工作思路：坚持以习近平新时代中国特色社会主义思想为指导，全面贯彻落实党的十九大精神，紧紧围绕集团公司总体定位、发展战略和经济工作会议的工作部署，以创新驱动和深化改革为动力，以优化产业布局和结构调整为重点，以强化管理、降本增效为突破口，以高质量发展和企业增效、职工增收为中心，夯实农业基础，注重科技应用和成果转化，引入大数据、云计算、卫星遥感等现代农业信息技术，加强智慧农业建设，加快科技兴农、质量兴农、绿色兴农步伐，推进现代农业快速发展。发挥资源优势，挖掘自身潜力，继续推行标准化规模化养殖，探索发展生态循环型奶牛、肉牛养殖模式，力争在畜牧业转型升级上实现突破。创新旅游业发展模式，形成旅游与农牧业融合发展的经营格局。坚持以人为本，把握实施乡村振兴战略的机遇，着力改善民生，造福职工百姓。加强党的政治建设、思想建设、组织建设和作风建设，为各项事业的发展进步提供坚强的政治领导和组织保证。

2019年主要经济预期目标：力争实现各业总收入3.5亿元，国内生产总值1.8亿元，粮油总产0.9亿千克，甜菜总产7.8万吨，水飞蓟总产352万千克，牧草总产4500吨，年末牲畜存栏8.5万头（匹、只），牛奶总产7700吨，商品奶5950吨，肉类产量1500吨，畜牧业总产值1.2亿元，经营利润8000万元，净利润5200万元，在岗职均收入5.5万元，人均收入3.5万元，旅游营业收入1600万元。

为确保上述目标的圆满完成，2019年我们要重点做好10个方面的工作。

（一）全力推进现代农业建设

按照"产出高效、产品安全、资源节约、环境友好"的现代农业发展要求，加快农业集约化、机械化、良种化、水利化、信息化和职工专业化进程。继续调整优化种植结构，加大绿色农产品种植基地建设力度，应用多元科技成果，扩大小麦、油菜、大麦、甜菜高产攻关面积，稳步提高粮食产能，发挥农业支柱的支撑和带动作用。2019年，计划总播面积52.9万亩，其中小麦22.1万亩、油菜14.7万亩、水飞蓟4.4万亩、大麦4.1万亩、甜菜3.1万亩、返青苜蓿2.5万亩、莜麦1.9万亩、马铃薯1000亩。使作物亩产、总产实现新突破。

一是在结构调整上抓出成效。今年的种植结构调整是在去年的基础上，针对市场需求和价格因素做出的又一次深入的调整优化。压缩油菜，扩大麦类、甜菜和经济作物播种面积，在抓好麦类、油菜标准化种植和高产攻关的同时，认真抓好甜菜种植。我们必须要克服种植甜菜的畏难情绪，以敢于担当、迎难而上的勇气，变压力为动力，敢闯敢试，要向去年对待水飞蓟种植一样，潜心研究甜菜种植技术，落实甜菜栽培、植保、田间管理、收获等环节技术措施，将8台卫星导航定位系统应用于甜菜播种和田间管理的全过程，提高标准化作业水平和质量，保证甜菜产量达到预期目标，保证调整结构取得实效。

二是在农田水利工程建设上抓出成效。随着极端天气的增多，气候变化无常、十年九旱的现状制约着农业生产的发展，要突破制约瓶颈，加速建设农田水利工程是农业生产的当务之急，也是发展防灾减灾和高产高效农业的重中之重。我们要认识到位、行动到位、管理到位。对已建成投入使用的水利设施要消化吸收，安排专人管理，抓紧维护，使其达到完好状态，随时开机作业。今年春季开始将有 9.48 万亩节水灌溉工程投入使用，到秋季又将竣工水利工程 9.8 万亩。为解决农田水利供电不足问题，我们正在多方协调、积极努力，与额尔古纳宏源电力合作申报国家电网项目，计划投资 2000 万元，在二队建设变电站，随后争取项目扶持，力争 2~3 年建设完成 3.5 万千伏绕场一周的供电网络。这必将为进一步扩大农田水利工程建设，提高抗灾能力创造良好条件。

三是在推进科技应用发展智慧农业上抓出成效。科技创新和信息产业的飞速发展，为我们发展建设现代农业提出了必须解答的课题，要推动传统产业升级，向现代化农业转变，必须在农业生产的各个环节植入高科技元素。我们要创新思维、开阔视野，高度关注现代农业前沿技术，将科技成果转化成促进农业精准管理的手段和载体，逐步将人工智能、大数据、远程监控、卫星遥感、无人机等新技术应用于农业生产，打造数字农业服务体系，促进现代农业与互联网的深度融合。通过争取项目支撑，进一步加强现代农业信息中心和生产现场基站建设，推进智慧农业稳步向前发展。

四是在发展绿色有机农业上抓出成效。在传统农产品市场需求量下降、价格走低的情况下，作为我场要稳步提高农业效益，发展绿色、有机、大健康农业是大势所趋，也是今后农产品生产的主攻方向和正确选择。我们要按照集团公司打造绿色农产品生产加工输出基地的定位，降低农药、化肥使用量，在去年化肥减量的基础上，今年再减少使用化肥420 吨，扩大有机肥生产规模，今年生产有机肥 3500 吨，改善土壤结构，培肥地力，认真扎实地做好施用有机肥地块种植农作物各个环节相关数据的对比试验，为扩大绿色有机农作物种植提供真实依据。进一步增加绿色有机农产品质量认证面积，使农产品向"名特优精"转变。我场正积极争取成为国家食物营养教育示范基地及农业农村部优质农产品品质功效评估试验示范基地，把生产绿色有机农产品与建设试验示范基地结合起来，进而走出一条生态优先、绿色发展之路。

五是在加强对外合作促进企业发展上抓出成效。新的形势和生态环境保护的要求，促使我们的农业必须向转型发展迈进，发展草业是转型的有效途径之一。加强对外合作、促进草业发展是调整种植结构的有利抓手。2.5 万亩苜蓿在去年补播、灭草、施肥等环节加强经营管理的基础上，基本达到种植要求。经过洽谈协商，在合作共赢的前提下，我们已与内蒙古正时集团草业公司签署了牧草种植收购销售战略合作协议，还将与蒙草公司开展牧草种植与草籽收购合作。这对我们探索草业发展新路子，逐步实现立草为业，将起到积极的推动作用。

六是在职工综合素质培训上抓出成效。伴随着企业不断发展进步，先进的信息、智能、大数据等科学技术逐步应用于各业生产，对职工的岗位技能和综合素质提出了新的更高的要求。正是从企业长远发展的利益考虑、从职工适应岗位要求的实际出发，我们主动作为，春节过后，相继举办了农业技术、进口喷药机驾驶技术、甜菜种植技术、道依茨法尔拖拉机驾驶技术、凯斯喷药机驾驶技术、润滑油专业知识、化肥知识、单车核算、管理人员综合能力提升学习班，政治理论培训班等，已培训职工 678 人次，我们将按照培训规划，分期分批陆续开展职工培训，把培训考试成绩、岗位表现，思想品德等方面的内容纳入后备人才贮备库，作为今后企业聘任管理人员的依据之一。要使职工培训形成常态，为企业发展培养更多优秀人才。今年计划通过业务考试、组织考核、竞聘演讲、现场答辩等形式招聘部分管理人员，为有志者搭建施展才华的平台。

七是在树立信心打好春播战役上抓出成效。连续四年的持续阶段性干旱和去冬今春降雪少、气温回暖早、春风大，致使土壤底墒严重不足，能否一次播种抓全苗是摆在我们面前的首要任务。鉴于此，今年春播生产的重点仍然要突出抗旱保墒。要密切关注天气变化，密切关注土壤墒情，把抗旱保墒的各项措施落到实处。要根据农作物品种特性，科学合理推迟播期，适时掌控播种进度，把标准化作业、播种质量抓实抓细，决不能出现人为的失误。农场利用项目资金 450 万元购置的两台凯斯 HD2340 型气吹式播种机，已经组装调试完毕，即将投入春播作业。各生产队要不折不扣严格执行《春播生产实施方案》，安全高效完成春播任务，为全年各项工作开好头、起好步。

（二）鼓励扶持畜牧业稳步发展

面对畜牧业发展严峻的形势和制约因素，全场各级党员干部要有清醒的认识和深刻的思考，有责任做好稳定畜牧业基础和促进畜牧业发展的各项工作。要正确认识加快发展畜牧业不仅是产业结构调整的需要，更是分担农业风险、促进就业、增加职工收入、保持社会稳定的根本要求。所以，我们要全力以赴挖掘内在潜力，有效利用自然资源和比较完善的畜牧业基础设施，逐步扩大养殖规模，转变管理饲养方式，探索实践畜牧业转型发展的新途径、新方式、新举措，在稳步发展畜牧业上取得明显突破，2019 年计划采取以下措施扶持发展畜牧业。

一是对二队、八队已建成的标准化奶牛暖舍和挤奶厅，利用项目资金对其设施设备进一步完善，农场免收折旧费提供给职工使用，经营和管理方式由养畜户民主研究解决，生产队要给予积极的扶持引导，农场联系塞上雀巢乳业收购牛奶，解除职工的后顾之忧。

二是农场积极主动与地方政府、金融部门对接已达成意向，争取低息贷款扶持职工发展肉牛、肉羊养殖和大鹅、小笨鸡等为主要项目的特色禽类养殖。今年力争出栏肉牛2000 头、肉羊 10000 只，特色禽类养殖达到 15 万只，拓展职工增收空间。

三是抓好优良种畜导血改良、繁育推广工作，培育壮大适合本地养殖环境的优良种群，提升畜牧业发展质量。

四是职能部门要采取切实可行的措施，充分利用 6 个生产队的青贮窖，推广农作物秸秆微贮，以成本价供应给养畜户，发展绿色循环经济，降低养畜户饲养成本，为牲畜舍饲圈养创造条件。

五是按照生态优先、绿色发展的要求，对天然草场实施科学管理，采取播撒草籽、施肥、划区轮牧、阶段禁牧、鼠害治理、围封草场等综合措施，恢复草原植被，提高产草量，使天然草场得到永续利用。

六是利用闲置厂房，积极开展招商引资，待时机成熟时创办肉类加工、保鲜、冷藏企业，打造具有本场特色的畜禽肉类品牌，利用互联网＋农畜产品销售等多种形式扩大销售，延伸畜牧业产业链，激发畜牧业发展活力。

七是强化服务体系建设，为养畜户全程做好养殖引导和服务，强化畜牧兽医专业技能培训，扎实做好防疫和疾病预防治疗工作，提高为畜牧业服务的能力和水平，保证畜牧业健康发展。

（三）绿化造林改善生态环境

开展绿化造林、保护生态环境是实现企业可持续发展的基础，是改善区域环境、发展经济的重要组成部分。林业工作要紧紧围绕美丽农场、品色小镇建设和绿化家园这个主题，进一步完善农场荒山、荒坡、场区、队区绿化实施方案，有计划地坚持不懈推进造林和绿化工作。要在抚育更新农田防护林和"三北"防护林的同时，培植繁育耐寒抗旱的绿化树种。进一步加强园林苗木基地和苗圃科学管护措施的落实。今年春季要完成培育杨树苗 100 万株，撒籽种植樟子松 200 万株、丁香 10 万株、榆叶梅 10 万株、黄槐 10 万株，补植更新林带 1300 亩的任务，成活率达到 88％以上，为秋季造林绿化做好准备。要结合实际，全面实施标准化管护、标准化植树、浇水、防病防虫等环环相扣的管理模式，提高育苗、植树造林的科技含量。

（四）依托资源优势促进旅游业发展

旅游产业是涉及众多行业的潜力产业、朝阳产业，旅游对拉动经济增长、促进就业、优化产业布局具有重要的引导和带动作用。我们要从把旅游业培育成农场第三大产业的高度来认识，形成农业、牧业、旅游业相互融合、相互促进、快速发展的态势。要依托场区内草原、森林、河流、湖泊等自然资源，融入深厚多元的农垦文化元素和底蕴，开展民俗、民宿、特色餐饮、农业观光、体验牧场、先进农业机械展示、风光摄影基地等旅游项目，借助国道 G331 一级公路贯通场区的便利条件和优势，兴办家庭游，增加服务项目和设施。利用农场自产的褐麦粉、麦子米、土炉烤饼、挂面和职工自养的大鹅、小笨鸡、藏香猪、鸵鸟等禽类开办特色餐饮服务，满足游客品尝绿色有机食品和放心肉的需求。今年力争接待游客 5.5 万人，实现旅游业营业收入 1600 万元。

（五）抓好项目、基本建设任务落实

2019 年，我们还要多渠道争取项目促进企业发展建设，尤其要争取配套资金少或没有配套资金的项目。目前，已争取到位资金 450 万元，其中，自治区人大财经委 250 万元，自治区民委 200 万元，用于购进两台凯斯气吹式播种机。今后争取项目要根据生产发展和集团公司要求，尽可能减少项目配套比例。并且争取的项目应大多用于农田水利工程建设。

在基本建设上，除生产必须建设的基础设施和去年未完的工程之外，要严格压缩基本建设规模和投资，把资金用在刀刃上。封冻以前必须完成职工住宅楼区供水供热管网 1200 延米、沥青路面 5 万平方米，为伊根生产队建设仓储设施、有机肥厂 2 万平方米水泥地面和 13.9 万亩农田水利工程建设任务。各职能部门要认真做好项目评估、可行性研究、招投标、预算及项目实施的各项工作，使项目实施有章可循。基本建设要安排专业技术人员，严把工程建设质量关，按标准规范施工建设，确保工期和质量。

（六）全面加强管理促进降本增效

管理是企业永恒的主题，是节支增效的根本途径，企业发展无止境，管理就无止境。随着现代企业制度的逐步建立和完善，管理在企业经营中的作用越来越凸显。我们要主动适应新形势、新要求，采取有针对性的措施从严从细加强企业管理，防范经营风险。我们今年的管理目标是节支增效 1000 万元。

一要加强制度执行力度。制度执行的好坏直接反映出企业管理水平的高低。我们结合生产工作中出现的问题，相继出台了一系列有针对性的规章制度，对生产工作的方方面面立规矩、提要求，制度一旦实施，全场干部职工就要无条件遵守和执行，要增强制度的严肃性和刚性约束，用制度管人管事。各级管理人员尤其是手中掌握一定权力的人员，要坚决抛弃一切私心杂念，抛弃感情因素，在制度面前人人平等。无论什么时候、什么情况下，无论任何人都不能脱离制度的约束，都不能触碰制度的底线，不能视制度为儿戏，为所欲为，更不能滥用职权凌驾于制度之上。对违反制度造成人为损失的责任人，随时启动问责机制，尤其对各级管理人员绝不姑息、严惩不贷。

二要加强成本管控。要想实招、下工夫，完善财务管理，建立成本倒推、成本逆控和预算体系，使我们的生产在可控范围内运行。在这方面我们推行"两带三统四管"模式，"两带"即各级领导干部带头，党员队伍带动；"三统"即统一技术规程、统一生产资料、统一田间管理；"四管"即管生产资料投入、管物耗指标核算、管单车核算考核、管职工利益分配。今年降本增效的重点是以单车核算为中心和加强劳动管理、阶段性定额承包、物资采购供应管理。单车核算是一项系统工程，要抓出成效，必须上下联动，队长、书记、副队长、会计、核算员、出纳员、油料员、保管员等都要有明确的责任分工，各司其职、密切配合。会计、核算员要按季度和生产进行情况，分别撰写财务分析报告、统计分析报告，供生产队班子用于决策参考和依据，随时掌控生产队物耗情况，采取措施控制成本。单车核算涉及的作业类型、折合系数、单班耗油、零件费、修理费、作业量等核算指标务必做到日清上墙，月结公示。结合单车核算，我们大力倡导技术革新、修旧利废，从节约一滴油、一颗螺丝钉、一分钱做起，人人参与企业管理，人人分享管理红利，使单车核算真正发挥降本增效的作用。场直各单位要以控制成本支出为重点，严格管理，严格履行支出审批程序，依法依规办事。把费用超支节余作为对管理人员奖惩的重要依据，与工资收入紧密挂钩，并纳入年终工作实绩考核之中。

三要加强审计监督。认真做好内部审计是保证企业依法依规经营和有序运行的一项重要工作，也是及时发现风险，严肃财经纪律、堵塞漏洞的一项重要措施。今年，要加大审计工作力度，认真严肃地做好各单位行政主要领导离任审计，做好物资采购、粮油销售、单车核算跟踪审计，把审计工作融入生产经营的全过程。

四要支持农业科技试验站实施多种经营，拓宽创收渠道，增加职工收入。前不久，我们组织3套先进机组赴赤峰天山地区进行跨区作业，播种牧草1.5万亩，获净利润19.5万元，开启跨区异地作业的尝试和探索，提高了机械利用率，为我们今后实施更大范围的跨区作业积累了经验。

五要全力抓好安全生产、防火工作。各单位要认真贯彻上级和农场关于安全生产和防火工作的部署要求，全面落实安全生产责任制，时刻树立"安全生产重于泰山"的意识。对各生产环节的安全工作要进行再检查、再整改、再落实，重点在宣传、教育、防范上下工夫，不留死角，不留隐患，确保全年不发生重大生产事故，保证各项工作顺利进行。

目前已进入防火戒严期，各单位对防火工作务必予以高度重视，要健全防火组织机构，维修好扑火设备，安排值班水车和值班值宿人员，做到有备无患。坚决禁止点烧麦茬、越冬垃圾和草茬，杜绝一切野外用火，各单位要加强对辖区内农牧业点的管理，打好防火隔离带，防止火灾发生。

六要切实加强信访维稳工作。改革是动力，发展是目的，稳定是基础。各级领导干部在信访维稳问题上不能有丝毫的懈怠，不能存在侥幸心理，尤其是在改革发展的关键时期，更要给予高度重视，以高度的政治觉悟、敏锐的洞察力和使命担当，把职工群众关注的热点、难点作为我们工作的重点，用积极稳妥的办法和耐心细致的思想疏导工作，有理有据地解决职工群众的诉求。各单位领导干部要各负其责、各司其职，不能推卸责任，更不能激化矛盾。要把矛盾纠纷解决在萌芽状态，把问题化解在基层，为企业发展建设创造和谐稳定宽松的良好环境。

七要认真研究职工提出的问题。前不久，场党政班子深入到各单位进行工作调研，广泛征求职工对促进企业发展的意见和建议，真实地听到了职工的心声和诉求，从农业生产到牧业转型升级，从经营管理到职工利益分配，从民生到党建、人事制度等，每一条意见或建议，饱含着职工对农场的关心热爱，饱含着职工对企业繁荣兴旺的期盼，无不体现出职工以场为家的责任意识，对此，我代表党政班子表示深深的感谢。对职工提出的意见或建议，我们高度重视、认真对待，一些问题的解决已在《生产经营管理责任制实施方案》和企业管理系列制度中体现，一些问题正在解决之中，还有一些难度较大的问题，随着改革的不断深入也将陆续得到解决。我们也衷心地期待有更多的职工为企业发展建言献策，使民主管理的渠道越来越顺畅。

根据实际工作强度，在征求听取多方面意见的基础上，调整下降了部分管理人员的工资比例。今后，要根据各行业各岗位实际情况和工作需要，及时进行调整，使管理人员满负荷工作。

（七）突出以人为本，推进民生工程建设

顺乎民意，改善民生，是切实维护职工利益的真实体现，也是我们一切工作的出发点和落脚点，更是我们坚持不变的初心和使命，要让职工群众共享企业改革发展成果，继续多谋富民之策，多行惠民之举，多办利民实事。2019年我们承诺为民办好8件实事。

一是完成住宅楼区供水供暖管网改造和污水管网建设，铺设沥青路面和锅炉房后续工程建设及住宅楼区美化、绿化工作，改善职工百姓生活环境，提高职工群众的幸福指数。

二是利用进口大型黑巴斯特粉碎机为养畜户成本价提供粉草服务。

三是将油菜糠等农副产品无偿分配给职工，降低养畜户饲养成本。

四是将部分苜蓿草、燕麦草以成本价出售给职工，缓解饲草不足问题。

五是免费为在岗职工、退休职工进行健康体检。

六是搞好村屯绿化，使职工百姓居住环境提档升级。

七是争取民政扶贫资金，使老、弱、病、残职工和弱势群体得到生活上的帮助。

八是对 11 名贫困职工家庭大学生实施资助，每学年资助 1000 元，直至大学毕业。

（八）创新思路开创党建工作新局面

在党的建设工作方面，随着新形势的发展、时代的进步，党的建设工作只能加强不能削弱。我们不能墨守成规、因循守旧，要针对党的建设的新情况、新特征，创新工作思路，改进工作方法，把党的建设与经济建设有机融为一体，同企业增效、职工增收相结合，围绕经济抓党建，抓好党建促发展。

一是在实际工作中，全场党员、各级领导干部都要把党的政治建设放在首位，牢固树立"四个意识"，坚定"四个自信"，坚决做到"两个维护"。从思想上、认识上、行动上同以习近平同志为核心的党中央保持高度一致，贯彻集团公司党委的战略决策和从严治党的具体部署。全面落实讲政治、守规矩的各项要求和规定。在各级党组织深入开展"不忘初心、牢记使命"主题教育，形成政治站位高、思想统一、干事创业的强大合力。

二是更加注重党的思想建设。要以习近平新时代中国特色社会主义思想、党的十九大精神和《党章》为主要内容，加强党的理论学习和党性教育，要把发展观政绩观教育和"两学一做"常态化制度化的要求，通过不同载体落到实处，加强对意识形态工作的领导，筑牢思想舆论阵地。

三是深入推进党的组织建设。各党支部在严格规范"三会一课"制度的基础上，全面开展党支部标准化、规范化建设。在全体党员中继续开展"入党为什么""党员怎么做"大讨论，真正做到每一个支部就是一个战斗堡垒、每一名党员就是一面旗帜。

四是全面加强党的作风建设。作风建设关系到企业发展进步，关系到人心向背。全场党员、各级领导干部要以转变工作作风为己任，要心正律己、身正垂范。要以身作则，以上率下，时刻牢记作风建设永远在路上。要克己奉公，严格自律，坚持原则，办事公道，把勇于吃苦、任劳任怨的作风落实到深入调查研究解决实际问题上，落实到知民意、解民忧、办实事上，落实到破解难题创新发展上。要坚决纠正高高在上、盛气凌人、以权压人、工作方法简单粗暴的官僚主义作风。用责任承担使命，用行动诠释担当，用担当凝聚人心，用实际行动焕发出广大职工无穷的创造力，推进各项工作顺利完成。

五是突出加强党风廉政建设，深入开展反腐败斗争。党员、干部的一举一动、一言一行职工群众都看在眼里、记在心上，体现了民心所向，关系到企业发展和正气的弘扬。党要管党、从严治党任务艰巨，责任重大。不管是党员、基层干部，还是手中拥有一定权利的领导干部，都要不折不扣坚决贯彻执行中央"八项规定"，认真执行反对"四风"的要求和党风廉政建设的各项制度，提高思想防范和自我约束能力，常自醒、善自励，讲修养、讲道德、讲纪律，知廉耻、知底线、知敬畏，决不能顶风违纪，更不能以权谋私、以职务谋私，在全场营造风清气正的良好政治生态。

六是全面加强干部队伍建设。目标任务确定之后，人是事业成败的关键因素。目前，我们的管理人员队伍庞大，职数过多，但有创新思路、有工作能力、懂经营善管理的人员不多，有些管理人员专业技术不精，缺乏进取精神和担当作为的勇气，还有一部分管理人员当一天和尚撞一天钟，甚至有的连钟也撞不响，混时度日，严重缺乏责任感和危机感。面对这种现实，我们将通过深化干部人事改革和定员定编、竞争上岗的方式认真加以解决，形成干部能上能下、能进能出、工资能增能减的机制，优胜劣汰。我们要用识才的慧眼、聚才的方法、用人的气魄，不徇私情，不看关系，择优选聘，真正打造一支团结协作，勇挑重任，知难而进，业务精湛，品德高尚，群众拥护，能够率领职工完成各项工作任务的管理人员队伍，为企业持续发展培养中坚力量。

（九）进一步加强企业文化和精神文明建设

企业文化是企业的灵魂，更是企业潜在的生产力和无形资产。我们要不断加强企业文化建设，把企业精神融入各项生产的全过程，真正发挥宣传人、教育人、激励人、鼓舞人的作用。今年是新中国成立 70 周年，我们要以此为契机，全面深入地开展群众性精神文明建设活动，把社会主义核心价值观教育和爱国主义教育同精神文明建设紧密结合起来，大力倡导"爱国守法、明礼诚信、团结友善、勤俭自强、敬业奉献"的基本道德规范。各职能部门要以开展第 15 年广场文化活动月为抓手，提前筹备安排丰富多彩的各种活动，弘扬主旋律，激发正能量，增强企业凝聚力和向心力，使精神文明建设真正为企业发展、社会进步提供坚强有力的思想保证、精神动力和智力支持。

（十）发展壮大企业实力，为区域经济做出贡献

作为额尔古纳市驻市农垦企业，我们取得的每一项成绩、每一个进步，都得到了额尔古纳市委、市政府、各科局和上库力街道办事处的大力支持和无私帮助，我们深表感谢。在今后的工作中，我们将主动沟通协调，融入区域经济发展，秉承一体化、一条心、同呼吸、共命运的宗旨，竭尽企业全力，承担企业责任，同心同德共谋发展，相互促进实现共赢，为额尔古纳和上库力地区经济繁荣、百姓富裕做出更大贡献。

各位代表、同志们：人勤春来早，奋进正当时，新的一年，新的使命，我们将开启新的征程。目标已经明确，重在狠抓落实，肩负着历史重任和职工百姓的期盼，我们责无旁贷、信心坚定。让我们在集团公司党委，集团公司，额尔古纳市委、市政府的正确领导下，用全场干部职工敢为人先的胆略、吃苦耐劳的意志、真抓实干的行动，抓住机遇、乘势而上，为扎实推进各项事业高质量发展不懈奋斗，以优异成绩向新中国成立 70 周年献礼！

工 作 研 究

新时期政工队伍建设存在的问题及解决对策

于建涛

《林海日报》2014 年 5 月 15 日星期四　第 16556 号

一、当前基层政工干部队伍建设存在的突出问题

（一）思想政治工作减弱，部分工作转向业务化

当前，由于经济社会快速发展，大多数政工干部相应承担起了业务干部的职责，由于牵扯的时间和精力过多，思想政治工作一定程度上有所弱化。

（二）综合能力素质不强，不能适应形势发展的需要

有的政工干部做思想政治工作的能力一般，存在着能"武"而不能"文"的现象；有的没有掌握思想政治工作的基本方法和技巧，组织能力不强，缺乏做群众工作的耐心和细心，在做组织宣传工作时往往显得非常吃力，效果也打了折扣。

（三）对思想政治工作的定位不准，职能作用发挥不好

有的政工干部认为，领导安排我做什么就做什么，况且思想政治工作比较难做，不出成绩不说，弄不好还要得罪人，特别是一些年轻的基层政工干部，由于工作时间不长、经验不足，开展工作时放不开手脚，对队伍建设中暴露的问题不敢管也不愿意管，缺乏应有的责任心，监督管理浮于表面、流于形式。

二、解决问题的方法及对策

（一）狠抓思想教育，增强政工干部思想素质

思想政治工作是一门科学，要干好它不是一件容易的事情，政工干部的政治思想素质是其履行职能、发挥作用的前提和基础。各级党组织要紧密结合实际，把政工干部政治思想教育作为重要任务来抓。一是理论政策教育。组织政工干部学习马克思主义基本理论和邓小平建设有中国特色社会主义理论以及党的各项方针政策，提高认识、分析和处理问题的能力，不断增强与市场经济相适应的改革观念、效益观念和竞争意识。二是理想信念教育。引导政工干部牢固树立共产主义的远大理想和目标，以坚强的意志和顽强的毅力经受改革开放、市场经济和各种困难、风险的考验。三是党章党性教育。教育政工干部时刻把党和人民的利益视为自己全部活动的出发点和归宿，讲责任、讲奉献，忠实地实践全心全

意为人民服务的宗旨。四是艰苦奋斗教育。督促政工干部处处发扬党的优良传统和作风，自觉抵制拜金主义、享乐主义和各种腐朽思想的侵蚀。只有提高自身政治理论修养才能在政治思想、政治立场、政治态度、政治观点、政治纪律等方面成为广大职工的楷模，才能使思想政治工作坚持正确的政治方向，真正起到教育人、引导人的作用。

（二）狠抓业务培训，增强政工干部业务素质

政工干部水平的高低，在很大程度上取决于科学文化素养的高低。思想政治工作仅有满腔热情和良好的愿望是不够的，必须具有相应的科学文化水平。特别是在时代不断发展、知识不断更新的今天，政工干部更要注重不断丰富自己的知识，开阔自己的视野，增长自己的见识。要向书本学习，不但要学习法律、法规，而且要学习文学、历史、心理学等知识，要善于把握职工的思想动向，有的放矢做好想政治工作。要深入到职工当中，向职工学习，了解和学习职工的长处，掌握职工的思想动态，加强与职工的沟通与交流，有针对性地做好职工的思想工作，这样才能使思想政治工作收到好的效果。

（三）具备较强的服务大局的意识，提高政工干部管理水平

政工干部要把单位的发展作为第一要务。在为人、处事、想问题、干工作等方面，必须以维护单位大局、维护整体利益、促进单位工作的前进和发展为根本出发点和落脚点。具体地讲，就是做思想政治工作时，要保证党组政令畅通，教育职工立足本职、扎实工作，以自己的一言一行维护法律的严肃性和权威性。只有这样，才能体现出政工干部的价值，赢得领导和群众的尊重。其次，要钻研业务。政工干部如果不懂业务，就无法将思想政治工作落到实处，更无法当好党组的参谋助手。只有具备业务能力，才能游刃有余地解决业务中发生的问题。

（四）强化工作职责，健全完善管理机制

加强政工队伍建设是个动态过程，需要随着形势的变化，不断有所创新，探索新的管理形式和方式。一是实行政工干部工作目标管理。要结合企业实际和工作需要，通过政工干部责任区、示范岗等多种形式，给政工干部制定具体可行的工作目标，使政工干部发挥作用。同时，将政工干部工作目标管理纳入单位管理的统一规划之中，一并考核。二是建立竞争激励机制。定期对政工干部的工作进行评比检查，让政工干部的工作成果摆在桌上、亮在明处，形成干多干少不一样、干好干坏不一样的竞争环境。对于长期不发挥作用或发挥不好作用的政工干部，要采取组织措施给予适当处理。三是加强组织群众监督。要开展政工干部定期汇报工作和民主评议政工干部工作，强化对政工干部的监督，将政工干部实现自身价值的取向调整到以组织和群众认可为准的方向上来，促进政工干部在实践工作中发挥应有的先锋模范作用。

（五）要具备公正无私的胸怀，永葆清廉形象

政工干部的工作性质，决定其要应付各种复杂局面，面对不同性格、不同年龄、不同层面的人。所以，作为政工干部，一要廉洁从政、二要公正尚贤、三要正派高尚。要把握自己的言行、思想和作风，树立自身良好形象。不以自己的喜怒哀乐影响工作，不以自己的好恶亲疏而评定同志，工作中要始终保持开朗乐观、积极向上的精神状态，以自己的人格魅力凝聚和感染人，增强思想政治工作的说服力。

以企业文化为切入点加强和改进思想政治工作
包义清
《企业文化》2015 年第 12 期（总第 494 期）

摘　要：贯彻落实党的十七届四中全会精神，在新形势下加强和改进思想政治工作，寻求思想政治工作的新途径、新方法，是企业面临的一项新课题。以企业文化为切入点，在营造企业文化氛围、树立企业形象、锤炼企业精神之中贯穿思想政治工作，是一条加强和改进思想政治工作的有效途径。

关键词：企业文化；思想政治工作；改进

企业思想政治工作主要是对广大职工进行马克思主义基本理论、党的基本路线、爱国主义、集体主义、社会公德及艰苦奋斗的教育，培养"四有"职工队伍。对职工在生产过程中所产生的各种思想问题、情绪问题和行为问题进行疏导，及时予以解决。企业文化的基本内容是根据企业内外条件选择经营哲学、确定管理信条、培养企业精神、确立企业目标、建设企业道德、树立企业形象等。因此，思想政治工作的任务是立足于全党的思想政治上的高度统一，具有较强的共性特征。企业文化是在宏观的大政方针指导下，主要依据本企业的实际情况长期铸就的，具有鲜明的个性色彩。

无论企业文化建设还是思想政治工作都是在一个特定企业环境中进行的，企业文化建设和思想政治工作在这种既确定又多变的环境中，必然受到内外环境中的各种因素的影响，其中有的因素可能起到积极的作用，有的因素可能起到消极作用，要认真分析研究这些有利和不利因素，为企业文化建设或思想政治工作找好基点、提供条件。在同一环境中，在相似的影响因素的作用下，企业文化和思想政治工作根据各自的特点和优势，确定建设自己的企业文化起点和程序，选择思想政治工作的重点和突破点，以求两项工作同步获取成果。企业文化所倡导的企业精神，包括竞争精神、创新精神、科学精神、主人翁精神、群众精神、奉献精神、民主精神、服务精神等，不仅丰富了思想政治工作的内涵和外延，而且给思想政治工作增添了新的活力。同时，在培育企业群体意识、倡导企业道德、

规范员工行为、开展各种文化活动方面，为思想政治工作提供了更广泛的活动舞台。

综上所述，在新形势下加强和改进思想政治工作，要以企业文化为切入点，企业文化具有一种强大的力量。有些物质资源也许会枯竭，唯有文化生生不息。企业文化是一种无形的生产力，一种潜在的生产力，一种无形的资产和财富。企业文化会极大促进企业的发展。

一、辩证处理企业文化与企业思想政治工作的关系

企业文化与思想政治工作在调动职工积极性、增强企业凝聚力、保证企业发展目标实现上起着相辅相成的作用，但二者性质有所区别。企业思想政治工作是以企业内部员工为对象，以解决思想问题为目的的一种活动。企业文化是一种社会文化现象，是与企业经营活动有机融合在一起的一种活动，它不仅对内有黏合作用，对外也具备争取公众对企业认同的社会功能。

企业文化与思想政治工作是两个不同的概念，是两项不同的工作，但在实际操作中又有着密切的联系，在许多方面都是相同、相通和相融的。目标一致——树立和强化企业精神，用价值观来统一人们的思想意识，把全体职工凝聚在一起，最大限度地调动职工的积极性、创造性，不断提高企业经济效益，促进生产力发展。对象相同——重视人的因素，尊重人的地位，研究人的思想和行为，最大限度地调动人的积极性；注意协调人们之间的关系，重视培养职工的集体主义意识，把人看作是企业主体，关心人、培养人、造就人，以人为本，促进企业多出产品、提高效益、发展生产力。内容相似——重视精神因素的作用。

二、企业文化建设为思想政治工作增添内容和活力

企业文化所倡导的企业精神，包括竞争精神、创新精神、科学精神、主人翁精神、群众精神、奉献精神、民主精神、服务精神等，不仅丰富了思想政治工作的内涵和外延，而且给思想政治工作增添了新的活力。同时，在培育企业群体意识、倡导企业道德、规范员工行为、开展各种文化活动方面，为思想政治工作提供更广泛的活动舞台，使思想政治工作更适应市场经济的需要，更便于与经济工作融合在一起，从而使思想政治工作更好地转化为物质生产力。

三、企业文化建设推动思想政治工作的改革和创新

企业文化建设所倡导的企业精神，是企业员工共同的价值观，是企业之魂，它把思想政治工作所注重的爱国主义、集体主义教育具体化、企业化。企业文化建设所运用的各载体也为思想政治工作提供了更多的途径和方法，提高了思想政治工作的针对性和有效性。正是企业文化的内涵，大大丰富了思想政治工作的内容，创造出能够团结和凝聚职工的、

能够增强企业向心力和竞争力的新形式、新方法，能够克服思想政治工作的某些弊端，改变在旧体制下形成的不适应社会主义市场经济发展的旧观念、旧模式、旧方法，使思想政治工作与经济工作更加有机地融为一体，做到实处。

四、思想政治工作确保企业文化建设的正确方向

企业文化与思想政治工作的关系：企业文化可以在更大的领域里为思想政治工作提供观念、价值、精神表现的形式与载体；思想政治工作借助企业文化方式，可以不断丰富内容、深化工作效果。企业文化通过科学文化和人文文化手段的综合运用，把思想政治工作开展的党的路线、方针、政策的教育内容转化为企业的价值观，进而增强企业的凝聚力，发挥职工生产经营的积极性，为企业和国家多作贡献。

作者简介：包义清（1965—），男，江苏淮阴人，大专，政工师。研究方向：政工。

企业文化建设与企业发展

于建涛

（海拉尔农牧场管理局上库力农场，内蒙古额尔古纳 022257）

《中外企业家》2014 年第 8 期［总第 454 期］［企业文化］专栏第 130 页

摘　要：过去评价一个企业的好坏，人们往往只看业绩，但现在开始关注一个企业的文化。业界已经达成共识：优秀的企业文化能够使企业产生持续性竞争力和凝聚力，是企业核心竞争力的源泉，它对企业发展有着重要的意义。

关键词：企业文化；发展；意义

有资料显示，在美国企业的平均寿命是 40 年，日本企业为 13 年，而中国企业只有 5～8 年。1 亿元门槛往往成为我国民营企业不可逾越的一条死亡线。而回顾 20 世纪 70 年代《财富》杂志所排出的世界 500 强企业，可以发现大约 1/3 的公司已经销声匿迹。究其原因，无不是不健康或不健全的企业文化造成这些企业无法不断更新自身以适应不断出现的机遇和挑战。正如香港经盛国际执行董事叶生所说：人类因梦想而伟大，企业因文化而繁荣。

一、企业文化对我国企业发展的重要意义

1. 企业文化可以提高企业的核心竞争力　成功的企业文化是企业生存的必要条件，它能够使企业具备自我改进的能力，提高企业的核心竞争力。优秀的企业文化会使企业员工产生归属感，对价值有共同的认识，从而吸引、留住人才，提高企业对人才的竞争力。优秀的企业文化能够提高企业运行的效率、提升品牌的含金量、增加产品的价值，从而增强企业在市场上的竞争力。对于处于转型时期的企业，健康的企业文化也能够降低个人影

响力在企业中的过分存在，从而为企业的平稳发展创造良好的条件。

2. 企业文化可以增强企业的凝聚力　企业文化对外是企业的一面旗帜，对内是一种向心力。成功的企业文化融合了个人与工作的关系，提高了企业的凝聚力。优秀的企业文化可以在企业内部营造一个公平、相互信任的良好的工作环境，企业的每个成员都会主动地为公司出谋划策、排忧解难，企业员工也能实现自身最大价值。优秀的企业文化还有助于提高员工的整体素质，有利于企业更快地适应不断变化的市场。

3. 企业文化可以推动社会主义文明建设　建设有中国特色的社会主义，包括发展物质文明、精神文明和政治文明三个方面。事实证明，在现代的企业建设中，发展优秀的企业文化，不但有利于提高企业的整体素质，培育优秀的企业精神和塑造良好的企业形象，还有利于创造企业和社会的健康和谐关系，是推动社会主义文明建设的有效途径。一方面，企业通过运用文化的手段，来调动员工的积极性，提高企业的运作效率，对企业的发展产生巨大的推动作用，也就会为社会创造出更多的物质财富；另一方面，企业作为社会主义市场经济的一大主体，营造积极向上的企业文化，既有利于自身的发展，也代表了中国先进文化的前进方向。企业文化的建设过程，也是对企业员工进行教育和培养的过程。它运用各种规章制度来约束和规范员工的行为，通过倡导企业精神来引导员工树立理想和信念。所有这一切，对促进社会主义文明建设、发展社会主义先进文化都具有很现实的作用。

二、推动企业文化建设的几点建议

建设具有中国特色的企业文化既是一个理论的问题，也是一个实践的问题。企业文化建设要想在实践上成功，必须结合企业自身特点和所属行业特性，创建个性鲜明，富有特色的企业文化。现阶段，我国企业文化建设应注意以下几点：

1. 充分发挥企业领导在企业文化建设中的作用　企业领导是企业文化的倡导者、维护者和管理者，他们的思想意识，个人品行与道德准则，思维方式与习惯，价值观与经营哲学，直接决定着企业文化走向和实质内容。可以说企业文化与企业领导有着千丝万缕的联系。任何优秀企业文化虽是企业员工集体智慧的结晶，但更凝聚了企业领导的智慧与心血。

企业文化建设需要企业各部门之间多层次、全方位的协调与配合，需要全体员工的共同参与。只有企业领导在人力、物力、财力给予大力支持，才能推动企业文化的发展。同时，企业领导是企业文化的龙头，领导的言行举止是一种无声的号召，对员工起着重要的示范作用。企业领导只有自觉地融入企业文化建设中，企业文化才会逐步完善、定型和深入。因此，作为企业领导，必须从战略高度认识企业文化建设的重要性和必要性，不仅应当成为企业文化建设的积极倡导者，更应成为企业文化的维护者和管理者，用自己的实际行动为员工做出表率，也成为企业精神和企业形象的代言人。必须要认识到企业文化建设不仅与企业经济效益紧密联系，对企业的社会形象、长远发展等都有至关重要的影响。所以，企业领导要把企业文化建设提到战略高度，通过企业文化建设培养核心竞争力。

2. 建立以人为本的企业文化　企业是人的集合体，它的存在与发展是人创造的。只有"依靠人，为了人，尊重人，塑造人"，企业才能更好地向前发展。当今企业之间的竞争实质上是人才的竞争，而人才竞争的基础是企业文化。因此在企业文化建设中应强化以人为本的意识，使企业成为全体员工都具有使命感和责任感的共同体。要结合企业的特点和发展的走势，把企业文化建设溶于各项活动之中，使员工在工作、学习、生活的各个层面，都能汲取企业文化所带来的营养，为构筑一流的企业，雕塑凝聚力极强的战斗群。企业要做到唯才是举，积极营造有利于人才成长的良好环境，构建一个人才成长的平台。积极创新人才机制，努力做到用事业造就人才、用环境凝聚人才、用机制激励人才、用法制保障人才。全面、准确地识别和评价人才，公正、公道地对待人才、选好人才、用好人才，使人才更好地为企业发展服务。

3. 调整不同阶段的企业文化　一个企业的成长要经历创立、成长、成熟三个阶段。对于不同阶段的企业，其文化建设的侧重点有所不同。对于处在创业期的企业，其核心目的是要吸引和留住人才，所以，必须建立一个科学完善的激励机制，企业文化应着重体现对员工的关怀，使员工对企业的发展和壮大充满信心。当企业进入成长阶段，企业的发展需要一个公平合理的内部环境，企业的组织结构需要合理调整。这时的企业文化建设应在激励机制基础上，建立有效的绩效机制，对员工的奖罚要分明，分工要明确，用有效的管理制度来维持企业的良性发展。在企业步入成熟阶段后，企业往往集团化，运行相对平稳。这个时候企业往往容易出现大企业病，员工的工作效率降低、责任感下降。保持企业的活力、激发创新意识、推动企业改革，是这类企业发展的当务之急。这时的企业文化建设应该在提高员工的创新意识、强调危机意识和培养开发人才上下工夫。另外，在企业处于并购阶段时，要注重融合各个企业的子文化，形成包容并购企业的独特之处但又有共性的大企业文化。

4. 在借鉴发掘整合中建设有中国特色的企业文化　随着经济全球化进程的推进，世界上所有的企业都处在经济结构、社会制度、文化价值观的激烈冲撞与重组之中。鉴于东西方文化的差异，如何创建有中国特色的企业文化是摆在我们面前的一个不容回避的难题。我们企业首先要理智、辩证地对西方企业文化加以分析，发现其中的优劣，从而能够取其精华、去其糟粕，避免不假思索地全盘西化的错误倾向。但更为重要的，是要发掘祖国传统文化的精髓，建设有中国特色的企业文化。

三、结论

众所周知，企业文化是民族文化的具体体现。中华民族有着五千年的文明历史和优秀的民族文化，其中最具代表性的就是儒家文化。儒家文化不仅在中华民族的发展史中发挥了重要的作用，而且对世界许多国家和地区的政治、经济、文化、社会也产生了巨大的影响。日本、韩国、新加坡等国家经济和社会的发展，无不得益于儒家文化。儒家文化的精髓是"仁义礼智信"，从现代经营管理的角度去理解，我们就会发现理想的企业文化应该是"仁义礼智信"的统一体。通过吸取儒家伦理思想之精华而建立的企业文化，能帮助企业提高其自身的凝聚力和竞争力，在市场上赢得公众的信赖和赞誉。此外，我们要建立高度整合的现代企业文化，摒弃传统经济中的粗放型文化，结合自身特点，吸收西方企业文化和我国传统文化中的精华，整合出具有自身特色的企业文化，以应对新形势下的挑战。

作者简介：于建涛（1965—），男，内蒙古额尔古纳人，大专，政工师。海拉尔农场局上库力农场基层党支部书记。研究方向：思想政治工作。

农村地区肉羊养殖存在问题及优化方法

袁立文

（内蒙古海拉尔农场局上库力农场，内蒙古额尔古纳 022257）

《兽医导刊》2018 年 4 期 《健康养殖》专栏 229 页

摘 要：随着人们对羊肉食用需求量的不断加大，在肉食类产品中羊肉的比重不断增加。目前我国肉羊养殖场大多处于农村地区，养殖环境相对偏差，大多属于散户养殖，在养殖技术、资金支持等方面存在欠缺，阻碍了肉羊养殖质量的提升。本文首先分析了目前肉羊养殖存在的问题，并在此基础上提出几点优化方法。

关键词：肉羊养殖；问题；优化策略

现如今，肉羊已经成为我国动物养殖的重要品种，农村地区展开肉羊养殖产业不但能够满足市场需求，还能够促使当地经济发展。我国肉羊养殖场普遍在农村开办，随着养殖规模的扩大，生产中的弊端逐渐显露，影响了肉羊养殖创业之路。本文以农村地区肉羊养殖产业为切入点，研究了养殖过程中显露的问题并提出几点改进方法。

一、肉羊养殖问题所在

（一）基础设施落后

基础设施落后主要受到经济条件制约以及思想观念的制约。农村地区肉羊养殖大多建立在常规猪、牛养殖基础上，未配备专业的肉羊养殖相关硬件设施，缺乏规模化及标准化建设。在养殖布局方面未设立专业的消毒池，对外来车辆未建立严格消毒制度，导致细菌和病菌进入肉羊养殖区域而引起经济损失。另外，部分养殖户并未考虑到强化硬件设施对肉羊养殖产业带来的长远效益，仅将利益放在眼前，希望在短期内获取经济收益，因此无法实现标准化生产及规模化生产。在这一背景下，农村地区肉羊养殖缺乏行业带头人，养殖无法形成品牌化、规模化，无法建设龙头企业，产业的长远发展受限。

（二）养殖观念欠缺

受到养殖专业知识及文化水平的限制，目前农村地区种羊养殖大多以经验养殖为主，在管理观念及养殖观念上较为缺乏，无法在科学的养殖方式下提升肉羊品质。以引种制度为例，肉羊在购买时必须遵循严格的引种制度，少数养殖者在经济利益驱使下购置较便宜的种羊，可能出现购买了患有传染性疾病的种羊的情况，若缺乏隔离观念会造成大量羊群死亡，导致不可逆风险。又如在修建羊圈时缺乏对养殖区域的明确分工以及隔离，未严格规划养殖区、隔离区、工作区等，一旦出现疾病会迅速蔓延。管理观念上的不足会导致管理疏漏，最常见的影响则为羊群中疾病迅速蔓延。

（三）免疫接种不足

由于肉羊养殖存在疾病蔓延危险，因此对肉羊进行全方位免疫接种是必要的防护措施。对于目前农村地区肉羊养殖散户而言，不少散户存着侥幸心理，或考虑到经济成本而放弃免疫接种，只考虑消毒及饲养方面的操作。虽说在消毒及饲养上注意环境卫生可在一定程度上达到防疫效果，但这类行为只会在最初节省资金，一旦出现疫病，病菌会大范围蔓延。肉羊的致病源大多通过粪便传播，环境因素导致病原体直接侵入肉羊而造成大范围传播，若在免疫接种工作中存在侥幸心理，必将导致较大经济损失。

二、肉羊养殖优化策略

（一）预防病菌侵害

肉羊养殖过程中，首先，需要为每只羊进行驱虫，避免寄生虫病。可选择阿苯达唑及伊维菌素之类的常见驱虫药物展开全方位驱虫。其次，应在日常养殖中强化接种免疫工作，严格消毒各类免疫器械后为肉羊展开免疫接种。注射免疫疫苗后应观察至少 0.5 小时，确保无过敏反应。最后，若发现存在疫病早期症状的肉羊应及时对症整治、排查病情，避免疫病的大面积传播。

（二）严格控制品种

饲养品种单一及肉羊品种不全是目前农村肉羊养殖在品种上的主要缺陷。受到对肉羊品种认知的限制以及资金投入限制，目前农村地区肉羊养殖存在改良工作欠缺的情况。对于当地政府部门而言，应加强对优质肉羊品种的宣传及推广，在引种流程上严格化、规范化，在保障肉羊品质的基础上提升品种的多样性。同时，在品种的选择方面应根据当地环境及养殖条件合理选择，确保羊种优良。

（三）更新养殖观念

目前农村地区绝大多数养殖户存在着养殖模式落后、缺乏科技含量的情况。针对这一现象，当地政府应派遣科技工作者对肉羊养殖户展开定点、定向指导，除了肉羊养殖的专业知识外，还应让其了解养殖过程中的不确定因素以及行业发展趋势，让养殖户在看到经济效益的同时考虑到潜在风险，提升其对科学管理的重视。除此之外，应强化养殖户的风险意识，对外来车辆及引入品种均需严格消毒，在繁育体系及观念上科学化。

（四）强调科学养殖

牧草是肉羊养殖中必不可缺的重要饲料，推广优质牧草可提升肉羊的免疫力。可鼓励养殖户将母羊与公羊分开饲养，夏季放牧至优质草场，冬季注意青干草的足量储备。适当喂食浓缩料及矿物质饲料，保障其营养需求。养殖户应主动学习肉羊养殖的科学操作，利用科学化养殖降低各类养殖风险。在经济条件允许的情况下可将农村地区当地肉羊养殖规模化，形成品牌产业。

三、结语

综上所述，目前我国农村地区的肉羊养殖产业仍存在着分散情况，未形成规模化、科学化养殖。养殖户应认识到科学养殖的重要性，及时改进目前养殖中的问题，当地政府部门也应在此方面强调宣传与技术推广，给予养殖户一定程度上的政策优惠，打造品牌效应，利用科学化养殖获取更大经济效益。

作者简介：袁立文（1981.03.04），男，内蒙古呼伦贝尔市，本科，兽医师。研究方向：兽医技术服务。

略论小麦防倒伏高产栽培技术

李世岭

内蒙古呼伦贝尔农垦集团上库力农场

《农家科技（下旬刊）》　　2012 年第 4 期

摘　要：近些年来，小麦倒伏的现象时有发生。随着小麦生产技术的提升，以及小麦产量的不断提高，对小麦防病的要求也是越来越高。小麦的倒伏一般分为茎倒和根倒。对小麦播种量没有加以控制，播种量过大，而且有机肥的使用量过多，在这两种情况下，一般会发生茎倒现象；根倒主要与天气情况和浇水是否适量有关，浇水过多或者遇到强风、冰雹天气都会导致小麦的根倒。小麦的大面积倒伏会造成严重的减产，因此，对倒伏现象的预防是十分重要的，本文将从分析小麦倒伏的原因入手，着重分析解决的措施。

一、小麦发生倒伏的影响因素

小麦发生倒伏的相关影响因素十分复杂，多年来农业研究证实，倒伏的原因主要分为三个方面：第一，与播种小麦品种有关，不同的小麦品种抗倒伏能力有差异。第二，气候因素的影响不容小视，雨季的连续降雨，以及大风和冰雹等恶劣天气，都会在一定程度上造成小麦的倒伏现象。第三，小麦的播种栽培措施不当，比如播种过早或者播种量过大，导致返青起身期进行追肥浇水至基部节间拉长，茎壁变薄，减弱了抗倒能力。下面将细致地分析小麦倒伏的原因。

1. 对小麦的施肥搭配不合理　据调查发现，很多农户在施肥过程中采取"一炮轰"的方式，即在播种过程中带入大量的肥料，造成肥料元素的搭配不合理，比如氮肥过多，早春追肥量过大，大小分蘖齐头生长，造成茎秆基部节间的机械组织生长发育不良、节间过度伸长而细弱，缺乏韧性、头重脚轻，植株细软，这种情况下很容易出现茎倒。

2. 小麦的栽培技术不过关　小麦的栽培很有讲究，必须从细处着眼，比如小麦播种过早、播种量过大，会造成一定程度上的基本苗过多，致使生长期中后时间段群体过大，通风透光能力差，使植株受光照不均，一定程度上导致植株高矮不一或者茎秆偏细等种种情况，造成倒伏现象。另外，土地的耕理情况对小麦的后期生长也是十分关键的。耕层浅、整地质量差，会致使小麦根系下扎困难、根系发育不良，导致根倒现象。

3. 外部因素的影响　首先，病虫害的侵蚀，会导致小麦的倒伏，如金针虫可以咬断小麦的基部节间。病害方面，尤其是近几年，小麦纹枯病等病害发生早、发病重、发病面积大，如果不及时防治，一旦在苗期基部节间感病，中后期会造成基部节间损伤或坏死。其次，生长期的植株受气候影响大，早春温度回升早且回升快，小麦拔节就会早而快，造成植株高度增加，基部节间过长。这种情况下，必须保证小麦根部的牢固性，预防来自恶劣天气的威胁，做好预防工作，才能防治倒伏现象。

4. 种植品种本身抗倒伏能力差　品种的抗倒能力差是产生倒伏的最主要原因。近几年培育的一些高产品种，有的本身存在茎壁较薄、植株分散，植株过高、茎秆弹性差、基部韧性较差、第一节间及第二节间较长、两极分化慢等问题，致使在生产过程中如果管理不当容易产生倒伏现象。

小麦发生倒伏的原因是多方面的，所以，要预防这种现象的发生，必须全方位做好预防工作。

二、小麦抗倒伏的有效措施分析

1. 提高小麦栽培时的抗倒伏能力

（1）必须严格把握好小麦种植时间。对冬小麦来说，一般在冬前时段，小麦会出现旺长的趋势，可以在冬季1月份左右选晴天的下午时段，用石碾碾压来抑制分蘖生长，促使节间长度缩短，保证茎秆健壮，抑制小麦茎部倒伏。在碾压时，一般稠旺苗碾压1～2次，每次间隔7～10天；壮苗碾压1次。在田间湿度过大或者阴雨天的情况下不宜进行，可以选择化控的方式，对年后仍有旺长趋势的小麦进行处理。一般选用抑制植物生长的植物生长调节剂如多效唑、矮壮素等，在起身期之前进行。一般以15%多效唑600～750克/公顷，兑水450～750千克/公顷进行喷洒。

（2）按照实际情况，适当播种，保证不超量。调整好播种量对小麦的生长十分关键。播量过大，造成使植株叶片之间的互相遮光，导致阳光照射分配不均，小麦植株通过光合作用制造的有机养分相应也会变少，从而茎基部得到的养分供应也就相应减少，导致茎秆变细、抗倒伏能力降低，更加容易引起倒伏。

2. 选择适当的抗倒伏品种

对小麦的选种十分关键，必须选择抗倒伏能力强的品种，尤其是高产区，应选择抗逆性强、综合状况良好的小麦。一般需要符合以下几个标准。根据小麦种植区选用适合当地栽培条件的小麦品种；选用茎秆比较粗，弹性比较好的小麦品种；注意小麦植株的高矮，一般以75～85厘米高的小麦品种为佳。

3. 运用化控方法控制倒伏

利用化控防倒伏是现在比较常用的方法，抗倒伏效果比较明显。常用的有15%多效唑粉剂750克/公顷、1200～1500克/公顷、壮丰安1500毫升/公顷等。一般可选择其中的一种药物兑水450～600千克/公顷于起身期均匀喷洒，能明显增加茎部节间强度，降低株高，从而增强抗倒伏能力。在4月中旬和5月上旬分别进行2次叶面喷肥，用磷酸二氢钾兑水450～600千克/公顷进行喷洒。同时必须兼顾对病虫害的预防。针对比较常见的病虫害比如蚜虫、红蜘蛛、白粉病等，选择适当的药物，适量适时进行处理。

4. 抓好小麦收割步骤

灌浆不充分，很容易造成小麦晚倒伏的现象。而且如果收割时节较晚，会造成籽粒脱落，最好选择选择蜡熟期收获。应保证小麦在最适当的时间段内进行收割。

三、结束语

对于小麦的抗倒伏能力的培养，必须首先了解每种小麦的品种抗倒伏的能力，并且结合外部的自然环境因素，充分了解各方面影响因素，适当地采取有效措施，保证小麦免倒伏。

作者简介：李世岭，（1972年—），男，汉族，就职于内蒙古呼伦贝尔农垦集团上库力农场。研究方向：植物保护。

加强企业规章制度建设的实践与思考
——上库力农场规章制度建设调研报告
边向民
（本报告获呼伦贝尔农垦集团有限公司"开展调查研究活动优秀调研报告"活动一等奖）

规章制度建设在实现企业工作程序的规范化、岗位职责的法规化、管理方法的科学化上发挥着重要作用。近几年来，农垦企业处在农用生产资料价格不断上涨、农产品销售价格偏低，产业结构、种植结构调整面临诸多困难的形势下，尤其是遭遇特大旱灾的影响，企业增效、职工增收受到严重制约。面对多种不利因素的挑战，如何加强企业管理，保证各业生产，使各项工作有条不紊地持续推进，如何促进经营管理规范化运行，已成为摆在农垦企业面前的必须认真解决的新课题。上库力农场以规章制度建设为突破口，进行了不懈的探索和实践，取得了明显成效。对此，笔者于9月上旬，围绕规章制度建设，深入到上库力农场9个农业生产队、4个场直服务单位和机关8个科室进行调研，带着一些疑问和思考，在该场规章制度建设上寻找答案。现就农场规章制度建设调研情况做如下汇报。

一、制度建设基本情况

2015年年初，集团公司党委对上库力农场党政班子进行调整充实。新班子上任伊始就高度重视企业经营管理和规章制度建设，通过对农场经济现状和管理方式的认真分析研究，一致认为：要提高企业管理水平和促进企业持续发展，必须加强规章制度建设，这是实现管理方式转变的基础和关键，是面向市场、建立现代企业制度的需要，是规范指引企业各部门工作和职工生产行为的抓手，是提升管理效率的重要保证。基于这一共识，新班子上任后开展的第一项工作就是围绕加强企业经营管理、强化制度建设深入全场基层单位和机关科室，以召开座谈会、单位经营管理现状分析会，有代表性征求听取不同行业、不同岗位职工的意见或建议，填写调查问卷等形式进行有针对性的调查研究。调研结束后，安排专人对基层单位、机关科室和职工提出的意见建议分类归纳整理，提交党政班子研究讨论。成立各项规章制度起草小组，形成规章制度草案或征求意见稿，再下发到全场各单位征求干部职工意见，经过从上到下、由下到上反复几次的修改完善，形成了一系列企业经营管理制度和职工各项岗位责任制。部分带有法规性质的规章制度，都通过职工代表大会全体职工代表讨论审议通过后实施。2017 年，上库力农场对已实施的管理制度进行总结修订，汇编成《上库力农场管理制度选编》一书，用以指导企业经营管理。据调研中统计显示，从 2015 年至 2020 年 8 月，在借鉴以往规章制度可行性条款的基础上，在 5 年多的探索、实践和完善过程中，上库力农场共制定完善实施各类方案、规章、规定、规程、细则、办法等规章制度 52 项，可概括为两大类：

一是经营管理类：针对各项工作管理中存在的差距和漏洞，分别制定了《生产经营管理责任制方案》《职工劳动纪律管理规定》《农业生产管理细则》《草场使用管理制度》《机务管理制度》《财务工作管理办法》《单车核算管理办法》《物资管理制度》《基本建设施工规范》《水利工程建设管理办法》《农业机械安全操作规程》《机关管理制度》《差旅费审批报销管理办法》《职工培训制度》《进销存软件上线运行规范》《固定资产管理规定》《农副产品管理规定》《安全生产责任制》《消防防火责任制》《环境卫生管理制度》《公务接待就餐管理制度》《麦场规范化管理细则》《粮食运输车辆管理规定》《公务用车管理制度》《烘干设施设备操作规程》《档案管理制度》《亩效益及合理化建议采纳奖励办法》《畜牧业转型升级实施方案》《职工职业健康管理制度》共 29 项管理制度。

二是岗位职责类：结合全场不同行业、不同工种、不同岗位职工应遵守的工作、生产规范和职责要求，制定实施了《麦场职工岗位责任制度》《职工田间作业十不准》《联合收割机驾驶员安全操作规程》《电工岗位工作职责》《拖拉机、推土机、装载机驾驶员岗位职责》《保管员岗位责任制度》《更值人员岗位工作职责》《财务人员岗位责任》《机关工作人员岗位责任制度》《农田水利工程从业人员岗位职责》《锅炉从业人员责任制度》《油库管理人员岗位规程》《特种设备从业人员操作规范》等 13 项岗位责任制度。

通过调研、查看规章制度内容发现，上库力农场规章制度建设从横向来看，涵盖了各个行业、各个部门的各项生产和工作，从纵向来看，涉及各个行业、各个部门的每个岗位，每名职工及各项工作的每个环节，形成了较为完善的制度管理模式和职工从业岗位规范。这为农场改革发展，稳步推进各项事业，强化经营管理及规范化、制度化运行奠定了坚实基础。

二、制度建设的主要做法及取得的成效

企业规章制度是企业与职工在共同生产、工作中所必须遵守的劳动行为规范，是农场规范化、精细化、科学化管理的重要方式之一。经过 5 年多来制度建设的实践，上库力农场在用制度管理企业、规范职工从业行为、防范化解经营管理风险、降低成本、节支增效等环节上取得了明显成效。突出体现在以下五点：

（一）认识到位、领导到位、确保制度建设不断延伸

在企业深化改革、结构调整、转型发展的关键时期，上库力农场党政班子对加强企业规章制度建设高度重视，认识深刻，思想统一，亲自参与制度制订前的调研，制度制订过程中的指导和制度实施后的检查，并模范带头贯彻执行《机关管理制度》《公务接待管理制度》《公务用车管理制度》《党委中心组政治理论学习制度》《党风廉政建设实施方案》等规章制度，做到了严格约束、亲力亲为。对推进全场各项制度的实施起到示范带动作用。同时，善于集中职工群众的智慧，畅通进言渠道，使制订的制度更贴近实际工作，更具有可操作性。并结合企业发展建设和经营管理过程中出现的新情况、新问题，提出修改完善管理制度的思路和指导意见，做到了工作开展到哪里，规章制度就拓展延伸到哪里，及时清理和废止了一些不合时宜、不符合企业发展要求的制度，确保了企业经营管理在制度约束规范下合规进行。

（二）制度管理体系不断优化，提高了企业管理水平

在制度建设过程中，首先从制订基层单位、机关职能部门管理和工作制度入手，理顺各单位、机关科室职责，减少了办事拖拉和推诿扯皮现象，为基层服务、为职工服务的意识明显增强，以往"门难进、事难办、脸难看"的工作作风得到了根本扭转，提高了工作和办事效率。其次是把管理制度和岗位责任制向每个工作环节循序推进，将执行规章制度纳入单位、科室和副科级以上管理人员年终绩效考核之中，切实做到奖优、治庸、罚劣。再次是强化依制度履职，规范办事程序，增强了工作人员责任意识。规章制度的贯彻执行，使各项工作目标清晰，责任明确具体，工作流程规范，减少了工作和管理中的失误。企业管理体制、管理方式、管理措施得到逐步完善，形成了靠制度管人、靠制度管事、靠制度规范管理程序的良好工作格局，企业综合管理能力得到进一步提升。

（三）细化岗位职责，增强了职工敬业奉献的主动性

在不断完善宏观制度建设的同时，细化具体管理措施，一些岗位责任制度围绕目标任务制订配套细则，不但规定某一行业、某一工种、某一岗位的职工做什么、怎么做、如何做好，对模范执行制度、取得突出业绩者给予何种奖励都有明确的提示和规定，也明确规定职工不得做什么，以及违背制度致使工作出现失误或者造成经济损失将会受到何种处罚。把制度的指导性、约束性、奖惩举措融入经营管理的各个环节，把贯彻执行制度与单位绩效挂钩，与每名职工的切身利益牢牢捆在一起，激发了职工生产积极性和执行制度的自觉性。正像调研中一位一线工人所说"制度使我们明确了工作目标、规范和要求，使我们在生产中有使不完的劲"。调研中了解到，职工主动遵守制度、承担责任、加班加点工作的多了，混时度日、缺乏责任心、违反制度的少了，规章制度的要求，已变成职工的自

觉行动。

（四）规章制度建设促进了企业节支增效

针对农用物资价格上涨致使个别环节生产成本偏高和经营管理中存在的差距，上库力农场党政一班人不回避问题，敢于触及矛盾，从完善制度着手，对农业生产各环节的成本进行综合分析研判，根据各生产队经营规模、耕地类型、职工定编定岗情况、机械保有量等多种因素，严格制定各种农作物亩成本投入考核指标，在亩投主燃油、副燃油、种子、化肥、农药、材料及零件库存限额、机械作业定额、修理费等多方面都有详细的参考数据，严格管控，加强制度的刚性约束。经过实质性运作，近几年，综合亩成本基本保持平稳或呈下降趋势，某些单项成本下降比较明显。据有关资料显示，2017—2019 年，上库力农场连续 3 年实现节支增效 1000 万元的目标。以实施《单车核算管理办法》为例，2019 年与 2018 年同期相比，仅主燃油一项就节省 146 吨，节约资金 106 万元。推行《公务用车管理制度》和《公务接待就餐管理制度》后，规范管理审批程序，公务用车过桥费、停车费、修理费、燃油费大幅度下降。公务接待严格控制就餐标准，减少陪餐人数，常规性业务都安排工作餐，只允许有关部门一人陪餐。接待就餐费用连续 3 年呈两位数下降。对供电所、物资科、兽医站、科技站、林草站等场直服务单位和机关的办公费、差旅费、水电取暖费、专用材料费等费用，根据单位实际情况和差异，分别制定了不同类别的费用支出考核指标，严格控制费用支出。一系列规章制度和配套管理措施的贯彻执行，提高了制度管控能力，促进了全方位节支增效工作的开展。

（五）加强监督检查，保证制度贯彻实施

规章制度制订实施后，执行得怎样，发挥效果如何，能否达到目的，这都是企业管理者必须面对和解决的问题。上库力农场党政一班人认真总结经验，改变以往制度写在纸上、挂在墙上、雷声大雨点小的弊端，创新制度监督执行工作方式方法，寓监管于日常工作和生产之中，将全场主要经济、成本和节支指标等均在年初召开的职工代表大会上以签订责任状的形式落实到各单位。根据不同规章制度，采取职能部门联动，严把制度执行关，开展监督，并与日常抽查、阶段考评、半年检查、年终考核奖惩有机融为一体，形成了制度执行监督检查的长效机制。同时，对制度执行检查中发现的问题及时提出整改意见，明确整改时限，定期检查回访整改情况。监督方式的转变，为各项制度顺畅执行创造了良好环境。

三、制度建设存在的问题与差距

尽管上库力农场在制度建设上通过积极努力和创新，使各项工作有章可循，发挥了规章制度规范企业经营管理秩序和明确职工岗位责任的重要作用，也取得了一定成效，但按照建立现代企业制度和高质量发展的要求，制度建设执行中存在的问题和差距不容忽视，主要表现在以下几个方面：

一是各项规章制度还不够系统。从 5 年多来制度建设的整体情况来看，虽然各项生产、各项工作都有涉及，也有一定的覆盖面，但就系统性而言还不够科学、不够完善。一些制度的建立还只是就某一项生产或工作泛泛地进行规定，其纵向的深度和横向的广度缺乏深入探索和研究，系统性不强，某些方面没能全面地体现出制度的全局性和根本性。制度对客观事物的发展规律和总结有待于进一步深化和完善。

二是所制定执行的制度、规定、规则，办法等原则性较强，部分制度对具体事项或要求规定的不实不细，个别制度的制订突出了问题的主要方面，但在规范解决问题的具体规定和措施上不够全面、不够细化，致使制度在执行和操作过程中随意性较大，还没有充分发挥制度的约束和激励作用，导致有些制度流于形式。

三是农场各级管理人员的素质良莠不齐，少部分管理人员素质还不能适应企业发展需要和岗位要求，对制度的认识程度存在差异。因此，在一些制度的执行上出现把关不严、执行力不足等现象。个别环节没有体现制度的约束力和规范性，而是以罚代管，将制度管理的有效性体现在对职工的处罚上，使职工容易产生消极情绪，影响了生产积极性的发挥，某些方面还没有完全体现出制度的作用，还存在人治的因素。

四是在制度贯彻执行中监督检查、维护制度的严肃性力度不够。虽然也建立了制度监督检查机制和组织机构，但在监督检查中，个别监督检查人员存在避重就轻、怕得罪人的心理，不敢直面存在的问题，缺乏对制度监督检查人员的约束。检查考核的措施方法不够完善，使一些制度在执行过程中形多实少，检查考评的尺度把握得不够准确，主观意志还没有从根本上杜绝。还有些规章制度，年初规定，年终检查考核，似乎形成了一种程序和惯例，在生产、工作的中间环节人为延长监督检查时间，存在制度执行和检查脱节现象。而且检查中往往是肯定表扬多，指出问题和提出批评意见少，使一些制度在执行中出现的问题不能及时得到有效解决或整改，制度落实保障体系还需进一步加强。

五是对制度的重视程度不够。一些单位重效益、轻制度、轻落实，无意中造成制度管理"盲区"，使规章制度效力大打折扣。有的单位主要领导在思想认识上，认为把效益搞上去一切问题就迎刃而解，忽略了制度规范约束生产经营活动和激励职工积极性的作用。还有的单位对制度学习宣传不到位，有些制度已经实施很长时间，但职工对制度的具体规定要求不甚了解，使制度执行在单位与单位之间存在较大差异。有的制度在个别单位形同虚设，执行制度"看人下菜碟"，分亲疏远近，使制度在执行中有失公平。

四、制度建设的建议与对策

制度建设是一个总结经验，取长补短，推陈出新，循序渐进的过程。面对新形势、新任务和高质量发展的新要求，加强制度建设势在必行。现结合调研中了解到的情况和存在的问题，就制度建设提出以下建议与对策。

（一）加强领导干部自身约束，增强贯彻执行制度的推动力

在制订制度和贯彻执行过程中，农场各级领导干部和管理人员是关键环节，要采取可行措施，提高各级干部对加强制度建设重要意义的认识，认真抓好制度制订之前的调研和情况分析、制度制订过程中的参与指导和制度实施后的带头执行等各项工作，形成坚强的组织领导合力。其身正，不令则行。其身不正，虽令不从。各级领导干部和环节管理人员，务必牢固树立在制度面前人人平等，在制度面前没有特权，制度约束没有例外的意识，自觉学习制度、模范执行制度，把自己的一言一行、一举一动置身于制度监督之下，置身于职工群众监督之下。执行制度的标准要高于职工群众，要求他人做到的自己必须首先做到，以身作则，言传身教，成为严格执行制度、严格按制度办事的表率。只有抓住各级领导干部这个关键环节，才能确保制度有序推进。

（二）注重调查研究，增强制度可操作性

一项制度的制订出台，必须要有明确的目的性。针对哪些存在的问题，要约束规范什么事项，要发挥何种作用等，都要在制度制定前进行广泛深入的调查研究，把涉及的事项分析透彻、研究清楚。在调研中，不能走马观花、蜻蜓点水，尤其要多征求听取该项制度涉及的行业和岗位职工的意见建议，这样制订的制度，无论从主体、程序，还是从约束、激励、监督等方面都能提出实质性的要求，消除盲点和误区，精准聚焦，有的放矢。要避免不实的形式和空泛的内容，不重复、不漏项，文字表达要简单明了，规定和要求要明确清晰，使制度在基层单位和职工工作的每一环节都具有针对性和可操作性，确实发挥和体现所订制度的作用。

（三）规范制订制度，增强制度的约束力和指导性

企业内部规章制度是全体干部、职工在工作、生产中必须遵守的行为规范。要结合不同行业、不同工种、不同岗位的实际情况和要约束规范的事项来制订制度。不是制度越多越好，而是以制度管用和取得成效为目的。为此，要对现行制度进行系统的分类、梳理、归纳，吸取精华、去其糟粕、逐步完善。形成框架完整，内容有别，标准规范，操作简便，具有较强权威性、指导性的制度建设体系。防止和避免制度过多过滥，内容相互交叉混杂，致使基层单位、机关部门和职工在执行制度中出现"两层皮"、无所适从和执行不到位的现象。

（四）加强制度宣传教育，增强制度的执行力

制度制订后，能否顺利实施，与干部职工的认识、认知、认同有着密不可分的关系。思想是行动的先导，有什么样的思想认识就会产生什么样的行动。所以，加强对制度的宣传教育对提高制度的执行力至关重要。要认真总结以往在制度宣传教育方面的经验教训，形成从农场、机关职能部门到基层单位、班组的制度宣传教育格局，利用职工学习会、宣传栏、宣传图版、开设制度讲座、答卷测试、场内多媒体、微信、公众号等职工喜闻乐见的形式，开展不留死角、全覆盖、常态化的制度宣传教育，使制度人人知晓、人人敬畏，使干部职工行所当行、止所当止。提升制度的影响力、感染力和约束力，营造制度贯彻执行的良好氛围。

（五）加强制度监督责任追究，增强制度运行的权威性和严肃性

要保证各项制度不折不扣贯彻执行，就必须强化制度执行的监督约束机制，切实把监督检查融入制度运行的各个环节、各个方面。对重要行业关键岗位实施全程监控，真正做到制度运行到哪里、监督检查就落脚到哪里。重点加强对各级领导干部和手中有一定职权的管理人员的监督，不能使权力凌驾于制度之上，权力超越制度是对制度的最大伤害和蔑视。在日常工作中，要充分发挥纪检、监察、审计、劳动人事、组织等部门的效能。规范监督检查程序，细化监督检查措施，善于发现制度执行中的漏洞和不足，及时进行补救。形成制度监督、媒体监督、组织监督和职工群众监督的整体合力。采取教育、纠正、预警、曝光等形式，制止违反制度的行为，保证制度在阳光下运行。要加大对执行制度不力、违反制度的干部、职工的追责力度，牢固树立底线原则，不能心慈手软，照顾"面子"，乱开绿灯，姑息迁就。要充分体现公开、公平、公正，在制度面前没有特权、人人平等，干部、职工一视同仁。坚决避免在制度监督检查中掺杂使假，真正使制度成为任何人都不能触碰的"高压线"，用监督检查的实际行动树立和捍卫制度的权威性和严肃性。

综上所述，上库力农场规章制度建设的实践证明，要保证企业可持续快速健康发展，必须加强规章制度建设。在市场经济条件下，在建立现代企业制度、调整优化产业布局、转变经济增长方式、推进高质量发展的关键时刻，更要加强和完善规章制度建设，用制度保证企业依法依规运行。没有规矩，何以成方圆。制度建设已成为企业发展和经营管理不可或缺的重要组成部分。调研中的所见所闻、所思所想，给我留下了深刻的启示，更为重要的是在制度建设上的持续探索，为农场今后制度建设积累了可借鉴的做法和经验。我相信在规范制订制度、遵章执行制度、监督检查制度、用制度管人、用制度管事、保证企业依法依规发展等方面，上库力农场一定能取得新的成效。

2020 年 9 月 25 日

当前农机农艺融合存在的问题及优化建议

孙秀琳

（海拉尔农场局上库力农场，内蒙古呼伦贝尔 022257）

种子科技 2019.05 第 37 卷第 05 期总第 263 期

摘　要：目前，农机农艺相融合存在不少现实问题，对融合的深度产生了一定阻碍。首先分析了问题所在，并针对农机农艺的有效融合提出几点对策。

关键词：农业机械化；农业工艺；融合；问题；优化建设

在大力发展现代农业的背景下，我国在惠农政策方面不断加强力度，各类农业机械化的普及对提升农村生产效率起到了显著作用。但根据目前农艺技术的发展状况来看，农业机械化与农业工艺之间的配合程度并不充分，机械化的运用得不到充分发挥，阻碍了农业的现代化进程。

一、农机农艺融合存在的问题

（一）农作物品种问题

农业工艺与农业机械化的有机结合，需要选择适合规模化生产以及机械化处理的农作物品种。虽然目前在培育作物品种方面国外已经有了许多优秀案例，但在实际应用于我国农业生产时，并没有将研究重点放在适合机械化生产的作物品种研究方面，从而导致二者的结合并不紧密，在农作物种植上无法取得高产量、高效率、低成本的效果。

（二）农业机械化普及问题

目前，由于我国农业机械化各类设备均需要农民自行购置，虽然政府在这方面有惠农政策补贴，但由于农民经济收入有限，购置小型或家用农机设备时仍会受到其售价的影响。如今，科技的发展带动了农业技术的进步，但随之而来机械工具的配套使用却成了科技化农艺推广的阻碍因素。虽然市面上出售的农机产品可以提升工作效率、降低劳动成本，但却忽视了与农业生产需求的结合性，使其功效无法得到充分发挥。

（三）融合不紧密问题

农机农艺二者相融合不仅涉及技术层面，也涉及管理层面，需要由养殖业、林业、种植业、农机等多个部门协调运作。由于组织关系构造复杂，各部门之间的关系需要在管理机制与管理组织上加以完善才能实现其工作上的协调。由于农机农艺的结合目前尚未完全普及，部分管理者对此并不重视或不认可，管理机制不完善，导致农艺工作与农机普及处于相互分离运行的状态。

二、农机农艺融合优化建议

（一）强化理念推进

农业机械、农业技术相关部门应将推广工作落到实处，充分发挥自身职能优势，结合当地农业发展水平、农民经济水平、地理环境、农作物特点等，因地制宜地开展农机与农艺的推广工作。依托当地农业龙头企业，展开新型经营主体试验示范，为农机农艺的结合提供新的思路与发展方向。对于具有形成科研成果价值的贡献性技术成果应给予适当奖励，国家补贴也应该更倾向于新型农业机具的使用。

（二）完善品种筛选

在农作物的种植筛选上，应符合机械化作业的应用环境。例如，在选择油菜品种时应考虑到播种期的限制。与人工播种不同，使用农业机械播种更应选用抗倒伏、半矮秆的油菜品种。同时，还需考虑到不同农作物之间的衔接问题，不可由于某一农作物的延迟收割或种植导致之后的其他品种受到影响。只有让机械化作业真正应用于更具适应性的农作物种植上，才可将科技转化为生产力。

（三）强化技术培训

实现农机与农艺的结合需要对当地农民进行相关培训，让其看到二者相融合对农业现代化发展以及提高农民收入的有益影响。政府部门可选派技术人员为农民详细讲解各类家庭农业机械的具体使用方法、维修方法及养护方法等，普及安全操作规程，并在田间地头做示范。同时，要向农民展示先进农业工艺的优势所在，只有让农民真正重视二者的有机结合，才能使现代化农业得到长足发展。

（四）加大政府补贴

各项农业工艺的广泛应用必须建立在农民大量购置农业机械的基础上，但由于农民自身经济收入有限，不少农民更愿意以人工劳作代替机械劳动。对此，政府部门需要加大经济投入力度，在惠农政策下让农民认识到农业经济收入与机械化发展之间的关系。采用先进科技手段与实验技术，对生产工艺、种植工艺、种植作物、农业机械等方面展开深入研究与探讨，尽可能地减少机械设备的购置费用与维护成本，拓展农业机械的推广空间。

三、结束语

农艺技术与农业机械化的融合是一项系统工程，其涉及的部门与学科较多，同时也受到农业各阶段发展状况以及农民在思想水平认知上的各种因素影响。农机与农艺相融合有利于构建生态农业、绿色农业、发展型农业和现代化农业，是实现我国农业飞速发展的重要举措。

农田灌溉渠道施工现场管理策略

孙秀琳

（内蒙古海拉尔农场局上库力农场，内蒙古额尔古纳 022257）

江西农业　总第 155 期 2019 年 3 月技术刊　农田水利专栏

摘　要：相对于传统灌溉方式而言，通过渠道展开农田灌溉不仅能保证充足的水资源，还能避免灌溉过程中由于水资源控制不当而导致的浪费情况，农作物的灌溉有效性得到了极大提升。在灌溉渠道建设过程中，其施工技术含量直接影响灌溉有效性，因此必须重视施工现场管理。本文简单分析农田灌溉现状，并就农田灌溉渠道施工现场管理提出几点策略。

关键词：农田灌溉；渠道施工；现场管理

传统灌溉方式由于其效率偏低已经逐渐被淘汰，取而代之的灌溉渠道必须保证质量及有效性，尽可能减少对水资源的无意义浪费，提升灌溉效果。农田灌溉渠道施工需要在不同阶段展开针对性管理，无论是工程投资、工程进度，还是工程材料、工程质量，均需要在管理体制上不断完善并落实过程化、细节化管理。

一、农田灌溉现状

我国淡水资源短缺问题十分突出，目前许多农田灌溉选择土渠漫灌方式，无法严格控制灌溉水量，对灌溉效果产生负面影响。传统方式下灌溉水量控制不当，可能会使土地受到影响，出现盐碱化现象，在生产过程中农作物因缺乏充足的养分而生长不良。而且该种灌溉方式容易发生漏水现象，需要人力管护。部分位置的农田地势不平，大水漫灌会直接造成漫灌不均衡，农作物无法得到均匀浇灌，影响其整体生长效果。

农田灌溉渠道的应用有效改变了这一现象，相对于漫灌方式而言，其可明显提高灌溉技术含量、扩大灌溉面积并控制成本，有效规避水资源浪费且无需人力管护，可节省劳动力并提升灌溉质量。

二、农田灌溉渠道施工现场管理策略

（一）确定初步方案

农田灌溉渠道社会效益突出、季节性强且工程工期较紧，因此在现场管理上首先应确定初步施工方案，详细掌握建筑物基本情况、渠道断面基本参数、土壤土质状况、地下水源情况、原有渠道状况及相关技术参数等。在充足的技术资料准备下协助设计单位审核建设方案的实用性、可行性与合理性。由于渠道施工存在特殊性，因此必须在施工前做好渠道清障、树木砍伐、渠道排水等辅助性工作，确保工程顺利开展。

（二）强化技术管理

在农田灌溉渠道施工过程中，技术是施工质量的保障。对相关施工人员必须强化技术培训，严格遵循渠道标准展开施工，确保渠道的长远使用。在技术重点方面，农田灌溉渠道施工需强调渠道模板的安装制作，避免渠道在施工期间出现渗水，在建设过程中需考虑内侧施工建设质量。

（三）保障现场浇筑质量

现场浇筑质量直接影响渠道的使用寿命。在现场管理过程中应确保对渠道内杂物的有效清理，避免杂物混入而影响渠道的稳固性。由于浇注工序较为复杂，施工人员必须严格遵循渠道建设要求，合理摆放各类模具位置，避免由于疏忽影响工程质量。在施工工序的管理上必须严格化，认真记录施工文件，保障数据真实性，以便于后期监督审核工作的顺利开展。

（四）妥善安排施工现场

在农田灌溉渠道施工现场管理上，应严格审查车辆、机械、人员的资源配置，合理安排现场人员及器械，确保现场井井有条。虽然农田灌溉渠道在施工上机械化程度并不高，但由于对工程质量的要求较高，因此必须强调人为因素对工程质量的负面影响，控制每一个施工工序，进行规范性流程分解，确保前一工序合格后再进入下一阶段的施工。

（五）前瞻性管理

现场管理必须具有前瞻性，考虑到农田灌溉渠道施工的各个阶段，在制定计划、实施计划、检查工序、反馈质量和纠正工艺等环节应合理安排人员展开监督管理。在工程前期，其计划应具有前瞻性，考虑到资金、材料、车辆、机械、劳动力和天气等各种不利因素的影响，制定应急措施与对应施工方案，确保渠道施工的正常进行。

（六）重视竣工验收

除了农田灌溉渠道整体完工后的竣工验收工作，还应在每个子项目完工时均采用严格验收的方式保障工程质量。在现场管理中依靠合同条款确认变更工程量计量，现场管理单位需如实记录相关数据变化及返工情况，做好拍照、现场记录等工作。在建设过程中，渠道的方向、宽度、深度可能由于农田灌溉实际需求而有所变更，此时需向建设方汇报请示，要求设计部门出具变更通知单，反复勘察变更数量及内容。由现场管理单位、设计单位、监理单位、承包单位盖章签字后才可进行工程变更。

三、结语

建设农田灌溉渠道是提升农田灌溉质量、促使农业技术发展的有效举措。在建设农田灌溉渠道的过程中，工艺的选择材料的配备、现场的监管均决定了施工效果。高效的现场管理可让渠道施工更具科学性，管理者需充分发挥管理职能，重视各阶段质量控制及现场的有效协调，促使渠道施工顺利开展，提升农田灌溉渠道使用质量。

回　忆　录

浓浓故乡爱　深深笔底情
文/徐德

　　2014年春天，我年满60周岁，正式退休了。忙忙碌碌40余年，乍一闲下来，总觉得心里缺点啥。几十年紧张的生活，繁忙的劳动，使身体或多或少有了不少病痛，力不从心了，生活方式方法只得有所改变了。

　　退休以后，生活有了规律，闲暇时间多了起来。于是，重温旧梦，又开始爬格子了。但记忆力减退了很多，写点东西十分吃力，我还是坚持了下来。这几年见诸报端和期刊的短文和诗词有几百篇。每篇文稿都得多次采访，反复推敲务求真实可靠。因此记叙性的文章较多，小说、故事、评论类只占很少的部分。这可能与我三十多年前，最早接触新闻报道、采写消息通讯，翔实地采访记录一些先进人物、特殊事件等通信类写作手法有关。我想通过将故乡的历史地理、人文景观、独特美食用笔记录下来，竭力讴歌现时美好生活，讲述家乡在党的正确领导下，新中国成立70多年来巨大变化的真实故事，以求薪火相传。这更是我作为一名土生土长的原住民的历史责任。正因为我生活在这片黑土地上60多年，对塞北故乡有深深的爱、有浓浓的情。所以，我用笨拙的笔孜孜不倦地记录着、描绘着额尔古纳、上库力农场的过去和今生。

　　我生活了60多年的家乡，是1956年建场的上库力农场（原称呼和达巴机耕农场）。60多年的发展历程中，农场在职工的思想面貌、生活水平，自身的经济实力，现代化机械的保有量，科学的种植技术等方面，都发生了巨大的变化。老一代建场初期的复转军人、土改干部、农牧业技术人员、老党员、建场老工人，都全心全意为了新中国的边疆农垦建设无私地奉献了青春年华。他们"先生产后生活"，爬冰卧雪、栉风沐雨不讲条件地开发荒原，克服重重困难屯垦戍边，为国家的社会主义建设多打粮、打好粮。他们中涌现出很多优秀党员、优秀党务工作者，省、盟级劳模、先进工作者等优秀的干部职工和家属。他们艰苦奋斗的精神，吃苦耐劳、无私奉献的传统，是需要第二代、第三代及后来人永远地传承和发展下去的。

　　第二代农垦人接过先辈的班，继续发扬艰苦奋斗、无私奉献、吃苦耐劳的农垦精神，为农垦建设继续奋斗、辛勤劳作，现大多已经退休了。农垦建设重任的接力棒，自然传到了第三、第四代农垦人手里。

为了传承"艰苦奋斗、吃苦耐劳、无私奉献"的农垦精神，我几年来曾多次采访一些先进代表本人及同事、后人，记录整理了老八路、国家农垦部评定的先进单位代表——农场副场长李德胜，农牧渔业厅评定的先进工作者——兽医徐立真，黑龙江省级劳模、牧业工人宋厚荣，自治区总工会评定的电影系统先进工作者付长海，自治区法制办公室评定的先进工作者、妇女干部王雅君，复转干部、呼盟劳模冯泽成，建场元老、汽车电器修理工人李木兰，身边的好人，多经队书记、队长刘国德，关心群众生活的队长周铭俊，乐于助人的退休干部袁长城，退休工人大宝子，诚实守信的个体经商户潘月江、段树生，从农场走出去的全国残疾人单板滑雪冠军武井松等一批建场以来的第一代、第二代、第三代模范先进人物事迹。在《呼伦贝尔日报》《呼伦贝尔农垦报》上登载，重温他们的创业奉献精神，使其事迹再次在呼伦贝尔大地上传播，使后人铭记和追思。

为了展现农场干部职工六十多年来生活水平、生产条件显著提高的前世今生，我根据亲自耳闻目睹的经历写出了《家乡的变迁》一文，从衣、食、住、行四个侧面讲述农场人自己的故事，分四期连载在《呼伦贝尔农垦报》上，受到了场内不少老工人及同龄人的认可，认为故事客观详实地把农场人几十年的生活轨迹和现实的风貌一一厘清，在农场人中引起共鸣和好评。

从《农垦知青回乡记》《民生工程庆收官》《柴的今昔》《盖房子的艰辛》等故事中，读者可领略到从建设初期的马拉人扛、半机械化、机械化到现在的自动化、信息化、智能化，60年的农垦建设带来了怎样的翻天覆地的变化。这就需要农垦人年轻化、知识化、专业化，熟练地操纵各种农牧业机械，熟练地掌握种植养殖技术、掌握产供销信息，利用农场自身历史、人文、自然优势发展旅游业等，诸多重任责无旁贷。如今的农垦人生产生活、物质和精神风貌、农业科学生态化、大型机械自动化现代化水平，已经今非昔比了！

我的家族生息历程，现只能上溯到曾祖、祖父母辈。一百年前祖父就从山东老家闯关东，来到额尔古纳河流域闯荡、生活。通过老人们的口口相传，了解了上库力地区的前世今生，我作为后辈有责任和义务讲好家族的故事。因此我根据一些散碎的史料，和自己记忆中祖辈的一些讲述，又多次采访至今依然健在的原住民老人，经过一个多月的搜集、整理出了近两万字的《家族的百年生息历程》一文。对上库力百年来的人文历史、风土人情做了较为系统的一次寻根溯源，以飨后来者。

上库力地区是得天独厚的风水宝地，蓝天白云空气清新，山川美景尽情饱览。广袤的天然草原牧场，黝黑的千顷良田，自家精心耕种的瓜果蔬菜，野生的婆婆丁、苣荬菜、野韭菜、黄花菜、马齿苋等山野菜种类繁多，不胜枚举。人们饲养的牛马羊、猪狗鸡可用

"六畜兴旺"来形容。这些都是纯天然的安全食品。慕名来上库力地区旅游的朋友，赏山川美景、吃山珍野菜、品特色美食，都能乘兴而来、尽兴而归，既游览了山水风景也大快朵颐。这些我在《塞北轶事》一、二两集书中，用了几十篇的专题文章来推荐和介绍过。

我生长在上库力农场这片土地上，用大半生见证了农垦企业的发展历程。农垦企业的发展变化、新的举措、新的面貌，就要靠大众传媒记者通过媒体来宣传。老一代农垦人的辉煌业绩，要由后人认真负责地记录、整理、传承，才能继续薪火相传。鉴于我在退休以后还用自己笨拙的笔记录着、讲述着、宣传着家乡的故事。上库力农场党委在 2017 年度、2019 年度两次授予我优秀共产党员和优秀通讯员称号，这是对我这个有 40 多年党龄的老党员的鼓励和鞭策。我认为：虽为夕阳，还要为家乡添一抹亮丽的光彩。在有生之年，我还要努力宣传农垦企业、赞颂农垦人、讴歌家乡美，为建设书香社会贡献自己的绵薄之力。

2021 年 5 月 26 日

岁 月 如 歌

贾青海

时光飞转，岁月荏苒，四十年弹指一挥间。

日月轮回，不知不觉中，我来上库力农场已四十一年了！四十多年风雨沧桑，四十多年坎坷跋涉，我由一个热血青年变成了白发苍苍的古稀老人。而我的第二故乡——上库力农场也在时光流逝中发生着变迁。

初 来 乍 到

记得是 1980 年 2 月，我从部队退伍，被分配到了上库力农场参加工作。来到上库力农场，第一感受是清冽的寒风让人透不过气来，房屋比较破旧，街道也比较凌乱，行人穿着厚重笨拙。但隐隐感受到有一丝丝新气息，只是改革开放的春风还脚步蹒跚，未能吹散严冬的冰雪。

当时农场经济发展缓慢，人们的生活水平不高、交通不便，道路都是自然土路，遇上连雨天出行特别困难。场子虽然自己有大客车通海拉尔，但也不是天天有，一周跑一趟，平日外出没有客车，如果能约上场子拉货汽车，那就烧高香啦！场部地区如此，生产队就更别提了。夏天，偏远生产队来一趟场部，必须做好在路上宿营的准备，甚至七八十里路要走好几天。那时的农场，都不如关里的农村！唯一比农村强的就是 365 天能天天吃面，这当时在全国也是身居前列的。反而粗粮竟成了稀罕货，想买点苞米面儿、大米、小米熬点粥根本买不到，有熟人凭关系走后门儿兴许能弄到一些。没有商场、超市之类的，唯一的商贸公司（老百姓俗称大商店）里的大多数商品也是凭票证供应。老百姓吃菜都是自己种植、晒干、腌制后储存，以备冬季食用。居民用电是修配厂发电，但保证不了职工生活用电，停电的事儿是经常发生的。老百姓也都习惯了，家家都备有大包的蜡烛。虽然条件没有想象得那么好，我还是带着对新生活的向往，在上库力农场扎下根来。

安顿下来几天后，我到场部劳资科报道，董瑞坤干事接待了我，告诉我被分配到四队工作，定为三级农工。事有凑巧，当时正赶上呼伦贝尔盟由黑龙江划回内蒙古管理，交接尚未完成，一切人事暂缓办理。就这样，我成了一名待业的退伍军人。1980年7月，由黑龙江农垦总局投资，上库力农场负责施工的上库力农场至额尔古纳右旗（拉布大林）发电厂输变电线路全线贯通了。上库力三队、四队和场部地区用上了国电，从此，上库力的夜晚不再黑暗。

1981年春播时，我终于到四队报到上班了（与我同期的还有一个退伍兵叫王春光）。当时四队是金培环（副队长）主持行政工作，张学才是书记，姚玉海也是副队长。

在四队上班期间我干过很多杂活，打绳子、挖青贮窖、装窑搬砖、挖沙子打水泥场院、打石头垒院墙、选种拌药、扛麻袋装车，还站过播种机。尤其抗灾保畜中跟着马车装草，一跟就是一个月。我是军人出身，又是党员，在当时那个年代，文化水平还是比较高的，加之工作中的表现，队领导对我很看重。后来生产队成立大集体后，我顺理成章地成了大集体书记（姚玉海为队长），领着十几个小青年去鸽子窝打草点上打饲草。一群小青年在一起，劳动热情很高，披星戴月早出晚归，圆满完成了打饲草任务，受到生产队和农场的表扬。当时的工资标准是每天1.4元，如果每月出满勤能挣50元工资（每月菜金补助8元）。小青年们领到满勤工资，甭提多高兴了。

牛 刀 小 试

1981年，农场党委解放思想，不断深化企业内部改革，相继实行了"三定一奖"和纯效益分配、大包干、联产计酬等生产责任制，把责、权、利同职工的切身利益挂钩，克服了干多干少一个样、出工不出力的平均主义，打破了"大锅饭"，实行按劳取酬，激发和调动了广大职工生产积极性，经营利润105.8万元，扭转了自1969年以后连续12年亏损的局面。这么大的成绩，上级需要先进事迹材料，准备抽调我到场机关帮忙撰写劳模材料。场党委书记卢品三徒步去四队和当时主管行政的姚玉海副队长商谈此事。几天后我去机关上班了，在宣传科归宋杰（干事）领导。

报送海管局的先进单位、个人材料由三人完成，我、宋杰、李学贵（后为乡政府秘书），材料是七份还是九份记不清了，但我是分到了四份材料，两个先进单位：修配厂、猪场；两个模范人物：猪场场长张全佑（曾获黑龙江垦区劳动模范）、修配厂技工周铭阁。

就是这次撰写材料，让我有幸见证了老共产党员、老劳动模范张全佑的高尚品格。他在当时养猪赔钱亏损的情况下接手猪场，连续几年使猪场盈利、上缴利润。除了个人的品德影响，老党员的感召力、凝聚力是关键一环。我也感受到修造厂以场长梁瑞为首，书记刘孟书，副厂长马瑞祥、刘万珍班子成员制定的"服务农场，以修为主，修造兼容，对外搞活"的发展思路是非常实际、正确的。

几经采访、整理、加工，先进事迹材料完成，到交稿时才知道，不是交给哪位领导审阅，而是集体审核。审核组有场党委书记卢品三，场长李则平，副书记齐锡典，副场长王永田、王友才、李德胜，党委常委张学才等十几位领导参加。由撰写材料者读材料，十几个人竖起耳朵听，那阵势真让人忐忑不安。还好我的四份材料一次通过，没有大的改动，有的还给予了好评，给场领导留下了深刻的印象。这次经历激发了我的写作欲望。之后，我的报告文学《百万"负"翁的崛起》和《上库力农场翻身记》在内蒙古农牧场杂志上陆续发表。自此，我出现在场领导的视线里。

弃 武 从 文

1984 年我调任场党委秘书。原文秘室 3 人（秘书宋积民、文书赵彩荣、机要高桂霞）的工作由我一人接任。这对我一个新手来说，既是机遇，又是挑战，整天忙得不可开交。由此接触到更多的人和事，视野更加开阔了。

这一年农场遭受特大自然灾害，阴雨绵绵，直到天气转冷、地上冻了，还有一万多亩小麦泡在地里，全场紧急动员，职工家属、离退休老干部全部拿起镰刀扑向麦田割麦子。虽如此仍造成严重的亏损。从下半年起，农场开始机构和经济体制改革，压缩非生产人员，精简机构。8 月中旬，组建商业服务公司（面粉加工厂、商店），畜牧技术服务公司（畜牧科、兽医站），生产资料服务公司（供销科、办事处）。年末，撤销原生产队建制，按顺序改称管委会，设管委会书记、主任、会计各 1 人，原生产队其他管理人员全部免职参加生产。而接下来的一年又是农场动荡的一年，按上级要求，成立了 63 个家庭农场，农机具、公共房产、公有大牲畜全部作价出售给个人。商业公司、生产资料公司、畜牧业总公司运行了没有多长时间就撤销了，恢复原建制。最成功的上马项目就是饮料厂。当时王成彬任厂长，张树田任副厂长兼技术员，当年筹建当年出产品，生产的饮料种类有五六种，有苹果味儿、香蕉味儿、橘子味儿、咖啡味儿、巧克力味儿等。上级来人检查工作、邻场来访问都为饮料叫好，临走还要拿上几箱品尝。可就是因为销售问题，打不开市场，最后下马了。如果在销售环节上做些文章，咬咬牙坚持到现在，那将是上库力农场一道靓丽的风景线。当然这是后话，也是我个人的观点。

基 层 第 一 步

改革的春风吹散了笼罩在上库力农场的云雾，1987 年，上库力农场被海拉尔农牧场管理局确定为 4 个领导体制改革实行场长负责制试点场之一。农场按照"场长任期目标责任制实施方案"，建立健全了保证监督、民主管理、生产经营、岗位职责制等一系列规章制度。加强生产队和班组的管理，实行"五统一"，即生产费用、生产任务、技术措施统一安排；劳动力统一定员定编；大型农机具统一指挥调动；产品统一管理、销售；收入统一结算。将机关 19 个科室缩减到 13 个，机关工作人员由原来的 53 人精简到 48 人。由于合理调整了成本费用和上交比例，正确处理了三者间的利益关系，调动了职工的生产积极性。当年大盈利，还清 970 万元内外债务，经营利润 215 万元，超额完成管理局经济承包任务。农场被管理局授予流动"冠军杯"奖，完成 1987 年经济承包任务一等奖，同时获得上交商品粮、经营利润、植树造林单项成绩之冠，创内蒙古自治区一个农场上交商品粮和经营利润的最高纪录。上库力农场焕发出蓬勃的朝气，经济发展进入快车道。是管理局成绩最好的农场之一，广大干部职工的精神面貌发生了天翻地覆的变化。

在这样的大背景下，1988 年 2 月，场党委任命我为二队党支部书记，于是，我怀着对农场的热爱、对生活的向往，满腔热情地投入到红红火火的基层工作中。

二队是当时上库力农场规模最大的生产队，依山傍水，宜农宜牧。这里俄罗斯族人口很多。历史上曾称此处为保格罗夫（俄语）、白音扎拉嘎（蒙语）。标志性建筑是屯子中心砖石结构的大俱乐部，建筑面积有几百平方米吧！二队人受俄罗斯民族生活习惯影响很深，他们热情豪爽，吃苦耐劳，爱好渔猎；邻里关系和谐，朋友聚餐，以酒为乐，不醉不归。那时冬季取暖很少用煤，家家户户上山砍桦子，牛爬犁、马爬犁、小四轮等各式运输工具被二队人运用到了极致。最令人吃惊的是还有人拉小爬犁，用于在河边树林里捡干柴烧。二队人的勤劳在全场是出名的，而且头脑灵活，家庭副业搞得很好，是农场比较富裕的生产队之一。能到这样的生产队担任领导，是场领导的信任，同时感觉到了肩上担子的分量。

我全方位地接触农业生产是从二队开始的。由于正值年富力强，精力充沛，除党建工作之外，我积极参与生产管理。春播、夏管、秋收各阶段全程参与。特别是秋收，我带领收割机组在地里收割小麦，最多时 9 台车在一块地里作业，那场面非常壮观。看着金灿灿的麦粒儿瀑布似的从收割机"铁臂"中流淌出来，卸到运粮车上，汽车飞快地奔跑，胶轮车忙颠颠地追赶，将丰收的果实送往麦场，心里有一股说不出的亢奋。有时抢收一直干到深夜 11 点多才收工，从来不觉得苦和累，反倒有种充实感。

在农业战线上摸爬滚打，既锻炼了自己，也见证了农场的发展。在"稳得住、上得去、力争有新突破"的发展思路指导下，农场发挥大机械化作业优势，年播种面积大幅度提高。1990年，小麦播种面积近23万亩，单产接近360斤，1991年小麦播种面积22万亩，单产445斤，涌现出了4个粮食总产超千万斤的生产队，尤其是四队，小麦总产超1千万千克。农业生产创有史以来的最辉煌成就。全场通公路，全场通国电，都是那两年的事情。造纸厂、地毯厂产品合格率不断上升，红砖、理石瓦保障农场基建供应。上库力农场呈现出和谐发展的大好局面。改革大刀阔斧，教育也不甘落后。农场投资140万元兴建的农场教学楼于1990年投入使用，生产队三年级以上学生实现集中办学。真是农业兴百业兴啊！

隔 行 不 隔 山

1991年2月，我被调到学校担任党支部书记，农场领导明确告诉我，除抓好党务工作外，最重要的工作就是抓好学校的后勤，包括宿舍管理、学生食堂管理，熄灯就餐出早操，一律军事化管理！要把农场子弟培养成合格的国家人才。当时的班子成员是宋述魁教育科长兼校长，我是支部书记，副校长白瑞祥。我们三人不论在工作上或是在个人感情上都特别和谐。学校的风气是正的，教学氛围是向上的，学风是积极的。在学校干了两年，我也参加了听课、评课活动，也提出了授课中的一些问题，授课教师均表示赞同。这之后，我又调换了几个工作岗位，每个岗位任职时间都不长，真是应了那句话"共产党员是块砖，哪里需要哪里搬"！多接触些行业，未必是坏事，对我来说这是难得的历练。

1997年，真正的考验来啦，农场党委任命我为上库力中心校校长，这是一个什么样的担子呢？我在农场环节干部岗位上摸爬滚打十几年，都是干一些辅助性或分管工作，这回是挑大梁，而且是从未接触过的教育的大梁！

进入学校后，我首先调阅了"九五"以来海管局中小学期末统考成绩统计，仔细查看了农场中学、小学各年级段的成绩，真是不看不知道，一看吓一跳。当时全管理局有中学20所、小学22所，中小学期末统考各年级段参加统考的学科40余门。三年中我场中学在全局最好的成绩是初一年级的历史，全局倒数第三名（后面还压着二名），其余学科不是倒数第一就是倒数第二！三年时间，一千零九十五个日日夜夜，从小学到初中三年级，40余门学科除了倒数就是垫底儿，真真让人吃惊！1996年考入高中学生3人，还有一人是"戴帽走"的（老教师子女），上库力农场的教育已然坠入谷底！

查清了学校的"家底子"，我当即向农场党委汇报。农场党委震惊之余，做出决定：学校必须加大改革力度，实行校长负责制。带着农场领导的期望，带着上库力父老乡亲的寄托，我开始了教育生涯的搏击。

在全校教职工大会上，我毫不掩饰地公布了三年来场中小学各学年段各学科的成绩及全局排名，在教师中引发了强烈震撼。排名垫底的学科的教师，原来还不以为然，现在有了一种发自内心的压力。我在大会上公布了中心校的改革方案：学校实行校长负责制，全校实行聘任制，校长聘任副校长及各部门负责人，副校长及各部门负责人聘任各学科教师，一切教学工作向校长负责。打破原来的工资分配方式，实行多劳多得的原则。调动一切积极因素，团结一心，全面提高教学成绩。

一系列改革措施带来了可喜的收获。1998年期末统考，初一年级的政治学科率先闯入全局第10名（授课教师柏淑英），初二年级的升学成绩也大幅度提升：政治列全局第9位，地理列全局第6位，物理列第10位，数学列第7位。考入管局直属中学（校址在谢尔塔拉牧场）、额尔古纳市一中的学生25人。我校学生孔庆春在全局340名考生中列第6名，数学单科成绩列全局第2名。1999年考入局直中学、额市一中的31人，我场考生分数比准入分数均高出10～20分，尤其是考入局直中学的24名学生，全部进入快班就读。当时的局直中学校长张庭特意打来电话表示祝贺。1999年，场中心校顺利通过了内蒙古自治区九年义务教育示范化学校达标检查验收。海管局教育处张庭处长赴农场参加挂匾仪式，乡政府、农场领导及相关科室及学校师生900余人参加。1999年至2001年，场中心校连续被评为管理局先进学校，进入了全局一类学校的行列，我本人也在2000年被评为呼伦贝尔市优秀校长（《呼伦贝尔农垦报》已登载）。

写 在 后 面

2002年农场改革，实行干部50岁下岗。我成为农场第一批"一刀切"下岗干部。虽然不在岗位了，但我依然关注着农场的发展，关注着这个我奋斗20多年的企业。从内退到正式退休这10年间，我目睹农场从积贫积弱到繁荣昌盛，从靠天吃饭到科技引领创新发展，农场每一次飞跃，都令我欣慰。2007年开展新农村建设时，农场开始建职工住宅楼，到2017年，10年间共建住宅楼35栋，一千多户职工住进楼房，这在以前是不可想象的。2015年以后，农场的基础设施建设更是看得见、摸得着，世界先进的大型农机具、风干仓、烘干设备等纷纷落户农场。农场成为呼伦贝尔垦区拥有固定资产最多，机械力量最强的国有农垦企业。农田水利灌溉面积达到了25万亩，为粮食生产提供安全保障。上库力人吃穿不愁，出行就更方便了。据了解，到2020年，上库力农场有家庭轿车1000多辆，几乎每家一辆，柏油路全场贯通，从场部去各生产队，就像过去在村里去趟邻居家那样方便。这些都是企业改革发展取得的成果，也是让我这个古稀老人最为感动的地方。

来上库力四十余年了，如今已退休多年，回首往事，我不因工作成功而骄傲，也不因事业低谷而消沉，自我勉励，努力向上！在这片黑土地上留下了一串足印，虽不闪亮，但也不黯淡！非常感谢上库力，感谢这片黑土地，感谢曾经关心支持我的领导和同事！祝愿上库力农场繁荣昌盛，祝愿这片多彩的土地扬帆远航！

节水灌溉　为了农业丰收

—— 上库力农场三队节水灌溉一期工程起步阶段工作回忆录

于占德

水利是农业的命脉，为了农业获得好的收成，种田的人都把兴修水利放到了重要地位，农垦人理所当然地也深有体会。在上库力农场的发展史上，也曾有过至少三次较大规模的兴修水利举动，但是因为当时的条件所限，都没能发挥出应有的作用，最后也都不了了之了。

2012 年实施的这次节水灌溉工程，是在海拉尔农牧场管理局（以下简称海管局）贷款 4 亿元人民币，在全局 20 个农牧场全面落实"利用政策性贷款实施农业综合开发高标准农田示范工程项目"的拉动下开展的，上库力农场自然也不会落后，当时的农场领导审时度势，加入了全局轰轰烈烈实施节水灌溉的行列之中。

资金有了着落，人员、技术就成了主要问题。全局 20 个农场一起行动，都要用人并且当时在呼伦贝尔范围内也没有成熟的设计单位，更别说专业的施工队伍了，上库力农场同样没有专业人员，没有成熟的经验，要干，也只能是自己动手，摸着石头过河，边学边干，在实践中不断积累经验了。

2012 年 9 月中旬的一天，已经内退多年的我接到农场通知，到场部开会，会上我才知道场领导返聘我共同参加这次水利工程建设任务。

秋收结束后是水利施工的黄金期，9 月中旬至落雪仅有 40 多天的宝贵时间，时间已经很紧张了。会后，副总经理吴国志带领总经理助理孟凡国、于建涛（项目办主任）和我进行了现场踏查，寻找适合的水源和耕地。当查看到 20 世纪 60—70 年代"罕大盖"到三队的原水渠时，我提议可不可以再利用这条水渠，因为它的源头是根河，水源有保证，至于怎样利用，当时并没有定论。

当时海管局的谢尔塔拉农场是这项工作起步较早的单位，并且已经形成了一定的规模，总经理王延生提议我们可以到谢尔塔拉学习、观摩、取经，当时由吴国志带队，孟凡国、李世岭（生产部部长）和我去了谢尔塔拉观摩取经，到施工现场看了正在施工的蓄水池和输水管道主干线，了解了工程所需的设备仪器、蓄水池的施工方法以及某些分项目的投资和费用等情况，同时请求谢尔塔拉农场刘友山总经理派员帮助购买测量设备，并到上库力农场传授仪器使用方法，现场指导线路测量规划等多项工作。

学习观摩回场后，经纬仪、水平仪、塔尺、钢角尺都买回来了，吴国志副总经理决定测量一下原来的旧水渠。农场调来了项目办的李双杰，科技站的袁立明、于渤，还有刚刚学习水利归来的于志浩、孟繁星，谢尔塔拉农场的王昊刚也来了，对原来4千米多长的旧水渠进行了测量。经过测量，发现原水渠落差较小，又是废弃多年的土渠，继续利用的价值不高，要想引水，需要重新规划设计。

后来，经农场多次调研、踏查、讨论研究决定，实施一期工程两万亩的节水灌溉项目，建设地点设在三队的一、二、三区，水源工程则是从根河取水，经过管道输送的方式达到蓄水池，项目分为渠首工程、主管道输水工程、30万立方米蓄水池工程和田间工程四大部分，其中蓄水池和主管道土方开挖承包给外来的施工队，其余工程则由农场员工自行施工。

项目管理由吴国志副总经理亲自挂帅，为项目负责人，总经理助理孟凡国协助吴总直接指挥，生产部部长李世岭负责设备采购，土地项目办主任于建涛既负责项目工作，同时兼任这个工程的办公室主任，负责项目的协调、设计、施工方案和内业资料整理，我的任务是负责这个项目的外业即现场施工，大多数时候都是我和于建涛主任共同协商，拿出初步意见或方案，报请总指挥同意后实施。

田间喷灌设备确定使用指针式喷灌机，由北京现代农庄提供，并根据田间地形地貌状况进行喷灌机及配套设备的设计与安装，按照喷灌设备的需水量大小，设计田间管道的管径及其走向，水源泵房的水泵也由他们根据需水量提出意见和建议。

主题方案已经确定，下一步就是细化具体方案了。经过多次现场调研、踏查、测量，确定了节水灌溉工程的具体方案：

首先，在距离根河水面370米处的山坡上修建一座提水泵站，安放1万伏直接起动、出水量每小时1000立方米的水泵3台（其中备用1台），选择的地点既不能离水源太远，又不能太低或太高，太低容易涨水时被河水淹没，太高又影响水泵的吸程；泵站位置（施工前自然地面）与河面落差9米，建成后落差不得超过5米，泵前渠道落差不大，取水池用石头砌筑为明渠。

其次，于提水泵站出口向前994米处建一座小水池，我称它为"漏斗"，它的作用是将河水提到此处，然后通过自流的方式，经过管道流向蓄水池，它的作用实际上就是一个漏斗。994米为直径500毫米螺旋焊管并列2根，与泵站之间的落差是57米。

输水主管道线路全长4400米，落差29米，根据地形地貌设计成W型，其中管线中段最高点设一个排气阀，两个最低点各安一个放水阀。管道长2950米，采用820毫米LE管道，有1450米为820毫米螺旋焊管。29米的落差可以保证河水顺利流入蓄水池。

蓄水池长300米，宽200米，蓄水深度5米，容量30万立方米，池内铺设防渗膜，四周用四队自行脱模预制的边长 60×60 厘米的水泥板压实。

田间供水泵房由 7 台出水量 380～440 立方米的水泵（其中 1 台备用）组成，系统一、系统二都用 2 台水泵供水，系统三、系统四为二期工程，各用 1 台泵供水。

田间工程一期安放指针式喷灌机 19 台，建设 PVC 主、支管道全长 13000 多米，电缆 17000 多米，以及排气阀、泄水阀 30 余个。

2012 年秋季开始全面施工，当年完成了蓄水池的土方工程、输水管道的土方工程，田间管线，输电线路电缆沟也都已完成；主管道——820 毫米 LE 输水管道则由以三队人员为主的场内工人安装，管道接口处套上环形收缩带、用喷灯加热收紧，外面又用不锈钢板带抱住，一节一节地向前延伸。田间管道的安装也在同步进行，后来由于天气太冷，管道安装的质量无法保证，因此不得不停工。喷灌机主体大架子，也在厂家技术指导下，大部分都在秋、冬季完成了安装连接。

渠首部分现场的山坡已经按照设计挖好铲平，最高部分大约挖深有 5～6 米，提水泵站和泵前明渠也基本完成了土方工程，挖出的余土回填到低洼处，在引渠的外侧（迎水面）修起了一条围堰，只是取水池明渠砌筑和泵房还未开始建设，准备于冬季备料，第二年春天进行施工。

时间来到 2013 年，田间工程必须在春播之前全部结束，否则将影响播种。在有限的施工期内，农场动用全场之力，先是管沟清雪，将挖好的管道沟、电缆沟一冬天的积雪全部清除；接着是六七个小组分头安装 PVC 管道，于志浩、孟繁星、于渤等人作为技术员既要搞好管道的测量和指导安装，又负责检查铺设质量。安放高、低压电缆由农场供电所牵头，生产队工人加入会战；最后是回填管道沟、电缆沟，三、四、五、六队都分配到了相应的任务，就连较远的二队和七队也都加入了这场大的会战之中，确保了在播种之前完成了田间工程，基本没有影响春播生产。

在田间安装工程如火如荼进行的同时，渠首的建设也正式开始。渠首砌筑最早由三队负责，毕竟我们的工人是机务和农业工人，对搞土建工程还是缺少经验，施工进度不快，大约完成了 20％任务的时候，春播就开始了。为了确保春播任务顺利完成，三队不得不放弃渠首的砌筑，此后这项工作交给了高兴国的施工队伍，由高兴国负责完成工程的所有的土建任务。

2013 年的重头戏、也是施工难度最大的无疑就是渠首——即取水池和提水泵站的建设了。

时间飞快，转眼来到了雨季。大家可能都还记得，2013 年是历史上降水量非常大的一年。冬季储备的石料不足，缺口很大，不得不边施工边拉石头，如果在正常年份，困难也许还小一些，但在多雨的 2013 年，难度就非同一般了。运输车不是问题，问题是路，下公路后大约 4～5 千米的草甸子，到处陷车。这里原本就没有路，有的只是便道，724 胶轮车每车拉运石料不足 2 方，即便这样有时也到不了现场，运料的路上不时就有被迫卸下的石料。石料运输直接影响了施工进度。就连我们生产指挥用的"皮卡"车，每天都带着大绳，我们这些坐车的人，推车、拉车是家常便饭，人力实在拉不出来，还得求助于胶轮拖拉机。

取水池砌筑同样困难重重。降雨影响施工就不多说了，取水池和前渠总体设计近似于 L 型，为了能将河水引入并能满足水泵吸程需要，从河面开始到前池的引渠设计水深 1.8～2 米，前渠 3 米，到前池时挖深已达 5.8 米（与泵房地面相比），这样静水位可以达到 3 米左右。由于前池较深，常年浸泡在水中，石头砌体采取水泥砂浆，平均宽度（墙厚）2.5 米（底部更厚，上口较薄），石料都是在山上用挖掘机挖出后，直接装上胶轮车运过来的，中间没有经过选料，有的石块大得惊人，以施工现场的人力根本无法搬运，无奈只能使用装载机搬运（期间也尝试过人工破石，只是效率太低）。为方便装载机运料，在前池进水端相反的方向，挖开了一个坡道，装载机可以直接进入池底，将石料端到作业面上。由于经常下雨，水泥池底经不住雨水浸泡和车辆碾压，实际上已经早就变成了石头垫底了。

正所谓天有不测风云，七月中下旬发生了一场更大的降雨，导致河水猛涨，出现了史上罕见的大洪水。河水涨到几十年没有到过的高度，施工现场完全浸泡在了汪洋之中。尽管提前做了种种预案，河水还是冲垮了围堰进入施工现场，加上从草甸子下来的大水，现场被冲了个一塌糊涂。前期的种种努力，全部毁在了这场大雨中。

泵房和水泵基础已经做好，水泵和电机此前也已经运抵现场，在这场大雨来临前的晚上 8 点多，眼见雨越下越大、河水暴涨的势头越来越猛，孟凡国助理给我打电话，询问水泵电机的安全问题。我告诉他电机和水泵在都在挖好的平台上，尽管电机用塑料布覆盖并用绳索捆绑，但如果继续涨水也有被浸泡的危险。电机一旦进水，后果会很严重，会给后面带来很多麻烦，为保电机安全，孟助理立刻从三队调来了胶轮车机头（带拖车或农场的越野车都上不去），我和孟助理及挖掘机司机连夜前往施工现场，利用挖掘机吊钩冒雨将重约 2 吨的 3 台电机艰难地移到了高坡上，这是非常危险的，因为：一是挖掘机的承重能力有限，二是从低处向高处挪；三是下大雨天现场一片泥泞；四是晚间作业。事后证明多亏了那晚冒险抢救，到河水上涨时原来的位置能见到的只剩还没搬运完毕的一堆余土，面积不足四五平方米，3 台水泵不见了踪影，泵房和设备基础全部泡在两米多深的水下了。

人力无法抗拒大自然的力量，没有办法，大约一个多月之后，河水慢慢退去，我们将前池的积水用水泵排除了，才又逐渐恢复了前池的施工。

大水退去，提水泵站开始安装水泵和电机，接着开始管道连接，994米的输水管道安装也早就开始了。管道焊接安装由修造厂负责施工，因为输水管道是直径500毫米的双排焊管，不宜埋在地下，也不能直接放在地面上。怎么办？经过集思广益、多次探讨，我们购买了铁路淘汰的水泥枕木，在已平整好的地面上，像修铁路一样安放了枕木，双排管道正好安放在两根导轨的位置上。为了防止管道因输水引起的震动和移动，每个枕位都用铁筋进行焊接捆绑。为了防止突然停电等意外停机时，57米落差的管道内积水的反作用力可能会对水泵造成威胁，在水泵出口前端安放逆止阀的基础上，又在管道中间部位安装了直径500毫米的缓冲止回阀；为了避免管道因为热胀冷缩引起变动，管道上又安放了管道伸缩节，同时还在泵房前端约80米（地下部位）范围内，加固了三道钢板水泥固定墩，伸缩节和止回阀所在位置也都加了固定墩。事后通水证明，这些措施是正确的，它们都发挥了应有的作用。

这次洪水侵袭，也为泵房建设带来了很多经验。当洪水达到峰值时，我们测量了最高水位并作了记载。经过研究，泵房建设采取了两层楼的结构，现在从前池看，可以看到一个小二楼，从山上看只是一个小平房，水泵安装在一层地面。泵房是在水泵及管道安装结束后才建的，泵房建设方面，一层采用砖混结构，砖墙高出洪峰水位40厘米，并作了防水处理，以防洪水进入，这样做的目的是保证水泵的吸程。二楼墙体是彩板房，安放配电盘等电器设备，这样万一泵房进水了，配电电器不会受到影响。水泵上方的房顶位置各有一道工字钢梁，更换水泵或电机时，可以将设备吊到二楼平台上，进而运出泵房检修或者更换。

输水主管道的安装接着上年继续进行，820LE管道安装至2950米处变换为820螺旋焊管，LE管道与焊管如何对接？大家群策群力，最后由修造厂制作了约50厘米长的一段铁管，焊接在820管道的一端，另一端插入LE管内，周边用石棉绳和发泡剂填充，然后又用热收缩带收紧，最后加不锈钢板带抱紧。剩下的就是焊管焊接了，焊接工程自然又落在修造厂的头上，管道垫墩和500毫米管道相同，挖掘机全程陪同，作用是搬运、吊装和安放820焊管。

田间供水泵的泵基是同期开始建设的。泵房内安装出水量每小时380～440立方米的水泵7台，其中6台直供田间喷灌，1台备用，修蓄水池时已经在池底铺设了两根直径500毫米的焊管用于泵房用水。取水点处两条500毫米的水管被汇集到一根820毫米的焊管中，形成一个"分水缸"，7台水泵各自同分水缸相连。出水管道则有些复杂，尤其是备用水泵，既要具备向另外6台水泵供水的能力，又不能交叉和相互影响。泵房内的管道既要简洁美观达到使用要求，又不可以纵横交错、杂乱无章。这个的确费了我们一番脑筋，经过几个昼夜的苦思冥想，最后设计成一半地上一半地下的施工方案，在泵房内只能见到 7 台水泵及其进水和出水管，其他设备包括阀门都安装于地下地沟之内，泵房之内显得干净利落。这也是我感到最欣慰的一种方案。水泵安装结束之后又开始建泵房，泵房结构是彩板房，配电室设在泵房的左侧。

蓄水池水泥压板交由四队工人制作，规格是边长 60×60 厘米、厚 6 厘米的正方形。在完成大部分水泥压板时，铺设防渗膜的工作也开始了，防渗膜生产厂家派人到了现场，负责铺设的技术指导和接缝的焊接。铺好防渗膜的池底用砂子压实，四周安放水泥压板。安放压板又是全场会战，除三队之外，四、五、六、七队也都分担了任务。

田间工程的喷灌机底座浇筑和喷灌机配电室基础制作也是在春播结束之后进行的，5 个配电室、19 个喷灌机底座每个混凝土用量约 3～4 立方米，都是现场搅拌、现场浇筑，分散的施工现场也给施工带来不小的难度。

喷灌机主体（大架子）安装大部分在 2012 年秋、冬季基本完成了，剩下的部分也已在播种之前完成。之后的田间安装任务是设备基础安装和基础与喷灌机的连接。主管道至喷灌机的输水管道是 160 毫米 PVC 管，设备是 160 毫米钢管，中间是承口法兰弯头。为防止中间脱节，每个末端都砌筑了砖垛，顶住可能被水压冲击脱节的部位。

终于，在 9 月中下旬，除提水泵房之外，其余工程基本结束。为了验证工程效果，提水泵站向蓄水池注水，当清澈的河水成功注入蓄水池后，我们都感到了欣慰！当然，也发现了问题。主要问题是 820LE 管道接口漏水，管道下坡负压处看不出来，一到上坡管道承受压力时水就从接口缝隙处冒出来了。后来决定更换部分承压的 LE 管道。

尽管出现了部分管道漏水，通水试验证明工程总体设计思路没有问题，起码水源问题解决了。已经注入蓄水池的水正好可以检验田间工程，于是农场领导决定让田间喷灌机开机试喷。经过田间开机试喷，效果较好，除了发现几处漏水点之外，没有发现其他大的问题。

2013 年后期，主要解决了管道漏水问题，继续完成工程建设的后续工作和完善不足，为 2014 年水渠投入使用打好基础。

2014 年继续解决上一年遗留的管道漏水问题。继续完成上一年的遗留工作——前渠的进水端过滤网制作、前渠围栏架设、提水泵站室内护栏等。经过使用又发现了新的问题：部分支管坡度不足，泄水不彻底，造成管道余水冻结，影响了下一年的使用；还有由于上一年雨水过大，部分地块秋收陷车，造成地下支管压坏变形等。这些问题的出现，也给后续节水灌溉工作提供了经验和借鉴的依据。

2014 年三队二期工程，即系统三、系统四上马。二期工程简单了许多，起码水源问题、泵房建设都解决了，直接做田间工程就行了，田间工程也找到了施工队伍。除了上一年雨水过大造成部分地块、管沟有积水之外，没有其他大的问题。

参与了上库力农场节水灌溉前期三年的建设，总结全过程，就是边学边干，一边设计一边施工，真的是摸着石头过河。在这个过程中，上库力没有可以借鉴的范例，也没有成功的经验，遇到的困难和问题超出了预期。为了解决工作中遇到的难题，有时完全可用焦头烂额来形容，当然，本人也从中也学到了许多东西。可喜的是经过三年建设，上库力农场节水灌溉工作取得了成功，并开始真正发挥作用。更重要的是，通过三年实践，获得了成功的经验，找到了差距和不足，为今后的节水灌溉工作提供了帮助和参考的依据。

这就是上库力农场水利工程最早起步阶段，现在正在发挥着作用的一项基础和试验性的工作的过程。

2021 年 7 月 20 日

《内蒙古上库力农场志》编纂办公室人员名单：

王爱敏　政工部副部长

陈树林　生产部副部长

卢振德　生产部副部长

邓立军　项目办副主任

徐根岭　审计科副科长

王建龙　财务部副部长

马春秋　综治办副主任

于建涛　林草工作站党支部书记

李守元　办公室副主任

袁立文　兽医站兽医

《内蒙古上库力农场志》编纂工作始于2020年9月，农场于9月15日派两名同志前往哈尔滨参加中国农垦农场志编纂培训班进行培训，以提高修志人员业务能力，保障志书质量。编纂过程分为四个阶段。即准备阶段、动员培训搜集资料阶段、初稿撰写阶段、农场志收官阶段。

第一阶段为准备阶段

2020年10月15日，成立农场志续志编纂办公室，正式启动续志编纂前的各项准备工作。在借鉴吸收原农场志成功经验的基础上，结合上库力农场10年来的实际情况和历史线索，撰写农场志续志编纂提纲、设计章节目录，建立了微信群"上库力农场志编纂工作群"，以加强编纂人员与各单位供稿人的交流，方便整合农场志资料搜集所需的各种图表及各单位、各部门提供的资料目录。为加强对农场志编纂工作的领导，从细节上堵塞漏洞，2020 年 10 月 15 日，农场成立由党政领导、有关部门负责人组成的上库力农场志编纂委员会，并进行明确分工。

第二阶段为动员、培训、搜集资料阶段

12 月 3 日，农场召开由各单位党支部书记、机关科室负责人等 100 余人参加的上库力农场志编纂动员大会。农场志编纂办公室将提供、搜集到的资料目录下发各单位、各部门，规定上报资料截止日期为 2020 年 12 月月底。

2020 年 10 月 21 日，农场为农场志编纂办公室购置电脑 3 台、打印机 2 台以及稿纸、档案盒、文件柜等办公用品。农场志编纂办公室工作人员随即着手资料的搜集整理工作。全体编纂工作人员除查阅档案资料外，以大事记为主线，不放过任何一个有价值线索，深入挖掘资料来源，对搜集的资料内容进行考证。至 2021 年 3 月末，资料搜集工作基本完成。共搜集各类文字资料 200 余万字，图片、图表 400 余张。农场志编纂办公室人员按照志书所设章节和编纂提纲进行分工，明晰职责。农场志续志撰写初稿前的各项准备工作基本就绪。

第三阶段为初稿撰写阶段

2021 年 4 月 1 日，编纂人员正式开始农场志撰写工作，在撰写过程中，结合编纂人员熟悉领域，发挥所长，合理分工。边撰写，边核实资料，在实践中摸索撰稿的具体经验和编纂方法。至 2021 年 9 月末，初稿基本完成，编纂人员开始分工互审，反复校对。2021 年 10 月 29 日，初稿打印成册，报送农场领导审阅。

第四阶段为农场志收官阶段

《内蒙古上库力农场志》的编纂工作得到农场党政领导的高度重视。修志过程中，上库力农场党政领导多次到编纂办公室指导工作，并为志书撰写序言。

上库力农场志编纂办公室肩负着农场党政领导的信任和重托，作为编纂人员，我们深知这份工作的责任重大，在编纂工作中始终坚持正确的指导思想和工作方法。我们克服了许多困难，放弃节假日休息时间，搜集信息、查阅资料、编写志稿、细致校对资料、核实数据，调查走访、记录、摘录资料、写作笔记和初稿约

86 万字，经过反复修改推敲，查漏补缺，整合删减，唯恐疏漏，力求应收尽收，少留遗憾。侧重志书应达到的"齐、清、定"等要求，几易其稿，通过全体编纂人员历时一年多的勤奋笔耕，使志书得以成型，最终完成当前定稿。

由于缺乏修志经验，编纂人员人数较少且水平有限，本志书难免有疏漏和不足之处，敬请读者批评指正。

内蒙古上库力农场志编纂委员会

2022 年 11 月

《内蒙古上库力农场志》编纂办公室人员分工

边向民负责章节

序言、凡例、概述、大事记

第一章境域 区位、第二章发展沿革、第三章自然环境

第五章所辖单位、第二十七章党政办公室工作

于建涛负责章节

图片、第十章农田水利建设、第十二章林业、第十五章土地管理

第十六章项目管理、第十七章基本建设、第二十章旅游业

第二十二章党建工作、第二十三章宣传工作、第二十五章精神文明建设

第三十二章工会、第三十三章共青团、第三十四章妇女工作

李守元负责章节

第四章人口民族、第六章企业管理

第七章农业生产、第八章农业科技、第九章农业机械

第十四章物资 产品管理、第十九章计划财务、第二十四章干部工作

第二十九章内部审计、第三十五章医疗卫生、第三十七章艺文

袁立文负责章节

目录、第十一章畜牧业、第十三章商业、第十八章劳动工资与社会事业管理

第二十一章交通 通信 寄递 电力、第二十六章纪检监察、第二十八章内部审计

第二十九章信访工作、第三十章安全生产、第三十一章社会治安综合治理

第三十六章人物荣誉、附录、编纂始末、图表

为《内蒙古上库力农场志》提供资料的单位名单

第一生产队党支部　第二生产队党支部　第三生产队党支部

第四生产队党支部　第五生产队党支部　第六生产队党支部

第七生产队党支部　第八生产队党支部　伊根生产队党支部

供电所党支部　兽医站党支部　农林科技试验站党支部　职工医院党支部

修造厂党支部　面粉加工厂党支部　多经队党支部　物资科党支部

林草工作站党支部　财务部　社会事业部生产部　销售部　畜牧业管理部

政工部　项目办　综治办　监察科审计科

中国农垦农场志丛